日本近现代文学研究

日本学研究丛书

总主编 张威

主编 王志松 島村辉（日）

外语教学与研究出版社
北京

图书在版编目（CIP）数据

日本近现代文学研究：日文 / 王志松，（日）岛村辉主编. — 北京：外语教学与研究出版社，2014.7
（日本学研究丛书 / 张威主编）
ISBN 978-7-5135-4973-8

I. ①日… II. ①王… ②岛… III. ①文学史－研究－日本－近现代－日文 IV. ①I313.094

中国版本图书馆 CIP 数据核字（2014）第 175828 号

出 版 人 蔡剑峰
项目策划 薛 豹 张 威
责任编辑 刘宜欣
装帧设计 孙莉明
出版发行 外语教学与研究出版社
社 址 北京市西三环北路 19 号（100089）
网 址 http://www.fltrp.com
印 刷 三河紫恒印装有限公司
开 本 650×980 1/16
印 张 41
版 次 2014 年 8 月第 1 版 2014 年 8 月第 1 次印刷
书 号 ISBN 978-7-5135-4973-8
定 价 68.00 元

购书咨询：（010）88819929 电子邮箱：club@fltrp.com
外研书店：http://www.fltrpstore.com
凡印刷、装订质量问题，请联系我社印制部
联系电话：（010）61207896 电子邮箱：zhijian@fltrp.com
凡侵权、盗版书籍线索，请联系我社法律事务部
举报电话：（010）88817519 电子邮箱：banquan@fltrp.com
法律顾问：立方律师事务所 刘旭东律师
中咨律师事务所 殷 斌律师
物料号：249730001

はしがき

前世紀70年代以降、海外の日本語教育は想像を絶するようなテンポで発展し、現在空前の盛況を呈している。2013年7月8日に発表された国際交流基金の調査によれば、2012年現在、日本語学習者は海外の136カ国・地域で3,984,538人に達し、1979年（127,367人）の約30倍に増加している。日本語教育機関の数は1,145個所から16,045個所に（約14倍）、日本語教師の数は4,097人から63,771人に（約16倍）増加している。そして、学習者数上位3位の国は、1位が中国（1,046,490人）、2位がインドネシア（872,406人）と3位が韓国（840,187人）である。現在、海外の日本語教育は、規模が拡大するとともに、教育環境・教師の資質・教材開発・教授法の更新ならびに教育の質と水準などにおいても向上している。

このような背景の中で、注目に値するのは、21世紀以来、海外では言語学・文学・社会文化等を含む日本学を専攻する大学院での人材養成が相次いでスタートし、増加の一途を辿っているという点である。この現象は、海外での日本語教育はこれまでの語学教育の段階から、日本学に関する修士・博士の学位を授与する専門的な大学院教育を行う段階に発展してきたことを意味している。それに伴い、海外の日本学研究は益々盛んになり、各国の研究者ならびに著書・論文等の研究成果が著しく増加し、研究水準も次第に向上しつつある。また、2009年（シドニー大会）、2010年（台北大会）、2011年（天津大会）と三年連続で開催された世界日本語教育大会では、いずれも「日本研究と日本語教育の連携」や「日本研究と日本語教育のクロスロード」などの課題をめぐって、特設のパネルディスカションが行われ、教育と研究のインタラクションについて盛んに討議されてきた。このように、日本語教育と日本研究の平行性を求めることは、今日海外の日本語教育において現実的なニーズとなっている。海外の日本語教育は今まさに重要な転換期を迎えようとしているのである。

さて、中国国内の近況を見れば、2012年現在、日本語教育機関数は1,800箇所、日本語教師数は16,752人、日本語学習者数は1,046,490人で、世界第一位である。そして、日本語人材養成の多様化に伴い、教育のレベルと質は年々向上している。中国教育部の2013年9月現在の統計によれば、全国で日本語専攻を設置している大学は延べ506校、2011年の466校に比べて約10%上回っている。日本語学科は全国の諸学科設置ランキングでは第11位に上昇し、外国語学科では英語に次いで第2位にランクし、第3位のロシア語（138大学）の3.7倍あり、大学での日本語学習者はすでに679,336人に達している、と報告されている。また、大学院レベルの人材養成も急速に増加し、2013年10月現在では全国で日本言語文学専攻の修士課程は83大学に増加し、10大学では日本語の翻訳専攻（MTI）の修士課程が設立されている。さらに日本言語文学専攻の博士課程も増加して、2013年11月現在、博士号を授与する大学は20校ほどになった。

このように、海外での日本語教育の水準が高まり、日本研究の新たな潮流が見られるようになった中で、深刻な問題も浮上してきている。すなわち、大学院教育を行う教育機関が増加する一方で、これらの機関で学ぶ大学院生の需要に見合った専門の教材や参考書が不足しているという事実である。

このような背景の下、われわれは中国で『日本学研究叢書』（16巻）を出版することを企画した。言語・文学・文化を中心とする日本学に関する標準的かつ最新の学問的知識を、中国もしくは海外その他の国々の大学院生や研究者に伝えるとともに、より深い理解とその共有を図ることはこの出版企画の目的である。日本国内と海外の一流研究者の共同提携により、従来の日本学に新たな視点と新鮮な血液を注入し、最新の理念に基づく学術書を海外で出版することを通して日本学の国際化を促進すると同時に、低コストと低価格を海外で実現することによって、これまでの学術指導書不足の問題を解決し、海外における日本学の普及と発展に寄与することもできる。特に現状では、地域や個人による知識と理解の格差が大きく、海外の日本学研究を改善するために、この叢書の刊行は急務であると思われる。

この叢書は16巻編成になっており、各巻の書名を次に示しておく。

○日语语法研究（上）（日本語文法論Ⅰ）

○日语语法研究（下）（日本語文法論Ⅱ）

○日语词汇研究（日本語語彙論）

○日语语义研究（日本語意味論）

○日语认知研究（日本語認知言語学）

○日语语用研究（日本語語用論）

○汉日语言对比研究（中日対照言語学）

○汉日翻译研究（中日翻訳の研究）

○日语教学研究（日本語教育の研究）

●日本近现代文学研究（日本近現代文学）

○日本古代文学研究（日本古代文学）

●中日比较文学研究（中日比較文学）

○日本历史研究（日本の歴史）

○日本社会研究（日本の社会）

○日本思想研究（日本の思想）

○中日文化交流研究（中日の文化交流）

また、この叢書を編集するに当たり、次のような特色を持つように努めた。

1）「百家争鳴」の理念に基づき、平等・公正・客観的・統括的に日本学研究における主要な学説と研究成果を紹介する。

2）日本学研究に必要な学術情報を効率的に検索できるように、各巻の巻末に該当分野の主要な参考文献を提示する。

3）中日両国に加え、韓国と欧米などの研究者も参加する史上最大規模（執筆者は360名以上）の国際提携出版事業であり、日本人研究者の代表的な研究成果のほか、海外諸国の最先端の研究者の最新論考も取り上げている。

4）この叢書は読者層の幅を広く設定してあり、日本語専攻の大学生、日本言語文学専攻の大学院生（修士・博士）、大学院受験生、日本語教育または日本学研究に従事する教員や研究者はもちろんのこと、日本学の勉学と研究に関心を示す一般の人にとっても興味深く読めるように執筆されている。

この叢書を企画して以来、早くも数年経った。その道のりは決して順風満帆ではなかった。この期間に遭遇した困難と乗り越えてきた壁は並大抵のものではなかった。それにもかかわらず、われわれは如何に困難な状況に直面しても、常に国際提携と社会貢献の自覚をもつ国内外の有志の研究者から多大な協力と暖かい支援を賜り、挫折することなく、強い信念と堅い決心を持ちながら弛まず努力し続けて、ついに困難を打破して窮境を抜け出した。幸い、この日本学研究叢書のうち《日本近现代文学研究》（『日本近現代文学』）と《中日比较文学研究》（『中日比較文学』）の2巻が無事刊行される運びとなった。この後、その他の巻も相次ぎ世に送られることになる。

この叢書の刊行に際して、私は『日本学研究叢書』編集委員会を代表して、本叢書の出版に貢献した多くの方々に衷心より感謝の意を表したい。

まず、多大な協力を頂いた各巻の編者と執筆者に対して、心より厚く御礼申し上げます。この叢書の理念、趣旨、目標に理解と賛同を示し、有志として誠心誠意を尽くす皆様の暖かい支援がなければ、この叢書を世に送ることはできなかったであろう。とりわけ海外の現実的な問題の解決のために協力の手を差し伸べてくださった日本人研究者は270人近くにのぼった。それは、日本学の国際化に対する深い認識と海外への学術支援と社会貢献に対する高い関心による賜物であろう。これだけ多数の日本国内の最先端の研究者がわれわれ海外の研究者と手を携え、共通の目標を目指して、これほどスケールの大きい日本学研究叢書を作成し出版することは、嘗て見られなかったことである。このことは日本学の国際化を促進し、海外での日本学研究の発展に学術支援を提供する上で、きわめて重要な歴史的意義があり、特筆すべき輝かしい一頁を残すことができると思われる。

次に、この叢書の出版を引き受けてくれた外語教学与研究出版社にお礼を申し上げたい。収益を重視する経済社会の観念と法則が一般常識になっている現在では、ベストセラーとは程遠い言語・文学・文化の3系列にわたるこの16巻編成の巨大叢書を出版したいという無理なお願いに対して深い理解を示し、様々な困難を克服した上で最終的にこの条件の出版を引き受けてくれることを決定した。それは学術を重視し、国際支援と社会貢献に対する当社の格別な認識がなければ、到底考えられないことであろう。そして、外語教学与研究出版社の多言語出版部の薛豹主任は全力を挙げてこの出版企画を支持してくれ、途中で挫折することなく、終始編集委員会と力を合わせて本叢書の刊行をサポートしてくれた。

また、この叢書の出版助成を求めたり、東京で中日編者会議を準備して開催する際には、事務局長の李大清氏から多大な協力と支援を頂いた。ここで深くお礼申し上げます。そして、本書の刊行のために多くの時間と労力をつぎ込んでくださった外研社多言語出版部の劉宜欣女史にも合わせて謝意を捧げたい。

今後、この叢書の各巻は逐次刊行されることとなる。もし、グローバリゼーションの時代を反映する本叢書の出版によって、中国ならびに海外各国の日本学研究の普及と発展が促進され、海外で直面している日本学の学術指導書の不足の改善に少しでも寄与することができれば、編者と執筆者全員にとってこれに過ぎたる喜びはない。

2014年7月

編者代表

張　威

目　次

第一編　総論

第二編　作家研究

第三編　方法と視角

付録

第一編
総　論

日本近現代文学研究
——理論的到達点と課題

島村輝

「日本近現代文学」研究をめぐって、前世紀の末から今日にかけて、その対象、方法、目的について、多くが語られてきた。それは「文学研究」にとって必ずしも幸福な事態であるとは残念ながらいえない。なぜならそれは、高度に発達した資本主義の仕組みを持つ日本社会にとって、さまざまなメディアの台頭が、読書人口（とりわけ若年層）の減少とそれに関連する教養主義の没落を招き、かつて不動とされていた「文学」あるいは「文学研究」の特権的な地位が奪われつつあることを意味していたからでもあるからだ。

1990年代も後半にさしかかってその高度資本主義社会の行き詰まりが明白になってくると、「無用の学」としての「文学」あるいは「文学研究」はさまざまな意味で切り捨てや改変の矛先が向けられてくる対象とさえなってきた。外部的には文部省の行政的なリードによる大学「文学部」・「国文科」の解体・再編として、内部的には「国文科」に進学する大学生たちの質的な低下によって、それは教職を兼ねる個々の研究者にとって現実の問題としてたち現れてきたのである。

こうした事態の中にあって、研究者の問題意識として「文学」あるいは「文学研究」を成り立たせている社会的〈場〉そのものの見なおしが迫られた。こうした社会的な変動が目に見え始めた 70 年代から現在にいたるまで、「日本近現代文学」研究は大きなパラダイムの転換期を経過したということができる。

具体的にいえば、それは「日本近現代文学」というジャンルを構成する「日本」「近現代」「文学」という要素ひとつひとつの見直しを含む点において、「文学」あるいは「文学研究」に隣接する、政治学、社会学、歴史学、言語学などとの境界を乗り越え、解体し、また再構成するという理論的な過程であった。その過程で、これまで常識的とされてきた「文学研究」のパラダイムは、ある部分で大きな変動にさらされた。

日本文学研究にかかわるジャーナリズムをみるなら、かつてこの分野の学界状況をリードし、あるいは反映してきた学灯社の『国文学』が 1997 年 7 月、至文堂の『解釈と鑑賞』が 2011 年 10 月を以て休刊（事実上の廃刊）となったことは、その象徴的な現れの一つといってよかろう。こうした学会ジャーナリズムの安定的マーケットであった、日本文学関係のアカデミズムにおける再生産が、さまざまの社会的要因を含めて、これまでとは全く様相の異なる困難に遭遇した。90 年代の理論的・社会的展開の中で、近現代分野を含めた日本文学研究の総体に、21 世紀にかけて、大きな地殻変動が起こったというのが実情であろう。

70 年代の末期に研究活動を始め、この 30 数年をそうしたパラダイム転換の中で研究生活を続けてきた筆者にとって、小論は現在の時点から記述された現代「文学研究」史である。もとより歴史は事後的に構成されるひとつの物語であるにすぎない。どのような立場で、どのような史料を選択し、どのような物語を作るか。そうした多様な物語生成の抗争する〈場〉が、歴史の現場であろう。そのような意味で、この小論はあくまでも私的見解として書かれるものであるが、であるからこそ同時に、「日本近現代文学」研究史に対する一つの総括として有効なものであると信ずる所以である。

一、70年代から80年代にかけての研究の動向 ——文化理論の吸収と再構成の過程

1. 「実証研究」と「作品精読」の対立——三好行雄の功罪

実証的な資料にもとづく「人と作品」的な伝記研究と、批評者の〈主体〉に重きを置く「評論」的な作品論・作家論と。60年代中期までの「日本近代文学」をめぐる言説主体は、単純化していえば「実証学者」対「評論家」という構図に集約できるだろう。前者の代表的な存在が鷗外研究における長谷川泉であるとすれば、後者の旗手としては平野謙の名を挙げるのが妥当であろう。片岡良一や吉田精一といった草創期の近代文学研究プロパーの学者たちは、こうした「実証学者」や「評論家」たちの方法を意識しつつ、それとは相対的に区別されうる「文学研究」の在り方をめぐって膨大な対象と苦闘を続け、一定の若い研究者層を生み出していった。

戦中・戦後を学生として過ごした、そうした若手研究者層が、集団的に生み出してきた成果を結実させていったのが、60年代から70年代にかけてであった。越智治雄、野村喬、平岡敏夫ら「文学史の会」に結集したこうした研究者の中で、ひときわ光彩を放つ存在が、三好行雄であった。

東京大学文学部国文科が最初に迎えた近代文学専門の教員・研究者として、三好はアカデミズムの中での「文学」と「文学研究」の立場を意識的に追究していった。そうした追究は、60年代末に作家論という形で『島崎藤村論』（三好行雄、東京：至文堂、1966年）に、作品論の集成という形で『作品論の試み』（三好行雄、東京：至文堂、1967年）にまとめられていった。以後今日にいたるまで、三好のこの時期の仕事が後学に与えた影響はまことに大きなものであった。構造を精緻に読み解き、抜群の論理性で作品の可能性を引き出そうとする三好の方法とその華麗な文体は、少なくない追随者・

模倣者を生み出した。また三好は同時代の作家・作品に対しても、研究者という立場からジャンルを問わず活発な関心を寄せ、「近代文学」の「研究」対「現代文学」の「批評」という二項対立ではなく、広く「近現代文学」としての連続性を当然のこととしていた。その意味で、アカデミズムの立場から「近現代文学」という場合、三好のスタンスを見逃すわけにはいかない。

三好のこうした方法論と文体、とりわけ「作品論」を定立するという立場は、「文庫本１冊でできる研究」と揶揄され、それがはたして「研究」といえるものなのかどうかという「実証学者」からの批判を引き起こすことにもなったが、三好は「作品論が本質として作品の内部へむかう作業だとしたら、作品論の方法を問う試みは、批評主体がいつどこで作品の外部へ身をひるがえすかをも問わねばならぬ」（「作品論の方法」『国文学』1968 年 7 月）と述べて、限定的ながら「作品論」がその内部に閉じ込められた、出口のないものとなることを否定していた。しかし、三好流「作品論」が追随者・模倣者を生み出すことによって、この時期、「近現代文学研究」の方法が、「実証」対「精読」という対立図式の中におかれることとなったのは否定できない。

「実証」と「精読」、いずれにしても、その対象となる「文学作品」そのものの確実性は、疑われることはなかった。いわば作品は自明のものとして研究者共同体の前に厳然と存在していたわけであり、「文学」なるものの大枠についてが疑問にさらされることはなかったといっていい。その意味で、「実証」を標榜するにしても「精読」を標榜するにしても、「文学」の立場という大前提は揺らぎようもなかったのである。むしろ「実証」対「精読」という対立図式を乗り越えるような発想は、こうした対立図式の中にとどまる限り、出て来ようもなかったのだ。かくして、その対象となっている「文学」そのものの存立基盤が問われることなしに、「実証」的「研究」論文や、「作品論」が大量に生産されていくという事態が生ずることになった。

これが大学、あるいは研究者共同体というアカデミズムの中にとどまろうとする志向のうちにある限り、問題はなかったのかもしれない。しかしそうした閉鎖的な研究のあり方に異を唱え、ロラン・バルトら当時翻訳が盛んに行われていた、ヨーロッパ（その少なからぬ部分がアメリカ経由のヨーロッパ）現代思想を文学研究に吸収し、その閉鎖性を打ち破ろうとする試みが、一人の先駆的な研究者によって試みられようとしていた。

2．「作品」から「テクスト」へ——前田愛の仕事

当初近世末期を研究対象としていた前田愛は、成島柳北の日記研究をきっかけに近現代初期の実証的な研究者としての地歩を固めていた。知的好奇心に富み、文学に隣接する諸分野への目配りを怠らなかった前田にとって、70 年代に次々と翻訳される現代思想は、文学研究の発想への新たな素材として強い関心の対象であった。自らも文学理論についての書物を原書で読むような研究展開をしていた前田は、とくにロトマンを始めとするモスクワ・タルトゥー学派の記号論に依拠しつつ、都市空間をテクストとし、そこから切り出されたメタ・テクストとして都市を舞台とする小説群を解釈・記述する方法を手中にし、「たけくらべ」論「子どもたちの時間」、「舞姫」論「BERLIN 1888」、「上海」論「SHANGHAI 1925」などのかずかずの歴史的な名論文を生み出し、やがてそれは『都市空間のなかの文学』（前田愛、東京：筑摩書房、1882 年）として結晶する。

『都市空間のなかの文学』における前田の方法は、上述したようにアメリカの文学研究の動向を通じて移入された、フランス・ロシア・東欧などの記号論を中心とする現代思想の潮流の消化と展開によって構成されたものということができる。事実この時期に翻訳さ

れたバルト[1]、フーコー[2]、デリダ[3]、ラカン[4]らの知見が、ある時は比較的生なかたちで、またある時は十分に消化・吸収されたかたちで前田の理論の中に登場してくる。

前田の都市空間と文学についての理論の核心をなすのが、バルトに触発された「テクスト」論の立場であろう。現実の都市空間についてのさまざまな言説の集合をテクストとし、そこから切りだされたメタ・テクストとしての文学テクストに表象される都市空間の特性を探るという方法自体が、「テクスト」という概念の拡張・発展によって特徴づけられていることは明らかであろう。

前田は『都市空間のなかの文学』の序論をなす「空間のテクストテクストの空間」の中で、ロトマンの空間モデル[5]を援用しつつ、文学の中に現れる空間のもつ境界性についての指摘を行っている。これは文学の本質を〈越境〉に見るという考え方に発展する芽として、後の前田の物語論に結びつく重要な論点となるが、ここで一つの理論上の問題が生じることとなった。それは文学において「空間」

1　ロラン・バルト著、篠沢秀夫訳『神話作用』東京：現代思潮社 1967 年、渡辺淳等訳『零度のエクリチュール』東京:みすず書房 1971 年、沢崎浩平訳『S/Z』東京：みすず書房 1973 年、沢崎浩平訳『テクストの快楽』東京：みすず書房 1977 年、花輪光訳『物語の構造分析』東京：みすず書房 1979 年。

2　ミシェル・フーコー著、中村雄二郎訳『知の考古学』東京：河出書房新社 1970 年、渡辺一民等訳『言葉と物』東京：新潮社 1974 年、『性の歴史 I 知への意志』東京：新潮社 1987 年、清水徹等訳『作者とは何か？』（文学論集 I ）横浜：哲学書房 1990 年。

3　ジャック・デリダ著、高橋允昭訳『声と現象』東京：理想社 1967 年、足立和浩訳『根源の彼方に——グラマトロジーについて 上・下』東京：現代思潮社 1972 年、高橋允昭訳『ポジシオン』東京：青土社 1981 年。

4　ジャック・ラカン著、宮本忠雄等訳『エクリ　I ～Ⅲ』東京：弘文堂、1972 ～ 81 年。

5　ユーリー・ミハイロビッチ・ロトマン著、磯谷孝編訳『文学と文化記号論』東京：岩波書店、1979 年。

を表象しようとすれば、それは造形芸術における場合と異なって一挙にその全体を提示するわけにはいかず、読書の過程において徐々に現象する以外にはないということの発見であった。〈越境〉はまさにそうした「時間」性を必要とする行為である。

読書中に読者が体験する文学的な「空間」の性質を解明しようとすれば、それは読書行為における「時間」の性質の解明抜きには出来ないということになる。無論前田自身その問題に直面して以後それを常に意識しつつ理論的展開を行っていくようになるわけだが、この「空間」と「時間」の相互作用による「作品」世界の現象という発見は、文学を成り立たせている「語り」と呼ばれる機能の性質を解明する方向を不可欠のものとすることになった。

前田自身は遺作となった『文学テクスト入門』（東京：筑摩書房、1988年）でこれを物語の原型論、ミニマル・ストーリー論として展開している。それは原理的にもっとも抽象的にとらえられ、普遍的に妥当する「物語」の姿とはどのようなものであるかということについての考察である。亡くなる直前に口述された部分を含むこの書物は、必ずしも明確に前田の意図を解き明かしたとはいえないが、彼が言葉の縦横に交錯するダイナミックなつながりの中でテクストの姿を具体的に捉え、記述しようとしていたのであろうことは窺い知ることができる。それは今一度バルトのテクスト論の原点に立ち返って、それに具体的・全体的なイメージを与えようとした試みであったが、そこに抜きがたく再び登場したのが、そうしたテクストのダイナミズムの根拠となる「時間」性の問題、「語り」の構造と機能の解明という問題であった。

3.「空間」から「語り」の構造へ——小森陽一の登場

「浮雲」の鮮やかな読解[1]によって学会に登場した小森陽一は、以

1　小森陽一『文体としての物語』東京：筑摩書房 1988 年；増補再版、東京：青弓社 2012 年。

後「語り」の構造論を駆使したテクストの詳細な分析と大胆な推論の展開によって、たちまちのうちに注目の的となった。幼少時に外国語（ロシア語）によって教育を受けた経験を武器として、小森は独力で、それまで誰も手をつけていなかった日本語の人称・時制・態などに匹敵する表現に注目した分析を行った。このような「語り」の構造分析と、テクストの空白を埋める推論によって書かれた漱石の「こころ」論[1]は、学会に一種のセンセーションを巻き起こし、石原千秋・三好行雄らをまきこんだ「こころ」論争が展開されるにいたった。

この時期、「語り」の構造を解明するさまざまな理論書が翻訳・紹介され[2]、この方法による文学テクスト分析が、一種のブームの様相を呈することになった。これらのうち、外国語において妥当する方法を無批判に日本語テクストにあてはめることによって、「語り」の構造分析の手法の可能性に却って疑問をいだかせるような結果を招いたものもあった。しかし、小森が独力で切り開いた「語り」の構造分析が、こうした諸理論によって補強されることで、テクスト分析の方法はその市民権を獲得していたのであった。

小森は精力的な仕事振りで日本近現代文学のさまざまなテクストの分析を行い、多くの後続研究者たちに影響を与えることになった。こうした中で東京では山本芳明、川津誠、島村輝ら、前田愛の薫陶を受けた東京大学大学院生を中心として、「国文読書会」が結成され、1987年に前田愛が死去して以降は、小森をリーダー格とするかたちで、1960年前後に生まれた若手の研究者たちが結集するように

1　小森陽一「「こころ」を生成する「心臓（ハート）」」『成城国文学』（1985年3月）初出、『構造としての語り』（東京：新曜社、1988年）収録。

2　ジェラール・ジュネット著、花輪光等訳『物語のディスクール』東京：風の薔薇1985年、フランツ・シュタンツェル著、前田彰一訳『物語の構造』東京：岩波書店1989年、ポール・リクール著、久米博訳『時間と物語Ⅰ～Ⅲ』東京：新曜社1987～90年。

なっていった。やがて90年代に入って、これら若手研究者たちの仕事がつぎつぎと世に問われることになるのである。

90年代初頭に、小森ら6名の若手研究者によって、80年代に急速に取り入れられた研究上の諸理論を整理し、「テクスト」論を中心として実際の研究に応用できるような形で再構成しようとする仕事が行われた。『読むための理論』（石原千秋他、横浜：世織書房、1991年）がそれである。300冊以上の理論書を吸収した上で、具体的に文学テクストの分析に応用した多数の例を挙げたこの本は、80年代の理論的集大成としてその後長く日本近現代文学を学ぶ学部生・大学院生にとっての必携書となり、現在にいたるまで版を重ねている。この本の登場によって、いわば80年代の理論はマニュアル化されたことになり、これらの理論が学会共通の言語として公認されるようになったとともに、逆にいえばこうした理論が常識化し、これ以降ここに紹介された理論をただ適用しただけといったような論文は通用しないことにもなり、この枠を打ち破る新たな理論的模索が要求されるようになった。

「テクスト」論について慎重な姿勢を示し、ある時には鋭い批判を行っていた三好行雄が90年に死去すると、以後「テクスト」論を正面きって批判あるいは否定するような傾向は次第に影をひそめることになった。

こうして「日本近現代文学」研究のパラダイム・チェンジはその前半を完了し、90年代にはこの「テクスト」論のさらなる応用が多面的に行われると同時に、「テクスト」論が見逃していた面での理論的追究が、やはり若手からこのころ中堅となった研究者層の手で切り開かれていくのである。

二、90年代の新潮流
——「テクスト」論から「言説分析」へ、「男」から「女」へ、日本から「日本」へ

1.「言説分析」「文化研究」の方法

「国文読書会」に属する研究者たちとは別に、紅野謙介は80年代に近現代文学におけるメディアの役割についての研究を進めていた[1]。また、日本近代文学会の機関誌である『日本近代文学』第47集（1992年）は「文学表現とメディア」という特集を組むなど、文学を取り巻く環境のうち「メディア」の様態に研究者の関心が集まるようになっていた。

このころ「国文読書会」は立教大学での前田の最晩年の教え子である金子明雄、中山昭彦らを迎えて活動を継続していたが、「テクスト」論の外部に進路を模索していた彼らは紅野の仕事に注目し、90年代初頭に小森・紅野・金子・中山・島村をメンバーとして、明治30年代、40年代のメディアがどのように「文学」を立ち上げてくるかについてをテーマとする研究会を継続的に開いていった。この研究の成果が、季刊「文学」の二つの特集に結実することになる。

『文学』1993年冬号は、「メディアの政治力」という特集を組んで、日清戦争（甲午戦争）前後の新聞を中心とするジャーナリズムの言説編成をテーマとする上記のメンバーの論文を掲載した。この特集の好評を受けて、さらに1994年夏号では「メディアの造形性」という特集を行い、やはり上記の同一メンバーによって、日露戦争前後のメディアの特徴を明らかにする諸論文を掲載した。

「国文読書会」メンバーの多くに、紅野ら早稲田出身のメンバーを含む「明治三十年代文学研究会」はその後も粘り強く研究を継続し、97年に『メディア・表象・イデオロギー——明治三十年代の

1　紅野謙介『書物の近代——メディアの文学史』東京．筑摩書房、1992年。

文化研究』（小森陽一・紅野謙介・高橋修編、東京：小沢書店、1997年）という書物をまとめるにいたった。

この本が刊行される背景には、90年代に入って、英米文学研究の分野を中心として「文化研究」という方法が注目を浴び、ジャーナリズムの言説編成やサブ・カルチャーの形成などをめぐっての欧米の研究がつぎつぎと翻訳されるということがあった。こうしたことに刺激され、「日本近現代文学」研究の分野でも、文学プロパーに閉じこもる研究スタイルから、広く「言説分析」「文化研究」の方向が模索された。『メディア・表象・イデオロギー』は、中堅・若手の「日本近現代文学」研究者による、その一つの中間回答といえよう。

もちろん「言説分析」「文化研究」といってもまだその内実は固まったものではなく、具体的な方法や方向は多様である。さまざまな言説の中で「文学」テクストの特権性を認めないという前提は共有するものの、その実、膨大な資料を操作した結論を「文学」の方向にもっていこうとするのかあるいは「文学」を言説一般に解消してしまおうとするのかについては、この分野をてがけている研究者たちの立場にも相違がある。

そのもっとも急進的な立場、いわば「文学」抜きの「文学研究」を標榜するのが、山本芳明、大野亮司らを代表とする潮流であろう（当人たちは両者を同一視されることを嫌がっているが）。彼らは「文学」をあくまで「　」つきのものとして扱い、一つの社会現象に還元し、同時代の言説の流通システムの中で、その発生と維持・拡大のメカニズムを探っていく方法をとっている。したがって極端な場合には、山本の「石川啄木」論、大野の「志賀直哉」論のように、作品の引用を一切行わずに論を立てる場合すら起こっている。ほぼ同世代に属する一柳廣孝も、「こっくりさん」や「催眠術」に関する言説の編成をテーマとし、「日本近現代文学」研究者といっても文学作品そのものを直接の対象としない研究を行っている点で、共通するポジションにいるといえよう。[1]

一方、ここまで極端な手法ではなく、いわば従来の「文学」概念を相対化するための方法として「言説分析」を取り入れる研究も次第に増えてきている。筆者の著書『臨界の近代日本文学』（横浜：世織書房 1999）の書き下ろし「序論」でも、「言説分析」の方法は取り入れられているが、それは最終的には作家・小林多喜二の表現意識の表れを強調するためのものである。こうした折衷的な方法については、「言説分析」の急進的潮流からは、「言説分析の方法を借りて、従来の『文学』概念の温存・延命に手を貸すものとなる」との批判がある。

既成の「文学」概念について、「テクスト」の外部からその輪郭を問い直す「言説分析」は、「文学」の特権性を自ら解体する契機を孕む、ある意味で過激で危険な方法だともいえる。「言説分析」の方法は、原理的に「文学」言語の特権性を認めない。分析の出発点となる立場がそのようなものであるとすれば、その結果がいわゆる「文学」研究というかたちをとらなくなるというのも、当然のことだ。「言説分析」の方法を用いて「文学」をも含めた言語現象を分析しそれを記述した言葉が、それ自体「文学」的であるという保証はどこにもない。その分析の道筋も，記述の方法も、すべての前提となる「文学」という自明性を問おうとしているからである。

筆者自身はこのように明快に割り切って「文学」の特権性を否定する立場にはいささかのためらいを覚えざるを得ない。そうすればそもそもの原点である「文学」研究へと向かうモチベーションを、全て否定することになりはしまいかという問いに、自らまだ答えを出せないでいるからである。しかしいずれにせよ、この難問は、「文学」をモチベーションとしつつその「文学」の自明性を懐疑する者にとってどちらの立場を選ぶとしても、避けては通れぬものといえ

1　一柳廣孝『「こっくりさん」と「千里眼」』東京：講談社 1994 年、『催眠術の日本近代』東京：青弓社 1997 年。

るだろう。

2. 「フェミニズム批評」「ジェンダー論」からのアプローチ

「日本近現代文学」研究の潮流の中には、渡邊澄子らをはじめとする女性研究者たちの仕事が先駆的に存在していた。80年代からすでに、研究界の内部で「フェミニズム批評」に対する関心とそこに研究方法を見出そうとする人々が、意識的に模索を展開していた。『読むための理論』にも「フェミニズム批評」の一項目があるが、この時点ではまだまとまった成果といえるほどのものは、「日本近現代文学」研究の領域では目立ったものとはいえなかった。

90年代に入り、江種満子らを中心として「フェミニズム批評」「ジェンダー論批評」の成果が活発に現れるようになり、はっきりとこれらを標榜する研究が目立ってきた。『女が読む日本近代文学』（江種満子・漆田和代編、東京：新曜社、1992年）『男性作家を読む』（江種満子・関礼子他、東京：新曜社、1994年）などは、「フェミニズム批評」「ジェンダー論批評」が、さまざまな問題や理論的不整合を抱えざるをえない状況にありつつも、一定の結果を世に問うたという点で特筆されるべきものであろう。樋口一葉に関する関礼子の仕事[1]なども、関自身の鋭い問題関心の持ちようとともに、やはりこうした全体の潮流との関係の中であらわれてきたものといえる。

こうした中で、近年刊行された飯田祐子の『彼らの物語——日本近現代文学とジェンダー』（名古屋：名古屋大学出版会、1998年）は、そのサブタイトルにも見られるように、はっきりと方法の焦点を「ジェンダー論」にしぼり、これまで揺るぎないものとされてきた夏目漱石を主たる対象として、その文学史的位置のラディカルな見なおしを迫るものであった。

博士の学位請求論文を元にして編まれたこの書物の中で、飯田は

1　関礼子『姉の力 樋口一葉』東京：筑摩書房、1993年。

そこまでにいたる「フェミニズム批評」「ジェンダー論批評」の歴史的な総括を行い、その達成と限界とを明らかにした上で、きわめて明確な問題意識と対象画定とをもって、みごとに夏目漱石の言説の「ジェンダー論」的問題点を明らかにしている。今後漱石を論じるにあたって、女性・男性を問わず研究者必見の書であるとともに、単に漱石論にとどまらず、研究上の「ジェンダー」イデオロギーを巡る立場の選択を、読者に鋭く迫る労作と評価できるだろう。現時点における「ジェンダー論批評」の水準を示すものとして、注目すべき本である。

3.「ポスト＝コロニアリズム」「多言語主義」の影響

90年代も半ばにさしかかったころ、海外の研究動向を通じて「文化研究」とともに脚光を浴びたものに「ポスト＝コロニアリズム」の問題意識による諸批評がある。「カルスタ」（「文化研究」の揶揄的表現）とともに「ポスコロ」などとお手軽に呼ばれるようになってしまった「ポスト＝コロニアリズム」であるが実際はそのような軽々しさとは無縁の、現代の重要問題を取り扱う研究方法である。日本にあっては、それは明治維新以来の「国民国家」形成過程での、「地方」抑圧、植民地侵略の文化的歴史を中心として展開されることになる。

田中克彦は、言語社会学の分野で早くからこうした問題を取り上げていたが、その門下生である林正寛の「多言語主義」についての研究[1]、イ・ヨンスク[2]らの仕事、あるいは酒井直樹[3]の仕事などが、現在もっともアクチュアルなテーマを扱った研究として脚光を浴び

1　田中克彦等編『言語・国家、そして権力』名古屋：新世社 1997年、三浦信孝編『多言語主義とは何か』東京：藤原書店 1997年。

2　イ・ヨンスク『「国語」という思想——近代日本の言語認識』東京：岩波書店、1996年。

3　酒井直樹『死産される日本語・日本人——「日本」の歴史－地勢的配置』東京：新曜社、1996年。

ている。

安藤恭子は、従来大正期のインターナショナリズムの反映と評価されていた宮沢賢治の童話の中の「世界」図式の問題性を明らかにし、さらに当時の児童文学誌「赤い鳥」などとの比較に手を広げて、この時代の植民地主義的・文化差別主義的な言説編成を明らかにする業績をあげた[1]。同じ時期に「クレオール」という概念を通じて賢治を考察し、安藤に共通する結論を提示した西成彦の仕事とともに、「ポスト＝コロニアリズム」の問題意識が明確に感じられる書物である。

学会動向としても、日本文学協会はその機関誌『日本文学』に「〈国境〉を越える文学」（1997年11月）、「〈異文化〉と〈日本文学〉」（1999年1月）という特集を組み、精力的に従来の「日本」を規定する要因の見なおしを図っている。このような動きに連動して、朝鮮・韓国人を中心とする在日外国人の生み出した日本語文学、旧植民地の日本語文学、占領下の「日本」文学研究など、従来の「日本近現代文学」研究の埒を越えるような対象についての、さまざまな方法による研究が、今日まで試みられてきている。

III、21世紀初頭における「日本近現代文学」研究の理論的到達点

1. 「標準理論」の一般化と新たな理論的枠組創出の試み

以上述べてきたような日本近現代文学研究における理論上の方法論的探求は、前世紀末の「テクスト理論」、「語りの構造論」、「読書行為論」などによるテクストの分析方法の確立と、21世紀初頭にかけての「言説分析」と「文化研究」、「フェミニズム批評」、「ポストコロニアリズム批評」の導入・摂取による言語の社会的性格の解明の方法的洗練により、明確にその外縁を区切ることはできない

1　安藤恭子『宮沢賢治〈力〉の構造』東京：朝文社、1996年。

ながら、全体として近現代文学研究に携わろうとするものであれば前提として必ず知っておくことが必要な、一種の「標準理論」となって、今日の学界に普及しているといえるだろう。

今日学会誌等に発表される論文においては、かつてのように外国の、あるいは日本における他分野の学者の理論的枠組みを紹介し、生のままで援用するような手法は、通用しなくなっている。ある意味でそれは、そのような学問分野の成果が、すでに日本近現代文学研究において、一般常識化した結果であるといってよかろう。したがって、「テクスト理論」や「言説分析」が、発表された論文において直接に言及されることが少なくなっているとはいっても、そのことが「標準理論」としてのステイタスを失いつつあることを意味していないのは明白である。そのことは、かつて「標準理論」の構築にあたって大きな役割を果たした当時の「若手」学者・研究者たちが、現在五十代の教員として、研究・教育の第一線に立ち続けていることからも容易に看取されるであろう。今日大学で日本近現代文学を学ぼうとするなら、このような「標準理論」の枠組みを身に着けることは、必須となっているのである。

それではこうして事実上の規範（デフォールト・スタンダード）として一般化した「標準理論」をさらに展開させる、あるいは乗り越える方策は試みられているのだろうか。ここでそのすべてに触れることはできないが、すでに実績をあげ、さらなる可能性が期待されている分野の一つ二つについて、触れておくことにしたい。

2. 「社会的テクスト生成論」の成果と今後

近現代における文学現象は、印刷における技術革新、出版・流通の産業化、教育の普及による密室での黙読の慣習などを背景に、活字となって刊行されたテクストの、読書経験における共有を前提として議論されてきた。作者による本文の改変をめぐってのテクスト・クリティックや、「全集」類編纂にあたっての本文の校訂と選択なども、基本的には刊行され、流通した本文の比較の上で行われ、部分的に直筆原稿類の参照がなされるというのが一般的だったと思われる。これとは対照的に、大量印刷と流通ルートを通じての消費という仕組みが確立していなかった時代の文学現象にあっては、何度にもわたって、複数の人間により書き写され、伝えられてきた「異本」の存在が当然のこととされる。そうした中では、本文校訂にあたってそうした筆写テクストを参照するのは、古典研究の第一歩であった。その点、近現代文学における本文のプライオリティーは古典文学の場合とは異なり、自筆原稿や書き損じの反古、草稿ノートなどよりも、筆者や編集者の手入れによって流通に乗せられた、刊本のほうにほぼ独占的に置かれてきたといえるだろう。

しかし近年、戸松泉『複数のテクストへ——樋口一葉と草稿研究』（東京：翰林書房、2010 年）のような「生成論的研究」と呼ばれる手法が脚光をあびるようになり、「近現代文学」という枠組みの中で問題化されることの少なかった、テクストの生成過程と、そこから生じる異本の存在について、あらためて興味と関心の対象となって浮かび上がるような動きが生じてきた。

このようなテクストの生成過程が最も先駆的、かつ端的に問題になったのは、『校本宮沢賢治全集』（東京：筑摩書房、1973 ～ 1977 年）の編纂の際だったといってよかろう。賢治の場合、生前に刊行された作品と、トランク等に草稿類の形で残されたその文学的営みの痕跡とでは、分量の面だけでいっても問題にならないほど後者のほうが大きい。内容的にも、草稿のまま残されたものに、巨大で豊富な内容が、さまざまな形で記録されていることは、早くから意識されていたことであった。しかしそれを活字化して、読者たちに共有され得るテクストを創り出すためには、この膨大・複雑な文学的営みの痕跡のジャングルに、分け入らなければならない。『校本宮沢賢治全集』は、その困難な試みに挑戦して得た、大きな成果であった。

『校本宮沢賢治全集』の達成はさらに『新・校本宮沢賢治全集』（東京：筑摩書房、2009年完結）に発展的に受け継がれるが、この事業はあくまでも草稿、メモ、刊本への書きいれなどの「活字化」という制約をもったものでもある。『校本宮沢賢治全集』の編纂に取り組む時点では、全資料の複製図像化は、費用の点でも、また活用の際の利便性の点でも、現実的でないとの判断はありえたであろう。しかし、その後のデジタル・メディアの進歩・普及により、生の手書き資料を、高画質のデジタル画像として提供することは、技術的にはさして難しいことではなくなった。例えばDVD-ROM付きで出版された『「改造」直筆原稿 画像データベース』（東京：雄松堂、2007年）では、7,000枚を超す多数の作家の直筆原稿とその活字化された本文を収録、提供することが達成された。これだけ大量の画像情報のデジタル出版化が可能になったことで、活字化された本文の下に潜在していた、手書き原稿の持つ膨大な情報を、画像化して広く提供する途が開けてきたのである。

そうした中、2008年初頭に巻き起こった「蟹工船」再評価の動きは、折からの世界的経済危機とその国内への反映としての「反貧困」の社会的動きとを背景に、広く世間の関心を呼ぶ出来事となった。アクチュアルな時代を映す作品として、外国語への翻訳・紹介が行われ、その世界的な広がりが注目されるとともに、この作品の本文、異本などの成立過程への研究も、一定の進展を見せた。また一方で、「蟹工船」を書いた小林多喜二という作家の立ち位置、その人間像を解明しようとする動きも顕著に現れてきた。

こうした状況を受けて、多喜二の「創作ノート」、自筆書簡などを含む手稿類への関心が高まりつつあった。なかでも特筆すべき出来事は、『小林多喜二全集』（東京：新日本出版社、1993年）等で部分的に紹介されていた小林多喜二「草稿ノート」（全13冊、約1,700頁）が、先般個人蔵から日本共産党中央委員会の所蔵となったことである。多喜二の「創作ノート」の内容詳細については『全集』の編集の際を除き、これまで立ち入って研究されてきたことはほとんどなかったといってよいが、この所蔵変更を機にマスコミの取材要請などに応じて公開されることも重なり、さまざまな場面でその存在がクローズアップされることになった。

筆者は2009年に、日本共産党中央委員会に出向き、この「草稿ノート」の現物、およびコピーの一部を閲覧する機会を得た。「蟹工船」を含むノートの画面を詳細に見ていくと、これまでの各種の版本の本文や『全集』その他の解題類からは到底想像もつかなかったような、この作品の制作における多喜二の思考のプロセスが浮かび上がってくるような気分になった。ノート稿を多くの人が見ることで、多喜二作品の、従来の読み方が、変わってしまう可能性もあると考えられた。

これを一つの契機として、筆者を含む多喜二研究者が日本共産党中央委員会に協力を要請し、それらの資料を、デジタル・アーカイブ化し、学術研究等への利用のために広く公開する承諾を受けたのが、2010年のことである。この資料類は「蟹工船」下書きや多喜二の日記である「析々帳」を含み、格別の重要性を持つ。資料を保存しつつ細かな研究を進めるために、これら手稿類の精密な複製作成による、より条件を緩めた公開の承諾を得たのはまことにありがたいことだった。

この機会を得て、各地に分散所蔵される小林多喜二直筆原稿等をあわせてデジタルデータとし、それぞれの資料に解題を付し、DVDに収録・出版し、広く学術研究に資することを企画した。その過程で、「草稿ノート」の中から欠落していると考えられた「オルグ」の草稿を含むノート、その他の貴重な手稿類が日本近現代文学館、薩摩川内市川内まごころ文学館、市立小樽文学館等に保存されていることが明らかになっていった。これらの資料も、可能なかぎり収録する方針をとった。またこの調査にあたって、これまで未発見、あるいは『全集』未収録であった資料のいくつか、手書き原稿に準ずるものとしての、発表作品に対する多喜二自身の手入れの跡などの資料も、併せて収録することとした。さまざまな事情から、所蔵が判明しているにも関わらず収録できなかったもの、全体の規模の関係で画像化したが収録されなかったものが残ったのは残念ではあったが、『「改造」直筆原稿 画像データベース』を手掛けた雄松堂が制作・刊行を引き受けてくれ、2011年2月に刊行することができたのは幸いであった。

今回まとめられた多喜二の『草稿ノート・自筆原稿　データベース』を活用することで、この作家のノート稿、下書き、浄書稿、その編集者手入れ、ゲラ、その手入れ、初出、初版、その後の収録本などを精密に追いかけていくことができるようになる。印刷・出版・映画・放送などのマス・メディアの発達、社会主義国家の出現による社会変革運動の高揚と弾圧、内政・外交・経済的行き詰まりによる戦争への傾斜など、相次ぐ激動の時代を生きた多喜二という作家についてこのプロセスを追っていくことは、「社会的テクスト生成論」とでもいうべき、未踏の領域を探究することになるだろうと考えている。そこには作家個人の内面の問題だけでなく、文学作品が、人間関係などを含めた広義の「メディア」を通じてどのように社会化するのか、そのメディアにどのような「力」が加わってテクストが変形していくのかといった、歴史の力学の解明へのルートがある。先に挙げたような条件下で文学活動を行った多喜二の場合にはその過程全体がひとつの典型的なケースとして研究の対象になるであろう。

折から、多喜二とともにプロレタリア文学運動に参加し、多喜二虐殺の前後、また戦後にいたるまで多喜二作品の保存と普及に努めた貴司山治の『全日記』DVD版（東京：不二出版、2011年）も刊行された。実は多喜二の『草稿ノート・直筆原稿』DVD制作の最終盤に、貴司山治と多喜二の深い関わりが次第に明らかになってきたのだが、その時点ではこの『全日記』を参照することができなかったのである。今後この両者を比較しつつ解き明かされる部分が多くあるだろうことが期待される。刊行本文の水面下にある、未刊行の直筆資料が今後さらにデジタル化、データベース化されるならば、近現代文学研究の未踏の領域が、大きく開けてくる可能性が大きいと考えられる。

3. 「文学＝史」構想の可能性

加藤周一の『日本文学史序説』(東京：筑摩書房、1980年)は、「文学」と「文学外」のもの（例えば「歴史」）との関係を、大きく視野の内に捉えた「文学史」記述としての一つの典型を示したものといえるかと思う。この大著がカバーする範囲は上代から二〇世紀初頭に生れた文学者の一世代までという、膨大なものになっている。

『日本文学史序説』には、これまでの「文学史」が十分には発想することができなかったユニークな方法論が、きわめて自覚的に採用されている。

> 『日本文学史序説』にいう「史」すなわち「歴史」の解釈は、単に過去の個別的な事実の年代的順序に従う叙述ではなく、前の事実を踏まえて後の事実の生じる一すじの流れ、またはその意味での発展を明らかにしようとする試みである。[1]

この言葉を現代の文学理論に引き付けて説明するとすれば、ここで加藤が採用しているのは、まさしく「文学的」な記述法であるといわなければならないだろう。「前の事実」と「後の事実」の間の「一すじの流れ」「発展」を明らかにしようとするということは、物語理論でいう「プロット化」の方法にほかならない。

> プロットを定義しましょう。われわれはストーリーを、時間的順序に配列された諸事件の叙述であると定義してきました。プロットもまた諸事件の叙述でありますが、重点は因果関係に

1　加藤周一『日本文学史序説（下）』、東京：筑摩書房、1980年、492頁。

> おかれます。〈王が亡くなられ、それから王妃が亡くなられた〉といえばストーリーです。〈王が亡くなられ、それから王妃が悲しみのあまり亡くなられた〉といえばプロットです。時間的順序は保持されていますが、因果の感じがそれに影を投げかけています。（中略）王妃の死を考えてください　。ストーリーならば、〈それからどうした？〉といいます。プロットならば〈なぜか？〉とたずねます。これが小説のこの二つの様相の基本的なちがいです。[1]

「なぜか？」を問うことが「史」の（すなわち広義の「文学」に含まれる「歴史」記述の）眼目であるとするなら、当然それは規範化・特権化された「文学」の枠組みにとどまることはできない。従って、加藤が前の引用に続いて次のように述べているのは必然である。

> 文学の発展のすじ道は、全体としては文学外の条件を考慮しなければ、明らかにすることができない。著者はここで、日本の土着的世界観が、外部からの思想的挑戦に対して各時代に反応してきた反応の系列を、それぞれの時代の社会的条件のもとで、その反応の一形式としての文学を通じて、確かめようとしたのである。[2]

このようにして、加藤の場合「日本文学史」は「土着的世界観」と「外部からの思想的挑戦」の間の「反応」を、その「一形式としての文学を通じて」確かめるというスタンスが採用されることとなった。ここで「文学史」は文化・思想の一形式としての「文学」の様態の変化を通じて、文化史・思想史の中に包含されるものとなる。あるいは角度を変えてみれば、「文学史」を論じることは、文化史・思想史を背後の視野にいれざるを得ないということを意味している。

1　E・M・フォスター『小説とは何か』（東京：ダヴィッド社、1954年）。引用は『読むための理論』（横浜：世織書房、1991年）、91－92頁。
2　加藤周一『日本文学史序説（下）』東京：筑摩書房、1980年、492頁。

このように明確な方法意識をもって記述された『日本文学史序説』が取り扱っている「文学」の範囲が従来の「文学史」の領域をはるかに超えたものとして設定されている。内容上、それは宗教的・哲学的な著作から、農民一揆の檄文にまで及ぶ。また形式上からは、従来の「日本文学史」が副次的にしか扱ってこなかった「漢文」や口誦文学の記録までを含むものとなっている。昭和の文学（という言い方を加藤は採用していないが）で、たとえば大仏次郎や渡辺一夫、丸山真男や森有正について、それを「文学」としてこれほどに位置づけた「文学史」があっただろうか。このこと一つを考えてみても、加藤の方法がいかに独創的、かつ深いパースペクティブを持ったものであったかは明らかであろう。まさしく先の引用で「文学の発展のすじ道は、全体としては文学外の条件を考慮しなければ、明らかにすることができない」と加藤自身が述べているその方法の、端的な成果がこの書物だということができる。

このように「時代と社会と文化の同時的構造を前提」とするならば、それが読者論やメディア論、表現史といった直接隣接する領域と深く関わるばかりでなく、社会史、文化史、さらには政治史や経済史といった領域さえも、「文学」の有り様そのものにかかわる重要な要素として扱わざるをえないということになる。

『日本文学史序説』は「今（二〇）世紀初めに生れた文学者の一世代を以て終わる」[1]とあるように、加藤にとって、少なくとも「戦後」文学史は「『日本文学史序説』の附録ではあり得ても、その一部分ではありえない」[2]と自覚されていた。当事者の一人である加藤自らが、歴史的遠近法の中に「戦後」文学史を位置づけることができないと感じたことはよく理解できる。『序説』記述の最後に登場する作家が三島由紀夫と大江健三郎であることは、この書物の歴史性を物語るとともに、今日の文学状況にとって象徴的であるともいえ

1　加藤周一『日本文学史序説（下）』東京：筑摩書房、1980年、493頁。

2　加藤周一『日本文学史序説（下）』東京：筑摩書房、1980年、493頁。

るだろう。晩年の加藤は、大江らとともに「九条の会」を立ち上げ、三島のような「粗雑な耽美主義」を論理的に批判した。その意味で、加藤にとって大江文学、三島文学は「歴史」の遠近法の中に整理して片付けてしまうことのできない身近さを保っていたことになる。その身近さゆえに、加藤は「戦後」文学を、少なくともその総体としては『序説』に組み入れなかった。

加藤の『日本文学史序説』とは全く異なった方法をとりながら、しかも「時代の社会と文化の同時的構造」を組み込みつつ、対象への「身近さ」による歴史的遠近法の不整合を敢えて避けずに、「昭和文学史」の全体像に迫ろうとした意欲的な試みが、井上ひさしと小森陽一をホストとし、多彩なゲストを迎えてジャンル横断的に展開された大著『座談会昭和文学史』全六巻（東京：集英社、2003～2004年）である。

1997年から2003年まで、足掛け七年、全26回に亘って『すばる』に掲載されたこの連続座談会は、「通史」としての整合性というよりは、「昭和」の終焉から十年を経ようとする頃を挟んで、その「文学」を総体としてとらえなおそうとする強い意欲の感じられるものとなっている。その各章のタイトルも、第19章「原爆文学と沖縄文学」、第21章「在日朝鮮人文学」あるいは第25章「戦後の日米関係と日本文学」という、座談会のホストたち、参加者たちの「同時代」に密着した論争的なものまで、迷いなく含まれている。多彩なゲスト陣の中に加藤周一その人も含まれている（第1章「大正から昭和へ」）が、加藤にしてみれば、『序説』の附録でしかなかった「戦後文学」はおろか、「平成」への移行の有り様までも含む「昭和文学」の総体がこのように語られる場が設けられたことは、自分の採用しなかった方法によりながら、自分の「文学史」の最後の空白を見事に補完する「同時代史」として、自ら語る機会を得たわけであり、おそらくは「我が意を得た」と言えるものであったに違いない。

その加藤周一も、ホストの一人であった井上ひさしも、井上の片腕として座談会の本文構成に言語に尽くせぬ貢献をした渡辺昭夫も、また多彩なゲストの何人かもすでにこの世を去り、この『座談会昭和文学史』自体がいまや歴史化されるような状況となってきた。すでに述べてきたような角度から見て、『座談会昭和文学史』の意義は今日ますます大きくなっていると思われるが、もちろんこの達成にしても、また『日本文学史序説』にしても、それぞれが完璧な「昭和文学史」であるわけではない。「昭和文学史」に続く「平成文学史」がなぜ現れてこないのか、そもそも「昭和文学史」として「明治 - 大正 - 昭和 - 平成」という時代区分を採用し、出来事の因果関係を明らかにしていくという「史」の方法に、見直しの契機はないのか、という問題が、ここで改めて浮上してくるであろう。

加藤の言葉を再度引用するなら、「史」とは「前の事実を踏まえて後の事実の生じる一すじの流れ、またはその意味での発展を明らかにしようとする試み」ということになる。それは出来事と出来事の間を因果律、論理の必然で結んで記述しようとする企てであり、その動因は「前の事実」に、結果は「後の事実」に求められることになる。その場合「歴史」とはそもそも「整然と継起した出来事を、因果律を踏まえて記録する」という枠組みに嵌められたものとなり、加藤のいう「発展」、さらに矮小化して理解するなら，いわゆる「進歩」を、その記述の当然の前提とすることになりかねない。加藤はそのことの持つ危うさを認識して、次のようにも述べている。

> 文学作品は、それ自身で完結した一面をもち、歴史を超越する面を含む。文学は、時代の文化の一部分であると同時に自己完結的な、歴史的であると同時に超歴史的な現象である。著者は、文学史においては、文化の一部分としての文学作品の歴史的な面に注目し、個別的な作家や作品を詳しく論じるときには、その自己完結的な面を強調して、歴史を超える面に及ぶのである。[1]

1　加藤周一『日本文学史序説（下）』東京：筑摩書房、1980年、493頁。

この加藤の認識はいま「文学史」の限界と可能性を考える際に、極めて重要な示唆を与えてくれている。「文学史」は「文化の一部分としての歴史性」に、「作家論・作品論」は「自己完結性」に光を当て、両者を区別して考えるのが加藤の方法だった。しかしそこを裏側から見れば、「作家論・作品論」と「文学史」はそのように截然と区別する以外に方法はないのだろうか、という問いを立てられる。「作家」といい「作品」といっても、それは「言葉」を操り、「言葉」によって組み立てられたものである。その「言葉」そのものは「歴史」性を内包してはいないか、という問いである。

一つの小説の中の、一つの物事、一つの出来事そのものを記述する一つの「言葉」も、他の膨大な「言葉」の網の交点の一つに過ぎない。「おい、地獄さ行ぐんだで！」にしても「私は、その男の写真を三葉、見たことがある。」にしても、この短いフレーズを構成する一つ一つの「言葉」の成り立ちまで遡っていけば、その背後に無数の「言葉」による出来事の記述が潜在していることに気付くことになる。そこには既成の概念による「社会」性、「歴史」性とは違った「社会性」「歴史性」の在り方が見出される。そうだとすれば、「言葉」そのものが「歴史性」を含むという意味で、「文学作品」そのものも「史」を内包しているとは考えられないだろうか。同様の意味で「作家像」も「史」を内包しているとはいえないだろうか。あるいは、「昭和文学」といえども決して過去のものではなく、「文学＝史」としても、我々が呼吸し、生活している「同時代」に息づく「歴史」そのものなのだといえるのではないか。ここに新しい意味での「文学＝史」の可能性を見出すことができるのではないだろうか。

三、日本近現代文学研究の今後
——日中共同の立ち位置の模索

1. 「日本」への疑い

本稿に残された課題は、「日本近現代文学」研究の日中両国における今日的意義の解明である。無論この課題は上述した日本における研究の歴史と現状に密接に関連する。特にⅡで述べた三つの論点は、それぞれが「日本」「近現代」「文学」という境界の解体と再構築にあたって、相互に関わりあうものであり、ここに中国からの視点を導入することによって、新たな視野が開けてくる可能性がある。

まず問い直されるべきことは、「日本近現代文学」というタームを構成する第一の要素、「日本」の自明性であろう。

中国と対比して日本を考える場合、中国の広大さ・多民族性に対して、島国・日本の地域的なまとまりと、単一民族・単一文化・単一言語性が前提とされるのが一般的であろう。少なくとも近現代文化言語としての日本語の均質性について、その発生にまで遡って問われる機会は多くなかったろうと思われる。しかし小熊英二が明らかにしたように[1]、幕末・維新から日清・日露戦争を経て戦前の中国侵略・「満洲国」建国にいたるまで、日本は多民族を内包する帝国として成立していた歴史を持つ。また、ことを言語・文化の問題に絞ったとしても、近現代日本語・日本文学の形成過程で、アイヌをはじめとする北方少数民族、琉球人、東北在住者、被差別部落住民、各種障害者、女性、子ども、さらにアジアの被侵略国民など、さまざまな表象を差別・抑圧したうえで、統一的な言語や文学が成立したとの認識も深められつつある。このような経過をたどって形成された「日本」という表象は、「近現代」という概念や「文学」の外

1 小熊英二『単一民族神話の起源——〈日本人〉の自画像の系譜』東京：新曜社、1995年。

延との深い関連から、問い直されなければならないだろう。いわば現在の「日本」人の依拠する基盤そのものに迫ろうとするスタンスが要求されるところである。敢えていえば、今日日中両国間にわだかまる「領土」問題の認識とアプローチの態度も、この基盤をどう理解し対処するかにかかっているともいえる。

これまでの常識でいえば、この課題自体は無論その主体である「日本」人が中心的に担うべきものとされるはずであるが、問題はそう単純ではない。なぜなら、ここではその主体たる「日本」人の表象するものそれ自体か問われているからである。

ここで文学の領域に限っていえば、これまでにも在日韓国・朝鮮人作家を中心に、「日本語で書く外国人作家」が存在していたが、近年のリービ・英雄らの仕事をみると、文化的に日本とは異質の背景で育った外国人作家が、敢えて日本語で小説を書くといったことさえ見られるようになり、従来の「日本人が日本語で書いた文学」という前提がくずされようとしている。2008年、『時が滲む朝』で第139回芥川賞を受賞した楊逸の存在なども、日中間でこの問題を考える格好と題材になるであろう。

同様のことは旧植民地教育の中で日本語を身につけた世代などにみられる「他文化を背負いながら日本人として日本語で書くことを迫られた作家」(孤蓬万里編『台湾万葉集』東京：集英社、1994年)、あるいは水村水苗や多和田葉子ら「日本人としてのアイデンティティを求めながら、それが幻想に過ぎないと悟った作家」たちの仕事という、従来「日本」「文学」にとってマージナルとされた領域の仕事に対する関心として、見出されるようになってきた。

こうした「日本人」「日本語」内の多文化・多言語共存化の現象は、多民族国家として一方では「普通語」の普及というかたちで統一国家のまとまりを追及しつつ、他方では「少数民族の権利尊重」をかかげる中国のような国からの視点が有効とされるのではないだろうか。そしてそれはまた両者の統一的な発展というかならずしも容易ではない課題を背負う大国・中国にとって、やがてより大きな規模で直面せざるを得ない問題ともなってくるのではないかとも思われるのである。

2. 「近現代」への疑い

現代日本社会は、いうまでもなく高度資本主義の経済制度によって支えられている。この近現代資本主義制度、生産——流通——消費——再生産のメカニズムが、「近現代文学」という表象を生み出したことは、Ⅱで紹介した諸論がかなりの程度明らかにしてきたことである。この仕組みをさらに解明することを通じて、「日本近現代文学」というタームを構成する第二の要素、「近現代」の意識形態（イデオロギー）の多様な在り方、多元的に決定されたその様態を解きほぐすことができるのではないだろうか。そういう意味で、「近現代」社会の生活のすみずみにまで浸透した「近現代」の表象を分析する「言説分析」「文化研究」の将来は、比較的明るい展望を見せているといってよかろう。

日本のマルクス主義的フェミニズム批評が明らかにしたことの一つに、男女の性差の問題は、決して社会の経済的土台のみに規定されたものではなく、したがって資本主義から社会主義への発展にともなって自動的に解消するものではないということがある。これは再生産の概念を、商品の再生産から、労働力商品である人間自身の再生産を含む「全体の再生産」という、マルクス主義理論が本来包含する枠組みを再発見し、そこまでを含めた再生産図式の中で家族問題や男女問題を考えようとしてきたことに対応する。最近の「ジェンダー論」批評は、日本のフェミニズム思想の達成を十分に取り入れた成果を生み出しつつあると考えられるが、現代中国の社会的男女役割（ジェンダー）の観点から、日本のそれを解明することもまた、意義あることと考えられるのである。

たとえば男女共稼ぎと育児の問題、二世代・三世代同居の大家族の問題、老人や障害者の介護の問題など、「文学」を通じて表象されたこうした問題を中国の現状からとらえ直すことは有効な課題といえると思う。

こうした課題は、社会主義の政治制度の下で資本主義的な経済発展の路線をとる中国にとって、来るべき将来にこれまた避けては通れないものの一つであろう。さらには全世界的な家族制度や地域社会の解体といった問題への見通しも含めて、「日本文学」からの通路はこの分野から広く開けているといってよかろう。

3.「文学」への疑い

さて、最後に残されたのが「日本近現代文学」というタームを構成する第三の要素、「文学」への疑いという決定的な問いである。ここまでの論述で、現代の研究にとって「文学」テクストと他の「テクスト」、言説との差異は、歴史的に規定された相対的なものでしかないということが明らかになったと思う。「歴史」学の方法論もまた「歴史」を構成してきた意識や言説のあり方そのものを問うというパラダイムの転換の過程にあるとすれば、従来の「歴史」を自明のものとして「文学」史を記述しようとするのはやはり従来の「日本近現代史」の認識の大枠を抜け出すことができないことを明かしているといえよう。

本論文の冒頭に述べたように、歴史は事後的に構成される一つの物語に過ぎないのであるとすれば、これからの研究が目指すべきところは大文字で書かれた単一の正史である「歴史」に対して、小文字・複数形のパーソナルな諸物語の集成としての「歴史」を対置し、正史である「歴史」をそれとの抗争の〈場〉に導き入れることが求められているのであろう。そしてそれは結局のところ、支配的な言説に対するマイノリティの言説の反抗・抗争という形をとりつつ、全体としてフーコー的な「権力」の〈場〉(『性の歴史Ⅰ 知への意志』東京：新潮社、1987年）の在りようを解明しようとする、政治的・

社会的な営みとなることを避け得ないであろう。

全ての「文学」的なるものの内実と編成とを疑い尽くした末に、そこになお残るなにものかがあるとするならば、「文学」研究者は以って瞑すべしというべきなのであろうか。「3・11」後の日本における近現代文学研究とは、そのような懐疑を措いて携わることの許されぬものなのではなかろうか。

中国における日本近現代文学の研究史

王志松

中国における日本近現代文学に関する最初の紹介は、1898年梁啓超が翻訳した政治小説『佳人之奇遇』とその序文《译印政治小说序》に遡るであろう。梁は《译印政治小说序》で啓蒙の立場から政治小説の社会的機能を幾分か誇張した口調で肯定したのであるが、それは結果的に小説の社会的地位を高め、清末の「小説界革命」を起爆したのである。文学の立場から日本近現代文学についての研究が始められたのは、五四運動（1919年）の前後からである。以来、日本近現代文学作品が続々と翻訳・紹介されるとともに、批評と研究も活発になって、中国の近現代文学の形成にも大きく寄与してきた。この百余年の批評・研究史を振り返ってみると、1918年から1948年までは第一期、1949年から1976までは第二期、1977年から現在までは第三期と三期に分けられる。以下、その展開を簡単に辿ってみよう。

一

第一期では、まず挙げるべきなのは周作人の《日本近三十年小说之发达》（《新青年》1918年7月）であろう。周はこの文章で、明治初期の啓蒙思潮から大正中期の武者小路実篤の理想主義までの主な文学流派とそれぞれの特徴を簡潔にまとめている。硯友社、観念小説、家庭小説などの名称、或いは自然派と反自然派の分類から見て同時代の日本文学史を参考にしたのであろうと思われる。このように体系的に紹介したのは中国において始めてのことであったため、結果的に、それ以後の日本近現代文学を理解する基本的な枠組みを提供することとなった。

謝六逸が 1929 年に発表した《二十年来的日本文学》(《小说月报》7 月)は、主に自然主義文学運動以後のネオン浪漫主義、白樺派、新思潮派、早稲田派、プロレタリア文学などを紹介したものであり、周作人の「日本最近三十年小説の発達」の続編として見られなくもない。同年、謝の《日本文学史》は北新書局から刊行された。この著書は、日本文学通史であるが、重きはやはり近現代に置かれている。近現代の各流派の特徴が紹介されるのみならず、流派間の関係と消長も分析されている。さらに注目すべきなのは、巻末に附してある数十種類の研究著作と論文、1929 年日本文芸団体の調査資料や雑誌の一覧表などである。当文学史は内容の面では単に純文学の流派をたどるのではなく、ジャーナリズムと文学との関係、純文学と大衆文学との関係についても広く目を配っていて、立体的に日本近現代文学を捉えようとしている。

しかし、このように腰をすえて日本文学を研究の対象として取り組んで著書を著したのは当時としてはむしろ例外的である。当時における批評の最も一般的な形は、翻訳作品に附された訳者の言葉であろう。こういった訳者の言葉は、研究或は評論とまでは言えないかもしれないが、鋭く作品の核心に言い当てたり、時弊を批判したりすることが少なくないため、決して無視できない。日本近現代文学に関する魯迅の発言は殆んどこのような形でなされているのである。たとえば、魯迅は武者小路実篤《〈一个青年的梦〉译者序二》において、作品のテーマを反戦として捉え、「中国の古い思想の痼疾を治療すること」に意義があると解説している（《新青年》1920 年 1 月）。さらに視野を広げてみれば、田漢訳《菊池宽剧选》《译者序》（上海：上海中华书局、1924 年）、张資平編訳《别宴》《译者序》（武昌：武昌时中合作书社、1926 年）、刘大傑訳《恋爱病患者》《译者序》（上海：上海北新书局、1927 年 9 月）、周作人編訳《两条血痕》《译者后记》（上海：上海开明书店、1927 年 10 月）、陈勺水編訳《日本新写实派代表杰作集》《序》（上海：乐群书店、1929 年）、夏丏尊訳《国木田独步小说集》《关于国木田独步》（上海：上海文学周报社、1928 年）、章克標的訳《夏目漱石集》《关于夏目漱石》（上海：上海开明书店、1932 年）、劉吶鴎訳《色情文化》《译者题记》（上海：上海第一线书店、1928 年）などを挙げることができる。

第一期の翻訳者の多くは中国現代文学の開拓者でもあるため、彼らの翻訳と批評は中国現代文学の形成と密接に関わっている。周作人は《日本近三十年小说之发达》の最後に、日本近代小説の変遷を紹介することを通して中国の文学を変革しようとした意図を明言している。周の言うには、中国の小説は昔日本と同じであったが、日本は啓蒙思潮から確実に変革の道を歩んできた。それに対して、中国では梁啓超による「小説界革命」の提唱はあったものの、その後殆ど変化はなく、小説の形式も内容も昔のままである。したがって、中国の小説の変革は初めからやりなおすべきであり、具体的に言えば、日本の近代小説に倣って、言文一致体で書き、「人道主義」を内容とすべきであると。特に内容に関して、周は白樺派文学の紹介とからめて、《人的文学》（《新青年》1918 年 12 月）など一連の文章を発表して、思想の面では五四運動を積極的に推し進めていったのである。また、作品翻訳と翻訳批評は往々にして翻訳者自身の創作とつながった場合も少なくない。劉吶鴎は《色情文化》《译者题记》で日本新感覚派の文体の特徴について「彼らの文章は正統な日本文ではない。彼らの文章は現代日本の生活から新しく作り出されたのである。その文章は現代日本文化の大半の舶来品のように、バタ一くさいが、聡明な読者から見れば、難渋どころか、却って新鋭で生き生きと可愛らしかろう」（劉吶鴎訳《色情文化》《译者题记》上海：上海第一线书店、1928 年、1 頁）と鋭く指摘している。この評価はほぼそのまま中国の「新感覚派」旗手としての劉本人の小説文体に当てはめられる。このように、作家たちの翻訳と批評は中国における日本近現代文学の受容を考察する際の貴重な証言ともなるのである。

二

第二期に入ると、社会的制度の変化によって、外国文学の翻訳と研究にも大きな影響がもたらされた。1950 年代から 60 年代半ばにかけて、政府は「国際革命文芸」の翻訳と紹介を社会主義文化発展のための急務としている。日本のプロレタリア文学と戦後の民主主義文学も「国際革命文芸」の一環として翻訳の対象とされて、蔵原惟人の文芸理論や宮本百合子、徳永直、小林多喜二などの小説が多く翻訳された。論評も自然とこの辺に集中しているが、作家や作品の具体的な分析というよりも、国際的な革命文芸戦線の形成への訴えが主な内容となった場合が多い。

この時期の中国文芸界はソ連の文芸思潮の強い影響で、社会主義リアリズムを文芸批評の重要な基準としている。耽美派、モダニズム文学などは退廃的なものとして完全に否定されていたのである。プロレタリア文学のほかに僅かに翻訳を許可されたのは、写実主義文学と認定された、島崎藤村の『破戒』、二葉亭四迷の『浮雲』、夏目漱石、志賀直哉、石川啄木等の作品である。訳者平白は社会主義リアリズムという批評基準から、島崎藤村の『破戒』の社会的批判性を高く評価しながらも、また社会的差別問題の解決を階級闘争から切り離してしまったところに限界があると批判している（《破戒》《译后记》上海：平明出版社、1955 年）。同じことは、他の作家の作品に関する批評にも見られる。劉振瀛は《夏目漱石作品选集》第一卷《前记》（北京：人民文学出版社、1958年）で、漱石の『我輩は猫である』『坊つちやん』は資本主義社会を強烈に批判・嘲笑した作品だとしたうえで、その性質から見れば、まだ19世紀の批判的写実主義に留まっていて、世界を創造する人民への発見に至っていないため、批判と風刺の背後に虚無的な絶望が隠されていると指摘している。志賀直哉の作品に関しても、その写実的精神と人道主義が肯定されている反面、階級的自覚のないことが欠点として挙げられている（楼適夷《志贺直哉小说集》《前记》北京：作家出版社、1956年）。60年代半ばからプロレタリア文化大革命期に入ると、外国文学はすべて資本主義のものとして排斥されて、日本文学の翻訳と研究もほぼ空白期に入った。

三

中国において日本文学研究が本格的に始動したのは、第三期である。1979年、全国的規模の日本文学研究組織――「日本文学研究会」が成立され、学術誌《日本学习与研究》が創刊された。この三十年間、日本近現代文学研究では著しい展開が見られたのであるが、この時期はさらに前期（1979～1988年）と後期（1989～現在）に分けられる。

1979年9月、中国社会科学院外国文学研究所と吉林師範大学（現東北師範大学）外国問題研究所共同主催の「日本文学シンポジウム」が吉林師範大学で開催された。参加者は80余人で、会議論文は30余篇である。近現代文学研究では宮島資夫、葉山嘉樹、小林多喜二、徳永直と槙村浩などプロレタリア文学のほかに、川端康成、石坂洋次郎、井上靖、水上勉、司馬遼太郎と有吉佐和子に関する研究論文もある。これほど大規模で日本文学シンポジウムが開催されたのは、中国でははじめてのことであり、「日本文学研究会」もこの時に設立されたので、ここから日本文学研究が新しい段階に入ったといえよう。[1]

以上の会議論文のテーマは、当時の中国日本文学研究界の研究状態、またそれをめぐる大きな文学研究の環境を如実に反映している。文革後、文学の創作と研究は大きく方向を転換しようとしていた。この転換は二つの方向を目指していた。一つの方向は、文革の極端化から離れて文革前の主流文学に戻ろうとしたこと。二つは、文革前の抑圧されていた非主流文学を肯定して、五四運動の「人間解放」の啓蒙文学との水脈を見つけ出してそれを復活させようとしたこと。[2]この二つの潮流は、文革否定という点では通底しているが、目指す方向は大きく異なり、時には相互に矛盾して軋み合っているのであった。前者は社会主義リアリズムと十九世紀リアリズムを文芸批評の基準として、階級論を貫いているのであり、後者は、ヒューマニズムを理論として、もっと広がりのある文学観を主張しているのであった。

このような状況で、70年代末から80年代の初めにかけての日本近現代文学研究は、プロレタリア文学を中心にスタートしたのである。中でも、小林多喜二に関する研究は一番多く、多くの角度から思想性と芸術性を論じている。他のプロレタリア作家及び作品に関する再評価もなされている。張光珮《关于德永直的文学创作》(《北京大学学报(哲学社会科学版)》、1980年2期)、李芒《论叶山嘉树》(《日本学习与研究》、1984年5期)と《论德永直》(《日语学习与研究》)、1984年6期)は、1950年代のように徳永直と葉山嘉樹を賛美するばかりではなく、彼らの戦争中の協力問題にも触れながら、全体的に作品の階級性と写実性を高く評価している。

1　谭晶华《回眸与见证——改革开放时代的中国日本文学研究会(代前言)》，谭晶华主编《日本文学研究：历史足迹与学术现状——日本文学研究会三十周年纪念文集》南京：译林出版社、2010年；《全国日本文学讨论会在长春召开并成立日本文学研究会》，《东北师大学报》1980年1期、118页。

2　洪子诚《中国当代文学史修订版》，北京：北京大学出版社、2007年、187页。

リアリズム概念の分析と日本近現代リアリズム文学の脈絡の整理もこの時期の重要な課題の一つである。この問題について、劉振瀛は《日本近代文学中的自然主义与现实主义》（《北京大学学报（哲学社会科学版）》、1981 年 6 期）で次のように分析している。自然主義とリアリズムは相容れない二つの概念であり、前者はブルジョア反動思潮と創作方法であり、後者は普遍性のある創作方法である。前者は描写の瑣末な部分に拘りすぎて、その背後にある真実をないがしろにしているのに対して、後者は事物の本質の描出に努めている。日本におけるリアリズム文学の挫折は、日本の文学史で言われたように、ヨーロッパの自然主義文学との乖離によるのではなく、むしろ自然主義文学の瑣末主義の興隆の結果なのである。したがって、この二つの概念を明確に区別したうえで、リアリズム文学の脈絡を整理して、真の日本近現代文学史の流れを見つけ出すべきであると。劉は代表的なリアリズム作家として、二葉亭四迷、島崎藤村、小林多喜二、井伏鱒二、有吉佐和子等をあげている。平献明は《战后日本现实主义文学及主要作家作品》（《日本研究》、1985 年 1 期）において、広津和郎、野上彌生子、石川達三、井伏鱒二、井上靖、司馬遼太郎、有吉佐和子、松本清張、水上勉、山崎豊子などの作家を、戦後のリアリズム文学の主流に一括している。このような汎リアリズム的な批評によって確かに一部の作家や作品は肯定されることになったのであるが、強引な解釈も少なくない。

これとは違って、日本近現代文学の各流派を紹介してリアリズム文学の絶対性を相対化しようとした動きもある。即ち前述した第二の潮流である。隋永禎《日本近代文学流派》（《武汉大学学报（哲学社会科学版）》、1981 年 2 期）は、写実主義、浪漫主義、自然主義、唯美主義、余裕派、白樺派、新現実主義、プロレタリア文学、新感覚派、進行芸術派などの文学流派を紹介して日本近代文学の全貌を把握しようとしている。その中で、自然主義について、完全に否定するのではなく、自我意識の確立や、近代散文の発展に寄与した点も評価している。周平《日本战后文学的几个流派》（《译林》、1982 年 4 期）は、新戯作派、第一次戦後派、第二次戦後派、第三の新人、内向の世代など、戦後の文学流派を紹介している。こういった文章は、日本文学史の概略的な紹介に過ぎないが、リアリズムを重視した一元的な文学史観を突き破って、多元的に日本近現代文学を捉えようとした姿勢がうかがわれる。文学流派研究において、新感覚派の川端康成に関する研究は特に注目されるべきであろう。葉渭渠は《川端康成创作的艺术特色》（《国外社会科学》、1981 年 5 期、57 頁）において、川端文学は「西洋文学の創作方法を日本古典文学の伝統の中に融合させて」独特な美を獲得したのだと評価している。

中日比較文学研究の領域では、井上靖の中国を題材とした歴史小説に関する考察、中日近現代文学発展の対比や魯迅と日本文学の関係の研究などがある。特に温儒敏《鲁迅前期美学思想与厨川白村》（《北京大学学报（哲学社会科学版）》、1981 年 5 期）、鲁枢元《一部文艺心理学的早期译著——读鲁迅译〈苦闷的象征〉》（《郑州大学学报（哲学社会科学版）》、1985 年 1 期）は、魯迅像を硬直的な革命者から個人主義の啓蒙者、さらに実存主義者へと作り変えて、改革開放後の新しい文学概念の形成と文学史の書き直しの上では重要な一役を買ったのである。

四

1980 年代末から 1990 年代の初めにかけて、王暁平《近代中日文学交流史稿》（长沙：湖南人民出版社、1987 年）、吕元明《日本文学史》（长春：吉林人民出版社、1987 年）、王長新編《日本文学史》（长春：吉林大学出版社、1990 年）、葉渭渠、唐月梅《日本现代文学思潮史》（北京：中国华侨出版社、1991 年）、陳徳文《日本现代文学史》（南京：南京大学出版社、1991 年）などの日本近現代文学史が出版された。そのため、日本文学研究では、それまでの多くの文章のように文学史の内容の紹介で終わるのではなく、研究者個人の見解も求められるようになってきた。それと同時に、国内外日本文学専攻と比較文学専攻の修士課程或いは博士課程を修了した若手研究者が続々と研究に加わってきた。

さらに重要なことに、1989年、ベルリン壁の崩壊、ソ連の解体によって、冷戦時代の社会主義と資本主義の二元対立的なイデオロギーが崩れ、中国では市場経済が一層積極的に導入されるようになってきた。出版業界の市場化は、それまで学者主導の日本文学翻訳紹介の体制に大きな打撃を与えたのである。一時期日本文学研究と翻訳の指導的立場にあった東北師範大学日本文学研究室編《日本文学》は、市場化の衝撃を受け、1989年廃刊に追い込まれた[1]。李芒等研究者は編集委員として企画した「日本文学流派代表作叢書」も本来50冊出版する予定であったが、10冊ぐらい刊行されただけで取りやめになった。しかし、日本文学の翻訳作品の種類や量は決して減たのではなく、出版の推進力はイデオロギーと学術的判定から市場の販売量に代わってしまったのである。こうした急速な社会的変動によって、研究者が周辺化されたが、それは、逆に研究者たちを主流のイデオロギーの束縛から解放し、より自由な研究視野の獲得を可能にしたのである。

まず、注目すべきはイデオロギー的な批評から文化と審美を重視した批評に変わった。例としてあげれば、川端康成の虚無思想について80年代激しい論争があった。それまでややもすれば階級的な立場から作者の限界として非難されていたこの虚無思想に対して、新たな解釈が試みられた。葉渭渠《生的変奏曲——从〈千鶴〉到〈睡美人〉》（《外国文学评论》、1989年3期）は、仏教思想から川端の虚無思想を新しく捉えなおそうとした。葉の言うには、『眠れ

1　刘春英《《日本文学》杂志创刊始末》谭晶华主编《日本文学研究：历史足迹与学术现状——日本文学研究会三十周年纪念文集》南京：译林出版社、2010年、49－52页。

る美女』の虚無感は厭世的な退廃観もあるが、「有」と相対立する「無」であり、「無」を「有」の精神的本質と見て、「我を滅ぼして無とする」という意味で「虚無」の可能性を、伝統文化と審美の角度から評価している。このように、イデオロギー的な批評の後退化にともなって、研究対象と方法論も多様化された。たとえば太宰治、大江健三郎、安部公房、村上春樹、谷崎潤一郎、三島由紀夫などの作家が研究の対象として取り上げられるようになった。伝記と作家論としては李国棟《夏目漱石文学主脉研究》（北京：北京大学出版社、1990 年）、葉渭渠《冷艳文士：川端康成传》（北京：中国社会科学出版社、1996 年）、譚晶華《川端康成伝》（上海：上海教育出版社、1996 年）、何少賢《日本现代文学巨匠夏目漱石》（北京：中国文学出版社、1998 年）などがある。ただし、1990 年半ば頃の三島由紀夫をめぐる論争は、はたして文化と審美学の角度からのみで日本文学を捉えていいかどうかという問題も提起した。[1]

次に、私小説の再評価。私小説は、それまでリアリズム一元的文学史観から否定されていたが、この時期になって日本の独自な芸術様式として肯定された。高慧勤は《自然主义与“私小说”——从“客观写实”到“主观告白”》（《解放军外语学院学报》、1993 年 2 期）で、私小説は日本における自然主義文学の産物だけではなく、伝統的な日本文化に根ざした、日本人の審美意識を表す独特の小説様式であると高く評価している。

中日比較文学研究では、魯迅は依然として主な研究対象であり、程麻《沟通与更新——鲁迅与日本文学关系发微》（北京：中国社会科学出版社、1990 年）、彭定安編《鲁迅：在中日文化交流的坐标上》（沈阳：春风文艺出版社、1994 年）がある。そのほかに、呂元明『被

1 唐月梅は《文艺上古典之美展现——三岛由纪夫美学思想的核心》（《外国文学评论》1994 年 4 期）、《关于三岛由纪夫“武道”新论》（《日本研究》1994 年 2 期）で三島由紀夫の「武道」のなかみと美学を分析し、積極的に評価したため、学界での論争を引き起こした。

遺忘的在华日本反战文学》（长春：吉林教育出版社、1993年）、何德功《中日启蒙文学论》（北京：东方出版社、1995年）、《日本白桦派与中国作家》（沈阳：辽宁大学出版社、1995年）、王向遠《中日现代文学比较论》（长沙：湖南教育出版社、1998年）などがある。その中で、白樺派を中心として欧米文学からの影響と中国現代作家魯迅、郁達夫、郭沫若、周作人などに与えた影響を立体的に捉えようとした劉立善の《日本白桦派与中国作家》や、鹿地亘、池田幸子、長谷川照子等の反戦文学活動と彼等の作品を「異郷に忘れられた日本文学」として位置づけて、その文学史的意義を高く評価する呂元明の《被遗忘的在华日本反战文学》は、比較文学研究の新しい領域を開拓したのだといえよう。

2000年以後、作家研究では成果が続々と出てきた。李先瑞《本能主义者的精神幻灭：白桦派作家有岛武郎作品研究》（天津：南开大学出版社、2008年）、王琢《想象力论：大江健三郎的小说方法》（上海：上海文艺出版社、2004年）、王新新《大江健三郎的文学世界（1957－1967）》（北京：人民文学出版社、2004年）、林少華《村上春树和他的作品》（银川：宁夏人民出版社、2005年）、周閲《吉本芭娜娜的文学世界》（银川：宁夏人民出版社、2005年）、李光貞《夏目漱石小说研究》（北京：外语教学与研究出版社、2007年）、張文顈《来自边缘的声音：莫言与大江健三郎的文学》（北京：中国传媒大学出版社、2007年）、路邈《远藤周作：日本基督宗教文学的先驱》（北京：宗教文化出版社、2007年）、李強《厨川白村文艺思想研究》（北京：昆仑出版社、2008年）、楊炳菁《后现代语境中的村上春树》（北京：中央编译出版社、2009年）、張小玲《夏目漱石与近代日本的文化身份建构》（北京：北京大学出版社、2009年）、孫艶華《幻想的空间：泉镜花及其浪漫主义小说》（北京：商务印书馆、2010年）、何乃英《川端康成小说艺术论》（北京：北京师范大学出版社、2010年）、郭勇《中岛敦文学的比较研究》（北京：北京大学出版社、2011年）、劉曉芳《岛崎藤村小说研究》（北

京：北京大学出版社、2012年）などがある。その大半は博士学位論文を加筆されたものである。

学界の動向として、むしろ次の動きが留意されるべきである。ポストモダニズム、ポストコロニアリズム、カルチャスターディなどの影響で、国別文学としての日本文学研究の枠組みに対して疑問や批判が投げかけられてくるようになった。そこで、日本文学を東アジアという場で捉えなおそうという動きが出てきた。

第一、日本近現代文学と他者としてのアジアの関係に関する研究。王向遠《“笔部队”和侵华战争：对日本侵华文学的研究与批判》（北京：北京师范大学出版社、1999年）、高寧《虚像与反差——夏目漱石精神世界探微》（《外国文学评论》、2001年2期）、劉炳範《战后日本文化与战争认知研究》（北京：中国社会科学出版社、2003年）、胡連成《昭和史的证言：战时体制下的日本文学（1931－1945）》（长春：吉林大学出版社、2009年）は文学者たちの戦争中と戦後の戦争認識、さらに他者としてのアジア認識を問題化して、その認識欠如を批判している。これとは違った角度から、近代そのものへの反省も視野に入れて他者としての中国との関係を探ったアプローチもある。劉建輝『魔都上海 ：日本知識人の「近代」体験』（東京：講談社2000年、甘慧傑漢訳、上海：上海古籍书店、2003年）は、近世末期からの日本文化人たちのモダン都市上海での遊歴経験と日本の近代化、さらに近現代文学との錯綜した関係を探ったものである。孫歌の《竹内好的悖论》（北京：北京大学出版社、2005年）は竹内好の研究を通して、ナショナリズムに固執した二元対立的な思考が西洋中心主義的な近代理論に回収されてしまう危険性を指摘したと同時に、「アジア」「東アジア」という概念でナショナリズムを越えようとした論述にもその歴史性と力関係の現実性を隠蔽されてしまうという盲点をついて、「東アジア」という概念を空洞化させないために常にその内部の差異性と複雑性と政治性を歴史的に現実的に捉えなおすべきだと主張している。董炳月の《“国民作家”

的立场：中日现代文学关系研究》（北京：三联书店、2006 年）は、中日近代文学の形成を両国の近代的国民国家の構築との関連で、特に「アジア主義」と「華夷思想」との激しい衝突の中でダイナミックに捉えて、両国のナショナリズム生成の複雑性と相互の他者性を把握しようとしている。

第二、漢訳日本文学に関する研究。二十世紀百年間の日本文学の翻訳歴史を整理した王向遠《二十世纪中国的日本翻译文学史》(北京：北京师范大学出版社、2001 年）、康東元《日本近现代文学翻译研究》（上海：上海交通大学出版社、2009 年）もあれば、王中忱《越界与想像——20 世纪中国、日本文学比较研究论集》（北京：中国社会科学出版社、2001 年）、王成《〈苦闷的象征〉在中国的翻译及传播》（《日语学习与研究》、2002 年 1 期）、王志松《小说翻译与文化建构：以中日比较文学研究为视角》（北京：清华大学出版社、2011 年）などのように、文化的社会背景から、文体、語りの構造まで、翻訳による創造的な変換の過程を探った論考もある。特に後者は、漢訳日本文学を二つの言語に跨る境目に位置するテクストとしてとらえ、その独特の魅力と創造性を文化的・社会的コンテクストにおいて解明しようとしている。

第三、東アジアの古典文学と近現代文学の関係に関する研究。創作の題材、発想と手法を古典に求めた李俄憲の《日本文学中子路形象的变异与〈史记〉》（《外国文学研究》、2006 年 5 期 ）、王向遠《中国题材日本文学史》(上海：上海古籍书店、2007 年)、周閲《川端康成文学的文化学研究：以东方文化为中心》（北京：北京大学出版社、2008 年）などのほかに、近代化の過程で抑圧された東アジアの伝統的な文学概念などを再発見して、新しい理論構築の可能性を模索している林少陽《“文”与日本学术思想：汉字圈 1700—1990》（北京：中央编译出版社、2012 年）もある。

近年、文学不況と言われているが、日本文学研究に関する著作の出版はむしろ増えつつある。上掲した著作のほかに、2000 年以後

の主なものを拾ってみれば、魏大海《私小说：20世纪日本文学的一个“神话”》（济南：山东文艺出版社、2002年）、肖霞《浪漫主义：日本之桥与“五四”文学》（济南：山东大学出版社、2003年）、趙京華《日本后现代与知识左翼》（北京：三联书店、2007年）、郭勇《他者的表象：日本现代文学研究》（上海：上海交通大学出版社、2009年）、関立丹《武士道与日本近现代文学：以乃木希典和宮本武藏为中心》（北京：中国社会科学出版社、2009年）、斉珮《日本唯美派文学研究》（北京：中国社会科学出版社、2009年）、翁家慧《通向现实之路：日本“内向的一代”研究》（中国社会科学出版社、2010年）、譚晶華編《日本文学研究：历史的足迹与学术现状》（南京：译林出版社、2010年）、宿久高《中日新感觉派文学研究》（长春：吉林大学出版社、2010年）、趙京華《周氏兄弟与日本》（北京：人民文学出版社、2011年）、柴紅梅《日本侦探小说与大连关系研究》（北京：世界图书出版公司、2011年）、王志松《20世纪日本马克思主义文艺理论研究》（北京：北京大学、2012年）、李征《都市空间的叙事形态：日本近代小说文体研究》（上海：复旦大学出版社、2012年）、王成《“修养时代”的文学阅读》（北京：北京大学出版社、2013年）などがある。質の差はあるにせよ、研究の勢いの一端が伺われる。

五

今後の課題として、まず研究範囲の拡大があげられる。今までの研究はまだ夏目漱石、芥川龍之介、川端康成、大江健三郎、村上春樹等少数の作家に集中しているようである。例えば、私小説について関心度が高いわりに、私小説の代表的作家とされた葛西善蔵についての論文は一本もない。女性文学は日本文学の大きな特徴のひとつであり、80年代以降女性作家の活躍ぶりは一層目立ってきた。しかし、研究の実状をみれば、吉本ばなな以外の女性文学はほとんど不問に付されている。大衆文学の創作も、戦後隆盛を極めていて、中国語にも多く翻訳されてきているが、それに関する研究も近年二、三の雑誌特集のほかに、全体的にはまだ手薄なものだといわざるをえない。したがって、研究対象をさらに広げる必要があるであろう。

次に、より多くの角度からのアプローチが期待される。文学理論から人文学研究の最新成果まで常に心がけて吸収して、ややもすれば作品内容分析に始終してしまう単調な研究現状を打破すべきであろう。

三つ目として、外国文学としての日本文学を研究する立場を如何に持つかという課題もあろう。「日本文学」概念が大きく変化する現在では、中国において日本文学を研究することの意味を再吟味して新しい課題、研究領域を開拓する必要がある。一例として漢訳日本文学研究を見てみたい。漢訳日本文学は、中国における日本文学の受容では大きな役割を果たしてきたが、長い間その位置づけは曖昧にされていたのであり、原著にも及ばないし中国語で創作した作品よりも劣るというものとして軽視されていた。しかし、漢訳日本文学研究は、このような訳文の境界性を重視することにより、国別文学研究の枠組みとは違った日本文学研究の可能性を模索してきたのである。訳文を対象に据えた、こうした研究は、作品の理解を日本語の原著に回収されてしまうのをなるべく避け、受容背景における訳文の生産性を探ったのである。このように見てくると、新しい「日本文学」概念は、「日本語」の日本文学のみならず、「訳文」の日本文学も含むべきである。この両者に対する総合的な研究によってこそ、はじめて日本を越えたより広い範囲における日本文学の多様性と生産性は究明されるのであろう。

韓国における日本近現代文学の研究史

鄭炳浩

1. 始めに——植民地時代の日本語文学

普通、韓国の日本文学研究と言えば戦後から現在にかけての韓国の研究者による日本文学研究を指すのが一般的であろう。しかし、韓国のように日本の植民地となった経験のある国では、その様相はより複雑である。なぜかと言えば、1945年日本の敗戦以前まで朝鮮半島においては、韓国語による文学作品だけではなく、植民地宗主国の国語である日本語による作品も多く書かれていたからである。三上参次・高津鍬三郎共著の『日本文学史』（東京：金港堂、1890年）の刊行以来、日本で著わされた主流の日本文学史の観点から見ると、朝鮮半島で創作されたこの種の日本語文学（その作家が日本人であれ朝鮮人であれ）は日本文学としての市民権を得ていない。

最近、この分野の研究もようやく一定の軌道に乗るようにはなってきた。しかし、その中で所謂日本の「外地」日本語文学研究[1]は植民地朝鮮を経験した日本人作家を中心として、韓国の「親日文学」

1 最近の「外地」日本語文学に関する総合的研究には神谷忠孝・木村一信『〈外地〉日本語文学論』（京都：世界思想社、2007年）などがある。

（最近は「二重言語文学」）研究[1]は韓国の大作家を中心に行われているという限界性がある。このように植民地における日本語文学研究の現況を見てもわかるように、「日本文学」研究は明治期の文学史刊行以来、「日本」—「日本人」—「日本語」—「日本文化」を「一体のもの」として捉え、これを「前提とした「日本文学」」[2]と見なす国文学の長い伝統と、20世紀の大作家・大作品（いわゆる「正典」）中心の文学主義の慣習による枠組みの中で考えられている。一国の文学史は多くの文学作品を排除する歴史と言われる所以がまさにここにある。

長い間、大きく見れば、韓国の日本文学研究も日本国文学の伝統と慣習の中で確立された枠組みからその研究対象が選定されてきた。学部や大学院における日本文学教育の教材や内容も同様であることは論を俟たない。このような傾向は日本文学界で確立された「正典」を研究することで日本人・日本文化の精髄が理解できるという論理に基づくものであるが、もう一方では日本の研究者の必要性から構築された論理の一般化にすぎず、そのような過程で数多い文学作品が隠蔽されてしまうことも見逃せない。

韓国では2000年前後に多くの日本関連学会で日本的な視覚を乗り越えて韓国的視覚に基づいた日本文学研究が唱えられ、それまでの日本文学研究の問題点と課題を検討したりするシンポジウムが相次いで開かれた。この議論では、韓国のナショナリズムに訴える場合も少なくなかったが、日本（近現代）文学をみつめる他者の主体的な視線を獲得しようとした意味のある問題意識も多く孕まれていた。

本論ではこのような問題意識に基づき、韓国の日本研究機関と日

1　韓国の日本語文学の研究成果と課題については鄭炳浩「朝鮮半島植民地〈日本語文学〉の研究と課題」（韓国日本学会『日本学報』第85号、2010年11月）を参考。

2　小森陽一『〈ゆらぎ〉の日本文学』（東京．日本放送出版協会、1998年）、16頁、286－287頁。

本（近現代）文学研究の関わり方、韓国の日本近現代文学の主な研究対象及びその変遷のプロセス、今後の日本近現代文学研究の課題などを中心に、韓国における日本近現代文学の研究史を検討する。

2. 日本教育及び研究機関と（大学・学会・研究所）と日本近現代文学研究

すでに指摘したように、1945 年日本の敗戦以前まで韓国の近代文学は日本近代文学と密接に関わっていた。しかし、韓国が日本から解放されてから日本と国交（1965 年）が正常化される以前まで両国は外交的・文化的交流は言うまでもなく、韓国における日本研究もほぼ空白期に近かったと言わざるを得ない。

韓国の日本語・日本文学の教育と研究は 1961 年韓国外国語大学に日本語科が開設されてから制度化されたという指摘もあるが、1960 年代日本文学研究論文が 7 編（中で比較文学 4 編）に留まっていたこと[1]からもわかるように、この時期の日本（語）教育は主に実用的・機能的言語知識の伝達に重点が置かれていた。この意味で、韓国における日本研究は 1972 年韓国日本学会、1978 年韓国日語日文学会が設立されてから本格的に軌道に乗ったといえる。一方、1980 年代に入るとソウルの高麗大・中央大・漢陽大、地方の釜山大・慶北大・全南大・全北大を含め韓国の多くの大学に日語日文学科が開設され日本近現代文学を含めて日本研究の成長期を迎えるようになる。

とりわけ、1990 年代には韓国に多くの日本関連学会が新たに設立されており、日本で留学を終えて帰国した日本研究者の数が漸増し韓国の日本研究論文の数量も飛躍的に増加する。韓国では 1998 年度から韓国研究財団の登載論文集（KCI）制度を設けている。日本学関係の学会誌としては韓国日本学会の『日本学報』が 2002 年

1　鄭瀅「韓国における日本文学研究の成果と課題」（韓国日本学会『日本学報』第 30 輯、1993 年）、130 頁。

度に初めて登載誌になって以来現在に至るまで、日本関連学会や大学の日本関連研究所で刊行される総計18種の学術誌[1]が登載誌として認定されており、6種の学術誌が登載候補誌[2]となっている。このうち日本の歴史、政治・経済、日本語教育を専門とする3、4の雑誌以外にはすべて、日本文学の論文が載せられている[3]。この中で2、3の学会を除けばそのほとんどが1990年代に入り創立されたもので、韓国における日本研究が1990年代からいかに活発化したかがうかがえる。

また、韓国で日本文学研究において注目すべき研究機関には大

1　韓国日本学会『日本学報』(2002年)、韓国日本語文学会『日本語文学』(2003年)、韓国日本文化学会『日本文化学報』(2004年)、韓国日語日文学会『日語日文学研究』(2004年)、日本語文学会『日本語文学』(2005年)、現代日本学会『日本研究論叢』(2006年)、大韓日語日文学会『日語日文学』(2006年)、東アジア日本学会『日本文化研究』(2006年)、韓国日本語学会『日本語学研究』(2006年)、韓国外国語大 日本研究所『日本研究』(2006年)、韓国日本語教育学会『日本語教育』(2007年)、檀国大 日本研究所『日本学研究』(2007年)、日本史学会『日本歴史研究』(2008年)、韓国日本思想史学会『日本思想』(2008年)、韓国日本近代学会『日本近代学研究』(2009年)、韓国日本言語文化学会『日本言語文化』(2009年)、高麗大学日本研究センター『日本研究』(2010年)、中央大学日本研究所『日本研究』(2010年)。

2　韓国日本教育学会『韓国日本教育学研究』(2007年)、東西大学日本研究センター『次世代人文社会研究』(2008年)、韓国日語教育学会『日本語教育研究』(2008年)、翰林大学日本学研究所『翰林日本学』(2009年)、漢陽大学日本学国際比較研究所『比較日本学』(2009年)、東国大学日本学研究所『日本学』(2010年)。

3　韓国の日本関連学会はそのほとんどが総合的な日本研究を目指しているが2000年代に入り韓国日本近代文学会、韓国日本キリスト教文学会など近代文学中心の専門学会も設立された。

学の日本関連研究所[1]があるが、この研究所も中央大学日本研究所（1979年）、東国大学日本学研究所（1979年）を除くとそのほとんどが1990年代あるいは2000年代に設立された[2]。この日本関連研究所の場合も3、4箇所を除いて日本文学を盛んに研究しているがその中でも日本学叢書、日本名作叢書、現代日本叢書を刊行している高麗大学の日本研究センターがもっとも活発だといえる。

以上の日本教育・研究機関の概況からもわかるように、韓国の日本文学研究も1960・70年代から大学の日本関連学科と学会の設立に伴って徐々に制度化の過程を経て定着した。それによって1980年代には研究環境が整い日本文学研究も安定の軌道に乗り、1990年代からは少くとも量的には飛躍的に増加した。例えば日本文学の研究成果が1960年代には7篇、1970年代には131篇、1980年代には885篇、1990年代には3,000篇以上であった[3]という統計調査がこの事実を端的に示している。このような意味で、韓国の「日本文学研究の時代区分」として「近代以降1960年までを胎動期、1961年から1980年までを模索期、1980年から現在に至るまでを成長期」[4]と見る金種徳の論も、「1945年から1959年までを胎

1 韓国の日本関連研究所は13個所以上あるが、詳しくは金容儀「日本学研究の現況と課題」（韓国日本語文学会『日本語文学会』第46輯、2010年9月）を参照。

2 韓国外国語大学日本研究所（1990年）、翰林大学日本学研究所（1994年）、高麗大学日本研究センター（1999年）、壇国大学日本研究所（2002年）、国民大学日本学研究所（2002年）、東西大学日本研究センター（2003年）、ソウル大学日本研究所（2003年）、全南大学日本文化研究センター（2004年）、漢陽大学日本学国際比較研究所（2009年）。

3 鄭瀅「韓国における日本文学研究の成果と課題」、130－131頁、1990年代の統計は権赫建と金種徳の論文から類推したものである。崔官の論文によると日本文学の研究成果は2000年代には少くとも年500篇以上にのぼると見ている。

4 金種徳「韓国における日本文学研究の現況と展望」（韓国日語日文学会『日語日文学研究』第45輯、2003年5月）、41頁。

動期」、「1960年から1979年までを学習期」、「1980年から1999年までを成長期」、「2000年から2010年現在までを自立期」[1]と見る権赫建の論も的を射ていると言えよう。

次に、1990年代に至るまで韓国における日本近現代文学研究ではどのようなものが研究の中心であったのか、またその研究の傾向はどうであったのかを先行調査に基づき検討する。権赫建の調査によれば2000年5月までの韓国人による日本文学研究の成果物は4,265篇であるがその中で日本近現代文学と関わる研究は「57%」[2]にも及んでいるという。この統計は調査に携わった研究者によって多少差異があるが、まず次の図表を見て韓国における日本（近現代）文学研究の主な流れを検討することにする[3]。

【表 - 1】韓国における日本文学研究成果の概況（1945-1999）

研究成果の種類	前近代（古代 - 近世）		近現代		文学一般		総計
	数量	比率	数量	比率	数量	比率	
著書及び訳書	25	17.7%	54	38.3%	62	44%	141（100%）
学術論文	1,181	35.2%	1,945	58%	230	6.8%	3,356（100%）

1　権赫建「韓国人による日本近現代文学研究の過去・現在・未来の照明」（韓国日本学会『日本学報』第84輯、2010年8月）、266頁。

2　権赫建「韓国における日本文学研究動向と課題」（『夏目漱石と韓国』、ソウル：J & C、2004年）、307 － 308頁。

3　この図表は金種徳が「韓国における日本文学研究の現況と展望」という論文で、1945年から1999年まで韓国における日本文学研究の文献資料を載せた李漢燮の『韓国日本文学関係研究文献一覧』（ソウル：高麗大学出版部、2000年）に基づき日本文学研究の統計を取ったことを作り直したものである。

学位論文	379	35%	687	63%	20	2%	1,086 (100%)
総計	1,585	34.6%	2,686	58.6	312	6.8%	4,583 (100%)

この図表を見るとわかるように、韓国における日本文学研究は前近代の古典文学の研究成果に比べて近現代文学研究が挙げた成果の割合がかなり高い。この比率は 1980 年代まで調べた鄭瀅の論や 2005、6 年の 2 年間韓国の主な学会誌を調べた崔官の論もほぼ同様であって、韓国における近現代文学研究は日本文学研究全体の 6 ～ 7 割を占めている。近現代文学研究の割合が高い理由については古典解読の難しさや近代期における韓国の日本植民地経験などが指摘されてもいるが、現在は研究者の数という面においても研究実績の面においても、この傾向は顕著になりつつある。

それでは、近現代文学の中での研究状況はどうであろうか。まず、作家別にみると夏目漱石、芥川龍之介、森鴎外、島崎藤村、太宰治、川端康成などの作家が近現代文学研究の 40% を占めているという指摘[1]があるが、これらの作家は日本文学史における正典に当たる大作家である。この作家たちの次には志賀直哉、谷崎潤一郎、三島由紀夫、宮沢賢治、有島武郎、樋口一葉、遠藤周作、高村光太郎、萩原朔太郎などの順で研究成果が多いが[2]、これらの作家も同じく大作家として知られている。

1　崔在哲「韓国の日本文学研究 現況と課題」（『韓国日本学の現況と課題』、図書出版ハンウル、2007 年）、104 頁。

2　金種徳の論によると研究論文が多いのは〈学位論文〉の場合夏目漱石、芥川龍之介、川端康成、太宰治、島崎藤村、志賀直哉、谷崎潤一郎、三島由紀夫、宮沢賢治、有島武郎、森鴎外、石川啄木、樋口一葉、遠藤周作の順であり、〈学術論文〉の場合夏目漱石、芥川龍之介、島崎藤村、川端康成、石川啄木、太宰治、森鴎外、有島武郎、谷崎潤一郎、宮沢賢治、三島由紀夫、志賀直哉、遠藤周作、樋口一葉、高村光太郎、萩原朔太郎の順である。

それでは、韓国で所謂大作家として評価されている少数の作家に研究が集中する理由はどこにあるのか。それは日本の学界で作り出され教育される主要作家の位階性がそのまま韓国の日本文学教育と研究の場で無批判的に流通しているからである。研究分野でこのように過度な偏重さがあるがゆえに、韓国国内では日本近現代文学研究者の主体性の欠如をたびたび批判する声もある。2000 年前後まで続いたこのような傾向は、韓国で作られた日本（近現代）文学史が形式や内容の面で日本の文学史をそのまま踏襲している限界性とも通底するところである。また、近現代文学研究では韻文（詩歌）分野よりも散文（小説）分野の研究が圧倒的に多いという点も日本学界の傾向とほぼ同様であろう。また、近現代文学研究の分野は古典文学研究よりも韓国近現代文学との比較研究が多いという点、在日コリアン文学研究がかなり行われているという点に、韓国における日本近現代文学研究の特徴がうかがえる。

韓国の日本近現代文学研究の方法論については、2000 年代半ばまでは作家研究や作品研究が方法論の中心であり、それも作家 - 作品 - 読者という文学現象に閉ざされた所謂文学主義にこだわっていたと言える。文学という枠を乗り越え、日本文学という制度性、近代国民国家や帝国主義、そして戦後民主主義という時代的イデオロギーとの相関性から外の分野と横断しながら文学研究そのものを再構築しようとする試みは 1990 年代後半以降に日本に留学した韓国人研究者の帰国を待たなければならなかったのである。

4.　21 世紀における日本近現代文学研究の現況

2000 年代に入ってからの韓国の日本文学界におけるもっとも際立った現象の一つは、それまで日本における日本文学研究の方向を追随していた従来の研究傾向に反省の雰囲気が巻き起ったことである。その表われがそれまでの韓国における日本文学研究の成果を整理・反省し新しい研究の方向を模索しようとする一連の動きであった。

例えば、『日本文学研究』第３輯（韓国日本文学会、2000年10月）の「グロバール時代の日本文学・文化研究はいかにすべきか」という企画、『日本学会』第62号（韓国日本学会、2005年２月）の「日本文学企画特集」[1]がそのような雰囲気の表れであり、『日語日文学研究』第52巻（韓国日語日文学会、2005年）にもこのような特集[2]が設けられた。また高麗大学校日本研究センターが「帝国日本の移動と東アジア植民地文学」というテーマで国際シンポジウムを開催し、韓国・中国における日本語文学の研究成果を確認しその共同の展望を導き出そうとした試み[3]もそのような動きの一つである。このような試みはその他にも多数あるが、この動きは確かに「韓国での日本文学研究が、省みなければならない程度までに成長した証であり、新たな出発のための整理過程」[4]とも言える。

この企画から出ている研究者の問題意識はまさに様々であった。例を挙げると韓国での研究が「日本人研究者の追随主義的研究態度から大きく抜け出ていな」[5]いとみる考え、「韓国人研究者という主体性を堅持し日本文学の本質を把握するための作品研究が行われ

1　この特集には各分野の専門家15人が韓国における日本文学研究の成果と課題を提示しているが、この中で日本近現代文学の場合は森鴎外、夏目漱石、有島武郎、川端康成、島崎藤村、日本近・現代詩、芥川龍之介研究の成果と課題について論じられている。一方、この論文を単行本としてまとめ『21世紀日本文学研究』（ソウル：J＆C、2005年）というタイトルで刊行された。

2　この中で近現代文学をめぐっては「韓国における日本近代文学研究の一考察」（朴裕河）という論がある。

3　この中で韓国の日本語文学の研究成果と課題を纏めたのが鄭炳浩「朝鮮半島植民地〈日本語文学〉の研究と課題」である。

4　崔官「韓国における日本文学研究の近況―量的膨張と質的模索―」（ 全国大学国語国文学会 『文学語学』第190号、2008年３月）。

5　金順墳「日本近代文学と韓国の文学的トラウマの克服のために」（ソウル：高麗大日本研究センター『2009年度国内日本研究者招請ワークショップ』、2009年８月）、８頁。

るべき」[1]であるという議論、「大部分の論文が〈近代〉を取り扱いながらもなぜ〈近代〉を取り扱うのかに対する自覚や意識的姿勢を見せていない」[2]という主張、「学問的な論理によって書かれるものではなくほぼ感想文の水準に止まって」[3]いるという評価などがそれに当たる。韓国の日本近現代文学研究に対するこの問題提起は学問的姿勢や研究の方法論、時代意識から学問研究の従属と主体認識、研究論文の水準の問題に及ぶ多様な観点を投げかけている。

この期間には、韓国の日本近現代文学研究においても多様な変化が見られる。それは、今まで韓国でもっともよく研究されていた主な大作家が研究対象として占める割合が激減し研究対象が多様化したことと、研究方法論の面においても作家論や作品論からテクスト論あるいは文化研究へとその変化が見え始めたのである。例えば、映像と文学、新聞・雑誌などのメディアと文学を横断して日本文学そのものを見つめようとする研究、時代認識に基づき文学研究を日韓関係史の中から考察しようとする研究が増えているのがその表れである。

このように日本近現代文学の研究分野で従来の研究を省察し多様な問題意識に立脚して新たな方法論を目指す過程で、その実践として共同研究チームが構成され、従来とは異なる共同研究が活発化した。例えば、全南大学校日本近代文学研究室の修身書及び植民地期日本語文学研究、全北大学校在日同胞研究所の『在日同胞文学とディアスポラ 1-3』（ソウル：J & C、2008年）、翰林大学校日本学研究所の「帝国日本の文化権力：学知と文化媒体」研究チーム、高麗大学校日本研究センター「植民地日本語文学・文化研究会」の研究

1　金鐘徳「韓国における日本文学研究の現況と展望」（韓国日語日文学会『日語日文学研究』第45輯、2003年5月）

2　朴裕河「韓国における日本近代文学研究の一考察」、64頁。

3　河泰厚「芥川龍之介文学研究の成果と課題の照明」（『21世紀日本文学研究』）、330頁。

（『帝国の移動と植民地朝鮮の日本人たち』ソウル：図書出版ムン、2010年など）、韓国基督教文学会の『日本文学の中の基督教 1-7』（ソウル：J & C、2003 ～ 2009 年）、 権赫建その他『夏目漱石文学研究』（ソウル：J & C、2001 年）、韓国日本近代文学会の『日本近代文学』シリーズ、尹相仁その他『日本文学翻訳 60 年 現況と分析（1945-2005）』（ソウル：ソミョン出版、2008 年）などが挙げられよう[1]。

この共同研究はいずれも従来日本文学史によく登場する正典（Canon）よりも日本近現代文学において韓国と関係の深いテーマが多いという点、単に文学テキストに限らず様々な分野を横断しそれぞれのテーマを追究しているところで共鳴しているとも言える。このような意味からこの試みは上記の韓国日本文学界の多様な問題意識をそれぞれの立場から実践していたと言える。

このような変化は 1990 年代から 2000 年代初めまでに日本に留学した研究者（日本近現代文学研究者の中でもっとも多い世代である）が韓国に戻って活発な研究成果を出していることとも無縁ではない。この時代とは日本の文学研究学界でも従来の文学主義が疑われており、多様なジャンルを横断する文化研究が本格化する時点ともちょうど重なっている。

5. 結論――韓国における日本近現代文学研究の課題

2010 年 7 月韓国の五つの学会が共同で開催する韓国日本学連合会（韓国日本学会・大韓日語日文学会、韓国日本語文学会、韓国日本文化学会、日本語文学会）第 8 回国際学術大会 が「日韓関係の過去・現在・未来」というテーマで開かれた。この中で日本文学分野シンポジウムで発表した権赫建も、最近 10 年間韓国の日本近現代文学

1 一方、高麗大学日本研究センター、 翰林大学日本学研究所、韓国日本文学会（現在、東アジア日本学会）などでは日本文学研究関連の図書、日本文学作品などを日本研究叢書の形として出している。

研究が特定の作家や作品に偏った傾向から脱皮し研究分野と対象が多様化していると指摘し、この現象を韓国学界の新しい面貌と発展として捉えている[1]。研究対象の多様化はすでに論じたが、共同研究を通した新しいテーマの発見、日韓関係史及び韓国の歴史・社会相と密接に関わる日本近現代文学研究の増加などが、2000年代の日本近現代文学研究に携わる韓国学界の著しい特徴である。

しかし、かといってこのような動きが直ちに学問的論争や新しい言説の形成を促したとは言えない。確かに2000年代韓国の日本近現代文学研究の成果を顧みる様々な議論と論文が出ているが、このような議論は韓国人として日本文学を研究する主体性の獲得や日本学界の成果だけを追従する姿勢を克服しようとする意識的な自覚だったといえる。しかし、このような自覚が幾つかの共同研究チームを中心に実践的研究へとその実りを成し遂げているといっても、それが直ちに新しい言説の形成や学問的論争にまでは繋がっていないのである。このことは外国文学研究という限界性もあるが、韓国内における日本関連学会の乱立という問題とも関係がある。

韓国内の学界に学問的論争と新しい言説が必要な理由は、韓国の日本近現代文学研究者がたびたび提起しているが、単に日本研究の受信者の役割に甘んずることなく発信者の役割をも果たすべきであるという議論とも深く関わる課題ともいえる。このような役割を果たすためには従来のように文学現象を作者 - 作品というカテゴリに閉ざされた学問体系としてのみ認識することなく、多様な人文学的理論に積極的に対応しながら他の分野と疎通し横断して新たなテーマを築こうとする姿勢が望まれると言えよう。

一方、21世紀に入り韓国においては日本の研究者を含め中国、台湾地域など東アジアにおける日本文学研究者との関係が深まっている。韓国の日本関連学会や大学の研究所で主催する学術大会やシ

1　権赫建「韓国人による日本近現代文学研究の過去・現在・未来の照明」、266 － 267頁。

ンポジウムの際、1990年代までは主に日本人研究者と韓国人研究者同士の討論が多かったが、2000年代に入ってからは中国や台湾地域の研究者が参加するケースが益々増えている。しかし、このような学術大会は場合によっては単発性の会合に止まる傾向が強く、これからはこのような意見交換の場を国際的共同研究へと繋げていくことも非常に重要である。東アジア地域の日本近現代文学の共同研究を通してこの地域に対する新しい角度からの共同認識は、単に日本近現代文学の研究分野だけではなく、東アジア各国に関する人文学的理解をより増進させることは言うまでもない。

ヨーロッパの日本近代現代文学研究の状況について

イルメラ・日地谷＝キルシュネライト
坂井セシル　安倍オースタッド玲子

ヨーロッパで何らかのかたちで日本研究に携わっている大学や研究所がある国は 18 ヶ国にもおよび、当然のことながらその研究の成果についての学術論文は様々な言語で発表、出版されている。したがって欧州における日本近代現代文学研究についての出版物の全体像を正確に把握することはなかなか容易ではない。そこでヨーロッパ編では、英語、ドイツ語、そしてフランス語の文献の三つにわけ、それぞれの担当者がそれぞれの語圏内でのだいたいの現在の研究状況について述べるというかたちをとる。もちろんこのことは英、独、仏以外の言葉で書かれた文献のなかに注目されるべきものがないということでは決してない。たとえば日本学が盛んなイタリアや東欧諸国のオリジナル言語でかかれた文献をカバーできないのは遺憾であるが、担当者や読者の言語的な限界を考慮にいれると、これが一番実際的な方法であると考えられる。

英語で書かれた文献

まず、第一にヨーロッパの英語文献というと、英語圏であるイギリスなどの英語が母国語である研究者によって書かれたものと、母国語ではないがあえて英語で書かれた、あるいは英語に翻訳された欧州内のいろいろな言語背景をもつ、非英語圏の研究者によって書かれたものとの二種類をふくむことになる。したがって、ヨーロッパの状況は、カナダ、アメリカ合衆国などのほとんどの文献が英語が母国語である研究者によって書かれたものであり、また出版社のほうも、それを前提として比較的似かよった出版政策をとっているというのとはちがっている。アメリカの大学出版社の多くは、本の学術的な質のほかに、読み物としての完成度をより要求する傾向があるといってよい（欧洲内でもイギリスのオックスフォードやケンブリッジなどの大学出版社については同じようなことが言えるだろう）。一方、イギリスをふくみヨーロッパ各地で出版されている学術シリーズは数もおおく、多様であり一口に傾向をまとめるのはむずかしいが、一般的に言ってヨーロッパでは学術的なものに対する抵抗がそれほどなく、博士論文をそのまま出版したり、手を入れてあっても「論文」的な書き方がそのままのこっているものがより多いといえるだろう。さらに付け加えるならば、ポスト構造主義など諸々のここ数十年間の文学理論の発展を射程にいれながらも、テキストより文学理論のほうが先走るような文学研究を避け、あくまでテキスト分析を中心にすえて研究を行う傾向があると言える。純粋に文献学的な視点から文学作品を扱う例が減っているとはいえ、地道なテキスト研究や文献学的な文学史の考証を大切にする伝統はここ三十年ほどそれほど大きく変わってはいないように思われる。

また、ヨーロッパ全体で占める英語圏の比重が少ないため、共同研究やプロジェクトを中心にした日本文学研究に関する一種の「文化圏」として成り立ち、しかも成果をあげているのは何といってもドイツ語圏、フランス語圏であると言える。イギリスなどの英語圏の研究者たちはアメリカ人も多く、むしろ北米やオーストラリアの英語圏との親和性がより大きいと言ってよいかもしれない。そこで、本稿でも、まとまった傾向が把握しやすいドイツ語圏、フランス語圏における研究状況についてまず述べ、最後に英語で出版されている文献についての簡単なまとめを付け加えるかたちをとりたい。

ドイツにおける日本文学研究の展開—1970 年以降

学問としての草創期

19 世紀後半からの長い期間、ドイツの日本学は文献学がそのほとんどを占めていた。当時の研究者達は、古事記、日本書紀、万葉集などから江戸末期に至る文学や文献の翻訳、部分的翻訳などを通して、日本の文化、社会、宗教、民俗風習などの解明と紹介を目指していたのである。1906 年、最初の日本文学史が出版されたが、その著者は長い間東京帝国大学で教鞭を執り、1914 年ドイツ初の日本学教授の地位に就いた元独文学者の K・フローレンスであった。文献学としての日本文学研究がその中心的役割を相対化されていくのは、それから半世紀以上を経て、政治・経済を含む社会学的な研究が台頭してくる 1970 年代からである。それまで主に古い時代を指向していたドイツの日本学は、その頃から近・現代の研究対象へと徐々に向きを変えていくのだが、それと共に、当時の新しい方法論を応用する若い研究者達が登場してくる。

新しい世代の登場

1975 年、まずカタリーナ・マイ（Katharina May）が、短歌の改革運動と与謝野晶子の詩の文体分析を発表したのを皮切りに、翌 1976 年、構造主義的手法を初めて日本の作品に応用した、イルメラ　日地谷＝キルシュネライト（Irmela Hijiya-Kirschnereit）の三島由紀夫『鏡子の家』論が出版され、そこではヨーロッパ世紀末文学の三島作品への影響も詳述されている。社会文芸学や W・イザー（Wolfgang Iser）などによる受容理論も日本文学研究に応用され、1983 年、エッケハルト・マイ（Ekkehard May）は江戸時代後期文学の商業化についての研究を発表、同年、ボルフガング・シャモーニ（Wolfgang Shamoni）が若き北村透谷論を出版し、クロースリーディングを基盤に透谷文学と当時の精神史的背景との関係が分析されていた。その2年前の1981年には、日地谷＝キルシュネライトの私小説論「自己暴露の儀式」が発表され、そこでは私小説ジャンルの歴史と理論の組織的な分析が試みられ、作家と読者が共同で作り上げていく私小説構造の提示が試みられている。

これらの例が示すように、1970年代半ばから10年程の間、ドイツにおける日本文学研究は非常に生産的な時期であった。当時若かったこれらの研究者は、その後相次いで教授職に就くことになるが、大学で次の世代の育成に努めると同時に、日本文学の翻訳や研究活動などを通じて、ドイツ語圏の一般意識内に日本文学が確かな地位を獲得するための努力を重ねている。例えば日地谷＝キルシュネライトは、1990年から2000年までの10年間、有名なインゼル社が企画した「日本文庫」の発行者となり、近・現代日本文学の名作34冊のドイツ語訳に、各巻かならず詳細な解説文を付け、ドイツ語圏3国の文学市場に送り出している。

ジェンダースタディーズ、カルチュアルスタディーズ、そして画像論的転回

1980年代になるとさらに新たな展開があり、それは現在まで続く傾向でもある。純粋に文献学的視点から文学作品を扱う例が減っていくという現象である。例えばジェンダースタディーズは、研究の関心を日本の文学システム内の女性性に向け、1996年、プロレタリア女性作家に関するヒラリア・ゴスマン（Hilaria Gössmann）の「書くことによる解放」という著作が発表されたが、すでに1994年、リヒモド　ボリンガー（Richmod Bollinger）は、いわゆる「モダンガール」現象について画像を多く含んだ本を出版している。他の研究は、日本近代の「理想的女性像」の成立に大きな影響を与えた、雑誌のテクストやディスクール分析などを取り上げ、1997年、ウルリケ・ヴェアー（Ulrike Wöhr）による明治・大正期の雑誌「新真婦人」研究が、また2004年にはナヂヤ・キシュカ

＝ヴェルホイザー（Nadja Kischka-WellhäuBer）による、明治中期の「女学雑誌」分析が出版されるが、ここでジェンダーテーマは社会文化的な問いと結びつけられ、「発表機関の組織的観察」という枠に収められたため、厳密にはこれらを文学研究と呼べないかもしれないが、広範なテーマへの接近はここでもテクスト分析を通して行われており、やはりそれらを文学と関連した問いと見なせるであろう。

いずれにしても、それまで主流であった作家論や作品論を離れ、特定のテーマや方法論を基にした研究領域の拡大という展開が、それ以来、ドイツにおける日本文学研究の特徴となっている。現在、いわゆる「カルチュアルスタディーズ」が日本研究においてより大きな位置を占めつつあり、映画、連続テレビドラマ、マンガ、アニメなどへの興味が、小説、随筆、戯曲などへのそれよりも強くなっている。「高級」なカノンであった「純文学」よりも、ポピュラーカルチャーを研究対象に選ぶという傾向である。しかし、これは日本研究だけに見られる現象ではなく、1970 年代以降、他の文学研究分野においても著しい傾向である。いわゆる「Pictorial turn—画像論的転回」と呼ばれる、言語ではなく画像的内容を指向するディジタル情報化時代の文化領域に根付いてきた流れが、今、日本学をも含めた多くの学問分野を席巻しつつあるようだ。そのような現象は、日本のマンガ研究への強い関心としても示され、スザンネ　フィリップスは、手塚治虫の「火の鳥」をまずナラトロギーの手法で分析し、さらにそれを手塚漫画全作品の画像描写の分析へと発展させた 1996 年と 2000 年の 2 冊の著書により、この分野の規範的とも言える研究を発表している。

手を携えての研究

日本文学研究は最近、これまでエキゾチック視されてきたゲットーを次第に抜け出し、メインストリームの文学研究へと接近しつつある。それは、日本文学研究者自身の意思であると同時に、他の文学研究や比較文学などが、欧米以外の対象を自分達の研究に組み込むために、以前とは比較にならない強い関心を寄せてきた結果でもある。そのような状況は、分野を越えた共同研究活動に日本学が加わる例が増えていることからも明らかである。例えば、トリア大学における「ジェンダー構造と相互文化性」プロジェクトでは、在日韓国人作家柳美里における「ジェンダーと民族性の構築」をテーマにしたクリスティナ・岩田＝ヴァイクゲナント（Kristina Iwata-Weickgenannt）の著作が発表され（2008 年）、そこではパフォーマンス性理論が応用されている。各文化における自伝的テクストをテーマとしたベルリンの共同研究プロジェクトの一環として、2010 年にエレナ・ヤヌリス（Elena Giannoulis）の私小説論が出版されたが、1990 年代以降の私小説ジャンルの機能と効果、新しく出現したメディアの下で、私小説の「虚構性」と「事実性」が変化したかなどがそこで問われている。この二つの著書が示すように、ドイツにおける日本文学研究は、その対象や方法などにおいて、文化的テーマを指向する他の研究分野との対話を強めつつある。しかしここで重要となるのは、あくまで日本文学自体から発せられる問いと向き合うこと、つまり、他の分野が求める広範な研究対象や方法などに惑わされず、自らの明確な研究目標を見失わないことであろう。

ドイツにおける日本文学研究独自の業績には、例えば、ドイツ語圏のメディアがこれまで日本文学に対してどう反応してきたかの詳細な記録（2006 年）、明治元年から現在までドイツ語に翻訳された日本文学作品の全目録（2009 年）、現在進行中の膨大な和独大辞典編纂など、これからの文学研究にとって有用と思われる数々の資料を作成してきたことも加えられるだろう。

References

May, Katharina: *Die Erneuerung der Tanka-Poesie in der Meiji-Zeit*（*1868-1912*） *und die Lyrik Yosano Akikos : Eine Untersuchung zur Geschichte und zur Form japanischer Dichtung*. Wiesbaden: Harrasowitz 1975

Hijiya-Kirschnereit, Irmela: *Mishima Yukios Roman* Kyōko-no ie: *Versuch einer intratextuellen Analyse.* Wiesbaden: Harrassowitz 1976

May, Ekkehard: *Die Kommerzialisierung der japanischen Literatur in der späten Edo-Zeit.* Wiesbaden: Harrassowitz 1983

Schamoni, Wolfgang: *Kitamura Tōkoku–Die frühen Jahre: Von der "Politik" zur "Literatur".*Wiesbaden: Steiner 1983

Hijiya-Kirschnereit, Irmela: *Selbstentblößungsrituale: Zur Theorie und Geschichte der autobiographischen Gattung"Shishōsetsu" in der modernen japanischen Literatur.* Wiesbaden: Steiner 1981. （『私小説－自己暴露の儀式』東京：平凡社、1992 年）

Gössmann, Hilaria: *Schreiben als Befreiung: Autobiographische Romane und Erzählungen von Autorinnen der Proletarischen Literaturbewegung Japans.* Wiesbaden: Harrassowitz 1996.

Bollinger, Richmod: *La donna è mobile: Das "modan gāru" als Erscheinung der modernen Stadtkultur.* Wiesbaden: Harrasowitz 1994.

Wöhr, Ulrike. *Frauen zwischen Rollenerwartung und Selbstdeutung: Ehe, Mutterschaft und Liebe im Spiegel der japanischen Frauenzeitschrift "Shin shin fujin" von 1913 bis 1916.* Wiesbaden: Harrassowitz 1997.

Kischka-Wellhäußer, Nadja. *Frauenerziehung und Frauenbild im Umbruch: Ideale von Mädchenerziehung, Frauenrolle und weiblichen Lebensentwürfen in der frühen Jogaku zasshi*（*1885-1889*）. München: Iudicium 2004.

Phillipps, Susanne. *Erzählform Manga: Eine Analyse der Zeitstrukturen in Tezuka Osamus "Hi no tori"* （*"Phönix"*）. Wiesbaden: Harrassowitz 1996.

Phillipps, Susanne. *Tezuka Osamu: Figuren, Themen und Erzählstrukturen im Manga-Gesamtwerk*. München: Iudicium 2000.

Iwata-Weickgenannt, Kristina: *Alles nur Theater? Gender und Ethnizität bei der japankoreanischen Autorin Yū Miri.* München: Iudicium 2008.

Giannoulis, Elena: *Blut als Tinte: Wirkungs- und Funktionsmechanismen zeitgenössischer* shishōsetsu. München: Iudicium 2010.

Ando, Junko, Irmela Hijiya-Kirschnereit, Matthias Hoop: *Japanische Literatur im Spiegel deutscher Rezensionen.* München: Iudicium 2006.

Stalph, Jürgen; Petermann, Christoph; Wittig, Matthias: *Moderne japanische Literatur in deutscher Übersetzung. Eine Bibliographie der Jahre 1868-2008*. München: Iudicium 2009.

Stalph, Jürgen et al., Hg.: *Großes japanisch-deutsches Wörterbuch* – 和独大辞典　Band 1, A-I. München: Iudicium 2009.

フランスにおける日本近代文学研究の動向、戦後から現在に至るまで

現在フランスにおける日本研究は、全体的に 250 名あまりの専門家を数える。戦後 50 年代、60 年代の数十人の枠とは桁が違う。最近の傾向としては、多領域に渡る、学際的な研究が重要視されるようになっている。しかし、日本文学研究に関しては、近年の日本文学のフランス語訳の大きい発展とは対照的に、研究そのものが盛んであるとは言えない状況にある。それは研究発信そのものの問題を超えて、以下に見るように、市場（出版社、読者、あるいは供給と需要）の問題でもある。

創立者の世代

戦後から 90 年代までの日本文学研究は、主に古典文学が主流をなし、国立東洋言語文化大学教授のルネ・シフェール（René Sieffert）教授の膨大な翻訳作業により、学術的、および文化的土台が確立されたと言えよう。文化的土台とは、例えば『源氏物語』や芭蕉の作品の全翻訳をとおして、日本文学の特有性がフランスの知識人に認められ、さらにはある程度の影響力を持つようになったことを指す。典型的な例として、仏現代詩は俳句に大きく感化され、演劇演出も能や歌舞伎から影響を受けた。

第二段階として、古典文学の研究が始まる。ここではパリ第七大学のジャクリーヌ・ピジョー（Jacqueline Pigeot）教授の詩歌論などに関するすぐれた業績を明記するべきであろう。ほとんど同期とも言える国立東洋言語文化大学のジャンジャック・オリガ人（Jean-Jacques Origas1937 ～ 2003 年）教授は近代文学、特に正岡子規や夏目漱石の明治文学を専門とし、ともに 70 年代から 80 年代、さらには 90 年代にかけて次世代の日本文学の専門家を育成し、古典、近代文学の研究基盤が形成される。その期間、単発的に発表される文学研究に関する著作は主に博士論文を元にしている。テーマは、プロレタリア文学から落語論、大衆文学から川端論、三島論までと幅広く、フランスで初めて紹介されるジャンルと、逆に文学賞や翻訳をとおして、すでにフランスで認められている作家論が両立するようになる。

他方、参考書としての文学史や文学事典もこの時期に発行され、シフェール、ピジョー、チュデイン（Tschudin）氏などの日本文学史に加え、オリガス教授の編集のもとで、1994 年の全世界文学事典にはじめて体系的に日本文学は登場し、その項目が独立した形で 2000 年に単行本の日本文学事典として 再刊行される。

2000年以来の動向、共同研究の発展

実際にこの10年、近代文学研究においてどのような動向が認められるかというと、学術論文をベースにした研究書の外に、共同研究書、あるいは日仏共同研究書といった研究プログラムに沿った作業、および、比較文学者からの日本文学へのアプローチが挙げられるであろう。単行本としての森鷗外論や与謝野晶子論以外に、例えば文芸誌での谷崎特集、および、フランスの谷崎シンポジウムの日本語集成版、あるいは、日仏中の文学専門家が試みた概念研究（表記の問題、換喩の探求、など）、あるいは学際的にみた文化的年代の研究（20年代、あるいは戦後、など）が発表されている。つまり、専攻研究やモノグライーから離れ、徐々に、幅広く対象を拡張した研究が注目されるようになっている。他方、比較文学者の方では、知名度が高く翻訳の多い作家、主に大江健三郎、三島由紀夫、あるいは論文などでは村上春樹についての発表が行われている。特徴は原文や文献批評を使用せずに、そのまま翻訳をとおして、神話分析、精神分析、あるいはポスト構造主義の方法を使って、飛躍的な論を展開するところにある。その最も優れた作業はフィリップ・フォレスト（Philippe Forest）が築く大江健三郎論であろう。

以上見てきたように、文学場は活気に満ちているようだが、実際は助成金などを基礎にした学術出版が多く、受容を考えると決して楽観することはできない。一般読者は翻訳などに親しんでいるが、研究自体はほとんど同業者のみで構成されている非常に狭い枠にのみ受容されている。市民文化における研究領域の場というものの問題でもある。

フランス流文学研究

さて、このような環境の中で、フランス特有のアプローチは存在するのであろうか。明らかに、多くの研究はテキスト重視の本文分析を基盤に展開している。そのため、カルチユラルスタデイーズや

ジェンダースタディーズ、あるいはポストコロニアルスタディーズといった、内容テーマの把握に徹底した解釈方法は、一般的にフランスに受け入れられていないだけではなく、日本文学研究においてもあまり利用されていない。むしろ、構造研究、修辞学、言語哲学、あるいは文化社会学といった、フランスにおける未だ影響力の強いポスト構造主義の流れにそった研究が多い。その中で、最近出版され特筆されるべきは、国立東洋言語文化大学のエマヌエル・ロズラン（Emmanuel Lozerand）教授の日本文学史の誕生を調査した研究書である。歴史的事実を作られたものとして考え直す、脱構築学の流れに沿って、明治中期からの日本文学史の作成の過程を追う作業となっている。この研究成果に現れているように、ヨーロッパやアメリカ、あるいは日本における研究と比べて、フランス流とは現在においても、実質的なテキストや文献に固執しながら、体系的な理論を試作するパターンが土台であると言えよう。

今後の課題

博士課程における研究は新しい専門へつながることが多い。最近審査された論文は、遠藤周作、幸田露伴、石川淳、野上弥生子、永井荷風などを主題とし、今後審査されるものの中には、大岡昇平、江戸川乱歩、現代詩、パロデイー文学、在日朝鮮人文学、あるいは太宰治などを対象にしている。このように専門が多様化してゆく中、一般の文芸評論家たちの日本文学への言及もひとつの新しい現象として挙げられよう。それは、例えば、安部公房、大江健三郎、村上春樹への言及であり、それらの翻訳作品がもはや東洋的なものとしてではなく、世界文学のパラダイムの一因として扱われているのが目につく。

最後に象徴的な例として、作品自体が越境し続けている多和田葉子のフランスにおける研究状況を観察すると、一方ではドイツ文学者の注目を集め、他方では、日本文学者の興味を引いている。実際、2011年に刊行される研究誌、『ドイツ研究』（Etudes Germaniques）に特集が組まれていて、日仏独米の専門家の論文がそのまま異文化交差を反映する形をとって掲載されることになる。ここでは、作品の国籍の問題が浮上するだけではなく、本文、および翻訳の定義、批評の範囲と正当性、読者の場など、数知れない問題点が提起されている。このような例は、今までの専門型の文学研究に一石を投じており、グローバル化してゆく世界の中の日本文学、およびその研究を揺るがす現象である。今後の変遷が期待される。

References

2000

Dodane, Claire, *Yosano Akiko, poète de la passion et figure de proue du fémnisme japonais*, Paris, Pof, 2000.

Origas, Jean-Jacques （dir.）, *Dictionnaire de littérature japonaise*, Paris, Puf, Coll. Quadrige, 2000.

2001

Forest, Philippe, *Oe Kenzaburô - légendes d'un romancier japonais*, Nantes, Editions Pleins feux, 2001.

Sakai, Cécile, *Kawabata le clair-obscur-essai sur une écriture de l'ambiguïté*, Paris, PUF, 2001.

Europe （revue） « Jun.ichirô Tanizaki » （Tsuboi Hideto, Anne Struve-Debeaux dir.）, n. 871-872, nov. 2001.

2005

Forest Philippe, *La beauté du contresens - et autres essais sur la littérature japonaise*, Nantes, éditions Cécile Defaut, 2005.

Lozerand Emmanuel, *Littérature et génie national- naissance d'une histoire littéraire dans le Japon du XIXe siècle*, Paris, Les Belles Lettres,

2005.

2007

Simon-Oikawa, Marianne （dir.）, *L'écriture réinventée-Formes visuelles de l'écrit en Occident et en Extrême-Orient*, Paris, Indes savantes, coll. Etudes japonaises, dec. 2007.

Lucken, Michael, Anne Bayard-Sakai et Emmanuel Lozerand （dir.）, *Le Japon après la guerre*, Arles, Picquier, 2007.

2008

Origas, Jean-Jacques, *La lampe d'Akutagawa – Essais sur la littérature japonaise moderne*, Paris, Les Belles Lettres, Collection Japon, 2008.

Sakai, Cécile et Struve, Daniel （dir.）, *Regards sur la métaphore – entre Orient et Occident,* Arles, Philippe Picquier, 2008.

2009

千葉俊二、アンヌバヤール・坂井編『谷崎潤一郎：境界を超えて』東京：笠間書院、2009 年

英語で書かれた文献の具体例

最後に英語文献の具体例の紹介をしておえたいと思うが、先にも述べたように、ヨーロッパの学術シリーズにはそれぞれの国や大学の文化的な背景があり出版基準や政策も多様であり、数も膨大であることが想像されるため、国際的に知名度のたかい日本学の雑誌に書評がのったもののみをとりあげることにする（詳しいタイトル等については図書リストを参照のこと）。

70 年代末、80 年代にそれぞれイギリスの代表的な日本学の学者として著名度の高い、リチャード・バウリング（Richard Bowring）とピーター・コーニキ（Peter Kornicki）の近代文学についての著作がそれぞれケンブリッジ大学とオックスフォード大学

出版から出版される。バウリングの著作は森鷗外についてであり、鷗外全集、日本語の二次的資料はもちろん鷗外が影響を受けたヨーロッパの文献なども豊富に読み込んだ密度の高い読みでのある伝記である。コーニキの著作のテーマは、明治時代の小説改革であり、坪内逍遥の『小説神髄』で唱えられる新しい小説のルーツを戯作や人情本に見、硯友社の尾崎紅葉などの小説に注目するいわゆるお手本的な文学史とは違う視点から明治時代の小説改造のプロジェクトを検討する試みである。バウリングはその後紫式部についての著書を次々と出版し、研究の中心は古典文学になっていくが、日本の宗教、日本語などについての著作も数おおくあり、日本学の研究者として広範囲にわたる活動を続けている。コーニキもバウリングとともに、ケンブリッジ版日本の百科事典などを編纂したり、日本の「書物」の 19 世紀までの文化史についての大著、『日本の書物』（*The Book in Japan*）をあらわすなど、その幅広い研究活動が注目されている。

このあと 80 年代以降の近代文学についての著書を年代順に追ってみたい。イレーナ・パウウェル（Irena Powell）はその 83 年の著書で伊藤整の著作を資料の中心にして戦前の文壇の作家と社会の関係について詳しく考察する。イルメラ・日地谷＝キルシュナライトの 96 年の『自己暴露の儀式』の英語版はオリジナルのドイツ語で 81 年に出版された画期的な大作で、日本語にも 92 年に翻訳されている。代表的な私小説作家の作品のシステマチックなテキスト分析を通して私小説における「自己暴露の儀式」を日本の文化歴史的な視点から見直すユニークな日本文化・私小説論であり、1988 年に英語でアメリカの大学出版から出たエドワード・フォウラー（Edward Fowler）の私小説論とともに注目をあびた研究者必読の話題作である。彼女のオリジナルのドイツ語版が出版されてから 7 年後にでたフォウラーの本が英語圏では最初に注目をあびたことや、この本の英語判がでるまでに 15 年もかかったことはよくもわるくも海外の日本研究においての英語の伝達の言語としての覇権的な位置をものがたっていると言ってよいだろう。続く長島要一（Yoichi Nagashima）の 97 年の本は英語の文献ではほとんど扱われていない岩野泡鳴の自然主義を西洋の文学理論を駆使して焦点をあてる試みである。泡鳴の新自然主義、一元描写に関する詳しい考察を含む。安倍オースタッド玲子（Reiko Abe Auestad）の 98 年の漱石再読は西洋ではあまり好まれない漱石の著作、「行人」と「明暗」に焦点をあてテキスト分析にジャンル概念を射程にいれた歴史文化的な考察を加えることによって、これらのテキストの実験的な新しさを浮き彫りにする試みである。続く 99 年のマーク・ウィリアムズ（Mark Williams）の本は包括的な遠藤周作の著作紹介の役割を果たすとともに、彼の文学史的な位置についての考察を著者遠藤の「和解」という私的なテーマに沿ってほどこす。2000 年のマヤ・モーテイマー（Maya Mortimer）の著作は武者小路実篤、倉田百三、長与善郎を中心に 20 年代から 30 年代にかけての白樺派の活動について「先生」の概念をテーマとして研究。現在ではあまり読まれていないこれらの作家たちが反自然主義を掲げてヨーロッパの印象派をはじめとする美術や芸術、トルストイの人道主義等を日本に紹介した功績などについて考察する。近代の歌舞伎についての著書もあるブライアン・パウウェル（Brian Powell）は 2002 年の『日本の近代演劇』で明治維新から 60 年代のアングラ劇までの一世紀間、日本の演劇が歌舞伎の近代化運動にはじまり、新派や西洋風の新劇の発展、そしてアングラの登場をおって、どのように発展してきたかを文化歴史的な視点から述べる。30 年代 40 年代の暗い時代にどのように演劇界が生き延びて言ったかなどの考察もふくむ。ステイーヴ・ドッド（Steve Dodd）の 2004 年の『ふるさとに書く』では明治中期から昭和初期までの国木田独歩、島崎藤村、佐藤春夫、志賀直哉の作品のテキスト分析をとおして「ふるさと」がどのように想像上のトポスとしてフィクション化されていったかを見る。そして「ふるさと」に関しての言説が間接的には30年代の日本のナショナリスチックな自己形成に寄与したことに関する考察もふくむ。トーマス・シュネルバッカー（Thomas Schnellbacker）の安部公房論は40年代から60年代はじめ、安部が小説家として活躍を始める前の左翼活動家としてのテキストを芸術と政治、革命的な芸術、前衛の社会的役割等の概念についての当時の言説とのダイナミックな関係において理論的に分析する。安部の創造的な活動と彼の社会政治的なコミットメントを徹底的に調べ上げる緻密な研究書である。

そのほか、2010年に出版されたアンネ・テラ（Anne Thelle）の『自己形成の交渉』は中上健次の仏語訳しか出ていない傑作「奇蹟」を物語りと小説のあいだでゆらぐジャンルやジェンダー、暴力についての考察をふくむテキスト分析である。また、2007年のカール・カッセゴー（Carl Cassegaard）の著書は、書評はでていないが、ベンジャミンのオーラの概念にヒントを得て社会学の視点から近代の「自然化」（Naturalization）が進むことによって起こるテンションを軸に、川端康成、安部公房、村上春樹、村上龍たちの作品を分析する試みである。さらに付け加えるならば、「文学」ではないが、漫画やサブ・カルチャーをジェンダーの視点から分析する論文を数おおく発表しているイギリスの研究者、シャロン・キンセラ（Sharon Kinsella）の著書は、アダルト・漫画などの考察を含む。

References（本文に出てくる順）

Richard Bowring, *Mori Ogai and the Modernization of Japanese Culture*, Cambridge: University of Cambridge Oriental Publications 28, 1979

Peter Kornicki, *The Reform of the Fiction in Meiji Japan*, Oxford: Oxford Oriental Monographs 3, 1982

The Book in Japan: A Cultural History from the Beginnings to the

Nineteenth Century, Leiden: Brill, 1998. Paperback, University of Hawaii Press, 2000.

Irena Powell, *Writers and Society in Modern Japanese Society*, London and Basingstoke: Macmillan Press, 1983

Irmela Kijiya-Hirschnereit, *Rituals of self-revelation: Shishosetsu as literary genre and socio- cultural phenomenon,* Cambridge, MA: Harvard University Asia Center, 1996

Yoichi Nagashima, *Objective Description of the Self: The Literary Theory of Iwano Hômei*, Aarhus: Aarhus University Press, 1997

Reiko Abe Auestad, *Rereading Soseki: Three Early Twentieth-Century Japanese Novels*, Wiesbaden: Harrassowitz, 1998

Mark Williams, *Endo Shusaku a Literature of Reconciliation*, London and New York: Routledge, 1999

Maya Mortimer, *Meeting the Sensei: The Role of the Master in Shirakaba Writer*, Leiden: Brill, 2000

Brian Powell, *Kabuki in Modern Japan*, London: Palgrave Macmillan, 1990

Brian Powell, *Japan's Modern Theatre: A Century of Continuity and Change*, London and New York: Routledge, 2002

Stephen Dodd, *Writing Home: Representations of the Native Place in Modern Japanese Literature,* Cambridge, MA: Harvard University Asia Center, 2004

Thomas Schnellbacker, *Abe Kobo, Literary Strategist. The Evolution of his Agenda and Rhetoric in the Context of Postwar Japanese Avant-garde and Communist Artist's Movements*, Munchen: Iudicium, 2004

Carl Cassegard, *Shock and Naturalization in Contemporary Japanese*

Literature, Leiden: Brill, 2007

Anne Helene Thelle, *Negotiating Identity: Nakagami Kenji's Kiseki and the Power of the Tale*, Munchen: Iudicium, 2010

Sharon Kinsella, *Adult Manga: Culture and Power in Japanese Contemporary Society*, London: Curzon, 2000

第二编
作家研究

坪内逍遥

1859年(安政6)~1935年(昭和10)

潘文東

1

坪内逍遥（つぼうちしょうよう）は日本近代文学の創始者の一人であるのみならず、演劇、翻訳、文学評論、絵画、社会教育などの領域にも大きな足跡を残した。1859 年 5 月 22 日に美濃国（現岐阜県）加茂郡太田村に尾張藩代官所役人平之進の末子として生まれた。維新後、帰農して名古屋の郊外へ移住。本名勇蔵のち雄蔵。別号に蓼汀、蓼汀迂史、春の屋おぼろ、逍遥、逍遥遊人などがある。母は矢野氏ミチ、名古屋の裕福な酒造屋の娘。幼時、勇蔵は母とともに歌舞伎を見たり、貸本屋「大惣」に通って江戸時代末期の戯作文学を読みふけったりした。1876 年に県の選抜生として開成学校（後の東京大学）へ入学、級友半峰高田早苗らの影響で西欧文学に興味を持つようになった。スコット『ランマムーアの花嫁』の一部を意訳して『春風情話』（1880 年）という題で出版、シェークスピア『ジュリアス・シーザー』を全訳して『該撒奇談　自由太刀余波鋭鋒』を刊行。在学中、ホートン教授の英国文学の試験で挫折し、従来の文学観を反省し、西洋文学の研鑽に励んだ。その成果として、日本近代最初の小説理論の著作『小説神髄』（1885 ～ 1886 年）

を刊行。その理論の実践として『当世書生気質』を執筆。その後、『妹と背かがみ』、『内地雑居未来之夢』、『京わらんべ』と次々と作品を刊行し、創作旺盛期に入った。森鴎外との「没理想論争」を経て、演劇研究と改良へ移行した。西洋の戯曲の方法や形式を導入して、歌舞伎の改革を志して創作した劇文学に『桐一葉』（1894 年）、『沓手鳥孤城落月』（1897 年）、『新曲浦島』（1904 年）、『役の行者』（1913 年初稿本）などがある。1906 年に演劇革新を旨とした文芸協会が結成され、逍遥はその主宰者となり、演劇研究所を設立し、新劇運動を起こした。晩年、シェークスピア全集の翻訳に専念、1928 年に全 40 巻完成。1935 年 1 月 28 日風邪による肺炎で数えの喜寿で没した。

2

坪内逍遥は近代日本文芸及び社会教育など多くの領域で多彩な活躍をしたため、研究課題が多岐にわたっており、主に 5 つの分野に分けられる。①『小説神髄』と『当世書生気質』と周辺の小説及び近代文学の成立、②文学批評（『小説神髄』の後の文芸評論、没理想論争など）、③演劇革新（史劇・新楽劇の理論と作品、新劇運動など）、④シェークスピアの研究と全集翻訳、⑤社会教育と倫理学。その中でも特に『小説神髄』、『当世書生気質』、「没理想の論争」が研究の焦点となっている。評伝としては、河竹繁俊・柳田泉『坪内逍遥』（東京：冨山房、1939 年）、柳田泉『若き坪内逍遥』（東京：春秋社、1960 年）、福田清人・小林芳仁『「坪内逍遥」——人と作品』（東京：清水書院、1985 年）などがある。

逍遥研究は戦前に遡ることができ、その時期の研究は主に日本近代文学の成立と『小説神髄』との関係に集中している。木村毅「『小説神髄』小論」（『明治文学展望』東京：改造社、1928 年）、久松潜一「坪内逍遥の文学評論」（『国語と国文学』1932 年 4 月、のち『日本文学評論史』に収録）、高須芳次郎「坪内逍遥研究」（東京：

新潮社、『日本文学講座』13、1932年）、小島徳弥「坪内逍遥研究」（東京：木星社書院、『明治文学講座』五、1932年）、本間久雄「坪内逍遥」（東京：岩波書店、講座『日本文学』10、1933年）、柳田泉「『小説神髄』の成立」（『明治文学研究』1934年2月）、柳田泉「政治小説と『小説神髄』」（東京：春秋社、『政治小説研究』中、1935年）、山本正秀「坪内逍遥と言文一致」（『国語と国文学』13巻5号、1936年5月）、長嶺宏「坪内逍遥の文学論――『小説神髄』を中心として」（『国語と国文学』19巻11号、1942年11月）などがある。

1950年代から80年代までは、考証、源流考察及び資料収集などの面で大きな成果をあげてきた反面、逍遥の文学理論自体に対する評価は大抵消極的なものであった。主な研究に、坪内士行『坪内逍遥研究』（東京：早稲田大学出版部、1953年）、大村弘毅『坪内逍遥』（東京：吉川弘文館、1958年）、本間久雄『坪内逍遥――人とその芸術』（東京：松柏社、1959年）、尾崎宏次『坪内逍遥』（東京：未来社、1965年）、柳田泉『「小説神髄」の研究』（東京：春秋社、1966年）、中谷博『坪内逍遥を語る』（尾崎行雄記念財団、1967年）、斉藤一寛『坪内逍遥と比較文学』（東京：二見書房、1973年）、関良一『逍遥・鴎外　考証と試論』（東京：有精堂、1971年）、谷沢永一『明治期の文芸評論』（東京：八木書店、1971年）、和田繁二郎『近代文学創成期の研究』（東京：桜楓社、1973年）などがある。逍遥研究の論文の数も枚挙にいとまがないほど多くなった。重要な論文に小田切秀雄「『小説神髄』の問題」（『日本の近代文学』、1948年2月）、越智治雄「『小説神髄』の母胎」（『国語と国文学』33巻2月号、1956年）、和田繁二郎「坪内逍遥における文学意識と啓蒙意識の相剋」（『論究日本文学』13、1960年11月）などがある。1960年代からは逍遥研究がさらに深化しており、安住誠悦「写実主義文学論の展開――逍遥と二葉亭」（『語学文学会紀要』2、1964年3月）、菅谷広美「『小説神髄』

とその材源」（早稲田大学『比較文学年誌』第 9 号、1973 年 3 月）などが主な成果である。特に逍遥協会編集『坪内逍遥 研究資料』1 － 16（東京：新樹社、1975 ～ 1998 年）は特筆すべきであろう。また、川副国基「小説神髄――坪内逍遥」（一）～（四）（『国文学』、1961 年 2 ～ 5 月）、吉田精一「小説神髄と玉の小櫛」（1）～（2）（『解釈と鑑賞』、1959 年 9 月、10 月）、吉田精一「坪内逍遥（1）～（3）（『解釈と鑑賞』、1970 年 8 ～ 10 月）のようなシリーズ論文もある。

1980 年代からは、比較文学、構造主義、ポスト構造主義などの視点を導入して逍遥の文学理論の新しい可能性が探られるようになった。主なものに中村完『坪内逍遥論』（東京：有精堂、1986 年）、石田忠彦『坪内逍遥研究』（福岡：九州大学出版会、1988 年）、亀井秀雄『「小説」論』（東京：岩波書店，1999 年）、小森陽一編『近代文学の成立――思想と文体の模索』（東京：有精堂、1986 年）、柄谷行人『日本近代文学の起源』（東京：講談社、1988 年）、鄭炳浩「文芸用語としての〈妙想〉のスペクトル――坪内逍遥の文学論における「妙想論」の受容背景をめぐって」（『文学研究論集』19，2001 年 3 月）、鈴木貞美『日本の文化ナショナリズム』（東京：平凡社、2005 年）、『「日本文学」の成立』（東京：作品社、2009 年）などがある。

3

中国においては、逍遥の文学理論は 20 世紀初期からすでに紹介されていた。周作人は 1918 年北京大学で《日本近三十年小说之发达》をテーマに講演し、中国文学にも『小説神髄』のような著作が必要だと指摘している。謝六逸は《日本文学史》(北京: 北新书局、1929 年）で「『小説神髄』は瀕死の明治の文学を救った」と評価している。1950 年代から 70 年代まで、『小説神髄』は伝統的な文芸理論の影響であまり高く評価されなかったが、1980 年代から王長新《日本文学史》（北京：外语教学与研究出版社、1982年）、王暁平《近代中日文学交流史稿》（长沙：湖南文艺出版社、1987年）、葉渭渠《日本现代文学思潮史》（北京：中国华侨出版社、1991年）、王向遠《中日现代文学比较论》（长沙：湖南教育出版社、1998年）などの著作で再評価されるようになった。1991年、劉振瀛翻訳の《小説神髓》（人民文学出版社）が出版された。近年発表された論文には方長安《中国近现代文学话语转型与日本文学的关系》（《求索》、2004年2期）、関冰冰《坪内逍遥的"人情说"初探》（《日本学论坛》、2002年11期）、《走向西方的日本近代文学的起点——进化论与坪内逍遥的小说改良》（《东北师范大学学报（哲学社会科学版）》、2002年3期）、《试论日本近代文学的"近代性"——坪内逍遥艺术论的个案分析》（《东北师范大学学报（哲学社会科学版）》、2003年6期）、また、甘麗娟《论坪内逍遥的写实主义小说观——以〈小说神髓〉为中心》（《齐鲁学刊》、2006年5期）と《论近代日本小说地位的确立——以〈小说神髓〉为中心》（《东岳论丛》、2007年6期）、潘文東《真实与人情：坪内逍遥〈小说神髓〉理论评析》（《外国文学评论》、2010年1期）などがある。中国における逍遥研究は、『小説神髄』と日本近代文学の成立との関係に焦点が当てられてきたことが特徴である。

坪内逍遥は日本近代の文芸・文化の創造者ともいわれており、数多くの業績を残した。今までの研究は『小説神髄』や没理想論争などが研究の中心となっており、多くの成果が挙げられてきた一方、逍遥と演劇革新、逍遥と早稲田文学派の形成、逍遥と自然主義、逍遥のシェークスピア研究と翻訳、社会教育、倫理学などの研究がまだまだ不十分だといわざるを得ない。したがって、今後はさらに多角的な研究が期待される。

二葉亭四迷

1864年(元治1)～1909年(明治42)

高橋修

1

二葉亭四迷（ふたばていしめい）、本名長谷川辰之助。1864 年（1862 年という説もある）、東京生まれ。ロシアへの危機意識から外交官を目指し、東京外語学校に入学。ロシア語を学ぶうちにロシア文学の魅力に目覚め、小説家の道を目指す。外語学校が東京商業学校に合併されるのを期に退学し、小説改良の旗手だった坪内逍遙を訪れ、その推挽で『浮雲』（1887 ～ 1889 年）を執筆することになる。ただし、当時は小説家というより、ツルゲーネフの『あひゞき』（1888 年）『めぐりあひ』（1888 ～ 1889 年）の翻訳者として尊敬をあつめ、言文一致体成立につながる文体革新の重要な役割を果たした。『浮雲』執筆後、しばらく小説家としての筆を擱き、内閣官報局雇員となり社会主義などに関心をもつ。同局辞職後は職業を転々とするも、ロシアへの関心はおとろえず、後に得た東京外語学校教授の職を抛って単身ウラジオストックに渡る。本人は小説家と呼ばれることに抵抗があったという。常に理想に向かって動き続けるところに「維新の志士肌」と自称する二葉亭の面目がある。1904 年に大阪朝日新聞社に入社し、ロシア特派員となるが、病を得て帰国途中ベンガル湾上で長逝する（1909年）。享年四十五歳。『浮雲』の他に『其面影』（1906年）『平凡』（1907年）の二作がある。日本近代文学の先駆者の一人。

2

二葉亭四迷の代表作『浮雲』の研究史には、1990年代に一つの区切りがあったとされる。高田知波によれば、80年代の『浮雲』論は、「〈語り〉を軸とする表現構造自体の分析」をもとに、「作家と作品を一体化させる中村光夫型二葉亭論の枠組みから本格的な離陸」に向かっていたという。それが、90年代になると、「表現分析と受容史の批判という二つの方向から『中絶』という〈常識〉を集中的に揺さぶる論」が相次いで出たとされる（「解説」『近代文学の起源』東京：若草書房、1999年）。〈終り〉について考えることが90年代的なテーマだったというわけだ。80年代に〈語り手〉論をひっさげて新しい『浮雲』研究の地平を開いた小森陽一の諸論も、『浮雲』の「中絶」という〈文学史〉的な前提を疑うことがなかった。その自明性が改めて問われていたということになる。

具体的な論考としては、高橋修「主題としての〈終り〉」一、二（『共立女子短期大学文科紀要』1993年2月、1995年2月）、田中邦夫「『浮雲』の完結——第三編の成立過程」（『大阪経大論集』1996年3月、1997年1月。のちに『二葉亭四迷「浮雲」の成立』東京：双文社出版、1998年2月に再掲）、滝藤満義「『浮雲』の中絶と日本近代文学」（『語文論叢』1998年12月）があげられる。また高橋修にはこうした議論を踏まえて2000年代に書いた、「〈終り〉をめぐる政治学——『浮雲』の結末」（『日本近代文学』第65集、2001年10月。前掲二本を含め『主題としての〈終り〉』東京：新曜社、2012年に再掲）がある。また、宇佐美毅も語り手というイデオロギーを論ずる「〈語り手〉という思想」（『国語と国文学』2006年11月）でこの問題に言及している。

しかし、矛盾錯綜している『浮雲』というテクストを、完結／未完の二項対立的発想によって一義的に意味づけようとするのは土台無理があり、『浮雲』の〈終り〉は歴史的事実なのか解釈学的事実なのかも未だ共通の理解ができているわけではない。

では、こうした 90 年代的な助走を経て、2000 年代の『浮雲』論はどう展開してきたのか、それを見通すのは容易なことではない。

まず、実証的な研究成果からいえば、十川信介の注釈があげられる（新日本古典文学大系明治編 18『坪内逍遙　二葉亭四迷集』東京：岩波書店、2002 年）。これまでは、畑有三による近代日本文学大系 4『二葉亭四迷集』（東京：角川書店、1971 年）の注釈があったが、より精細で新たな研究成果を踏まえたものになっている。付録として付された「『浮雲』関連略図」も都市空間論的な配置が明瞭に示され読みの一助になる。個人的には、これまで読み飛ばしてきた「暴（やけ）に興起（おや）した拿破崙髭（ナポレオンひげ）に狆（ちん）の口めいた比斯馬克髭（ビスマルクひげ）」の「髭」の写真が脚注に付され、冒頭の巫山戯（ふざけ）ちらした語りが、史実に即していることが分かったことも新鮮であった。また、十川は同書に解説として付した「『浮雲』の時代」のなかの第一章「表記の多様性」で、句読点、漢語表記、「落語」と文体の問題を取り上げ、テクストクリティークの重要性を改めて喚起し、丁寧にテクストに向き合うことの大切さを示している。第三章では「小説の「終り」」について触れている。この書の本文、注釈を踏まえた岩波文庫『浮雲』（2004 年）も、文庫本として異例の充実した注と解説が付され、ハンディーながら専門的な読みにも耐えうるものとなっている。

落語との関連でいえば上田正行「二葉亭四迷と落語——落語的なるものの実質」（『解釈と鑑賞』2003 年 4 月）も興味深い。上田は、一般に、『浮雲』の前半から後半に向かって「戯作的、落語的なるものからの脱却と近代小説の成立」とみる見取り図に対して、落語の語りと三馬の『酩酊気質』などの戯作に相即した語りが一貫しており、それがプラスにもマイナスにも作用したと論じている。それは小説にとどまらず、エッセイ、批評、談話筆記などにもいえることであり、二葉亭の著作全般を特徴づけているとする。

こうした語り・文体への論究は、文学研究のみならず、国語学・言語学の分野からもなされている。服部隆は、二葉亭四迷の文体分析を三本の意欲的な論稿に著している。「二葉亭四迷『浮雲』における文意識——節（Clause）を用いた文体分析の試み（一）」（『上智大学国文学科紀要』25 号、2008 年 3 月）、「二葉亭四迷『浮雲』における節の述部（二）」（同、26 号、2009 年 3 月）、「二葉亭四迷『あひゞき』初訳・改訳における文章展開（三）」（同、28 号、2011 年 3 月）である。とくに興味深いのは、これまで文末の「た」止めの多様によって近代小説的な表現を手に入れることになったとされてきたが、服部は、動詞文の文末の過去形の分布を調査した後、統計上「第二篇十一回・第三篇十六回では過去形の使用が抑制されるが、これらの回は、会話文比率が低く、文三の心理描写を行う点共通している」（「二葉亭四迷『浮雲』における節の述部（二）」前掲）とする点である。これによれば、「心理描写」を行う回に、むしろ統計上過去形（「た」）の使用が少ないということもできる。

また、遠藤好英は「ダ体の文章の系譜—『浮雲』の史的位置—」（『国語論究』11、2004 年 6 月）で、断定の助動詞「だ」の終止形である「だ」が用いられているのは、意外にも『浮雲』全篇をとおして五例にすぎないことを指摘し、少ない用例ながら会話文だけで使われてきた「だ」を地の文にも広げられたのは、文三の思いや考えを述べる時、作者二葉亭が文三その人と重なり表現しているからだと説明している。ただし、国語学的なアプローチゆえか、テクストの文脈に十分に配慮がなされていないところが気になる。なお、服部隆は半沢幹一が代表をつとめる『浮雲』の電子データ化のプロジェクト（「二葉亭四迷「浮雲」の電子データ化およびそれに基づく各種索引と研究」2009～2011 年度）にも参加しており、そのデータを収めた DVD が発行されている。こうした電子データを積極的に使った研究の成果も待たれるところである。

2010年代になると、『浮雲』についての講演会・シンポジウムが相次いで組まれ、それぞれ重要な問題提起がなされている。とくに、近代文学合同研究会12回シンポジウム「いま、『浮雲』を読む／考える」（2011年12月17日）のパネラーたちが寄稿している『近代文学合同研究会論文集』第9号（2012年12月）は、期せずして今後の『浮雲』研究の様々な方向性が示されていて示唆的である。高橋修は、『浮雲』の研究がこれまで一篇から三篇に向かって単純に進化論的に立論されてきたことへの反省を促し、「『浮雲』は、同時代の社会のありようを、「往きつ戻りつ」する物語内容と物語言説の両面が互いに相重なりながら／ズレながら、身をもって体現しているテクスト」であるとしている（「『浮雲』の前提」）。富塚昌輝は、改めて『浮雲』というタイトルの題意を論じ、「知と「情欲」との果てしない懐疑」の表象として〈浮雲〉があるとし、見過ごされがちのテマティックな研究を意識的に試みている（「〈浮雲〉という物語」）。黒田俊太郎は、論文の題名「「某学校」という文三の選択——明治初期、文部省型育英奨学制度の変遷を軸に」が示すように、「給費生」という文三が選び取った学問的環境を、資料を博捜しながら具体的に論じて、教えられるところが多い。日比嘉高の「『浮雲』で笑う」は、『浮雲』の「笑い」の要素から『浮雲』を見直そうという試みである。ただし、単に『浮雲』の笑いの質を先行テクストの関連で解き明かそうというのではなく、近代小説としての『浮雲』の読まれ方のありようにまで批評が届いていて挑発的である。小平麻衣子は、お勢が手にしていた『女学雑誌』に着目し、そこで展開される婚姻論に女性がアクセスしても「交際から婚姻への自己決定」が不可能であったことを、文体の問題として論じている。『浮雲』についてのジェンダー論的アプローチといえよう。（「『女学雑誌』における婚姻論と文体のテリトリー——『浮雲』お勢をきっかけに」）。小林実は「研究ノート」という形で、「『浮雲』執筆直前の二葉亭のロシア文学観」を、旧東京外語学校の学科課程、指導に当たった教師の政治的立脚点などから明らかにしている。とくに、二葉亭が冷淡だったプーシキンの受容のあり方については興味深い。なお、小林には「二葉亭四迷のジレンマ——『浮雲』の執筆動機と挫折」を含む『明治大正露文化受容史——二葉亭四迷・相馬黒光』（横浜：春風社、2010 年）という著書がある。これに関連していえば、籾内裕子は、『日本近代文学と『猟人日記』——二葉亭四迷と嵯峨の屋おむろにおける『猟人日記』飜訳を通じて』（東京：水声社、2006 年）という労作を著している。いずれもロシア文学を参照枠にしながら二葉亭の問題系をじっくり考えていこうというものである。

こうした論稿に接すると、新たな『浮雲』論展開の期待と予感が湧いてくる。作品論・テクスト論に戻れなどと言うつもりは毛頭ないが、『浮雲』研究の進捗のためには、まずなにより『浮雲』本文と、また同時代のテクストと丁寧に向き合うことが重要で、それが新たな二葉亭四迷論、『浮雲』論のスタートになるのは間違いない。

森鴎外

1862年(文久2)～1922年(大正11)

陳多友

1

森鴎外（もりおうがい）は、石見国津和野町（現島根県津和野町）に生まれた。本名は林太郎（りんたろう）、別号は千朶山房主人・観潮楼主人・隠流など。1881年東大医学部卒。1884～88年陸軍軍医としてドイツへ留学、帰国後、評論や翻訳などを通じて、医学・文学両面にわたる近代化の推進に努め、また『舞姫』（1890年）以下の浪漫主義的作品を発表。1899年～1902年における小倉左遷期間の低迷期を経て、戯曲・詩歌などの創作に渉猟し始め、1907年陸軍省医務局長就任の後、旺盛な創作活動を再開した。『半日』『ヰタ・セクスアリス』（1909年）、『妄想』（1911年）、長篇『青年』（1910～1911年）、『雁』（1911～1915年）などの多彩な現代小説を発表。やがて、明治の終焉に続く乃木殉死の衝撃などを契機にして、『興津弥五右衛門の遺書』（1912年）、『阿部一族』（1913年）以下の歴史小説に新境地を拓いた。『山椒大夫』（1915年）で〈歴史離れ〉を策したりしたが、『渋江抽斎』（1916年）以後は、父祖と同じ封建学医たちの伝記に熱意を傾け、独創的な史伝文学の様式を樹立した。夏目漱石と並んで日本近代文学史上における文豪と称されている。

2

戦後、鴎外論の先陣を切ったのは高橋義孝『森鴎外――文芸学試論』（東京：雄山閣、1946 年）である。次いで、きめ細かい作品読解に優れた岸田美子『森鴎外小論』（東京：至文堂、1947 年）が世に問われた。更に、政治問題をも含めた総合的な観点から、鴎外の生涯と文学を捉え直そうとした唐木順三『森鴎外』（東京：世界評論社、1949 年）、ナウマン論争その他に関して新見を有する沢柳大五郎『鴎外剳記』（東京：十字屋書店、1949 年）、鴎外の〈諦念〉とそれを破る〈愛〉を探究しようとした岡崎義恵『日本芸術思潮第三巻　鴎外と諦念（上・下）』（東京：岩波書店、1949 年、1950 年）などの刊行が続く。中野重治『鴎外――その側面』（東京：筑摩書房、1952 年）はやや遅れて出たが、戦前以来の鴎外批判の成果を結集させたもので、マルキシズム的作家の立場から鴎外の矛盾を衝き、鋭く急所を抉った。そのほかに、福田恒存「近代日本文学の系譜―鴎外と漱石―」（『文学』1946 年 6 月）、小田切秀雄「森鴎外論――「大塩平八郎」と大逆事件」（『思潮』、1946 年 8 月）をはじめとして、戦後の視点を明瞭にした数多くの鴎外論が現れた。中では、桑原武夫「日本文学と俗物性―鴎外と不俗―」（『世界』、1951 年 2 月）や「舞姫」の虚実に挑んだ平野謙「芸術と実生活」（『人間』、1949 年 5、6 月）や稲垣達郎『〈安井夫人〉について――歴史そのままと歴史離れ』（『文学』、1946 年 12 月）などの論は注目すべきであろう。

戦後旧版（あわせて第四次）「鴎外全集」の上梓とともに、鴎外研究史は新生面を迎えることとなる。『文学』の特集号〈鴎外について〉（1952 年 4 月）などを皮切りに昭和三十年代に入り、雑誌特集号や講座・研究論集なども続出した。中でも、三島由紀夫「鴎外の短篇小説」（『文芸』、1956 年 7 月臨時増刊）、竹盛天雄「歴史小説集〈意地〉おぼえがき」（『明治大正文学研究』、1957 年 7 月特集号）、神田孝夫「鴎外初期の文芸評論」（『比較文学研究』、

1957年12月特集号）、浅井清・越智治雄・三好行雄ら「鴎外と明治」（『解釈と鑑賞』、1959年8月特集号）などがとりわけ印象的だった。総じて言えば、1950年代から60年代にかけて、これまで目立って見えた巨視的な作家論・人間論が影を潜め、ミクロな角度からの探究や本質的な究明がブームとなった。例えば、谷沢永一「逍遥鴎外対立の根源」（関西大学『国文学』、1957年4月）、笹淵友一「鴎外——自我の覚醒とエキゾティシズム」（『浪漫主義文学の誕生』、東京：明治書院、1958年）、平岡敏夫「歴史小説と史伝　森鴎外」（『解釈と鑑賞』、1960年10月増刊）等等が注目されている。

鴎外研究は昭和四十年代に入ってからは、細分化、専門化のテンポを速める一方であった。と同時に、既成テーマの枠内外において、通説の書き換えや補訂を迫る新鮮な論議も現れてきた。長谷川泉が相次いで『森鴎外〈写真作家伝叢書〉（2）』（東京：明治書院、1965年）や『続森鴎外論考』（同、1967年）や『鴎外〈ヰタ・セクスアリス〉考』（同、1968年）などを公にし、手遅れになっていた伝記研究を大いに推し進めた。更に、戦前からの先達である成瀬正勝や稲垣達郎もすばらしい成果を収めた。前者は鴎外の未定稿『本家分家』の成立因を探究した「鴎外を怒らせた近松秋江の作品—鴎外の『本家・分家』と秋江の『再婚』—」（『鴎外』5、1969年5月）や「舞姫論異説——鴎外は実在のエリスとの結婚を希望してゐたといふ推理を含む」（『国語と国文学』、1972年4月）を発表して問題を投げかけ、後者は『森鴎外必携』（東京：学灯社、1968年）を編集する傍ら、「安部一族」（『解釈と鑑賞』、1970年4月）や「抽斎歿後」（『国文学研究』45、1971年10月、『日本文学研究資料叢書森鴎外Ⅱ』）などを発表してシャープな指摘を飛ばした。また、より若い世代として、前期から研究活動を持続してきた三好行雄・竹盛天雄・磯貝英夫たちの活躍ぶりが特に目立った。磯貝は「歴史小説序説」（『文学』、1967年11月）などを著し、鴎外の思想構造や文体の分析に創見を打ち出した。三好も『近代文学注釈大系森鴎外』（東京：有精堂、1966 年）などを手がけ、解説・注釈に優れた成果を挙げた。竹盛の鴎外文体論も見るべきものである。と同時に、小堀桂一郎「『うたかたの記』比較文学的研究」（慶応大学『経済学部日吉論文集』1、1965 年 2 月）、平川祐弘「森鴎外の『洋学の盛衰を論ず』をめぐって—西洋文化との『出会いの心理』の一研究—」（『比較文化研究』6、1966 年 3 月）など比較文学の角度からの研究も盛んに行われている。鴎外学は昭和五十年代に入って、細分化、緻密化ないしは瑣末化の傾向に拍車をかける一方であった。中でも、田中実「『文づかひ』論」（『立教大学日本文学』31、1974 年 3 月）などが特に目に付く。この時期の単行本としては、吉野俊彦『森鴎外私論』（東京：毎日新聞社、1972 年）、前記竹盛・平川・小堀ほかによる『シンポジウム日本文学 13　森鴎外』（東京：学生社、1977 年）などがすばらしい成果である。と同時に、竹盛天雄ほか「鴎外研究文献目録　昭和五十一年一月～五十三年十二月」（『国文学』、1982 年 7 月）や小堀杏奴『不遇の人鴎外——日本語のモラルと美』（東京：求龍堂、1982 年）なども看過出来ない。

昭和六十年代以降に入っても、鴎外研究における加速度的傾向は相変わらず緩んでいない。坂井健「没理想論争の実相—観念論者逍遥と経験論者鴎外」（『稿本近代文学』、1989 年 11 月）や長谷川泉「『三四郎』と『雁』」（『鴎外』、1989 年 1 月）、また、同年、須田喜代次ほかが『別冊国文学』に一時に掲載した論文群は大いに注目を集め、鴎外研究の新時代の到来を予告していた。大石汎「森鴎外中国紀行略報」（『森鴎外記念会通信』、1989 年 1 月）、長谷川泉「『舞姫』太田豊太郎のモデル『武嶋務』資料の受贈」（『鴎外』、1989 年 7 月）、中村文雄「森鴎外独逸留学とその前後—陸軍省資料からの断片的補足」（『鴎外』、1989 年 7 月）など考証学的角度からの論議が高密度に行われてきた。水内透「森鴎外と蘭学の系譜」（『山陰地域研究』、1990 年 3 月）、坂井健「没理想論争における鴎外とE．V．ハルトマン」（『日本語と日本文学』、1990年2月）、上田正行「因明の論理——鴎外の戦術」（『深井一郎教授退官記念論文集』、1990年3月）、小森美幸「森鴎外『大塩平八郎』，その研究史上の問題」（『日本文芸研究』、1990年4月）、新妻佳珠子「台湾における森鴎外——『徂征日記』にそって」（『野稗』、1990年11月）、金子幸代「台湾・香港の森鴎外——日清戦争時代を中心に」（『鴎外』、1991年7月）、野末明「『於母影』成立考——森鴎外の漢詩訳の意義について」（『解釈』、1991年5月）、そして竹盛天雄らが『解釈と鑑賞』（1991年7月～2009年12月）に発表し続けてきた「鴎外その出発」シリーズは様々な角度から鴎外を論じていて、ダイナミックに鴎外研究の流れを捉えてきた。また、中村文雄「森鴎外と明治国家1～6」（『春秋』、6～12月）なども1992年の日本文壇を豊饒にした。新妻佳珠子「森鴎外の〈実戦体験〉と『陸軍衛生教程』」（『近代の文学』、1993年8月）、渡辺澄子「鴎外の女性観——『半日』『本家分家』『安井夫人』および『破瀾』を視座として」（『歌子』、1994年3月）、山根弘子「森鴎外青年期の漢詩文受容（1）（2）」（『近代文学注釈と批評』、1994年1月、5月）、林正子「森鴎外〈豊熟の時代〉の反自然主義的文学——『ヰタ・セクスアリス』『青年』『雁』における主題の変奏と方法の展開」（『岡大国文論稿』、1994年3月）、小森陽一「日本近代文学における男色の背景」（『文学』、1995年1月）、村岡功「晩年の森鴎外」（『鴎外』、1995年1月）、一柳広孝「〈空白〉からの物語——森鴎外『魔睡』におけるメディアと性」（『日本近代文学』、1995年5月）、坂井健「没理想論争の背景——想実論の中で」（『稿本近代文学』、1996年11月）、井戸田総一郎「鴎外・幻の論文　『日本文学の新傾向について』—翻訳と解説」（『文学』、1996年7月）、佐々木昭夫「森鴎外のエロティシズム——「青年」について」（『日本近代文学と西欧』、1997年7月）、そして1998年1月

10日に『国文学』特集号に集中的に発表された須田喜代次らの論文はいろいろな切り口から森鴎外を見直しており、きわめて建設的である。また、出原隆俊「鴎外作品における〈狂気〉」(『語文(大阪大学)』、1998年10月)、丸山茂「〈講演〉　日本からみた西洋——森鴎外『舞姫』を例として」(『盛岡大学公開講座集録』、1998年3月)、1999年元旦に刊行された『湘南文学』特集号『森鴎外の面白さ』に掲載された花田俊典などの論文群、また桑名靖治「注解「舞姫」(1)(2)(3)(4)(5)」(『月刊国語教育』、1999年4月〜8月)は特に注目に値するものである。石崎公子「『雁』の時空間——江戸と東京の狭間で」(『東京家政学院大学紀要』、1999年7月)、清田文武「森鴎外の丁汝昌を悼む歌」(『解釈』、2000年2月)、大内典子「鴎外とシェイクスピア」(『鴎外』、2000年7月)、児島由理「森鴎外と十九世紀ドイツの学問観」(『鴎外』、2001年1月)、関口裕昭「鴎外訳レーナウ詩『月光』『あしの曲』について——訳詩集『於母影』の一側面」(『芸文研究』、2001年12月)、佐藤泰正「大正五年の漱石と鴎外」(『森鴎外研究』、2002年9月)、内藤丈志「特集・森鴎外『空車(むなぐるま)』小考」(『江古田文学』、2002年3月)、阿部真司「森鴎外『妄想』にみられる死生観・覚書」(『日本文学研究(高知日本文学研究会)』、2003年3月)、冨崎逸夫「エリーゼの来日とドイツ郵船」(『森鴎外記念会通信』、2004年10月)、鈴木圭一「特集:森鴎外の問題系　大塩平八郎——貸本屋の本を視点として」(『国文学』、2005年2月)、太田翼「森鴎外『心中』論——語りの多層性」(『明治大学大学院文学研究論集』、2005年2月)、大石直記「鴎外晩年の言語芸術的営為の位置づけをめぐる二、三の提言」(『言語と文芸』、2006年12月)、平川祐弘「詩人鴎外」(『鴎外』、2007年1月)、天野愛子「森鴎外『蛇』論——語ることの価値」(『九大日文』、2007年3月)、大塚美保「鴎外旧蔵『獄中消息』(大逆事件被告獄中書簡写し)をめぐって」(『鴎外』、

2008年7月)、藤岡武雄「観潮楼歌会について——森鴎外宅で開催」(『あるご』、2008年11月)等等も看過出来ない成果であろう。

1990年代以降、専門的な研究類著書或いは論文集も多数現れた。特に、金子幸代『鴎外と〈女性〉——森鴎外論究』(東京：大東出版社、1992)、清田文武著『鴎外文芸の研究　青年期篇』(有精堂、1991年)、長島要一著『鴎外の翻訳文学』(東京：至文堂、1993年)、吉村昭『白い航跡(上下)』(東京：講談社、1991年)、松本清張『両像・森鴎外』(東京：文芸春秋、1994年)、平川祐弘・平岡敏夫・竹盛天雄 編『講座 森鴎外』第一巻～第三巻(東京：新曜社、1997年)、 小堀桂一郎『森鴎外 批評と研究』(東京：岩波書店、1998年)、小金井喜美子『鴎外の思い出』(東京：岩波書店、1999年)、植木哲『新説 鴎外の恋人エリス』(東京：新潮社、 2000年)、森まゆみ『鴎外の坂』(東京：新潮社、2000年)、 池内健次『森鴎外と近代日本』(京都：ミネルヴァ書房、2001年)、坂内正『鴎外最大の悲劇』(東京：新潮社、2001年)、猪瀬直樹『天皇の影法師』(「日本の近代猪瀬直樹著作集10」東京：小学館、2002年)、小堀杏奴『朽葉色のショール』(東京：春秋社、1971年)、長島要一『森鴎外——文化の翻訳者』(東京：岩波書店、2005年)、林尚孝『仮面の人・森鴎外——「エリーゼ来日」三日間』(東京：同時代社、2005年)、金子幸代編・解説『鴎外女性論集』(東京：不二出版、2006年)、小平克「森鴎外「我百首」と「舞姫事件」」(東京：同時代社、2006年)、山﨑國紀『評伝 森鴎外』(東京：大修館書店、2007年)、 末延芳晴『森鴎外と日清・日露戦争』(東京：平凡社、2008年)、木村一信著『不安に生きる文学誌——森鴎外から中上健次まで』(東京：双文社出版、2008年)、新関公子『森鴎外と原田直次郎』(東京：東京藝術大学出版会、2008年)、 山下政三『鴎外森林太郎と脚気紛争』(東京：日本評論社、2008年)、志田信男『鴎外は何故袴をはいて死んだのか——「非医」鴎外・森林太郎と脚気論争』(東京：

公人の友社、2009 年）等が注目を浴びている。

中国における森鴎外文学に関する翻訳は魯迅《遊戯》《沈默之塔》（《现代日本小说集》所収、周作人・魯迅訳、上海：商务印书馆、1923 年 6 月）まで遡ることができるが、全体的に見れば少ない。不完全な統計によると、その後は、画室（冯雪峰）訳《妄想》（雨林発行、上海：人间书店、1928 年）、隋玉林訳《舞姬》（杭州：浙江文艺出版社、1988 年）、高慧勤編《森鸥外精选集》（北京：北京燕山出版社、2010 年）といった翻訳があるに留まっている。

鴎外に関する本格的な研究は 1980 年代にスタートを切った。代表的な成果を挙げると以下のようになる。王長新《评森鸥外的历史小说》（《吉林大学社会科学学报》、1983 年 4 期）、谷学謙《森鸥外文学对于日本的现代化》（《日语学习与研究》、1988 年 1 期）、高文漢《评森欧外及其作品》（《日语学习与研究》、1990 年 6 期）、馬興国《唐传奇小说与日本近代文学》（《日本研究》、1991 年 3 期）、刑化祥《森鸥外和汉诗》（《中外文化交流》、1995 年 2 期）、於長敏・徐明真《在激流中苏醒独立——评夏目漱石、森鸥外的文明开化观》（《日语学习与研究》、1995 年 3 期）、陳生保《森鸥外的汉诗》（《天津师范大学学报》（社会科学版）、1996 年 1 期）、劉立善《论森鸥外小说〈雁〉的人物悲剧》（《日本学刊》、1998 年 2 期）、黎躍進《日本唯美主义文学的演变与实绩》（《外国文学研究》、1998 年 2 期）、劉宗和《大翻译家的艺术再创造——以评森鸥外的译作〈即兴诗人〉为中心》（《走向 21 世纪的探索——回顾・思考・展望》）、1999 年 12 月）、孫玉石《自觉追求》（《前线》、2000 年 11 期）、靳明全《郭沫若小说与森鸥外《舞姬》的忏悔意识》（《重庆师范学院学院学报（哲学社会科学版）》、2001 年 4 期）、葉琳《森欧外及其文学创作》（《解放军外国语学院学报》、2002 年 6 期）、劉立善《森鸥外的浪漫主义杰作——〈泡沫记〉》（《日本研究》、2003 年 2 期）、肖霞《论森欧外的早期文学创作——对生命价值的探求与“告白”》（《东北亚论坛》、2006 年 2 期）、胡莉蓉《森鸥外的历史使命感——从〈舞姬〉〈阿部一族〉〈高濑舟〉来分析》(《山西高等学校社会科学学报》、2008 年 5 期）、宋剛《论“没理想论争”与初期日本自然主义文学》（《日本研究》、2008 年 3 期）、関立丹《林鸥外历史小说的武士道观》（《日本学习与研究》、2009 年 4 期）、肖書文《森鸥外〈高濑舟〉的寓意》（《鲁迅研究月刊》、2009 年 4 期）、陳多友《森鸥外研究》（《研文肆言——文与中日文学研究》、汕头：汕头大学出版社、2009 年 9 月）等等。

3

これまで、森鴎外研究はあらゆる視点から行われており、正に森鴎外学ブームを保ち続けている様子であるが、しかし、新しい理論と角度によるラディカルな批評や哲学的な探求はまだまだである。殊に、国民国家批判、カルチュラル・スタディーズ、ニューヒストリイズム、ポストコロニアルなどを援用して、〈いま・ここ〉という見地からの研究が期待される。換言すれば、森鴎外学研究は単にアカデミックの枠組みにとどまるのではなく、いかに社会と歴史の意識を磨き、我々知識人自身の生存の境遇と結びつけ、責任を負う態度を取るべきなのかという内省がつねに求められるものなのである。

尾崎紅葉

1868年（慶應3）～1903年（明治36）

小平麻衣子

1

尾崎紅葉（おざきこうよう）、小説家。江戸生まれ。山田美妙らと硯友社を結成、日本で最初の文学雑誌といわれる「我楽多文庫」を創刊。「二人比丘尼色懺悔」（1889 年）で文名を上げ、帝国大学在学中に読売新聞に入社、以後執筆に専念する。富豪と三人の愛人の物語である「三人妻」（1892 年）、自らの弟子の病をリアルに写した「青葡萄」（1895 年）、妻の死をひたすら悲しむ男性を描いた「多情多恨」（1896 年）など、新聞小説を中心に、新時代の人情を多彩なストーリーとして展開した。文体は、井原西鶴に学んだ擬古文調から、言文一致体まで、さまざまな文体を書き分けた。新たな書き言葉としての言文一致体では、二葉亭四迷の「だ」体、山田美妙の「です・ます」体に、紅葉の「である」体が並び称せられる。門下生に、泉鏡花、田山花袋、徳田秋声などがいる。代表作「金色夜叉」（1897 ～ 1902 年）は、結婚における金と愛の問題を描き、演劇化もされて一世を風靡したが、その完結を待たずに胃癌により没した。「七たび生れかはつて文章を大成せむ」と遺言したように、文章の彫琢には並々ならぬ苦心をした。

2

紅葉は、夏目漱石と同年代の作家であるが、作家としての出発が早く、漱石が小説執筆を始めた頃には、既に没していた。その頃から、文学界に自然主義の風潮が現れ、また文体も言文一致体が主流となるため、紅葉の生前には評判の高かった作品も、没後は評価を引き下げられてしまった。特に、国木田独歩が紅葉文学を評した「洋装せる元禄文学」という言葉は、文脈を離れて、紅葉の古さを示すキーワードとして有名である。紅葉の研究は、このような特定の時代の評価のバイアスを取り除き、彼が時代の制約の中で実現した近代性の質を明かにしようとしたものが多い。

論点は多様であるが、代表的な切り口として、①近代日本語の中での位置、②個別の作品内容に即した考察、③翻案小説をめぐる比較文学的考察、④演劇や絵画といった隣接領域との接点、⑤俳句など小説以外の作品の解明、が挙げられる。

日本語学の領域では、言文一致体についての基本文献である山本正秀『近代文体発生の史的研究』（東京：岩波書店、1965 年）をはじめとする研究蓄積がある。しかし、近年のものでは、佐藤武義「デアル体の文章—尾崎紅葉の作品を中心に」（『国語論究』11、2004 年 6 月）が、「である」体と言われる作品でも、「である」が飛びぬけて多い文末ではないこと、紅葉の言文一致が「だ体」→「である体」→「た」体と変遷していることを明らかにした。また紅葉は、同じ語彙でも異なった漢字を使い分け、さまざまなニュアンスを表現することで知られているが、そうした用字を整理した文献に、近藤瑞子『近代日本語における用字法の変遷　尾崎紅葉を中心に』（東京：翰林書房、2001 年）がある。紅葉研究においては、文体の問題は物語内容と切り離して考えられない。次に述べる文学研究の領域でも、さまざまな形で取り上げられている。

文学研究では、基本的な文献として、井原西鶴の影響などを明らかにした岡保生『尾崎紅葉　その基礎的研究』（東京：東京堂、

1953年）がある。作家論としては、木谷喜美枝『尾崎紅葉の研究』（東京：双文社、1995年）が、文体の変遷を基本的な興味としながら、作品内の〈男の論理〉〈女の論理〉を追い、土佐亨『紅葉文学の水脈』（大阪：和泉書院、2005年）は、新聞連載小説と雑報記事の関係に着目し、新聞小説としての側面にスポットを当てた。これらの研究は、『紅葉全集』全12巻・別巻1巻（東京：岩波書店、1993～1995年）の出版で、さらに活気づいた。

「伽羅枕」（1890年）は「またしても女物語」と語りだされるが、紅葉作品では女性登場人物が活躍し、女性読者も多かったため、紅葉は〈女物語〉の作者とも呼ばれる。1980年代以降は、フェミニズムやジェンダー論の興隆もあり、それまで無根拠に非-近代性と結ばれて紅葉の価値を下げていた〈女性イメージ〉を、改めて問い直すものも出て来た。高田知波「「良妻賢母」への背戻――『金色夜叉』のヒロインを読む」（『樋口一葉論への射程』東京：双文社出版、1997年）は、「金色夜叉」の主人公・宮を、当時支配的だった女性の規範に抗うものとして読み、画期的であった。

金子明雄「〈見ること〉と〈読むこと〉の間に――近代小説における描写の政治学」（『日本近代文学』55、1996年10月）は、「金色夜叉」を、島崎藤村の「破戒」や菊池幽芳の「己が罪」と並べ、本文の〈語り〉のあり方と挿絵の分析を通して、見る／見られる関係が、身分、経済、道徳、性などの重層化された差異をあぶりだしていることを明かにし、それらの視覚的構図が、読者の欲望を巻き込んでいく様相を論じた。小平麻衣子『NHK文化セミナー・明治文学を読む　尾崎紅葉～〈女物語〉を読み直す』（東京：日本放送出版協会、1998年）は、研究文献でなく一般向けのテキストであるが、紅葉の全体像を見渡すのに簡便である。一貫して〈女物語〉の意義を問い直し、文体の変遷と、作品内の母性概念や老女像の問題提起性を論じた。

近代を論じる際に中心とはみなされてこなかったものを、敢えてすくい上げるという以上の流れは、意味の源泉を作家に求めるのではなく、メディア研究や文化研究にまで拡大した方法の変化とも、関わりを持っている。そのため、紅葉だけを論じるというよりは、広く状況に目配りした文献の一部に紅葉が登場する、という傾向も増加している。上記のように多様な話題が想定できる紅葉は、文化状況の分析に格好の材料を提供するのである。

2000 年以降では、例えば菅聡子『メディアの時代　明治文学をめぐる状況』（東京：双文社出版、2001 年）は、文学を、物語内容の面からだけでなく、近代的な著作権意識が確立し、執筆が経済的報酬と交換されるシステムの面から論じた点に特色がある。女性イメージについては、「金色夜叉」を取り上げている。欲望の主体となろうとする女性作中人物が、貫一が期待する〈物語〉の枠組みを裏切るため、小説には不釣り合いなはずの〈夢〉が、〈物語〉の代替物として表れる構造を分析した。瀬崎圭二『流行と虚栄の生成　消費文化を映す日本近代文学』（京都：世界思想社、2008 年）は、女性に大きな関わりのある消費文化の開花の中、百貨店の PR 雑誌に載った紅葉作品が、消費の欲望をあおる媒体として機能している点を指摘している。その点、馬場美佳『「小説家」登場　尾崎紅葉の明治二〇年代』（東京：笠間書院、2011 年）は、久しぶりに紅葉論に回帰したものといえる。新時代の職業である「小説家」像を引き受けていった紅葉像を提出し、心理学や美術をめぐる当時の言説と作品との絡みを見ている。

演劇の論点では、関肇「メディア・ミックスの力学——『金色夜叉』の受容空間」（『新聞小説の時代　メディア・読者・メロドラマ』東京：新曜社、2007 年）が、「金色夜叉」をめぐり、「読売新聞」の読者投稿欄が、情報の送り手と受け手の双方向的なコミュニケーションを成り立たせていたことを明らかにした。演劇化の諸相を丹念に調査し、大衆の欲望が物語を変形していく過程も論じている。作品と演劇を、オリジナルと副次的利用ととらえることを退け、その関係性自体を論じた点で、作家研究を超える論点を切り開いている。井上理恵は「新演劇の成立を探る　川上音二郎の「金色夜叉」の初演から再演へ」（『吉備国際大学社会学部研究紀要』18，2008年3月）を代表とする一連の論考で、演劇側の視点から調査している。

このように、作家のオリジナリティという近代的評価法から脱するならば、紅葉の翻案も、着想の枯渇というネガティブな面ではなく、さまざまな要素の交差する場として積極的にとらえることが可能となる。この話題の大きな成果として、かねてよりさまざまに推測されてきた「金色夜叉」の藍本が発見されたことがある。堀啓子は、「「金色夜叉」の藍本　Bertha　M.Clayをめぐって」（『文学』、2000年11・12月）をはじめとする精力的な研究で、米国の大衆向け小説と紅葉との関係を明かにしており、藍本であるバーサ・M.クレー（堀啓子訳）『女より弱き者　米国版金色夜叉』（東京：南雲堂フェニックス、2002年）も翻訳されている。また、紅葉は外国文学を、英訳を通して読んでいたと考えられるが、原作の属する文化は多岐にわたっている。酒井美紀『尾崎紅葉と翻案　その方法から読み解く「近代」の具現と限界』（福岡：花書院、2010年）は、ジョバンニ・ボッカチョ（Giovanni Boccaccio）やモリエール（Moliére）などとの比較を行っている。

最後に、狂詩や俳句など、小説以外のジャンルも注目されている。須田千里「「読売新聞」狂詩壇と尾崎紅葉」（『国語と国文学』80－11、2003年11月）や、青木亮人の「明治俳壇と日露戦争——旧派、秋声会、日本派を中心に」（『同志社国文学』61，2004年11月）以下一連の論考では、全集に未収録の著作の紹介もあり、小説以外のジャンルの研究が、今後も可能性を秘めていると示唆している。

幸田露伴

1867年(慶応3)～1947年(昭和22)

西川貴子

1

幸田露伴（こうだろはん）、1867 年 7 月 23（一説に 26）日に江戸下谷三枚橋横町に生まれる。本名は成行。家は代々幕府の表御坊主衆の家柄。1881 年東京英学校に入学するが翌年中退。1883 年に電信修技学校の給費生となり、北海道余市の電信技手として赴任するが、義務年限一年を残し、突如職を捨て北海道を脱出。この時の旅は後に「突貫紀行」として書かれる。中国とアメリカを舞台にした寓意小説『露団々』（『都の花』1889 年 2 ～ 8 月）で文壇に認められ、以後、『風流仏』（『新著百種』1889 年 9 月、東京：吉岡書籍店）「五重の塔」（『国会』1891 年 11 月～ 1892 年 3 月）等の職人物や、未完の大作「天うつ浪」（『読売新聞』1903 年 9 月～ 1905 年 5 月）、歴史小説「運命」（『改造』1919 年 4 月）、都市論「一国の首都」（『新小説』1899 年 11 月、12 月、1901 年 2 月）、修養書『努力論』（東京：東亜堂書房、1912 年）、考証物「沙糖」（『雑談』1946 年 5 月）など、多岐にわたって多くの作品を発表した。1908 年には京都大学の招きに応じて文科大学の講師に就任するが、わずか一年で職を辞し、東京に帰る。厖大な知識に裏づけされた独特の世界観を持ち、日本近代文学において異彩を放った。1937 年、第一回文化勲章を授与される。1947 年 7 月 30 日死去。

2

従来から着々と研究がなされており、特に近年では様々な角度からの研究が試みられ成果を残している。しかし、小説・紀行・少年文学・史伝・考証・随筆・詩など、幅広いジャンルでかつ豊富な知識に基づいて書かれた作品が数多くあるため、幸田露伴研究はまだまだ未開拓の部分が多い。全集としては、岩波書店『露伴全集』(全 43 巻、別巻上・下、附録)があり、未収録作品はあるものの作品をほぼ網羅する。

研究史では、死後にまず、露伴の親族・親近者によって回想的な著作が多く出されており、露伴の人物像に迫る重要な資料となっている。例えば、娘・幸田文の『父——その死』(東京:中央公論社、1949 年)をはじめとする一連の随筆、甥・高木卓『人間・露伴』(東京:丹頂書房、1948 年)、出版人の立場から書かれた小林勇『蝸牛庵訪問記』(東京:岩波書店、1956 年)、また、露伴の門弟にあたる塩谷賛による『幸田露伴(上)(中)(下)』(東京:中央公論社、1965 ~ 1966 年)などがある。特に、柳田泉『幸田露伴』(東京:中央公論社、1942 年)は露伴研究の必読文献である。また同じく柳田の「露伴先生蔵書瞥見記(上)(下)」(『文学』1966 年 3、4 月)は露伴の蔵書の一部をまとめたもので、露伴研究の基礎資料として欠くことのできないものである。この他、代表的な作家像としては、初期作品に注目し明治二十年代の歴史的社会的文脈の中で露伴を立身出世主義の作家として位置づけようとするもの(前田愛「露伴における立身出世主義——「力作型」の人間像」(『近代読者の成立(前田愛著作集 2)』東京:筑摩書房、1989 年)305 - 320 頁など)や「反近代」の作家として位置づけようとするもの（猪野謙二「露伴・もうひとつの「近代」――明治文学史の一節として」（『文学』1970年10月））がある。プレテクストとの関係を精緻にあぶり出した川西元（「「幻談」論」（『国語と国文学』1998年3月）、「幸田露伴「蒲生氏郷」論」（『国文論叢』1998年3月）らの作業も見落とせない。

次に2001年以降の研究状況を見ていこう。

2001年以降は、いわゆる有名作品（初期作品「露団々」「風流仏」「五重塔」、歴史物としては「運命」「連環記」、評論では「一国の首都」など）に留まらず、今まで看過されてきた作品や周辺事項にも目配りがされるようになる。池内輝雄・成瀬哲生編『露伴随筆『潮待ち草』を読む』（東京：岩波書店、2002年）は、敬遠されがちであった露伴随筆を丁寧に評釈したもので、露伴随筆を読解する上での格好の入門書。出口智之の「根岸党の文学空間」（『国語と国文学』2006年6月）をはじめとする一連の研究では、根岸党と露伴の関係性が注目され、露伴の交友関係と作品との関わりも詳細になってきている。

また露伴の小説観の解明を試みた作品論（馬場美佳「〈自由〉という照応――幸田露伴「露団々」の小説観」『北九州市立大学文学部紀要』2009年12月）や、作品が有する政治的立場を読み解く論（内藤千珠子「植民地」『帝国と暗殺』東京：新曜社、2005年、119-158頁）、新資料の発見や『新日本古典文学大系（明治編）幸田露伴』（東京：岩波書店、2007年）をはじめとする詳細な注釈研究、さらには出典研究（須田千里「幸田露伴「骨董」の原話」『叙説』2006年3月）などが盛んに行われている。こうした多様なアプローチは、例えば2005年「特集＝幸田露伴」（『文学』、1・2月号）の誌面を見てもわかる。露伴の口演体に注目した樋口覚「露伴の口演体小説の秘蹟」、新資料「大詩人」草稿の紹介（ニコラ・モラール、出口智之「新出蝸牛露伴著『大詩人』草稿」）、中国小説をとりあげ分析した、井波律子「露伴の中国小説」、未完として手つかずの感があった「天うつ浪」を読解し、露伴の同時代への批評意識を見た、西川貴子「「詩」という場（トポス）」などが並ぶ。

そして注目すべきは、2000年以前から着々と行われてきた研究が結実したものも含め、ここ数年で良質な露伴研究の著書が刊行されていることである。特に関谷博『幸田露伴論』（東京：翰林書房、2006年）は、露伴作品を〈リベルテーモラル〉の上に立脚した社会変革の可能性を模索した作品と意味づけ、国民国家の成立・資本主義の圧迫の中で、自己と共同体との有り方を問い直すことを試みた作家という独自の露伴像を提示することに成功している。登尾豊『幸田露伴論考』（東京：学術出版会、2006年）は、著者の今までの露伴研究の集大成ともいうべきもの。〈反近代〉の作家という露伴像を解明すべく初期作品から晩年の作品、評論、児童文学まで幅広く丁寧に読解し、古さゆえの新しさを主張したもので読み応えがある。この他、露伴の全活動を幅広く取り上げ簡潔な解釈を加えた、日沼滉治『露伴九十九章』（東京：未知谷、2006年）や、露伴小説を「エピファニー」（ある種の宗教的な悟り、日常とは異なる時間が流れる仕事への没頭、全存在をかけた感情の奔出、いままでとは異なる認識の枠組みを得ること）をめぐるものと意味づけた齋藤礎英『幸田露伴』（東京：講談社、2009年）、多彩な論を収録した論集『幸田露伴の世界』（井波律子、井上章一編、京都：思文閣出版、2009年）などがある。

以上のように、ここ数年、露伴研究は活発に行われている（2011年度以降も、根岸党と露伴作品との関わりを明らかにした出口智之の著書『幸田露伴と根岸党の文人たち——もうひとつの明治』（東京：教育評論社、2011年）や『幸田露伴の文学空間』（東京：青簡舎、2012年）、また露伴の少年文学に焦点をあてて戦争との関わりから論じた関谷博『幸田露伴の非戦思想：人権・国家・文明——〈少年文学〉を中心に』（東京：平凡社、2011年）が出版されている）。しかし、冒頭で述べたように、露伴研究はまだまだ未検討の部分も多く残されており、課題も多い。例えば、『音幻論』をはじめとする、露伴の言語論に関しては手つかずの状態となっている。先行するテクストの量が多く、典拠との関係もまだきちんと整理されていないといえるだろう。また、露伴は『芭蕉七部集』などの評釈作業も積極的に行っているが、こうした露伴の評釈に関する研究も余り進んでいない。このように日本の古典、中国文学、仏典など様々なテクストと露伴作品との関わりについて、一つ一つ丹念に解き明かす作業が不可欠である。今後の研究の可能性が大いに期待されるといえるだろう。

北村透谷

1868年(明治1)～1894年(明治27)

尾西康充

1

北村透谷（きたむらとうこく）は石川啄木、小林多喜二とあわせて日本民主主義文学を発展させた「3T」と称される。明治改元の1868年12月29日に小田原藩医快蔵の長男として小田原唐人町に生まれた。明治維新によって生じた没落した家庭の不遇と窮乏は「佐幕派士族の息子」を自由民権運動に参加させた。三多摩地方の自由民権運動では、大矢正夫や秋山国三郎、石坂昌孝などの知遇を得、政治的な活動に情熱を傾ける。民権左派の活動が活発になって群馬事件や加波山事件などが生じると政府の弾圧も厳しさを増し、次第に追いつめられた大井憲太郎を中心とするグループは「朝鮮革命計画」を立案し、その資金獲得のための国内テロに踏み切る。このとき透谷はこのグループに参加していた大矢から仲間に入ることを呼びかけられるが拒否する。大井たちは結局一網打尽に逮捕され、懲役刑に服するものの、帝国憲法発布の恩赦によって釈放されると、民衆は彼らを「英雄」として迎える。透谷は同志を裏切ったことの罪悪感に苦しむが、石阪昌孝の長女ミナと激しい恋愛に陥り、ミナからキリスト教を教えられる。キリスト教の洗礼を受けてミナと結婚し、非戦非暴力を掲げるクエーカーのジョージ・ブレスウエイトとともに日本平和会を設立して機関誌「平和」を発行する。キリスト教系の「女学雑誌」「基督教新聞」「評論」などに文芸評論を書くかたわら『楚囚之詩』『蓬莱曲』などの先駆的な近代文語詩を発表した。また急速に近代化した日本社会の裏面を「時勢に感あり」、「泣かん乎笑はん乎」、「漫罵」などの社会評論で痛烈に批判し、明治維新を「精神的な革命」ではなく「物質的な移動」としてとらえた。

2

明治ロマン主義文学の拠点であった雑誌「文学界」同人の島崎藤村は、自宅の庭で縊死した透谷の生涯が「結局失敗に終わった戦ひ」であったとする。しかし「その惨憺とした戦ひの跡には拾つても尽きないやうな光つた形見が残つた。彼は私達と同時代にあつて、最も高く見、遠く見た人の一人」だとした（「六年前、北村透谷二十七回忌を迎へし時に」『大観』1921 年 8 月）。透谷が遺した「形見」とは何か、それを現代の社会にどのように結び付けることができるのか、をめぐって透谷研究は深められてきた。基本的な研究として笹淵友一『北村透谷』（東京：福村書店、1950 年）および『「文学界」とその時代』上巻（東京：明治書院、1979 年）、色川大吉『明治精神史』（東京：黄河書房、1964 年）および『北村透谷』（東京：東京大学出版会、1994 年）、桶谷秀昭『近代の奈落』（東京：国文社、1968 年）、小田切秀雄『北村透谷論』（東京：八木書店、1970 年）、北川透『北村透谷試論』Ⅰ、Ⅱ、Ⅲ（東京：冬樹社、1974、76、77 年）、佐藤泰正『佐藤泰正著作集』第 4 巻（東京：翰林書房、1995 年）、勝本清一郎『近代文学ノート』第 1 巻（東京：みすず書房、1979 年）、小沢勝美『北村透谷 ： 原像と水脈』（東京：勁草書房、1982 年）、『透谷と漱石 ： 自由と民権の文学』（東京：双文社出版、1991 年）、『透谷と多摩 ： 幻境・文学研究散歩』

（東京：法政大学、1997 年）、槇林滉二『北村透谷と徳冨蘇峰』（東京：有精堂出版、1984 年）、橋詰静子『透谷詩考』（東京：国文社、1986 年）、藪禎子『透谷・藤村・一葉』（東京：明治書院、1991 年）、佐藤善也『北村透谷　その創造的営為』（東京：翰林書房、1994 年）、『透谷、操山とマシュー・アーノルド』（東京：近代文芸社、1997 年）、『北村透谷と人生相渉論争』（東京：近代文芸社、1998 年）があげられる。最も重要な文献として平岡敏夫『北村透谷研究』正、続、第 3、第 4、評伝の 4 部作（東京：有精堂出版、1967、71、82、93、95 年）があり、これらの著作は透谷研究史の発展と深化を体現している。また本文としては、実証的な本文校訂の先駆けとなった勝本清一郎編『透谷全集』全 3 巻（岩波書店、1950 年）をはじめ小田切秀雄編『北村透谷集　明治文学全集第 29 巻』（東京：筑摩書房、1976 年）、佐藤泰正解説、佐藤善也註釈『日本近代文学大系第 9 巻　北村透谷・徳冨蘆花集』（東京：角川書店、1972 年）がある。

では 2001 年以降の研究をあげてみよう。透谷研究は近代化論や日本文化論といった社会批評の視点から論じられることが多いのだが、近年の研究の特徴としてジェンダー論の視点から石坂ミナとの関係を重視した永淵朋枝『北村透谷――「文学」・恋愛・キリスト教』（大阪：和泉書院、2002 年）、ジャーナリズムの商業主義のなかで透谷像が形成されたプロセスを解明した黒田俊太郎「明治三五年版「透谷全集」――その「商品」性と流通ネットワーク」（『三田国文』42、2005 年 12 月）、「成型される透谷表象―明治後期、〈エルテリズム〉の編成とその磁場」（『日本近代文学』76、2007 年 5 月）、「透谷を〈想起〉するということ―昭和二年、「現代日本文学全集」刊行を巡って」（『三田国文』48、2008 年 12 月）、日本平和会の設立に携わったジョージ・ブレスウエイトの資料を英国クエーカー図書館で発掘した黒木章「透谷が George Braithwaite に雇われた経緯と William Jones の平和講演会のこと―

George Braithwaite 資料の翻刻と紹介（I）」（『聖学院大学論叢』16/1、2003年11月）、『1887年夏 ジョージ・ブレスウエイトの東北地方旅行日記——George Braithwaite 資料の翻刻と紹介（2）』（『キリスト教と諸学』20、2004年3月）、「ジョージ・ブレスウェイトの死について——ロンドンのクエーカーライブラリー所蔵の資料紹介」（『キリスト教と諸学』21、2005年3月）、「1887年ジョージ・ブレスウェイトの九州・中国地方旅行日記——George Braithwaite 資料の翻刻と紹介 III」（『聖学院大学論叢』17/3、2005年3月）がある。また三多摩自由民権運動の研究として鶴巻孝雄『近代化と伝統的民衆世界：転換期における民衆運動とその思想』（東京：東京大学出版会、1992年）、渡辺奨・鶴巻孝雄『石阪昌孝とその時代——豪農民権家の栄光と悲惨の生涯』（東京：町田ジャーナル社、1997年）、町田市立自由民権資料館編『武相自由民権史料集』全6巻（東京、町田市教育委員会、2007年）などが発表され、透谷の社会的背景を知るのに重要な文献となっている。

また透谷の基礎的な研究として橋詰静子と鈴木一正、川崎司の取り組みはきわめて高く評価されるものである。橋詰は詩を中心にして厳密な本文校訂をおこない、近年は「北村透谷書誌学の現在と事典の構想」（『目白大学人間社会学部紀要』1、2001年2月）、「透谷詩初出時のかなづかい」（『目白大学人間社会学部紀要』4、2004年2月）を発表している。鈴木は研究史の整理を丹念におこない、近年は「北村透谷参考文献目録—昭和21年～昭和50年」（『国文学研究資料館紀要』26、2000年3月）、「北村透谷参考文献目録—明治22年～昭和19年」（『国文学研究資料館紀要』27、2001年3月）、「北村透谷参考文献目録 補遺（1）」（『国文学研究資料館紀要』28、2002年2月）、「北村透谷参考文献目録 補遺（2）」（『国文学研究資料館紀要、文学研究篇』34、2008年2月）を発表している。川崎は透谷伝記の詳細を明らかにし、最も信頼のおける透谷年譜を作成している。橋詰・鈴木・川崎の研究は、社会と切り結んだ透谷の作家像をめぐって議論することが多かった先行研究のなかで、本文校訂・書誌および研究史の整理、伝記探究といった最も基礎的な作業を固めた意義が大きい。他の作家研究の場合にもこれらの作業は不可欠なもので、格好の範例となるだろう。

年2回の大会と年1回の会誌発行をおこなっている北村透谷研究会は、佐藤泰正、平岡敏夫、桶谷秀昭、橋詰静子と歴代会長を擁し、透谷研究者を会員としている。これまで『透谷と近代日本』（東京：翰林書房、1994年）、『透谷と現代』（東京：翰林書房、1998年）、『北村透谷とは何か』（東京：笠間書院、2004年）を刊行している。橋詰の論文および鈴木の書誌、川崎の年譜は必読の文献である。

また特筆すべき近年の成果として小沢勝美『透谷・漱石・独立の精神』（東京：勉誠出版、2001年）、『小田原と北村透谷』（東京：夢工房、2003年）、出原隆俊の校注による『キリスト者評論集』（東京：岩波書店、2002年）、槇林滉二『北村透谷研究　槇林滉二著作集第1巻』（大阪：和泉書院、2005年）、橋詰静子『富士山トポグラフィー：透谷・正秋・康成らの旅』（東京：一芸社、2006年）、尾西康充『北村透谷研究：〈内部生命〉と近代日本キリスト教』（東京：双文社出版、2006年）、平岡敏夫『北村透谷』（東京：おうふう、2009年）、『北村透谷と国木田独歩』（東京：おうふう、2009年）、『文学史家の夢』（東京：おうふう、2010年）がある。

3

岩波書店の新日本古典文学大系（明治編）では、透谷が「キリスト者評論集」のなかに収録され、一冊本として編集されなかったことはまさに痛恨事であったといえよう。研究者の間でイデオロギーを論じることが少なくなり、政治や思想への関心が希薄になるにつれ、ジェンダーの観点から樋口一葉が、幻想文学の観点から泉鏡花の文学が脚光を浴びるようになった。しかし透谷の文学は格差や貧困、ナショナリズム、ジェンダーなど近代日本社会の問題を広範に照射する基点として繰り返し読み返されるべき内容を持っている。透谷研究は単に机上の作業にとどまるのではなく、いかに社会と対峙して生きているかという研究者自身の生きる姿勢の内省がつねに求められるのである。

樋口一葉

1872年（明治5）～1896年（明治29）

関礼子

1

樋口一葉（ひぐちいちよう）は明治期を代表する女性作家。戸籍名奈津、歌人としての名や通称は夏子。東京府の下級官吏の次女として、現在の千代田区内幸町で出生。11 歳で小学高等科第四級を修了、その三年後に中島歌子の歌塾萩の舎に入塾し和歌・和文の習得に励んだ。やがて兄・父が相次いで他界すると、家計のために小説を執筆することを決意し、『東京朝日新聞』の小説記者半井桃水に師事して『武蔵野』創刊号（1892 年 3 月）の「闇桜」はじめ三作を発表した。しかし、萩の舎で桃水との関係が問題視されたのを機に彼から離れ、萩の舎同門の田辺（三宅）花圃の斡旋で『都の花』に「うもれ木」・「暁月夜」（1892 年 11 ～ 12 月、1893 年 3 月）を発表し注目された。転機を迎えたのは『文学界』に寄稿してからである。同誌に載った独白体小説「雪の日」等を経て明治東京に生きる下女を主人公とした「大つごもり」（1894 年 12 月）に至り、独自の世界を描き出した。その後、『文芸倶楽部』に酌婦をヒロインとする「にごりえ」（1895 年 9 月）や玉の輿結婚の悲劇を描いた「十三夜」（同年 12 月）を、『国民之友』には裁縫師として生きる女性の挫折の劇「わかれ道」（1896 年 1 月）を発表。さらに『文学界』に連載していた吉原遊廓の裏町を舞台とする思春期の少年少女を描いた「たけくらべ」が一括掲載（『文芸倶楽部』、1896年4月）に掲載されると森鷗外らから絶賛され、文名は一躍高まった。その後、問題作「われから」（『文芸倶楽部』1896年5月）等を世に問うが、肺結核のため1896年に24歳で亡くなった。

2

(1) 2000年までの一葉研究

①作品研究

1980年代から1990年代にかけての一葉研究を特徴づけるのは、この時期に隆盛した語り論やフェミニズ批評等による読解の上に立ち、作品を他作品との比較や広く文化・社会・歴史的な視点から捉え直そうとする試みが為されたことである。それはいわゆる「作品論」が陥りやすい閉鎖性や恣意性を回避するために必要なプロセスだったといえる。

その意味で、前田愛『樋口一葉の世界』（東京：平凡社、1978年）、亀井秀雄『感性の変革』（東京：講談社、1983年）所収の一葉関連の論考は後進に与えた影響の大きさの点で逸することができない。小森陽一「口惜しさと恥しさ―「たけくらべ」における制度（ラング）と言説（ディスクール）―」、「囚われた言葉／さまよい出す言葉」（『文体としての物語』、東京：筑摩書房、1988年）はその成果であり、関礼子『語る女たちの時代　一葉と明治女性表現』（東京：新曜社、1997年）所収の「闘う「父の娘」――一葉テクストの生成」は、初期一葉テクストを中心に表現者としての主体がどのように形成されたかを女性視点から論じた。また高田知波『樋口一葉論への射程』（東京：双文社、1997年）に収められた同時代の学校や「御真影」をめぐる制度への詳細な注釈に基づく「『たけくらべ』における制度と〈他者〉」や「〃婦人雑誌小説〃へのストラテジー「この子」の深層」、「〈女戸主・一葉〉と「われから」」等、前者はメディア論、後者は新しい作家論への一つの方向性を示した。

これらに先立ち、作品を同時代の他作品との相互テクスト性のなかで位置づけようとした研究も行われた。その代表的なものは谷川恵一『言葉のゆくえ—明治二〇年代の文学—』（東京：平凡社、1993年）に収録された「アナザー・ナイト——一葉「十三夜」」（同書、7 - 75 頁）である。これは既婚女性にまつわる同時代作品を多数列挙して「十三夜」というテクストを相対化することを狙ったものである。また峯村至津子『一葉文学の研究』（東京：岩波書店、2006 年）所収の「「われから」論（上）」（初出『国語国文』64 - 3、1995 年 3 月）、「「われから」論（下）」（同、64 - 4，1995 年 4 月）も谷川の試みを一葉作品の系列に即して論じたものである。このほか塚本章子「「うもれ木」における〈芸〉の歴史的位相—露伴「風流仏」・鷗外訳「埋木」との比較を通して—」（『近代文学試論』35、1997 年 12 月）は露伴・鷗外作品と一葉テクストとの比較を通して作品の特徴を明確にし、「「十三夜」試考—坪内逍遙「妹と背かゞみ」への抗い—」（『近代文学試論』36、1998 年 12 月）では、一部の研究者による「お関バッシング」の由来を「「教育のない」女性を「愚か」と侮蔑し排除していった近代知識人男性たちの欲望」の所産であるとした。

一方、作品自体を精読することで従来の読みを更新する試みを行ったのは戸松泉「『にごりえ』論のために——描かれた酌婦・お力の映像」（『相模国文』18 号、1991 年 3 月）である。これは作品冒頭に登場するお力が認めた手紙が源七ではなく他の客へのものであったことを論証することで、「自らの稼業、「悪業」にこだわる酌婦」としてのお力像を提出した。また関礼子「「読む」ことによる覚醒——『軒もる月』の物語世界」（『亜細亜大学教養部紀要』43、1991 年 11 月）は、職工の夫が残業をはじめた小説内の「今宵」に封切らずの手紙の束を「読む」という行為に着目して論を展開した。また山本欣司『樋口一葉　豊饒なる世界へ』（東京：和泉書院、

2009年）所収の「「大つごもり」を読む―「正直は我身の守り」をめぐって―」（初出『立命館文学』540、1995年7月）も下層の伯父安衛兵や下女お峯が抱く生活理念としての「正直」の民衆思想的な意味を掘り下げることで「お峯の内面の変貌のドラマ」（同書、16頁）を読み取ろうとした。このほか愛知峰子「伝統性と時代性の融合―『琴の音』の試み―」（『名古屋大学近代文学研究』12、1994年3月）は、「琴の音」を和歌的要素と貧困をめぐる同時代的問題を接合させようとしたテクストとして明確に位置づけた。

②作家論・その他

一葉没後百年にあたる1996年に、一葉研究の基礎資料ともいうべき同時代作家および関係者の回想を収録した野口碩校注『全集樋口一葉別巻　一葉伝説』（東京：小学館、1996年）が刊行された。これは生前に一葉と交渉のあった人物が語る証言によって、一葉その文学がどのように受容されたかを解明するための貴重な資料集である。このほか山田有策他編『樋口一葉事典』（東京：おうふう、1996年）や現代作家による一葉作品の現代語訳を試みた企画として没後百年記念『現代語訳樋口一葉』全五巻（東京：筑摩書房、1996～1997年）も刊行された。高田知波「近代擬古文＝その文語性と口語性（exたけくらべ）」（『国文学』、1998年10月）は上記のなかで「たけくらべ」口語訳を担当した松浦理英子の「訳者後書き」に基づき、一葉小説の文体上の特徴を文語性と口語性の観点から分析した。また菅聡子「〈女性作家〉と〈国民〉の交差するところ――一葉日記を読む」（『お茶の水女子大学人文科学紀要』56、2003年3月）は国民国家論の観点から日記や和歌が果たした意味を再検証した。

(2) 2001年以降の一葉研究

①本文および注釈

近代初の個人作家全集でもある大橋乙羽編『一葉全集』（東京：

博文館、1897年）や斎藤緑雨編『校訂一葉全集』（同、同年6月）から約105年後にあたる、21世紀最初の2001年には全集こそ刊行されなかったものの「新日本古典文学大系明治編24」として一葉小説十六作、日記（抄）を収めた『樋口一葉集』（菅聡子、関礼子校注、東京：岩波書店、2001年）が刊行された。これは塩田良平他編『樋口一葉全集』（第一・二・三（上・下）～四（上・下）巻，東京：筑摩書房、1974～1994年）の成果を踏まえた、一巻本によるこの期の集大成であるとしたら、その後の新しい潮流として注目されるのは一葉研究にも本文批評ともいうべき「生成論」が導入されたことであろう。

この動きを集中的に担っているのは戸松泉の「「たけくらべ」複数の本文—あるいは、「研究成果」としての『樋口一葉全集』のこと」（『季刊文学』、2000年1月）、「草稿・テクスト・生成論の可能性」（『国文学』49—6、2004年5月）、「生成論の探究へ——従来の「文学研究」総体を捉えかえす試み」（『昭和文学研究』49、2006年6月）等である。これはそれまで一葉研究の前提とされていた『樋口一葉全集』第一巻（東京：筑摩書房、1974年）の「たけくらべ」を中心に、複数の現存する草稿を比較検討することによって本文自体を相対化しようという意欲的な試みである。

②古典文学との関連

一葉本文の再検討とともに初期小説や日記・和歌研究での課題は、古典文学が一葉テクストに具体的にどのような影響を与えているかという点である。一葉の生前、和歌や随筆以外の未発表資料については前述した『樋口一葉全集』での注釈等によってその影響関係が明らかにされてきたが、それらを土台に論を展開する試みは必ずしも十分とはいえない。そのなかで藤井公明『続樋口一葉研究　中島歌子のこと』（東京：桜楓社、1984年）、近年では屋木瑞穂「樋口一葉「暁月夜」の技法—古典文学復興の機運のなかで—」（『解釈』、2002年1月）などが注目される。

3

二十一世紀になって一葉テクストが「新古典化」し、注釈の必要とともに本文自体の再検討が求められたことで一葉研究は新たな仕切り直しの時期に直面している。一方、2009 年 4 月にそれまで所在不明だった「別れ霜」の初出紙（『改進新聞』1892 年 3 月 31 日～ 4 月 17 日、全 15 回）が発見され、本文に付された挿絵との関連も注目されている。さらに視覚像への着目では中川成美「ヴィジュアリティーのなかの樋口一葉　文学的想像力とシネマ・イマージュ」（『解釈と鑑賞』別冊、2004 年 3 月）、笹尾佳代「ドラマの中の〈樋口一葉〉—1930 年代におけるイメージの創出と変容—」（『日本文学』、2007 年 12 月）などがあるが、受容論は文学と文化との回路を結ぶさらなる論証と実証の積み重ねが必要であろう。

泉鏡花

1873年(明治6)～1939年(昭和14)

孫艶華

1

泉鏡花（いずみきょうか）は日本近代浪漫主義文学における代表的な作家として重要な位置を占める。本名は泉鏡太郎、「鏡花」とは師の尾崎紅葉によってつけられた雅号である。鏡花は幼い頃から草双紙、口碑伝説など幻想の世界に魅了され、絢爛たる工芸美術の伝統を誇る出生地金沢の雰囲気に包まれながら、浪漫的気質の持ち主に育った。10 歳の時、母親が 29 歳の若さで逝去したことは鏡花の創作活動に深い影響を与えた。1895 年に発表された『夜行巡査』と『外科室』が評判となり、鏡花は新進作家として脚光を浴びる。翌年、『照葉狂言』一之巻～誓之巻『龍潭譚』『清心庵』など、清新的かつ浪漫的世界を描いた小説を次々に発表。1900 年には、神秘、そして怪異の幻想文学への旅立ちの印と位置づけられる『高野聖』が誕生。その後、『注文帳』『女仙前記』『きぬぎぬ川』『薬草取』など夢幻色に染められた作品を続々と発表し、『春昼』『春昼後刻』『草迷宮』のような幻の大作を世に送り続けた。1909 年、反自然主義の旗を掲げる文芸革新会に入会。『歌行燈』、戯曲『夜叉ケ池』『海神別荘』『天守物語』が発表される。その一方で、芸妓桃太郎との出会い、結婚によって、『湯島詣』『日本橋』のような花柳小説も創作した。

2

最初の鏡花論は斎藤信策の「泉鏡花とロマンチク」（『太陽』、1907年9～10月）とされる。戦前鏡花研究の最高水準を示したのは吉田精一による「泉鏡花の表現」（『季刊明治文学』2、1934年3月）、「泉鏡花論」（『国語と国文学』、1939年11月）であった。吉田は鏡花文学と謡曲、そして鏡花の生涯との関係を指摘し、その後の鏡花研究の進むべき一つの方向を提示した。戦後の鏡花研究をリードしたのは村松定孝である。村松は伝記研究に先鞭をつけ、『定本　泉鏡花研究』（東京：有精堂、1996年）をはじめとする8冊もの大著と岩波版『鏡花全集』に掲載された作品解題を著した。1970年代には、三島由紀夫らによる鏡花再評価の機運に乗り、鏡花研究が盛んになった。笠原伸夫『泉鏡花――美とエロスの構造』（東京：至文堂、1976年）、三田英彬『泉鏡花の文学』（東京：桜楓社、1976年）は多方面から鏡花文学の全体像にアプローチした論著である。その後の鏡花研究は作品論の時代へと入っていく。1960年代から90年代までの鏡花研究における一つの傾向は、文学以外の人文科学諸分野による理論を援用して鏡花の世界に迫ろうとしたところにある。松原純一「泉鏡花と民間伝承と」（『相模女子大学紀要』14、16、1963年2月、6月）、吉村博任『泉鏡花――芸術と病理』（東京：金剛出版新社、1970年）、『泉鏡花――幻想の病理』（東京：牧野出版社、1983年）、藤本徳明「母体のロマン――鏡花世界における聖界」（『鏡花研究』創刊号、1974年8月）、脇明子『増補幻想の論理』（東京：沖積舎、1992年）はそれぞれ民俗学、精神分析学、密教学、文化人類学、神話学、精神病理学、深層心理学などの面から鏡花文学を分析した論著である。

2000年以降の研究動向について言えば、まず基礎研究の堅実化と作品論の多様化が挙げられる。『新編　泉鏡花集』別巻 2（東京：岩波書店、2006 年）に収録された吉田昌志による年譜、田中励儀による著作目録、須田千里による単行本書誌、秋山稔による自筆原稿所在目録などは、最も重要な基礎的研究作業として、鏡花研究には欠かせないものである。以前の作品論は鏡花の代表作、或いは明治期の作品に偏りがちだったが、近年の研究はこれまで注目されなかった作品や、大正期、昭和期の作品にも目を向けるようになった。例えば、東郷克美・吉田昌志校注『新日本古典文学大系明治編 20　泉鏡花集』（東京：岩波書店、2002 年）には『高野聖』と『照葉狂言』のほか、これまで言及されることの少なかった『琵琶伝』『辰巳巷談』『三尺角・木精』も収録された。また、泉鏡花研究会編『論集　昭和期の泉鏡花』（東京：おうふう、2002 年）が、『論集　大正期の泉鏡花』（同、1999 年）に引き続き刊行された。題目にも示されている通り、鏡花の昭和期の作品に関する論考が多く収録されており、その論考の半数は若手研究者による成果であることが本書の特色と言えよう。泉鏡花研究会編『論集　泉鏡花（第四集）』（大阪：和泉書院、2006 年）に収録された論文も、一篇を除いた他 8 篇すべてが大正期以降の作品であった。その他、田中励儀編『近代文学作品論集成 11　泉鏡花『高野聖』作品論集』（東京：クレス出版、2003 年）は『高野聖』に関する代表的な論考からなる論集である。収録された論文の発表年代は 1935 年から 2001 年までの 66 年にわたっており、鏡花研究の歴史を幅広く窺い知ることができる。また、各論は素材や構想、表現、内容、成立年代及び背景、登場人物、民俗学との関連など、様々な視角から『高野聖』にアプローチしている。『高野聖』を立体的に捉えようとする編者の意図がそこには覗える。

近年の鏡花研究におけるもうひとつの特徴として、女性研究者の活躍が挙げられよう。2000 年以降、鏡花に関する 3 本の博士論文の内、2 本は女性によって著されたものである。小田川理絵は「泉鏡花『草迷宮』論――鏡花文学における植物誌的想像力の内実と背景をめぐって」（2002 年）で、『草迷宮』の中の「草」に着目し、言葉としての「草」、視覚的なイメージとしての「草」、「草」の文化史という三つの面から泉鏡花の強靭な植物誌的想像力の内実と背景に迫ろうとした。また、着物の意匠から作品全体を通読する杲由美「泉鏡花文学における視覚性」（2004 年）の視点は極めてユニークであり、鏡花作品の解読に新しい方法を導入したと言えよう。また、挿絵の機能という新しい視点や、同時代の作品を視野に入れて自作に取り込んだという指摘も示唆的である。今後も同時代の文化状況における位置づけを通した鏡花研究が求められるであろう。鏡花作品が視聴覚的要素に富むのはつとに指摘されたことだが、従来研究対象にされることの少なかった舞台化、映画化された作品に視点を据え、鏡花の「絢爛たる視聴覚的要素」を追究したのは佐伯順子の大著『泉鏡花』（東京：筑摩書房、2000 年）である。また、もう一つの重みがある作品論として真有澄香『泉鏡花　呪詞の形象』（東京：鼎書房、2001 年）がある。本書において真有は、作品の分析を通じて、鏡花の発想が「俗信仰や汎神論的世界にある」ことを確認し、さらにその言葉に託された呪力について「鏡花世界」の構築に大きな役割を担う、日本の伝統と呼ぶにふさわしいものとみている。赤尾勝子の『泉鏡花論――心境小説的特質をめぐって』（東京：西田書店、2005 年）は、今までの研究と一風変わった視座をとって、心境小説の面から鏡花作品の特質を読みとろうと試みたものである。しかし、心境小説的側面にとどまらず、『縷紅新草』の詠嘆性や擬声詞に対する精緻な分析もされており、それは斬新で示唆的である。

他、管見によれば山田有策『深層の近代：鏡花と一葉』（東京：おうふう、2001 年）、須田千里『泉鏡花文学の成立基盤としての近世文学、特に草双紙についての研究』（京都：京都大学、2002 ～ 2005 年）、菅原孝雄『泉鏡花と花・その隠された秘密』（東京：

沖積舎、2007年）がある。「泉鏡花」（『ユリイカ』438、2000年10月）、「泉鏡花文学の位相——没後70年」（『解釈と鑑賞』、2009年9月）など、雑誌上で特集が組まれたことも鏡花研究にとって大きな推進力となった。

3

一方、中国における鏡花研究はまだ少ないというのが現状である。中国語に訳された鏡花の作品は『外科室』『琵琶伝』『ねむり看守』『湯島詣』『高野聖』『歌行燈』（文潔若訳《高野圣僧：泉镜花小说选》、北京：人民文学出版社、1990年；重庆：重庆出版社、2009年；李延坤、孫艶華訳《高野圣・歌行灯》、长春：吉林大学出版社、2010年）の6作品のみで、論文や著書も決して多くない。鏡花作品における研究及び翻訳の嚆矢は文潔若氏による《泉镜花及其作品》（《读书》9、1982年6月）と翻訳『高野聖』（《日语学习与研究》1、2、3期、1988年）である。前者は、鏡花の生涯、各代表作の内容とモチーフ、表現を紹介し、鏡花文学の全体像を浮き彫りにしようとした。それから、2006年に張暁寧《论泉镜花在日本近代文学史上的地位》（《日本学论坛》1、2006年2月）が発表されるまで、中国における鏡花研究には20数年もの空白があった。それは中国の日本文学史研究において、鏡花とその作品があまり言及されなかったことと関係がある。また、鏡花作品の原文の難読さも研究を滞らせた原因の一つと考えられる。その後、研究成果がいくらか出始めたとは言え、博士論文が1本、修士論文が4本、雑誌論文が前記2篇を含め18本著されているだけである。雑誌論文は、文学史における位置付け、作風、表現、日本の自然主義文学との関係、川端康成との比較などの面において鏡花文学を把握した論文が12本、対して作品論に関する研究は少なく、わずか6本のみとなっている。しかもその内の5本は『高野聖』についての作品論で、修士論文の3本も『高野聖』をめぐる論考である。中国において、近年まとまった研究成果を提出しているものとしては、孫艶華《幻想的空间：泉镜花及其浪漫主义小说》（北京：商务印书馆、2010年）があげられよう。本書の特色は、ナラトロジーの理論を取り入れ、物語の順序、語り手、視点から鏡花小説における「語り」の実態を捉え直し、また灯と水、色における意匠に着目し、さらに言葉の魔力を徹底的に追究している点にある。

4

981冊の蔵書の内338冊（長谷川覚「泉鏡花蔵書目録」、東郷克美編『日本文学研究資料新集12　泉鏡花——美と幻想』（東京：有精堂、1991年）、221-223頁に基づき、筆者が統計した数字。）もの中国文学の書物を鏡花が所有していたことを考えれば、その作品に中国文学が何らかの形で影を落としていることは容易に推測される。鏡花作品に見られる中国文学の受容は、これまで村松定孝、須田千里による論考以外ではあまり触れられてこなかった。しかし、それは中国の鏡花研究者にとっても非常に魅力のある課題で、今後精力的に研究されることが望ましい。従来の研究成果を踏まえつつ、鏡花文学を同時代の状況という大きな視野で捉え、文体論的な考察、特に大正期の作品における語り方の問題や、上演史の研究、後続の作家に与えた影響、注釈的な作業など、より深く掘り下げる必要があると思われる。また、中国の鏡花研究については、より多くのバラエティーに富んだ作品論が期待される。

徳富蘆花

1868年（明治1）～1927年（昭和2）

佐野正人

1

徳富蘆花（とくとみろか）、熊本県葦北郡水俣に徳富一敬、久子の次男として生まれる。本名は健次郎。徳富家は代々代官や惣庄屋などを勤めた旧家で、叔父には横井小楠、叔母には矢島楫子がいる。また長兄の蘇峰は民友社を起こし『国民の友』や『国民新聞』を主宰している。健次郎は熊本洋学校、京都の同志社、大江義塾を経て、同志社に再入学するも失恋により中退。その間の事情は後に『黒い眼と茶色の目』（1914 年）に描かれる。1889 年、22 歳で上京し兄蘇峰の民友社に入社し翻訳・評論などに従事する。1900 年に刊行した『不如帰』は当時の大ベストセラーになると共に新派劇や映画化もされている。同年の『自然と人生』の出版を期に文筆生活に入り、1901 年に『思出の記』、1903 年に『黒潮』を刊行。『黒潮』に付された序文で兄蘇峰との決別を宣言している。日露戦争後の 1906 年にトルストイ訪問を目的としパレスチナ、ロシアをめぐる旅行を行う。帰国後、トルストイの影響で農耕生活に志し、東京郊外に居を移す。『寄生木』（1909 年）、『みゝずのたはごと』（1913 年）を刊行。1919 年に愛子夫人を伴い世界一周の旅を行う。1925 年以降、自伝小説『富士』（全 3 巻）を刊行し、1927 年に衝心症の発作にて 58 歳で没する。死の直前に兄蘇峰を病床に招き和解している。

2

徳富蘆花のもっとも影響力を持った著作は『不如帰』であり、研究史においても『不如帰』をめぐるものが多い。『不如帰』世代とも言うべき世代が研究を中心的に担ってきたため、1930 年代～1960 年代にかけて多くの著書・論文が著されたが、その後やや低調となっている感は否めない。ただ、結核をめぐる問題や「『不如帰』の時代」をめぐる論点が近年提示され、興味深い議論が展開されてきている。以下、研究史を（1）全集類、（2）研究文献目録、（3）雑誌特集号、（4）伝記・作家論、（5）『不如帰』論、（6）その他の作品論、（7）民友社との関連、（8）比較文学的研究、に分けて略述する。

(1) 全集類　『蘆花全集』（全 20 巻、東京：新潮社）が蘆花死後の 1928 ～ 30 年に刊行され、本格的な研究もその時期に開始されている。1936 年には『徳富健次郎日記』（東京：岩波書店）や蘆花会による『徳富蘆花――検討と追想』（東京：岩波書店）が相次いで刊行されている。またその他に『明治文学全集』、『日本近代文学大系』、『明治の古典』などにも徳富蘆花は収録されており、その解説類にも目を通しておくべきものが多い。

(2) 研究文献目録　『文学』1956 年 8 月号に佐藤勝「徳富蘆花研究文献年表ノート」があり、『明治文学全集』（東京：筑摩書房、1966 年）に付された参考文献と合わせると、1966 年までの研究史が概観できる。その後に関しては『論究』第 5 号（1983 年 3 月）の河原英雄「徳富蘆花参考文献目録」が 1982 年までの研究史を整理しており、他に峰岸英雄「研究動向　徳富蘆花」（『昭和文学研究』21 号、1990 年 7 月）、吉田正信「平成 7 年国語国文学界の展望　蘆花・民友社」（『文学・語学』第 153 号、1996 年 12 月）も参考となる。

(3) 雑誌特集号　『文学』(東京：岩波書店)の1956年8月号「特集　徳富蘆花」が代表的な研究者の論文が収録されており必見。また、『明治大正文学研究』1957年10月号「特集　徳富蘆花の研究」も充実している。他に『キリスト教社会問題研究』1958年5月号も「徳富蘆花特集」を組んでいる。

(4) 伝記・作家論　戦争の時期をはさんで前田河広一郎の蘆花三部作『蘆花伝』(東京：岩波書店、1938年)、『蘆花の芸術』(東京：興風館、1943年)、『追はれる魂　復活の蘆花』(東京：月曜書房、1948年)が出されている。また鑓田研一『蘇峰と蘆花』(東京：潮文閣、1944年)も同時期に出ている。戦後には中野好夫『蘆花徳富健次郎』第1部～第3部(東京：筑摩書房、1972年3月～1974年9月)が出ており、伝記的な基本文献。その他作家論的な研究としては篠田太郎「徳富蘆花研究」(『明治文学講座』第5巻、木星社書院、1932年)、瀬沼茂樹「徳富蘆花」(『明治文学研究』、東京：法政大学出版局、1974年)、勝本清一郎「徳富蘆花論」(『近代文学ノート』、東京：みすず書房、1979年)などが挙げられる。

(5) 『不如帰』論　もっとも活発に研究が行われている作品だが、ことに結核をめぐっては柄谷行人「病という意味」(『日本近代文学の起源』、東京：講談社、1980年)が契機となり、議論が展開されてきている。福田真人「肺病のロマン化——『不如帰』とその系譜」(『結核の文化史——近代日本における病のイメージ』、名古屋：名古屋大学出版会、1995年)や、藤井淑禎の一連の論文などがある。藤井淑禎の「海辺にての物語——『不如帰』の系譜」(『文学』、1986年3月)、「不如帰の時代—虚子・寅彦・漱石—」(『国語通信』、1984年3月)などの論文は単行本『不如帰の時代』(名古屋：名古屋大学出版会、1990年)にまとめられ、『不如帰』研究の近年の成果と言えるだろう。他にも、野村幸一郎「ナショナリズムの文学——徳富蘆花『不如帰』の物語構造」(『解釈』、1993年3月)、高田知波「「戦前」文学としての「戦後」文学—「不如帰」への一視点―」（『社会文学』、1995年7月）、山本芳明「〈父〉の肖像―徳富蘆花『不如帰』―」（『国文学』、1995年9月）、権丁熙「海峡を越えた「国民文学」――朝鮮における「不如帰」の受容をめぐって」（『日本近代文学』、2001年10月）などが代表的な作品論と言いうるだろう。

(6) その他の作品論　枚挙に遑がないが、吉田正信の「『自然と人生』――その構成と思想性」（『国語国文学報』、1997年3月）などの論文や、神田重幸の「徳富蘆花『黒潮』論―その思想と方法―」（『関東短期大学紀要』、1982年3月）などの一連の論文、河原英雄「『みみずのたはごと』論―蘆花における帝都と近郊と―」（『論究』、1982年10月）、布川純子「徳富蘆花『寄生木』について」（『成蹊人文研究』、2004年3月）などの作品論が活発に積み重ねられて来ている。

(7) 民友社との関連　近年活発に論じられているのが、民友社の文学としての論である。平林一、山田博光編『民友社文学・作品論集成』（東京：三一書房、1992年）や、中村青史『民友社の文学』（東京：三一書房、1995年）、また西田毅編『民友社とその時代　思想・文学・ジャーナリズム集団の軌跡』（京都：ミネルヴァ書房、2003年）などの単行本が出ている。

(8) 比較文学的研究　特に蘆花文学とトルストイとの関係については多くの論文が出ている。阿部軍治「近代文学黎明期のトルストイ移入と蘆花」（『言語文化論集』、1986年3月）、吉田正信「蘆花におけるトルストイの受容―『順礼紀行』前後―」（『国語国文学報』、1992年3月）などがある。また中国文学との関連では中村忠行「徳富蘆花と現代中国文学」（『天理大学学報』1巻・2,3号、1949年10月）があり、他にワーズワースとの比較、ジェイムズ『鳩の翼』との比較などがある。阿部軍治の論は『徳富蘆花とトルストイ　日露文学交流の足跡』（東京：彩流社、2008年）にまとめられている。

正岡子規

1867年(慶応3)～1902年(明治35)

鄭文全

1

正岡子規(まさおかしき)は愛媛県松山市の生まれで、本名常規、別名獺祭書屋主人、竹の里人など。6歳から法竜寺の寺小屋に通学、外祖父大原観山に漢学を学び、11歳で五言絶句を毎日作り始めた。1880年松山中学に入学、同親吟社をおこし、漢詩作に熱中。1885年『当世書生気質』『小説神髄』をよみ感動を受け、同年英語の小説を借りて読み始めた。1890年、東京帝国大学哲学科に入学したものの、翌年に国文科に転科した。在郷中夏目漱石と文章論を往復。1892年、新聞「日本」に「獺祭書屋俳話」を連載、11月東京帝国大学文科大学国文学科中退、後に陸羯南の紹介で日本新聞社に仮入社。実景を俳句にする味を悟った。翌年「芭蕉雑談」を「日本」に掲載、芭蕉批判の態度を示す。先年来の西洋崇拝から脱皮、漢詩的神韻境に憧憬をもち、俳句としてのジャンルを確立する。1895年中日甲午戦争に従軍の志強く、許可されたが、1ヶ月後講和となり、帰国。帰途の船上で激しく喀血、松山に帰省。年末「俳諧大要」を「日本」に掲載。1897年、松山で「ホトトギス」を創刊し、俳句の発展に大きく貢献した。1902年9月死去、滝野川村字田端大竜寺に葬られる。

2

子規研究が本格的になったのは昭和に入ってからで、斎藤茂吉「正岡子規」（岩波講座『日本文学』、1931年）がその嚆矢である。その後、藤川忠治『正岡子規』（東京：山海堂、1933年）、渡辺順三等編『正岡子規研究』（東京：楽浪書院、1933年）、宮田戊子『正岡子規の新研究』（東京：叢文閣、1935年）、斎藤茂吉『正岡子規』（東京：創元社、1943年）等があり、特に小泉苳三『正岡子規　根岸短歌会の位相』（京都：立命館出版部、1934年）はこの時期の最も実証的な研究である。戦後、井手逸郎『正岡子規』（弘学社、1945年）、国崎望久太郎『正岡子規』（東京：創元社、1956年）、楠本憲吉『正岡子規』（東京：明治書院、1966年）、松井利彦『正岡子規』（東京：桜楓社、1967年）、亀田小蛄『子規時代の人々』（大阪：うぐいす社、1967年）、松井利彦『正岡子規集』（東京：角川書店、1972年）、坪内稔典『正岡子規：俳句の出立』（東京：俳句研究社、1976年）、和田利男『子規と漱石』（東京：めるくまーる社、1976年）、平野仁啓『子規と茂吉』（東京：教育出版センター、1976年）、山本健吉『子規と虚子』（東京：河出書房新社、1976年）、大岡信『子規・虚子』（東京：花神社、1976年）、室岡和子『子規文学論の研究』（東京：桜楓社、1978年）、久保田正文『正岡子規・その文学』（東京：講談社、1979年）などが出た。特に松井利彦の『正岡子規の研究　上下』（東京：明治書院、1976年）は『子規全集』（東京：講談社、1975～1978年、本巻22巻、別巻3巻）以前の研究のひとつの集大成だと言える。1981年4月2日、松山市立子規記念博物館が開館、資料収集、展示のほか、講演会、研究会などを行っており、『子規俳句索引』（1983年）や季刊『子規博だより』などを出版している。

80年代以後、写生論に焦点が当てられると同時に、近代という時代へのさまざまな反省を踏まえながら、子規文学、及び子規人物像の研究に新しい進展があった。代表的なものに、長谷川孝士『正岡子規』（東京：三省堂、1980年）、藤川忠治著、蒲池文雄補訂『正岡子規』（東京：桜楓社、1980年）、有田静昭『子規歌論の発展と継承』（東京：桜楓社、1980年）、粟津則雄『正岡子規』（東京：朝日新聞社、1982年）、岡井隆『正岡子規』（東京：筑摩書房、1982年）、文芸読本『正岡子規』（東京：河出書房新社、1982年）、桶谷秀昭『正岡子規』（東京：小沢書店、1983年）、宮坂静生『正岡子規と上原三川』（東京：明治書院、1984年）、粟津則雄編『筆まかせ抄』（東京：岩波書店、1985年3）、松井利彦『子規・虚子・漱石　青雲編・完結編』（東京：雁書館、1983年、1987年）と『子規と漱石』（東京：花神社、1986年）、結城健三『子規への径』（東京：角川書店、1985年）、室岡和子『子規山脈の人々』（東京：花神社、1985年）、相馬庸郎『子規・虚子・碧梧桐』（副題〈写生文派文学論〉、東京：洋々社、1986年）、久保田正文『正岡子規と藤野古白』（東京：永田書房、1986年）、越智通敏『正岡子規：人と文学』（松山：愛媛文化双書刊行会、1986年）、坪内稔典『子規随考』（東京：沖積舎、1987年）と『正岡子規——俳句の出立つ』（東京：俳句研究社、1976年の増補改訂とみるべきもの）などがある。また、渡部勝己『正岡子規の研究——漢詩文と周辺の人』（松山：青葉図書、1980年）は漢詩の分野を論点の中心とし、あわせて河東静渓・浦屋雲林など子規周辺の分野にも基礎資料を提供した。子規伝記研究では、久保田正文『正岡子規』（東京：吉川弘文館、1986年）、松井利彦『士魂の文学　正岡子規』（東京：新典社、1986年）、柴田宵曲『評伝正岡子規』（東京：岩波書店、1986年、佐伯彰一解説、初刊1942年）などが注目されるべき成果である。90年代は、子規の文学思想のほか、周辺人物との関連も考察され始めた。宮坂静生『子規秀句考』（東京：明治書院、1996年）は作品鑑賞を通して写生論の詳細を明らかにすると同時に、子規をめぐる人間関係のあり方にも目を向け、死生観についても討究した。浅岡邦雄解説『「小日本」と正岡子規』（『小日本』雑誌の著者と俳句作品の解説。

東京：大空社、1994 年）、大岡信『正岡子規：五つの入口』（東京：岩波書店、1995 年）には、虚子・碧梧桐をはじめとする子規前後の文壇への言及もあり、子規の多産性と創造性の秘密を、少年期の素読や青年期の連句修行、『筆まかせ』に見られる好奇心などに注目しながら考究した。他には、今西幹一・室岡和子『子規百首・百句』（大阪：和泉書院、1990 年）、今西幹一『正岡子規の短歌の世界』（東京：有精堂、1990 年）、坪内稔典『正岡子規——創造の共同性』（東京：リブロポート、1991 年）、山下一海『俳句で読む正岡子規の生涯』（東京：永田書房、1992 年）、松山巖著『世紀末の一年』（東京：朝日新聞社、1999 年）、大岡信『詩歌における文明開化』（東京：岩波書店、1999 年）、復本一郎『俳句から見た俳諧——子規にとって芭蕉は何か』（東京：御茶の水書房、1999 年）、坪内稔典『子規のココア・漱石のカステラ』（東京：日本放送出版協会、1998 年）、坪内稔典著『子規山脈』（東京：日本出版放送協会、1997 年）、清水房雄『子規漢詩の周辺』（東京：明治書院、1996 年）、小森陽一、石原千秋編集特集『漱石と子規』（漱石研究第 7 号、東京：翰林書房、1996 年）などがある。漢詩では漱石漢詩評釈の大著をもつ飯田利行が『海棠花——子規漢詩と漱石』（東京：柏書房、1991 年）をまとめた。

2001 年以来の評伝研究では、まず坪内稔典の一連の著作『柿喰う子規の俳句作法』（東京：岩波書店、2005 年）、『正岡子規の「楽しむ力」』（東京：日本放送出版協会、2009 年）、『正岡子規　言葉と生きる』（東京：岩波書店、2010 年）が挙げられよう。他に、谷光隆『考証　子規と松山』（松山：シード書房、2005 年）、正岡子規評伝の決定版とも言われるドナルド・キーン著、角地幸男訳『正岡子規』（東京：新潮社、2012 年）もある。末延芳晴『正岡子規、従軍す』（東京：平凡社、2011 年）は初めて従軍記者の戦争体験を子規文学のターニングポイントと位置づけて論考した画期的な成果である。文学思想研究では、柴田奈美『正岡子規と俳句分類』（京都：思文閣出版、2001 年）は古典俳諧から脱皮して明治俳諧を革新した子規が、俳句分類の作業を通じて、伝統を踏まえつつ新しいものをいかに創造しようとしたかを、具体的な作品に即しながら検証する博士論文を基にした大書である。松井貴子『写生の変容：フォンタネージから子規、そして直哉へ』（東京：明治書院、2002 年）は正岡子規の文学理論の根幹をなす「写生」という概念が西洋絵画の影響であることが初めて実証された著作である。平岡敏夫『「夕暮れ」の文学史』（東京：おうふう、2004 年）は「秋は夕暮」（『枕草子』）以来の「夕暮れ」の伝統が日本近現代文学にどのように受け継がれてきたか、子規の文学との関連も含めて、考察したものである。

近年、漢詩・漢文は研究者の視野に入りはじめた。徐前『漱石と子規の漢詩』（東京：明治書院、2005 年）は、漱石・子規の漢詩文の素養を両者の文学営為の「原点」として、両者の親交や、双方の漢詩の成立時期・立場・内容、文芸と漢詩とのかかわりあい方などを対比・分析したものである。加藤国安『漢詩人子規：俳句開眼の土壌』（東京：研文出版、2006 年）は子規の漢詩選「歳晩類集」、重要自筆写本「随録詩集」、子規漢詩の最高傑作「岐蘇雑詩」などを取り上げて論じた書である。他に、作品集などを含めて、宮坂静生『正岡子規——死生観を見据えて』（東京：明治書院、2001 年）、坪内祐三・中沢新一編『正岡子規』（東京：筑摩書房、2001 年）、日下徳一『子規山脈』（東京：朝日新聞社、2002 年）、和田茂樹編『漱石・子規往復書簡集』（東京：岩波書店、2002 年）、河東碧梧桐『子規を語る』（1934 年版を底本としたもの。東京：岩波書店、2002 年）、梶木剛『子規の像、茂吉の影』（東京：短歌新聞社、2003 年）、勝原晴希校注『正岡子規集』（東京：岩波書店、2003 年）、日下徳一『子規もう一つの顔』（東京：朝日新聞社、2007 年）、作品全集『正岡子規』（東京：筑摩書房、2009 年）、復本一郎『余は、交際を好む者なり』（東京：岩波書店、

2009 年）、作品集『子規随筆』（東京：沖積舎、2010 年）、山上次郎『子規の書画』（東京：二玄社、2010 年）、永久保存版選集『正岡子規』（東京：河出書房新社、2010 年）などがある。

中国では、正岡子規の文学作品の翻訳と研究はまだ少ないが、葛祖蘭訳注《正冈子规俳句选译》（上海：上海译文出版社、1985 年）、彭恩華《俳坛伟大的革新者正冈子规》（《名作欣赏》1985 年 3 期）、周海琴《与谢芜村俳句的近代性》（《日语学习与研究》、2008 年 5 期）、佐藤利行・趙建紅《正冈子规的汉诗》（《中国诗歌研究动态》2010 年 4 月）、何美娜《正冈子规的汉诗》（《东方企业文化》、2012 年 2 月）などの成果がある。

これまでの研究は、俳句、短歌、写生文など和文学に偏っており、子規文学の全体像把握に欠かせない漢詩・漢文はほとんど脇に放置されたままである。子規の漢文学の全体像の解明及び、漢学素養と俳句、短歌、写生文、文学理論などとの関連性の究明が、今後期待される。

与謝野晶子
——夢の中に咲いた華
1878年(明治11)～1942年(昭和17)

逸見久美

よろこぶと発語たやすく言ひ得たる再会にしも命かけけれ

この歌は与謝野晶子（よさのあきこ）の第六歌集『夢之華』（1906年９月）の二番目の歌。「（貴方に会えて）嬉しい」と思わず発した、あの「再会」にこそ、私は命をかけてきたという。ここに詠まれた「再会」とは夢の中に咲いた青春の華とも言うべき鉄幹との運命的な「再会」を意味する。

この歌はまさに歌集『夢之華』を命名したと言えようか。この「再会」について後述する。晶子が『明星』に初めて歌を載せたのは２号（1900年５月）からであった。その頃と思われる堺の歌人河野鉄南あて鉄幹書簡（1900年５月２日『与謝野寛晶子書簡集成』１巻35頁）に

鳳女史の和歌ハ東京にて大評判となれり。婦人作中近来の見込ある人也と師匠なども申され候。大に読書して才気を包みたまはゞ恐るべき人なるべし。

と書く程に晶子の才能の素晴らしさに鉄幹は驚嘆していた。この頃

の晶子はすでに『文芸雑誌』、『堺敷島会歌集』、『よしあし草』などの雑誌に歌や詩を少数ながら発表していたが、未だ二人は会っていなかった。

1900 年 4 月に『明星』を創刊した鉄幹は、『明星』宣伝と新詩社支部拡張を兼ねて大阪へ、その年の 8 月 3 日にやって来た。翌 4 日に鉄幹の宿泊先へ晶子は訪ねて二人は初対面した。その直後に詠んだ、それぞれの深い感動の歌は『明星』6 号（1900 年 9 月）に

血潮みななさけに燃ゆるわかき子に狂ひ死ねよとたまふ御歌(みうた)か

晶子「雁来紅」28 頁

京(きょう)の紅(べに)は君にふさはず我が噛みし小指(をゆび)の血をばいざ口にせよ

（晶子の許へ）　　　鉄幹「小生の詩」68 頁

と互いに詠み、その思いは益々高まって行った。対面直後の晶子の美文「わすれじ」（『明星』7 号、1900 年 10 月）には 4、6、9、15 日の二人の行動を短文ながら書き、4 日に鉄幹は

髪さげしむかしの君よ十とせへて相見るゑにし浅しと思ふな

と詠み、6 日には浜寺歌会、9 日には住の江で同人らと散策、15 日には「ゆめの如き再会は松青き高師の浜、われ」とあって晶子は

松かげにまたも相見る君とわれゑにしの神をにくしとおぼすな

と返歌する。その後もひと筋に燃える思いを晶子は同号に

今ここにかへりみすれば我なさけ闇をこ怖れぬめしひと云はむ

「清怨」47 頁

と詠み、恋に溺れ、火焔のように燃え盛る内面を忌憚なく歌う。その後の二人は『明星』へ月毎に恋歌を発表するようになる。

1900 年 11 月 5、6 日、鉄幹、晶子、同人山川登美子の三人は京都の粟田山に一泊し、『明星』8 号（1900 年 11 月）におのおの

が歌う。

わが歌にわかき命をゆるさんと涙ぐむ子の髪みだれたり

（無題）鉄幹 75 頁

前髪のみだれし額（ぬか）をまかせたるその夜の御胸（みむね）あゝ熱（あつ）かりし

「素蛾」晶子 58 頁

それとなく紅き花みな友にゆづりそむきて泣きて忘れ草つむ

「素蛾」登美子 58 頁

京の宿に御手（みて）放ちしをまどふなり恋のわかれか歌の別れか

（無題）鉄幹 91 頁

鉄幹と晶子の歌はまさに相聞往来だが、登美子は親の意志に従い、鉄幹への思慕を諦めて結婚を決意する悲しく辛い思いを詠んでいる。このあたりは多く論じられている。

明けて 1901 年 1 月、鉄幹は 3 日に鎌倉で新詩社同人 10 人と会い、6 日は神戸支部の大会に出席。7、8 日大阪へ。9、10 日は京都へ行き、前記した昨秋 11 月 5、6 日、三人が一泊した栗田山で晶子と再会したことが、本稿の冒頭に書いた歌の中の「再会」であり、それは過去の夢の中に咲いた華の青春を物語る「恋」であった。この「恋の華」を咲かせた「再会」の裏付けとなったのが二人の 10 通（鉄幹 4 通、晶子 6 通）の書簡であった。それらの書簡は鉄幹の先妻林瀧野が秘蔵していて現存している。これは不思議に思われるが、晶子の自伝小説「親子」（『趣味』1909 年 4 月）によって憶測ながら解明できる。この 10 通の書簡について晶子の門弟の佐藤春夫の『晶子曼陀羅』（東京：講談社、1954）の「華頂山の春」（200 頁）に、瀧野の使つてゐた老婢が、何となく晶子に反感を持つてといふが、実は瀧野への忠義立と旧道徳の見解とから、不義者たちの往復書簡を盗み出して瀧野に提供したのが今に残つてゐる。

とあることからも、これら10通の書簡は婆やが持ち出したと考えられよう。小説「親子」には上京した晶子が鉄幹と生活するが、先妻瀧野が近所に住んでいて、先妻と同棲中からいた婆やは先妻に同情し、晶子に扮するお浜に辛く当たる場面が書かれている。その婆やは先妻と睦まじく、ことごとにお浜を虐める所が描かれている。その婆やは実在人物で、晶子上京の折に持参した鉄幹書簡と鉄幹の許にあった晶子書簡を先妻の許へ運んだのではないかと思われる。

戦後、言論が自由になったことで、瀧野の夫の詩人正富汪洋から借り出したこれらの二人の書簡10通が大逆事件研究で有名な評論家神崎清の『恋愛古事記』（1948年1月）により淫らな書き振りで公表された。さらに同氏は同年の11月の『婦人画報』と1949年11月の『若い婦人』に晶子書簡（1901年2月2日）中の、

君さらば栗田の春のふた夜妻またの世まではわすれ居給へ

の歌を採り上げて、二人の栗田山の「再会」を「性的経験をともなった栗田山の夜の記憶」とか「栗田の宿のひめごと」とか、「ふた夜妻とは寝みだれ髪のままいつづけて、ついに二夜をその宿ですごしたのであろうか」（『若い婦人』）などと書きたてた。その後、正富の配慮により1951年11月3日に大正大学で「一葉・晶子資料展」が開催され、これら10通その他が公開された。1954年に正富は『短歌研究』に二人のことを10回連載し、それらを『明治の青春』（1955年9月）に纏めて出版した。その内容は婆やから聞いた瀧野の言葉を文章化した。これらの正富と神崎の淫乱な文章が自由言論の波に乗って鉄幹と晶子の行為を淫行というイメージに作りあげた。その後二人をモデルにした小説が流行し、芝居や映画にも上演された。年経て作家有島武郎と晶子を「有情」の仲と断定する評論家が一時

マスコミのネタ（種）となって騒がれた。そのため鉄幹、晶子の文芸上の革新的な意味性などは抹殺され、淫猥な風潮が流れた。こうした状況を最も嘆いたのが、終世与謝野家を支援していた関西の小林天眠であった。それに加えて地方にいた新詩社同人たちによる年忌の供養から偲ぶ会を催して両師の文業を称揚するようになった。そうした門弟たちの努力により、それまでの嫌悪すべき噂も次第に遠のき、着実な研究も進められるようになってきている。この「栗田山」の事実によって、それまでの『みだれ髪』の歌が浪漫的、空想的とのみ評されていたが、実感を伴う客観的な研究へと変わった。こうした意味から褒むべきでない婆やの行為は『みだれ髪』研究を見直す機縁となり、研究を一変させたことで文芸上に貢献したと言えようか。

　前記の書簡中にある「君さらば」の歌の「栗田の春のふた夜妻」は『みだれ髪』の220番（『全集』2巻、104頁）の歌で二、三句が「巫山の春のひと夜妻」と改作された。これは漢詩に堪能な鉄幹の添削により二、三句の「粟田」という山の地名を「巫山」にしたのは、「巫山夢」の男女の情事の譬えを意味し、「ふた夜妻」が二泊したという事実を「ひと夜妻」の添削によって、ただ一夜だけ契った女、つまり「遊女」の意に改作された。またその「粟田」という山を二人はそれぞれ「京の山」と詠んで、「粟田山」を懐かしんでいた。

341 春寒のふた日を京の山ごもり梅にふさはぬわが髪の乱れ
『みだれ髪』　『全集』2巻118頁

16 おばしまに柳しづれて雨ほそし酔ひたる人と京の山見る
『紫』　『全集』2巻5頁

「酔ふ」は恋に酔う意、「ふた日」は「ふた夜妻」に通じ、二人の栗田山籠りを意味する。その後の晶子は上京を決意し、その5ヶ月

後の1901年6月14日、遂に上京を果した。その心境を、

50 狂ひの子われに焔(ほのほ)の翅(はね)かろき百三十里あわただしの旅

『みだれ髪』　『全集』2巻84頁

などと詠んだ。この1901年に出た『紫』（4月）、『みだれ髪』（8月）は共に明治中期浪漫詩歌に精華を放った。しかし出版当初の『みだれ髪』は賛否両論で賑わったが、『紫』への評価は乏しかった。これは『明星』進展を讒謗し、鉄幹を文壇から失墜させようとして刊行された『文壇照魔鏡』（3月10日）の影響によると思われる。

引き続き翌35年になって、1月には新詩社を中傷批判した尾上柴舟、金子薫園共著の『叙景詩』は「浅薄なる理想」、「卑近なる希望」、「猥雑の愛を説き」と難じ、3月出版の『公開状』は鉄幹を「軽佻浮薄」「尊傲自大」と批判したが、その一方で該書の「（再び）」では「その霊腕」は「誰人と雖もこれを否む可からざるもの有り」と賛嘆している。しかし晶子に対しては卑劣な暴言、嘲罵を吐いた。阪井久良岐の『へなづち集』（1901年11月）・『文壇笑魔経』（1902年5月）は鉄幹と晶子への洒落と風刺による誹謗書であった。10月に出た田口掬汀（『文壇照魔鏡』の著者の一人）の小説『魔詩人』は理想と恋に燃えた若い鉄幹、晶子をモデルにしたと評判になった。このように五冊の中傷書が出た明治35年は『明星』の絶頂期であったが、次第に下降へ向かい、1908年11月「明星」は遂に廃刊となる。

明治期は寛の詩歌集9冊（歌集『相聞』、晶子共著を含む）。晶子歌集10冊、他に書簡手引き書、童話、小説、評論、古典訳などが出版された。

『明星』廃刊後の陰鬱さから寛を脱却させようとして晶子は寛の渡欧を計画し、同人らの援助と自ら書いた「百首屏風」を販売して資金を補った。寛の渡欧は1911年11月6日に実現した。その半年後に晶子は夫を追って巴里に着いた。『夏より秋へ』に、

561 ああ皐月仏蘭西の野は火の色す君も雛罌粟われも雛罌粟

『全集』9 巻 329 頁

717 子をすてて君に来りしその日より物狂ほしくなりにけるかな

『全集』9 巻 347 頁

と歌う。巴里に来て夫に会えた歓び、それも束の間、日本に遺して来た子供たちを思うと狂おしくなるという強い母性愛を詠んでいる。晶子は 1912 年 10 月 27 日、寛は 1913 年 1 月 21 日にそれぞれ帰国した。その後の晶子は大正期には歌集 10 冊（詩歌集を含む）、評論集 13 冊（歌評論を含む）、他に古典の『新訳』5 冊（寛共著を含む）、童話 3 冊、計 31 冊、寛は詩歌集、訳詩各 1 冊ずつ、寛晶共著は 2 冊計 4 冊である。二人の歌はもはや歌壇の傍流にあったが、晶子は弛みなく歌集を出し、評論界では斬新な所見を忌憚なく書き、新進気鋭の婦人評論家らと論陣を張ることもあった。寛は 1915 年、理想選挙を掲げて衆議院議員に立候補したが、最低得票で落選するなど大正の始め頃の寛は表面的な活躍は目立たなかった。

しかし多作多産の晶子への協力を寛は惜しまなかった。1919 年には慶應義塾大学教授となる。1921 年には宿願だった「明星」が復刊され、発表の場を得て極力執筆に励んだ。しかし大正歌壇に於ける『明星』の存在は乏しかったものの、同年に創立した文化学院に二人は関わり、特に晶子は学監となって実質的に女子教育にも尽力し、他にも女性の在り方など幅広い評論も多く書き残した。

1922 年 7 月には鷗外の死があり、寛は鷗外の追悼文、遺文を 8 月から 12 月までの『明星』に掲載した。25 年には寛、晶子、正宗敦夫編纂の『日本古典全集』を刊行し始め、一時的な好調に乗じて杉並の荻窪に借地だったが、二人の新築の家を建てた。しかしその後の『日本古典全集』の不調により 1927 年に二人は引退したが、正宗敦夫はその後も単独で続行した。27 年 4 月に『明星』は再び廃刊となるが、大正期の『明星』に掲載していた寛の学究的な「日本語原考」は、昭和 5 年に創刊される『冬柏』に引き継がれて行く。

晶子は明治から大正にかけての『新訳源氏物語』出版をした。それ以前の小林天眠依頼の源氏訳は 1918 年創設の天佑社から出版する契約だったが、その創立時には半分しかできていず、新たに書き直し始めたが、大正 12 年の関東大震災で全焼してしまった。

263 十余年わが書きためし草稿の跡あるべしや学院の灰
『瑠璃光』1925・1 刊『全集』22 巻、247 頁

と歎き、再度の源氏訳執筆への気力は失せていたが、昭和 7 年になって再度の源氏訳挑戦への使命感が湧いてきて執筆し始め、その途上の 1935 年 3 月 26 日に夫寛が他界したが、1924 年 10 月から刊行し始め、一年で四六判の『新新訳源氏物語』六巻を完結させた。その前年には『蜻蛉日記』の現代語訳を刊行している。大正期には『源氏物語』4 巻、『栄花物語』3 巻、『紫式部日記・和泉式部日記』、『徒然草』、『蜻蛉日記』の新訳、寛共著の『和泉式部歌集』の現代語訳を刊行した。ここには寛の並々ならぬ協力があったことが充分に察せられる。その中で特に『新訳源氏物語』の完結の 1913 年 11 月から『新訳栄華物語』上巻刊行の 1913 年 7 月までの 8 か月間に晶子は長編小説『明るみへ』（『東京朝日』1913 年 6 月 5 日～ 9 月 17 日連載）、詩歌集『夏より秋へ』（1914 年 1 月）、寛共著『巴里より』（1914 年 5 月）、童話『八つの夜』（1914 年 6 月）の四冊の大著を出版していた。この前後の 13 年 4 月に四男アウギウスト、1914 年 11 月に五女エレンヌ誕生。連年出産の晶子にとって、このような大著と共に古典の大物新訳の背後には古典に造詣深い寛の執筆上の援助が必要であった。

晶子は嘗て 1909 年、天眠依頼の「源氏訳」を頼まれた時に、「源氏」は「仮名文字」が多いので適当な漢字を「入れて先づ目に見やすく

すること」「句点など」や間違えを正すのは「何れも寛のいたし候こと」「それらに私ら二人にて注釈を」と天眠あて晶子書簡（1909年9月18日『与謝野寛晶子書簡集』天眠文庫蔵20－22頁）には寛の協力を当然のように記していた。ここにも寛の蔭の助力があったことが分かる。

また『新訳源氏物語』着手（1910年）以前の「明星」（1907年2月）の「同心語」（61頁）に寛は、

> 女子大学生とも云ふ以上は、源氏や栄華の面白味がわけなく分かる位の教育をして欲しい。

と書いているのを見ると、寛には古典の素養としてこれらの大物古典に深く関わっていたろうことが分かる。また未歳『明星』5号（1907年3月）の広告にある今村松・佐藤球著の『栄華物語詳解』（1907年3月）について、その二か月後の『明星』に晶子は「批評」として、「源氏、栄華、大鏡と云ふべき平安朝文学の花なり。自国の文学に愛ふかき人々の必ず読までもあられぬ書なり。」と書き、その後に「いみじき瑕瑾なるもの見ゆめれば、……心づきたる所を書きつくべし」と書いて31の瑕瑾を具体的に示し、最後に「以上挙げたる外には、著しく誤れる所更になし。是等は再販の時に訂正して、全きが上にも全き注釈書となし給へと云ふ」という厳しい書きぶりである。1907年ごろの晶子は未だ評論は書いていない。当時国文学者として著名な二人に対して、当時の女性として訂正を指摘するような不遜さは考えられない。晶子署名になっているが、これは恐らく寛の筆であろうと思われる。

この他に寛の唯一歌集『相聞』（1910年3月）の末尾に

> この集の草稿は、一一みづから点検するの暇なく、取捨、編纂、淨写等、すべて妻晶子の用意と労力とに任せ、校正の時に於て、少しく手削を加へたり
>
> 『全集』4巻224頁

とあって晶子の全面協力による出版だと謝意を表し、千首もあるこの歌集を一任したように書いている。しかし、この頃の晶子は1909年3月3日に三男麟、1910年2月28日に三女佐保子、1911年2月22日に四女宇智子（双子）と毎年の出産があり、特に『相聞』出版の一月前に佐保子の出産があった。懐妊や出産のさなかに右様の作業は現実的には不可能だと思う。「すべて妻晶子の用意と労力」とあるのは晶子の名声を利用したものか、夫婦仲を美化したとも考えられよう。

このように考えると寛は、いい意味の黒幕的な存在であり、晶子の大業的な古典の現代語訳や時には評論など蔭の存在で表面に現れていないが、大勢の子持ち故に執筆上で寛はかなり強力に援助し、時には代筆の原稿もあったろうとも考えられる。

寛没後、晶子編纂の『与謝野寛遺稿歌集』（1935年）には晶子を詠んだ歌が多いが、その中の「酢橘の香」」に、

1050　わがこころ薔薇を見るだけに香りけり君と住むことまして百年（ひゃくねん）

（晶子の誕生日に）　　　　　　　　　　『全集』31巻、127頁

と詠み、この歌は1933年12月の『冬柏』に掲載され、晶子との生活が最高だと満悦している。『遺稿歌集』中の「那須の雪」69首中晶子を詠んだ歌は36首。この年は大晦日から2日まで那須に夫妻と末娘がきていたが、晶子が狭心症的発作を起こしたことから、寛は病妻晶子に懺悔し、後悔し、反省している歌が多く詠まれている。

1132　わが妻を長らへしめん薬あれ世の人に乞ふ教へ給へと

『全集』31巻、137頁

病妻の全快を必死に願う寛の真心が哀切に伝わってくる。晶子は生前中には寛のことを余り詠まなかったが、遺稿歌集『白桜集』（東京：

改造社、1942年）の「寝園」（『全集』31巻、137頁）には悲しい挽歌が多い。

133　いつとても帰り来給ふ用意ある心を抱き老いて死ぬらん

134　哀れなり妻と子等より君去りて音なふ日なく見給ふ期（ご）なし

これまで二人の出会いから死に至るまでについて述べてきたが、晶子の名声の蔭にどれほど大きな夫寛の深い学識による援助があったか計り知れない。その意味で寛と晶子を同列にみて研究してゆくことが望ましい。それと共に寛の文芸上の業績を再認識してほしい。現在進行中の『鉄幹晶子全集』（勉誠出版）には、これまで知られていなかった寛の凡てに近いほどの作品を出してゆく。本文は32巻で完結し、33巻の「詩」の拾遺篇も終わり、目下34巻（別巻2巻）の「短歌」の拾遺篇の作業中である。「拾遺」は別巻として刊行する。

本全集が夫婦の全集であることは世界にも前例がないことを勉誠出版の検索で知った。また本文の全歌集に各句索引をつけたこともこれまでの全集に見られなかった。それら確実に果してきた。今はただ完結をめざして…。全稿の「全集」とは『鉄幹晶子全集』。

国木田独歩

1871年(明治4)～1908年(明治41)

藤井淑禎

1

国木田独歩（くにきだどっぽ）、1871 年、現在の千葉県銚子市に生まれる。1876 年、父の転勤で山口県に移住。1887 年、山口中学校を退学して上京、翌年、東京専門学校（現、早稲田大学）に入学。1893 年、「欺かざるの記」（～ 1897 年）執筆開始。また大分県佐伯の鶴谷学館の教員となる。1894 年、上京し、民友社に入社、日清戦争（甲午戦争）の従軍記者をつとめる。1895 年、佐々城信子と恋愛、11 月には結婚。1896 年、信子と離婚、9 月には武蔵野の面影を残す渋谷に転居。1897 年、「源叔父」発表、翌年には、「今の武蔵野」（のちの「武蔵野」）、「忘れえぬ人々」発表。1901 年、短編集『武蔵野』刊行。1902 年から翌年にかけて、「富岡先生」、「運命論者」など、傑作短編を次々に発表。1903 年、雑誌『東洋画報』を編集、創刊。同誌は『近事画報』、『戦時画報』と改題され、多くの読者を得た。1905 年、『独歩集』刊行。1906 年、独歩社を興し、『近事画報』『婦人画報』等を刊行。1906 年、『運命』刊行。1908 年、茅ヶ崎の南湖院に入院、6 月 23 日、結核のため死去。

2

刊行時期の異なる三冊の注釈書から紹介を始めたい。一つ目は、山田博光が注釈を担当した『日本近代文学大系10国木田独歩集』（東京：角川書店、1970年）。16編の小説と、「独歩吟」、「欺かざるの記」の注釈を試みた先駆的なものであり、「関係地図」もあり「参考文献」も充実している。巻頭の塩田良平の解説も、生涯と作品をバランスよく紹介している。

二つ目は、芦谷信和校注の「近代文学注釈叢書11」『国木田独歩』（東京：有精堂出版、1991年）。初出雑誌の本文を底本としつつ、初版本との校異も示されている。「源叔父」「今の武蔵野」を含む八編の小説が対象。

三つ目は、新保邦寛、藤井淑禎が注釈を分担（「欺かざるの記」=新保、「源叔父」「武蔵野」=藤井）した『新日本古典文学大系明治編28国木田独歩　宮崎湖処子集』（東京：岩波書店、2006年）。注釈が、単なる基礎作業ではなく、作品研究の有力な方法の一つと認知されてからだいぶ経つが、この注釈においても、同時代状況や作家を取り巻く状況の復元と、それらを踏まえた新たな解釈の試みと、新しい注釈の方法がさまざまな角度から実践されている。

以下で紹介する従来の独歩研究が、ともすれば、作家の生涯と作品を概観したり、作品を捉える際も、テーマや傾向に目が向きがちで、大づかみになりがちであることを思えば、一語一句一文を注視するところから出発する注釈の方法は、今後も独歩研究の重要な分野であり続けるだろう。

次に独歩の生涯を鳥瞰したものとしては、平岡敏夫の「日本の作家42」『短編作家——国木田独歩』（東京：新典社、1983年）が便利。平岡は『北村透谷と国木田独歩』（東京：おうふう、2009年）では、独歩=明治2年生誕説を強く主張している。

独歩研究の重要な一分野である比較文学的な研究としては、老荘思想や王陽明、ツルゲーネフなどからの影響を検証した芦谷信和『国木田独歩——比較文学的研究』（大阪：和泉書院、1982 年）、チェーホフからの影響を論じた、同じく芦谷の『独歩文学の基調』（東京：桜楓社、1989 年）、エマーソンの受容に注目した小野末夫の『国木田独歩論』（東京：牧野出版、2003 年）などがある。

ワーズワースとの関係を追究したものは多いが、北野昭彦の『国木田独歩——「忘れえぬ人々」論他』（東京：桜楓社、1981 年）、同じく北野の『宮崎湖処子国木田独歩の詩と小説』（大阪：和泉書院、1993 年）、山田博光の『北村透谷と国木田独歩——比較文学的研究』（東京：近代文芸社、1990 年）、鈴木秀子の『国木田独歩論——独歩における文学者の誕生』（東京：春秋社、1999 年）、芦谷の『国木田独歩の文学圏』（東京：双文社出版、2008 年）、などがある。

以上のなかには、比較文学的な研究だけでなく作品研究を収めたものも少なくない。芦谷の『独歩文学の基調』は、「独歩吟」「源叔父」「今の武蔵野」「忘れえぬ人々」「酒中日記」を考察し、北野の『宮崎湖処子国木田独歩の詩と小説』は、「武蔵野」「忘れえぬ人々」「運命論者」「春の鳥」「画の悲み」「竹の木戸」などを論じている。同じく北野の『国木田独歩——「忘れえぬ人々」論他』は「独歩の原質」としての「潔の半生」に注目するとともに、「牛肉と馬鈴薯」「窮死」を始めとして多くの作品論を試みている。北野にはほかに、小民史やシンセリティーに注目した『国木田独歩の文学』（東京：桜楓社、1974 年）もある。

次は作品研究を中心としたものをみてみよう。滝藤満義『国木田独歩論』（東京：塙書房、1986 年）は、シンセリティー論に力を入れており、ほかに「忘れえぬ人々」「牛肉と馬鈴薯」を始め、代表作の作品論も収める。新保邦寛『独歩と藤村——明治三十年代のコスモロジー』（東京：有精堂出版、1996 年）は、小民論から始まり、「武蔵野」「富岡先生」「春の鳥」などを考察する。同時代の社会状況とのからみで考えていくところに特徴があり、郊外像、車窓の風景、といった切り口が新鮮である。

中島礼子の一連の研究も逸することができない。『国木田独歩——初期作品の世界』（東京：明治書院、1988 年）では、「欺かざるの記」を重視し、西行との近接性に触れ、初期作品論のほかに、国木田治子論も収めている。『国木田独歩——短編小説の魅力』（東京：おうふう、2000 年）では、八つの代表的な短編の作品論を試みている。『国木田独歩の研究』（東京：おうふう、2009 年）は大著。「欺かざるの記」「独歩吟」短編小説群を考察し、女性・家庭・夫婦という観点からのアプローチや、有島武郎の『或る女』との比較なども試みている。

その他、ユニークなアプローチを試みたものとしては、独歩の山口在住時代に的を絞った桑原伸一の『国木田独歩——山口時代の研究』（東京：笠間書院、1972 年）、民友社との関連を考察した山田博光『国木田独歩論考』（東京：創世記、1978 年）、『東洋画報』、『近事画報』などの編集者時代に的を絞った黒岩比佐子の『編集者国木田独歩の時代』（東京：角川学芸出版、2007 年）、などがある。

また雑誌特集号としては、『解釈と鑑賞』「独歩と花袋」（1982 年 7 月）、『解釈と鑑賞』「国木田独歩の世界」（1991 年 2 月）が充実している。前者には研究文献目録が、後者には、「研究のための手引き」として文献目録、各作品のあらすじ、略年譜が付いており、重宝する。

3

独歩研究は、生涯と作品といった作家論的研究から始まり、それに続いて、ワーズワースとの比較などの比較文学的研究が賑わいを見せ、作品論の季節になると、今度は作品研究が盛り上がりを見せ、その後も、現在に至るまで、それらの流れが研究の主流を占めている。しかし、日本の近代文学が自立し、軌道に乗るのが、自然主義や漱石の登場する明治 40 年前後だとすると、それ以前の文学はさまざまに混沌とした要素を持っており、それらに対する本格的なアプローチはまだまだ未開拓の状態である。その最たるものは、表現や文体の研究であろう。和漢欧の三要素の問題とか、故事成句や美辞麗句の問題など、明治前半期の文学の研究には必須のテーマでありながら、独歩に限らずこの方面の研究は立ち遅れがはなはだしい。今後の独歩研究の新たな展開に期待したい。

田山花袋

1871年（明治4）～1930年（昭和5）

沢豊彦

1

田山花袋（たやまかたい）1871 年生まれ。同じ年に生まれた徳田秋声と翌年の島崎藤村とともに自然主義文学を代表する作家である。彼らは江戸から明治に時代が変わり、日本の近代化がはじまる時期に生まれ昭和の時代、1930 年から 40 年代の初めまで終生創作活動を続けた偉大な作家達であった。なかでも花袋と藤村は早くから西洋の近代文学に着目し学んでゆくことで、20 世紀初頭に当時のもっとも新しい文学であった自然主義の作品を創作、完成させ、日本の文学界に新境地を開いたのである。とくに花袋は、西欧臭の強い藤村の長編小説『破戒』（1906 年）に対し翌年、日本人おのずからの小説手法による「蒲団」にたどりついた点に、日本近代文学独自の特徴的な出発をみてとることができる。この作品をどのように位置づけるのかは、日本近代文学の価値観を左右するといっても過言ではない。この「蒲団」の次の年から自伝小説「生」「妻」「縁」の三部作を新聞に連載し、作家的地位を不動のものとする。そして 1930 年に没するまでの間、自然主義の作品以外に思想小説・宗教小説・通俗小説・歴史小説と様々な領域で創作、あるいは評論・

随想に手を染め、その足跡を残した文学者として記憶されている。

文学研究にも自然科学と同じようにパラダイム・チェンジがおこる。田山花袋の場合でいえば、1907年の「蒲団」を批評した島村抱月の「『蒲団』を評す」がそれ——「此の一篇は肉の人、赤裸々の人間の大胆なる懺悔録である。此の作に至つて最も明白に且意識的に露呈した趣がある。美醜矯める所なき描写が、一歩を進めて専ら醜を描くに傾いた自然派の一面は、遺憾なく此の篇に代表せられてゐる。」（『近代文芸之研究』東京：早稲田大学出版部、1909年、573 - 574頁）——にあたる。抱月の自然主義文学評価の言説は、従来の文学観に代わって後代の文学批評の規範となった。この作品の描写、あるいは表現手法が1920年代後半に「私小説」とよばれる言説空間を生みだし、日本の文壇では「純文学」と定義されたのである。この時代規範を断ち截ったのが、フランス文学を専攻した文芸評論家の中村光夫であった（『風俗小説論』、東京：河出書房、1950年）。

中村の論断は、日本の自然主義はフランス自然主義を曲解、誤って伝えた文学であるという点にあった。その批判対象になったのが田山花袋であり、彼の作品であった。1877年の西南戦争での父親の戦死により未亡人となり、辛苦の人となる母親の死を描き新世代に光が灯されてゆく長編「生」執筆を次のように回顧した。母親の「忌憚なき解剖」——抱月のいう「専ら醜を描く」表現はモーパッサンの「所謂『皮剥の苦痛』」を味わう体験だった（田山花袋『東京の三十年』東京：博文館、1917年、384頁）と。この一節をとらえて中村光夫は戦後昭和になって発行された『田山花袋集』の中で、「しかし『皮剥の苦痛』などといふことは、少なくも花袋の用ひた意味ではモウパッサンはどこでも云つてゐないのである。」（『田山花袋』東京：東方書局、1946年、383頁）と、花袋の浅薄な理解は誤訳からうまれた曲解によるものだと痛烈に批判したのである。この、明治の文学者に対するリアリズム批判は1950年の河出書房刊『風俗小説論』でさらに徹底してゆく。田山花袋のこうした自然主義観を学術的に集約したのが、吉田精一の『自然主義の研究巻』(上、下)(東京:東京堂、1955年、1958年)二冊本中の田山花袋論であったといえよう。また虚実の問題をフィールドワークとして、花袋作品を調査報告したのは、岩永胖著『田山花袋研究』(東京:白楊社、1956年。後、増補版『自然主義文学における虚構の可能性』東京:桜楓社、1968年)である。そして小林一郎の広汎な『田山花袋研究』十巻本(東京:桜楓社、1976～1984年、1986年)は、こうした研究の集大成であった。

しかし近年、中村光夫の本場自然主義理解に楔を打つ説が、比較文学比較文化を専門とする小谷野敦によって提唱された。冒頭のパラダイム・チェンジ、言えばコペルニクス的転換である。小谷野の二冊の評論集がそれである。一冊は2008年の『リアリズムの擁護　近現代文学論集』であり、もう一冊は翌年の平凡社新書473『私小説のすすめ』である。彼の信念は「広い意味でのリアリズムで小説を書こうとすれば、無から作り上げ、私小説やモデル小説を避けるというのは難しい。」との一点にあり、「『皮剥の苦痛』を伴うような私小説の勧めをそろそろ言挙げしても良いのではないか。」と、前者一冊目の著書、最初の章での結論とした(『リアリズムの擁護——私小説、モデル小説』(東京:新曜社、2008年),7－37頁)。後者は表題が示すとおり私小説を全面的に肯定した叙述で一貫しており、次のような知識——それは中村の外国文学全般に対する不案内を踏まえた「小説というのはテクスト外の知識なしに読むべきものだと考える人がいるが、それは無理な話なのであって、」「西洋十九世紀の小説だって、日本人は何やら西洋人の素晴らしい想像力の産物のように思っているけれど、濃淡の差はあれモデルがあり、ゴシップ的に読まれたはずなのである。」といった言説を随所におり混ぜ(「第二章　私小説作家の精神、文芸はゴシップである」東京:平凡社、2009年、86頁、87頁)、「蒲団」を「恋をした男が陥る性的妄想を描い」た先駆的な作品であると結論づけたのである（「第三章　私小説批判について、そして『蒲団』は生き残る」、137 頁）。

翻って、西洋とは非なる自然主義にたどりつく根拠を、「少年時代」の和歌・漢詩文を学んだ花袋像としてまとめたのは柳田泉著『田山花袋の文学』二冊本（東京：春秋社、1957、1958 年）である。この詳細な伝統文学の受容に対する実証研究は、西洋文学の影響関係からアプローチした論述とは明確に一線を画する成果であった。広い意味では小谷野の着想も柳田の探究と同じく、西洋近代との比較ではなく一人の人間存在それ自体に着目したものであったろう。戦前にフランス留学を経験し西洋にひとつの理想をみていた中村には、アジア太平洋戦争における日本の敗戦が彼の言論にその影響をあたえたのは間違いあるまい。しかし、異文化理解、あるいは多文化主義がいわれる今日なら、文化の差異は常識化している。この立ち位置から花袋の自然主義期、また 1910 年代なかば以降の創作活動をみてゆけば、新たな作家像の発見に結びつくはずである。自然主義文学という規範で通時的にみていくだけではすまなくなる、ということなのである。1910 年の「事件・大逆（注、（大逆事件）」を含めてのことだが、ひとりの文学者が共時的に時代と関わり花柳小説としての『お八重』（1917 年）を、そして思想小説としての『残雪』（1918 年）、通俗小説としての『白い鳥』（1919 年）、宗教小説としての『山上の雷死』（1921 年）、本格小説としての『廃駅』（1922 年）、歴史小説としての『源義朝』（1924 年）をと、彼はこうした領域とその系列に属する数おおくの小説を執筆しているのである。

近年、留意すべき研究成果として、沢豊彦『田山花袋の詩と評論』（東京：沖積舎、1992 年）、山川篤『花袋・フローベル・モーパッサン』、『続　花袋・フローベル・モーパッサン』（東京：駿河台出版社、1993、1995 年）、尾形明子『田山花袋というカオス』（東京：

沖積舎、1999 年）、程原健編著『書影　花袋書目』（群馬：上毛新聞社、2000 年）、宮内俊介『田山花袋論攷』（東京：双文社出版、2003 年）、杉野要吉『わが『文学史』講義―近代・人間・自然―』（東京：武蔵野書院、2003 年）、岸規子『田山花袋作品研究』（東京：双文社出版、2003 年）、沢豊彦『田山花袋と大正モダン』（東京：菁柿堂、2005 年）、五井信『田山花袋――人と文学』（東京：勉誠出版、2008 年）、沢豊彦『田山花袋の「伝記」』（東京：菁柿堂、2009 年）などがある。

だから、田山花袋という作家の創作はそれぞれの作品にそくし読んでゆくことが要求されてくる。換言すれば 80 年代以降、「読者論」の導入が田山花袋という作家に対しても、ただ単に自然主義の文学者として捉えてすませてはおけないということなのだ。一九世紀中葉から日本の近代と歩調をあわせてきた文学者は、二一世紀、今このことが改めて問われているといえる。さらに付け加えておくと、彼は他にも紀行文『花袋紀行集第一～三輯』（1922 ～ 23 年）、ドキュメンタリー作品『東京震災記』（1924 年）、評論集『近代の小説』（1923 年）、あるいは記録文学『東京の三十年』（1917 年）といった複数形の文学を多数残した。『蒲団』を、ひとつの文壇史の出来事で終わらすことはできないのである。

島崎藤村

1872年（明治5）～1943年（昭和18）

劉暁芳　木村陽子

1

島崎藤村（しまざきとうそん）、本名春樹。詩人として日本近代詩を樹立した第一人者であり、小説家としては日本自然主義の先駆者である。1872 年 3 月 25 日、長野県西筑摩郡神坂村字馬籠に庄屋、本陣、問屋である正樹の四男として誕生。1881 年兄とともに東京に遊学、1887 年明治学院に入学、木村熊二よりキリスト教の洗礼を受け 1891 年卒業。学資の給付者であった実業家吉村の意に反して文学を志し「女学雑誌」に訳文等を掲載。また明治女学校の教師となり、「文学界」創刊にも関与した。1896 年秋、仙台の東北学院に教師として赴任、翌年辞して上京し初めての詩集『若菜集』を刊行。1899 年小諸義塾の教師として信州小諸に赴任し同年結婚。1900 年『千曲川のスケッチ』初稿執筆、詩から散文へと移行。1902 年 11 月、最初の小説『旧主人』を「新小説」に発表、風俗壊乱の理由で発売禁止となる。1905 年小諸義塾を辞して上京、1906 年 3 月『破戒』を自費出版、自然主義文学のさきがけとなる。続いて『春』『家』を刊行。1912 年 12 月『千曲川のスケッチ』を刊行、1913 年から 1916 年まで姪との不倫事件でフランスに渡り、第一世界大戦に遭遇。帰国後、『桜の実の熟する時』『新生』を完成する。1929 年より大作『夜明け前』に着手し 1936 年 11 月完成。1943 年 8 月 22 日、大磯の仮寓で脳溢血のため死去、享年 72 歳。

2

まず基礎的重要文献としては、生涯から著作年表・業績・先行研究一覧（～ 1980 年 2 月）までを収めた昭和女子大学近代文学研究室編『近代文学研究叢書』第 51 巻（東京：昭和女子大学近代文化研究所、1980 年）、また「著作解説」（全著作の書誌的解説、内容・梗概、作品評価、作中主要人物の解説と批評）・「作者との関連項目」（人名、書名、作品名、地名、動植物名、色彩語、施設名）、「参考資料」（年譜、藤村全集目録、参考文献、系図、項目別索引兼目録、地図）より構成される伊東一夫編『島崎藤村事典』（東京：明治書院、初版 1972 年、改定初版 1976 年、新訂初版 1982 年）がある。そのほか評伝・基礎的研究として伊藤信吉『島崎藤村の文学』（東京：第一書房、1936 年）、平野謙『島崎藤村』（東京：筑摩書房、1947 年）、瀬沼茂樹『島崎藤村』（東京：塙書房、1953 年）および『評伝島崎藤村』（東京：実業之日本社、1959 年）、亀井勝一郎『島崎藤村論』（東京：新潮社、1953 年）、吉田精一『自然主義の研究』上下巻（東京：東京堂、1955、1958 年）、池田義孝『島崎藤村の生涯』（東京：門川書店、1961 年）、猪野謙二『島崎藤村』（東京：有信堂、1963 年）、渋川驍『島崎藤村』（東京：筑摩書房、1964 年）、三好行雄『島崎藤村論』（東京：至文堂、1966 年）、和田謹吾『島崎藤村』（東京：明治書院、1966 年）、西丸四方『島崎藤村の秘密』（東京：有信堂、1966 年）、伊東一夫『島崎藤村研究—近代文学研究方法の諸問題』（東京：明治書院、1969 年）、井出孫六『島崎藤村』（東京：小学館、1992 年）、小林利裕『島崎藤村』（京都：三和書房、1991 年）、栂瀬良平『島崎藤村研究』（上山：みちのく書房、1996 年）、佐々木雅發『島崎藤村：『春』

前後』（東京：審美社、1997 年）、笹淵友一『小説家島崎藤村』（東京：明治書院、1990 年）などがある。特に伊東一夫・青木正美編『写真と書簡による島崎藤村伝』、『知られざる晩年の島崎藤村』、『藤村をめぐる女性たち』、『肉筆原稿で読む島崎藤村』の島崎藤村コレクション全四巻（東京：国書刊行会、1998 年）には貴重な文献・資料が収録された。論文集には東栄蔵編『藤村文学への新しい視座』（名古屋：信州白樺、1979 年）、剣持武彦編『島崎藤村「夜明け前」作品論集成』全 4 巻（ 東京：大空社、1997 年）、福岡ユネスコ協会編『日本の近代文学 III 藤村文学をめぐって』（東京：丸善ブックス、1998 年）島崎藤村学会編『島崎藤村：論集』（東京：おうふう、1999 年）、下山孃子編『島崎藤村』（東京：若草書房、1999 年）などがある。書誌的研究には石川巌『藤村書誌』（東京：人観堂書店、1940 年）が藤村の全著作を詳細に解説。比較文学的研究では英文学を中心とする西洋文学との交渉の跡を論じた矢野峰人『「文学界」と西洋文学』（京都：門書房、1951 年）、キリスト教や西欧ロマンティシズムとの交渉を論じた笹淵友一『「文学界」とその時代』下巻（東京：明治書院、1960 年）などがある。また本文では同じタイトルの全集が 2 種、『島崎藤村全集』全 19 巻（東京：新潮社、1948-1952 年）と『島崎藤村全集』全 31 巻（東京：筑摩書房、1956-57 年）がある。特筆すべき成果としては、近代日本の小説と「誠実」という視点から藤村文学を分析する滝藤満義『島崎藤村：小説の方法』（東京：明治書院、1991 年）、藤村文学のリアリズムの方法をめぐる高橋昌子『島崎藤村 ：遠いまなざし』（大阪：和泉書院、1994 年）、渡辺廣士『島崎藤村を読み直す 』（東京：創樹社、1994 年）、平岡敏夫・剣持武彦編『島崎藤村：文明批評と詩と小説と』（東京：双文社出版、1996 年）、北条浩『島崎藤村「夜明け前」リアリティの虚構と真実：木曾山林事件にみる転落の文学の背景』（東京：御茶の水書房、1999 年）などがある。

次に 2000 年以降の研究を俯瞰する。日本での先行論文数を過去の10年間（1989－1999年）と比較すると、この10年間（2000－2010年）で数の上では一層活発化したと言える（前者：167本、後者：215本、国会図書館データベースより）。作品別による過去20年間のヒット件数（論文タイトルに作品名が含まれるもの）を確認すると、『破戒』（168件）、『夜明け前』（168件）、『家』（78件）、『春』（47件）、『新生』（23件）の順。内容の点では近年では作家論・作品論だけでなく、近代化論と日本文化論といった社会批評の視点から論じられることが多くなった。まず単行本として日本近代と伝統の狭間で「おぞき苦闘」を続けた作家の「内部の真実」に迫った藤一也『島崎藤村「東方の門」』（東京：沖積舎、2000年）、平林一『島崎藤村・文明論的考察』（東京：双文社出版、2000年）、旧弊の因習に抵抗し続けた藤村の人間解放の願いを現代に問うた川端俊英『島崎藤村の人間観』（東京：新日本出版社、2006年）、東栄蔵『大江磯吉とその時代——藤村『破戒』のモデル』（長野：信濃毎日新聞社、2000年）、成沢栄寿『島崎藤村「破戒」を歩く』上下巻（京都：部落問題研究所、2008～2009年）などがある。その他、評伝を含む基礎的研究には神田重幸編『島崎藤村詩への招待』（東京：双文社出版、2000年）、河盛好蔵『藤村のパリ』（東京：新潮社、1997年）、島崎蓊助『島崎蓊助自伝・父藤村への抵抗と回帰』（東京：平凡社、2002年）、下山嬢子『島崎藤村・人と文学』（東京：勉誠出版、2004年）および『近代の作家島崎藤村』（東京：明治書院、2008年）、掛川邦男『島崎藤村の余韻 ゆかりの地と人々を訪ねて』（東京：文芸社、2009年）、松本鶴雄『春回生の世界 島崎藤村の文学』（東京：勉誠出版、2010年）などがある。また作品論には、新たな『破戒』論および藤村像を提起するとともに今を生きる私たちに「個としての人間」の問題を突き付けた佐藤三武朗『島崎藤村「破戒」に学ぶ——いかに生きる』（東京：双文社出版、2003年）、戦争とファシズムの時代状況に鶴嘴を打ち込む孤絶の作家像を提起した梅本浩志『島崎藤村とパリ・コミューン』（東京：社会評論社、2004 年）、日韓両国の文学に精通した独自の視点から論じた金貞恵『藤村小説の世界』（大阪：和泉書院、2008 年）、西欧と日本の文化の衝突と融合のうちから生成される文学とした伊狩弘『島崎藤村小説研究』（東京：双文社出版、2008 年）、比較文学研究の成果である佐藤三武朗『Shakespeare's Influence on Shimazaki Toson』（東京：双文社出版、2009 年）、その他、梅本浩志『島崎こま子の「夜明け前」』（東京：社会評論社、2003 年）、鈴木保男『島崎藤村とこま子 その愛』（東京：日本文学館、2009 年）などがある。

1963 年東洋大学で開かれた藤村没後 20 年記念講演会に端を発する島崎藤村学会は、剣持武彦、鈴木昭一などの会長を経て、現在日本全国に 200 人の会員を擁し、毎年藤村ゆかりの地で研究発表会と臨地研究を重ねている。機関紙『島崎藤村研究』（島崎藤村学会編、東京：双文出版社）も 2010 年末現在で第 38 号を数える。また過去 20 年間に発行された雑誌媒体での藤村の特集号としては『解釈と鑑賞』1990 年 4 月号、2002 年 10 月号があるが、そのうち後者は「島崎藤村—生誕百三十年」を記念するものであった。

3

藤村文学の中国語訳については、徐祖正訳《新生》（北京：北新书局、1927 年）を皮切りに由其訳《破戒》（北京：人民文学出版社、1954 年）、枕流訳《家》（南京：江苏人民出版社、1981 年）・《春》（福州：海峡文艺出版社、1984 年）、陳喜儒、梅瑞華訳《千曲川速写》（石家庄：河北教育出版社、2002 年）など主要作品がすでに翻訳出版されている。今後の課題としては『夜明け前』の中国語訳が待たれる。

また中国人研究者の論文についても、この 30 年間に日本語媒体だけでなく、中国語媒体でも多く発表されている。代表的なものに劉振瀛《从〈破戒〉想起的——略论日本近代文学的发展与挫折》（《外国文学研究》、1979 年 2 期）、倪玉《试论島崎藤村〈家〉的自然主义创作特色》（《东北师范大学学报》、1984年6期）および《论悲剧人物青山半藏》（《日本研究》、1985年3期）、李徳純《屋外仍是一片漆黑——评岛崎藤村的〈家〉》（《译林》、1983年1期）および《新旧混杂中的迷惘》（《日语学习与研究》、1988年6期）、兪秋東《〈破戒〉浅议》（《译林》、1987年2期）、邱嶺《巴金的〈家〉与岛崎藤村的〈家〉》（《福建师范大学学报》、1988年1期）など。特に1987年南京で雑誌《译林》主催“岛崎藤村文学翻译与阅读奖”と題されたフォーラムの開催により俄かに藤村ブームが生じ、中国国内での認知度が高まった。2000年以前の中国国内における代表的藤村研究者としては劉振瀛、譚晶華、陳徳文の三氏が挙げられる。さらにこの20年間に于栄勝（《巴金与藤村的同名小说〈家〉中的“长子形象”》《国外文学》、1998年2期、《岛崎藤村的旧家与新家》《日本研究》、2000年4期）、劉暁芳（《岛崎藤村的文学轨迹》《国外文学》、1995年1期、《岛崎藤村的近代自我》《国外文学》、2005年一期、《岛崎藤村小说研究》北京：北京大学出版社、2012年）が藤村研究で博士論文を提出したほか、藤村を対象とする修士論文も続々と提出されている。

4

今後の課題としては、まず藤村文学の再検討・再評価が必要である。過去10年間の研究動向を俯瞰すると、若い研究者の間で藤村文学への関心が高まっているが、しかし現状ではその関心が『破戒』や『家』など特定の作品に集中する傾向が見られ、『新生』『夜明け前』などの他の代表作、およびそれらを繋ぐ作品の検討が不十分である。また藤村文学は単に文学表現として優れているに止まらず、〈部落〉や〈家〉問題、さらには近代的自我、ジェンダーなど近代日本社会の問題を広範に照射しているという特徴を有する。その意味でも藤村文学がいかに日本人の国民性を巧みに捉えているか、また彼の文学に描かれる不撓不屈の精神が日本の近代化にどれほど影響を与え得たか、といった観点からの研究も今後は必要となってくるであろう。

島村抱月

1871年（明治4）～1918年（大正7）

劉暁芳　木村陽子

1

島村抱月（しまむらほうげつ）、本名滝太郎。島根県那賀郡久佐村で製鉄業を営んでいた佐々山一平の長男として生まれたが一家没落のため、10 歳で病院の薬局、13 歳で裁判所に勤め夜学に通う。16 歳のとき裁判所検事島村文耕の目にとまり 21 歳で養子となる。1894 年東京専門学校文学科を卒業、第 1 期「早稲田文学」記者となり、同年「朦朧体とは何ぞや」「審美的意識の性質を論ず」など 20 数編の文芸評論を発表して文壇デビュー。1897 年 9 月、東京専門学校文学科講師となり、1902 年同校海外留学生として英独に派遣されオックスフォード・ベルリン大学で学ぶ。1905 年帰国後、母校の文学科講師となる。その後文芸協会を創立し、「早稲田文学」を復刊主宰。第 1 号に「囚はれたる文芸」を発表。「文章世界」の田山花袋、「太陽」の長谷川天渓らと呼応して自然主義の理論的推進を図る。また文芸協会の指導講師としてイプセン、メエテルリンクなど西欧作家の戯曲の紹介に努め、1911 年 9 月「人形の家」、1912 年 5 月「故郷」を演出。この頃より女主人公を演じた松井須磨子への愛情が深まり、1913 年文芸協会幹事を辞任し須磨子と芸術座を組織、1918 年 9 月までに 11 回の公演を行った。1918 年 10 月末、流行性感冒から肺炎に急変、11 月 5 日逝去、享年 48 歳。

2

その生涯から著作年表・業績・先行研究一覧（～ 1960 年）までを収めた基礎的・重要文献として昭和女子大学近代文学研究室編『近代文学研究叢書』第 18 巻（東京：昭和女子大学光葉会、1962 年）がある。また研究入門書としては「芸術座初演年表」「島村抱月略年譜」を収める稲垣達郎・岡保生編『座談会・島村抱月研究』（東京：近代文化研究所、1980 年）が最適である。そのほか評伝を含む基礎的研究として川副国基『島村抱月』（東京：早稲田大学、1953 年）、吉田精一『島村抱月』（東京：東京堂刊『自然主義の研究』下巻所収、1958 年）、広津和郎『年月のあしおと』（東京：講談社、1963 年）、隅田正三『島村抱月——幼年期と生いたち』（島根：波佐文化協会、1991 年）がある。また演劇史からのアプローチとしては中村吉蔵『明治大正新劇運動史』（東京：新潮社刊『日本文学講座』第 12 巻所収、1931 年）、尾崎宏次『島村抱月——日本近代劇の創始者』第 I 巻（東京：未来社、1965 年）、松本克平『日本新劇史』（東京：筑摩書房、1966 年）、河野通暢『新劇の父島村抱月』（島根：活性活性かなぎ、1988 年）がある。また本文としては、初期のものとして『抱月全集』全 8 巻（東京：天祐社、1919 ～ 1920 年）、『抱月全集』全 4 巻（東京：博文館、1928 ～ 1929 年）、『島村抱月著作集』（東京：北光書房、1948 年）、『島村抱月文芸評論集』（東京：岩波書店、1954 年）がある。

次に 2000 年以降の研究を俯瞰する。まず単行本としては、比較文学的観点から日本の近代文学作家のロシア文学の受容を論じたアンソロジーである柳富子編著『ロシア文学の森へ——比較文化の総合研究』第 2 集（東京：ナダ出版センター、2006 年）に木村敦夫「島村抱月の「二元の道」」が収録されている。また抱月のルーツから全生涯のみならず、その妻や遺児たちの末期を丹念に探索追求した岩町功『評伝島村抱月——鉄山と芸術座』上下巻（島根：石見文化研究所、2009年）は評伝の決定版とも言うべき詳細な内容である。論文については、国会図書館データベース上では過去10年間（2010年9月9日現在）に30本の抱月の名前を冠する論文が発表されているが、そのうちの10本が岩佐壮四郎の論であることは特筆すべきであり、美学からの研究が多い。以下に列挙する。「文藝協会とシラー演劇協会——島村抱月の西欧体験・大衆文化との関わりを中心として（2）」（『生活文化研究』9、2002年3月）、「島村抱月「審美的意識の性質を論ず」の論理構造（1）」（『関東学院大学文学部紀要』111、2007年）、「島村抱月「審美的意識の性質を論ず」の論理構造（2）」（『関東学院大学文学部紀要』112、2007年）、「没理想論争と島村抱月」（『ＫＧＵ比較文化論集』1、2008年）、「島村抱月「審美的意識の性質を論ず」の論理構造（3）」（『関東学院大学文学部紀要』113、2008年）、「島村抱月「審美的意識の性質を論ず」の論理構造（4）」（『関東学院大学文学部紀要』114、2008年）、「島村抱月『新美辞学』の検討（1）」（『関東学院大学文学部紀要』115、2008年）、「島村抱月『新美辞学』の検討（2）」（『関東学院大学文学部紀要』116、2009年）、「島村抱月『新美辞学』の検討（3）」（『関東学院大学文学部紀要』117、2009年）、「島村抱月「情」の美学の構想（1）」（『関東学院大学文学部紀要』118、2009年）。

またこの10年間の研究動向として特筆すべきは抱月の多岐にわたる業績（小説、戯曲、美学評論、自然主義評論、西洋文化紹介など）のなかで、とりわけ演劇への関心が高まっている点である。具体的に挙げると、一條孝夫「島村抱月の「悲劇論」とその背景」（『人間文化学部研究年報』2、2000年）、古川晴彦「島村抱月は本当に〈カチューシャの唄〉を作詞したか——「劇中歌」から「主題歌」へ」（『国文学』、2006年8月）、相沢直樹「失われた明日のドラマ——島村抱月の芸術座による『その前夜』劇上演（1915）の研究」（『山形大学人文学部研究年報』4、2007 年 2 月）、井内美由起「「カチューシャ」のリボン——島村抱月脚色『復活』受容の一側面」（『早稲田大学大学院文学研究科紀要 . 第 3 分冊』54、2008 年）、木村敦夫「島村抱月の通俗演劇論」（『東京藝術大学音楽学部紀要』34、2008 年）および「「大衆」の時代の演劇—島村抱月と小山内薫の民衆芸術観」（『東京藝術大学音楽学部紀要』35、2009 年）、西元康雅「霊肉一元への道程——島村抱月『復活』と生命観」（『解釈』54、2008 年 1・2 月）、菅孝行「20 世紀演劇の精神史（2）「新劇」の始祖たち—逍遥・小山内・抱月 1900 － 10 年代—植民地支配・治安警察法・国体論」（『テアトロ』826、2009 年 11 月）などがある。特に古川、井内、西元前掲論は早稲田大学大学院の若手研究者による報告であり、松下眞也「早稲田大学図書館の貴重図書（2）文学資料およびその他の資料」（『大学図書館研究』73、2005 年 3 月）にも詳述されるように、抱月にかかわる貴重書を多く所蔵する早稲田大学関係者がその強みを発揮している。そのほか自然主義評論に関する研究として、高瑛子「島村抱月の「自然主義論」再考」（『文芸学研究』3、2000 年）、渡邉拓「島村抱月の自然主義評論瞥見」（『城西国際大学日本研究センター紀要』2、2007 年）がある。

抱月の代表的評論「文芸上の自然主義」は、1921 年暁風によって中国語に訳され《小说月报》（第 12 巻第 12 号）に掲載された。同誌の編集者であり自然主義文学を提唱した茅盾は、翌 1922 年《自然主义与中国现代小说》(《小说月报》第 13 巻第 7 号) を発表したが、『文芸上の自然主義』同様に、描写の方法・態度、および目的題材の話題に言及している点などからも、暁風の抱月論から一定の影響を受けたものと考えられる。

3

先行論文の数を過去の10年間（1989～1999年）と比較すると、この10年間（2000～2010年）で数の上ではやや活発化した観があるが（前者：10本、後者：30本、国会図書館データベース）、実際には岩佐氏の研究が3分の1を占めること、また過去20年間に雑誌媒体で抱月の特集号が組まれていないことからも研究が活発であるとまでは言い難い。また過去20年間に中国人研究者が日本語媒体で発表した例はなく、中国国内での研究も抱月の自然主義理論の翻訳・紹介に留まり、実質的な「研究」の域にまでは達していない。その意味では抱月は中国国内ではいまだ認知された存在であるとは言い難い。ただし、過去10年間の研究動向を見る限り、日本では比較的若い研究者の間で抱月の翻訳劇への注目が高まっており、今後も同時代の社会・文化・政治状況との繋がりから〈新劇の父〉としての抱月への関心が高まることが予想される。他方、中国国内での今後の課題としては抱月研究の範囲を思想や批評ばかりでなく、翻訳戯曲を中心とした彼の文芸作品にまで拡張していく必要性がある。

北原白秋

1885年(明治18)～1942年(昭和17)

藤本恵

1

北原白秋（きたはらはくしゅう）は1885年1月25日、福岡県沖端村（現在の柳川市沖端町）に、長太郎、しけの長男として誕生、隆吉と名づけられた。北原家は歴史ある商家で、白秋は豊かな幼年時代を過ごした。県立伝習館中学に通うころから短歌や詩の投稿を始め、1904年に上京、早稲田大学英文科予科に入学。1909年刊行の第一詩集『邪宗門』で一躍詩壇の寵児となる。続く詩集『思ひ出』（1911年）、第一歌集『桐の花』（1913年）も高い評価を受け、詩歌人として恵まれたスタートを切った。一方、1909年には実家が破産。12年には自身が、既婚女性との恋愛により姦通罪で告訴される。この打撃から立ち直るべく詩作を続け、詩集『白金之独楽』（1914年）や歌集『雲母集』（1915年）を刊行。1918年に童話・童謡誌「赤い鳥」が創刊されると童謡欄を担当し、『とんぼの眼玉』（1919年）以降、十指に余る数の童謡集を編んだ。さらに小唄や民謡制作にも携わり、『白秋小唄集』（1919年）等にまとめている。後半生は短歌に力を注ぎ、雑誌『多摩』（1935年創刊）などで多くの門弟を育てた。1937年に内臓疾患による眼底出血のため入院、以後視力が衰えるなか創作を続け、歌集『黒桧』（1940年）

などをまとめた。1942年に入って病状が悪化し、11月2日逝去。享年57歳。

2

『邪宗門』刊行直後、木下杢太郎は「詩集『邪宗門』を評す」(『スバル』、1909年5月)で、情緒や生活感情を美しい語で暗示的に表現する白秋の技巧を評価した。これは日夏耿之介「『邪宗門』と『思ひ出』と」(『明治大正詩史　下巻』東京：新潮社、1929年)に受け継がれ、日夏は情緒や官能を享受し表現する白秋の能力を認めながら、思想性がないことを批判した。歌集『桐の花』と『雲母集』についても、中野重治『斎藤茂吉ノオト』(東京：筑摩書房、1941年)が、歌の技巧を認めつつ内容の空疎を指摘している。このように、白秋の特に前期の詩歌集に対しては、表現技巧を評価し、思想性の薄さを批判するという形で研究が展開しはじめた。白秋は晩年、高村光太郎と並ぶ〈国民詩人〉として戦争協力詩を書いたこともあり、戦後も中村真一郎や村野四郎によって批判がなされている。

一方で、白秋門下の木俣修は、『白秋研究Ⅰ・短歌篇』(東京：新典書房、1954年)および『白秋研究Ⅱ・白秋とその周辺』(東京：新典書房、1956年)で短歌を中心にまとめた。同じく門下の藪田義雄は、『評伝北原白秋』(東京：玉川大学出版部、1973年、増補改訂版1978年)で白秋の生涯を詳細につづった。この藪田の評伝が出る前後から、白秋評価の風向きが変わってくる。かつて白秋を批判した村野四郎は、『(日本近代文学大系28)北原白秋集』(東京：角川書店、1970年)の「解説」で、白秋の言葉は、欠如しているとされがちな思想と実は不可分であると述べた。また、雑誌『ユリイカ』1973年12月号では「共同討議　北原白秋の復権」(吉本隆明・鮎川信夫・大岡信・山本太郎・入沢康夫)が組まれた。ここでは、石川啄木や斎藤茂吉、宮沢賢治らと白秋が比較され、文学史のなかで白秋の位置や影響力をとらえ、再評価しようという動きが見える。

さらに、飯島耕一は『北原白秋ノート』(東京:小沢書店、1978年、後に小沢コレクション版、1985年)で、白秋の読み直しを強く訴える。また佐藤通雅は、白秋の童謡に焦点をしぼった最初の研究書『白秋の童謡』(東京:沖積舎、1979年)をまとめた。飯島も佐藤も「あとがき」で白秋関係資料の不備を訴えており、完備されていなかったために、少なからず研究に支障をきたしていた全集刊行の機運も高まっていた。やがて、白秋生誕100年にあたる1985年をはさむ84年から88年にかけて、『白秋全集』全40巻(東京:岩波書店)が編まれる。1985年には雑誌『短歌』(7月)や『解釈と鑑賞』(12月)が生誕100年特集を組み、前後して、『近代詩』(東京:有精堂『日本文学研究資料叢書』第3次、1984年)と、『石川啄木と北原白秋　思想と詩語』(東京:有精堂『日本文学研究資料新集17』、1989年)も編まれた。この二冊は重要な白秋論を収録しているだけでなく、それまでの研究動向を簡潔にまとめた「解説」(前者では阿毛久芳、後者では中島国彦が担当)を付しており、研究の手引きとなる。続いて1990年代には、杉本邦子『北原白秋研究——「ＡＲＳ」「近代風景」など』(東京:明治書院、1994年)が、関わった雑誌を中心に考察するという新しい視点を、白秋研究に加えた。

2000年代はメモリアルイヤーが続き、02年には白秋没後60年、05年には生誕120年を迎える。これに合わせて、白秋の長男(隆太郎)の妻、北原東代が『立ちあがる白秋』(京都:燈影舎、2002年)と『沈黙する白秋——地鎮祭事件の全貌』(東京:春秋社、2004年)を続けて刊行した。これは、岩波書店版『白秋全集』未収録の書簡など新発見資料を加えて、従来の研究で明らかにされなかった白秋の生涯の空白部分に迫ろうとするものである。評伝では、三木卓『北原白秋』(東京:筑摩書房、2005年)も、雑誌『短歌研究』での連載(2001～2004年)を経て刊行された。こちらは、代表的な詩集、歌集を年代順に読み解きながら白秋の生涯を追う構成になっている。

こうして新たな評伝が書かれるなか、雑誌『国文学解釈と鑑賞』は特集「北原白秋の世界」（2004 年 5 月）を組んだ。この特集号には、白秋の詩集、歌集のみならず、雑誌『明星』『スバル』『赤い鳥』との関わりや、歌謡についての論考も広く収められている。宮澤健太郎による「北原白秋研究参考文献目録」で、同誌が生誕 100 年特集を組んだ 1985 年以降の主要文献を知ることもできる。ほかに雑誌『短歌現代』（2005 年 5 月）や『マザー・グース研究』（2005 年 12 月）も、それぞれに白秋特集を組んだ。

2006 年には、坪井秀人『感覚の近代』（愛知：名古屋大学出版会、2006 年）がまとめられる。全編にわたって白秋を扱ったものではないが、第Ⅱ部の要所で白秋の歌謡（民謡、童謡）を取り上げている。民謡と童謡というジャンルの相同性を抽出したうえで、双方に関わった白秋が〈国民詩人〉となってゆく過程をたどっており、今後の研究への示唆に富む。同じ年に、畑裕哉「「小曲」ジャンルと北原白秋―雑誌メディアにおける〈地方〉読者と詩人達―」（『日本近代文学』2006 年 11 月）も発表されている。これは、従来、白秋の個人的な資質によって説明されてきた「小曲」というジャンルの成立過程を、文芸雑誌に投稿される詩の選者という白秋の立場や、雑誌の読者戦略に注目して明らかにしたものである。

坪井と畑、二人の論考は、新聞、雑誌などメディアとの関わりにおいて白秋をとらえようとした点で共通している。白秋は、詩歌のほぼ全域にわたって足跡をのこした大きな詩人である。だからこそ、白秋個人の「天才」で説明することのできない部分も多い。同時代の文化や社会のなかで、白秋とその詩歌はどのようにふるまい、扱われたのか。そう考えたときに浮かびあがってくるのが、詩や短歌以外のジャンル、つまり小曲や民謡、童謡など、広く大衆に支持され口ずさまれた歌謡なのだろう。それらを含めて、総合的に白秋の、あるいは詩歌史全体の研究を進めることが望まれる。

高浜虚子

1874年（明治7）～1959年（昭和34）

鄭民欽

1

高浜虚子（たかはまきょし）は明治から昭和にかけての著名な俳人、小説家である。愛媛県温泉郡長町新町に旧松山藩士・池内政忠の５男として生まれた。本名は高浜清。９歳の時に祖母の実家、高浜家を継ぐ。1888 年伊予尋常中学に入学。１歳年上の河東碧梧桐と同級になり、彼を介して正岡子規に兄事し俳句を学ぶ。1891 年子規より虚子の号を授かる。1893 年、碧梧桐と共に京都の第三高等学校に進学。1894 年、上京して子規庵に転がり込んだ。1898 年、子規の協力を得て前年に柳原極堂が松山で創刊した俳誌「ほとゝぎす」を引き継ぎ東京に移転、俳句だけでなく和歌、散文などを加えて俳句文芸誌として再出発する。子規の没した 1902 年俳句の創作を辞め、その後は小説の創作に没頭する。1913 年、碧梧桐の新傾向運動に対抗するため俳壇に復帰。虚子は季語を重んじ平明で余韻があるべきだとし、客観写生を旨とすることを主張した。また、「ホトトギス」において多くのすぐれた俳人を育成し、俳壇に一大勢力を築いた。1937 年芸術院会員、1940 年日本俳句作家協会（1942 年より日本文学報国会俳句部会）会長。1954 年、文化勲章受章。

1959 年 85 歳で永眠。生涯に 20 万句を超える俳句を詠んだ。代表作は句集『虚子句集』、『五百句』、『五百五十句』、『六百句』、『虚子俳話』、『句日記』、小説集『鶏頭』、『柿二つ』、『俳諧師』、『虹』など。

2

高浜虚子の俳論及びその作品に関しては、夙に子規『高浜虚子』（「ホトトギス」、1897 年 2 月）のような批評があった。その時、虚子はまだ 23 歳の若さであったが、子規から自分の後継者になってほしいと要請されるほどの実力をもっているのである。戦前の論評は殆ど「ホトトギス」と関係のある人物、いわば門人達の文章で、虚子の「花鳥諷詠」論をめぐって展開されたものが多い。主なものに内藤鳴雪「虚子君の連句論に付いて」（『ホトトギス』、1904 年 10 月）、佐藤紅緑「非連句論——虚子君の連句論を読む」（『新潮』、1904 年 10 月）、佐藤紅緑「俳界の新光明——虚子の傾向を論ず」（『読売新聞』、1905 年 12 月）、荻原蘿月「小説に現はれたる虚子氏の個性及意識」（『ホトトギス』、1910 年 1 月）、鈴木三重吉「新しい文章に於ける虚子氏の功績」（『文章世界』、1912 年 7 月）、大須賀乙字「虚子の新傾向雑感を読んで」（『秀才文壇』、1913 年 8 月）、前田普羅「始めて虚子先生に見えし日」（『ホトトギス』、1917 年 3 月）、長谷川零余子「俳人としての高浜虚子氏」（『俳界』、1917 年 5 月）、黒田忠次郎「俳句の生育を論じて虚子氏に与ふ」（『俳界』、1917 年 12 月）、原月舟、高田瓜鯖「虚子論と宿場の灯と」（『ホトトギス』、1918 年 3 月）、大須賀乙字「虚子君等の形式論を駁す」（『懸葵』、1918 年 7 月）、新井声風「虚子氏の近業」（『曲水』、1921 年 8 月）、室積徂春「既往の虚子観を顧みて」（『にひはり』、1924 年 1 月）、西山泊雲「虚子先生との対話」（『ホトトギス』、1927 年 8 月）、柏崎夢香「最近の虚子先生」（『ホトトギス』、1927 年 9 月）、河東碧梧桐、永田青嵐「高浜虚子を分析す」(『読売新聞』、1931 年 3 月)、川端茅舎「花鳥即身――虚子先生の俳句に関する覚書」(『俳句研究』、1934 年 5 月)、山口誓子「「花鳥諷詠」を斯く観る」(『俳句研究』、1934 年 11 月)、片岡良一「高浜虚子論」(『俳句研究』、1935 年 1 月)、棚影影草「高浜虚子氏の作品及傾向」(『俳句研究』、1935 年 10 月)、吉田精一「虚子の道と碧梧桐の道」(『俳句研究』、1936 年 4 月)、柏崎夢香『虚子の俳句を解く』(東京:山彦発行所、1936 年)、石井庄司『高浜虚子』(東京:育英書院、1940 年)、大野林火『高浜虚子』(東京:七丈書院、1944 年)などがある。

戦後になって、虚子に関する研究は本格的に始まった。今井文男、清水孝之『近代句珠・高浜虚子』(名古屋:新泉書房、1949 年)、福田蓼汀『句作の道研究編・高浜虚子』(東京:目黒書店、1950 年)、山本健吉『純粋俳句・高浜虚子(作家論)』(東京:創元社、1952 年)、水原秋桜子『高浜虚子――並に周囲の作家達』(東京:文芸春秋社、1952 年)、北住敏夫『写生説の研究』(東京:角川書店、1953 年)などがある。とりわけ 1954 年文化勲章を授賞してから論評は急増し、その勢いは 70 年代まで続いた。中村俊定『現代俳句・高浜虚子』(東京:学灯社、1954 年)、柏崎夢香『虚子の句と生活』(東京:弘道閣、1956 年)、池内たけし『叔父虚子』(東京:欅発行所、1956 年)、野見山朱鳥など『高浜虚子研究』(『菜殻火』1958 年 1 月より連載)、星野立子など『高浜虚子研究座談会』(『玉藻』1959 年 10 月より連載)、大野林火『虚子秀句鑑賞』(東京:角川書店、1959 年)、阿波野青畝など『「虚子百句」鑑賞』(『かつらぎ』1960 年 3 月より連載)、中島斌雄『現代俳句全講・高浜虚子』(東京:学灯社、1962 年)、浜中柑児『虚子と芭蕉』(東京:新樹社、1963 年)、清崎敏郎『高浜虚子』(東京:桜楓社、1966 年)などはさまざまな視点から虚子の俳論、作品、人間像を検討している。その中で、福田清人、前田登美の『高浜虚子』(東京:清水書院、1966 年)は自然の愛情を享受するという虚子の人情、世相、人間の葛藤離れの俳句観を討究している。また、山本健吉の「高浜虚子　人と作品」（『日本詩人全集 2』東京：新潮社、1969 年）は、自然に対する人間感情の視点から虚子の俳人としての態度を捉えて、その感情の色合いを分析している。

70 年代以後には、原裕「石鼎と虚子」（『俳句』1970 年 7 月）、相馬庸郎「高浜虚子論」（『文学』1970 年 10 月）、小坂蛍泉『怪物高浜虚子』（福岡：万燈社、1972 年）、前田登美「虚子の初期の写生文について」（『立教大学日本文学 25』、1972 年 12 月）、川崎展宏『高浜虚子』（東京：永田書房、1974 年）、真下五一『虚子――花鳥諷詠の俳人』（東京：国書刊行会、1976 年）、富士正晴『高浜虚子』（東京：角川書店、1978 年）などがあり、とりわけ山口誓子、今井文男、松井利彦編『高浜虚子研究』（東京：右文書院、1974 年）に収録された和田茂樹、川崎展宏、柳生四郎、松隈義勇、太田嗟、清崎敏郎、山下一海、松林尚志、栗田靖、伊沢元美、松井幸子、寺本喜徳、森安理文、金子兜太、平畑静塔、山口青邨、高浜年尾、栗本浩平、松井利彦の論文は、各視点から虚子の俳論、作品及びその人間性を深く分析していて、高浜虚子研究において一里塚的な存在だと言えるだろう。また、大岡信『子規・虚子』（東京：花神社、1976 年）、山本健吉『子規と虚子』（東京：河出書房新社、1976 年）、松井利彦『子規・虚子・漱石』（東京：雁書館、1984 年）のように、虚子を子規と比較して論ずる方法は一つの趨勢といえるだろう。稲田汀子は『昭和文学全集第 4 巻』（東京：小学館、1989 年）の『高浜虚子　人と作品』で虚子の散文を分析して、「写生文に始まって写生文に終わり」、「その本質を山会を舞台として追求したのがその歴史」と指摘している。

90 年代に入ってから、虚子研究は少し減ってきた。その中でも特筆すべきは山口誓子『高浜虚子研究』（東京：右文書院、1991 年）、柴田奈美『子規・漱石・虚子　その文学的交流の研究』（東京：本阿弥書店、1995 年）、恩田甲『入門高浜虚子』（東京：おうふう、

1995年）、中岡毅雄『高浜虚子論』（東京：角川書店、1997年）、愛媛新聞社出版局出版部『高浜虚子：人と作品』（松山：愛媛新聞社、1997年）、岸本尚毅『高浜虚子俳句の力』（東京：三省堂、2010年）、『国文学　解釈と鑑賞』の特集「高浜虚子・没後50年」（2009年11月号）などである。

中国では、虚子研究はまだ少ない。彭恩華《日本俳句史》（上海：学林出版社、1983年）には虚子についての簡単な紹介があり、鄭民欽《日本俳句史》（北京：京华出版社、2000年）、《日本民族诗歌史》（北京：燕山出版社、2004年）は虚子の俳論、作品及びその人間性を論じている。その他に、宋協毅《高浜虚子与“风花雪月”——兼作对花鸟讽诖论的批判》（《外语与外语教学》、2003年1期）は虚子の花鳥諷詠論を批判している。

今後の課題としては、虚子のことがあまりよく知られていない中国では、その作品を翻訳、紹介することが研究の第一歩だが、研究者には、その思想、俳論の本質、人間活動の軌跡、作品の内容を歴史的、客観的に究明して、さまざまな視点での研究を進めることが期待される。

永井荷風

1879年（明治12）～1959年（昭和34）

真銅正宏

1

永井荷風（ながいかふう）は東京市小石川に生まれる。父は漢詩人永井禾原こと久一郎、母は漢詩人鷲津毅堂の二女恆。小説家廣津柳浪の門下となる一方、尺八や漢詩を学び、落語家に弟子入りし、歌舞伎座立作者福地桜痴の門にも入った。桜痴に従い日出国新聞社の記者ともなった。1903 年、父の勧めで、アメリカ合衆国に渡る。横浜正金銀行の銀行員などを勤めた後、1907 年、念願のフランスに渡り、同銀行のリヨン支店勤務。1908 年、銀行を辞職してパリに遊び、帰国。1910 年、森鷗外および上田敏の推薦で慶應義塾大学の教授に就任。私生活においては、1912 年、斎藤ヨネと結婚するも、1913 年の父の死後すぐに離婚。1914 年には新橋芸者巴家八重次（後の舞踊家藤蔭静枝）と再婚したが、1915 年に離婚した。1920 年、麻布市兵衛町の偏奇館に移居し、1945 年に戦災で焼けるまでここに住んだ。岡山に疎開し、ここで終戦を迎えた。戦前より浅草の劇場楽屋に出入りし、戦後は市川に住んで再び浅草に通った。1952 年、文化勲章受章。1959 年、80 歳で死去。代表作に、「地獄の花」「夢の女」『あめりか物語』『ふらんす物語』「冷笑」「すみだ川」「腕くらべ」「おかめ笹」「下谷叢話」「つゆのあとさき」「ひかげの花」「濹東綺譚」「葛飾土産」などがある。また、永年書き継がれた日記「断腸亭日乗」も有名である。

2

荷風研究は、荷風の生前を知る人たちによって伝記として開始された。佐藤春夫の『永井荷風読本』（東京：三笠書房、1936年）や『荷風雑観』（東京：国立書院、1947年）、『小説永井荷風伝』（東京：新潮社、1960年）などの他、小門勝二の『荷風パリ地図』（東京：圭文社、1970～1971年）を始めとする諸作や、秋庭太郎の『考証永井荷風』（東京：岩波書店、1966年）、『永井荷風伝』（東京：春陽堂書店、1976年）、『荷風外伝』（東京：春陽堂書店、1979年）、『新考永井荷風』（東京：春陽堂書店、1983年）の伝記四部作がある。この他、正岡容『荷風前後』（東京：好江書房、1948年）、種田政明『荷風残映』（弘前：緑の笛豆本の会、1987年）および種田編『新攷荷風文学』（東京：荷風先生を偲ぶ会、1976年）、荷風先生を偲ぶ会編『回想の永井荷風』（東京：霞ヶ関書房、1961年）などの著書が荷風の横顔をより明らかにしてきた。

一方、研究者による本格的な荷風文学研究としては、「荷風の会」のメンバー六人（網野義紘、坂上博一、竹盛天雄、柘植光彦、中島国彦、宮城達郎）がリードしてきた。六人による『永井荷風の文学』（東京：桜楓社、1973年）が宮城によって編まれた。竹盛と中島は新版『荷風全集』（東京：岩波書店、1992～1995年）の刊行に編者として深く関わった。その他にも、宮城『永井荷風』（東京：明治書院、1965年）および『耽美派研究論考——永井荷風を中心として』（東京：桜楓社、1976年）、中島編『新潮日本文学アルバム永井荷風』（東京：新潮社、1985年）、坂上『永井荷風ノート』（東京：桜楓社、1978年）および坂上編『日本文学研究大成永井荷風』（東京：国書刊行会、1988年）、網野『永井荷風——人と作品』（東京：清水書院、1984年）および『荷風文学とその周辺』（東京：翰林書房、1993年）などあらゆる形で論考が重ねられている。つい最近も坂上の『永井荷風論考』（東京：おうふう、2010年）が出された。その他の研究書としては、吉田精一『永井荷風』（東京：八雲書房、1947年）、武田勝彦『荷風の青春』（東京：三笠書房、1975年）、笹淵友一『永井荷風——「堕落」の美学者』（東京：明治書院、1976年）、森安理文『永井荷風——ひかげの文学』（東京：国書刊行会、1981年）、平岩昭三『「西遊日誌抄」の世界——永井荷風洋行時代の研究』（東京：六興出版、1983年）などがある。

また、荷風および荷風文学をめぐる評論の多さも特筆されるところである。日夏耿之介『荷風文学』（東京：三笠書房、1950年）、野口冨士男『わが荷風』（東京：集英社、1975年）、桶谷秀昭『天心鑑三荷風』（東京：小沢書店、1976年）、中村光夫「永井荷風：評論」（東京：筑摩書房、1979年）、磯田光一『永井荷風』（東京：講談社、1979年）、飯島耕一『永井荷風論』（東京：中央公論社、1982年）、紀田順一郎『永井荷風その反抗と復讐』（東京：リブロポート、1990年）などがその代表作である。

1990年代には、荷風研究の新たなページが開かれた。それは、作家論的研究からの何らかの形での脱却である。例えば松田良一の『永井荷風オペラの夢』（東京：音楽之友社、1992年）および『永井荷風ミューズの使徒』（東京：勉誠社、1995年）や、真銅正宏『永井荷風・音楽の流れる空間』（京都：世界思想社、1997年）による荷風文学の音楽要素への着目、あるいは松本哉『永井荷風の東京空間』（東京：河出書房新社、1992年）や石阪幹将『都市の迷路』（京都：白地社、1994年）、東秀紀『荷風とル・コルビュジエのパリ』（東京：新潮社、1998年）の都市空間論的アプローチなどがそうである。

1996年にも、3月に江藤淳の『荷風散策——紅茶のあとさき』（東京：新潮社、1996年）と中澤千磨夫の『荷風と踊る』（東京：三一書房、1996年）、9月に川本三郎の『荷風と東京』（東京：

都市出版、1996年）と菅野昭正の『永井荷風巡歴』（東京：岩波書店、1996年）、10月に樋口修吉の『贋冬扇記』（京都：白水社、1996年）が出された。これには、岩波書店の新版『荷風全集』の出版が大きく影響を及ぼしていることが想像される。

この他、劉建輝『帰朝者・荷風』（東京：明治書院、1993年）や古屋健三『永井荷風冬との出会い』（東京：朝日新聞社、1999年）、吉野俊彦『「断腸亭」の経済学』（東京：日本放送出版協会、1999年）など、荷風の全体像を規定し直そうとする著書も興味深い。なお、2000年までの荷風研究については、例えば中村良衛「〈研究動向〉永井荷風」（『昭和文学研究』、1987年7月）や羅勝會編「永井荷風参考文献一覧」（『解釈と鑑賞』、2002年12月）、などに詳しい。

こうした胎動と作家研究の根強い人気との相克の中で、2001年からの荷風研究は展開していった。吉野俊彦『永井荷風と河上肇』（東京：日本放送出版協会、2001年）、川本三郎『荷風好日』（東京：岩波書店、2002年）、深瀬重治『永井荷風その他の文人達』（東京：武蔵野書房、2004年）、橋本敏男『荷風のいた街』（東京：文芸社、2005年）、加太宏邦『荷風のリヨン』（京都：白水社、2005年）、持田叙子『朝寝の荷風』（京都：人文書院、2005年）、荷風の養子永井永光による『父荷風』（京都：白水社、2005年）などが挙げられる。いずれも、作家自身を対象とする、極めて伝記的な側面が強い研究である。永井永光にはさらに『荷風と私の銀座百年』（京都：白水社、2008年）があり、塩浦彰『荷風と静枝』（東京：洋々社、2007年）は、荷風と二度目の妻藤蔭静枝とにスポットを当てたものである。また、荷風の外遊先について、末延芳晴が『永井荷風の見たあめりか』（東京：中央公論社、1997年）および『荷風とニューヨーク』（東京：青土社、2002年）を発表している。草森紳一の大著『荷風の永代橋』（東京：青土社、2004年）は東京と荷風との関係を描く。

2009年には、没後50年という、出版社にとって著作権に関わる重要な区切りの年であることから、やはり出版ブームがあった。ここにも、岩波書店の新版『荷風全集』の再刊という出版社側の操作が多分に関わっている。岩波書店は、『文学』の「荷風没後五〇年　虚像から実像へ」（2009年3・4月号）特集を出した他、持田叙子『永井荷風の生活革命』（東京：岩波書店、2009年）を出した。岩波文庫の佐藤春夫『小説永井荷風他三篇』、岩波現代文庫の菅野昭正『永井荷風巡歴』と川本三郎『荷風と東京——『断腸亭日乗』私註（上・下）』、新藤兼人『「断腸亭日乗」を読む』といったかつての名著も再刊されている。岩波書店の他にも、半藤一利『荷風さんの戦後』と松本哉『女たちの荷風』がちくま文庫で出された。先述の持田は、『荷風へ、ようこそ』（東京：慶應義塾大学出版会、2009年）も出版している。この他、柘植光彦編『永井荷風　仮面と実像』（東京：ぎょうせい、2009年）や近藤富枝『荷風と左団次』（東京：河出書房新社、2009年）、南明日香『荷風と明治の都市景観』（東京：三省堂、2009年）なども出された。白水社の雑誌『ふらんす』は2009年12月に「永井荷風の仏蘭西」という特集号を、また『東京人』も同じ月に「永井荷風の愉しき孤独——生誕130年、没後50年」という特集を組んでいる。このブームは翌2010年にも持ちこされ、真銅正宏『永井荷風・ジャンルの彩り』（京都：世界思想社、2010年）、『三田文学』特集「21世紀の荷風論」（2月）、林信藏『永井荷風ゾライズムの射程』（横浜：春風社、2010年）、相磯凌霜著、小出昌洋編『荷風余話』（東京：岩波書店、2010年）などが出された。

なお、荷風研究書については、武藤康史「荷風をめぐる本——一九九〇年から二〇〇八年まで—」（『文学』2009年3月、特集「荷風没後五〇年虚像から実像へ」）が便利である。また書誌としては、山田朝一『荷風書誌』（東京：出版ニュース社，1985年）がある。先述した新版『荷風全集』の後記等にも、最新の荷風研究の成果が反映されている。

以上の荷風研究史を概観すると、いくつかの分類キーワードの存在が明らかになる。一つは〈伝記〉である。ここには日記研究も含まれる。次にアメリカ合衆国およびフランス、上海および東京をめぐる〈土地〉の問題がある。三つ目には、西洋文学や漢文学、江戸文学といった〈先行テクスト〉の関与がある。四つ目には、音楽や絵画、思想や思潮、風俗など〈作中要素〉に関わるものがある。第五のものとして、〈メディア〉との関係を扱うものが多い。第六としては、様々な〈資料〉研究である。これらキーワードは、荷風に限らない、日本の近代文学研究の典型を示しているといっても過言ではなかろう。

谷崎潤一郎

1886年（明治19）～1965年（昭和40）

張沖

1

谷崎潤一郎（たにざきじゅんいちろう）は東京市日本橋区生まれ。東京帝大国文科中退。在学中の1910年、小山内薫と第二次「新思潮」を創刊。『誕生』『刺青』『麒麟』などを発表。永井荷風の激賞を受ける。大正期には『悪魔』『異端者の悲しみ』などの作品を創作。官能の世界を強調し、耽美派の旗手として活躍した。そのころ「大正活映」の顧問として、映画芸術にも関心を示した。1921年に千代夫人をめぐる「小田原事件」が起こり、佐藤春夫と絶交。1923年の関東大震災を機に関西に移り、その後の名作には『痴人の愛』（1924～1925年）がある。また1918年と1926年に中国を旅行し、二度目の際には田漢、欧陽予倩、郭沫若らと交流した。

1928～1929年に『卍』『蓼食ふ虫』を発表。1931年には母恋いをモチーフとする『吉野葛』を著し、次第に日本古典文化への憧憬を示す作品が多くなった。1933年に女性崇拝の極致といわれる『春琴抄』を発表、絶賛を受ける。また随筆『陰翳礼讃』では古典回帰による日本美の再発見を主張した。1935年から『源氏物語』の現代語訳に着手。1939～1941年刊行。1942年から大作『細雪』

を執筆し、1948 年完結。1949 年に文化勲章を受賞した。戦後も旺盛な創作力を見せ、「老い」と「性」を主題とした『鍵』『瘋癲老人日記』などの作品を発表した。1965 年、湯河原の自宅で逝去。

2

谷崎の研究史において重要なものには、千葉俊二「谷崎潤一郎」、作家研究大事典編纂会編『明治・大正・昭和作家研究大事典』(東京:桜楓社、1992 年)、平野芳信「谷崎潤一郎研究史」、千葉俊二編『谷崎潤一郎必携』(東京:学灯社、2002 年)、細江光「谷崎潤一郎研究の現在」(『国文学』、1993 年 12 月)、永栄啓伸・山口政幸「研究史展望」、文献目録・諸資料等研究会『谷崎潤一郎書誌研究文献目録』(東京:勉誠出版、2004 年)などがある。これらを踏まえて、中国文壇の動静も視野に入れながら谷崎研究の軌跡をたどり、さらに 2000 年以降の最新の研究の動向を示すと以下の通りである。

文壇デビュー直後の谷崎潤一郎を批評した重要な論には、永井荷風「谷崎潤一郎氏の作品」(『三田文学』、1911 年 11 月)がある。荷風は『刺青』『麒麟』『少年』などの作品を中心に論述し、谷崎文学の特質を指摘し、谷崎文学を賞賛した。これに対して、小宮豊隆「谷崎潤一郎君の『刺青』」(『文章世界』、1912 年 3 月)は、谷崎文学の浅薄さを批判した。

大正期の同時代評の中で、その悪魔主義を論じて注目されるのは本間久雄「谷崎潤一郎論——『刺青』其他」(『文章世界』、1913 年 3 月)が挙げられるが、本格的な谷崎論が現れたのは昭和期に入ってからである。佐藤春夫などが谷崎を無思想な作家とする一方で、『蓼食ふ虫』以降の作品、ことに『春琴抄』に対して、武者小路実篤「谷崎潤一郎」(『新潮』、1932 年 7 月)などは肯定的な評価を下している。

この時期、中国において、谷崎文学の翻訳と紹介のブームがあったことは見逃せない。『麒麟』『悪魔』『春琴抄』『痴人の愛』など谷崎の初中期の作品を次々と田漢、楊騒、章克標らが翻訳し、謝六逸が《二十年来的日本文学》（《小说月报》、1929 年 7 期）、周作人が《现代日本小说集》（上海：上海商务印书馆、1935 年）で、谷崎文学の紹介に力を注いだ。また、田漢は《谷崎潤一郎評伝・译者叙》(『神と人の間』、上海：中华书局、1934 年）、欧陽予倩は《空与色　序言》（《潘金蓮》、上海：新东方书店、1928 年）を書き、「日本の同時代の第一級の小説家で、氏の悪魔派の作品は特に世によく知られている」と谷崎文学を絶賛した。

一方、戦後の日本における谷崎研究は『細雪』を中心に展開され、その評価には毀誉褒貶があった。肯定的な論としては小林秀雄「年齢」（『新潮』、1950 年 6 月）が挙げられるが、否定論には生島遼一「谷崎潤一郎論——日本の古典主義」（『新潮』、1947 年 3 月）などがある。また、無思想作家という評価を否定して、谷崎文学の思想性を主張したのは伊藤整の一連の谷崎論（後『谷崎潤一郎の文学』（東京：中央公論社、1970 年）としてまとめられた）である。野口武彦は『谷崎潤一郎論』（東京：中央公論社、1973 年）で精神分析学を援用して、谷崎のマゾヒズムと三島のナルシシズムを対比して考察した。次いで秦恒平『谷崎潤一郎：〈源氏物語〉体験』（東京：筑摩書房、1976 年）は谷崎文学と伝統的な美意識とのかかわりを究明した。

谷崎没後の論については、比較文学や伝記研究が進んでいることが注目される。比較文学的研究としては、三瓶達司『近代文学の典拠　鏡花と潤一郎』（東京：笠間書院、1974 年）、小出博「谷崎潤一郎とワイルド」、吉田精一編『日本近代文学の比較文学的研究』（東京：清水弘文堂、1971 年）、長野甞一『谷崎潤一郎——古典と近代作家』（東京：明治書院、1980 年）などが挙げられる。伝記研究および回想には、野村尚吾『伝記谷崎潤一郎』（東京：六興出版、1972 年）、谷崎松子『倚松庵の夢』（中央公論社、1967 年）、渡辺たをり『祖父谷崎潤一郎』（東京：六興出版、1980 年）などがある。また、このころ、『文芸読本　谷崎潤一郎』（東京：河出書房新社、1977 年）、千葉俊二編『鑑賞日本現代文学 8　谷崎潤一郎』（東京：角川書店、1982 年）が谷崎文学の入門書として刊行された。特筆すべきは『谷崎潤一郎全集』（東京：中央公論社、1983 年）全三十巻の刊行が終了したことである。没後版の二十八巻に漏れた、新たに発見された数編の小説と数通の書簡を増補している。

平成期に入ってからの谷崎研究の動向において、特に注目されるのが『春琴抄』を中心に展開するテクスト論争である。論考としては永栄啓伸『谷崎潤一郎論——伏流する物語』（東京：双文社出版、1992 年）、秦恒平『名作の戯れ——「春琴抄」「こころ」の真実』（東京：三省堂、1993 年）などが挙げられ、この論争の最中に『特集：谷崎潤一郎——問題としてのテクスト』（『国文学』、1993 年 12 月）が出版されている。また、この時期は『痴人の愛』論も盛んであった。前掲の平野芳信「谷崎潤一郎研究史」は 20 編を超える「痴人の愛」論を列挙しているが、金子明雄「谷崎潤一郎『痴人の愛』」（『解釈と鑑賞』、1993 年 4 月）、小森陽一「実践としてのテクスト分析——『痴人の愛』の理論」、小林康夫・船曳建夫編『知の論理』（東京：東京大学出版会、1995 年）、中村三代司「〈夫婦小説〉としての「痴人の愛」——谷崎文学と活字メディア」（『日本近代文学』56、1997 年 5 月）などがその代表的なものである。

昭和期には、主に作家・評論家を中心とする谷崎研究が展開したことに対して、平成初期の 1990 年代からは、谷崎プロパーと呼ばれる研究者による単行本が相次いで刊行された。千葉俊二は『谷崎潤一郎　狐とマゾヒズム』（東京：小沢書店、1994 年）で谷崎文学に頻出する狐のイメージ、谷崎におけるプラトニズムなどさまざまな角度から谷崎文学を論述した。前田久徳『谷崎潤一郎　物語の生成』（東京：洋々社、2000 年）は谷崎の主要作品全般に渉る美的世界の形象化とその定着について考察するもので、作品論の一つの達成を見せている。ほかに永栄啓伸『谷崎潤一郎試論――母性への視点』（東京：有精堂、1998 年）、尾高修也『青年期　谷崎潤一郎論』（東京：小沢書店、1999 年）、細江光『谷崎潤一郎深層のレトリック』（東京：和泉書院、2004 年）、長野嘗一『谷崎潤一郎と古典』（東京：勉誠出版、2004 年）、尾高修也『壮年期　谷崎潤一郎論』（東京：作品社、2007 年）なども挙げられる。

同じ 1980 ～ 1990 年代、中国では谷崎文学が再び注目され、『細雪』をはじめ、『痴人の愛』『春琴抄』『陰翳礼賛』などの谷崎の代表作が相次いで翻訳されている。ことに 2000 年に刊行された葉渭渠編《谷崎润一郎作品集》（北京：中国文联出版社）は、于雷、林青華、林少華らの翻訳家を集めて全 4 巻 11 篇の名作を揃えた労作であり、高く評価されている。伝記研究としては、葉渭渠《谷崎润一郎传》（北京：新世界出版社、2005 年）が刊行された。

また、平成期以後の比較文学的研究においては、谷崎文学と海外の文学との相互的な影響関係に注目が集まっている。松村昌家編『谷崎潤一郎と世紀末』（京都：思文閣出版、2002 年）は、谷崎における世紀末思潮とモダニズムの関係、谷崎の世紀末とマゾヒズム、海外における谷崎の翻訳と評価、「細雪」の欧訳の問題のほか、中国旅行によって作り出される谷崎の「支那趣味」などの論考を載せている。劉建輝の「オリエンタリズムとしての『支那趣味』――谷崎文学におけるもう一つの世紀末」はその代表的な論である。また、西原大輔『谷崎潤一郎とオリエンタリズム――大正日本の中国幻想』（東京：中央公論新社、2003 年）も、詳細な資料に基づいて、谷崎潤一郎の中国観の形成と変化を、作品や旅行体験、中国の知識人との交流などから読み解いている。そのほかの論文としては、柴田勝二「オリエンタリズムと谷崎潤一郎」（『日本近代文学』70、2004 年 5 月）が挙げられる。さらに、千葉俊二・アンヌバヤール・坂井編『谷崎潤一郎――境界を超えて』（東京：笠間書院、2009 年）は、言語学、建築学、フランス文学、古典文学の幅広い分野の専門研究者たちによる「谷崎潤一郎パリ国際シンポジウム」の成果をまとめた論文集で、従来のアカデミックな枠組みを脱し、谷崎文学の斬新な読解を提示しようとするものである。

近年、中国学界も谷崎の中国体験・中国趣味に注目するようになってきた。成果としては、秦剛「上海小新聞の一記事から中日文壇交渉を探る——谷崎潤一郎・芥川龍之介の上海体験の一齣」（『日本近代文学』75、2006 年 11 月）、秦剛「芥川龍之介と谷崎潤一郎の中国表象——〈支那趣味〉言説を批判する『支那遊記』」（『国語と国文学』、2006 年 11 月特集号）、李雁南《谷崎润一郎笔下的中国江南》（《解放军外国语学院学报》、2009 年 2 期）などが挙げられる。

他方、中国近現代文学における谷崎文学の受容について、王向遠《日本唯美主义与中国现代文学中的唯美主义》（《外国文学研究》、1995 年 4 月）は、谷崎潤一郎の文学は郭沫若、郁達夫、田漢、滕固など日本留学の経験を持っている作家に影響を与えたと論じている。ほかの論として、趙京華《周作人与永井荷风、谷崎润一郎》（《中国现代文学研究丛刊》、1998 年 2 期）が挙げられる。

現在の日本の谷崎研究は多岐に渉り、学者たちは新たな資料を発掘し、新たな視野から斬新な谷崎潤一郎像を構築しているといえよう。前掲の作品論及び比較的研究以外には、伝記的研究として、三島佑一『谷崎潤一郎と大阪』（大阪：和泉書院、2003 年）、末永泉『谷崎潤一郎先生覚え書き』（東京：中央公論新社、2004 年）、小谷野敦『谷崎潤一郎伝：堂々たる人生』（東京：中央公論新社、2006 年）、渡辺千萬子『落花流水：谷崎潤一郎と祖父関雪の思い出』（東京：岩波書店、2007 年）が発行されている。また、研究の入門書としては、千葉俊二編『谷崎潤一郎必携』（東京：学灯社、2001 年）、山口政幸『谷崎潤一郎』（東京：勉誠出版、2004 年）などが挙げられる。

最後に研究資料として、開館 10 周年を迎えた芦屋市谷崎潤一郎記念館が、2001 年版『谷崎潤一郎資料目録　図書・逐次刊行物篇』（2002 年）を発行したこと、永栄啓伸・山口政幸『谷崎潤一郎書誌研究文献目録』（東京：勉誠出版、2004 年）が刊行されたことを付記しておく。

3

今後の課題としては、谷崎潤一郎の文学と海外との影響関係に関する研究は、これまでの研究の再考を促すものであり、国際的作家・谷崎の評価について、多くの研究成果が期待される。また、文学テクストを映像、視覚体験との関係において論じようとする新しい意欲が、城殿智行「映画と遠ざかること——谷崎潤一郎『春琴抄』の映画化」（『日本近代文学』61、1999 年 10 月）などの先行研究に認められるが、このテーマは今後さらに積極的に検討されねばならないように思われる。

中国近現代文学における谷崎文学の受容については、すでに数多くの指摘がなされているが、従来の研究は主に谷崎潤一郎の小説作品に集中している。演劇・映画等、新しい芸術における谷崎文学の受容について、具体的に作品を取り上げて、総合的に論じた研究はほとんどないと言ってよく、この分野の研究の進捗が望まれる。また、谷崎潤一郎と中国の文人との交流の既存の資料の整理と、谷崎にかかわる未発表の評論や記事などの新資料の発掘も期待される。これらにより、新たな研究分野が切り開かれ、谷崎潤一郎の文学と中国近現代文学との交流史が総合的に再構築できるであろう。

夏目漱石

1867年（慶応3）～1916年（大正5）

張小玲

1

夏目漱石（なつめそうせき）、東京生まれ。本名金之助。東大英文科卒。東京高師、松山中学、五高の教職を経て、1900年イギリスへ留学に赴く。1903年帰国後、第一高等学校嘱託に就任、東京帝国大学文科大学の講師を兼務し英文学を講じた。『吾輩は猫である』の連載と並行して『倫敦塔』、『漾虚集』などの短群を発表、以下『坊つちやん』、『草枕』など多彩な作品活動によって人気作家としての地位を固めていく。1907年2月には教職を辞し朝日新聞入社、本格的に職業作家の道を歩み始めた。以後『虞美人草』、『坑夫』、『夢十夜』、『三四郎』、『それから』、『門』と同紙上に発表。1909年、親友だった満鉄総裁・中村是公の招きで中国東北地方・朝鮮を旅行する。この旅行の記録は『朝日新聞』に『満韓ところべ』として連載される。1910年8月、持病の胃潰瘍のため大吐血、〈三十分の死〉を経験した。この修善寺の大患を語ったエッセー『思ひ出すことなど』や「現代日本の開化」などの講演活動の後、『彼岸過迄』、『行人』、『こゝろ』を書きつぎ、さらに自伝的作品『道草』へと転じ、続く長篇『明暗』執筆なかばにして倒れる。

小説、評論、エッセーのほか『文学論』、『文学評論』、および俳句、漢詩、漢文なども数多く書き残した。

2

戦後、江藤淳の『夏目漱石』（東京：東京ライフ社、1956 年）はキーワード「低音部」を導入し、漱石の「則天去私」神話に決定的な批判を下した。これを契機に存在論的漱石像が作りあげられ、漱石研究は新たな段階に入った。その前後には、片岡良一『夏目漱石の作品』（東京：厚文社、1955 年）、唐木順三『夏目漱石』（東京：修道社、1956 年）、岩上順一『漱石入門』（東京：中央公論社、1959 年）、荒正人『評伝夏目漱石』（東京：実業之日本社、1960 年）、瀬沼茂樹『夏目漱石』（東京：東京大学出版会、1962 年）などの優れた論著がある。

1960年代より漱石研究は「作品論」の時代を迎えた。越智治雄『漱石私論』（東京：角川書店、1971年）は深い読み方によって作品の「原型」に到達することを目指している。平岡敏夫『漱石序説』（東京：塙書房、1976年）も戦後の漱石研究の成果を踏まえながら新たな読み直しを試みたこの時代の代表作と言える。ほかに、吉川幸次郎『漱石詩注』（東京：岩波書店、1967年）、桶谷秀昭『夏目漱石論』（東京：河出書房新社、1972年）、柄谷行人「〈意識〉と〈自然〉——漱石試論」（『群像』、1969年6月）、比較文学分野の平川佑弘『夏目漱石　非西洋の苦闘』（東京：新潮社、1976年）、江藤淳『漱石とアーサー王伝説——「薤露行」の比較文学的研究』（東京：東京大学出版会、1975年）、新しい評伝としての江藤淳の『漱石とその時代』第一部・第二部（東京：新潮社、1970年）および荒正人『漱石研究年表』（東京：集英社、1974年）、多くの新資料を駆使して作成された村岡勇『漱石資料—文学論のノート』（東京：岩波書店、1976年）などが注目すべき成果である。蓮実重彦の『夏目漱石』（東京：青土社、1978年）は江藤淳の漱石論への批判から出発した異色の漱石論である。

1980年代以後の漱石研究は、「作品論」の「自閉性」に対する批判を受けて、フォルマリストたちが提唱する「テクスト」という概念から出発する様々な「文学理論」の時代へと移行する。空間論では前田愛「謎としての都市——『彼岸過迄』をめぐって」（『現代詩手帖』20－5、1977年5月）、「漱石と山手空間——『門』を中心に」（『講座夏目漱石』4、有斐閣、1982年2月）、テクスト論の小森陽一「『こころ』を生成する『心臓』」（『成城国文学』1、1985年3月）、石原千秋「『こころ』のオイディプス　反転する語り手」（『成城国文学』1、1985年3月）などが代表的なものである。平野清介編『新聞集成　夏目漱石像』（全6巻、東京：明治大正昭和新聞研究会、1979～1984年）、『雑誌集成　夏目漱石像』（全20巻、東京：明治大正昭和新聞研究会、1981～1983年）、平岡敏夫編『夏目漱石研究資料集成』（全10巻+別巻、東京：日本図書センター、1991年）は資料調査の周密さを呈示している。また、三好行雄、平川祐弘、平岡敏夫、江藤淳編『講座夏目漱石』（全5巻、東京：有斐閣、1981～1982年）は多岐な問題設定により多くの成果を挙げた。ほかに、佐藤泰正『夏目漱石論』（東京：筑摩書房、1986年）、秋山公男『漱石文学論考——後期作品の方法と構造』（東京：桜楓社、1987年）、相原和邦『漱石文学の研究—表現を軸として』（東京：明治書院、1988年）、玉井敬之『漱石研究への道』（東京：桜楓社、1988年）、石崎等『漱石の方法』（東京：有精堂、1989年）、中村宏『漱石漢詩の世界』（東京：第一書房、1983年）、佐古純一郎『漱石詩集全訳』（東京：二松学舎大学出版部、1983年）、塚本利明『英国と漱石—留学体験と創作の間』（東京：彩流社、1987年）、小倉脩三『夏目漱石——ウィリアム・ジェームズ受容の周辺』（東京：有精堂、1989年）など枚挙に暇がない。

1990年代からはカルチュラル・スタディーズやポスト・コロニアルなどの新しい文学理論で漱石作品を読み直そうとする試みが盛

んに行われている。小森陽一は『漱石を読み直す』（東京：筑摩書房、1995 年）、『世紀末の予言者』（東京：講談社、1999 年）などの論著を出版しただけではなく、石原千秋と『漱石を語る』1、2（東京：翰林書房、1998 年）、『漱石研究』（全 18 巻、東京：翰林書房、1993 ～ 2005 年）などを編集し、漱石研究を押し進めている。川村湊の「『帝国』の漱石」（『漱石研究』5、28 － 38 頁、1995 年）は漱石の植民地主義の問題を提起している。ジェンダー論としては小谷野敦の『夏目漱石を江戸から読む——新しい女と古い男』（東京：中央公論社、1995 年）や飯田祐子の『彼らの物語——日本近代文学とジェンダー』（名古屋：名古屋大学出版社、1998 年）などがある。伊豆利彦『漱石と天皇制』（東京：有精堂、1989 年）、藤井淑禎『不如帰の時代—水底の漱石と青年たち』（名古屋：名古屋大学出版社、1990 年）、竹盛天雄著『漱石文学の端緒』（東京：筑摩書房、1991 年）なども優れた論考である。石原千秋の『反転する漱石』（東京：青土社、1997 年）、『漱石の記号学』（東京：講談社、1999 年）などの研究は前時代のテクスト論を受け継ぎ、〈読者〉という装置を重視している。1991 年出版された『漱石作品論集成』（全 12 巻、別巻、東京：桜楓社、1990 ～ 1991 年）は作品別の先行研究を把握するのに重要な文献となっている。

2000 年以後の主な研究成果は、まず 2000 年 7 月に刊行された『夏目漱石事典』（ 東京：勉誠出版、平岡敏夫、山形和美、影山恒男編集）が研究者の必備の参考書として評価されるべきである。また、中堅学者らが前時代に引き続き一層の研究を進める一方で、外国人研究者は比較文学の角度から斬新な著作を続々と公刊している。前者には平岡敏夫『漱石　ある佐幕派子女の物語』（東京：おうふう、2000 年）、清水孝純『笑いのユートピア——『我輩は猫である』の世界』（東京：翰林書房、2002 年）、小森陽一『漱石論——21 世紀を生き抜くために』（東京：岩波書房、2010 年）、石原千秋『「こころ」大人になれなかった先生』（東京：みすず書房，2005 年）、『漱石はどう読まれてきたか』（東京：新潮社、2010 年）、後者には李国棟『魯迅と漱石の比較文学的研究』（東京：明治書院、2001 年）、潘世聖『魯迅・明治日本・漱石—影響と構造への総合的比較研究—』（東京：汲古書院、2002 年）、欒殿武『漱石と魯迅における伝統と近代』（東京：勉誠出版、2004 年）、徐前『漱石と子規の漢詩—対比の視点から—』（東京：明治書院、2005 年）、朴裕河『ナショナル・アイデンティティとジェンダー　漱石・文学・近代』（東京：クレイン、2007 年）、金正勲『漱石と朝鮮』（東京：中央大学出版部、2010 年）などが挙げられる。朴裕河は「漱石」の読まれ方がどのようにナショナル・アイデンティティーの形成に影響を及ぼしていったのかを追及している。佐藤泉「変動する漱石」（『文学』、2000 年 3 ～ 4 月）と柴田勝二『漱石のなかの〈帝国〉　「国民作家」と近代日本』（東京：翰林書房、2006 年）も国民作家としての漱石が近代国家成立の過程に果たした役割を分析している。社会学者である若林幹夫の『漱石のリアル　測量としての文学』（東京：紀伊国屋書店、2002 年）は、鉄道、都市、貨幣などのキーワードで漱石を「測量装置」として近代社会における「現実」の空間的な様相と構造をあぶりだしている。また注目すべき成果には佐藤泉『漱石 片付かない〈近代〉』（東京：日本放送出版協会、2002 年）、山崎甲一『夏目漱石の言語空間』（東京：笠間書院、2003 年）、佐藤裕子『漱石解読　〈語り〉の構造』（大阪：和泉書院、2005 年）、『漱石のセオリー——『文学論』解読』（東京：おうふう、2005 年）、仲秀和『『こゝろ』研究史』（大阪：和泉書院、2007 年）、徳永光展『夏目漱石『心』論』（東京：風間書房、2008 年）、亀山佳明『夏目漱石と個人主義』（東京：新曜社、2008 年）、高橋正雄『漱石文学が物語るもの』（東京：みすず書房、2009 年）、小泉浩一郎『夏目漱石論〈男性の言説〉と〈女性の言説〉』（東京：翰林書房、2009 年）などがある。

3

中国では夏目漱石が最も評価される日本作家の一人であると言える。2000 年以前の翻訳史と研究史は王成《夏目漱石文学在中国的翻译和研究》（《日语学习与研究》、2001 年 1 期）、王向遠《八十多年来中国对夏目漱石的翻译、评论和研究》（《日语学习与研究》、2001 年 4 期）、王志松《夏目漱石文学在中国的研究》(《俄罗斯文艺》专刊、2002 年）に詳しい。簡潔にまとめれば、中国における漱石研究は四つの時代に分けられる。第一の段階は 1949 年新中国の成立以前の研究である。周作人、魯迅をはじめとする学者たちは主に「余裕派」の角度から漱石作品をとらえた。そのため、「余裕派」の代表作とされる『草枕』や『倫敦塔』などの前期作品は漱石作品のなかで最も早く翻訳された。張我軍が訳した『文学論』（上海：神州国光社、1931 年）は現在まで唯一の『文学論』訳本として評価されるべきである。第二段階は 1949 年から 1980 年代前半までの研究である。イデオロギーの強い影響で夏目漱石をブルジョア社会への批判者としてとらえる傾向が強かった。

第三段階は 1980 年代中期から新世紀のはじめまでである。1985 年何乃英の《夏目漱石和他的小说》（北京：北京出版社、1985 年）は中国で最初の漱石研究論著として出版されている。この時期、研究者は作品が表した思想や主題についてのイデオロギー的な研究からテクスト自身に関心を持つようになり、文学的な「読み」に着眼しはじめている。李国棟《夏目漱石文学研究主脉》(北京:北京大学出版社、1990年)などの研究はこの方面の代表作と言える。比較文学の角度からの論考はこの頃からブームになった。楊暁文《夏目漱石与丰子恺》（（《吉林大学社会科学学报》、1993 年 1 期）、王向遠《鲁迅的〈野草〉和夏目漱石的〈十夜梦〉》（《鲁迅月刊》、1997 年 1 期) などが示唆的な論文である。掲侠《夏目漱石的中国观》（《日本学论丛Ⅱ》、1991 年 12 月）は漱石の中国観の限界を指摘しているが、劉建輝「漱石と「満州」——「下等遊民」発見の旅」

（『解釈と鑑賞』、1997年6月）は「満州」「下等遊民」の発見を切り口として漱石文学を再検討しようとしている。何少賢は漱石文学理論について一連の論文と著書《日本现代文学巨匠夏目漱石》（北京：中国文学出版社、1998年）を刊行している。『文学論』に関する代表的な論文としては王志松「『文学論』——「文学的言語表現」と「自己」への探求」（『解釈と鑑賞』、1997年6月）が挙げられる。

2000年代以後、漱石研究はより豊かな様相を呈し、第四段階に入った。王志松「漱石の『道草』『明暗』——その「過去」の断片化と断絶化をめぐって」（『日本学研究』10、2001年8月）、「漱石の「小説組立て論」——『虞美人草』との関連で」（『日本学研究』11、2002年5月）、「漱石文学と「超自然的事物」——日本近代文学の想像力への一視座」（『日本学研究』14、2004年10月）と王成「「草枕」論——その禅学的側面をめぐって」（『日本学研究』9、2000年11月）、「明治期における演説と修養——夏目漱石の修養論のために」（『日本学研究』14、2004年10月）、（《夏目漱石的满韩游记》（《读书》333、2006年第11期）などの一連の論文は新世紀の漱石研究の代表的な成果だと言える。また、高寧《虚像与反差——夏目漱石精神思想探微》（《外国文学评论》、2001年2期）は漱石の政治思想の「忠君愛国」の要素を指摘し、漱石像を再評価する必要があると説いた。祝振媛《夏目漱石の漢詩と中国文化思想》（北京：中国书籍出版社、2003年）は漱石の漢詩と中国文化のつながりを分析している。張小玲《夏目漱石与近代日本的文化身份建构》（北京：北京大学出版社、2009年）は漱石の文化価値を近代日本のカルチュラル・アイデンティティーの問題に絡めながら、文学理論、写生文、語りなどの角度から詳細な分析を展開している。比較文学的研究が中国の漱石研究界で盛んに行われてきたが、方長安《以他者话语质疑、批评“五四”文学非写实潮流——成仿吾对夏目漱石〈文学论〉的借用》（《武汉大学学报哲学社会科学版》、2004年4期）などの論文には示唆的なものが多い。最新の研究としては、郭勇《现代性语境中的主体焦虑——论夏目漱石的〈三四郎〉（《国外文学》、2010年1期）、李征《火车上的三四郎—夏目漱石三四郎中现代性与速度的意味》(《外国文学评论》、2010年3期）に漱石と近代性の関係を再検討する端緒が窺える。

4

今後の課題としては、漱石の漢詩漢文、俳句、絵画の詳細な分析、『文学論』『文学評論』研究を含めた英文学関係の研究、『漾虚集』『永日小品』『思ひ出す事など』『硝子戸の中』などの短編集の詳細な解読など、更なる研究の余地が十分残されていると言えよう。英文学と漢文学の素養を兼備した漱石を研究するには比較文学の視点が不可欠で、研究者にも関係領域の知識を求められる。例えば、漢字の図像性の角度から漱石の漢詩漢文が東アジアの漢字圏における文化価値を徹底的に分析することや、世界の文学理論の流れから漱石の『文学論』と『文学評論』の価値を読み直す作業は可能であろう。これらの分野では国際的な幅広い研究視野を備えながらも、一つの焦点に的を絞っての研究を進展させることが大いに期待される。

石川啄木

1886年(明治19)～1912年(明治45)

木股知史

1

石川啄木（いしかわたくぼく）、岩手県日戸村に生まれる。本名一。渋民村宝徳寺の住職の子として、奔放な少年時代をおくる。『明星』によって、文学に開眼し、盛岡中学在学中の 1902 年、『明星』に、はじめて短歌一首が掲載された。1904 年、父が宝徳寺住職を解任され、一家の経済的基盤が崩壊する。1905 年、詩集『あこがれ』を刊行し、詩人としての評価を得る。代用教員、新聞記者など、職を転々として、北海道を漂泊の後、1908 年 4 月、上京して小説家として自立しようとしたが失敗。1909 年、評論「弓町より　食ふべき詩」によって、現実に立脚した文学への転換を表明するとともに、旺盛な評論活動を開始した。朝日新聞社の校正係として勤務。1910 年、朝日歌壇の選者となる。大逆事件に衝撃を受け、社会思想への関心を深める。評論「時代閉塞の現状」、小説「我等の一団と彼」を執筆。12 月、歌集『一握の砂』刊行。1911 年、連作詩編「はてしなき議論の後」執筆。1912 年 4 月、結核のため死去。6 月、歌集『悲しき玩具』刊行。短歌、詩、批評、小説の多岐にわたる活躍をした明治期の最も重要な文学者の一人である。

2

啄木の著作は、『石川啄木全集』全 8 巻（東京：筑摩書房、1978 ～ 1980 年）に集成されている。伝記や作品解題を含む入門書としては、岩城之徳監修、遊座昭吾、近藤典彦編『石川啄木入門』（京都：思文閣出版、1993 年）がある。より専門的なものとしては、書誌、著作目録、研究文献目録等を網羅した、国際啄木学会編『石川啄木事典』（東京：おうふう、2001 年）がある。後者は、研究史の蓄積を総覧することができる。詳細な研究文献目録としては、佐藤勝『石川啄木文献書誌集大成』（東京：武蔵野書房、1999 年）がある。伝記研究としては、岩城之徳『石川啄木伝』（東京：筑摩書房、1985 年）が基本文献である。

『明星』のロマン主義から出発し、象徴主義的な詩作を行い、自然主義の興隆とともに小説家への転身を模索し、やがて、現実を傍観する自然主義を批判する評論を執筆し、無政府主義、社会主義に関心を深め、大逆事件の記録を残した啄木には、抒情詩人としての側面と、思想家としての側面があった。この二面性をどのように統一的に捉えるかということが、第 2 次大戦後の啄木研究の課題であった。今井泰子『石川啄木論』（東京：塙書房、1974 年）は、象徴主義の影響を重視しながら、詩歌と思想の両面を総合して理解する視点を提示している。上田博『石川啄木　抒情と思想』（東京：三一書房、1994 年）は、短歌を分析しつつ、その背後にある思想性とのかかわりを論じている。

啄木の社会思想とのかかわりについては、近藤典彦『国家を撃つ者　石川啄木』（東京：同時代社、1989 年）が、クロポトキンの無政府主義を経由して、堺利彦的な社会主義に到達していたと論じている。助川徳是『啄木と折蘆』（東京：洋々社、1983 年）は、クロポトキンの影響を指摘しつつ、国家社会主義概念を検討している。最近の業績としては、池田功『石川啄木――その散文と思想』（京都：世界思想社、2008 年）が、当時の社会進化論からの影響を分析し、思想史において啄木の散文全体を位置づける試みを示している。評論の研究としては、上田博・田口道昭『啄木評論の世界』（京都：世界思想社・1991年）が、細かな注釈的読解を試みている。

『一握の砂』の短歌は、自然主義的な告白として理解されてきたこともあり、これまでは、短歌史においては啄木短歌は、生活派の源流とされ、傍系的に扱われることが多かった。最近の研究の進展によって、日常の中の心の微細な動きを捉える歌風は、近代短歌の主流であり、巧緻な編集によって歌集が組み立てられていることが認識されるようになった。藤沢全『啄木哀歌とその時代』（東京：桜楓社、1983年）は、岩城之徳の業績を基盤にしつつ、歌集『一握の砂』の編集過程の詳細を考察している。太田登『啄木短歌論考　抒情の軌跡』（東京：八木書店、1991年）は、視線の働きから啄木短歌を解読する試みで、自然主義的素材の背後にある意識の劇に注目している。『和歌文学大系77　一握の砂／黄昏に／収穫』（東京：明治書院、2004年）における歌集『一握の砂』の注釈（木股知史執筆）は、これまでの研究史を整理しつつ配列や編集の表現効果について分析している。近藤典彦『『一握の砂』の研究』（東京：おうふう、2004年）は、印刷版面に編集的意図が現れていると指摘し、大逆事件との関連も分析している。三枝昂之『啄木　ふるさとの空遠みかも』（東京：五柳書院、2009年）は、1910年代の短歌に共通する日常の何げない瞬間をとらえるモチーフが、自我の詩としての近代短歌の主潮をなすとして、その中核に啄木を位置づける試みである。三行書きの表記については、さまざまな議論があって定説がないが、望月善次『啄木短歌の方法』（盛岡：ジロー印刷企画、1997年）が研究史の情報をまとめている。

初期の詩の研究としては、堀江信男『石川啄木論考』（東京：笠間書院、1971年）が、詩集『あこがれ』の背後の実践的詩人観念を分析している。小川武敏『石川啄木』（東京：武蔵野書房、1989年）が、詩稿「呼子と口笛」について時代とのかかわりから詩を分析している。「呼子と口笛」については、思想と抒情の問題について議論があり、今井泰子『石川啄木論』（前出）、近藤典彦『国家を撃つ者　石川啄木』（前出）、『石川啄木と明治の日本』（東京：吉川弘文館、1994 年）が、詳細な考察を含んでいる。

小説は、周作人によって中国語に訳された『二筋の血』、没後刊行の『我等の一団と彼』が重要である。

全集に集成された日記、書簡は、文学史の資料として貴重であるが、文学性に富み、就中、1909 年の「ローマ字日記」は、自然主義文学を超えた実存的な告白文学として高く評価されている。

国際性、および比較文学的な研究としては、池田功『石川啄木　国際性への視座』（東京：おうふう、2006 年）が、アジア、西欧との多角的な比較研究を試み、中国語への翻訳状況についての情報をまとめている。安元隆子『石川啄木とロシア』（東京：翰林書房、2006 年）は、ロシア文学からの影響を多角的に考察している。

国際啄木学会（http：//www.takuboku.jp/index.html）が、研究情報のセンターの役割を果たしており、これまでに、『論集　石川啄木』（東京：おうふう、1997 年）、『論集　石川啄木Ⅱ』（東京：おうふう、2004 年）、および、『石川啄木事典』（前出）を刊行している。

2012 年は、石川啄木没後 100 年にあたり、多くの雑誌特集や著作が刊行された。『別冊太陽　漂泊の詩人』（東京：平凡社、2012 年）は、最新の研究を踏まえて、石川啄木の全貌をとらえている。近藤典彦編『復元啄木新歌集』（東京：桜出版、2012 年）は、『悲しき玩具』の原形のノートを復元し、『一握の砂』の原形である『仕事の後』を推定により提示している。今後は、詩歌、小説、批評を総合した啄木文学の新たな評価が課題となるだろう。

斎藤茂吉

1882年(明治15)〜1953年(昭和28)

市川庸輔

1

斎藤茂吉（さいとうもきち）、1882 年 5 月 14 日、山形県南村山群金瓶村（現上山市）に、農家を営む守谷家の三男として生まれる。親戚で東京に医院を営む齋藤紀一に将来を嘱望され、14 歳で上京、開成中、旧制第 1 高等学校を経て東京帝国大学医科大学に入学、精神病学を専攻。その間、斎藤家の養子となり、紀一の次女のいわゆる「をさな妻」てる子（輝子）と結婚する。1921 年、文部省在外研究員としてウィーン、ミュンヘンに留学。1925 年、紀一の青山脳病院全焼の年に帰国、その後院長として再建につとめる。1937 年帝国芸術院会員、1926 年『柿本人麻』により帝国学士院賞。1945 年、山形県に疎開、戦後まで滞在。1951 年文化勲章。1953 年、死去。

少年期より『万葉集』や源実朝、西行等、短歌への興味は書簡等で確認されるが、1 高時代の正岡子規遺歌集『竹の里歌』との出会いにより本格的に作歌に志し、新聞等への投稿を始める。ほどなく子規門の伊藤左千夫に入門し、雑誌『馬酔木』に拠り作歌は本格化する。1908 年『アララギ』創刊に参加、作歌・評論ともに中心的存在となっていく。

1913 年の第 1 歌集『赤光』により、歌壇はもとより文壇的な注目を浴びる。1921 年第 2 歌集『あらたま』。「いのちのあらはれ」としての短歌を模索し、後に「実相観入」の「写生」説へと昇華。多分に主観的な要素を含みつつ、やがて沈潜の様相を見せる展開の中で、「写実」にとらわれない自在かつ独自の歌風を実践する。

1940 年、第 12 歌集にあたる『寒雲』を刊行。その間の第 3 歌集『つゆじも』から第 11 歌集『暁紅』、また第 13 歌集以降は戦中から戦後にかけて変則的に刊行される。

戦後刊行の第 3 歌集『つゆじも』、第 4 歌集『遠遊』、第 5 歌集『遍歴』は留学時代を舞台とした歌群。第 6 歌集『ともしび』は焼失した病院再建の苦悩を背景とする。第 10 歌集『白桃』、第 101 歌集『暁紅』にもその苦悩は揺曳し、戦争末期から戦後にかけての歌群は第 105 歌集『小園』、第 106 歌集『白き山』に収められた。とりわけ『白き山』の、郷里山形の自然を背景とし自身の病床吟や戦争をめぐる悲痛を沈潜させた歌境は茂吉短歌の極北として評価はゆるぎない。

ほかに源実朝や近世の万葉調歌人等の研究、『柿本人麻』『万葉秀歌』に代表される万葉集の研究にも足跡を残し、『童馬漫語』などの評論、『念珠集』などの散文作品にも一定の評価がある。

〈代表歌〉

のど赤き玄鳥ふたつ屋梁にゐて足乳根の母は死にたまふなり（『赤光』）

ゆふされば大根の葉にふる時雨いたく寂しく降りにけるかも（『あらたま』）

あまつ日は松の木原のひまもりてつひに寂しき蘚苔を照せり（『つゆじも』）

北とほく真澄がありて冬のくもり遍ねからざる午後になりたり（『寒雲』）

最上川逆白波のたつまでにふぶくゆふべとなりにけるかも（『白

き山』）

2

斎藤茂吉の研究においては、第一人者として本林勝夫の業績は欠かせない。なかでも『斎藤茂吉の研究』（東京：桜楓社、1990 年）は必読。伝記研究の分野では藤岡武雄による『年譜　斎藤茂吉伝（新訂版）』（東京：沖積舎、2003 年）などの詳細な実証、高弟の柴生田稔による『斎藤茂吉伝（正・続）』（東京：新潮社、1979、1981 年）、また次男の北杜夫による『青年茂吉』から『晩年茂吉』（東京：岩波書店、2001 年～）までの 4 巻による伝記著作は茂吉の人となりを知る上で重要。ほかに梶木剛の評論、安森敏隆『斎藤茂吉短歌研究』（京都：世界思想社、1998 年）。また近年の品田悦一の研究は「近代」の視座から茂吉の位置づけを照射。

歌人の側からは塚本邦雄が『茂吉秀歌』全 5 巻（東京：文藝春秋社、1977 年～）でアララギへの批判的視座を保ちつつ茂吉短歌を詳細に検証、岡井隆による一連の追究は茂吉短歌の新しい読みを模索するとともに、文学史的位置づけを試みる。玉城徹、小池光らの研究も先鋭な視座で茂吉短歌の相対化を試みる。

《主要参考文献》1990 年代後半～

安森敏隆『斎藤茂吉短歌研究』、京都：世界思想社、1998 年

柴生田稔『斎藤茂吉を知る』、東京：笠間書院、1998 年

岡井隆・小池光・永田和宏『斎藤茂吉　その迷宮に遊ぶ』、東京：砂子屋書房、1998 年

梶木剛『抒情の行程　茂吉、文明、佐太郎、赤彦』、東京：短歌新聞社、1999 年

斎藤茂太『茂吉の体臭』、東京：岩波書店、2000 年

岡田靖雄『精神病医斎藤茂吉の生涯』、京都：思文閣出版、2000 年

小松原千里『茂吉を読む 』、東京：短歌新聞社、2000 年

北杜夫『青年茂吉　「赤光」「あらたま」時代』、東京：岩波書店、2001 年
北杜夫『壮年茂吉　「つゆじも」～「ともしび」時代』、東京：岩波書店、2001 年
北杜夫『茂吉彷徨　「たかはら」～「小園」時代』、東京：岩波書店、2001 年
北杜夫『茂吉晩年　「白き山」「つきかげ」時代』、東京：岩波書店、2001 年
扇畑忠雄監修、斎藤茂吉記念館編『白き山研究　斎藤茂吉歌集（増補版）』、東京：短歌新聞社、2001 年
高橋宗伸『続　茂吉短歌の諸相』、東京：短歌新聞社、2002 年
西郷信綱『斎藤茂吉』、東京：朝日新聞社、2002 年
林谷広『少年茂吉』、東京：短歌新聞社、2002 年
梶木剛『子規の像、茂吉の影』、東京：短歌新聞社、2003 年
小池光『茂吉を読む　510 代 5 歌集』、東京：五柳書院、2003 年
藤岡武雄『年譜　斎藤茂吉伝　新訂版』、東京：沖積舎、2003 年
小林利裕『斎藤茂吉』、東京：近代文芸社、2003 年
飯島耕 1『白秋と茂吉』、東京：みすず書房、2003 年
合力栄『茂吉と九州 』、福岡：葦書房、2003 年
秋葉 4 郎『新論 歌人茂吉——その魅力再発見』、東京：角川書店、2003 年
宮原望子『おばさんの茂吉論』、東京：柊書房、2005 年
小倉真理子『斎藤茂吉——人と文学』、東京：勉誠出版、2005 年
太田登『日本近代短歌史の構築　晶子・啄木・八一・茂吉・佐美雄』、東京：八木書店、2006 年
松林尚志『斎藤茂吉論　歌にたどる巨大な抒情的自我』、東京：北宋社、2006 年
坂井修一『斎藤茂吉から塚本邦雄へ』、東京：五柳書院、2006 年
武川忠一『現代短歌の歩み　作品鑑賞による　斎藤茂吉から俵万

智まで』、東京：飯塚書店、2007 年
加藤淑子『茂吉形影』、東京：幻戯書房、2007 年
岡井隆『歌集『ともしび』とその背景　後期斎藤茂吉の出発』、東京：短歌新聞社、2007 年
伊吹純『斎藤茂吉『あらたま』ノート』、東京：短歌新聞社、2007 年
内藤明・安森敏隆『新しい短歌鑑賞第２巻　正岡子規　斎藤茂吉』、京都：晃洋書房、2008 年
加藤孝男『近代短歌史の研究』、東京：明治書院、2008 年
岡井隆『鴎外・茂吉・杢太郎：「テエベス百門」の夕映え』、東京：書肆山田、2008 年
佐藤通雅『茂吉覚書　評論を読む』、京都：青磁社、2009 年
品田悦一『斎藤茂吉――あかあかと一本の道とほりたり』、京都：ミネルヴァ書房、2010 年
小松原千里『かぜのみなもと――茂吉・迢空・リルケ』、東京：短歌新聞社、2011 年
「茂吉記念館だより」（『斎藤茂吉記念館館報』、1998 年 9 月～）
「特集　茂吉・迢空没後 50 年　短歌史を劃したその前後（1）」（『短歌研究』、2003 年 4 月）
「特集　没後 50 年茂吉の魅力」（『短歌』、2003 年 5 月）
「特集　茂吉・迢空没後 50 年　短歌史を劃したその前後（2）」（『短歌研究』、2003 年 6 月）
「特集　茂吉の歌集　上」（『短歌現代』、2003 年 6 月）
「特集　茂吉の歌集　下」（『短歌現代』、2003 年 7 月）

有島武郎

1878年（明治11）～1923年（大正12）

李先瑞

1

有島武郎（ありしまたけお）は東京小石川に生まれた。10 歳で学習院予備科に入学し、19 歳で学習院中等全科を卒業した。その後、札幌農学校に入学。1901 年にキリスト教に入信した。札幌農学校卒業後、1903 年に渡米、ハバフォード大学大学院、ハーバード大学に留学、思想的には社会主義や唯物史観に近づいた。日露戦争に際会し、キリスト教信仰に疑いをもち、文学に自己表現の可能性をみいだすようになる。1910 年、同人誌『白樺』に参加した。『かんかん虫』『お末の死』などを発表し、白樺派の中心人物の一人として小説や評論で活躍した。1916 年に妻と父を亡くすと、本格的に作家生活に入り、『カインの末裔』『生まれ出づる悩み』『迷路』を書き、1919 年には『或る女』を発表した。そして、作品の思想的源泉でもある、独自な生命哲学をまとめた『惜みなく愛は奪ふ』（1920 年）を刊行。しかし、このころより創作力不振に陥り、明治 30 年代の青春を描き、創作方法上に新局面をみせた長編『星座』（1922 年）もついに未完に終わる。1922 年、当時の社会主義的な風潮に対して、知識人のあり方を問う『宣言一つ』を発表、さらに北海道の有島農場を解放する。1923年、婦人公論記者で人妻であった波多野秋子と知り合い、6月9日、二人は軽井沢の別荘（浄月荘）で心中を遂げた。

2

まず伝記研究としては、瀬沼茂樹は『有島武郎伝』（『文学』1962年12月、1963年7月、11月）、「留学前後の有島武郎」（『文学』1966年9月号と11月号）で、作家になる前の有島武郎像を素描している。そのほか、高山亮二の『新訂有島武郎研究——農場開放の理念と現実』（東京：明治書院、1984年）、安川定男の『悲劇の知識人　有島武郎』（東京：新典社、1983年）も伝記として研究の基本文献である。また、精神史をさぐった岡田愛子の「有島武郎とウォルト・ホイットマン——その邂逅・有島に於けるホイットマンの変遷」（『国語と国文学』、1961年10月）、上杉省和の「有島武郎のキリスト入信とその周辺——新資料による覚え書き」（『国語国文研究』、1965年9月）、松下美那子の「有島武郎の思想構造とその問題性」（『日本文学』、1967年11月）、大田正紀の「有島武郎とキリスト教——聖性と酷愛のはざまで」（『梅花女子大学文化表現学部紀要』、2005年12月）などの論文もある。

有島武郎の作品研究の中では、代表作『或る女』に関するものが一番多い。また『或る女』を中心として作家論も展開される。本多秋五の『白樺派の文学』（東京：講談社、1955年）、『「白樺」派作家と作品』（東京：未来社、1975年）、山田昭夫の『鑑賞日本現代文学10——有島武郎』（東京：角川書店、1983年）、『有島武郎——姿勢と軌跡』（東京：右文書院、1979年）、山田昭夫・内田満の『近代文学資料8——有島武郎』（上、下）（東京：桜楓社、1975年）、安川定男の『有島武郎論（増補）』（東京：明治書院、1978年）、紅野敏郎の『有島武郎「或る女」を読む』（東京：青英社、1980年）、西垣勤の『有島武郎論』（東京：有精堂、1981

年）、丹羽一彦の『有島武郎論』（東京：風琳堂、1987 年）、大里恭三郎の『「或る女」の世界』（東京：審美社、1988 年）、『「或る女」の悲劇』（東京：審美社、1988 年）、尾西康充の『「或る女」とアメリカ体験 —— 有島武郎の理想と叛逆』（東京：岩波書店、2012 年）などの著書には『或る女』に関する研究成果が載っている。また、『或る女』を検討の対象と研究する論文は数多くある。その中でも重要なのは、大石修平の「『或る女』の形象組織」（『日本文学』、1954 年 11 月）、江種満子の「「或る女」論——「夢幻」と「屈辱」をめぐって」（『日本近代文学』、1966 年 5 号）、「石丸晶子の『或る女』論」（『国語と国文学』、1973 年 7 月）、川上美那子の「『或る女』について（一）」（『情念』、1973 年第 7 号）、同じ川上美那子の「『或る女』について（二）」（『情念』、1974 年大 9 号）、鎌倉芳信の「『或る女』論——モデル問題を中心に」（『日本文学』、1974 年 11 月）、蒲生芳郎の「『或る女』論——『或る女のグリンプス』と『或る女』の後編の関係」（『宮城学院女子大学基督教文化研究所研究年報』第 9・10 号、1977 年）、竹腰幸夫の「『或る女』論——母、葉子、愛子をめぐって」（『常葉学園短期大学紀要』第 10 号、1978 年）、外尾登志美の「『或る女』の構造——無秩序の奇跡とその証」（『中央大学大学院論究（文学研究科編）』第 11 巻第 1 号、1979 年）、安川定男の「『或る女』論——浦上宛書簡をめぐって」（『中央大学大学院論究（文学科）』第 43 号、1979 年）、鳥居明久の「『或る女』後編における『古藤』——終局部をめぐって」（『日本近代文学』第 26 集、1979 年）、山本芳明の「ヒステリーの時代——『或る女』序説」（『日本文学』、1979 年 2 月）、山田俊治の「『或る女』前編の改稿問題——葉子の形象について」（『文芸と批評』2 号、1979 年）、山田俊治の「『或る女』論——その劇と空間をめぐって」（『日本文学』、1980 年 10 月）、森山重雄の「『或る女』・父性の欠如」（『都大論究』18 号、1981 年）、相沢毅彦の「有島武郎の『或る女』と新聞スキャンダル——見えない抑圧について」(『有島武郎研究』8号、2005年)、石丸晶子の「有島武郎『或る女』」、(特集＝長編小説　時の座標、『解釈と鑑賞』、2008年2月)、片山礼子の「有島武郎『或る女』後編をめぐって」(『国文学』、2009年4月)などである。

中国における『或る女』に関する著書と論文には次のようなものがある。李先瑞の《本能主义者的精神幻灭——白桦派作家有岛武郎作品研究》(天津：南开大学出版社、2008年)、劉立善《日本白桦派与中国作家》(沈阳：辽宁大学出版社、1995年)、李先瑞《〈安娜・卡列尼娜〉和〈一个女人〉的异同点浅析》(《解放军外国语学院学报》、1994年2期)、李先瑞《两个知识女性的悲剧——试比较〈一个女人〉与〈伤逝〉》(《四川外国语学院学报》、1998年2期)、史永霞《论有岛武郎〈一个女人〉中心理描写的借鉴》(《日本研究》、2001年4期)、劉立善《有岛武郎〈一个女人〉与鲁迅〈伤逝〉之比较》(《日本研究》、2005年4期)、ジェンダーの視角からとらえた李先瑞《论〈一个女人〉中的女性主义思想》(《解放军外国语学院学报》、2008年1期)、譚杉杉《"理智生活"与"本能生活"的冲突——有岛武郎长篇小说〈一个女人〉中叶子形象新解》(《外国文学研究》、2010年1期)。

ほかの作品については、未完の長編小説『星座』に関する論文は次のものがある。西山正一の「『星座』の中核的問題——有島武郎文学崩壊の道標として」(『国語と国文学』、1955年11月)、川鎮郎の「『星座』」(『解釈と鑑賞』、1989年2月)、江頭太助の「『星座』の位相と方法——その構想と第一巻とのあいだ」(安川定男・上杉省和編『作品論・有島武郎』、1981年)、李先瑞の《〈星座〉的叙事学分析》(《解放军外国语学院学报》、2006年2期)、西村靖敬の「日本における"内的独白"——有島武郎『星座』を中心に」(『千葉大学人文研究』、2003年)。書簡体小説『宣言』についての論文には、佐々木靖章の「『宣言』における青春回復への祈り——有島武郎とキリスト教の一段面」(『文芸研究』

第88集、1978年）、野島秀勝の「『宣言』－或る女の感情教育」（『解釈と鑑賞』、1989年2月）、馮海鷹《有岛武郎〈宣言〉中的书信体构造》（《外国文学研究》、2009年4期）などがある。有島武郎の思想の集積といわれる評論『惜しみなく愛は奪ふ』に関する論文にも以下のようなものがある。長谷川泉の「『惜しみなく愛は奪ふ』」（『解釈と鑑賞』、1989年2月）、野島秀勝の「『惜しみなく愛は奪ふ』——一つの道」（安川定男・上杉省和編『作品論・有島武郎』、東京：双文社出版、1981年）、李先瑞の《论有岛武郎的〈惜しみなく愛は奪ふ〉》（《日语学习与研究》、2008年増刊）。そして宮野光男の「『宣言一つ』試論」（『解釈と鑑賞』、1989年2月）と磯多光一の「『宣言一つ』－半世紀後の帰結から－」（安川定男・上杉省和編『作品論・有島武郎』、東京：双文社出版、1981年）は有島武郎の晩年の思想を解明したものである。

有島武郎文学は20世紀20年代から中国語に翻訳され始めたのである。主なものに、魯迅訳《阿末的死》（『お末の死』）、《与幼小者》（『小さきものへ』）（《现代日本小说集》、上海：商务印书馆、1923年）、魯迅訳《小儿的睡像》（『小児の寝顔』）（《莽原》第12期、1926年）、魯迅訳《生艺术的胎》（『芸術を生む胎』）・《卢勃克和伊里纳的后来》（『ルベックとイリーネのその後』）・《伊孛生的工作态度》（「イプセイの仕事ぶり」）・《关于艺术的感想》（「芸術についての一考察」）・《宣言一篇》（『宣言一つ』）・《以生命写成的文章》（『生命によって書かれた文章』）（《壁下译丛》、上海：北新书局、1926年）、侍桁訳《实验室》（『実験室』）（《现代日本小说》、上海：春潮书店、1929年）、绿蕉訳《宣言》（『宣言』）（上海：启智书局、1929年）、任白涛が訳した《有岛武郎论文集》（上海：神州国光社、1933年）、任白涛訳《有岛武郎散文集》（上海：标点书局、1934年）、沈端先訳《有岛武郎集》（上海：中华书局、1935年）、谢宜鹏・卜国钧訳《叶子》（『或る女』）（长沙：湖南人民出版社、1984年）、张正立ら訳《一个女人的面影》（『或る女のグリンプス』）（福州：海峡文艺出版社、1991 年）などがある。

有島武郎の思想と創作に関するこれまでの研究はかなり多彩であるが、①ジェンダーの角度から、『或る女』のみならず、『宣言』と『石に打ちひしがれた雑草』などについての研究。②語りの角度から、作品の語りの構造の解析。③晩年の短編についての研究。④中国における有島武郎の文学受容の解明、などの角度からの研究も期待される。

武者小路実篤

1885年(明治18)～1976年(昭和51)

林濤

1

武者小路実篤（むしゃのこうじさねあつ）は公卿家族、子爵・武者小路実世の末子として明治 18 年 5 月 12 日に東京市麹町区元園町に生まれた。学習院の高等科を経て、1906 年に東大文科の哲学科社会学専修に進んだが、一年ほどで退学。1910 年 4 月には志賀直哉、有島武郎らと文学雑誌『白樺』を創刊、強烈に生命を賛仰し、大胆に個我と自由を主張する感想・評論を執筆、と同時に西欧の美術の紹介に努めた。この時期の代表作としては小説『お目出たき人』『世間知らず』『或日の一休和尚』『彼が三十の時』、戯曲『桃色の室』『わしも知らない』『或る青年の夢』、雑感集『生長』『後ちに来る者に』などがある。1918 年、宮崎県児湯郡木城村に武者主義の具現する理想郷「新しき村」を創設、1925 年末まで数十人の同志と共働共生の生活を送り、そのなかで中長編『幸福者』『友情』『第三の隠者の運命』『或る男』、戯曲『人間万歳』、評伝『耶蘇』などを発表。1923 年 9 月、関東大震災とともに雑誌『白樺』は 14 年の歴史を閉じ、やがて実篤は白樺派の思想代名詞的存在であるということや、新しき村運動が現実離れしている理想主義・空想社会主義的行動であることなどが、特に文壇の中心を占めるようになったプロレタリア文学者たちによって揶揄・批判された。その後、実篤は創作活動の重心を次第に画業へ移し、『美術論集』など美術論や美術評伝を盛んに執筆、美術個展を頻繁に開催した。第二次世界大戦中、時局に傾斜した姿勢を示したため、1946 年公職追放の身となり、1951 年処分を解除され、文壇・画壇に復帰、同年 11 月文化勲章を受章。戦後の創作としては、『真理先生』『馬鹿一』『山谷五兵衛』『白雲先生』『一人の男』などが挙げられる。1976 年 4 月 9 日満 90 歳 10 個月で永眠。1980 年埼玉県毛呂山町に武者小路実篤記念新しき村美術館、1985 年東京・調布市に武者小路実篤記念館が開館した。

2

テキストとしては、芸術社版の『武者小路実篤全集』全 12 巻（1923 ～ 1928 年）、新潮社版の『武者小路実篤全集』全 25 巻（1954 ～ 1957 年）及び小学館版の『武者小路実篤全集』全 18 巻（1987 ～ 1991 年）がある。それぞれ特色があるが、なかでも、小学館版全集はその時期における武者小路特有の文のリズムに従い、その用語、用字や、送り仮名、句読点などを原文のまま残し、「新しき村」運動も視野に入れ、さらに各巻に付く解題や解説が厳密な本文校訂や書誌、研究視点を提供しているので、武者小路文学の多様性、全体像を立体的、総合的に把握するのに重要なテキストとなっている。

武者小路は日本の文壇に登場して以来、毀誉のせめぎあう作家である。明治から大正にかけての賛否両論は、臼井吉見の「『白樺』論争」（『近代文学論争』上巻、東京：筑摩書房、1956 年）に手際よく網羅されている。特色のある作家論としては、金子洋文の『生ける武者小路実篤』（東京：種蒔き社、1922 年）をあげなければならない。プロレタリア文学の先駆者の一人であった金子は「新しき村」の社会的な有効性を信じなかったが、武者小路の生活改造の初心と社会的責任感を高く評価すると同時に、武者小路文学の内奥に「羊と獅子」あるいは「子供のやうな単純さと、老人のやうな洞察が」共棲していることを鋭く指摘した。

戦後の武者小路研究にゆるがない機軸を提供したのは、本多秋五の『「白樺」の文学』（東京：講談社、1954 年）である。本多の解析に続き、瀬沼茂樹の「武者小路実篤」（『明治大正文学研究』、1956 年 1 月）、「武者小路実篤の文学史的意義」（『文芸 』、1955 年 7 月）、紅野敏郎の「武者小路実篤」（『国文学』、1960 年 2 月）、「武者小路実篤——現代作家の心理診断と新しい作家論」（『解釈と鑑賞』、1961 年 11 月）、遠藤祐の「武者小路実篤・有島武郎の文体」（『国文学』、1960 年 4 月）、『「白樺」派と演劇・戯曲』（『悲劇喜劇　武者小路実篤の戯曲〈特集〉』、1980 年 11 月）などの論によって、武者小路研究がより広く深く展開された。一つの著作として、「新しき村」を提唱するまでの武者小路が標榜したトルストイ主義、「自然」主義、「人類」主義を、一連の「武者主義」の模索として把握したのは、大津山国夫の『武者小路実篤論』（東京：東京大学出版会、1974 年）である。また、前著に後続する形で、大津山氏は『武者小路実篤研究—実篤と新しき村—』（東京：明治書院、1997 年）のなかで、それまでの「新しき村をめぐる文献」を収録しただけでなく、「新しき村」の提唱と反響からそれの創設、模索及び武者小路が離村するまでのプロセスや原因などに対して詳細な分析を行っている。「新しき村」研究の集大成と言える。

それ以来、武者小路研究が次第に思想分析からテクスト分析へと重心が移動する傾向が見られ、1999 年 2 月に刊行された『解釈と鑑賞　特集武者小路実篤の世界』は様々な視点から作品の考察が行なわれ、実篤文学研究の発展と深化を具現している。そして近年、美術の角度から論を展開しているものには、吉本弥生「武者小路実篤の初期における「画家」への憧憬——「自己」を視座として」（『有島武郎研究 10』、2007 年 3 月）、 立川和美「武者小路実篤に関する文学と美術に関する試論」（『流通経済大学論集』、2009 年 7 月）、「武者小路実篤の文学と美術に関する再考」（『流通経済大学論集』、2009 年 9 月）などがある。また、ジャーナリズムの商業主義のなかで形成された実篤像を論じるものに、紅野謙介『武者小路実篤と広告の時代——実篤記念館「ポスターの美」展に即して』（『特集　伝承・流布・メディア　国文学研究』、2006 年 3 月）がある。実篤の基礎的な研究にとって意義が大きい一次資料の発掘としては、宗像和重の「プランゲ文庫データベースと近代文学研究——武者小路実篤、志賀直哉の新出資料を中心に」（特集　戦時期・占領期の一次資料による研究調査の現在、特集 1 プランゲ文庫、2002 年 3 月）や、歌代幸子の「『武者小路実篤』の理想郷『新しき村』90 年の今」（『週刊新潮』、2008 年 11 月）などがある。

3

中国における武者小路実篤の研究は、主に① 20 世紀 10 年代後半から 30 年代まで、② 80 年代半ばから 21 世紀現在までの二つの時期に集中している。①の時期の特色は、作品の翻訳と「新しき村」思想への共鳴及び研究者たち自らの「新しき村」実践運動に焦点が当てられていたことである。この時期に、魯迅訳の『ある青年の夢』をはじめ、『新しき村』『孤独の魂』『四人及び其の他』『人間的生活』『母と子』『お目出たき人』『愛欲』『その妹』『戯曲研究』『武者小路実篤集』『武者小路実篤戯曲集』と、単行本でも 12 冊が出版されていた（実藤恵秀編『中訳日文目録』、東京：国際文化振興会、1945 年；実藤恵秀監修《中国译日本书综合目录》、香港：香港中文大学出版社、1980 年）。人道主義を標榜する中国「五・四運動」前後の時代背景と武者小路の提唱する自他うまく調和する人類主義とがマッチしていたということの他に、魯迅と周作人の強い影響力が翻訳を促進した大きな要因と考えられよう。周作人は紹介文《读武者小路君著作〈一个青年的梦〉》（《新青年》4巻5号、1918年5月）、魯迅は《〈一个青年的梦〉・译者序》（《新青年》7巻2号、1920年1月）のなかで、武者小路の非戦論と「民衆の覚醒」即ち人類の根である民衆がまず個人として目覚めるべきだという主張に強い共感を示した。この二編の文章は中国における武者小路批評の最初とも言える。また、「新しき村」運動をめぐる調査と研究も周作人を抜きにしては語れない。彼は《日本的新村》（《新青年》6巻3号、1919年）、《访日本新村记》（《新潮》2巻1号、1919年10月）、《新村的精神》（1919年11月8日の天津新学書院における講演。後《民国日报・觉悟》23～24、1919年11月；《新青年》7巻2号、1920年1月；《工学》1巻5号、1920年3月）、《新村的理想与实际》（1920年6月19日社会実進会での講演。《晨报》副刊、1920年6月23～24日）など一連の文章を通して、「新しき村」運動の理想は平和的な道で、模範的な人間の生活を建設する所にあると指摘し、「新しき村」は「人類に対する義務を尽くす一方、自己に対する義務をも果たす。協力を讃美し、個性をも讃美する。共同の精神を伸すとともに、自由の精神をも発展させる。実に切実で、実行可能な理想であり、真に普遍的な人生の福音である」（《日本的新村》）と高らかに褒め称えた。そのうえ、実践運動として、1920年2月、北京西直門内十一号の自宅に「新しき村」北京支部を創設した。

②の時期の実篤研究は、劉春英《“白桦”时代的武者小路实笃》（《外国问题研究》、1984年1期）、黄暁燕《武者小路实笃——日本白桦派著名作家》（《文化译丛》、1985年5期）、沈駿《关于五四时期新村主义若干问题的探讨》（《社会主义研究》、1989年2期）などに代表されるように、まず白樺時代の実篤に焦点が当てられた。中国の改革開放とともに、80年代から「五・四」時期に高揚した人間性への尊重という人道主義が再び唱えられるようになり、理想や個性を高らかに主張する白樺派の代表人物武者小路

実篤および彼が提唱する新しき村思想も自然に再び中国研究者の注目対象となった。そして、90年代に入ると、長い間タブー視されてきた周作人研究が次第に解禁され、それに伴って、周作人との交流関係から武者小路研究を展開するものが多く見られる。代表的な論を挙げれば、銭理群《周作人传》(北京：北京十月文艺出版社、1990年)、劉岸偉『東洋人の悲哀——周作人と日本』(東京：河出書房新社、1991年)、劉立善《日本白桦派与中国作家》第二章(沈阳：辽宁大学出版社、1995年)、王向遠《日本白桦派作家对鲁迅、周作人影响关系新辨》(《鲁迅研究月刊》、1995年1期)、秦弓《日本白桦派与中国作家》(《文艺研究》、1997年1期)、林涛「周作人と武者小路実篤—『人間の文学』と『自己の園地』に見る『新しき村』の精神—」(『日本女子大学大学院文学研究科紀要』、1998年3月)、董炳月《周作人与〈新村〉杂志》(《中国现代文学研究丛刊》、1998年2期)、于耀明『周作人と日本近代文学』(東京：翰林書房、2001年)、林恒青《武者小路实笃与周作人的诗歌交往》(《福建师范大学学报》、2002年3期)、董炳月《梦与梦之间——中国新文学作家与武者小路实笃的相遇》(《鲁迅研究月刊》、2003年2期)などである。もっとも、林恒青《"新村"与武者小路实笃——作为文学家的社会实践》(《福州大学学报》、2004年4期)、鮑耀明《武者小路实笃・新村・叶绍钧与我》(《鲁迅研究月刊》、2009年12期)、劉立善《武者小路实笃"新村"的发展途程》(《日本研究》、2010年2期)などのような周作人との関係から論ずる方法から脱却し、実篤を単独の考察対象、或いは他の中国作家との関係から研究する論も近年現れてきた。また、実篤作品の翻訳と中国における受容の視点から考察している論としては、王向遠《对武者小路实笃的翻译》(《二十世纪中国的日本翻译文学史》、北京：北京师范大学出版社、2001年)、林濤《武者小路实笃作品在中国的翻译与接受》(《日本翻译文学论文集》、北京：人民文学出版社、2004年、95-118页)、楊英華《关于鲁迅翻译武者小路实笃剧作〈一个青年的梦〉的态度与特色》(《鲁迅研究月刊》、2004 年 4 期）などが挙げられる。魯迅との比較という視点から研究を展開しているものに、楊英華の『武者小路実篤と魯迅の比較研究』（東京：雄松堂、2004 年）、「武者小路実篤と魯迅の文学における使命感と悲劇性の一考察」（『昭和女子大学大学院日本文学紀要』、2006 年 3 月）がある。また特筆すべき近年の成果として、ジェンダー論など社会批評の視点から武者小路文学の解析を試みる楊琇媚の一連の論文があげられる。「芸術への執着と妹の献身 ： 武者小路実篤『その妹』におけるジェンダー意識」（『近代文学試論』、2002 年 12 月）、「武者小路実篤『友情』論——作中人物におけるジェンダー言説に着目して」（『国文学攷』、2004 年 12 月）、「武者小路実篤『世間知らず』論—主人公の自己成長に着目して—」（『日本研究』、2008 年 3 月）、「武者小路実篤『若き日の思ひ出』論—戦争イデオロギーとのかかわり—」（『アジア社会文化研究』、2008 年 3 月）などである。

4

今までの研究は、主に武者小路という人間、特にその思想に重点が置かれているが、武者小路文学についての研究が比較的少ない。近年、さまざまな角度から作品をとらえる論が次第に多く見られるものの対象作品が偏っている傾向があるため、いっそう範囲を広くすることが必要である。そして、武者小路文学のなかの児童文学という概念を明確にし、研究を深化させることも望まれる。また、戦前の非戦論者から戦中の戦争擁護論者へと変身する武者小路の思想構造は一体どうなっているのか、戦争末期に周作人への書簡など新しい資料（「武者小路実篤、戦争支持派とは一線　魯迅弟へ手紙で本音」、『朝日新聞』朝刊、2010 年 1 月 4 日）の発見によって、武者小路の戦争認識観がどのようなものであったと理解することができるのか、今後の分析と解明が期待される。

志賀直哉

1883年（明治16）～1971年（昭和46）

陳多友

1

志賀直哉（しがなおや）は宮城県石巻市生まれ。1900 年、内村鑑三に接し、以後 7 年余り鑑三の許に通う。1901 年、足尾銅山鉱毒問題で、父直温と意見衝突し、以後長年不和。1910 年、創刊号『白樺』に「網走まで」を発表。1912 年『大津順吉』で作家の地位を確立。白樺派を代表する小説家として、自己の経験や身辺での出来事を題材にした『和解』（1917 年）などの秀作を発表。前半期には客観小説の傑作も少なくない。父と和解後、調和的な作風に転じた。代表作は唯一の長篇小説『暗夜行路』のほかに、『清兵衛と瓢箪』『範の犯罪』『小僧の神様』『城の崎にて』などがある。「小説の神様」と称される。

2

戦後、作家論として、まず水野明善「志賀直哉論——近代的「自我」の破産」（『文学』、1948 年 1 月）、大西巨人「志賀直哉論 I・日本私小説・心境小説における作品中の「私」に対する名誉毀損罪の不成立」（『国土』、1948 年 3 月）、本多秋五『「白樺派」の文学』（『群像』、1951 年 2 ～ 5 月）、中村光夫『志賀直哉論』

（東京：文芸春秋新社、1954 年）などの優れた論が出た。やや遅れて出てきたのは伊沢元美「志賀直哉のリアリズム」（『島根大学十周年記念論文集』、1960 年 2 月）、須藤松雄『志賀直哉の文学』（東京：南雲堂桜風社、1963 年）、安岡章太郎『志賀直哉私論』（東京：文芸春秋社、1968 年）などである。後に、『国文学』（1976 年 3 月）の特集「志賀直哉と日本人」や高橋英夫「見つつ畏れよ」（『新潮』、1972 年 9 月）や饗庭孝男「志賀直哉」（『近代の解体——知識人の文学』、東京：河出書房新社、1976 年）なども志賀研究の要所を得たものである。

次に、作品論では代表的なものとして、松島秀三「志賀直哉の文芸」（Ⅰ・Ⅱ）（『季刊歯車』、1956 年 12 月）、大石修平「殺されたる範の妻」（『日本文学』、1960 年 5 月）、紅野敏郎「志賀直哉・鑑賞」（『鑑賞と研究　現代日本文学講座小説（4）』、三省堂、1962 年 7 月）などが挙げられる。中でも殊に前記大石氏の論は志賀の初期作品から『暗夜行路』までを通覧し、『城の崎にて』に〈転回〉の契機を求めながら、〈死〉・〈惨劇〉が志賀文学に〈普遍的に認められる〉と論じた極めて啓発的なものである。

この頃から 1970 年代にかけて『暗夜行路』の問題はますます議論され、作品論の隆盛とも呼応し、創見に満ちた論が続出した。成立事情に注目した関良一「『暗夜行路』」（『国文学言語と文芸』、1961 年 7、9、11 月）が〈直道的なものと直温的なものとの和解〉にモチーフを探り、遠藤祐「『時任謙作』から『暗夜行路』へ——その『移転』の意味について」（『文学言語』、1963 年 3 月）がその移転過程の〈必然の契機〉を『城の崎にて』の生死観・運命観との関係で論じた。更に、三好行雄「仮構の〈私〉——『暗夜行路』志賀直哉」（『作品論の試み』、東京：至文堂、1968 年）が鋭敏な解読によって、作品構造の精緻な論証をし、小説の中断期間は〈志賀の個性が実生活で円熟し、調和的な心境を確認するための時間〉であったと主張した。同時期、竹盛天雄「『暗夜行路』素描—抽象的独立人の誕生・変形・連環的持続の芸術—」（『日本近代文学』、1965 年 11 月）が前・後篇を〈同一主題の変形〉と認め、統一的把握の視点として、〈連環的持続〉という見解を示して注目を浴びる。遠藤祐『日本近代文学大系（31）』（東京：角川書店、1971 年）は、「暗夜行路」その他四篇に精密な注解を施したもので、志賀研究の土台をなお更に固めたものだと言えよう。ほかに、町田栄「いわゆる『時任謙作』の形成と分裂」（『日本近代文学』、1970 年 10 月）、池内輝雄「志賀直哉『ある男、その姉の死』論」（『大妻女子大学文学部紀要』、1972 年 3 月）など、次世代による継続的な研究もすばらしい成果を実らせている。

新しい志賀直哉全集刊行後、『国文学』（1976 年 3 月）の志賀特集に、草稿・未定稿を生かした論考が多数現れ、西垣勤「志賀直哉初期覚え書」（『日本文学研究』、1975 年 1 月）が初期の作品・未定稿を検討し、〈民衆・労働者〉と〈性〉をテーマとした出発期の趨勢を抽出して未定稿の整理を試み、これからの研究はこの全集の活用如何にかかわっていると多くの研究者に思わせた。須藤松雄は前者の増訂版（1976 年 6 月）以下の著作で新見解を発表し、また、草稿から定稿へのプロセスを的確に辿った本多秋五「直哉——『暗夜行路』序説」（『岩波講座文学（10）・表現の方法（7）・研究と批評（下）』、東京：岩波書店、1976 年）などの論考もある。柳田知常も初期から『暗夜行路』までの作品を丹念に読み込んだ『志賀直哉の作品』（諏訪：檸檬社、1981 年）をまとめた。その他、紅野敏郎『鑑賞日本現代文学（7）志賀直哉』（東京：角川書店、1981 年）は行き届いた作品鑑賞を行っており、志賀直哉文学研究のための必携書と言えよう。

更に、阿川弘之のシリーズ「志賀直哉 1 ～ 78〈最終回〉」（『図書』、1989 年 1 月～ 1994 年 12 月）や山口直孝の系列論文「志賀直哉文芸」（『日本文芸研究』、1989 年 1 月）などはこれまでの志賀直哉研究に句点を入れると同時に新生面を開くことにもなった。また、紅野謙介のシリーズ論文「小説をどう読むか1～6」(『月刊国語教育』、1990年8月～1991年1月）、荒井均「志賀直哉におけるアイデンティティー」（『解釈』、1990年4月）、池内輝雄「志賀直哉作中人物事典」（『国文学』、1991年4月）、紅野謙介「シンポジウム〈人はなぜ物語るか〉〈私〉が〈私〉を語るとき――〈私小説〉の物語」（『語文〈日本大学〉』、1991年3月）、本多秋五「『志賀直哉』をめぐる断想」（『群像』、1991年1月）、小島信夫「弁明の余地がない怖しさ――志賀直哉論」(『文学界』、1992年2月）等は雄弁を揮った好論である。江種満子「『暗夜行路』の深層」(『女が読む日本近代文学』、1992年3月）、高口智史「『灰色の月』論――志賀直哉と〈戦後〉」（『近代文学研究』、1993年4月）、水野岳「初期志賀直哉と〈客観的証拠〉」（『語文〈日本大学〉』、1993年6月）、町田守弘・上佐秀里・倉本幸弘・中島一夫・小高裕樹「〈シンポジウム〉志賀直哉『范の犯罪』をめぐって」（『早稲田実業学校研究紀要』、1994年3月）、橋本栄治「志賀直哉の不思議な空間（上・下）」（『馬酔木』、1995年10・11月）、水野岳「意志と行為の間の〈大きな堀〉――再び、初期志賀直哉を中心に」（『語文〈日本大学〉』、1996年12月）などは心理学的理論を援用してより踏み込んだ分析を試みたものである。また、生井知子「〈翻〉志賀直哉全集未収録資料及び関連資料紹介」（『同志社女子大学日本語日本文学』、1997年10月）、小林幸夫「志賀直哉を読む1～5」（『月刊国語教育』、1997年6～10月）、高橋英夫・高井有一・坂上弘「〈座談会〉志賀直哉を語る」（『図書』、1998年11月）等も非常にユニークな論といえよう。更に、石井三恵「『暗夜行路』にみられるジェンダー視点――女性とのかかわりによる謙作の変貌」(『広島女学院大学大学院言語文化論叢』、1998年3月）、伊藤佐枝「『暗夜行路』と「運命」――メーテルリンクを手掛かりにして」（『日本文学』、1999年6月）、紅野敏郎のシリーズ「志賀直哉宛署名本1～50」（『日本古書通信』、

1999～2003年）、加藤三重子「志賀直哉「国語問題」の政治学」（『成城国文学』、1999年3月）、富沢成実「志賀直哉と生母銀——母をめぐる美とエロスの風景」（『文学・語学』、2000年5月）、中村智「妻の姦通に欲情する夫——志賀直哉『雨蛙』論」（『山口国文』、2000年3月）、中村智「志賀直哉の朝鮮」（『コンパラティオ』、2001年3月）、田中絵美利「志賀直哉『剃刀』における〈性〉と〈罪〉の相関性——何故〈男〉は〈男〉を殺したのか」（『明治大学大学院文学研究論集』、2001年9月）等はジェンダーやフェミニズム、ニューヒストリズムなどの角度から個性的な論証を行った。上田穂積「志賀直哉における〈音〉と〈声〉——『児を盗む話』を読む」（『国文学研究』、2001年3月）、池内輝雄など「特集志賀直哉——芸術家＝小説家として」シリーズ論考（『国文学』、2002年4月）、亀井千明「志賀直哉『創作余談』に関する一考察——『城の崎にて』をめぐる言説を中心に」（『甲南女子大学大学院論叢』、2002年3月）、金明姫など「特集・二十一世紀の志賀直哉」シリーズ論考（『解釈と鑑賞』、2003年8月）、呉保華「志賀直哉と禅語」（『岡大国文論稿』、2004年3月）、亀井千明「メディアの中で生成される〈私〉——志賀直哉『大津順吉』に見る自己語りの様相」（『阪神近代文学研究』、2004年3月）、小林幸夫著『認知への想像力・志賀直哉論』（双文社出版、2004年9月）、宗像和重「志賀直哉の芸」（『表現と文体』、2005年3月）、内田保男「作家と作品　志賀直哉『赤西蠣太』——登場人物名に隠された意味」（『国語教室』、2005年5月）、丸山隆司「〈大東亜帝国〉への〈行路〉——『暗夜行路』をめぐって」（『藤女子大学国文学雑誌』、2005年3月）、大野亮司「"認めること""知ること"へと向かうとき——小林幸夫『認知への想像力・志賀直哉論』に関して」（『日本近代文学』、2005年5月）、能地克宜「志賀直哉『暗夜行路』研究文献目録」（『文学1920年代』、2005年4月）、下岡友加「志賀直哉「佐々木の場合」——漱石への献辞の意味」（『近代文学試論』、2006 年 12 月）、神代知子「志賀直哉『濁つた頭』論——共有されない価値観」（『明治大学大学院文学研究論集』、2006 年 9 月）、山井徳行「国語外国語化論の再考 3——森有礼の「国語英語化論」と志賀直哉の「国語フランス語化論」について」（『名古屋女子大学紀要（人文・社会）』、2006 年 3 月）、桐野晃「志賀直哉『城の崎にて』——『生』への回帰」（『文月』、2007 年 7 月）、下岡友加著『志賀直哉の方法』（東京：笠間書院、2007 年 8 月）、上田穂積「〈引用〉としての『暗夜行路草稿』の諸問題——『和解』を巡って」（『徳島文理大学文学論叢』、2007 年 3 月）、古川裕佳「『暗夜行路』の軟派不良についての一考察」（『国文学論考』、2008 年 3 月）、上田穂積「志賀直哉『暗夜行路草稿』における〈伝説〉の構造」（『徳島文理大学研究紀要』、2008 年 3 月）、上田穂積「土地の名、浮遊する謙作——『暗夜行路』における空間」等等も的を射た論であろう。

3

一方、中国における志賀直哉文学に関する翻訳は周作人《到网走去》（《小说月报》、1921 年 4 期）に遡及できる。筆者の知っている限りでは、その後、周作人《清兵卫与壶卢》（周作人・鲁迅译《现代日本小说集》所収、上海：商务印书馆、1923 年 6 月）、谢六逸《范某的犯罪》（上海：现代书局、1929 年）、楼适夷ほか《志贺直哉小说集》（北京：作家出版社、1956 年）、刘介人《暗夜行路》（长沙：湖南人民出版社、1988 年）といった僅少の訳作しかない。

中国における志賀文学研究は 1980 年代から勢いよく行われてきたが、作品論や作家一般論がほとんどである。時代順に辿れば、以下のようなものが目に留まる。呉樹文《志贺直哉的文学道路》（《东北师大学报》、1986 年 4 期）、劉介人《志贺直哉的文学观及其创作实践》（《日语学习与研究》、1987 年 2 期）、黄来舜《可怜的爱情　巧妙的构思——评志贺直哉的中篇小说〈大津顺吉〉》（《日

语学习与研究》、1990年5期）、魏明《一种重要的修辞手段——谈志贺直哉作品中着重号的使用及其表达效果》（《日语学习与研究》、1992年3期）、王符《论志贺直哉的〈在城崎〉与心境小说在日本文学中的地位》（《暨南学报・哲学社会科学》、1992年1期）、陳多友《暗夜行路之我见》（《日本文学研究》、吉林大学出版社、1994年）、劉揚《〈暗夜行路〉与老庄思想》（《外语学刊》、1996年4期）、李先瑞《论志贺直哉与心境小说》（《解放军外国语学院学报》、1999年2期）、劉立善《论志贺直哉的〈和解〉》（《日本研究》、2001年3期）、呉光輝《自然与生命的调和"心境"——论志贺直哉〈暗夜行路〉的文学表象》（《外国文学评论》、2002年4期）、超敬《志贺直哉随笔两篇》（《日语学习与研究》、2002年1期）、邢雪艶《志贺直哉的"小物"情节和心境转换》（《日语学习与研究》、2004年4期）、劉立善《论志贺直哉〈暗夜行路〉的悲剧性》（《日本研究》、2004年4期）、陳多友《试论〈暗夜行路〉中的"大山"意象》（《东北亚论坛》、2004年12月增刊）、南海《日本私小说之代表作——透视志贺直哉〈母亲的死与继母〉》（《陕西师范大学学报・哲学社会科学版》、2004年s2期）、孫立春《志贺直哉〈学徒的菩萨〉的叙事分析》（《安徽师范大学学报・人文社会科学版》、2007年3期）、崔顥《论基督教对志贺直哉文学创作的影响》（《东岳论丛》、2007年2期）、陳秀敏《志贺直哉〈暗夜行路〉与俄底浦斯情结》（《辽宁大学学报・哲学社会科学版》、2009年2期）、蒋翠《志贺直哉〈范某的犯罪〉与自我中心主义》（《重庆教育学院学报》、2009年2期）、李暁光《梶井作品中的志贺之影——围绕梶井基次郎作品『城のある町にて』》（《日语学习与研究》、2009年6期）、陳多友《论志贺直哉文学的自然观》（《研文肆言：文与中日文学研究》、汕头：汕头大学出版社、2009年）等等。

4

今日では、志賀直哉研究は盛んであるにもかかわらず、その文学における政治性・思想性に関する論議がまだ欠如しているようである。例えば、戦時中の志賀直哉の文学に対する認識にはどのような微妙な異変が起こったのか、その創作活動はなぜスムーズに行かなかったのかといった課題が看過されがちである。と同時に、〈自然〉とのかかわりは志賀直哉研究における重大な課題ではあるが、従来これについての探究は紋切り型的な論議にとどまり、もっぱら〈文化〉の対極に位置する〈自然〉にだけ焦点を当ててしまい、かえって〈人間性〉のアキレス腱としてのもうひとつの大きな〈自然〉が往々にして疎かになっている。

芥川龍之介

1892年(明治25)～1927年(昭和2)

単援朝

1

芥川龍之介（あくたがわりゅうのすけ）は東京市京橋区（現中央区）入船町八丁目に新原敏三の長男に生まれたが、生後七ヶ月頃に実母ふくが精神を病み、母の実家芥川家に引き取られ芥川道章の養子となった。代々江戸城の奥坊主を務めた家柄である芥川家に育ったため、文芸、芸事への関心を早くからもった。本所元町の江東小学校、東京府立第三中学校に学び、第一高等学校一部乙を経て東京大学英文科に進んだ。東大在学中の 1914 年 2 月、久米正雄、菊池寛、松岡譲、山本有三、成瀬正一らと第三次『新思潮』を創刊。1916 年 2 月、再び久米、菊池、松岡、成瀬らと第四次『新思潮』を発刊、創刊号に「鼻」を書いて夏目漱石の激賞を受け、華々しく文壇デビュー。その後、傑作短編を次々と発表。機智に富む発想、様式上の多彩な試み、趣向の粋を凝らした構成、均整のとれた文体、推敲を重ねた表現、完成度の高い作品などは芥川文学の特色としてよく挙げられるものである。こうした巧緻な作風と傍観者的態度で当時のいわゆる新技巧派・新理知派の代表作家と目されるに至った。1921 年 3 月から 7 月にかけて中国を旅行し、帰国後新聞や雑誌に各地の紀行を連載し、1925年3月に改造社から『支那游記』として刊行。関東大震災（1923年）後、急速に台頭してきたプロレタリア文学と対峙した市民文学のなかで、私小説や心境小説を偏重する傾向に対して、芸術の自律性を尊重する芸術派の立場を変えなかったが、心境小説への傾斜を著しくし自ら私小説に手を染めたり、社会主義への関心を示し中野重治や堀辰雄に新しい文学の萌芽を認めるに至ったりして、思想上、芸術上の懐疑と動揺は深刻化した。1927年7月24日未明に田端の自宅で睡眠薬を大量に飲んで自殺。作品に「羅生門」、「戯作三昧」、「地獄変」、「奉教人の死」、「舞踏会」、「南京の基督」、「藪の中」、「玄鶴山房」、「歯車」、「或阿呆の一生」などがある。

2

芥川龍之介研究史は同時代評に遡って見る必要があるが、それは小説「鼻」を批評した漱石の書簡に始まったといってもよい。加藤武雄「芥川竜之介を論ず」（『新潮』26巻1号、1917年1月）、片岡良一「芥川竜之介の作品」（『国語と国文学』、1925年6月）など多くの作家論や作品論が同時代批評として書かれている。芥川の死は当時の文壇に大きな衝撃を与えた。死後まもなく、大山郁夫「芥川竜之介の『死』とその芸術―実践的自己破壊の芸術―」（『中央公論』、1927年9月）のように、彼の自決を「ブルジョア芸術の、さし迫つた行き詰まり及び破綻の一面を反映してゐるもの」と断ずる批評がすでに現れている。大山の見解はさらに昭和四年の宮本顕治「敗北の文学」（『改造』、1929年8月）によって、一層徹底して論じられた。

1942年は芥川研究史上特筆すべき年となった。この年、大正文学研究会編の『芥川竜之介研究』（東京：河出書房）と、吉田精一『芥川竜之介』（東京：三省堂）があいついで刊行されたからである。前者は吉田精一、川副国基らの文学史家も参加しているが、主として矢崎弾、伊藤整、窪川鶴次郎などの作家、文芸批評家による共同研究で、芥川文学の過小評価が目立っている。後者については、もちろん、まとまった芥川研究書として最初の歴史的意義をもつ竹内真の『芥川竜之介の研究』（東京：大同館書店、1934 年）などが先行しているが、「文学史家としての客観性をつらぬく実証的な本格研究」（三好行雄）として、芥川研究の第一の基本図書であるといえよう。芥川に関する追憶、回想記の類も、自決直後から現在にいたるまで多くの人々によって書かれている。そのなかで、小穴隆一の『二つの絵—芥川 龍之介の回想』（東京：中央公論社、1956 年）が芥川私生児説で大きな問題を投げることになったが、これが後の作家論、伝記研究につながっていく。伝記研究の代表的なものに森本修『芥川龍之介伝記論考』（東京：明治書院、1964 年）、後に改訂版『新考・芥川龍之介伝』（1971 年）がある。これは膨大な資料によって、できるだけ主観を排した伝記を構築しようとしたものである。これと対蹠的になるのは三好行雄の仕事である。『芥川龍之介論』（東京：筑摩書房、1976 年）などで展開された「三好芥川」は「昭和四十年以降の作品論を主導していた」（三島譲）とされている。この 2 冊の他、芥川研究の基本図書としては、菊地弘『芥川龍之介—意識と方法—』（東京：明治書院、1982 年）、平岡敏夫『芥川龍之介抒情の美学』（東京：大修館書店、1982 年）、海老井英次『芥川龍之介論—自己覚醒から解体へ』（東京：桜楓社、1981 年）、関口安義『芥川龍之介 実像と虚像』（東京：洋々社、1988 年）、同『芥川龍之介とその時代』（1999 年）、関口安義・久保田芳太郎・菊地弘編『芥川龍之介事典』（東京：明治書院、1985 年）、関口安義編『芥川龍之介新辞典』（東京：翰林書房、2003 年）などを挙げるべきである。芥川研究の進展にともない研究そのもの細分化も進んでいる。歴史小説に焦点を絞った著書に勝倉寿一『芥川龍之介の歴史小説』（東京：教育出版センター、1983 年）、石割透『芥川龍之介——初期作品の展開』（東京：有精堂、1987 年）、吉田俊彦『芥川龍之介——「偸盗」への道』（東京：桜楓社、1987 年）、長野甞一『芥川龍之介と古典』（東京：勉誠出版、2004 年）があり、芥川とキリスト教に関しては、佐古純一郎『芥川龍之介における芸術の運命』（東京：一古堂書店、1956 年）、関口安義『この人を見よ　芥川龍之介と聖書』（東京：小沢書店、1995 年）、佐藤善也『芥川龍之介のキリスト像——折れた梯子とエマオの旅びとたち』（東京：近代文芸社、1997 年）などが上梓され、詩歌（俳句）に関する単行本も数多く刊行された。その他に、病理学・病跡学的アプローチ、比較文学的アプローチ、トポグラフィ的アプローチも成果を上げている。

また、研究文献の整理も着々と行われている。戦前の文献を網羅した論文（評論）集成として、関口安義編『芥川龍之介研究資料集成』全 11 巻（東京：日本図書センター、1993 年）、戦後の文献を集めたものとして、宮坂覚編『日本文学研究資料新集 19　芥川龍之介・理知と抒情』（東京：有精堂、1993 年）、菊地弘編『日本文学研究大成・芥川龍之介』全 2 巻（東京：国書刊行会、1994 ～ 1995 年）、浅野洋・海老井英次・石割透・清水康次・関口安義・宮坂覚の編となる『芥川龍之介作品論集成』全 7 巻（東京：翰林書房、1999 ～ 2001 年）などが刊行された。年表、年譜、書誌などでは鷺只雄『作家年表読本・芥川龍之介』（東京：河出書房新社、1992 年）、宮坂覚『芥川龍之介全集索引　付年譜』（東京：岩波書店、1993 年）などがある。

以上、単行本を中心に研究史の概要を見てきたが、研究文献の中で数が最も多いのは雑誌紀要に発表された論文である。のちに一冊にまとめられたものも多いが、作品論を中心とするこれらの論文は、大体作品を一つの完結した空間と見なす観点から作品の内部に視点を据え、語り手の設定や叙述の構造など方法の分析を通して作家の表現意識を捉え、読みの深化と新しい芥川像の提示を図るものである。笠井秋生『芥川龍之介作品研究』（東京：双文社出版、1993年）、清水康次『芥川文学の方法と世界』（大阪：和泉書院、1994年）、高橋龍夫「芥川の創作意識と方法——『羅生門』から『蜜柑』まで」（『国語教育の現代的視点』、東京：東洋館出版、1994年）、篠崎美生子「排除する物語 / 排除されたもの語り—もうひとつの『羅生門』—」（『国文学研究』123集、1997年10月）などはこれに属する。一方では、作品間の関連性や作家を取り巻く外部環境などにも目を配り、時代状況を踏まえた緻密な分析で作家の社会意識と表現意識を探り、作品価値の再発見と新しい芥川像の提示を目指す研究も行われている。関口安義の一連の仕事はこれにあたる。神田由美子『芥川龍之介と江戸・東京』（東京：双文社出版、2004年）も独自の視点をもっている。ここ十年間、これまでの芥川研究への反省、批判を含めて数多くの作品論が書かれたが、読みの深化につながったものもあれば修正程度にとどまったものもある。新たな視点、方法が模索されるなか研究の国際化が進んでいる。90年代に上梓された平岡敏夫『芥川龍之介と現代』（東京：大修館書店、1995年）はアメリカの学生の反応や読みなどを取り入れた論で芥川の現代性を再検討しようとするものである。新世紀に入って、芥川研究の国際学会が頻繁に開かれ、2006年に日本、中国、韓国の研究者を中心に国際芥川龍介学会が発足し、学会誌『芥川龍之介研究』が刊行されることにいたった。芥川文学の現代性、国際作家芥川龍之介といったものは果たして手垢にまみれた芥川を解き放つ突破口になれるか。

中国における芥川研究は魯迅の紹介に始まる。1921年5月11～13日、中国旅行中の芥川が江南地方に赴いた頃、魯迅は「鼻」を訳出し北京の《晨报》に連載した。また、芥川が北京に到着した翌日、同6月14～17日、同じ《晨报》に《罗生门》を連載した。のみならず、彼は「訳者識」で歴史小説の方法を中心に芥川文学を好意的に紹介している。1925年、改造社から刊行されて半年も経たなかった『支那游記』の一部は、《小说月报》1926年4月号に《芥川龙之介氏的中国观》という題で翻訳、掲載された。訳者の夏丏尊は《译者記》で芥川の眼で捉えられた中国社会の諸相を「国内の現状はその通り」と受け止め、国民に「彼の観察」を自己省察の鏡にしてほしいとする。芥川の死に際して、《小说月报》は1927年9月号の誌上に、作家紹介、略年譜、作品16編を含む実質上の芥川追悼号を出した。「作家紹介」の執筆者鄭心南、「湖南の扇」の訳者夏丏尊、「侏儒の言葉」の訳者謝六逸はそれぞれ「訳者記」または「作家紹介」で自分の中の芥川像を点描してみせた。劉大傑もこの時期に芥川の文学を高く評価した一人である。もちろん、同時代の中国における芥川文学の受容はすべてこのような好意的なものではなかった。近年巴金や韓侍桁による芥川文学の批判が新たに指摘されているが、そのあたりのことは秦剛「中国に於ける芥川研究」（宮坂覚編『芥川龍之介作品論集成別巻　芥川文学の周辺』、東京：翰林書房、2001年）に詳しい。

その後も芥川文学の翻訳・紹介が続く。1930年代後半まで、芥川の主要作品は大体中国語に訳され、そのうち、複数の訳文が出ているケースもある。当時芥川龍之介は中国で最も注目されていた日本近代作家の一人であったが、彼の文学に対する評価は必ずしも高いものだったわけでもない。1990年代に入って、この現象に注目した研究者がいる。王向遠は《芥川龙之介与中国现代文学——对一种奇特的接受现象的剖析》（《国外文学》、1998年1期）でこのギャップを「奇妙な受容現象」とし、その原因として中国の文学者の『支那游記』への反発と日本のプロ文学陣営による芥川否定を挙げているが、秦剛は巴金と韓侍桁の批判から見ればむしろ『支那游記』説が有力であるとする。要するに、『支那游記』の読み方によって芥川龍之介という作家の評価が分かれるという状況が存在していた。

長い空白期をへて、芥川文学の翻訳・紹介が再開されたのは1980年代に入ってからである。80年代初頭に、楼適夷訳《芥川龙之介小说十一篇》（长沙：湖南人民出版社、1980年）、文潔若・呂元明ら訳《芥川龙之介小说选》（北京：人民文学出版社、1981年）などの作品集が相次いで刊行され、訳者の諸氏も概ね芥川の文学を評価する方向へ作品解説をしている。こうした翻訳・紹介の進展とともない作家研究も本格化しはじめた。劉春英《不安的文学——论芥川龙之介的创作道路》（《日本文学》创刊号、1982年1月）、張玉《论芥川龙之介作品中市民知识分子悲剧的历史必然性》（《日本文学》、1983年4期）はその先鞭をとる論文となったが、いずれも作品の解読と作家像の把握に階級観念を援用したもので、宮本顕治の芥川論を想起させるほど時代色が鮮明に出ている。張玉が芥川の「悲劇は時代そのものの悲劇」とするのに対して、夏剛は《智者千虑——芥川龙之介的悲剧》（《外国文学欣赏》、1988年1期）で芥川を時代の落伍者と捉えている。「時代」と「階級」は80年代における芥川研究のキーワードの一つになるといえる。作品論としては曹淑芬・王春栄《对吃人社会的愤怒揭露——浅谈芥川龙之介的〈罗生门〉》（《阅读和欣赏　外国文学部分（三）》、北京: 北京出版社、1984年）、劉利国《试论〈竹林中〉的创作意图——兼谈闪现于本篇的芥川的人生观》（《外语与外语教学》、1986年2期）などがある。

一方、『支那游記』はやはり中国人研究者にとって避けられぬ作品である。一つの端的な例として、かつて南開大学で教鞭をとった田口律男が「中国で『日本近代文学』を語ることの奇妙な捩れ」（『日本近代文学』第61集、1999年10月）で『支那游記』を読んでいるうちに、作中に蔓延する「中国蔑視」で「次第に嫌悪や憂鬱を覚えるようになった」ある中国人大学生の体験を紹介しているように、同時代の中国の知識人たちを悩ませた読みの問題はいまでも存在しているからだ。そして、中国観の問題のみでなく、中国旅行は中期以後の文学の展開と変化を見る上で無視できないものだからである。従って、このテーマをめぐって、日本留学中または帰国後の研究者によっていろいろとアプローチがなされた。于長敏《浅谈芥川龙之介的〈支那游记〉》（《外国语言文学论集》、长春：吉林大学出版社、1986年）、単援朝「芥川龍之介『支那游記』の世界—夢想と現実との間—」（『国語と国文学』、1991年9月）、施小緯《休言竟是人国家——芥川龙之介的中国旅行与“猥鄙的西洋”》（复旦大学日本研究中心《日本研究集刊》、1995年1期）などはその代表的なものである。少し時期が下って、秦剛「芥川龍之介と谷崎潤一郎の中国表象—〈支那趣味〉言説を批判する『支那游記』—」（『国語と国文学』、2006年11月）、高潔《“疾首蹙额”的旅行者——对〈中国游记〉中芥川龙之介批评中国之辞的另一种解读》（《中国比较文学》、2007年3期）など一連の論文が書かれた。また、芥川の中国体験をサイードのオリエンタルリズム論を援用して解読する考察も多く出ている。

中国旅行のみならず、中国との関係全般は中国では研究者が最も関心をもち、かつ力を入れたテーマである。方法から見れば比較文学的アプローチが多く、研究の対象、課題も魯迅との比較、出典の考察、中国文学受容などと多岐にわたっている、その成果として、劉柏青《鲁迅与日本新思潮派作家》（《鲁迅与日本文学》、长春：吉林大学出版社、1985年）、張明傑「芥川龍之介と中国の怪談小説」（北京日本学中心『日本学中日シンポジウム論文集第3回』、1992年）、孟慶枢《芥川龙之介与中国文学》（《东北师大学报》、1996年1期）、阮毅「芥川龍之介『きりしとほろ上人伝』と『西遊記』」（『比較文学』42巻、1999年）などの論文が書かれ、王暁平《近代中日文学交流史稿》（《芥川龙之介和中国文学》を収録。长沙：湖南文艺出版社、1987年）、邱雅芬《芥川龙之介文学与中国》（广州：花城出版社、1999年）、張蕾『芥川龍之介と中国—受容と変容の軌跡—』（東京：国書刊行会、2007年）

などの単行本が上梓された。単援朝《芥川龙之介作品中的中国女性——从〈南京的基督〉到〈春夜〉》(《日本文学研究：历史足迹与学术现状——日本文学研究会三十周年纪念文集》、2010 年）は別の視点から中国との関係を見るものである。

もちろん、中国の芥川研究は中国との関係に焦点を絞ったものばかりでなく、芥川の人と文学の全般に及んでおり、有力な学者の論文に谷学謙「芥川龍之介における自我と近代」（北京日本学研究中心『日本学中日シンポジウム論文集第 2 回』、1991 年）、呂元明《芥川龙之介论》(《日本文学论释——兼及中日比较文学》、长春: 东北师范大学出版社、1992 年）などがある。「時代」と「階級」の枠組をはみ出て、文学の本質に迫る研究が増えている。最近のものとして、孫立春《试论芥川龙之介动物题材小说的寓言性》(《名作欣赏》、2010 年 6 期）のような論文が書かれ、中国における芥川研究の裾野の広さを示している。「羅生門」「鼻」「地獄変」「藪の中」「戯作三昧」「杜子春」などはよく作品論の対象となり、歴史小説の方法、芸術と人生、自我の問題、死とその時代などは研究者の関心を集めたテーマであるが、「蜃気楼」「歯車」「河童」など最晩年の作品を対象とする考察が相対的に少ないのは現状である。新世紀に入ってからの雑誌紀要掲載の論文を中心に集めたものに、王書瑋「二十一世紀の中国における芥川研究」（『芥川龍之介研究』第 7 号、2013 年 9 月、付録「中国における芥川龍之介研究の文献目録（2000 ～ 2012）」は国際芥川龍之介研究会の公式 WEB サイトに掲載）があり、同研究会の公式 WEB サイトに『芥川龍之介参考図書目録 1928 ～ 2013（日本）』も載っており、1928 ～ 2013 年日本で刊行された芥川龍之介関係の書籍類を調べるには便利である。

3

ここ十年間の動向として雑誌紀要（学報）に発表された論文の中

に大学院生の学位論文が目立っている。その数は中国旅行関係の論文だけでは20篇を下らない。若手研究者の活躍は芥川研究に新風を吹き込み、研究の発展に大いに寄与することとなるが、と同時にこれらの論文に先行研究軽視ないし無視の傾向が強く、論者独自の読み（見解）が相対的に欠乏するといった問題点が存在することも見逃せない。中国との関係なるものは中国の研究者にとって最も力の発揮できるところであるが、中国との関係のみに終始するのではなく、それは芥川文学の新たな可能性を掘り下げ、芥川龍之介という作家を再認識する新たな切り口としなければならない。そのために、参考として、幼年期に始まった中国古典文学の読書体験が作家の資質形成と創作活動にどうつながるか、中国の古典に取材した作品の読みが歴史小説の方法にどう還元されていくか、中国旅行の体験が中期以後の文学の展開、例えば歴史小説の終焉、心境小説への傾斜や社会主義への認識などにどう関わるか、などの問題意識を提示したい。中国現代文学、現代作家への影響も課題になるはずである。芥川研究の論文が量産されている状況のなかで、新しい芥川像につながる研究が求められるのは当然である。

前に触れたように、日本には長年積み重なった研究の蓄積を踏まえて研究の新生面を開こうとする動きがあり、国境を越えた芥川像の構築はその試みの一つである。研究の国際化が進むなか、中国人独自の視点を持つ作品解読は一層求められるのである。異なる文化の背景をもつ研究者の多様なアプローチにより、中国文学、西洋文学からも栄養分を取った芥川文学の生命力の源流が明らかにされることに期待したい。

佐藤春夫

1892年（明治25）～1964年（昭和39）

朱衛紅

1

佐藤春夫（さとうはるお）は和歌山県新宮市の生まれ。中学時代から詩歌に才能を見せていたが、卒業後の 1910 年に上京し生田長江に師事。新詩社に入門し慶応大予科に通って、文学的な研鑽を積んだ。『田園の憂鬱』（1919 年）で小説家としての地位を確立。また十年以上の詩歴を収めた『殉情詩集』（1921 年）を出版、しゃべるように書く散文とは対照的に古典的な格調を守る詩人としても知られた。さらに才気溢れる批評家としても活躍し、それらは『退屈読本』（1926 年）に結実する。その活動は才気煥発でありながら広汎な領域に及び、大正期を代表する作家として芥川龍之介と並び称せられた。私生活では谷崎潤一郎の妻千代との間に恋愛問題が生じていたが、谷崎夫妻と協議の末、千代と結婚（1930 年）。この前後から古典文学への関心を基にした作風へと変化。中国への関心は強く、すでに 1920 年に台湾や福建省を旅行し、その体験を基にした作品も幾つか書いている。さらに中国女流詩人たちの漢詩を訳した『車塵集』（1929 年）は名訳として有名、また戦中までは郁達夫や田漢ら中国人作家との交流があった。国士気取りで戦争に加担したことは、後に各方面から批判された。戦後は、歴史小説や『晶子曼荼羅』（1954 年）のような伝記小説を書いたが、晩年には随筆が多い。晩年の佐藤は文化勲章を授与され、門弟三千人と称されるほどの大御所として文学界に君臨、世俗的には功なり名遂げていた。

2

戦後の佐藤春夫研究は、戦中における彼の言行から一時敬遠され、本格的に研究が始められたのは 1950 年代末頃からだった。まず作家の全体像を捉えようとする作家論では、中村真一郎「佐藤春夫による文学論」（『声』、1958 年 10 月）が、佐藤を「現代の作家のなかで最も多方面に文学の可能性を探ね、最も実験的な仕事を重ね、最も多彩な作品群を残した人」と評した。これは肯定的な佐藤論の代表。中村光夫『佐藤春夫論』（東京：文芸春秋新社、1962 年）は大正作家の限界として、佐藤春夫の「特権意識」と「選良意識」を指摘。これはどちらかといえば否定的な佐藤論の代表で、この大正作家という枠内で彼を考えようとする影響は最近まで残った。比較作家論には、鳥居邦朗 「芥川竜之介と佐藤春夫」（『国文學』11、1966 年 12 月 ）、安藤靖彦「佐藤春夫と室生犀星」（『現代文学講座 7』、東京：至高堂、1975 年）、高橋世織「谷崎潤一郎と佐藤春夫」（『国文学』、1985 年 8 月）などがある。これらは接近方法に相違はあるが、他の大正作家に比べ佐藤がどのような経緯を辿って昭和期への架橋を果したかを問題にしている。

作品論は『田園の憂鬱』などの前期の作品に集中しがちであった。島田謹二「佐藤春夫の病める薔薇」（『明治大正文学研究』20、1956 年 10 月）がその最初で、『田園の憂鬱』の改稿過程を検討した作品の成立論。同じ方向での論文はほかに村松定孝 「佐藤春夫と風流の伝統——『田園の憂鬱』の構想をめぐって」（『学苑』、1964 年 9 月）、原仁司「佐藤春夫における絵画と自我の問題——「田園の憂鬱」成立の前景」（『国語と国文学』、1990 年 8 月）などが挙げられる。勝山功「春夫と『西班牙犬の家』」（『解釈と鑑賞』、1956 年 1 月）、河村政敏「「美しい町」試論——憂鬱の精神構造をめぐって」（『日本近代文学』3、1965 年 11 月）等のように、他作品を論じたものは希少。ただし、大久保典夫「「『風流』論」をめぐる断想」（『三田文学』、1967 年 6 月）、海老原由香「佐藤春夫「F・O・U」論」（『国語と国文学』、1991 年 1 月」などのように、それらの作品にも目を向ける論考が徐々に増えている。

本格的な研究の進展は 1990 年頃からである。89 年には郷里・熊野の速玉大社の境内に東京にあった佐藤の邸宅を移築、佐藤春夫記念館が開館する。そこを拠点に回顧展や未収録作品や新資料らの収集が進められた。1992 年が佐藤春夫の生誕百周年であった。様々な動きはそれとの関連で起こっている。そして、それらのすべてを集約するようにほぼ 30 年ぶりの全集、『定本佐藤春夫全集』全 36 巻に加えて、別巻 2 冊を付した決定版（東京：臨川書店、1998 ～ 2001 年）が出版された。その出版を祝すかのように、雑誌『解釈と鑑賞』の 2002 年 3 月号が「特集　佐藤春夫の世界」という企画を行っている。このあと、飛躍的とまではいえないが、佐藤春夫の研究は確実に前進している。例えば、細谷博「囲い込まれた生の感触——「お絹とその兄弟」」（『国文学』、1997 年 10 月）、半田美永『佐藤春夫研究』（東京：双文社 、2002 年）、遠藤郁子『佐藤春夫作品研究——大正期を中心として』（東京：専修大学出版局、2004 年）、生方智子「「探偵小説」以前——佐藤春夫『指紋』における〈謎解き〉の枠組み」（『日本近代文学』74、2006 年 5 月）、岡田浩行「〈地上〉にある〈美しい町〉：佐藤春夫の演技的自己露出」（『文藝言語研究』49、2006 年 3 月）、磯村美保子「佐藤春夫「わんぱく時代」——「大逆」の後に書き始める」（『金城学院大学論集』4、2007 年）、粟飯原匡伸「佐藤春夫「薔薇と真珠—読む童話劇—」とその周辺」（『國學院短期大学紀要』25、2008 年 3 月）、山口徹「佐藤春夫「西班牙犬の家」の〈水源〉——ブランデス『十九世紀文学主潮史』」（『国語と国文学』、2008 年 7 月）、小林美鈴「読む 佐藤春夫「おもちゃの蝙蝠」——「語り」を読む」（『日本文学』、2009 年 4 月）などがある。

近代日本文学者の中でもっとも多面的に中国とかかわったのは、佐藤春夫であった。彼は中国の古典に文人趣味的な関心を持ちつつ、同時に現代中国の文学者との交流に努めて、例えば日本に魯迅を紹介する上でも先駆的な役割を果たした。中国に関連した佐藤の主な作品は、中国文学の翻案や翻訳のようなものが多いが、それらについての研究を以下にまとめて提示しておく。原田親貞「中国文学と佐藤春夫——特に漢詩の訳詩について」（『学苑』、1970 年 5 月）、日南田一男「エズラ・パウンドと佐藤春夫——中国古典詩の翻訳をめぐって」（『武蔵大学人文学会雑誌』16、1984 年 12 月）、古川発輝『佐藤春夫の「車塵集」』（東京：新典社、1989 年）、朱衛紅「佐藤春夫『車塵集』における古典和歌との交渉」（『文学研究論集』19、2001 年 2 月）、黄幼欣「佐藤春夫と中国の短篇白話小説集『三言』——『李太白』の小説創作をめぐって」（『日本研究』27、2003 年 3 月）、勝山稔「中国通俗文芸受容史における翻訳文体の問題について——佐藤春夫『百花村物語』を中心として」（『中央大学アジア史研究』32、2008 年 3 月）、童暁薇「佐藤春夫の『星』と中国民間物語『陳三五娘』」（『日本語日本文学』19、2009 年 3 月）などがある。また、戦時中に書かれたものについて、顧偉良「佐藤春夫と『アジアの子』」（『日本文学』、1992 年 9 月）、畠山香織「佐藤春夫と中国近代劇作家田漢との交友について：「人間事」から読みとれるもの」（『京都産業大学論集』25、1998 年 3 月）、姚巧梅「佐藤春夫文学における中国・福建の位置——『南方紀行』を中心に」（『皇学館論叢』38、 2005 年 4 月）などである。

1920 年の台湾旅行を題材にして、佐藤は「女誡扇綺譚」や「霧社」ら幾つかの作品を書いた。これら台湾ものといわれる作品群は、日本の植民地下にあった台湾を舞台にしており、その現実を日本の文学者がどう受け止めて創作化したかを知る格好の具体例としての意義を持つ。それに関連しては、以下のような論文がある。河原功「佐藤春夫『殖民地の旅』をめぐって」（『成蹊国文』、1974年12月）、蜂矢宣朗「『霧社』覚書——佐藤春夫と台湾」（『天理大学学報 』、1973年3月）、邱若山「佐藤春夫台湾旅行行程考」（ 『稿本近代文学』15、1990年2月）、藤井省三「植民地台湾へのまなざし——佐藤春夫『女誡扇綺譚』をめぐって」（『日本文学』、1993年1月）、姚巧梅「植民地台湾に見る女性像——佐藤春夫『女誡扇綺譚』における沈女と下婢」（『社会文学』17、2002年）、朱衛紅「佐藤春夫における文明批評の方法：「魔鳥」論」（『日本語と日本文学』 36、2003年2月）、同「佐藤春夫「霧社」論」（筑波大学文化批評研究会『〈翻訳〉の圏域』、2004年2月）、河原功『翻弄された台湾文学検閲と抵抗の系譜』（東京：研文出版、2009年）、河野龍也「佐藤春夫『女誡扇綺譚』論——或る〈下婢〉の死まで」（『日本近代文学』75、2006年11月）、権田和士 「佐藤春夫の方法——『旅びと』の女性造形を中心に」（『群馬県立女子大学国文学研究』30、2010年3月）。最初のうちは佐藤の行った旅行の日程、路線、台湾人との接触などについての調査が主な研究内容であった。やがて藤井省三あたりから研究は本格化して、朱衛紅「霧社」論、「魔鳥」論はポストコロニアリズム理論を応用することで、原住民問題とジェンダー、伝説らを関連させて論じている。

70年代の中日国交正常化以後、中国から日本へ留学する学生が増えた。中には日本文学を研究する人もおり、佐藤春夫を研究対象に選ぶものもいた。彼らが帰国して盛んになったのが、中国国内での日本文学研究であった。ただし、中国で発表された研究は主に佐藤春夫と中国人作家との交流に集中しがちである。靳丛林《鲁迅与佐藤春夫》（《鲁迅研究月刊》、1992年8期）、小谷一郎・劉平編《田汉在日本》（北京：人民文学出版社、1997年）、祖父江昭二ら《日中两国文学家的“交流”——佐藤春夫和郁达夫》（《中国现代文学研究丛刊》、2005年1期）が佐藤と中国作家との交渉に関する基礎資料を提供している。それらを踏まえて展開した研究としては武継平《佐藤春夫与创造社作家们的恩怨》（《郭沫若学刊》、2010年3期）などが挙げられる。作品論は郁達夫《沉沦》と佐藤春夫「田園の憂鬱」との影響関係を指摘するものに集中している。例えば、黎徳機ら《混乱，还是一致？——佐藤春夫〈田园的忧郁〉与郁达夫〈沉沦〉三部曲》（《中国现代文学研究丛刊》、1994年2期）、邢雪《五四新文学与日本文学的对话——从〈沉沦〉与〈田园的忧郁〉看郁达夫与佐藤春夫》（《青年文学家》、2009年7期）などがある。

3

今後の課題としては、第一に、戦後を代表する作家の一人で慧眼の批評家でもあった中村真一郎は、佐藤の多面性に注目、創作方法に意識的な作家として評価、芥川よりも佐藤の方が新しい文学への可能性が潜在すると断言した。佐藤は文芸のあらゆる様式に手を染めて成功したし、華々しく登場した初期に始まり、大正末期から昭和期、そして戦中・戦後へとその文学は著しく変貌した。その横と縦の多面性を文学意識という視点からトータルに解明する努力が必要であろう。第二に、中日の文学交流ということでは、要の位置にいたがゆえに、それがどのような経緯をたどらざるをえなかったかには、象徴的な意味すら感じられるという問題。佐藤には『殉情詩集』や『田園の憂鬱』だけの文士ではない、大逆事件に抗議する傾向詩から戦争詩まで書いた国士的な風貌もあった。そのため中日の文学交流にはプラスにもマイナスにも働いたわけであり、こうした場合の評価は非常に難しい。佐藤が見せた二重性は何も彼独自のものではなかろう。グローバリズムの進行を受けた国々においては容易に陥りやすい陥穽であった。表面的な評価や裁断をせずに、深層を深く理解しようとする態度が必要であろう。第三に、佐藤春夫という文学者の源郷である熊野に関する問題がある。最近「熊野古道」として世界遺産にも登録されたが、ここは鬱蒼とした自然が今も残る日本の代表的な山岳宗教の霊場にほかならない。『田園の憂鬱』や台湾ものの作品らを分析する際に、エコロジーという視点が有効ではないだろうか。

菊池寛

1888年(明治21)～1948年(昭和23)

日高昭二

1

菊池寛（きくちかん）、香川生。本名、寛（ひろし）。京都大学英文科卒。芥川龍之介らと第三次、第四次『新思潮』同人。「父帰る」などの戯曲、「無名作家の日記」などの現代小説、「忠直卿行状記」などの歴史小説で文壇に登場。戯曲の公演が相次ぎ、大正期における創作戯曲の時代をリードする。大正９年発表の新聞小説「真珠夫人」で大衆の人気を得て、「第二の接吻」や「東京行進曲」なども次々映画化される。大正 12 年、雑誌『文藝春秋』を創刊、編集・出版事業に乗り出し、映画会社「大映」社長も務め、文壇の大御所と呼ばれた。

2

高松市菊池寛記念館版の『菊池寛全集』全 24 巻（東京：文芸春秋発売、1993 ～ 1995 年）が刊行され、初期作品を含む豊富な資料が収録された。次いで、郡司勝義編輯『菊池寛全集　補巻』全 5 巻（東京：武蔵野書房、1992 ～ 2003 年）にも、批評文の補遺をはじめ翻訳や童話などが収録された。また、戯曲「坂田藤十郎の恋」の原稿が『文学界』（1999 年 12 月）に川島幸希の解題を付して復刻され、さらに雑誌『改造』掲載の「戯曲　妻（一幕）」などの原稿が DVD 版としてデータベース化され、紅野敏郎・日高昭二編『「改造」直筆原稿の研究』（東京：雄松堂出版、2007 年）とともに刊行された。菊池寛の全貌が次第に明らかになるとともに、研究も新しい視野を開く時期を迎えている。

これら基礎資料の提示と呼応するように、評伝や研究書が相次いで刊行をみた。まず井上ひさし・こまつ座編著『菊池寛の仕事』（東京：ネスコ、1999 年）は、菊池寛の絶筆五枚を書き継いだ井上の小説「唐黒の壺」なども収録したユニークな編集。矢崎泰久『口きかん　わが心の菊池寛』（東京：飛鳥新社、2003 年）は、菊池の秘書であった佐藤碧子の妹を母に持つという著者による回想記、猪瀬直樹『こころの王国　菊池寛と文藝春秋の誕生』（東京：文藝春秋、2004 年）は、彼女を主人公にした小説的な評伝で、のち「丘を越えて」（高橋伴明監督、2008 年）として映画化もされた。また菊池寛の孫である菊池夏樹に『菊池寛急逝の夜』（東京：白水社、2009 年）と『菊池寛と大映』（同、2011 年）があって、ともに貴重な証言となっており、大西良生『菊池寛残影』（高松：私家版、2007 年）にも豊富な逸話の探索がある。

研究書としては、片山宏行『菊池寛の航跡〈初期文学精神の展開〉』（大阪：和泉書院、1997 年）が、資料の博捜によってその文学精神を追跡し、つづく『菊池寛のうしろ影』（東京：未知谷、2000 年）では、「「藤十郎の恋」生成考」など作品成立の事情を明らかにしていた。次いで、日高昭二『菊池寛を読む』（東京：岩波書店、2003 年）は、仇討、資本論、メディアなどの視野から代表作を読み解いた論考を収録。小林和子『菊池寛：人と文学』（東京：勉誠出版、2007 年）は、手際よくまとめられた入門書。この他には、セシル・サカイ『日本の大衆文学』（朝比奈弘治訳、東京：平凡社、1997 年）に菊池寛への言及が随所にみられ、紅野謙介『検閲と文学　1920 年代の攻防』（東京：河出書房新社、2009 年）には、文芸家協会と発売禁止にかかわる周到な分析がある。また鈴木貞美『「文藝春秋」とアジア太平洋戦争』（東京：武田ランダムハウスジャパン、2010年）は、「文藝春秋」グループと日中戦争の関係に鋭利な分析を加え、同じく鈴木貞美編『「Japan To-day」研究——戦時期「文藝春秋」の海外発信』（京都：国際日本文化センター、2011年）は、菊池寛責任編集の同誌の翻訳および解説に力を注いでいる。

菊池寛をめぐる展覧会も開催され、その図録に北九州市立松本清張記念館編『松本清張と菊池寛』（2003年）、山梨県立文学館編『文士の友情　芥川龍之介と菊池寛・久米正雄』（同）がある。また、雑誌の特集号には前記記念館による「松本清張と菊池寛」（『松本清張研究』、2001年3月）があり、井上ひさし・平岡敏夫・山田有策の座談会「松本清張と菊池寛」のほか、藤井淑禎「ミステリーの自覚」、片山宏行「『形影　菊池寛と佐佐木茂索』論」、小笠原賢二「反制度の継承」、石川巧「『小説研究十六講』から『小説研究十六講』へ」がある。また「菊池寛再考」（『文学界』、2004年7月）には、井上ひさし・猪瀬直樹の対談「文学と社会　『こころの王国』をめぐって」、片山宏行「菊池寛を恋愛で解く」、半藤一利「松本清張と菊池寛」が掲載されている。

論文に目を転ずると、その数は必ずしも多くはなく、対象となる作品も限定されている。これまでの研究概要は、三島譲「菊池寛」（『明治・大正・昭和作家研究大事典』、東京：桜楓社、1992年）、片山宏行「研究動向　菊池寛」（『昭和文学研究』、1995年2月）にまとめられているが、それ以降の成果を次にあげる。矢橋卓「菊池寛と『父帰る』」（『講座日本の演劇5』、東京：勉誠社、1997年）、井上理恵「家族の残照—菊池寛『父帰る』論—」（『社会文学』、1997年6月）、横谷一子「『忠直卿行状記』の典拠」（『京都語文』、1998年10月）、日高昭二「共同体の資本論——菊池寛再考のために」（『日本文学』、1999年11月）、吉田司雄「競馬で大儲けをする方法—菊池寛『日本競馬読本』とその周辺—」（同）、日高昭二「菊池寛のいる場所」（『文学』、2000年3・4月）、小木曽雅文「菊池寛とショー」（『実践女子大学文学部紀要』、2001年3月）、柄谷行人「評論 入れ札と籤引き――菊池寛『入れ札』をめぐって」（『文学界』、2002年1月、2月）、花田俊典「菊池寛「形」鑑賞―松本清張の講演を援用しつつ―」（『九大日文』、2003年2月）、楠田剛士「立候補する文学者―菊池寛の選挙戦をめぐって―」（同、2005年6月）、石川巧「二つの合戦譚―菊池寛と松本清張―」（『松本清張研究』、2006年3月）、宮坂康一「菊池寛「父帰る」の意義―演劇の転換期において―」（『文芸と批評』、2007年5月）、木村小夜「誤算の闇―菊池寛「藤十郎の戀」試論―」（『福井県立大学論集』、2010年2月）、田鎖数馬「菊池寛の文学観」（『国語国文』、2010年5月）などがある。また、高松市菊池寛記念館発行の雑誌『文藝もず』には、毎号エッセイや論考が掲載されていて逸することができない。

そうしたなかで、近年数多く論じられているのは『真珠夫人』についてである。考察は、ジェンダー論、読者論、資本論など多岐にわたる。まず、日高昭二「貞操の市場――菊池寛『真珠夫人』ノート」（山梨県立文学館『資料と研究』、1997年1月）は、プロットの速度と遅延、モラル・システムとパワー・システムの対立構造などを解析。浅井清「欲望と争闘の家族譚として――『真珠夫人』」（『国文学』、1997年10月）は、大正期の三家族の物語として読み解き、阿部寿行「動因としての〈読者〉論―菊池寛『真珠夫人』現象の到達点への軌跡―」（『日本文学』、1998年2月）は、メディアの評判によるヒロインの造型や視点人物の変容を論じ、川上美那子「菊池寛『真珠夫人』――大正期ベストセラー小説のジェンダー・イデオロギー」（『20世紀ベストセラーを読み解く――女性・読者・社会の100年』、東京：学藝書林、2001年）は、「貞操論争」などのコンテクストの中に女主人公をとらえる。これらをふまえて、山本芳明「菊池寛『真珠夫人』論―〈面白さ〉と〈本当らしさ〉―」

（『学習院大学文学部研究年報』、2003年3月）は、ダイイング・メッセージをめぐる「解釈のヘゲモニーを争う〈ゲーム〉」という読みを展開し、菊池寛研究会による『真珠夫人　注解・考説編』（東京：翰林書房、2003年）も随所に鋭い考察を挟んでいる。また宗像和重の解説「新聞小説と「劇的経済」」（『徳田秋聲全集』第32巻、東京：八木書店、2003年）は、久米正雄「蛍草」から菊池寛「真珠夫人」へという従来の史的「見取り図」に対して、その間に秋声の「路傍の花」を「媒介項として組み入れる」必要を提起。そのほか横浜雄二「家の交代劇—菊池寛『真珠夫人』における女主人公—」（『日本近代文学』、2003年10月）、岸雅子「菊池寛『真珠夫人』論—媒体としての新聞小説—」（西早稲田近代文学会『文學1921年前後』、2004年3月）、日高昭二「『真珠夫人』と『ユーディット』」（『近代文学研究』、2004年3月）、小林幹也「誰の視点で眺めるか—菊池寛『真珠夫人』の視点人物—」（近畿大学文芸学部論集『文学・芸術・文化』、2007年3月）などがつづき、日高昭二「大正期「挿絵入り小説」の問題—『真珠夫人』その他—」（『日本近代文学館年誌』、2010年10月）は、挿絵画家鰭崎英朋についての分析を加えている。

なお、この間、2002年4月からフジテレビ系で放送された昼のドラマ「真珠夫人」（中島丈博脚本）が視聴者の人気を得て、その小説化本『真珠夫人』上・下（東京：扶桑社、2002年）や、加西涼の『漫画　真珠夫人』（東京：白泉社、2003年）、さちみりほの漫画『真珠夫人』（東京：秋田書店、同）などのメディア・ミックス現象を生じ、それにつれて菊池寛と映画に関する論文もあらわれた。溝渕久美子「コンフリクトの「場」としての「文芸映画」——1920年代中後期の菊池寛作品の映画化をめぐって」（『情報文化研究』、2004年3月）のほか、志村三代子に「『第二の接吻』あるいは『京子と倭文子』——恋愛映画のポリティクス」（早稲田大学『演劇研究センター紀要』、2006年1月）、「転轢されるメディア——『東京行進曲』の映画化をめぐって」（同、2007年1月）、菊池寛の通俗小説と恋愛映画の変容——女性観客と映画界」（『家族の肖像　ホームドラマとメロドラマ』、東京：森話社、2007年）、「大映社長・菊池寛の戦中・戦後」（『横断する映画と文学』、同、2011年）があり、菊池の映画・演劇に関するエッセイを集めた『昭和モダニズムを牽引する男』（東京：清流出版、2009年）も刊行された。菊池寛研究の今後は、こうしたジャンルを横断した分析がつづくことになるだろう。

菊池寛研究における今後の課題は多い。明治期の「家庭小説」から大正期の「通俗小説」への変貌の背景、武者小路実篤以後ともいうべき明快な「口語文体」の特色の分析、また働く女性、自立した女性を支援する菊池寛のフェミニズムの実質の考察も重要である。さらに、出版人としての『文芸春秋』の戦略はもとより、演劇・映画とのメディアミックス現象の詳細や、歴史好きであった彼の歴史小説における歴史観も探求されるべきであろう。

中里介山

1885年(明治18)～1944年(昭和19)

紅野謙介

1

中里介山（なかざとかいざん）は 1885 年、神奈川県西多摩郡羽村（現東京都羽村市）に生まれた。本名弥之助。貧しかったため、小学校を卒業後、電話交換手や代用教員の職に就いた。その後、キリスト教や社会主義に接近し、週刊『平民新聞』の懸賞小説入選が契機となり、以降、詩や小説を同紙に発表する。幸徳秋水や堺利彦らとも親交を結ぶ。1906 年に『都新聞』に入社。新聞連載の小説を書く。「大逆事件」では友人知人から多数の逮捕者・刑死者を出した。1913 年から『大菩薩峠』の連載を開始。さまざまな媒体に場所を変えながら、1941 年まで書き継いだが、未完に終わった。その間、ベストセラーになり、演劇・映画化もなされるなど、注目を浴びた。他に『清澄に帰れる日蓮』『夢殿』『百姓弥之助の話』などの著作がある。1944 年没。

2

中里介山の研究はその大半が代表作『大菩薩峠』に注がれる。もともと 28 年間も継続し、未完に終わった『大菩薩峠』ではあるが、これが評価されるようになったのは 1920 年代に春秋社で単行本としてまとめられてからのことである。1927年に谷崎潤一郎が芥川龍之介との「小説の筋」論争において『大菩薩峠』を例に挙げて評価し、泉鏡花からの推奨を受けたと書いた。その後も、谷崎は『大菩薩峠』について高い評価を与えた。前後する時期に宮沢賢治も『大菩薩峠』について詩篇を書き残している。国柱会の田中智学、国文学者の柳田泉、木村毅も『大菩薩峠』の支援者であった。この頃、大衆文学を唱えた白井喬二、直木三十五らから『大菩薩峠』は大衆文学の祖として名指されたが、介山自身は徒党に与することを拒否し、大衆ではなく、大乗仏教に根ざした大乗小説だと主張するなど、文壇的な人間関係を拒む狷介な態度を持した。

再評価が進んだのは亡くなってからの戦後である。内田吐夢監督による映画化（東映、1957～1959年）がなされたほぼ同じ時期、フランス文学者の桑原武夫「大菩薩峠」（『パアゴラ』、57年5月）は日本文化の三層構造を指摘し、『大菩薩峠』は近代的な第一の層や伝統に根ざした第二層だけでなく、より深い民衆意識につながる第三層にとどいていると評価。折から『文藝臨時増刊　中里介山大菩薩峠読本』（1958年）が編集され、文学者のみならず映画・演劇人からの発言を集めた。1960年代には哲学の橋本峰雄が「『大菩薩峠』論——一つの綜合の試み」（『文学理論の研究』所収、東京：岩波書店、1967年）を発表した。一方、堀田善衞も自伝的な長編小説『若き日の詩人たちの肖像』（東京：新潮社、1968年）で、戦時下の詩人文学者たちを描きながら、反軍的な思想をもった庶民によって『大菩薩峠』の「間の山節」が愛唱される光景を書き込んだ。

1970年代には筑摩書房から『中里介山全集』全20巻が刊行され、多くの解説や月報によって多彩な考察がくりひろげられる。歴史学者の鹿野政直は『大正期のデモクラシーの底流』（東京：日本放送出版協会、1973年）の一つの章を『大菩薩峠』論に割き、そこに「明治維新の否定」にかける民衆の情念を抽出、さらに松本健一『中里介山』（東京：朝日新聞社、1973年）のような評伝が現れた。

1980年代以降になると、尾崎秀樹『中里介山　孤高の思索者』（東京：勁草書房、1980年）、中谷文雄『中里介山と大逆事件』（東京：三一書房、1983年）、折原脩三『「大菩薩峠」曼荼羅論』（東京：田畑書店、1984年）、橋本治『完本チャンバラ時代劇講座』（東京：徳間書店、1986年）、竹盛天雄『介山・直哉・龍之介——一九一〇年代　孤心と交響』（東京：明治書院、1988年）など一気に研究が進み、『新潮日本文学アルバム37　中里介山』（東京：新潮社、1994年）でグラフィックとしても介山に近づく素地ができあがる。同じ年には『解釈と鑑賞別冊　特集大菩薩峠』（東京：至文堂）が編まれ、研究史の整理も試みられた。安岡章太郎による『果てもない道中記』全2冊（東京：講談社、1995年）は『大菩薩峠』への批評が創作的エッセイにもなるメタフィクションの一種である。ポストモダン思想からの解読を試みた今村仁司『「大菩薩峠」を読む——峠の旅人』（東京：筑摩書房、1996年）、野崎六助『謎解き「大菩薩峠」』（大阪：解放出版社、1997年）は、筑摩書房がふたたび愛蔵版・ちくま文庫版で『大菩薩峠』を刊行した時期にあたる。1995年はオウム真理教による地下鉄サリン事件が起きる一方、阪神淡路大震災の巨大地震が日本の社会を揺さぶった年でもある。激震とともに、期せずして『大菩薩峠』への関心が甦ったのである。

海外でも中里介山に注目した研究があらわれる。パリ第7大学のセシル・サカイ『日本の大衆文学』（朝比奈弘治訳、東京：平凡社、1997年）は『大菩薩峠』に多くの頁を割いた。2003年には山梨県立文学館による『中里介山「大菩薩峠」の世界』展で、編者の桜沢一昭所蔵の貴重な資料が公開された。桜沢は介山と同郷の関係もあり、『中里介山の原郷』（東京：不二出版、1987年）、『中里介山と大菩薩峠』（東京：同成社、97年）で多くの証言を残すかたわら、『羽村市郷土博物館紀要』（羽村市教育委員会）において介山の「アメリカ紀行」や日記類について丁寧な紹介と考察を書き続けている。高橋敏夫『理由なき殺人の物語——「大菩薩峠」をめぐって』（東京：広済堂、2001 年）は机龍之助の「怪物」性を現代につないだ評論、成田龍一『「大菩薩峠」論』（東京：青土社、2006 年）は長大な作品を精読し、ひとつの作品論としてまとめたもの。このように世紀をまたいで注目すべき批評家、歴史家があいついで『大菩薩峠』論を書き継ぐことになった。大久保典夫を中心として集団で『大菩薩峠』再読を行った成果が『現代文学史研究第 9 集　特集・中里介山「大菩薩峠」』（現代文学史研究所、2007 年 12 月）である。さらに野口良平『「大菩薩峠」の世界像』（東京：平凡社、2009 年）は「観念小説」としてのインパクトを解明した意欲的な研究である。また、最新の研究に伊東祐吏『「大菩薩峠」を都新聞で読む』（東京：論創社、2013 年）がある。

一方、筑摩書房の 95 年版『大菩薩峠』で注解をつけるなど編集協力をした紅野謙介は、石井鶴三と介山の挿絵論争をふまえた「新聞小説と挿絵のインターフェイス」（『岩波講座・文学 2　メディアの力学』所収、東京：岩波書店、2002 年）、介山の出版形態に注目した「中里介山『大菩薩峠』をめぐる書物史」（『ユリイカ』、2003 年 9 月）、介山の小説『夢殿』の発売禁止事件をふまえた『検閲と文学　一九二〇年代の攻防』（東京：河出書房新社、2009 年）、「映画『大菩薩峠』と中里介山」（『日本映画史叢書 12　横断する映画と文学』所収、東京：森話社、2011 年）など、小説解釈に限定しない多様な考察を展開している。

3

中里介山という作家自体については、松本健一や尾崎秀樹の評伝、桜沢一昭の実証的調査にゆだねられたままになっている。たしかに、『大菩薩峠』が介山の代表作であり、他とは比較しようもないが、その生い立ちや個人史の背景、青梅・羽村地域との地誌的関係も再考に値しよう。

しかし、他方、戦争中の「日本文学報国会」への参加辞退のことひとつをとっても、これだけ長期間にわたって活躍しながら、文壇的な人間関係を結ばなかったことはいったいどのような文学観・価値観に基づくかを考える必要がある。『大菩薩峠』は沢田正二郎による新国劇で注目を集め、日本の演劇史においても一頁を画した。映画化においては伊藤大輔、稲垣浩、内田吐夢、三隅研次らの監督が関与しており、大井広介『ちゃんばら芸術史』（東京：実業之日本社、1959年）でも注目されるゆえんである。こうした異なるメディアへの変換があって、よりいっそう多くの読者を獲得したことを思えば、メディアミックスのひとつの症例として『大菩薩峠』について考えることも重要である。受容の点からしても、谷崎、芥川、宮沢は言うまでもなく、埴谷雄高、武田泰淳、堀田善衞、島尾敏雄、安岡章太郎など、戦後文学のすぐれた作家たちがいずれも『大菩薩峠』に対する関心や愛着を言葉にしている。近現代文学の定型にはまらないこの小説の受容を通して、それぞれの作家たちの問題関心を浮かび上がらせることもできる。

『大菩薩峠』全体についての分析や考察はすでに成田や野口によって試みられているが、代表作とはいえ、介山という作家を『大菩薩峠』のみに限定するのもいささか弊害があるだろう。初期の『氷の花』『高野の義人』を初め、『清澄に帰れる日蓮』『夢殿』『百姓弥之助の話』などの後期の著作にふれる批評研究が少ないのも問題である。それらの小説の評価もふくめて、介山の文学像を確定していくべきである。

宮沢賢治

1896年(明治29)～1933年(昭和8)

王敏

1

近現代の日本文学を代表する作家として日本人が挙げる名としては夏目漱石や川端康成などが思い浮かぶが、相対的に宮沢賢治（みやざわけんじ）の名を挙げる人は少ないとされる。ところが、日本文学を研究する外国人にとっては、日本語の作品と向き合うときに親しみやすく読みやすい作家として宮沢賢治はその筆頭かもしれない。賢治の見方が日本の内外でこれほどまでに対照的なのはおもしろい。

海外における賢治研究の進展をうかがうことのできる国際交流がある。賢治研究者が日本国内だけでなく海外から参加を募った国際研究大会が生誕 100 周年の 1996 年に初めて開かれ、生誕 110 周年の 2006 年にも開かれるなど通算 3 回も盛大に開催されている。欧米のほか中国からも参加があり、毎回 10 カ国前後の国々から研究者が集う。日本の作家についての国際シンポジウムが開かれたことは多くなく、複数回も開かれてきた賢治は異例である。

日本では、子供向けの作品とされる童話が一段低い文学作品とみられるところがあるようだ。しかし、児童文学でありながら『不思議の国のアリス』のルイス・キャロル（Lewis Carroil）はイギリス文学を代表する作家である。『ガリバー旅行記』のジョナサン・スウィフト（Jonathan Swift）も同じである。西洋では児童対象の作品であっても優れた内容ならすなおに評価することを躊躇しない。中国でも子供向けでもある孫悟空の物語の『西遊記』を国民文学として堂々と発信し続けている。

ところが日本では事典などで賢治を「童話作家」あるいは「児童文学者」と規定して、遠慮がちな紹介をしているように思われるところがある。賢治の代表作の『銀河鉄道の夜』や『風の又三郎』『ポラーノの広場』『北守将軍と三人兄弟の医者』など比較的長めの作品が海外で翻訳されることがなぜ遅れたのか。それは児童文学を低く見る風潮が日本側にあって、発信力が小さかったことも影響しているだろう。

賢治は「雨ニモマケズ」のような有名な詩もあるが、国際的な評価が生まれたのは童話作家としてである。生前出版した作品集『注文の多い料理店』（1924年）の序に「これらのわたくしのおはなしは、みんな林や野はらや鉄道線路やらで、虹やあかりからもらってきたのです」と書いた。賢治自身も表現形式を「童話」の形を取っていると自覚していたことは間違いない。

賢治は1933年、37歳で臨終が近いことを悟って、書き溜めた原稿について、母には「この童話はありがたいほとけさんの教えを、いっしょうけんめいに書いたものだんすじゃ。だからいつかはきっとみんなでよろこんで読むようになるんじゃ」と語ったことは広く知られている。「童話」という表現を使ってはいるが、創作の動機付けに社会の癒しがあったことが窺える。いうなれば大人のための童話といえる性格を賢治自らが付与している。

内容は、教訓的ではあっても示唆の範囲にとどめている。うぬぼれをいましめる『貝の火』、醜いゆえに蔑まされたよだかを天上の星にした『よだかの星』、憎むことができない敵を殺さないですむように祈る『烏の北斗七星』、社会全体の幸福のために自己犠牲を実行した『グスコーブドリの伝記』など、作品のどれもこれも魂を美しく癒す。

童話を児童のためのお話と狭く考えると、賢治の作品は単なる童話の範疇を超え、その定義からはみだしてしまう。そもそも賢治自身は読者のすべてが子どもであるとは考えていなかったのである。

賢治童話が国際的な評価を得るためには魅力が無ければならないが、その魅力の第一はそのコスモポリタンな内容で、汎地球性とも称すべきものである。賢治作品の世界は国境を感じさせない森や林、野原や砂漠であり、動物や草花が話し相手である。生まれ育った岩手県の自然をいつくしみ、四方八方へ放射する理想郷の広がりを「イーハトーヴ」と名づけた。特定の国・地域に限定されない舞台であり、慈愛溢れる世界に遊ぶ「心象スケッチ」を童話に映像化した。読めば読むほど、アジア人にはアジア的な世界に感じられ、ヨーロッパ人にはヨーロッパ的な世界がイメージされる。登場人物も衣装も色彩も読む人によってイメージが異なっているはずなのに作品の魅力は減退しないという不思議な現象である。

同時に、賢治作品の魅力は汎地球的な世界にとどまらないことを強調したい。すなわち、物語の柱に日本的な心が隠されていることを指摘しないわけにはいかない。日本の精神文化の土壌を映し出していると考えられるのである。つまり読者に、コスモポリタンとは正反対の「ローカル」な内容を感じさせる。たとえば、『烏の北斗七星』では敵にも愛情を隠さないし、『なめとこ山の熊』では生活のために熊を殺さざるを得ない猟師に、お前が憎くてじゃあない、と叫ばせている。これは、牛・豚の屠殺場に供養の碑を立てる「草木国土悉皆成仏」や殺した敵将を慰霊する「怨親平等」の思想と通底していると思われる。

これらは、日本人にとっては自明であり、日本人の賢治研究者たちの多くが重視せずに通過しているが、外国人が賢治作品に触れるといくつも腑に落ちない展開個所になる。日本の文化に染まらない異文化の視点にひっかかるのである。外国人研究者にとって、それは賢治文学の個性として捉えられる。

賢治が成長した明治・大正期は近代化のシンボルとしての東京への志向がつのるばかりの時代風潮であったにちがいない。賢治は上京経験が十度以上あるものの生涯にわたって僻遠の岩手を離れていない。郷里「イーハトーヴ」を愛したゆえであろうが、それは結果として、中央での知名度の普及が遅れた理由の一つになった。しかし岩手の地と人々への慈しみが強ければそれだけ岩手の精神文化に染まっていったにちがいない。山のまたぎ文化を映し出す作品がいくつもあるのは岩手で息づいた賢治だからこそといえる。僻遠だからこそ日本の古きよき精神文化が穢れずに残ったのであろう。

賢治作品の魅力は原文で読むに限るかもしれない。オノマトペ（擬音語・擬態語）は賢治文体の魅力であるはずだからである。もちろんオノマトペは日本語に多く、賢治だけの特徴ではないが、日本語を母語としない外国人には、言葉の真実の感性を受けとめるのは非常に難しいことであろう。

「キックキックトントンキックキクトントン」（『雪渡り』）

「どっどど　どどうど　どどうど　どどう」（『風の又三郎』）

この絶妙な擬音語・擬態語は翻訳者泣かせにちがいないが、これらのオノマトペは日本語の特徴であるということ以上に賢治作品を個性化するはたらきを有している。岩手の方言も多用されているが、これも翻訳に反映できるものではない。

冒頭で賢治は読みやすい作家と書いた。たしかに賢治の童話は仮名書きが多くて、日本語を学び始めた外国人の初心者にもすぐに親しめる。漢字の習得は日本語習得の壁であり、アルファベットを主体に音標文字しか知らない人々が表意文字の概念を理解するのは異次元との出会いかもしれない。それに比べれば、仮名は音標文字感覚で触れ合えるからである。しかし作品を読むことができるということと理解ができるというのとはまったく別である。読みやすいからといって読み進めるうちに、素朴な疑問が浮かび上がるのが賢治作品の魅力につながる。日本の心に触れるイーハトーヴの世界にいざなわれるからであろう。

人間としての個性の魅力があるのも賢治である。賢治は「世界がぜんたい幸福にならないうちは個人の幸福はあり得ない」という信念を実践し続けた。そして、宗教、芸術、音楽、鉱物学、天文、動植物の科学、肥料を通した農業などの実践者として、多方面に関心と行動力を示し、同時にマルチの才能を研鑽した。「われらはまことの幸福を索ねよう、求道すでに道である」「永久の未完成これ完成である」（いずれも『農民芸術概論綱要』）は自己を鼓舞した名言である。

天賦の才と努力を並存させた賢治という童話作家は国際的にもっと評価されていい。

2

賢治は小さいころからあまり丈夫なほうでなく、1933 年、37 歳で夭折した。生前に刊行された 2 冊はいずれも 1924 年における自費出版で、心象スケッチ詩集『春と修羅』と童話集『注文の多い料理店』である。花巻農学校教師に在職した 4 年余りの期間のうちの 3 年目で、賢治自らが「この四ケ年はわたくしにとって、じつに愉快な明るいものでありました」と書き残したほど充実していたが、自費出版は中央での詩壇、文壇の評価を得る機会にはならなかった。

中学生のころから書くことに興味を示したという。短歌や詩に始まり、盛岡高等農林学校の在学中には文芸同人誌を発行している。童話創作を開始したのは高等農林の卒業後とされ、亡くなるまで創作意欲をなくすことはなかった。童話や散文などは 130 点余りにものぼり、臨終の枕元には推敲中の『銀河鉄道の夜』の原稿が置かれていたという。

賢治の名は死後、急速に広まった。第一の功績者は詩人の草野心平である。草野が主宰した同人誌の『銅鑼』同人になった縁から、賢治の『春と修羅』を読んで「現在の日本詩壇に天才がゐるとしたなら、私はその名誉ある天才は宮沢賢治だと言ひたい」（『詩神』、1926年8月）と絶賛し、生前から注目した数少ない中央の文壇の一人。一度も顔を会わせることがなかったが、賢治の初七日に花巻へ駆けつけて、賢治が膨大な原稿を書きだめしていたことに驚くのである。そして半年もたたないうちに草野編『宮沢賢治追悼』を刊行した。わずか83ページ100部だったが、当時の文壇界の寵児・横光利一の目に留まり、全集の発行につながる。横光の後押しが第二の功績である。それは実質的に選集であったが、まだまだ無名の作家の全集が死後1年ほどで出ること自体が異例である。1934年10月から35年9月にかけ、全3巻の『宮沢賢治全集』が文圃堂から出版された。零細な出版社にとって命取りになりかねない賭けのような刊行は草野と僚友の高村光太郎、横光の強力な「プッシュ」あってこそ実現したものであろう。

全集第2弾の十字屋書店版（全6巻・別巻1）が1939年から太平洋戦争中も発刊されて1944年に完結した。『風の又三郎』の映画化（島耕二監督）は早く、1940年である。これらを通して賢治の名はゆるぎないものとなった。

賢治作品の評価は、草野が道をつくったといえる。谷川徹三は「賢者の文学」（『思想』、1935年10月）とまで評した。1944年9月の東京女子大での講演で詩「雨ニモマケズ」について時局にあわせたとはいえ「この詩を私は、明治以後の日本人の作った凡ゆる詩の中で最高の詩であると思ってゐます」と述べたという。

敗戦は日本の社会に価値観の転換をもたらした。時局の枠組みにしたがった文学者は消沈せざるを得なかったが、賢治文学は変動期をクリアーし、民主主義の社会にふさわしい作品として、戦後6・3・3制の新学制の教科書に採用された。小学校4年生で『どんぐりとやまねこ』、中学校1年生で『雨にもまけず』、高等学校2年生では『農民芸術論』が載った。自信を失った社会に必要な自己を見つめなおす意欲を呼び覚ましたにちがいない。ここで国民作家としての性格が確立したと思われる。

賢治人気の高まりは賢治論をかまびすしくする。詩人の面から、あるいは飢饉にあえぐ郷里の関係から賢治を捉えることがあるかと思えば、一方で法華経に走った宗教家として捉えたり、2歳下の妹トシとの死に別れの影響をさがしたり、賢治ほど老若男女の関係なく広く読まれる作家はいないので、各種の賢治研究が成果を競っている。

宮沢賢治記念館のほかに「学会」もある。賢治の郷里、花巻市が1988年のふるさと創生事業で発足させた。研究機関誌を定期的に発行して、多彩な賢治論が尽きることはない。全国各地に宮沢賢治の名を冠した研究会がいったいいくつあるのか分からないほどで、活発な活動を競い合っている。日本人にとって賢治ほど身近で親しみやすい作家はいないのであろう。

外国語への翻訳はオノマトペなどの賢治固有の文体の障害もあってむずかしさを抱える。なかでも主要言語でオノマトペが少ない言語とされるのが中国語。賢治の名が広く流布し始めた第2次大戦期に『雨ニモマケズ』が中国語訳されたが、オノマトペを避けた作品が選ばれたのもうなずける。それは1941年のことで、銭稲孫（北京大学教授）が《北国农谣》（北平近代科学图书馆、《日本诗歌选》所収）に発表したものだった。日本文学の優れた研究者であったが、文化大革命で無残な死を迎えた。文革中は外国文学が「毒草」として排斥されたため、賢治作品の紹介は1980年代まで待たねばならなかった。その年に、10年近く中止された出版業がようやく再開する転機を迎えた。四川児童出版社が全国の同業者に先行して復活宣言でもある号外紙の形で王敏訳の「注文の多い料理店」を一面に飾り、10年溜まったエネルギーを賢治の作品経由で噴出させた。1986年、中国唯一の《日本文学》専門誌（吉林人民出版社）に賢治特集が組まれ、王敏たちがオノマトペと格闘し、童話集『注文の多い料理店』の翻訳のほか作品論などを載せた。新中国で最初の本格的な成果で、その後の賢治研究への道を開いた。

改革開放の始まりと軌を一にした日本文学ブームに賢治も乗った。とくに 21 世紀になると賢治の作品は『童話文集』『童話選』『作品選』などとして、各地の出版社が競って刊行した。周龍梅や胡美華ら日本留学経験者が活躍して、賢治の童話のほとんどが訳出されたといわれる。

賢治について宗教家の面からの解析は、中国でも 1994 年に朱自強が「孤高な求道者」として発表した（《日本儿童文学面面观》、长沙:湖南少年儿童出版社、1994 年）。朱は、賢治論を学士、修士、博士課程によって完成させた。また、周異夫、彭懿氏ほか、すぐれた研究者が輩出している。しかし、文学を超える広がりはまだこれからの若い世代に期待をかけている。賢治を多面的にとらえ、人間像と思想が作品にどう映し出されているのか、真剣な取り組みが待たれるところである。

3

今後の課題として、賢治の思想、哲学、文学の真相・深層を追究するアプローチは日本人と外国人で差異のあることを知ってほしい。一般的な指摘であるが、日本人研究者にとって自明のことは関心事にならない。このことはすでに触れた。外国人の研究テーマとしては、日本人の自明のことが賢治を理解する切り口になる。それは、賢治作品をはぐくんだものは何か、東京から遠く離れた東北の地でなぜ日本人のあらゆる階層の人々に愛される作品が書けたのか、日本の伝統的なこころに通底するものはないか……。日本の社会は住めば住むほど異文化として体験することのできる不可思議なところがある。それは気遣い、思いやり、親身、優しさといった日本の伝統と思想とかかわっていると思われる。しかし、言葉で説明可能なのはせいぜいここまでで、論理体系としての整理は未完成のままである。

賢治作品には日本人に受け継がれてきたこうした気遣いや思いやり、親切なこころから抽出された生命観、宇宙観、認識の方法論が描かれている。「心象スケッチ」とは日本のこころ、精神遍歴、思想、哲学、理論を抽象的表現から映像化したイメージでもあろう。

これは童話作家の枠内で研究していては解けないテーマであるように思われる。賢治は複雑な合わせ鏡であるけれども、鏡の間に立つのではなく、遠く離れたところから複数の鏡を見るのが賢治の真相に迫る道ではないだろうか。

合わせ鏡の手法を生かした賢治論は2000年にお茶の水女子大から学位を授与された王敏の博論『宮沢賢治と中国』である。2010年、同名の中国語版拙著が重慶出版社より刊行され、中国の主要メディアに書評が掲載された。不足が多い小著を恥じることよりも、願わくは、今後の人文学の発展にとって参考になる砂一粒になればと思う。

表3　历年来有关日本作家宫泽贤治的博硕士学位论文统计表

作者姓名	毕业院校	论文标题	论文答辩年份	学位级别
王敏	四川外语学院	『宮沢賢治の童話——「猫鼠篇」について』	1980	硕士
周异夫	东北师范大学	宫泽贤治的佛教性世界观和生命观——以其《法华经》信仰和童话创作为中心	2008	博士
崔莉	广东外语外贸大学	试论宫泽贤治童话中的力学构造——从语言“殖民”和“反殖民”的角度	2007	硕士
邢运芳	湖南师范大学	关于日语中拟声拟态语的音韵和形态特征——以宫泽贤治的童话为中心	2008	硕士
戴晓颖	华中师范大学	宮沢賢治の童話作品に見る星	2008	硕士

范啸	国际关系学院	试论宫泽贤治童话作品的功能 ——以《银河铁道之夜》和《要求太多的餐馆》为中心	2009	硕士
闫姗姗	吉林大学	从《那目土个山的熊》看宫泽贤治的生命思想	2009	硕士
徐仙海	广东外语外贸大学	宫泽贤治童话中“星”的意义 ——以《夜鹰之星》和《银河铁道之夜》为中心	2009	硕士
高韫奇	东北师范大学	银河铁道之夜的四次易稿 ——以不变部分为中心的版本学研究	2010	硕士
靳婧	河北大学	ファンタジー構想の独自性 ——宮沢賢治『銀河鉄道の夜』をめぐって	2011	硕士
刘瑞	华东师范大学	论《滑床山的熊》	2011	硕士
肖凤超	湘潭大学	从宫泽贤治的童话看其文明批评 ——以童话集《要求繁多的餐馆》为中心	2011	硕士
王玲	华中师范大学	宫泽贤治童话中的生死观 ——以笑着迎接死亡的主人公们为中心	2011	硕上
丁文霞	中国海洋大学	宫泽贤治文学与基督教	2011	硕士

（雷剛「中国における宮沢賢治の翻訳と普及」、王敏編著『東アジアの中の日本文化』（東京：三和書籍、2013 年）により）

江戸川乱歩

1894年（明治27）～1965年（昭和40）

王雪

1

江戸川乱歩（えどがわらんぽ）は探偵（推理）小説家・編集者・評論家。本名平井太郎。筆名はエドガー・アラン・ポーのもじり。名賀郡役所書記の平井繁男の長男として三重県名張町に生まれた。愛知県立第五中学校、早稲田大学予科をへて 1916 年早稲田大学経済学科卒業。中学時代から押川春浪や黒岩涙香の小説を耽読。大学時代、はじめてポー（Edgar Allan Poe）、ドイル（Arthur Conan Doyle）などの外国探偵小説を読み、短編探偵小説の妙味を知り、そしてはじめての探偵小説『火縄銃』の試作やドイルの翻訳などをした。大学卒業後、転々と十数種の職業を変え、1923 年 3 月に、森下雨村、小酒井不木に激賞され、『新青年』に掲載された『二銭銅貨』でデビュー。つづいてトリックの独創性に富んだ『D 坂の殺人事件』『屋根裏の散歩者』などといった所謂「本格」と称される短編を執筆し、好評を得、専業作家の道を歩みはじめた。一方、『赤い部屋』『人間椅子』『鏡地獄』など恐怖と神秘の要素に満ちた、所謂「変格」と称されるものも多く書いた。1928 年 3 月自己嫌悪に陥り当分休筆を宣言し、14 ヶ月休筆の後、『陰獣』『孤島の鬼』

『猟奇の果』『蜘蛛男』『魔術師』など「エロ・グロ・猟奇・残虐趣味」を前面に押し出した中長編を次々に発表した。また1936年に『怪人二十面相』など〈少年探偵団〉シリーズの発表をはじめ、当時国内の少年たちの間で大ブームを巻き起こした。戦後は、作家活動以外に編集者・評論家としての活躍も目立ち、日本に多くの海外推理小説作家・作品を紹介した。評論に『幻影城』『続・幻影城』などがある。探偵作家クラブ(後日本推理作家協会)の設立に尽力し、江戸川乱歩賞の設立、雑誌『宝石』の編集など新人作家の育成に力をつくした。

2

同時代の論評は平凡社『江戸川乱歩全集』(1931～1932年)の「批評集」、中島河太郎編『江戸川乱歩——評論と研究』(東京：講談社、1980年)に多数再録されている。また、1980年以前の研究文献の詳細は前出『江戸川乱歩——評論と研究』所収の「江戸川乱歩研究文献目録」に附され、参考になる。その後、「江戸川乱歩特集」(『探偵随想』、1981年7月)と「特集　江戸川乱歩」(『書斎の屍体』2号、1985年2月)、「特集　江戸川乱歩」(『スタジオ・ボイス』、1986年12月)、「江戸川乱歩　レンズ仕掛けの猟奇耽異」(『ユリイカ』、1987年5月)などの雑誌特集、松山巌『乱歩と東京』(東京：PARCO出版局、1984年)と、乱歩が戦時下執筆した『貼雑年譜』(東京：講談社、1989年)、中島河太郎編『江戸川乱歩ワンダーランド』(東京：沖積社、1989年)などが出版された。助川徳是「江戸川乱歩」(『解釈と鑑賞』、1980年10月)や海野弘「江戸川乱歩『D坂の殺人事件』」(『モダン都市東京』、東京：中央公論社、1983年)、小森陽一「都市の中の身体/身体の中の都市」(佐藤泰正編『文学における都市』、東京：笠間書院、1988年)、金井景子「迷宮としての都市」(『講座昭和文学史1』、東京：有精堂、1988年)は都市空間と作品の関連に注目し、新しい展開を見せた。それから、笠井潔「物語と内面」（『早稲田文学』、1986 年 8 月）と「密室という外部装置」（『幻想文学』、1987 年 1 月）、百瀬久「江戸川乱歩『屋根裏の散歩者』論」（『芸術至上主義文芸』、1989 年 11 月）などは犯罪学や心理学の見地から綿密に分析したものである。鈴木貞美は「乱歩と『新青年』」（『ユリイカ』、1987 年 5 月）と「江戸川乱歩登場」（『新青年』研究会『新青年読本』、東京：作品社、1988 年）の中で、江戸川乱歩と雑誌『新青年』の関連を丁寧に考察した。また、江戸川乱歩の少年探偵シリーズを対象とする研究は助川是徳「江戸川乱歩——怪人二十面相のいる風景」（『解釈と鑑賞』、1980 年 10 月）、二上洋一「怪人二十面相と怪盗ルパンの魅力」（『日本児童文学』、1986 年 8 月）、細谷健治「怪人二十面相と現代児童文学」（『日本児童文学』、1988 年 9 月）などが挙げられる。

1990 年代に入り、江戸川乱歩生誕百年記念がきっかけで、江戸川乱歩研究の気運は一層高まってきた。新保博久・山前譲編『乱歩 上下』（東京：講談社、1994 年）、平井隆太郎監修『江戸川乱歩アルバム』（東京：河出書房新社、1994 年）、小林信彦『回想の江戸川乱歩』（東京：メタローグ、1994 年）、仁賀克雄監修『江戸川乱歩 99 の謎——生誕百年・探偵小説の大御所』（東京：二見書房、1994 年）、新保博久・山前譲編『江戸川乱歩 日本探偵小説事典』（東京：河出書房新社、1996 年）、太陽編集部編『江戸川乱歩』（東京：平凡社、1998 年）などがある。雑誌特集としては「江戸川乱歩と夢野久作」（『国文学』、1991 年 3 月）、「江戸川乱歩生誕一〇〇年記念号」（『探偵随想』69 号、1994 年 3 月）、「特集　江戸川乱歩の世界」（『ガロ』、1994 年 3 月）、「特集　江戸川乱歩生誕百年」（『キネマ旬報』4 月上旬号、1994 年 4 月）、「特集　江戸川乱歩」（『太陽』396 号、1994 年 6 月）、「特集　RAMPOMANIA」（『幻想文学』42 号、1994 年 10 月）、「特集　江戸川乱歩の魅力」（『解釈と鑑賞』、1994 年 12 月）、

「乱歩の時代　昭和エロ・グロ・ナンセンス」（『別冊太陽』88 号、1995 年 1 月）などがある。

21 世紀に入ってから、江戸川乱歩の研究は一層多様化と深化を見せている。雑誌特集としては、「江戸川乱歩——誰もが憧れた少年探偵」（『文藝別冊』、2003 年 3 月）、藤井淑禎編「江戸川乱歩と大衆の二十世紀」（『解釈と鑑賞別冊』、2004 年 8 月）が挙げられよう。前者には江戸川乱歩と松本清張の対談、横溝正史宛 の未公開書簡、新発見小説「悪魔が岩」などいずれも興味深い資料が収録されている。後者は文学的・社会学的アプローチの評論集で、乱歩の作品と大衆社会や読者及び公教育やマスコミ・ジャーナリズムとの関係解明に力を注ぎ、再評価を試みたものである。特筆すべきなのは、立教大学江戸川乱歩記念大衆文化研究センターが創刊した雑誌「センター通信」と「大衆文化」である。前者は 2007 年 1 月に創刊され、江戸川乱歩研究に必要な史的資料、関連著書の紹介などを主として掲載しており、後者は 2009 年 4 月に創刊され、主に江戸川乱歩の研究論文を発表している。

研究論文には、山下武「江戸川乱歩　ドッペルゲンガー文学考 23」（『20 世紀日本怪異文学誌』、2000 年 11 月）、窪寺巖「江戸川乱歩『防空壕』の周辺」（『芸術至上主義文芸』、2000 年 11 月）、永野宏志「飛行解読者、無限へ」（『武蔵野女子大学文学部紀要』、2001 年 2 月）、中条省平「残虐への郷愁——江戸川乱歩の人外境とは何か」（『文学界』、2001 年 7 月）、小松史生子「江戸川乱歩『幽霊塔』論」（『日本近代文学』、2001 年 10 月）、成田大典「「一寸法師」のスキャンダル——乱歩と新聞小説」（『国語国文研究』、2002 年 7 月）、小松史生子「探偵小説と水族館幻想——江戸川乱歩『パノラマ島奇談』を中心に」（『金城日本語日本文化』、2003 年 3 月）、吉田司雄「探偵小説という問題系——江戸川乱歩『幻影城』再読」（吉田司雄編『探偵小説と日本の近代』、東京：青弓社、2004 年）、百瀬久「江戸川乱歩「芋虫」論——「悪夢」の原因」（『文学論藻』、2005 年 2 月）、石割透「江戸川乱歩「人間椅子」——「私」でしかない、或る職人の悲哀」（『駒沢短大国文』、2005 年 3 月）、王成「研究ノート　異文化圏の読者と乱歩ミステリー——中国における乱歩ミステリーの翻訳を中心に」（『日本近代文学』、2005 年 5 月）、申河慶「不安と防衛のモダン探偵劇——江戸川乱歩『黄金仮面』論」（『大衆文学の領域』、2005 年 6 月）、村田碧「乱歩と京浜国道——大東京の時代と乱歩」（『立教大学日本文学』、2005 年 7 月）、丹羽みさと「江戸川乱歩の半生と近世資料」（『立教大学日本文学』、2005 年 12 月）、宮本和歌子「江戸川乱歩「人でなしの恋」論」（『歴史文化社会論講座紀要』、2006 年 2 月）、藤井淑禎「清張と本格派——乱歩封じ込め戦略のてんまつ」（『国語と国文学』、2006 年 9 月）、山口政幸「乱歩と模倣——「目羅博士」の「犯罪」」（『専修国文』、2006 年 9 月）、築山尚美「江戸川乱歩「二銭銅貨」試論」（『立教大学日本文学』、2006 年 12 月）、川辺さやか「江戸川乱歩短編集に見る、視覚と触覚」（『芸文攷』、2007 年 2 月）、黒岩裕市「同性愛の感染性——一九三〇年の「陰間」表象と江戸川乱歩の『一寸法師』」（『昭和文学研究』、2007 年 3 月）、吉岡直香「『孤島の鬼』における乱歩の身体観」（『金城学院大学大学院文学研究科論集』、2007 年 3 月）、石川巧「江戸川乱歩の退場——「断崖」における〈見せ消し〉の修辞学」（『九大日文』、2007 年 3 月）、栗田卓「忘れられた〈顔〉——明智小五郎と「日本」」（『立教大学日本文学』、2008 年 7 月）、青柳由紀「江戸川乱歩初期作品論——〈幻想〉と〈写実〉をめぐって」（『筑紫語文』、2008 年 10 月）、韓程善「江戸川乱歩『パノラマ島奇譚』と映画トリック」（『超域文化科学紀要』、2008 年 11 月）、堀啓子「二つの『白髪鬼』——涙香と乱歩の翻案をめぐって」（『東海大学紀要（文学部）』、2009 年 3 月）、宮本和歌子「江戸川乱歩『ぺてん師と空気男』と『The Compleat Practical Joker』」（『国語国文』、2009 年 4 月）、生方智子「ジャンル横断—異なるもの

たちとの出会い 受動化する身体、見出される風景—漱石、谷崎、乱歩における「遊民」たち」（『日本文学からの批評理論』、2009年8月）、宮本和歌子「江戸川乱歩『ぺてん師と空気男』論」（『歴史文化社会論講座紀要』、2010年3月）、成実朋子「江戸川乱歩「少年探偵シリーズ」研究——読まれ続けた魅力を探る」（『国語と教育（大阪教育大学）』、2010年3月）、鈴木貞美「共同研究報告　江戸川乱歩、眼の戦慄——小説表現のヴィジュアリティーをめぐって」（『日本研究』〈国際日本文化研究センター〉、2010年9月）、宮本和歌子「江戸川乱歩「猟奇の果」の成立」（『国語国文』、2010年10月）、水沢不二夫「研究ノート　佐藤春夫「律義者」、江戸川乱歩「芋虫」の検閲」（『日本近代文学』、2010年11月）、栗田卓「江戸川乱歩と「プロレタリア」——探偵小説の「反抗精神」に内在する可能性」（『立教大学日本文学』、2010年12月）などがある。

次に単行本を挙げる。小松史生子『乱歩と名古屋——地方都市モダニズムと探偵小説原風景』（名古屋：風媒社、2007年）は江戸川乱歩と名古屋の関係性を詳しく分析したものであり、平井隆太郎『うつし世の乱歩 父江戸川乱歩の憶い出』（東京：河出書房新社、2006年）と『乱歩の軌跡 父の貼雑帖から』（東京：東京創元社、2008年）は乱歩の実像に迫ったものであり、志村有弘編『江戸川乱歩徹底追跡』（東京：勉誠出版、2009年）は江戸川乱歩の全作品と創作活動を丁寧に解説したものである。

2000年以降の研究史としては浜田雄介「江戸川乱歩」（『新研究資料現代日本文学　第一巻』、東京：明治書院、2000年）、新保博久・山前譲編『幻影の蔵 江戸川乱歩探偵小説蔵書目録』（東京：東京書籍、2002年）、平井隆太郎監修『江戸川乱歩著書目録　江戸川乱歩リファレンスブック3』（名張：名張市立図書館、2003年；1は『乱歩文献データブック』、2は『江戸川乱歩執筆年譜』）、落合教幸「江戸川乱歩研究文献目録」（『解釈と鑑賞別冊』、東京：

至文堂、2004 年 8 月）、平山雄一・新保・山前編『江戸川乱歩小説キーワード辞典』（東京：東京書籍、2007 年）がある。

3

中国大陸における江戸川乱歩の小説の翻訳・出版ブームは 20 世紀前半の二、三十年代と後半の八、九十年代の二回見られる。特に 1990 年代から江戸川乱歩の小説は日本ミステリー文学の中でもっとも多く翻訳され、「北京の群衆出版社、済南の山東文芸出版社、合肥の安徽文芸出版社、上海の少年文芸出版社、成都の四川少年児童出版社、珠海の珠海出版社など、数多くの出版社が乱歩の本を出版した」、また、「中国国家図書館の所蔵目録で見ると、一九三一年版の『蜘蛛男』から今日まで再版ものも含めて乱歩ミステリーの中国語翻訳は百二十冊あまりも所蔵されている」（王成「研究ノート　異文化圏の読者と乱歩ミステリー——中国における乱歩ミステリーの翻訳を中心に」（『日本近代文学』、2005 年 5 月）。

しかし、江戸川乱歩の小説の翻訳は数多く刊行されているわりに、その研究は本格的に始動するには至っていない。丹東《日本推理小说之父——江户川乱步》(《世界博览》、1985 年 6 期）、欧陽傲雪《江户川乱步与横沟正史》（《安徽文学》、2008 年 12 期）などの文章は紹介的なものに留まっており、論文としては僅かに前掲王成「研究ノート　異文化圏の読者と乱歩ミステリー——中国における乱歩ミステリーの翻訳を中心に」と徐笑吟《都市空间・游荡者・视觉体验——以〈顶阁里的散步者〉为中心》（上海师范大学硕士学位论文、2011 年 4 月）が挙げられる程度である。前者は日本語で刊行された論文で、『蜘蛛男』の中国語訳をとりあげ、異文化圏の読者の視点から江戸川乱歩の小説の、中国における受容のありかたを丁寧に考察し、分析した。後者は中国語で書かれた修士学位論文で、ベンヤミンの「遊歩者」理論、フーコーの権力論をふまえて「屋根裏の散歩者」の主人公郷田三郎の、遊歩者としての精神的特質を解明した。

江戸川乱歩の、自己に言及する著書及びその小説との関係性、また乱歩作品の読者論、受容論の視点から追究する余地はなお大きいといえよう。また、国際的な視野からは、ポー、ドイルなどの欧米作家との影響関係を論じることが多いのに対して、中国を含めたアジア各国の探偵小説に対する影響についてはまだ幾多の課題が横たわっていると思われる。

吉川英治

1892年(明治25)～1962年(昭和37)

関立丹

1

吉川英治（よしかわえいじ）は幅広い読者を持ち、日本の「国民文学作家」といわれる時代小説、歴史小説の作家である。神奈川県久良岐郡中村根岸（現・横浜市）に小田原藩士の次男として生まれた。本名は英次である。父の事業の失敗などにより 9 歳で学校中退、様々な職につきながら独学した。のち作家活動に入り、1914 年、「江の島物語」が『講談倶楽部』誌に 3 等当選したが、生活は向上しなかった。大連へ行き、貧困からの脱出を目指したが、生活状態は変わらず、この間に書いた小説 3 篇が講談社の懸賞小説に入選した。1921 年に母が没すると、翌年より東京毎夕新聞社に入り、次第に文才を認められ『親鸞記』などを執筆する。関東大震災により文学に専念することを決意した。1925 年に創刊された『キング』誌に、吉川英治の筆名を初めて使った伝奇性豊かな作品『剣難女難』を連載して人気作家となった。1935 年より連載が始まった『宮本武蔵』は新聞小説史上かつてない人気を得、連載は 4 年後の 1939 年まで続いた。この作品は剣禅一如を目指す求道者宮本武蔵を描き、ちょうど太平洋戦争下の人心に呼応し、大衆小説の代表作となった。1937 年に対中侵略戦争が起こり、現地視察した。また、1938 年ペンの部隊の隊員として、漢口作戦に従軍した。この二度の中国体験で中国の広大さに感動し、1939 年から『三国志』を連載し始めた。1945 年、敗戦後、その衝撃からしばらく筆を置いた。1949 年に改作して六興出版社から出版した『宮本武蔵』は多くの読者に歓迎された。1950 年『新・平家物語』の連載を開始した。連載 7 年におよぶ大作で、1953 年第 1 回菊池寛賞を受賞した。1960 年、文化勲章を受章した。中国を題材とする作品として、中国演義小説の一つ『水滸伝』を独自に解釈した『新・水滸伝』を連載し始めたが、1962 年肺がんのため死去した。疎開先だった東京都青梅市に、吉川英治記念館が設立された。映像化された作品が多い。『吉川英治全集』（東京：講談社、新版全 58 巻）、『吉川英治文庫』（東京：講談社、全 161 巻）、『吉川英治歴史時代文庫』（東京：講談社、全 85 巻）がある。

2

吉川英治はまず第一に大衆文学作家である。この視点からの研究は、吉川の大衆意識と大衆文学作家としての自覚に注目しており、代表的なものに尾崎秀樹「告白体の大衆文学論」（『日本文学』、1962 年 6 月）、浅井清「大衆文学の生成と展開—中里介山と吉川英治—」（三好行雄編『講座日本文学の争点第 6』、東京：明治書院、1969 年）、尾崎秀樹『大衆文学の世界像』（『日本文学講座』6、1988 年 6 月）、城塚朋和「『青年太陽』時代の吉川英治」（『大衆文学研究』99、1992 年 12 月）などがある。

また、吉川は「国民文学作家」と言われるが、国民文学とは何か、作品の持つ国民文学的なものとは何かという検討も行われている。水野治太郎「吉川英治と司馬遼太郎——大衆文学の人間学的研究」（『麗沢大学紀要』69、1999 年 12 月）、尾崎秀樹「吉川英治文学からなにを受け継ぐか」（『日本文学』、1962 年 10 月）、杉浦明平「吉川英治、その文学的でないもの」（『文学』、1960年7月）などがある。

吉川英治の全体像についての研究もいくつかあるが、作家紹介のようなものが大半であり、その殆どは短いものである。田中保隆「吉川英治」（『国文学』、1965年1月）、原子朗「吉川英治」（『国文学』、1969年1月）、武田勝彦「吉川英治「宮本武蔵」」（『解釈と鑑賞』、1975年1月）、松本昭「吉川英治—その人生の歩みと作品の関連—」（『本の本』5、1976年5月）、石井冨士弥「吉川文学の技術原型」（『大衆文学研究会報』19、1979年9月）、塚越和夫「吉川英治」（『解釈と鑑賞』、1979年3月）、城塚明和「東京毎夕新聞紙上に見た吉川英治」（『大衆文学研究会報』19、1979年9月）、尾崎秀樹「吉川英治の文学」（『大衆文学研究』99、1992年12月）、吉川文子「〈インタビュー〉吉川英治の素顔」（『大衆文学研究』99、1992年12月）などがある。

作品論は、ほぼ長編小説『宮本武蔵』に集中している。武蔵野次郎「吉川英治「宮本武蔵」」（『解釈と鑑賞』、1971年6月）、桑原博史「宮本武蔵—吉川英治「宮本武蔵」—」（『国文学』、1974年3月）などがある。『宮本武蔵』は日本のビジネス戦略や日本人論のテクストとして、世界の国々に注目されている。それを論じたものとしては、井上ひさし「ベストセラーの戦後史6吉川英治「宮本武蔵」——世界中で「ムサシ」が愛される理由」（『文藝春秋』、1987年7月）、清原康正「『宮本武蔵』の欧米での読まれ方」（『大衆文学研究』99、1992年12月）などが挙げられる。

単行本は、全体的に伝記的なものが多い。わたしの吉川英治刊行委員会編纂『わたしの吉川英治：その書簡と追憶』（東京：文藝春秋新社、1963年）、吉川文子『吉川英治余墨』（東京：講談社、1964年）、尾崎秀樹『吉川英治：伝記』（東京：講談社、1970年）、扇谷正造『吉川英治氏におそわったこと』（東京：六興出版、1972年）、吉川文子『吉川英治文学アルバム』（東京：講談社、1973年）、尾崎秀樹『伝記吉川英治』（東京：講談社、1974年）、吉川英明『父吉川英治』（東京：文化出版局、1974年）、吉川英治記念館毎日新聞社編『吉川英治』（東京：吉川英治記念館、1977年）、城塚朋和『奥多摩の吉川英治』（東京：未来工房、1979年）、尾崎秀樹『吉川英治：人と文学』（東京：新有堂、1980年）、吉川英明『吉川英治の世界』（東京：講談社、1984年）、松本昭『吉川英治：人と作品』（東京：講談社、1984年）、松本昭『人間吉川英治』（東京：六興出版、1987年）、会田雄次『歴史小説の読み方：吉川英治から司馬遼太郎まで』（東京：PHP研究所、1988年）、横浜近代文学研究会編『吉川英治と明治の横浜：自伝小説「忘れ残りの記」を解剖する』（東京：白楽、1989年）、講談社編『吉川英治生誕百年記念　吉川英治とわたし：復刻版吉川英治全集月報』（東京：講談社、1992年）、姫路文学館編『吉川英治と宮本武蔵』（姫路：姫路文学館、1999年）などがあげられる。

2000年以降の研究成果として、「特集・吉川英治の世界」（『解釈と鑑賞』、2001年10月）がある。これは、文学研究の領域では、吉川英治の研究が以前より重視されるようになった証拠でもある。作家の精神世界や宮本武蔵の精神世界についての分析が増えた。関川夏央「虫の本よみ6　大正教養主義の嫡子であった剣豪——『宮本武蔵』吉川英治」（『図書』620、2000年12月）である。三浦雅士「教養の幻想—青春の終焉——九六〇年代試論（十一）」（『群像』、2000年11月）、縄田一男「作家それぞれの「宮本武蔵」」（『文藝春秋』、2003年4月）、立野正裕「宮本武蔵と独行道——道の精神史　その一」（『文芸研究（明治大学）』91、2003年9月）がある。

ほかには、松本昭『人間復活：吉川英治、井上靖、池田大作を結ぶこころの軌跡』（東京：アールズ出版、2001年）、齋藤愼爾『〈武蔵〉と吉川英治』（東京：東京四季出版、2003年）、中島誠『吉川英治ものがたりの時代』（東京：論創社、2004年）、相沢与剛

「『忠臣蔵』この一冊」（『大衆文学研究』136、2006年12月）、鈴木貞美『日本近現代の時代小説——中里介山、吉川英治を中心に』（『Historical Consciousness, Historiography and Modern Japanese Values』、2006年11月）が挙げられる。また、依然として『宮本武蔵』と関連のある評論が多い。例えば、村上知彦「『宮本武蔵』から『バガボンド』へ」（『国文学』特集、2002年11月）、藤井康生「映像の中の芸能（11）　宮本武蔵——辰巳・千恵蔵・長十郎・錦之助・英樹」（『上方芸能』156、2005年6月）、楊氷「『宮本武蔵』五部作（1961年～65年）の内田吐夢」（『フィロカリア』23、2006年3月）などがある。

中国題材小説の研究には、井上浩一「『水滸伝』を母体とした現代日本の小説・コミック」（『アジア遊学』105、2007年12月）、竹内真彦「泣かずに魏延を焼き殺す——吉川英治の読んだ三国志」（『アジア遊学』105、2007年12月）などがある。

中国大陸では、《宫本武藏》（刘敏訳、北京：新世界出版社、2004年）、《三国》（重庆：重庆出版社、2011～2012年）、《源赖朝》（重庆：重庆出版社、2013年）、《丰臣秀吉——新书太阁记》（重庆：重庆出版社、2013年）が出され、台湾地域では《源赖朝》（台北：远流出版公司、1993年）、《新书太阁记》（台北：远流出版公司、1995年）、《宫本武藏》（台北：远流出版公司、1998年）などが翻訳出版された。中国の研究成果として、関立丹《武士道与日本近现代文学》（北京：中国社会科学出版社、2009年）、李长声《吉川英治与吉本芭娜娜之间》（台北：英属盖曼群岛商网路与书股份有限公司台湾分公司、2008年）、李长声《吉川英治的〈三国志〉》（《读书》、1990年9期）、邱岭《试论日本文学对〈三国演义〉的接受——以吉川英治〈三国志〉中的关羽形象为例》（《福建师范大学学报》、2006年3期）などがある。

3

吉川英治は、「国民文学作家」といわれるように、日本の社会や国民生活とのつながりの強い作家である。吉川は、1933年大衆文学の研究誌『衆文』を創刊し、一年続けて純文学に対抗したり、青年運動に参加し東北の農村を回り講演を開いたりしたことがある。したがって、吉川英治の全体像をつかむには、文学という分野だけでなく、大衆社会や時代とのつながりを考える必要があるであろう。読者論の視点から桑原武夫『「宮本武蔵」と日本人』（東京：講談社、1964年）、櫻井良樹『宮本武蔵の読まれ方』（東京：吉川弘文館、2003年）などの研究成果があるが、更なる研究成果も期待される。また、宮本武蔵という題材は、その後も多くの作家に書かれているが、どの作家も吉川の「吉川武蔵」を意識していると言える。日本人における「宮本武蔵」の意味をさらに検討することも必要であろう。

萩原朔太郎

1886年（明治19）～1942年（昭和17）

安智史

1

萩原朔太郎（はぎわらさくたろう）、詩人。群馬県前橋生まれ。前橋中学時代より『明星』などに短歌を掲載。第五、第六高等学校や慶應義塾大学予科などに入退学を繰り返す。音楽に熱中し、陸軍軍楽隊や東京音楽学校への入学も模索したが実現せず。北原白秋主宰の詩歌誌『朱欒』への投稿が認められ、近代詩人としての活動を本格化。第一詩集『月に吠える』（1917 年）で口語体による鮮烈なイメージを展開し、口語自由詩の完成者とされる。以後『青猫』（1923 年）から『定本青猫』（1936 年）にいたる詩集で口語自由詩の音楽性を探求。一方、『純情小曲集』（1925 年）、『氷島』（1934 年）で独自の漢文脈文語詩を展開し、『宿命』（1939 年）で散文詩の可能性を追求した。また、『新しき欲情』（1922 年）などアフォリズム集、『詩の原理』（1928 年）などの詩論、『恋愛名歌集』（1931 年）、『郷愁の詩人与謝蕪村』（1936 年）など古典詩歌論、『詩人の使命』（1937 年）、『日本への回帰』（1938 年）などの評論・文明論や、幻想短編小説『猫町』（1935 年）など散文でも活躍した。映画や、写真撮影も好み、現在、朔太郎撮影写真集も刊行されている。

2

筑摩書房版全集が完結し、朔太郎研究の基盤が確立したのは1980年代である。久保忠夫の長年の基礎研究の集成『萩原朔太郎論』上下巻（東京：塙書房、1989年）のほか、菅谷規矩雄『萩原朔太郎1914』（東京：大和書房、1979年）、嶋岡晨『伝記萩原朔太郎』上下巻（東京：春秋社、1980年）、大岡信『萩原朔太郎』（東京：筑摩書房、1981年）、磯田光一『萩原朔太郎』（東京：講談社、1987年）など、詩人や評論家による評論や評伝が刊行された。阿毛久芳『萩原朔太郎論序説——イデアを追う人の旅』（東京：有精堂、1985年）など思想面の研究も本格化する。

朔太郎の詩論を正面に据えた北川透『萩原朔太郎〈詩の原理〉論』（東京：筑摩書房、1987年）、朔太郎詩を身体論的モティーフで読み解いた坪井秀人『萩原朔太郎論《詩》をひらく』（大阪：和泉書院、1989年）、従来軽視されがちであった朔太郎最後の詩集『宿命』を評価する山田兼士「萩原朔太郎・詩の〈宿命〉」（長野隆編『萩原朔太郎の世界』、東京：砂子屋書房、1987年所収）なども注目すべき業績である。

『氷島』を昭和恐慌の観点から論じた高橋世織「『氷島』試論——「廻転」のイコノグラフィー」（『国語と国文学』、1986年5月）、19世紀イタリア犯罪学者からの影響を検証する野呂芳信「〈浄罪〉の挫折について——朔太郎とロンブローゾ」（『文学論藻』62号、1988年2月）、また、朔太郎撮影写真についての飯沢耕太郎の論考など、多様な影響関係が検証され、諸ジャンル芸術との関係が本格的に論じられるようになった。他にも大塚常樹、勝原晴希、栗原敦、小関和弘など、主に坪井編『日本文学研究資料新集24　萩原朔太郎』（東京：有精堂、1988年）に採録された、1980年代の若手の一連の論稿は現在でも再検証すべき基本文献である。

1990年代には北川透『萩原朔太郎〈言語革命〉論』（東京：筑摩書房、1995年）が、大正初期の朔太郎、山村暮鳥、室生犀星が共有していた前衛的な言語実験を〈言語革命〉というキーワードで捉えかえし、現代詩の隠れた先駆として再評価。福田和也『日本の家郷』（東京：新潮社、1993年）は朔太郎晩年期の「日本への回帰」をポスト近代から捉えかえした。近代詩における「声」への欲望をマスメディアの問題と絡めつつ論じた坪井秀人『声の祝祭　日本近代詩と戦争』（名古屋：名古屋大学出版会、1997年）は、朔太郎を時代に異和する詩人として取り上げている。詩壇デビューにいたる青年期に焦点をあてた渡辺和靖『萩原朔太郎——詩人の思想史』（東京：ぺりかん社、1998年）も刊行された。

また、勝原晴希「萩原朔太郎研究のこれから——主体／主体以後をめぐって」（『国文学』、2000年1月）は、日本の「近代」と朔太郎の詩・思想との関係性を軸とした研究展望として示唆に富む。

3

朔太郎の言語観の再検証（文語、口語詩それぞれの可能性の探求、モダニズム詩人たちとの関係性などを含む）、詩的身体論の探求（視聴覚メディア論との関連を含む）が進んでいる。「萩原朔太郎」という存在の捉えなおしが多様化し、様々なメディア間の〈翻訳〉関係にまで視点が広がりつつある。以下、今後の課題・展望と絡めながら、近年の朔太郎研究を振り返ってみよう。

2でふれた「『氷島』試論」も収める高橋世織『感覚のモダン　朔太郎・潤一郎・賢治・乱歩』（東京：せりか書房、2003年）は、メディア的身体論の観点から萩原朔太郎と関連作家たちを論じる。朔太郎の撮影写真を論じる坪井『感覚の近代—声・身体・表象—』（名古屋：名古屋大学出版会、2006年）、田中純『都市の詩学　場所の記憶と徴候』（東京：東京大学出版会、2007年）、倉石信乃「道の果て——萩原朔太郎の詩と写真」（『誕生125年　萩原朔太郎展』図録、東京：世田谷文学館、2011年）なども示唆に富む。

安智史『萩原朔太郎というメディア——ひき裂かれる近代／詩人』（東京：森話社、2008年）は写真のみならず、朔太郎の身体論的知覚がとらえたレコードやラジオ、映画など視聴覚メディアや大衆社会状況の問題を総合的に論じ、また、朔太郎の音楽観と詩論・言語論との関連を、徳川期の国学者や西洋象徴主義の言語観と比較しつつ分析し示唆に富む。樋口覚『日清戦争異聞　萩原朔太郎が描いた戦争』（東京：青土社、2008 年）収録「「やぽん・まるち」――保田与重郎と萩原朔太郎の行進曲論」は朔太郎の音楽嗜好を再検証。日本への西洋音楽の流入過程、とくに軍楽と関連づけて論じた。なお、晩年の朔太郎はジャズ音楽を、非西洋音楽（クラシック）の異種混交（ハイブリッド）、今日でいうワールド・ミュージックとして捉え直す視点も示しており、再検証が求められるところである。

小野絵里華「詩にみる〈日本身体〉の変容――萩原朔太郎を中心に」（『詩人会議』、2008 年 7 月）は、『定本青猫』の挿絵に、戦前の上海の面影を重ね、異文化の混交するクレオール性を読み込む。ただし小野論は朔太郎自身の上海への言及について未確認のまま、金子光晴論へとずれ込んでしまう。実際、朔太郎の上海への関心の薄さはいかんともしがたい。（「南京陥落の日に」中〈ゆうべ上海を抜いて百千キロ〉以外の言及がどれほどあるだろう？）『定本青猫』挿絵にクレオール性を読み込むには、その原画が描かれた明治初年代の日本そのものがはらんでいたクレオール的状況を、朔太郎の明治観とからめて検証し直す必要もあるだろう。

近年、クレオール文化との関連から再評価の著しい文学者にラフカディオ・ハーンがあり、朔太郎晩年期のハーン受容についても再検証が必要である。林浩平『テクストの思考』（東京：春秋社、2011 年）収録「萩原朔太郎とラフカディオ・ハーン」、坪井『性が語る』（名古屋：名古屋大学出版会、2012 年）第Ⅱ部「日本という身体――ハーンと萩原朔太郎」は貴重な業績。

なお、朔太郎のハーン受容と女性観とのかかわりは坪井、安、栗原飛雄馬による座談会「萩原朔太郎という問題　日本語の可能性のために」（『現代詩手帖』、2011 年 10 月）でも問題とされ、朔太郎詩のマゾヒズムを再評価する視点も提示された。朔太郎のハーン受容の問題に接続する可能性もあろう（ハーンはマゾッホを愛読していた）。また、日本語のクレオール化という問題に関連して、日本語を「マイナー言語」（ジル・ドゥルーズ）化する詩人としての観点も提示された。

大正期の朔太郎に関連して、大正詩壇の言説状況と「口語詩」のパラダイム変換を論じた竹本寛秋「編成される〈詩〉—大正期における〈詩〉の現在と歴史の言説編成—」（北海道大学国語国文学会『国語国文研究』、2001年9月；2002年3月）、「神秘・象徴・民衆」（札幌：『北海道大学大学院文学研究科　研究論集』3号、2003年12月）は詩史的な展望として貴重。木股知史『画文共鳴——「みだれ髪」から「月に吠える」へ』（東京：岩波書店、2008年）は朔太郎の初期詩篇と、初版『月に吠える』装丁担当の画家たち（田中恭吉、恩地孝四郎）との共鳴を描き出す。野村喜和夫『萩原朔太郎』（東京：中央公論新社、2011年）は三好達治、那珂太郎らを継ぐ、詩人による朔太郎詩評釈の試みである。

内海紀子「萩原朔太郎「日清戦争異聞（原田重吉の夢）」研究—メディア・イメージの〈戦争〉—」（お茶の水女子大学大学院人間文化研究科『人間文化研究年報』第24巻、2001年3月）は、原田重吉をめぐる同時代のメディア言説や、近代日本の対中国観の丹念な掘り起しの上に朔太郎の小説を論じる。安智史「猫町温泉」（安前掲書収録）は、猫町のモデルとして伊香保温泉や下北沢を指摘。リゾートや郊外開発など近代国土論とからめつつ同小説を論じた。

日露戦後から太平洋戦争までの詩と詩人を、モダニズムと愛国詩の連続性に注目しつつ論じる瀬尾育生『戦争詩論　1910-1945』（東京：平凡社、2006年）は、朔太郎詩の崩壊する身体感覚を国民国家の解体期の表象として読み解く。1930年代から戦中にいたる京都学派や日本浪曼派を論じる菅原潤『弁証法とイロニー』（東京：講談社、2013年）も朔太郎を取り上げるが、細部の詰めが甘いのが惜しまれる（菅原が保田与重郎と対比的に取り上げる三木清とも、朔太郎は共感関係にあったことへの考察が抜けている等）。松村寛之「イデーとしての日本―萩原朔太郎と近代―」（『日本史研究』549 号、2008 年 5 月）は大正期から晩年期に至る朔太郎の時代への抵抗と挫折を分析する。

ただ、近年の諸論考には晩年の朔太郎の言説を単純化する傾向がみられる。朔太郎自身に硬直化した言説が存在することも事実だが、一方では身体論的な知覚（感性）を基盤にそれにとどまらない表明も行っている（前掲のワールドミュージック的感性やハーン関連の言説など）。論者自身の硬直化を避け、朔太郎晩年期の言語観や女性観などとともに、総合的に分析する柔軟さが必要とされるだろう。

阿毛久芳「〈日本への回帰〉の場―萩原朔太郎と保田与重郎の交接点―」（『國學院雑誌』、2004 年 11 月）は朔太郎の日本回帰と、保田与重郎のそれとの交差と異和とを論じる。栗原飛宇馬の連載評論「詩人と戦争　晩年の萩原朔太郎をめぐって」（『江古田文学』第 73 号、2010 年 3 月～）は晩年期朔太郎の時事的な発言をつぶさに分析する試み。栗原には全集収録の膨大な未発表原稿・ノートより朔太郎の読み込んだ哲学書を確定し、その思想史的意義を論じた貴重な基礎研究「萩原朔太郎研究・思索の軌跡―「未発表原稿」を視座として―」（『江古田文学』59 号、2005 年 7 月）もある。初出は 60 年代まで遡るが、杉田弘子『漱石の「猫」とニーチュ』（東京：白水社、2010 年）第五章は朔太郎のニーチュ受容を論じた基本文献である。

その他、本稿では省略せざるを得なかった業績も含む研究動向については栗原「萩原朔太郎没後年譜　研究史概観」（『現代詩手帖』、2011 年 10 月）も参照されたい。

ゲラ初校後、『比較文学研究』98 号「特輯　萩原朔太郎」が刊行（2013 年 10 月）された。編集担当のエリス俊子ら五編の論文を掲載する。詩テクスト読解に見るべきものがある一方、朔太郎の熱中した映画を「イタリアの探偵映画」とする（ただしくはフランス映画『プロテア』）など、細部の詰めの甘さに注意が必要であろう。また、近代日本における都市とその「郊外」の歴史と関連させつつ、朔太郎後半生のテクストを論じる安「〈郊外〉文学者・萩原朔太郎——「郷土望景詩」『氷島』『猫町』から幻の家郷まで」が『日本文学』2014年2月号に掲載された。

中野重治

1902年(明治35)～1979年(昭和54)

竹内栄美子

1

中野重治（なかのしげはる）は 1902 年 1 月 25 日、福井県坂井郡高椋村一本田（現・坂井市丸岡町一本田）に生まれる。父藤作、母とらの次男。兄耕一のほかに妹が三人いる。そのうちの一人は詩人の中野鈴子。福井中学校、金沢の第四高等学校を経て東京帝国大学独文科卒。学生時代に、室生犀星のもとに集まった堀辰雄や窪川鶴次郎らと同人雑誌『驢馬』を創刊し、先鋭な評論や抒情的な詩を書く。『驢馬』での活動の一方、新人会に入りマルクス主義に触れ大きな影響を受けた。プロレタリア文学運動の中心的人物として活躍し『藝術に関する走り書的覚え書』（1929 年）、『夜明け前のさよなら』（1930 年）などを刊行。1931 年夏、日本共産党に入党するが、翌年 4 月、治安維持法違反容疑で逮捕された。1934 年5月、「転向」出所。政治活動から身を引くものの思想は変えなかった。以後、『ハイネ人生読本』（1936 年）、『小説の書けぬ小説家』（1937 年）、『空想家とシナリオ』（1939 年）、『汽車の罐焚き』（1940 年）、『歌のわかれ』（1940 年）、『斎藤茂吉ノート』（1942 年）などを刊行し、戦争協力せず軍国主義ファシズムに迎合しない立場を貫いた。敗戦後は、新日本文学会の設立を推進し民主主義文学の代表的作家のひとりとなる。日本共産党に再入党するが、1964年に除名となった。戦後の作品には『鷗外その側面』（1952年）、『むらぎも』（1954年）、『梨の花』（1959年）、『甲乙丙丁』（1969年）などがある。みずみずしい感性と高い倫理によるすぐれた文章を書き、政治と文学の問題を生涯にわたって追究した文学者であった。1979年8月24日、胆嚢ガンで死去。

2

これまで筑摩書房から三度の全集が刊行されている。1963年完結の旧版、1980年完結の新版をへて、定本版として松下裕の校訂による『中野重治全集』全28巻別巻1（東京：筑摩書房、1998年）が現在もっとも信頼できる本文である。定本版全集は中野の文章をほぼ網羅しているが、この全集にも漏れている未収録の文章がいくつか見つかっている。また、詩、小説、評論、翻訳以外に中野は膨大な日記と手紙を残した。日記については敗戦前のものが松下裕の校訂により『敗戦前日記』（東京：中央公論社、1994年）として刊行された。手紙は、澤地久枝の編集によって家族にあてた書簡集『愛しき者へ』上下巻（東京：中央公論社、1983～1984年、のち中公文庫として1987年刊行）が刊行された。さらに、松下裕と竹内栄美子の共編で厳選した765通を収録する『中野重治書簡集』が平凡社より2012年に刊行された。テキストの整備は徐々に進んでいるものの、戦後の日記やそのほかの書簡など、まだ本文確定されていないものがある。これらが公刊され、さらにテキストが整備されることが望まれる。

同時代から平野謙などによる、軍国主義に追随しなかった中野への深い信頼に基づいた作品批評があったが、その後、大学のアカデミズムにおいて中野文学が研究されるようになる。研究が結実し中野研究書が盛んに上梓された時期はこれまで二回あった。はじめの時期は中野重治が亡くなった1979年前後であり、次はそれから20年後の1999年前後である。

1979年前後には、木村幸雄『中野重治論　作家と作品』（東京：桜楓社、1979年）、木村幸雄『中野重治論　詩と評論』（東京：桜楓社、1979年）、杉野要吉『中野重治の研究　戦前・戦中篇』（東京：笠間書院、1979年）、満田郁夫『増訂中野重治論』（東京：八木書店、1981年、初版は1968年刊）、北川透『中野重治　近代日本詩人選15』（東京：筑摩書房、1981年）、桶谷秀昭『中野重治　自責の文学』（東京：文藝春秋、1981年）などの研究書が刊行され、「転向」を中心とした研究が積み重ねられた。これらより以前に亀井秀雄『中野重治論』（東京：三一書房、1970年）、栗原幸夫『プロレタリア文学とその時代』（東京：平凡社、1971年）もある。戦時下の中野のすぐれた仕事は「転向」を負い目とした心理的屈折からの再生によってなされたものであったが、その仕事の意味が丹念に追究された。優れた美意識と潔癖な倫理観の持ち主であり、軍国主義に協力せず、芸術による抵抗をなしえたたぐいまれな作家として位置づけられた。なお、これらの研究書のなかには、その深層に、1950年代から60年代にかけての学生運動や文化運動に関わった研究者自身の意識や立ち位置が反映されているものがある。戦後日本の政治状況や文化状況と連動するかたちで中野研究は進められ、「政治と文学」というテーマをもっともよく体現した作家として取り上げられることが多かった。

以後、中野と四高時代からの友人で、新人会でもいっしょだった石堂清倫の著作『中野重治との日々』（東京：勁草書房、1989年）、『中野重治と社会主義』（東京：勁草書房、1991年）をはじめとして、思想史のうえで中野の主張がどのようなものであったかが議論されるようになる。林淑美『中野重治　連続する転向』（東京：八木書店、1993年）は、「転向」に焦点を合わせながら、戦時下の国家によるイデオロギー体制を根底から批判し続けた中野の言説を分析したものである。転向小説の白眉といわれる『村の家』を論じた論文をはじめ、中野の「転向」論はこの林の研究でひとつの達成を見せた。

二度目の山場は、1999年前後である。中野没後20年のこの時期、記念の集会や講演会が東京、福井、金沢などあちこちで催され、多くの研究書や雑誌特集号が刊行された。雑誌では、『新日本文学』1999年11月号（東京：新日本文学会）が「没後二十年特集　中野重治の今日」を特集し、明治学院大学言語文化研究所が発行している『言語文化』第16号（1999年6月）が「中野重治没後二十年」を特集した。いずれも充実した内容である。ほかに単行本としては、次のようなものがある。小川重明『中野重治拾遺』（東京：武蔵野書房、1998年）、松下裕『評伝中野重治』（東京：筑摩書房、1998年）、ミリアム・シルバーバーグ（Miriam Silverberg）『中野重治とモダン・マルクス主義』（林淑美・林淑姫・佐復秀樹訳、東京：平凡社、1998年）、竹内栄美子『中野重治〈書く〉ことの倫理』（東京：EDI、1998年）、松尾尊兊『中野重治訪問記』（東京：岩波書店、1999年）、小田切秀雄『中野重治　文学の根源から』（東京：講談社、1999年）。

これらの研究書は、従来の中野論の中心テーマであった「転向」に限らず、多様な広がりを持った研究となっている。たとえばシルバーバーグの『中野重治とモダン・マルクス主義』は、ルカーチ（Georg Lukács）、ベンヤミン（Walter Benjamin）、グラムシ（Antonio Gramsci）などの西洋マルクス主義者と中野を接合させ、中野と彼らの共振性を導いている。このシルバーバーグの研究によって、これまで日本近代の思想史において位置づけられてきた中野が、世界の思想史のうえで位置づけられることとなった。また、竹内栄美子『中野重治〈書く〉ことの倫理』は、戦時下の中野が『斎藤茂吉ノート』で提示した「写生」の方法を獲得することで時代の趨勢や体制のメカニズムに組み込まれない立場を保つことができたと論じている。さらに、中野の蔵書書き込みの調査によって、戦時下の中野が森鷗外論を書きながら日本の近代化についてコスモポリタニズムとエスニシティの併存の観点から考察をめぐらせていたことも明らかにしている。ほかに鶴見太郎『柳田国男とその弟子たち』（京都：人文書院、1998年）に収録された「戦時下の郷土とマルクス主義者（一）中野重治　郷土と記述を結ぶもの」では、柳田民俗学とマルクス主義者との関わりを論じつつ、中野と柳田との関係を郷土意識と日本語記述のあり方に着目して論じている。

3

上記のような2000年直前の研究状況の活性化は、『社会文学』第14号（東京：日本社会文学会、2000年6月）「特集　中野重治」にも反映している。収録論文の一篇、島村輝「中野重治の『中国の旅』」は、中野が1957年に中国作家協会と中国人民対外文化協会から招待され第二回中国訪問日本文学代表団の一員として山本健吉、井上靖、堀田善衞、本多秋五らと中国を訪問したときのことを扱った論文である。中野を論じる場合には、中野がたびたび言及していた日本と魯迅との関係、日本と朝鮮との関係など、近代日本のアジア支配や植民地の問題に触れないわけにはいかない。この論文は、そのような歴史性・政治性の問題と言語の問題とを結びつけて論じている。中野を論じるさい、このふたつの観点は重要である。

言語の問題では、2001年4、7、10月に刊行された「梨の花通信」第39～41号（東京：中野重治の会）の、申銀珠・趙珉淑・満田郁夫・林淑美による「「雨の降る品川駅」のテキストについて、及びそれをめぐる議論についての共同研究」も見逃せない。「雨の降る品川駅」の伏せ字をどのように復元するか、またこの詩をめぐる民族問題や天皇制の問題について詳しい議論が展開された。

このように、二つ目の山場に連続するかたちで中野研究は継続している。以後、たとえば次のような研究がある。石堂清倫『わが友中野重治』（東京：平凡社、2002年）、定道明『中野重治伝説』

（東京：河出書房新社、2002 年）、栗原幸夫『増訂新版　プロレタリア文学とその時代』（東京：インパクト出版会、2004 年）、竹内栄美子『中野重治　人と文学』（東京：勉誠出版、2004 年）、竹内栄美子『批評精神のかたち　中野重治・武田泰淳』（東京：EDI、2005 年）、林淑美『昭和イデオロギー　思想としての文学』（東京：平凡社、 2005 年）、竹内栄美子『戦後日本、中野重治という良心』（東京：平凡社、2009 年）、林淑美『批評の人間性　中野重治』（東京：平凡社、2010 年）、小川重明『中野重治余滴』（東京：菁柿堂、2011 年）、松下裕『増訂 評伝中野重治』（東京：平凡社、2011 年）などである。なかでも竹内栄美子『戦後日本、中野重治という良心』は、これまでの中野研究が戦前戦中を重視し戦後の研究が手薄であったことから、戦後の中野の思想や姿勢を論じている。米ソ冷戦体制のもとでの戦後日本の文化運動や思想の流れを跡づけながら、戦後における中野の仕事の意味をその限界も含めて明らかにした。戦後の研究は、テキストの整備と併せて今後いっそう充実していくことが望まれる。

中野重治の文章は、文学を広く歴史や社会との関係においてとらえ、とりわけ近代アジアにおける戦争、植民地、民族の問題と連動するテーマを持っている。研究されるべき部分はいまだ多く残っている。今後は、東アジアを領域として、日本、中国、韓国での共同研究も期待したい。

宮本百合子

1899年（明治32）～1951年（昭和26）

岩淵宏子

1

宮本百合子（みやもとゆりこ）、1899 年 2 月 13 日、東京生まれ。1916 年、お茶の水高等女学校卒業後、日本女子大学校英文学部予科に入学するが、同年 9 月、『貧しき人々の群』で文壇に登場し、女子大を翌年 1 月に退学して作家生活に入った。1918 年、アメリカに遊学し、翌年、同地で古代ペルシャ語研究者荒木茂と結婚するが、1924 年に事実上の離婚。その顛末を描いたのが『伸子』（1924 ～ 1926 年）である。1927 年から 3 年間、湯浅芳子とソビエトへ遊学し、社会主義への確信を得、帰国後は、プロレタリア作家としての道を一途に突き進む。1931 年、日本共産党へ入党。翌年、宮本顕治と再婚するが、左翼文化運動大弾圧のため、13 年間夫婦隔絶の生活を余儀なくされる。しかし、屈せずに戦時下も非転向を貫いて、『冬を越す蕾』（1934 年）、『婦人と文学』（1939 ～ 1940 年）など多くの評論を執筆する。戦後は、『播州平野』（1946 ～ 1947 年）、『風知草』（1946 年）、『二つの庭』（1947 年）、『道標』（1947 ～ 1950 年）などの自伝的代表作を次々と発表し、民主主義文学の担い手として重要な位置を占めたが、1951 年 1 月

21 日に電撃性髄膜炎菌敗血症のため急逝した。享年 51 歳。

2

戦前は国家に反する作家であったため、本格的な研究は第二次世界大戦が終結した 1945 年以降から始まる。まず、2000 年頃までの動向から概観したい。

百合子の没年から刊行された河出書房版『宮本百合子全集』全 15 巻（1951 ～ 1953 年）は遺漏の多いものではあったが、研究を促進させた。戦後の早い時期から柔軟な姿勢で百合子研究に取り組み、研究を大きく進展させた第一人者は、本多秋五である。本多は、「宮本百合子――人と作品」（本多編『宮本百合子研究』、東京：新潮社、1957 年）で百合子の生涯を 5 期に分けて論じ、その真骨頂を「一本の矢」になぞらえ、その軌跡を「「家」を破る女」から「「国」を破る作家」へと位置づけ、以後の百合子論の定説となる。また、同論において、結婚と離婚による伸子の家からの脱出は本質的には日本的近代のもつ矛盾への反発に根ざしていると捉え、以後、家の小説と読む視点が長く『伸子』論の基軸となる。荒正人も批判的論考を経たのち、「伸子と真知子」（『現代日本小説大系（29）』解説、東京：河出書房、1951 年）では、『伸子』を市民文学として高く位置づけた。

同じ頃、否定論が、福田恆存「善意の文学」（『群像』、1947 年 7 月）や、三好十郎「ブルジョア気質の左翼作家」（『群像』、1949 年 6 月）によって出された。

他方、百合子の良心的生き方を高く評価し、その文学の歴史的社会的意義を主張する民主主義文学陣営には、蔵原惟人「宮本百合子の文学」（『世界』、1950 年 6 月）、宮本顕治『宮本百合子の世界』（東京：河出書房、1954 年）などがある。

以上のほかに単行本研究書としては、臼井吉見編『宮本百合子研究』（東京：津人書房、1948 年）がある。没後は、戸台俊一編『宮本百合子研究』（東京：春潮社、1952年）に続いて、雑誌『多喜二と百合子』（1953年12月～1961年3月）を発行して研究を続けてきた多喜二・百合子研究会が、『年刊多喜二・百合子研究』第1・2集（東京：河出書房、1954～1955年）と『宮本百合子読本』（東京：淡路書房新社、1957年）にその成果をまとめ、後年、『宮本百合子　作品と生涯』（東京：新日本出版社、1976年）を刊行した。また同研究会は、『会報』を1961年7月から1994年4月まで、さらに2004年1月から今日まで発行している。宮本百合子追想録編纂会編『宮本百合子』（東京：岩崎書店、1951年）も貴重な資料を収めている。

1960年代に入ると、遅れていた伝記研究に著しい進展がみられる。島為男『宮本百合子―抵抗に生きた大正精神―』（東京：桜楓社、1967年）、平林たい子『宮本百合子』（東京：文藝春秋、1972年）、中村智子『宮本百合子』（東京：筑摩書房、1973年）、大森寿恵子『早春の巣立ち――若き日の宮本百合子』（東京：新日本出版社、1977年）と陸続刊行された。なかでも中村の書は、初めての本格的伝記で重要である。また、新日本出版社より『宮本百合子全集』全30巻（1979～1981年）が刊行される。数多くの未発表資料や逸文、新発見の資料を収録した本格的全集で、百合子研究に新たな可能性を開くきわめて意義深いものであった。

研究の新たな地平は、1982年、日本近代文学研究にフェミニズム批評が導入される契機となった駒尺喜美『魔女的文学論』（東京：三一書房）と水田宗子『ヒロインからヒーローへ』（東京：田畑書店）によってもたらされた。それまでの『伸子』論は、概ね家と階級を切り口にしたものであったが、駒尺論によって男性中心の結婚制度の本質を剔抉したと評価され、水田論によりヒロイン志向を打ち破った女性像と高く位置づけられ、以降、主として性支配やジェンダーを視点とする時代に入る。沼沢和子『宮本百合子論』（国分寺：武蔵野書房、1993年）と岩淵宏子『宮本百合子――家族、政治、そしてフェミニズム』（東京：翰林書房、1996年）収録の『伸子』論は、この観点からの論といえよう。視点の転換や研究方法の多様化は、伸子と他者との関係性への言及が、夫の佃だけでなく母親や父親、素子にまで拡がり、深層の物語の解読もさかんとなる。また、社会・階層・思想的領域への言及を専らにしていた論から、ジェンダー・身体・文化的領域への言及にアクセントが移っていく。モデル論では、沢部ひとみ『百合子、ダスヴィダーニヤ』（東京：文藝春秋、1990年）が、レズビアン・フェミニズム批評による素子のモデル湯浅芳子の画期的な評伝で見逃せない。大野延胤『風の如くに　荒木茂の生涯』（東京：近代文藝社、1995年）も貴重である。

『伸子』以前の作品論では、格清久美子「『貧しき人々の群』の虚構性——モデルおよび習作「農村」に照らして」（『近代文学研究』、1997年12月）、鈴木正和「宮本百合子『心の河』論—抑圧される心と性—」（『近代文学研究』、1997年2月）などがある。『伸子』以降の作品に関しては、岩淵宏子「宮本百合子『未開な風景』論」（『昭和学院短期大学紀要』、1988年3月）、同「レズビアニズムの揺らぎ——宮本百合子『一本の花』」（岩淵宏子・北田幸恵・高良留美子編『フェミニズム批評への招待』、東京：學藝書林、1995年）などがある。戦後の作品では、北田幸恵「沈黙と音の〈戦後〉—『播州平野』の方法—」（『近代文学研究』、1989年8月）、島村輝「『播州平野』における〈戦争〉の発見」（『昭和文学研究』、1990年2月）などがあり、北田論は、同小説の方法を「聴覚的・音声的リアリズム」と命名し注目される。岩淵「『風知草』の〈自然な男〉」（『日本文学』、1992年11月）は、性別役割分業を容認していくひろ子の内面構造に照明を当て、同「もうひとつの『道標』——〈魔女狩り〉」（井上百合子先生記念論文集『近代の文学』、東京：河出書房新社、1993年）では、百合子の湯浅芳子および自身に対する〈魔女狩り〉を指摘、同「『道標』の一側面—実在の人物の形象化をめぐって—」（『目白近代文学』、1985年10月）

では、政治の優位性を指摘した。

作家論では、沼沢和子「白樺派と宮本百合子」（『近代文学論』、1982年6月）、同「宮本百合子の十二年」（『日本文学』、1990年11月）などがあり、中村智子『百合子めぐり』（東京：未来社、1998年）は、前著後の百合子論を収録している。

以上のより詳しい研究史については、長谷川啓「宮本百合子研究史展望」（『日本文学研究資料叢書　中野重治・宮本百合子』、東京：有精堂出版、1981年）、三好行雄他編『別冊国文学　日本現代文学研究必携』（東京：学灯社、1983年）、竹盛天雄・吉田熙生・野山嘉正編『別冊国文学　新・現代文学研究必携』（東京：学灯社、1992年）、沼沢和子「宮本百合子」（上田博他編『日本近代文学を学ぶ人のために』、京都：世界思想社、1997年）、岩淵宏子「研究動向　宮本百合子」（『昭和文学研究』、1998年9月）などを参照されたい。

最後に、2000年以降の動向に移りたい。新出資料からみてゆくと、没後50年を記念して新日本出版社から新版『宮本百合子全集』全33巻（2002～2004年）が刊行された。全作品を小説・評論ごとに編年体で編集している点に特色があり、旧版全集後に発見された評論・感想・書簡や未発表遺稿を網羅している。日本近代文学館資料叢書［第Ⅱ期］『文学者の手紙5　近代の女性文学者たち』（東京：博文館新社、2007年）にも、1926年に東京日々新聞学芸部の沖本常吉氏に宛てた未発表書簡4通が収録された。さらに、待望の『往復書簡　宮本百合子と湯浅芳子』（東京：翰林書房、2008年）が黒澤亜里子編で刊行された。従来、百合子の湯浅宛書簡は公刊されていたが、湯浅の百合子宛書簡は未公開であったのを、二人の出会いから共同生活に至る時期の手紙・電報が、二人の日記の一部も挿入して往復書簡集として上梓された。新版百合子全集にも未収録の百合子書簡16通および二人の決裂の経緯を記した芳子の手記1編も収録されている。

続いて、単行本研究書について。2000年に、筑摩書房の編集者として最晩年の百合子と交誼のあった平田敏子の『回想　宮本百合子』が、斎藤麗子の聞き書きで私家版として公刊された。2001年には百合子没後50周年を記念して、岩淵宏子・北田幸恵・沼沢和子編『宮本百合子の時空』（東京：翰林書房）を刊行した。I部「百合子の時空」、II部「百合子の小説」、III部「百合子と女性たち」の三部構成で、百合子の生きた時間と空間を視野に入れながら、流動する主体としての百合子像の創出および百合子文学の新しい解読をめざしている。他に、近藤宏子『重治・百合子覚書』（東京：社会評論社、2002年）などがある。

雑誌に転じると、『解釈と鑑賞』2006年4月号が「宮本百合子の新しさ」と題する特集を組んだ。冒頭は、黒澤亜里子・沢部ひとみ・岩淵宏子による鼎談で、最晩年の湯浅芳子と親しい交流のあった黒澤・沢部による証言が貴重である。そのほかは、「百合子の問題系」「百合子を読みなおす」「百合子とメディア / 読者」「研究の手引き」という4部構成で、現代が抱える問題は、百合子が時代に先んじて果敢に挑んだ問題だったとし、百合子を歴史的・文化的に捉え直し、現代に改めて位置づけ直す試みとして組まれている。「研究の手引き」は、詳細な文献目録が網羅されていて、きわめて有益である。

論文には、岩淵「戦時下の結婚をめぐる抑圧と抵抗——佐多稲子『気づかざりき』/ 宮本百合子『雪の後』」（『解釈と鑑賞別冊　女性作家《現在》』、2004年3月）、池田啓悟「交錯する〈社会主義〉—中條百合子「ズラかった信吉」論—」（『論究日本文學』、2008年5月）、同「「宮本百合子」の生成——中條 / 宮本百合子「小祝の一家」論」（『昭和文学研究』、2009年3月）、岩淵「宮本百合子『伸子』の素子——レズビアニズムの〈変態〉カテゴリー化に抗して」・北田「宮本百合子の「セクシュアリティ」と「文学」——『伸子』時代の湯浅芳子との往復書簡を読む」（新・フェミニズム批評の会編『大正女性文学論』、東京：翰林書房、2010年）などがある。

以上のように、1945年から本格化した百合子研究は、フェミニズム批評やジェンダー批評、カルチュラルスタディーズなどの研究方法導入によって、革命的プロレタリア作家という枠組みが脱構築され、より拓かれた地平から再評価される機運が高まり、批評の新たな段階は近年いっそう深化したといえよう。新全集の完結や湯浅芳子書簡の公刊などによる研究基盤の完備と併せて、今後さらなる展開が期待される。

小林多喜二

1903年(明治36)～1933年(昭和8)

李強

1

小林多喜二（こばやしたきじ）は北村透谷、石川啄木とあわせて日本民主主義文学を発展させた「3Ｔ」と称される。戦前のプロレタリア文学を代表する作家・小説家である。1903年10月13日、秋田県北秋田郡下川沿村（現大館市川口）生まれ。家は没落しかけた自作農兼小作であった。1907年4歳の時に一家を挙げて北海道・小樽に移住。伯父からの学資援助を受け、13歳で小樽商業学校、18歳に小樽高等商業学校に入学。小樽高等商業学校在学中から創作に親しみ、雑誌投稿を始めると同時に、自家の窮迫した境遇や、社会の深刻な不安などが原因で労働運動にもかかわる。1924年小樽高等商業学校を卒業後、北海道拓殖銀行小樽支店に勤務のかたわら、社会主義思想に目覚め、プロレタリア作家として活躍。1929年に労働運動や特高警察の残虐を描いた作品を発表したことが理由で拓殖銀行を解雇される。1930年に上京。翌年、作家同盟書記長となり、日本共産党にも入党。コップの結成に尽力。1932年、地下活動に入ったが、翌年2月20日、街頭連絡中を特高警察に逮捕され、同日虐殺される。代表的作品には、『蟹工船』（1929年）

のほか、『不在地主』（1929 年）、『党生活者』（1933 年）などがある。

2

生前の小林多喜二文学に関する評論は蔵原惟人「作品と批評『蟹工船』その他」（『東京朝日新聞』、1929 年 6 月 17 ～ 21 日）、宮本百合子「同志小林の業績の評価に寄せて—誤れる評価との闘争を通じて—」（『プロレタリア文化』、1933 年 4 月号）などがあげられる。いずれも重要で、今日なお基礎文献の価値を失っていない。死後から戦後までは、追悼文と回想文が主で、研究史に入れるべきものはほとんどない。戦後の小林多喜二研究は『新日本文学』派と『近代文学』派の間に起こった「政治と文学」論争に始まったといってよい。小林多喜二『党生活者』への評価は論争進展中に重点化し、一年間にわたって激しく議論され、かなりの量の研究文献が残された。それをきっかけに、小林多喜二研究は、にわかに活発となり、戦後最初のエポックを迎えた。以降、多彩な顔ぶれによる着実な研究の歩みを見せているが、多くの論考は前衛党問題に結び付けられる傾向があると指摘される。2000 年までの研究は大別して、A 全集・選集・書簡集の出版、B 作家論・作品論、C 参考文献目録、D その他、ということになろう。A では、全集・選集・書簡集とも各種あるが、定評のある本文としては、小林多喜二全集編纂委員会編『定本・小林多喜二全集』全 15 巻（東京：新日本出版社、1968 ～ 1969 年。後全 7 巻に新版出版、1982 ～ 1983 年）、初版本による復刻全集『小林多喜二文学館』全 20 巻（東京：ほるぷ出版、1980 年）などがある。B では、時代別に進展した小林多喜二研究の成果と水準を示す代表的研究書を刊行順にあげると、蔵原惟人、中野重治『小林多喜二研究』（東京：解放社、1948 年）、小田切秀雄『小林多喜二』（東京：新日本文学会、1950 年）、島村輝『臨界の近代日本文学』（横浜：世織書房、1999 年）などの単行著書がある。主要論文では、上記単行著書所収論文のほか、古林尚「小林多喜二の文体」（『国文学』、1960年4月）、伊豆利彦「小林多喜二における出発点の問題」（『プロレタリア文学研究』、1966年10月）、島村輝「〈モダン農村〉の夢——小林多喜二『不在地主』論」（『日本近代文学』、1991年3月）、北村隆志「『党生活者』の魅力」（『民主文学』、1993年2月）、斎藤秀昭「小田切秀雄と私小説——小林多喜二『党生活者』を巡って」（『私小説研究』、2000年3月）などがある。Cでは、小田切進編「主要参考資料」（蔵原惟人・中野重治『小林多喜二研究』、東京：解放社、1948年）が戦後いち早く出たものである。その後、東京：昭和女子大学近代文学研究室編『近代文学研究叢書34』（昭和女子大学、1971年）、阿武隈翠編「小林多喜二主要参考文献」（『民主文学』、1993年2月）など補充改定したものがある。Dでは、小林多喜二の伝記研究として、手塚英孝『小林多喜二』（東京：筑摩書房、1958年。後上下二冊にして、東京：新日本出版社、1970～1971年）は、今なお小林多喜二研究の必読文献の一つである。年譜では小田切進「小林多喜二年譜」（『現代日本文学大系55』、東京：筑摩書房、1969年）、手塚英孝「年譜」（『小林多喜二読本』、東京：啓隆閣、1969年）などがある。研究史紹介には、大久保典夫・高橋春雄編『現代文学研究事典』（東京：東京堂出版、1983年）、三好行雄編『日本現代文学研究必携』（東京：学灯社、1983年）、竹盛天雄・吉田熈生・野山嘉正編『新・現代文学研究必携』（東京：学灯社、1992年）などがあり、これらはそれぞれ執筆時を下限とした研究成果と今後の課題などを示した。

2001年以降の研究では、「文学」的観点から小林多喜二文学への再評価・国際化、社会的背景との関連などが論じられたことが、かなり目立つ現象としてあげられる。小林多喜二生誕100周年を迎えた2003年以来、世界的文学価値を持っている小林多喜二を見直そうとして、白樺文学館多喜二ライブラリー主催「小林多喜二国際シンポジウム」が2年連続で開催された。第一回は2004年に東京で行われた。第二回は2005年の秋に、中国の河北大学で開催された。その記録はそれぞれ、白樺文学館多喜二ライブラリー企画・編集/島村輝監修『小林多喜二：国際シンポジウムPart Ⅱ報告集：生誕100年記念』（東京：東銀座出版社、2004年）と白樺文学館多喜二ライブラリー編/張如意監修『いま中国によみがえる小林多喜二の文学——中国小林多喜二国際シンポジウム論文集』（東京：東銀座出版社、2006年）に収められている。

若い世代における非正規雇用の増大とワーキングプア（働く貧困層）の拡大、低賃金長時間労働の蔓延などの社会的背景のもとに、2008年には『蟹工船』の描く地獄のような労働と現代の働く貧困層との類似性が注目され、再評価されて、新潮文庫の『蟹工船・党生活者』が50万部以上のベストセラーになった。2008年の新語・流行語大賞で流行語トップ10に「蟹工船」が選ばれて、いわゆる「『蟹工船』ブーム」となった。「『蟹工船』ブーム」の出現前後、『民主文学』をはじめ、『解釈と鑑賞』『すばる』『国文学』など多くの雑誌は特集と別冊を出している。これらの特集別冊には、松澤信祐「多喜二と志賀直哉、芥川龍之介——近代文学の流れから捉える」（『解釈と鑑賞』別冊、2006年）、神谷忠彦「小林多喜二とモダニズム」（『解釈と鑑賞』別冊、2006年）、宮沢剛「『転形期の人々』論」（『解釈と鑑賞』別冊、2006年）、雨宮処凛「『女工』『季節工』『新難民』」（『すばる』、2007年7月）、島村輝「『政治』と『文学』を転位する——『芸術的価値論争』の軌跡に見出すもの」（『国文学』、2008年1月）、大田努「『党生活者』を読みなおす—いわゆる『笠原問題』に触れつつ—」（『民主文学』、2008年2月）など注目すべき研究が発表され、小林多喜二研究の活発化・活性化の様相を呈している。

小林多喜二研究の活発化・活性化につれて、関係単行著書の刊行が相次いだ。布野栄一『小林多喜二の人と文学』（東京：翰林書房、

2002年）、松澤信祐『小林多喜二の文学—近代文学の流れから探る—』（東京：光陽出版社、 2003年）、伊豆利彦『戦争と文学——いま、小林多喜二　を読む』（我孫子：白樺文学館多喜二ライブラリー、 2005年）、畑中康雄『小林多喜二「破綻」の文学』（東京：彩流社、2006年）、藤田廣登『小林多喜二とその盟友たち』（東京：学習の友社、2007年）、右遠俊郎『小林多喜二私論』（東京：本の泉社、2008年）、『小林多喜二と「蟹工船」』（東京：河出書房新社、2008年）、不破哲三『小林多喜二 時代への挑戦』（東京：新日本出版社、2008年）、浜林正夫『「蟹工船」の社会史』（東京：学習の友社、2009年）などは新見と卓見を示している。

著書と並んで優れた論考も相次いで発表された。猪木武徳「文学者の見た近代日本の経済と社会（9）小林多喜二『蟹工船』」（『書斎の窓』、2001年11月）、佐藤三郎「志賀直哉の『多喜二論』——『主人持ちの文学』批判について」（『民主文学』、2003年2月）、島村輝「展望時代と文学への新たな眼差し——多喜二研究近年の動向から」（『日本近代文学』、2005年5月）、曾根博義「投稿少年 小林多喜二——プロレタリア文学の / への逆襲」（『すばる』、2007年7月）、桑原聡「なぜ今『蟹工船』なのか——小林多喜二にすがる危うき現代社会」（『正論』、2008年7月）、北村隆志「世界で多喜二はどう読まれているか——小林多喜二シンポジウム in オックスフォードに参加して」（『民主文学』、2009年1月）などが重要である。

伝記研究では、倉田稔『小林多喜二伝』（東京：論創社、2003年）、手塚英孝『小林多喜二』（東京：新日本出版社、2008年）、ノーマ・フィールド（Norma Field）『小林多喜二——21世紀にどう読むか』（東京：岩波新書、2009年）などがあげられる。参考文献目録には、阿武隈翠編「小林多喜二主要参考文献」（『民主文学』、2003年2月）がある。いずれも基礎研究に必読の文献である。

3

中国における小林多喜二研究に目を転じると、大まかに言ってそれは三期に分けられる。

第一期は 1930 年前後から 1949 年までとみてよい。小林多喜二は生前から日本プロレタリア文学の代表作家として中国に紹介され注目されている。それに関して、潘念之《蟹工船》（上海：大江书铺、1930 年）、王任叔（巴人）《小林多喜二底〈蟹工船〉》（《现代小说》、1930 年 1 月）、夏衍（若沁）《小林多喜二的〈蟹工船〉》（《拓荒者》、1930 年 1 期）、夏衍（沈端先）《小林多喜二的〈一九二八・三・一五〉》（《拓荒者》、1930 年 2 期）などが特に重要である。小林多喜二が虐殺された後では、魯迅「同志小林の死を聞いて」（『プロレタリア文学』、1933 年 4・5 月合併号）、張露薇《小林多喜二哀辞》（《文学杂志》、1933 年 4 月）、郁達夫《为小林多喜二的被害檄日本警视厅》（《现代》第 3 巻第 1 期、1933 年 5 月）などが重要な文献資料となっている。1930 年代の後半から、戦争のため、小林多喜二に関する研究は停滞した。

第二期は 1950 年から 2000 年までとする。新中国成立後の 50 年代から 70 年代にかけて、小林多喜二の作品はほとんど中国語に訳されている。訳者は楼適夷、文潔若、卞立強、葉渭渠、李芒、李徳純などである。この時期には、研究も多く行われていた。作家論としては、卞立強《试论小林多喜二创作的主要特征》（《北京大学学报》、1962 年 5 期）、張朝柯《小林多喜二对典型化的认识和实践》（《辽宁大学学报》、1980 年 6 期）、李明非《小林多喜二的文学理论建树》（《外国问题研究》、1982 年 3 期）などがある。作品論としては、葉渭渠《译后记》（《蟹工船》、北京：人民文学出版社、1973 年）、文潔若《小林多喜二的〈防雪林〉》（《外国文学研究》、1982 年 3 期）などが注目に値する。両方とも、「プロレタリア」的文学状況においての小林多喜二の位置づけを試みたものである。

2001 年以降の研究を第三期とすれば、最近の「『蟹工船』ブーム」

の中で、小林多喜二再評価の気運をうながしていることがかなり目立つ現象の一つと思われる。白沙《日本的“〈蟹工船〉现象”及其启示》（《文艺理论与批评》、2009 年第 3 期）、王成《经济危机中日本社会的“〈蟹工船〉现象”》（《世界文学》、2009 年 3 期）、秦剛《罐装了现代资本主义的〈蟹工船〉》（《读书》、2009 年 6 期）、李強《“蟹工船”现象解读》（《日本学刊》、2009 年 4 期）、潘世聖《近年日本“小林多喜二现象”考察》（《外国文学评论》、2009 年 4 期）などはそれぞれ文学研究誌に発表され、中国における小林多喜二の再研究をおし進めた。

今後の課題としては、未発表書簡や新資料の発見が続く今、小林多喜二を従来のプロレタリア作家という狭い枠組みから解放して、近代文学の大きな流れの中に位置づけ、その独自の文学的意義を明らかにし、また各分野での個別研究の深化、個々の作品論の充実、比較文学的研究などを進展させることが期待される。小林多喜二の文学史的再評価の問題や政治と文学の問題などが、現在もなお小林多喜二研究にとっての課題であろう。

横光利一
1898年(明治31)～1947年(昭和22)

応傑

1

横光利一（よこみつりいち）は、1898 年 3 月 17 日に福島県に生まれた。父は鉄道などの土木工事を職業とし、一家は各地を転々とした。1916 年、早稲田大学英文科に入学するが、除籍と復学を繰り返し、1921 年に退学。1923 年 5 月、『文藝春秋』に「蠅」を、『新小説』に「日輪」を発表し、その斬新な構図や文体によって注目を浴び、一躍新進作家としての地位を確立した。1924 年、川端康成とともに『文芸時代』を創刊し、「新感覚派」の拠点を構えた。以来、妻の看病経験に基づいた「春は馬車に乗つて」(1926 年)、「花園の思想」（1926 年）、町工場の人間の複雑な心理葛藤を描いた実験小説「機械」（1930 年）、上海の「五・三〇運動」を背景とした新感覚派の集大成とも言われる長編『上海』（1932 年）などの名作を次々と発表するが、一方、「純粋小説論」（1935 年）を発表し、文学理論の構築にも意欲を見せた。1936 年にヨーロッパを旅行し、その経験をもとに、未完の大作『旅愁』を書く。1942 年、日本代表として「大東亜文学者大会」に出席する。日本敗戦後は「戦争責任者」として糾弾される。1947 年、疎開と敗戦の心情を綴った『夜の靴』を刊行した。同年12月30日、持病のため49歳の若さで急逝した。

2

まず作品の本文としては、『横光利一全集』全10巻（東京：非凡閣、1936年）、『横光利一全集』全23巻（東京：改造社、1948～1950年）などがあげられるが、現在では保昌正夫が厳密かつ実証的に編集、校訂した『定本横光利一全集』16巻・別巻1・補巻1（東京：河出書房新社、1981～1999年）を越すものはない。保昌正夫には、ほかにも『横光利一抄』（東京：笠間書院、1980年）や『横光利一見聞録』（東京：勉誠出版、1994年）、『横光利一　菊池寛川端康成の周辺』（東京：笠間書院、1999年）など実証に基づいた業績が多数あり、一時的に落ちた横光利一文学を再評価するきっかけを作り出した功績が大きい。

研究入門書として、または最新の研究動向を知るためのツールとしては雑誌特集号がふさわしく、「特集・横光利一と川端康成」（『解釈と鑑賞』、2010年6月）、「特集・二十一世紀旗手太宰治　太宰治と新感覚派——横光利一を中心に」（『解釈と鑑賞』、2001年1月）、「特集・横光利一の世界」（『解釈と鑑賞』、2000年6月）、「横光利一・疾走するモダン」（『国文学』、1990年11月）、「特集・横光利一の再検討」（『解釈と鑑賞』、1983年10月）、『文芸読本・横光利一』（東京：河出書房新社、1981年4月）などがある。

『文芸時代』グループが千葉亀雄に「新感覚派」と命名されて以来、「国語との不逞極まる血戦」を自覚した横光利一は、表現の革命児のような存在だったが、横光利一論も「表現」の斬新さや構造の特徴、外国文学受容または「モダニスト」にいたるまでの道程に重点を置く著書が少なくなかった。一方、岩上順一がすでに『横光利一』（東京：三笠書房、1942年）で「東洋への還帰」「東洋の無の発見」「ニヒリズムの構成」等の章立てで表すように、横光利一文学は当初からより大きな視点による研究の可能性が示唆され、近代の超克、虚無、西洋と東洋、日本的なもの、古神道、日本と中国（上海）、都市空間など、さまざまな視点から論じられてきた。その基本的研究としては、古谷綱武『横光利一　私の作家研究』（東京：双樹社、1947年）、福田清人『新感覚派——横光利一』（東京：至文堂、1950年）、井上謙『評伝　横光利一』（東京：桜楓社、1975年）、由良哲次編『横光利一の文学と生涯』（東京：桜楓社、1977年）、神谷忠孝『横光利一論』（東京：双文社、1978年）、梶木剛『横光利一の軌跡』（東京：国文社、1979年）、小田桐弘子『横光利一　比較文学的研究』（東京：南窓社、1980年）、日本文学研究資料刊行会編『（日本文学研究資料叢書）横光利一と新感覚派』（東京：有精堂、1980年）、栗平良樹『鑑賞日本現代文学14　横光利一』（東京：角川書店、1981年）、デニス・キーン（Dennis Keene）『モダニスト　横光利一』（伊藤悟・井上謙訳、東京：河出書房、1882年）、紅野敏郎編『新感覚派の文学世界』（東京：名著刊行会、1982年）、前田愛『都市空間のなかの文学』（東京：筑摩書房、1982年）、菅野昭正『横光利一』（東京：福武書店、1991年）、井上謙『横光利一　評伝と研究』（東京：おうふう、1994年）などがあげられよう。中でも、1990年代の10年間の代表論文15編を集め、横光研究の動向を探った上、今後の方向性を示した田口律男編『横光利一』（東京：若草書房、1999年）は必読の一冊。

2001年以後の研究を概観してみると、より多角な視点から横光文学研究が行われるようになるが、まず挙げなければならないのは、横光文学の研究史、作品論等を網羅し、20世紀横光文学研究の集大成ともいうべき井上謙・神谷忠孝・羽鳥徹哉の共同編集で、第一線で活躍している100名の研究者の執筆による『横光利一事典』（東京：おうふう、2002年）であろう。その他注目すべき成果として、日本人のアイデンティティ確認という視点から切り込む濱川勝彦『論攷　横光利一』（大阪：和泉書院、2001年）、「敗戦文学」

との関連から鮮烈に横光文学を読み直した野中潤『横光利一と敗戦文学』（東京：笠間書院、2005 年）、ヘテロセクシズム、ジェンダー、身体論、映画との関連等、特に近年流行っている理論を活用した論考を集めた、石田仁志・渋谷香織・中村三春編『横光利一の文学世界』（東京：翰林書房、2006 年）、都市または地域文化との関連から立論した田口律男『都市テクスト論序説』（京都：松籟社、2006 年）、井上聰『横光利一と中国——「上海」の構成と五・三〇事件』（東京：翰林書房、2006 年）、黒田大河・重松恵美・島村健司・杣谷英紀・田口律男・山崎義光編『横光利一と関西文化圏』（京都：松籟社、2008 年）、「旅愁」「欧洲紀行」についての直筆メモ発見に触発される論考集『横光利一　歐州との出会い——「歐州紀行」から「旅愁」へ』」（井上謙・掛野剛史・井上明芳編、東京：おうふう、2009 年）などがある。また横光利一の「近代思想批判」を浪漫派の保田與重郎との比較を通して綿密に考察した著書に河田和子『戦時下の文学と〈日本的なもの〉—横光利一と保田與重郎—』（福岡：花書院、2009 年）があり、同時代の言語論的転回・現代科学の言説の中において横光文学のテキストを解読した山本亮介『横光利一と小説の論理』（東京：笠間書院、2008 年）も好著である。また特筆すべき出来事として、2002 年に「横光利一文学会」の成立をあげたい。会員数 130 を超え、機関誌『横光利一研究』第 8 号まで発行している同会は、すでに横光文学研究の牙城となり、その「横光利一文学会会報」やホームページ「http：//yokomitsu.jpn.org/」は資料の宝庫であり、横光研究に欠かせない必見のものとなろう。

3

中国における横光文学の受容は、奇しくも中国の近代化プロセスと一致している。1928 年に、梁希傑訳の《街之底》（「街の底」）（《文学周报》、1928 年 3 月第 6 巻第 7 期）、1929 年に郭建英訳、劉吶鴎序の横光短編集《新郎的感想》（『花婿の感想』）（上海：水沫书店）、1935年に郭沫若訳の《现眼的虱子》（『眼に見えた虱』）、《拿破仑与疥癣》（『ナポレオンと田虫』）（《日本短篇小说集》、上海：商务印书馆》）が刊行され、中国の新感覚派誕生に大きく影響を与えた。続く40年代から80年代までは、横光文学の受容は皆無に等しい。改革開放政策の実施が始まる80年代の後半に、《日本新感觉派作品选》（北京：作家出版社、1988年）に横光の短編7つが所収される作品集が刊行され、上海が再び脚光を浴びる1990年代に滕忠漢等訳、八木泉《上海之我见》と題した解説文が載っている《上海故事》（『上海』）（沈阳：辽宁教育出版社、1993年）が刊行された。21世紀に入ってグローバル化が進むようになり、葉渭渠編集《横光利一文集　春天的马车曲》《横光利一文集　商界家族》《横光利一文集　家徽》《横光利一文集　寝园》（北京：作家出版社、2001年）の四冊が刊行された。

中国における横光文学研究は、1980年代の後半に端を発している。葉渭渠《新感觉派的骁将横光利一》（《外国文学》、1999年4期）など俯瞰的に横光利一を紹介するものや、横光文学の表現特徴を分析した論文が多かったが、ここ近年、研究の視点がより多角的となり、童晓薇《横光利一的〈上海〉之行》（《中国比较文学》、2007年3期）は上海行きが横光利一に与えた影響を論じている。林少陽《新感觉派与横光利一的语言唯物论》（《“文”与日本的现代性》に所収、北京：中央编译出版社、2004年）は、「文字は物体である」という横光利一の言語唯物論に横光のプロレタリア文学懐疑の深層を見事に析出し、王志松《“直译文体”的汉语要素与书写的自觉——论横光利一的新感觉文体》（《外国文学评论》、2007年3期）は、「直訳」文体が横光新感覚派文学の形成に果たした役割や「直訳」文体の文学史的意義を詳細に検証している。応傑「横光利一文学における『時間』と『機械』」（《日本学研究》、上海：上海外语教育出版社、2008年）は、時間の視点から横光文学におけるポストモダニズム的要素を考察した。李征「横光利一『上海』における五・三〇運動の描写をめぐって――同時代関係資料との比較をとおして」（筑波大学比較・理論文学会『文学研究論集』、1996 年 3 月）、「身体性の表現と小説の政治学―横光利一『上海』における外国人表象―」（筑波大学比較・理論文学会『文学研究論集』、1997 年 3 月）、「虚構としての小説空間と租界都市上海―横光利一『上海』における都市表象―」（筑波大学比較・理論文学会『文学研究論集』、1998 年 3 月）等一連の論文は、詳細な史料を踏まえて、身体論や都市空間論から比較研究を行っている。なお、英語からの翻訳ではあるが、李欧梵《横光利一的上海》（《上海摩登》に所収、北京：北京大学出版社、2001 年）は、「世界主義」の視点から横光利一の『上海』を解読している。

4

「自分の文学は百年たたなければ理解されないだろう」と豪語する横光は、同時代作家の誰よりも言語、心理、近代人の不安、近代の超克、西洋科学主義と東洋虚無、マルキシズム、ナショナリズムなど、グローバル化時代の昨今ではもはや世界共通となっている課題を探求していた。日本における今後の横光文学研究は、「世界の横光文学研究」を目指すであろうが、西洋化と伝統回帰に揺らいだ横光の悩みを共有している中国の知識人にとっては、モダニティばかりではなく、横光文学に内包される宗教、大衆、天皇制（国家権力）、戦争、ポストモダニティ、ポストコロニアル等、中国と世界との関わり方を射程に入れつつ研究を進める可能性が開かれるであろう。

川端康成

1899年（明治32）～1972年（昭和47）

康林

1

川端康成（かわばたやすなり）は日本文学史に数多く名作を遺した、日本近現代文学の頂点に立つ作家の一人である。1899 年 6 月 14 日に開業医の長男として大阪市天満此花町に生まれた。1 歳で父、2 歳で母、8 歳で祖母、11 歳で姉、16 歳で祖父を亡くした。高校時代に初恋の相手に一方的に婚約を破棄された。孤児の体験と失恋の痛手はその文学に重く影を落としている。1920 年、東京帝国大学文学部英文科に入学し、翌年国文学科に転科した。同年、第六次『新思潮』に『招魂祭一景』を発表したことをきっかけに、菊池寛に認められ文壇への道が開けた。大学卒業後間もなく、横光利一らと『文芸時代』を創刊し、この同人誌に集まってきた新進作家達が新感覚派と呼ばれた。1927 年『文芸時代』の終刊をもって新感覚派は終焉を迎えたが、この期間に新感覚派の旗手の一人として川端はその理論の強化につとめ、「新進作家の新傾向」などの文学評論を多く発表すると共に、「剃刀で作られた花のやう」（横光利一「近頃の雑筆」、『文芸春秋』、1926 年 8 月）な掌編小説などの実験作と、私小説風や自伝的な事実に近いかたちの作品『十六歳の日記』、『伊豆の踊り子』などを次々と世に出した。これによってその文学の土台が作り上げられたのである。その後、彼の文学創作がこうしたモダンと伝統の延長線で続けられ、開花した。『水晶幻想』（1934）、『みづうみ』（1955年）、『眠れる美女』（1961年）、『片腕』（1965年）などの作品は前衛的で斬新な手法を試みたものであり、『浅草紅団』（1929～1930年）、『禽獣』（1933年）、『雪国』（1935～1948年）、『千羽鶴』（1949～1951年）『山の音』（1949～1954年）、『古都』（1961～1962年）などの作品では西洋モダニズムの表現方法を取り入れながら、独自の抒情的な筆致で日本の精神と美を描き出している。1968年日本人として初めてノーベル文学賞を受賞した。1972年ガス自殺で命を絶った。

2

戦前、戦中には高見順「川端康成伝」（『文学評論』、1934年5月）、伊藤整「川端康成の芸術」（『文芸』、1938年2月）のような論評もあるが、最も早く川端文学研究に機運の高まりをもたらしたのは、戦後の16巻本『川端康成全集』（東京：新潮社、1948年5月～1954年4月）の刊行である。その後、「川端康成　作家論・作品論と資料」（『解釈と鑑賞』、1957年2月）などの雑誌特集、山本健吉編『近代文学鑑賞講座13　川端康成』（東京：角川書店、1959年）と『川端康成読本　その生涯と作品』（東京：学習研究社、1959年）、三島由紀夫編『文芸読本　川端康成』（東京：河出書房新社、1962年）などが刊行され、川端文学研究は本格的に始動した。続いて長谷川泉『川端康成論考』（東京：明治書院、1965年）、川嶋至『川端康成の世界』（東京：講談社、1969年）などの著作は調査と考証に基本をおいて持論を展開し、羽鳥徹哉「川端康成と万物一如・輪廻転生思想」（『国語と国文学』、1966年3月）、「川端康成と心霊学」（『国語と国文学』、1969年5月）などの論文は川端文学の根底に潜んでいる思想性に迫った。磯貝英夫「『山の音』

と『千羽鶴』」（『昭和文学作家研究』、京都：柳原書店、1955年）、三好行雄「『禽獣』（一）～（四）」（『解釈と鑑賞』、1963年2・4・5・7月）は本格的な作品論を展開した。

1968年川端康成がノーベル文学賞を受賞したことで、川端文学研究の機運は一層高まってきた。日本近代文学館編『定本図録川端康成』（東京：世界文化社、1969年）、読売新聞文化部『実録川端康成』（東京：読売新聞社、1969年）など価値の高い資料が発表され、進藤純孝『伝記川端康成』（東京：六興出版、1976年）に繋がっていった。吉村貞司『川端康成・美と伝統』（東京：学芸書林、1968年）、長谷川泉・武田勝彦『川端文学——海外の評価』（東京：早稲田大学出版部、1969年）、武田勝彦『川端文学と聖書』（東京：教育出版センター、1971年）などは国際的な視野から川端文学を論じ、長谷川泉編『川端康成作品研究』（東京：八木書店、1969年）、川端文学研究界編『川端康成の人間と芸術』（東京：教育出版センター、1971年）は従来の説を深化させた。

1972年川端康成が自殺したことで、川端文学研究は再度のブームを迎えた。日本文学研究資料刊行会編『日本文学研究資料叢書川端康成』（東京：有精堂、1973年）は主要な評論や論文を集め、川端文学研究会編『川端康成研究叢書』全10巻、補巻1、（東京：教育出版センター、1976年8月～1983年6月）は研究論文以外に、林武志による個別の「作品研究史」及び羽鳥徹哉の「川端康成伝」の連載を掲載した。稲村博『川端康成　芸術と病理』（東京：金剛出版、1975年）、川端康成の主治医栗原雅直による『川端康成』（東京：中央公論社、1982年）は病跡学から川端康成と川端文学を見つめ、鶴田欣也『川端康成の芸術』（東京：明治書院、1981年）は精神分析学を援用し、大久保喬樹「象徴の小説——『山の音』論上・下」（『季刊芸術』、1976年4、7月）、前田愛「劇場としての浅草——『浅草紅団』」（『都市空間のなかの文学』、東京：筑摩書房、1982年）、長谷川泉・鶴田欣也編『「山の音」の分析研究』（東京：南窓社、1980 年）などは従来と違った研究方法で作品分析を行った。羽鳥徹哉『作家川端の基底』（東京：教育出版センター、1979 年）は伝記研究を広げ、森本穫・平山三男『注釈遺稿「雪国抄」・「住吉」連作』（上尾：林道舎、1984 年）は注釈の有効性を示した。岩田光子『川端文学の諸相』（東京：桜楓社、1983 年）、森本穫『魔界遊行——川端康成の戦後』（上尾：林道舎、1987 年）、原善『川端康成の魔界』（東京：有精堂、1987 年）、今村潤子『川端康成研究』（東京：審美社、1988 年）は川端晩年の「魔界」を探求し、松坂俊夫『川端康成「掌の小説研究」』（東京：教育出版センター、1983 年）、奥出健『川端康成「雪国」を読む』（東京：三弥井書店、1989 年）、羽鳥徹哉「『雪国』を読む　その一・その二」（『成蹊大学文学部紀要』、1984 年 1 月・1985 年 1 月）は精緻なテキスト分析を行った。こうした作家・作品研究が活発になる中、研究史や研究資料案内の整備もなされ始めた。代表的なものとして長谷川泉「川端康成」（『現代文学研究事典』、東京：東京堂出版、1983 年）、林武志『川端康成戦後作品研究史・文献目録』（東京：教育出版センター、1984 年）、羽鳥徹哉「川端康成」（『現代文学研究　情報と資料』、東京：至文堂、1986 年）、三好行雄「川端康成作品論事典」（『国文学』、1987 年 12 月）などがあげられる。また、最も完備された『川端康成全集』（全 35 巻、補巻 2、東京：新潮社、1980 年 2 月～ 1984 年 5 月）が出版され、川端作品の簡単な本文異同が各巻末に付され、川端香男里による詳しい川端康成年譜・著作目録も第三十五巻の巻末に付け加えられた。

1990 年代に入り、羽鳥徹哉編『川端康成——日本の美学』（東京：有精堂出版、1990 年）は川端文学の美を論じた各評論を収め、『作家川端の展開』（東京：教育出版センター、1993 年）は『作家川端の基底』の続編で習作期から末期の時代へと、川端文学の展開を主として作品の読みを通して跡づけた。岩田光子編『川端康成「雪国」作品論集成』（東京：大空社、1996 年）は『雪国』論の集大成であり、羽鳥徹哉・原善編『川端康成全作品研究事典』（東京：勉誠出版、1998 年）は川端の全小説作品 439 編、エッセイ 4 編について初出誌や初刊本、モチーフ、舞台、登場人物、梗概、評価、研究展望などあらゆるデータや資料を整理して個別に解読した。羽鳥徹哉「中国と川端」（『成蹊大学文学部紀要』、1997 年 3 月）は川端と中国美術・文学との関係を探り、伊吹和子『川端康成 瞳の伝説』（東京：PHP 研究所、1997 年）では著者と生前の川端を直に知る九氏との対談によって、川端の素顔が明かされてゆく。原善『川端康成——その遠近法』（東京：大修館書店、1999 年 ）は独自の角度から川端とその作品を読み解いた。田村充正・馬場重行・原善編『川端文学の世界 1 ～ 5』（東京：勉誠出版、1999 年 3 ～ 5 月）は川端生誕百年を記念し、これまでの先行文献に立脚した上で、川端文学への新たな読みの可能性を試みた論稿を集めた。

今世紀に入ってからも、川端文学研究は依然として多様化と精密化の様子を呈している。『国文学』の特集「川端康成——切断とずらし」（2001 年 3 月）は映画・音楽・美術科学・ポルノグラフィーなど多彩な視角から、「現実と非現実、リアルと半リアルの間を切断しずらしていくところに」（「編集後記」）、川端文学の新しさを追及し、川端文学研究会編『川端康成——掌の小説』（東京：おうふう、2001 年）は、示唆に富んだ 37 編の論稿を収録した。田村充正『「雪国」は小説なのか—比較文学試論—』（東京：中央公論事業出版、2002 年）は英・仏・露による翻訳を詳細に比較し、検討することによって、『雪国』の伝統性と前衛性を解き明かし、康林『川端康成と東洋思想』（東京：新典社、2005 年）は川端文学と老荘思想の関わりを、テキストに沿いながら考察し論じた。羽鳥徹哉監修『川端康成 蒐められた日本の美』（東京：平凡社、2009 年）は、川端が遺した愛蔵品とともに作品世界に表された「美」の正体に迫るほか、書画、焼物など川端が蒐集した美術品コレクションを紹介し、川端と志賀直哉ら同時代の作家、映画等との関係を提示した。羽鳥徹哉・林武志・原善監修、石川巧・吉田秀樹編集『川端康成作品論集成 1 ～ 2 巻』（東京：おうふう、2009 年 11 ～ 12 月 ）は川端作品の中から選んだ主要な二十作品についての作品論を全 12 巻にまとめたものである。また注目すべき研究成果としては、片山倫太郎「川端康成の思想構造—その表現理論と主体—」（『国語と国文学』、2000 年 5 月）、杉井和子「『眠れる美女』シンポジウムと作品論と」（川端文学研究会編『川端文学への視界』、年報 2002 年）、原善「川端康成「雪国」における性表現／表現されない性」（『解釈と鑑賞』、2008 年 4 月）、森晴雄『川端康成「掌の小説」論 1 ～ 4』（東京：龍書房、1997 年 4 月～ 2007 年 12 月）、平山城児『川端康成　余白を埋める』（東京：研文出版、2003 年）などがあげられよう。

日本川端研究会は現会長の羽鳥徹哉のもとで、年に 3 回の例会と 1 回の大会を行い、1 回の会報を発行している。会報には会員の論文のほか、川端に関する国内外の研究動向、研究展望、研究文献目録、書評、行事などの情報が掲載されている。

3

川端は 1930 年代、日本新感覚派の主要メンバーの一員として中国に紹介された。しかしながらその当時、日本新感覚派のもう一人の代表的な人物、横光利一の作品が中国語に多く翻訳されたのに対して、川端の作品はわずかに《死人的脸》（葛建時訳《文艺的医学》、1933 年 1 巻 5 期）と《旅行者》（高明訳《矛盾》、1934 年 2 巻 6 期）しか訳されなかった。その後、中国では、長くプロレタリア文学などの「革命文学」が主流であったため、川端文学は完全に無視されてしまった。1968 年に川端がノーベル文学賞を受賞したにも関わらず、文学を政治の道具として扱いがちな「文革」下の中国では、川端文学はブルジョアの虚無的、退廃的性質を帯びたものとして一蹴されたのである。

1978 年、中国は「改革開放」の時代に入った。それ以来、中国の文学者は新しい時代にふさわしい文学を形成しようとして、西欧モダニズム文学に目を向けていった。ところが西欧モダニズム文学は、中国の文学伝統と比べてあまりにも異質で、中国の人々にとっては理解しがたく、すぐに受け入れられるものではなかった。それに対し川端の作品は、西欧モダニズム文学の影響を受けながらも、東洋的な思想や文学技巧を根底に保ち続けていた。かくして、川端の文学は中国の人々の関心を強く引きつけたのである。1978 年から 1985 年までの 7 年間で、川端の『伊豆の踊子』『雪国』などの代表的な作品が中国語に訳された。2000 年にはほとんどの作品が訳され、出版された。同一作品が幾度か翻訳され、異なった出版社から刊行される現象さえ起こった。これは中国の外国文学翻訳史上において、前例のないことであった。

中国における川端文学研究は 1979 年から始まったが、1989 年までの十年間は、論文の数が少ないだけでなく、その殆どが『雪国』と『伊豆の踊り子』に集中し、マルクス・レーニン主義の社会学の方法による作品分析をしていた。川端作品の社会性の欠落した内容に対しては賛否両論あったが、西洋モダニズム文学の表現手法を日本化したその芸術性が評価された。1989 年になると、中国で初めての研究単行本、葉渭渠《东方美的现代探索者——川端康成评传》（北京：中国社会科学出版社、1989 年）が出版され、川端文学研究は新しい段階を迎えた。以来、作家・作品分析以外にも、川端文学と仏教・中国の文学との関連性などの論究も多岐にわたる方法によって展開されてきた。最近十年ほどの成果としては谷学謙《川端康成与佛教》、孟慶枢《川端康成研究在中国》（《外国文学研究》、1999 年 4 期）、王志松《川端康成与八十年代的中国文学——兼论日本新感觉派文学对中国文学的第二次影响》（《日语学习与研究》、2004 年 2 期）、李徳純《美是生命之花——川端康成论》（《外国文学评论》、2005 年 4 期）、何乃英《川端康成笔下女性形象的嬗

变》（《外国文学研究》、2005 年 6 期）、葉渭渠《川端康成》（成都：四川人民出版社、1999 年）、葉渭渠・千葉宣一・ドナルド・キーン（Donald keene）編《不灭之美——川端康成研究》（北京：中国文艺出版社、1999 年）、何乃英《川端康成和〈雪国〉》（沈阳：辽宁大学出版社、2001 年）、張石《川端康成与东方古典》（上海：上海古籍出版社、2003 年）、周閲《川端康成文学的文化学研究——以东方文化为中心》（北京：北京大学出版社、2008 年）などがある。

4

今後の課題として、主要な作品を色々な角度から綿密に読み直すと共に、今まであまり日の当たらなかった作品についての基礎的な研究も必要と思われる。川端文学を評するときに東洋的、西洋的、伝統性、前衛性、現実的、非現実的、虚無的、感覚的といった曖昧な言葉がよく使われるが、こういった特徴が具体的に作品の中でどう表れているか究明するのも今後の一つの課題となるであろう。また、厖大な研究資料の整備が欠かせないことは言うまでもなく、さらに国際的な視野からの川端研究も期待したいところである。

小林秀雄

1902年(明治35)～1983年(昭和58)

根岸泰子

1

小林秀雄（こばやしひでお）、評論家。1929 年、自意識を武器に作家個人の「創造の場」に観入するフランス象徴主義的な方法により、同時期のマルクス主義批評の公式性を否定し、文学の「言語的実践」性を強調するまったく新しい型の文芸時評活動を開始する。昭和十年代には、不安と混乱の世相下での現代文学の社会化の方向性を探る『私小説論』（1935 年）や評伝『ドストエフスキイの生活』（1939 年）等を刊行、また社会時評や日中戦争下の中国での現地報告等で批評家の社会的責任の実行を図ろうと努めた。しかし前後してその批評の力点は歴史や伝統の絶対性の感得へ移行し、太平洋戦争下では『無常といふ事』（1946 年）所収の中世古典論や骨董に沈潜して戦争最末期の時局から遠ざかるが、敗戦直後の『モオツアルト』（1946 年）では音楽による感動（純粋経験）を媒介に天才の創造の運動そのものを言語によって表象する創造的批評の極地を示した。以降『近代絵画』（1958 年）、未完のベルグソン論「感想」（1963 年）、『本居宣長』（1977 年）等で、対象を美術・哲学・近世思想や文明批評へと拡張しながら、近代と個との角逐を思考する独自の批評世界を展開し、日本の代表的評論家として高く評価された。

2

紙幅の都合上、2000年までの研究概況の詳細は関谷一郎「小林秀雄」（『日本文学研究の現状』、東京：有精堂、1992年）冒頭で紹介された各研究史および伊中悦子「小林秀雄」（『新研究資料現代日本文学4』、東京：明治書院、2000年）に譲り、ここではその概略のみ素描することとしたい。

吉田凞生によれば、一般的に小林研究は、創造的批評という対象の特殊性と伝記資料の乏しさから、テクストと向き合う研究者の文学観や人間観（問題意識）の深さによって研究の成果が決定される傾向（内在批評性）が強く、研究史の中では評論的アプローチと研究の並立状況が長く続いてきた。他方、小林の文学主義的なスタンスに対しては早くからイデオロギー批評等の外在批評的な批判も数多く、小林研究史とはこの二極をめぐる軌跡の叙述でもある。

敗戦後から1950年代の小林論は、『近代文学』同人平野謙、本多秋五、佐々木基一、小田切秀雄らによる〈政治と文学〉的立場からの小林の「現実の絶対化」の批判に始まり、坂口安吾の「教祖の文学」（1947年）での小林批判とともに、以後の小林論に強い影響を与えた。橋川文三、丸山静、広末保、磯貝英夫はこの系譜上にある。一方小林の交友圏内の中村光夫、河上徹太郎、大岡昇平らは伝記資料を提供するとともに、小林批評を「詩の代替」としての近代批評と位置づけ、小林の批評テクストに対する以降の文学的評価の型を作った。その点、仏文学者の寺田透が象徴主義の立場から一貫して、小林の文学主義への強い批判を行っているのは注目に値する。

1960年代初頭には江藤淳の評伝『小林秀雄』（東京：講談社、1961年）が「父と子」という独自の精神分析学的仮説を駆使し、批評家誕生のドラマという新しい型の評論を作り上げたが、他方吉本隆明は「小林秀雄の方法」（『解釈と鑑賞』、1961年11月）で小林の歴史観の転倒や自由観の自閉性を徹底的に批判している。同時期には小笠原克・亀井秀雄（文学史論）、佐藤泰正（倫理的実存主義）、清水孝純・吉田凞生（象徴主義解析）ら研究者による作品研究と本文調査、資料調査も始まり、堀内達夫・吉田凞生ほか編『論集・小林秀雄Ⅰ』（東京：麦書房、1966年）等の基礎資料文献が整備されている。

70年代前後から研究は多様化・専門化・細分化の方向へ進み、磯田光一、中村完、野島秀勝、佐藤昭夫らの評論・研究を経て、「幻視者」小林像を提出した高橋英夫、自意識的存在における自然の回復を論じる樋谷秀昭、ソシュール（Ferdiand de Saussure）と象徴派言語観に拠った渡辺広士ほか饗庭孝男、柄谷行人、梶木剛らがいるが、とくに亀井秀雄『小林秀雄論』（東京：塙書房、1972年）は「ドイツ・イデオロギー」と小林の言語認識の相関性を指摘、小林批評における言語認識やジャーナリズムと「社会化した私」との関連づけといった、以後の小林研究への重要な論点を提供した。この言語認識論は、細谷博によってより精緻な分析がなされていく。比較文学・思想史・構造主義からは宇波彰、新谷敬三郎、坂部恵、新部正樹、星加輝光らがいる。

80年代から90年代にかけては、昭和7年の小林秀雄の転位に「関係への飢渇」をみる関谷一郎をはじめ細谷博、樫原修、佐藤泰正、山崎正純、柴市郎、権田和士、綾目広治、有田和臣、伊中悦子、大嶋仁、井口時男、根岸泰子、井上明芳ら研究者サイドの新しい業績が重ねられた。また在仏の二宮正之をはじめ、加藤典洋、山崎行太郎、山城むつみら評論家からは現代にひきつけた小林テクストの読解が提示されるが、なかでも山本七平『小林秀雄の流儀』（東京：新潮社、1986年）のドストエフスキー論には、野崎守英の宣長論批判と共に小林に対する外在批評と内在批評の止揚への可能性を見出すことができる。一方前田英樹『小林秀雄』（東京：河出書房新社、1998年）

は、非近代的な無文字文化を扱う困難によく抗し得た小林近代批評の原理をみごとに可視化し、内在批評の極地を示した。

3

2000年代の小林研究の特徴としては、「本居宣長」や未完の「感想」等戦後の著作を含めた、小林秀雄の全体像を視野に入れた論考がようやく出揃い始めたこと、占領期とそこから逆照射された戦中・戦後日本研究やメディア研究からの小林研究へのフィードバックなどがあげられる。出版メディアの「小林秀雄生誕百年」企画下での第五次『小林秀雄全集』(2001 ～ 2010 年)および新かな・脚注つきの『小林秀雄全作品』(2002 ～ 2005 年)の刊行と「小林秀雄賞」の創設(ともに新潮社)、七度にわたる雑誌特集号の刊行等も社会現象として無視できない。特に第五次全集は編年体形式に戻され未所収のテクストも一部収めたことで、昭和の時空間に生きた歴史的存在としての小林像をより強調する機能をもつ一方、初出形と定稿とのギャップの問題は依然残り、「愛読者」と研究者のテクスト観の相違が顕在化したともいえよう。

この時期の単行本では、ヴァレリー研究者の森本淳生『小林秀雄の論理　美と戦争』(京都:人文書院、2002 年)が出発期から戦中期までの小林の批評原理と言説を統合的に分析し、「私小説論」の多声性(揺れ)や戦時期の小林における戦争の審美的肯定を指摘した。橋本治『小林秀雄の恵み』(東京:新潮社、2007 年)は「当麻」の美を能の実演から解析し、独自の源氏物語理解から小林の宣長論の特質と盲点を剔抉。他に樫原修『小林秀雄　批評という方法』(東京:洋々社、2002 年)、細谷博の評伝『小林秀雄　人と文学』(東京:勉誠出版、2005 年)等がある。

以下各論としては、「本居宣長」および「感想」については、前田英樹「小林秀雄と本居宣長」(『ユリイカ』、2001 年 6 月)のほか、上田秋成「緒絶琴」を参照した言語論的アプローチ(宮川康子)、デリダによる解析（小泉義之）、宣長論と『感想』との相関論（石川則夫）があり、権田和士には「小林秀雄『本居宣長』の神話理解と言語観――カッシーラーの著作を手がかりにして」（『国語と国文学』、2006年11月）以下の一連の『本居宣長』の典拠考がある。源氏研究からは関根賢司の「小林秀雄『本居宣長』論」（『物語研究』、2008年3月）ほかがある。

前掲森本も含め、日中戦争期から占領期にかけての論考も充実してきた。井上賢一郎「中国における小林秀雄　新資料瞥見」（杉野要吉編『交争する中国文学と日本文学』、東京：三元社、2000年）が中国側の資料との照合によって戦時下の小林を論じる新たな方向性を示し、直近の山城むつみ「蘇州の空白から　小林秀雄の戦後」（『新潮』、2013年4月）での、検閲された小林テクストへの鋭い解析へと接続していく。他にも松本徹・細谷博・曽根博義による「三つの放送」をめぐる応酬のほか、林淑美（『昭和イデオロギー　思想としての文学』、東京：平凡社、2005年）・大嶋仁・神山睦美（『小林秀雄の昭和』、東京：思潮社、2010年）・石川則夫らにより、中野重治・戸坂潤・井伏鱒二らとの関係、昭和12年時および「近代の超克」をめぐる状況論、骨董体験等がとりあげられた。また岩田温「小林秀雄とH.ハルトゥーニアン」（『新日本学』、2009年11月）はアメリカの日本研究の戦時期小林秀雄理解の現況を解説している。小林批評の屈曲点をなす〈歴史〉と〈伝統〉および『無常といふ事』では、『早稲田文学』継載の水谷真人・岡崎乾二郎・倉数茂らが状況論をふまえての読みを展開する一方、典拠論としてのベルジャーエフ調査（小川真友子）や井上明芳による小林の〈歴史〉観論があり、小林秀雄における〈大衆〉像を実証的に検証する丸川浩による吉川英治や大衆演芸と小林との接点を探る諸論考も見逃せない。

同時代作家との交錯の中に小林を対象化して捉える論もめだつ。中原中也の詩的実践に対する小林の無理解（長沼光彦）、1930年代における横光と小林、中野重治（綾目広治）、『仮装人物』の「私小説論」論旨への影響（大木志門）、北条民雄の置かれた文学状況と小林時評との距離（荒井裕樹）などのほか、渡辺和靖は小林批判者としての吉本隆明の内実に迫る一連の論を展開している。

ドストエフスキー論では、樫原修「〈生活〉と〈文学〉の出会う場所　小林秀雄の「ドストエフスキイの生活」をめぐって」（『季刊Iichiko』、2001年10月）、佐藤泰正『戦後の小林秀雄——その〈宗教性〉の推移をめぐって」（『日本文学研究』、2009年1月）および宮川の論がまとまっている。その他の各論としては、一貫してテクストの典拠論を追求する鈴木美穂の「モオツアルト」および『近代絵画』論ほか、若松伸哉の『おふえりや遺文』論、岡田浩行による小林の芥川・佐藤春夫論および〈絶対言語〉考、山本哲士の批評の場としての「私小説論」観、山岡頼弘の『近代絵画』論等があり、また影響論としての有田和臣、綾目広治らの仕事が80年代末から持続されている。

メディア論の領域では山本芳明「〈文学的資産〉としての小林秀雄」（『文学』、2004年11月）、大杉重男「小林秀雄の経済的自立と精神的自立」（『早稲田文学』、2004年11月）、大澤聡「文芸批評の存立機制——一九三三年の「批評無用」論争」（『日本近代文学』、2010年11月）等が出版ビジネスおよびジャーナリズム論の枠組みで小林を捉えており、これらの成果を内在批評的な小林研究にいかにフィードバックしうるかは今後の課題といえよう。

梶井基次郎

1901年（明治34）～1932年（昭和7）

李暁光

1

梶井基次郎（かじいもとじろう）は1901年、大阪市西区土佐堀、安田商事株式会社社員梶井宗太郎の二男として生まれた。1919年、京都第三高等学校に入学する前より、夏目漱石、谷崎潤一郎を愛読し、自ら「梶井漱石」或いは「梶井潤二郎」など称す。後に文学書に親しみ、人道主義や社会主義などに動かされ、文学か社会運動かと迷ったことがあるが、文学に生きる志がかたく、「彷徨」、「小さな良心」、「母親」などの習作を書き続ける。1924年は、23歳の梶井にとって一喜一憂の時期であった。東京帝大英文科に入学、同好と同人雑誌『青空』の発行に着手。一方、異母妹を失い、前に罹った肋膜炎のため、血痰を見る。1925年、『青空』発刊号に「檸檬」発表。翌年肋膜炎再発、肺結核の病状が顕著になる。東大を中退して、静岡県の湯ヶ島温泉へ静養に。当地で川端康成、広津和郎、萩原朔太郎、尾崎士郎、宇野千代らと知り合い、文学や小説創作への情熱が刺激された。病勢が重くなりつつある中、「桜の樹の下には」、「筧の話」などの短編に着手し、1928年に、浅見淵の勧めより『文藝都市』の同人になり、「蒼穹」、「冬の蠅」などを発表。当時、プロレタリア文学の全盛期で、梶井も強い関心を持ち、マルクスの『資本論』に傾倒した。1930 年、『詩・現実』に「愛撫」、「闇の絵巻」を発表する。1932 年 1 月『中央公論』に発表した「のんきな患者」は生前最後の作品となり、同年 3 月、31 歳の若さでこの世を去った。数多くの秀作は親友の淀野隆三らにより整理され、世に知られるようになった。

2

従来の梶井をめぐる研究課題は主に「闘病」、「感受性」、「文体」、「闇と光」、「死への凝視」、「檸檬」などのキーワードで纏められる。1999 年までに発表された年譜、単行本、作家論、作品論は非常に豊富であると言えよう。

代表的な年譜は淀野隆三「梶井基次郎年譜」（『梶井基次郎全集（下）』、東京：六蜂書房、1934 年）、淀野隆三「年譜」（『梶井基次郎全集（3）』、東京：筑摩書房、1959 年）、鈴木沙那美「年譜」（『転位する魂 梶井基次郎』、東京：社会思想社、1977 年）、濱川勝彦「年譜」（『梶井基次郎・中島敦〈鑑賞日本現代文学（17）〉』、東京：角川書店、1982 年）などである。

単行本としては、中谷孝雄の『梶井基次郎』（東京：筑摩書房、1961 年）は親友の目から見た梶井の姿が描出されており、その性格、人柄、文学への執念を詳しく綴り、資料としてまたとない「証言」である。須藤松雄の『梶井基次郎研究』（東京：明治書院、1971 年）は梶井文学の自然観について語ったものである。安藤公夫『梶井基次郎と湯ヶ島』（東京：皆美社、1978 年）は「湯ヶ島」を梶井文学の飛躍ポイントとして外せない土地と主張している。鈴木二三雄の『梶井基次郎論』（東京：有精堂、1985 年）は梶井の代表作を研究して、志賀直哉の文体との関係を分析している。特筆すべきは鈴木貞美の『梶井基次郎 表現する魂』（東京：新潮社、1996 年）であろう。本書は梶井の現代的魅力を新たに発見する梶井研究の集大成であり、梶井の生い立ち・交友・読書生活などについて新資料を読み解き、新事実を検証しながら、創作の現場に立ち会い、梶井の生きた時代を再考している。安藤靖彦の『梶井基次郎』（東京：明治書院、1997年）は「檸檬」をはじめとした梶井の諸作品を通して、梶井文学の成立の「場」を解明し、梶井文学の根底にある彼の鋭敏な感性にも焦点を当てた著作である。

作家論及び作品論は枚挙に遑がないほど多くあるが、ここでは主に評伝的研究、作品解読、文体論に焦点を当てる。主なものを挙げれば、三好達治「梶井基次郎」（『文芸』、1950年2～3月）、三島由紀夫「捨て難い小品『蒼穹』」（『文芸』、1956年10月）、生野幸吉「梶井基次郎の位置——詩と散文の問題にふれて」（『文学』、1963年10月）、川副国基「梶井基次郎『城のある町にて』」（『文芸論叢』、1967年2月）、相馬庸郎「主題の把握　『冬の蠅』梶井基次郎」（『国文学』、1968年7月）、渡部芳紀「『城のある町にて』論」（『日本近代文学』、1975年10月）、鈴木貞美「梶井基次郎——表現の構造」（『解釈と鑑賞』、1980年8月）、磯貝英夫「感性の形式〈実例〉梶井基次郎」（『国文学』、1990年6月）、古閑章「梶井基次郎『路上』再論—作品構造を視座として—」（『叙説』、1997年1月）、宮本恵美子「梶井基次郎『泥濘』論—奎吉の挫折感と作品世界—」（『文月』、1998年7月）、前田葉「梶井基次郎—視線のゆくえ—」（『帝京国文学』、1998年9月）、村田裕和「梶井基次郎『檸檬』論—消費空間における身体—」（立命館大学日本文学会『論究日本文学』、1999年5月）などがある。

2000年以後の研究については、まず単行本を見てみよう。鈴木貞美は2001年、2002年と連続して梶井基次郎研究の著作を発表している。『梶井基次郎の世界』（東京：作品社、2001年）では、梶井を「昭和初頭の暗い時代に、生命思想とマルクシズムの間で独自の言語世界を構築し、以降の世代に決定的な影響を与えた稀有の作家」と評し、昭和文学史の流れを遡りながら、梶井の存在が特別であることを強調する。鈴木貞美共編『梶井基次郎「檸檬」作品論集』（東京：クレス出版、 2002 年）は『檸檬』をめぐる研究を一冊にまとめた大きな作業である。飛高隆夫『梶井基次郎ノート』（東京：北冬舎、2003 年）はそれまでの著者自身の梶井研究をまとめた評論集である。古閑章『小説の相貌：“読みの共振運動論”の試み』（鹿児島：南方新社、2004 年）は物語論で、梶井の『檸檬』に新しい意味を賦与する。石原千秋『あの作家の隠れた名作』（東京：PHP 研究所、2009 年）は梶井基次郎の「泥濘」研究を「眩暈のような自意識」という章に納め、注目少なきこの作品を新しい視点で分析する。柏倉康夫著『評伝梶井基次郎』（東京：左右社、2010 年）は著者が 25 年の歳月をかけ、梶井の独自の感覚世界と人生の全貌に迫った評伝の最新作である。ほかに慶応大学『三田文学』に載った菊田均の「百年目の梶井基次郎」（『三田文学』、2002 年 2 月）と立山萬里の「梶井基次郎とパレイドリヤ」（『三田文学』、2002 年 2 月）も注目すべきものである。小田桐弘子「梶井基次郎私観：レモンから檸檬へ」（『大手前大学人文科学部論集』、2005 年 6 号）、越前実「梶井基次郎研究（1）：「檸檬」「城のある町にて」「ある心の風景」」（筑波大学『人文科教育研究』、1982 年 3 月）は、新しい視点から『檸檬』などを解読する試しである。

3

中国における梶井基次郎の研究は、2000 年までは殆んどなかったが、2000 年以後、梶井基次郎の存在は『檸檬』の清新さによって注目され重視されるようになってきた。主な論文として、李暁光の《恶作剧后的绝望——倾听〈柠檬〉的旋律》（《日语学习与研究》、2001 年 2 期）、「異なる解読方法、異なる文学世界（上下）——梶井基次郎の『のんきな患者』の解読を中心に」（新日本文学研究会『日本学論壇』、2002年2、3期）、《试论纯文本解读与文化语境解读之不同韵味——围绕梶井基次郎的作品〈冬蝇〉》（《上海大学学报》、2003年1期）、《梶井作品中的志贺之影——围绕梶井基次郎作品『城のある町にて』》（《日语学习与研究》、2009年6期）などがあり、これらは梶井の代表作を物語論及び文体論から解読している。曾華隽にも《论梶井基次郎的〈冬日〉——浅析创作方法的转换及在梶井文学中的位置问题》（《南京航空航天大学学报：社会科学版》、2005年4期）、《梶井基次郎作品中的“暗”意象——以汤岛时代为中心》（《南京航空航天大学学报：社会科学版》、2010年2期）がある。梶井作品の中国語訳は《柠檬》（李旭・曾鸿燕译、台北：新雨出版社、2007年）及び《柠檬：日本文学名著日汉对照系列丛书》（傅羽弘・覃霄译、长春：吉林大学出版社、2010年）の2冊がある。後者は「檸檬」のほかに「城のある町にて」「冬の日」「冬の蠅」「ある崖上の感情」「桜の樹の下には」と「懐旧」、合わせて7編の作品を収録する中日対訳の作品集であり、中国の日本文学愛好者、梶井愛読者には人気がある。それに、日本語専攻の教科書として、2003年出版された『日本近代名作鑑賞』（譚晶华著、上海：上海外语教育出版社）に梶井基次郎は重要な作家として収録され、『檸檬』原文の一部、作家紹介、作品鑑賞が掲載され、専攻の学生が梶井文学を理解するためのよい資料となっている。

今後の課題としては、研究視点を梶井の生活していた時代、梶井文学の地位及び後代への影響に関する研究が期待される。すなわち、梶井テクストのほかに、梶井の文化コンテクストに重点を置く必要があると思われる。中国では、梶井全集の中国語版出版が必要であり、また多角度からのアプローチも今後の大きな課題であろう。

堀辰雄

1904年(明治37)～1953年(昭和28)

渡部麻実

1

堀辰雄（ほりたつお）、1904 年 12 月 28 日、東京市麹町区（現千代田区）に、父堀浜之助、母西村志気の第一子として誕生。浜之助は東京地方裁判所に勤務する広島出身の士族。浜之助には別に正妻コウがいたが、子供がなかったため、辰雄を堀家の跡取りとし、辰雄は実母志気とともに堀家に居住。しかし 1906 年、志気が辰雄を連れて堀家を去り、東京向島に転居。1908 年、彫金師の上條松吉と再婚。1923 年、室生犀星と出会い、高級避暑地軽井沢に初めて滞在。同年犀星は、関東大震災で母を失った傷心の辰雄を芥川龍之介に紹介。1925 年には、芥川が滞在中の軽井沢を、堀が訪れ、二ヶ月に渡り逗留。のちに同地は、『聖家族』『美しい村』をはじめ、作品の主要な舞台を成すこととなる。1926 年、中野重治らと同人誌『驢馬』を創刊。1927 年、芥川の自殺に衝撃を受け肋膜炎が再発、死に瀕した。卒業論文「芥川龍之介論」を提出し、1929 年、東京帝国大学文学部国文科を卒業。1933 年、雑誌『四季』を創刊。1938 年、加藤多恵と結婚。同年、養父上條松吉死去。この折に聞かされた叔母の話により、松吉が実父でなかったことを明確に意識するに至る。1941 年、構想から脱稿まで 7 年を要した『菜穂子』

が完成し、中央公論賞を受賞。1953 年 5 月 28 日、宿痾の肺結核により死去。享年 48 歳。代表作はほかに、『ルウベンスの偽画』『不器用な天使』『風立ちぬ』『かげろふの日記』『幼年時代』など。コクトー（Jean Cocteau）、プルースト（Marcel Proust）、リルケ（Rainer Maria Rilke）をはじめとする西洋文学を積極的に受容するかたわら、その紹介にもつとめ、昭和戦前期の文壇に固有の地位を築いた。

2

堀辰雄研究をめぐっては、1970 年代に、伝記上の謎に関連し、いまだ解決をみない議論が生じている。すなわち、堀は上條が実父でないことを承知していたと述べた佐多稲子[1]と、それに反駁した福永武彦『内的独白』（東京：河出書房新社、1975 年）に端を発し、江藤淳『昭和の文人』（東京：新潮社、1989 年）を経て、谷田昌平『濹東の堀辰雄』（東京：弥生書房、1997 年）に引き継がれ、今も続いている一連の議論である。また、1980 年代には、池内輝雄編『鑑賞日本文学 18 堀辰雄』（東京：角川書店、1981 年）が出版され、堀研究を新たな時代に導いた。なお、2000 年以前の研究の軌跡を把捉するツールとしては、猪熊雄治、岡崎直也、渡部麻実による「研究動向」[2]が存する。

以下、近年の研究状況に焦点をあてると、まず 2000 年前後には、中島国彦[3]、井上二葉[4]等、受容論と一線を画する立場から音楽や絵

1　佐多稲子ほか「座談会　堀辰雄（昭和の文学）」（『群像』、1975 年 4 月）、238 － 260 頁。

2　猪熊雄治「研究動向　堀辰雄」（『昭和文学研究』4、1982 年 1 月）、79 － 82 頁；岡崎直也：同 34、1997 年 2 月、144 － 147 頁；渡部麻実：同 48、2004 年 3 月、96 － 100 頁。

3　中島国彦「「生の充足」の構図－ゲーテ・ブラームス・堀辰雄－」（『解釈と鑑賞』、1996 年 9 月）、49 － 53 頁。

4　井上二葉『日本近代文学と西洋音楽』（仙台：丸善仙台出版サービス、2002 年 12 月）。

画との関係を論じる試みが相次いだことが挙げられる。中島はブラームスの『アルト・ラプソディ』からゲーテを経て展開する堀の〈想像力の飛翔〉、文学的営為に音楽が取り込まれる構図を問い、井上は、小説と楽曲との詳細な対比を、モチーフと方法の両面にわたって試みた。さらに、2003年には没後50年、2004年には生誕100年とメモリアルイヤーが続き、堀研究に画期が訪れる。記念年に前後し、堀と堀研究とを総合的にとらえなおすのに有用な竹内清己編『堀辰雄事典』（東京：勉誠出版、2000年）、堀研究の現代的課題を鮮烈に告げた池内輝雄編『解釈と鑑賞別冊　堀辰雄とモダニズム』（2004年2月）が刊行され、研究の再活性化を牽引した。こうして現在は、初期小説の再評価および、堀の特色でもある西洋文学受容についてのより精緻な研究が盛行し、これら二大傾向が連動しつつ、軽薄なハイカラさ[1]が指摘されてきた初期小説の大幅な読み替えが行われている。そもそも初期小説への関心は、少なからず、ベンヤミン・ブームとも関連する都市表象への注目が引き寄せたもので、前掲『堀辰雄とモダニズム』にも、島村輝[2]、鈴木貴宇[3]、押野武志[4]の卓論がある。こうした動きは、「定説化された堀辰雄像ではなく、浅草を描いたような初期の作品群を再評価する

1　中村真一郎『芥川・堀・立原の文学と生』（東京：新潮社、1980年）、109－110頁。中村は、「堀辰雄の文章はフランスかぶれのベレーをかぶった文化人紳士が女性的な声でうまくもないシャンソンを歌つてゐるやうな趣がある」とする倉橋由美子の発言を批判的に引用しつつも、「あのような軽薄なハイカラさと堀さんとを結びつける批評は、堀さんのごく初期の浅草を舞台にしたような作品について、多く語られたので、『風立ちぬ』以後（略）そうした評は消えた」と述べている。

2　島村輝「仮想の浅草――大衆文化と堀辰雄」、池内輝雄編『堀辰雄とモダニズム』（東京：至文堂、2004年）、39－48頁。

3　鈴木貴宇「眠らない街の眠りたい男　堀辰雄の「モダン東京」」、同上、147－158頁。

4　押野武志「街の記憶／記憶の街「鼠」「水族館」「ジゴンと僕」」、同上、198－207頁。

ことが重要」と池内[1]が述べるように、西洋人の避暑地として栄えた軽井沢を好むバタくさい小説という画一化されたイメージから堀の小説を解放しつつ、堀像の更新にも寄与した。かかる流れを経て、さらにこれと前後して行われた竹内[2]、渡部[3]、兪在真[4]らによる堀の西洋文学受容の精査と再考、遺稿ノートや手沢本への傾注と少なからず連動しつつ、西洋文学受容との関連において初期小説を読み替える試みが活発に行われている[5]。そのなかで兪は、「堀辰雄以前（或いはモダニズム文学以前）と以後では（略）文学そのもののとらえ方が変ってきたのではないか」と述べてモダニズムがもたらした新たな芸術観を問う姿勢とその重要性を明示し、渡部は、科学と機械が代表する20世紀的な芸術上の挑戦として初期小説を再評価する視座を提示した。現在の堀研究は、このように都市表象分析とは異

1　池内輝雄「堀辰雄と東京・浅草」（『学士会会報』853、2005年7月）、132頁。

2　竹内清己「堀辰雄における西欧文学－プルースト受容」（『文学論藻』80、2006年2月）、83－108頁、「愛と死生の妙諦・堀辰雄におけるリルケ受容－訳解と雑記－」（『東洋学研究』45、2008年3月）、17－40頁ほか。後者は、定見のなかったリルケ受容の始発期に関わる新資料を紹介し、その時期を少なくとも1933年12月以前とする新見を提示した。

3　渡部麻実「堀辰雄〈プルーストに関するノート〉」（『昭和文学研究』44、2002年3月）、78－93頁、「科学と天使－堀辰雄とジャン・コクトー－」（『日本近代文学』83、2010年11月）、80－95頁ほか。

4　兪在真「堀辰雄におけるアンリ・ポアンカレ受容－「芸術のための芸術について」を中心に」（『日本語と日本文学』40、2005年2月）、42－57頁ほか。

5　兪在真「堀辰雄初期文学の〈遊戯性〉－「手のつけられない子供」と「羽掃き」」（『稿本近代文学』29、2004年12月）、78－94頁；宮坂康一「堀辰雄「眠りながら」とジャン・コクトオ」（『日本近代文学』76、2007年5月）、92－105頁；戸塚学「堀辰雄「不器用な天使」論――翻訳から小説へ」（『日本近代文学』81、2009年11月）、112－126頁；渡部麻実「科学で芸術をする『死の素描』――堀辰雄の初期小説におけるコクトーとポアンカレ」（『国語と国文学』87－5、2010年5月）、106－118頁等参照。

なる観点からも堀におけるモダニズムの再考に乗り出しており、堀がその一端をリードした昭和初期のモダニズムをとらえかえそうとする新たな段階に突入している。他方、旧蔵書への書き入れに注目し、創作に対する古典文学の影響を精査することを出発点に、堀におけるいわゆる〈古典回帰〉に再考を加える試みも盛んになりつつある[1]。

なお、堀辰雄研究を主とする近著にはおもに、竹内清己『堀辰雄と昭和文学』（東京：三弥井書店、1992 年）、中島昭『堀辰雄―昭和十年代の文学』（東京：リーベル出版、1992 年）、影山恒男『芥川龍之介と堀辰雄：信と認識のはざま』（東京：有精堂出版、1994 年）、西原千博『堀辰雄試解』（東京：蒼丘書林、2000 年）、水口洋治『堀辰雄と開かれた窓「四季」』（大阪：竹林館、2001 年）、渡部麻実『流動するテクスト　堀辰雄』（東京：翰林書房、2008 年）、竹内清己『村上春樹・横光利一・中野重治と堀辰雄：現代日本文学生成の水脈』（東京：鼎書房、2009 年）がある。

1　大石紗都子「堀辰雄『姨捨』『姨捨記』と更級日記」（『日本近代文学』86、2012 年 5 月）、17 － 31 頁等参照。

太宰治

1909年（明治42）～1948年（昭和23）

斎藤理生

1

太宰治（だざいおさむ）、本名津島修治。1909 年、青森県北津軽郡金木町に、県下屈指の地主の六男として生まれた。中学時代から同人雑誌を刊行し、文学活動を開始。弘前高校、東京帝大仏文科と進学する過程で非合法の左翼運動にも関わったが、後に転向。井伏鱒二に師事し、1933 年から筆名「太宰治」を用いた。以後の 15 年間の創作活動は、作風の変化に応じて前・中・後の三期に分けることが一般的である。前期（1933 ～ 1937 年）は、小説の語りや構成に技巧を凝らした前衛的な実験作が中心。第一創作集『晩年』（1936 年）はその結晶である。1935 年に芥川賞候補になり注目されたが、生活面では、薬物中毒悪化による入院、内縁の妻との離別など波乱が続いた。結婚して生活の安定を得た中期（1938 ～ 1945 年）には、「女生徒」（1939 年）等の女性一人称独白体や、「走れメロス」（1940 年）・『お伽草紙』（1945 年）等の翻案、魯迅の伝記小説『惜別』（1945 年）他、ストーリー・テラーとして多彩な能力を発揮し、戦時下に多くの佳作を生んだ。後期（1945 ～ 1948 年）には、『斜陽』（1947 年）や『人間失格』（1948 年）

等、身につけた文学技法の集大成と言うべき長篇を発表して一躍人気作家になったが、1948 年に愛人と入水し、世を去った。

2

本格的な太宰治研究は、奥野健男『太宰治論』（東京：近代生活社、1956 年）を嚆矢とする。奥野は太宰文学を、裕福な実家を持った負い目から左翼運動に参加したものの挫折した経験に基づく「下降指向」の文学だと規定した。1960 ～ 1970 年代の研究は、この奥野論を三つの角度から批判し、補う形で展開した。

第一に、伝記的事実の検証。特に相馬正一は、後に『評伝 太宰治』（弘前：津軽書房、1995 年）に結実する綿密な調査によって多くの事実を明らかにし、人物像を再構築した。第二に、書誌及び同時代評の調査。この領域は山内祥史が一手に引き受けて、その主な成果は『太宰治論集 同時代編／作家論編』（東京：ゆまに書房、1992 ～ 1994 年）と『太宰治著述総覧』（東京：東京堂出版、1997 年）にまとめられた。なお、山内の著書としては『太宰治の年譜』（東京：大修館書店、2012 年）も重要である。第三に、個々の作品の精読。専ら作家に焦点を当てていた奥野論に対し、東郷克美・鳥居邦朗・渡部芳紀らが小説そのものの解釈を提示していった（東郷克美・渡部芳紀編：『作品論 太宰治』、東京：双文社出版、1974 年）。一つ一つの小説に即した研究が進んだこの時期には、特に中期の物語作家としての魅力が再発見された。

1980 年代に入ると、これらの研究を踏まえつつも、より斬新で多様なアプローチが試みられた。安藤宏は『晩年』の成立や戦中から戦後への移行といった研究史上の難関点を、作家の生と作品構造と時代との相互作用から明らかにした（『太宰治　弱さを演じるということ』、東京：筑摩書房、2002 年）。中村三春は、難解かつ特異と見なされて来た小説の構造を西洋の文学理論を積極的に導入して解読した（『フィクションの機構』、東京：ひつじ書房、1994 年）。山崎正純は同時代の諸言説の中で太宰の表現が持つ思想的強度を測った（『転形期の太宰治』、東京：洋々社、1998 年）。花田俊典や三谷憲正は、実証的な手がかりに基づいた読みを積み重ねた（『太宰治のレクチュール』、東京：双文社出版、2001 年；『太宰文学の研究』、東京：東京堂出版、1998 年）。木村小夜は翻案作品を典拠からの距離を見定めつつ読解した（『太宰治翻案作品論』、大阪：和泉書院、2001 年）。

80 年代後半以降、今日に至るまで研究をリードしてきたこれらの論者の新しさは、物語内容を咀嚼した上で、そこに用いられた方法に強い関心を払った点にある。ゆえにこの時期には、太宰文学の中でも方法意識が顕著な前期作品群の理解が深まった。

1990 年代の研究の特色は、研究の基礎となる資料が次々に公刊されたことである。作品ごとの典拠や生成過程に関する浩瀚な解題を備えた山内祥史編『太宰治全集』全 12 巻・別巻（東京：筑摩書房、1989 ～ 1992 年）が完結し、夥しい数の肉筆資料を翻刻した新しい全集（『太宰治全集』全 13 巻、東京：筑摩書房、1998 ～ 1999 年）も刊行された。前述した相馬や山内の著作も同時期に上梓されたし、各種事典も編纂された（東郷克美編：『別冊国文学　太宰治事典』、東京：学灯社、1994 年；神谷忠孝・安藤宏編：『太宰治全作品研究事典』、東京：勉誠社、1995 年）。こうした研究環境の整備によって、各作品の執筆時期、発表媒体、同時代評価、先行研究の蓄積と問題点等が飛躍的に掴みやすくなった。

一方で個々の作品分析も、全作品論を順次掲載していった山内祥史編『太宰治研究』（大阪：和泉書院、1994 ～ 2013 年、刊行継続中）や、細谷博や高田知波ら狭義のプロパー以外の読み巧者の参入によって活性化した。

3

以上のように太宰治研究は、作家から作品へ、また作品の内容から方法へと関心を移して来た。さらに 90 年代以降に研究環境が充実したことで、21世紀の研究は一層多様化・細分化している。

なかでも注目されるのが、作家と作品を同時代の歴史的文脈から見直す研究である。権錫永「〈時代的言説〉と〈非時代的言説―「惜別」―」(『国語国文研究』、1994年9月)を先駆として、近年にはメディアや法制度に着眼して表現と時代との切り結びを検討する論が多く書かれた。川崎賢子「太宰治の情死報道――プランゲ文庫資料とその周辺から」(山本武利編:『新聞・雑誌・出版』、京都:ミネルヴァ書房、2005年)をはじめ、井原あや、平浩一、永吉寿子らに優れた論考がある。この領域で特に目覚ましい成果をあげてきたのが松本和也で、『昭和十年前後の太宰治――〈青年〉・メディア・テクスト』(東京:ひつじ書房、2009年)では、同時代言説の丹念な分析によって作家像と作品の解釈を更新した。他に、若手研究者による同人誌『太宰治スタディーズ』(1~4、2006~2012年、刊行継続中)では、「『晩年』生成とメディア」等の特集を組み、太宰文学を時代の中で捉え直そうと努めている。

また、近年の日本近代文学研究全体の動向と連動した、新たな角度からの照射も盛んである。ジェンダーの視点を活かした分析は、榊原理智が「太宰治『ヴィヨンの妻』試論――『妻』をめぐる言説」(『日本近代文学』、1996年5月)等の諸論考で先鞭を付け、内海紀子、坪井秀人、根岸泰子らが重要な考察を行っている。また受容(読者層)に関しては、作品の出版状況に目を向けた滝口明祥の論考が興味深い。さらに、宮崎靖士による方言使用に着目した分析や、安藤宏が「『人間失格』草稿が明かす創作過程」(『新潮』、1998年7月)以来行っている肉筆新資料の分析も見逃せない。なお、新資料ということでは、青森近代文学館から刊行された資料集(『有明淑の日記』、青森:青森近代文学館、2000年)も研究を大きく前進させた。

他方、個々の作品を読みこむ研究もより精緻になっている。山口浩行、大國眞希、厳大漢、高橋秀太郎、長原しのぶ、吉岡真緒らが各々の関心から優れた考察を発表している。特に大國『虹と水平線—太宰文学における透視図法と色彩—』（東京：おうふう、2009年）は、絵画的手法を援用した表現分析として異彩を放つ。斎藤理生の〈笑い〉を手がかりにした論考も参照されたい（『太宰治の小説の〈笑い〉』、東京：双文社出版、2013年）。

没後60年（2008年）・生誕100年（2009年）前後には、社会全体で太宰ブームが起こった。映画化やマンガ化に伴い、特集を組んだ雑誌や書籍が大量に出版された。特に現代日本における享受に関しては『ユリイカ』（2008年9月）や『別冊文藝　太宰治』（東京：河出書房新社、2009年）が参考になる。また山口俊雄編『太宰治を面白く読む方法』（名古屋：風媒社、2006年）は、やや専門化し過ぎた研究を改めて社会へ開こうとしており貴重である。ただ多くの出版物の中で研究書として重要なのは、安藤宏編『展望　太宰治』（東京：ぎょうせい、2009年）と、斎藤理生・松本和也編『新世紀　太宰治』（東京：双文社出版、2009年）の2冊だろう。前者には生誕100年を期に研究の現在地を多角的に映し出す論文が、後者には次の100年に向けて受容と流通・文学史・近代史といった面から新機軸を打ち出した論文が並ぶ。

なお『展望　太宰治』所収の木村小夜「研究案内」は、これから太宰研究を始める者にとって必読の文献である。また『新世紀　太宰治』の斎藤・松本による「太宰治研究の進（深）化にむけて」、高橋秀太郎「研究動向 太宰治」（『昭和文学研究』、2009年9月）等も、研究の最前線を知るためにぜひ目を通したい。

以上、太宰治研究の現在までの流れを大づかみに確かめて来た。その蓄積とアクセスのよさは日本近代文学研究の中でも屈指だろう。今後の研究者には、多様化・細分化した研究を批判的に継承し、複数の問題を横断したり、全く異なる枠組みで作家と作品を捉え直したりする営みが期待される。いわば、研究の出発点に位置する奥野論のような画期的な論考が、今再び求められているのである。

井伏鱒二

1898年(明治31)〜1993年(平成5)

前田貞昭

1

井伏鱒二（いぶせますじ）、1898年2月、広島県安那郡加茂村粟根（現福山市加茂町粟根）に生まれる。広島県立福山中学校を経て早稲田大学に進むが、1921年10月に休学、不遇な文学青年の暮らしが始まる。1928年に『文芸都市』に参加、同誌発表の諸作で文壇登場を果たし、1930年に『夜ふけと梅の花』と『なつかしき現実』の二つの短編集を出版。前者には「山椒魚」「鯉」「朽助のゐる谷間」など、この頃を代表する作品を収める。1938年、前年刊行の『ジヨン万次郎漂流記』で直木賞を受賞。1941年11月から1年間、陸軍宣伝班員として徴用される。帰国後、山梨県甲運村（現甲府市）を経て郷里に疎開（1947年7月まで）。1966年「黒い雨」で野間文芸賞を受賞、文化勲章も受ける。戦前の作品に「丹下氏邸」「川」「さざなみ軍記」「多甚古村」など。戦後の作品には、同時代の世相を描く「遥拝隊長」「乗合自動車」「本日休診」「駅前旅館」や、歴史に取材した「二つの話」「侘助」「かるさん屋敷」「武将鉢形城」「岳麓点描」「鞆ノ津茶会記」などがある。〈風貌姿勢〉シリーズなど随筆も秀抜。詩は『厄除け詩集』に集成されている。1993 年 7 月没。

2

井伏は文壇の最先端に位置して一時代を築いたということはなかったが、小林秀雄以来、独自な風格と繊細な感受性が高く評価されていた。しかし、そのような見方は一部の支持者にとどまり、飄逸な作風で庶民の姿を描く作家というのが一般的な井伏像であった。そうした井伏像を一変させたのが『黒い雨』（東京：新潮社、1966 年）出版である。戦後日本で最もシリアスな素材である原爆をテーマにした同作は、週刊誌で話題になるほどの大きな反響を呼び、高い世評も得たのである。時期を同じくして『井伏鱒二全集』全 12 巻（東京：筑摩書房、1964 ～ 1965 年。1975 年に全 14 巻に増補）に主要作品が揃う。しかし、「黒い雨」に関する論議を措くと、必ずしも井伏の文学的営為に対して、持続的関心を持つ研究者が拡大したわけではなかった。国文学専門誌『解釈と鑑賞』（至文堂）で井伏特集が組まれたのはそれから 20 年程も経った 1985 年 4 月のことであり、『国文学』（学灯社）は一度も特集に取り上げることなく休刊した。日本文学研究資料叢書に『井伏鱒二・深沢七郎』（東京：有精堂、1977 年）があるが、深沢七郎と抱き合わせであり、収録された研究者の論文 8 編（他に評論 7 編を収める）のうち、磯貝英夫と東郷克美で 5 編を占める。理に奔った解析を阻む要因を井伏文学そのものが備えていたとも、また、解析の道具を研究者が用意できなかったともいえるのだが、そのような状況の中で、本格的な井伏研究を切り開いたのは、磯貝「近代文学に於ける笑の定着―井伏鱒二をめぐって―」（『日本文学研究』、1950 年 4 月）であった。以降、磯貝は、言葉を軸にその文学・文体の基幹に坐る日常感覚を析出するとともに、文学史に位置付ける論考を発表する。東郷は「井伏鱒二の青春―その「くつたく」した心情について―」（『国文学研究』、1965 年 10 月）で始発期を扱い、「井伏鱒二素描—「山椒魚」から「遥拝隊長」へ—」（『日本近代文学』、1966 年 11 月）では戦後まで拡げて自己確立の過程を描き出す。この二人の研究者が、今日も振り返るべき井伏研究の基盤を築き、その後の井伏研究を領導したと評しても過言ではない。

1970 年代後半に入ると、ようやく井伏研究の単行本が出版される。井伏文学の土着性・郷土性を見据えようとする松本鶴雄『井伏鱒二論』（東京：冬樹社、1978 年）、〈教養的中流下層階級者〉の視点から読解する熊谷孝『井伏鱒二論—講演と対談—』（東京：鳩の森書房、1978 年）、新資料発掘から作品に迫る涌田佑『私注・井伏鱒二』（東京：明治書院、1981 年）と続き、1960 年代から井伏論を発表していた大越嘉七も「黒い雨」論を加えて『井伏鱒二の文学』（東京：法政大学出版局、1980 年）をまとめる。

1980年代には『井伏鱒二自選全集』第1巻（東京：新潮社、1985年）収録の「山椒魚」末尾削除が話題になり「山椒魚」論が盛況だったが、この時期には、やがて佐藤嗣男『井伏鱒二—山椒魚と蛙の世界—』（東京：武蔵野書房、1994 年）や松本武夫『井伏鱒二—宿縁の文学—』（東京：武蔵野書房、1997 年）に収録されることになる論文が相次いで発表された。井伏文学を主要対象とする、この期に登場した新しい世代の研究者たちは、井伏文学の形成過程に強い関心を示し、全集未収録作品・新資料を発掘するとともに、本格的な作品研究にも手をつけた。1980 年代以降、研究者層・研究対象の拡大に繋がる論集・雑誌特集が幾つか出現するが、中でも井伏研究の水準を大きく引き上げた磯貝英夫編『井伏鱒二研究』（広島：渓水社、1984 年）が出版されたのもこの時期であった。

1990 年代後半からの数年間は、従前の研究成果が集成された時期である。まず、挙げるべきは、没後の本格的な新版『井伏鱒二全集』全 28 巻補巻 2（東京：筑摩書房、1996 ～ 2000 年）の出版である。涌田佑『井伏鱒二事典』（東京：明治書院、2000 年）や松本武夫編『井伏鱒二「山椒魚」作品論集』（東京：クレス出版、2001 年）も蓄積された研究の成果であった。東郷克美・寺横武夫編『井伏鱒二—昭和作家のクロノトポス—』（東京：双文社出版、1996 年）と東郷編『解釈と鑑賞』別冊〈井伏鱒二の風貌姿勢〉（至文堂、1998 年 2 月）は、従前の研究成果に目を配る一方で、新たな研究者層にも寄稿を求めて、論者や対象作品が限定されがちだったところに新風を送り込むことを試みた。

2000 年代、停滞気味であった作品研究が活況を呈し始める。その特徴を大きく括れば、同時代の文学にアクチュアルに関わろうとする、新たな井伏像の提出にあろう。先駆けとなったのは、新城郁夫の「井伏鱒二『丹下氏邸』論」（『立教大学日本文学』、1994 年 12 月）である。物語行為の様相を微細に分析するところは塩崎文雄「井伏文学の方法・序説—「言葉について」の話法構造とメタ言語の濫用と—」（前掲、『井伏鱒二研究』）に先蹤を求められるが、新城の新しさは、同時代の表現意識・文学意識からの連続と逸脱を射程に収めた点にあった。その企図は「自明化された認識の構図」（新城郁夫「郷土・翻訳・方言—井伏鱒二「朽助のゐる谷間」論—」、『琉球大学法文学部紀要 日本東洋文化論集』、2003 年 3 月）からの脱却、すなわち、従来の井伏文学・昭和文学史についての定説を覆すところにあったと見られよう。これ以前の世代による作品研究は最終的には作家の生成過程に収斂させる傾向が強く、その文学史思考も既成の文学史の枠組の内部にあった。これに対して、新城以降の注目に値する研究は作品（テクスト）を一義的な場に収斂させず、あるいは、井伏像の再構築さらには井伏を軸にした文学史像の転回を目指してきたと見てよい。平浩一「「ナンセンス」を巡る〈戦略〉—井伏鱒二「仕事部屋」の秘匿と「山椒魚」の位置—」（『昭和文学研究』、2007 年 9 月）は井伏自身による自己イメージの演出・操作を指摘する。高木伸幸「井伏鱒二における中間小説—「お島の存念書」試論—」（『近代文学試論』、2002 年 12 月）は掲載メディアが作品に及ぼした影響に注目する。文学作品における方言の問題に関心を寄せていた宮崎靖士には「井伏鱒二『言葉について』の「訳述」をめぐって—小説における方言《翻訳》—」（『昭和文学研究』、2002 年 3 月）、「井伏鱒二『花の町』における占領地の表象をめぐって—1930 ～ 40 年代の言語使用に関わる非均等的な力関係と、その表象をめぐる諸相—」（『日本近代文学会北海道支部会報』、2006 年 5 月）があり、大原祐治は「小説の中の学校 / 学校の中の小説—井伏鱒二試論（一）—」（『学習院高等科紀要』、2007 年 7 月）で「へんろう宿」「『槌ツア』と『九郎治ツアン』は喧嘩して私は用語について煩悶すること」に同時代の歴史的「現実」への回路を見、さらに、「〈教科書〉的規範の機能—井伏鱒二試論（二）「遥拝隊長」について—」（『学習院高等科紀要』、2008 年 7 月）で「遥拝隊長」における同時代（作品発表時点）への批評性を読む。滝口明祥「ナンセンスの批評性——九三〇年前後の井伏鱒二—」（『日本近代文学』、2009 年 5 月）以降、滝口は、「青ケ島大概記」「ジヨン万次郎漂流記」などを同時代の表現意識の文脈に置いて吟味し、井伏作品が含意する〈批評性〉の析出を試みた。

父祖の事跡を追尋する寺横武夫「井伏素老の漢詩文」（『解釈と鑑賞』、1985 年 4 月）のような資料探索、あるいは、作品の典拠や本文推移に類する実証的研究に触れる余地がない。重松静馬『重松日記』（東京：筑摩書房、2001 年）・『井伏鱒二・飯田龍太往復書簡』（東京：角川学芸出版、2010 年）の刊行と、東郷克美「大正十三年前後の井伏鱒二資料」（『日本近代文学館年史—資料探索—』、2010 年 10 月）を挙げるにとどめる。

1990 年代前半の研究動向については、前田貞昭「井伏鱒二〈研究動向〉」（『昭和文学研究』、1997 年 7 月）が詳しい。それ以前については、石崎等「井伏鱒二研究史展望」（前掲、日本文学研究資料叢書『井伏鱒二・深沢七郎』）や 1980 年代初頭までを詳細にたどる寺横武夫「井伏鱒二研究略史」（前掲『井伏鱒二研究』）のほか、寺横「井伏鱒二研究史大概」（『井伏鱒二』〈群像日本の

作家〉、東京：小学館、1990 年）、槇林滉二「井伏鱒二」（『明治・大正・昭和作家研究大事典』、東京：桜楓社、1992 年）、東郷克美「井伏鱒二」（『別冊国文学』〈新・現代文学研究必携〉、1992 年 11 月）などがある。

東郷克美『井伏鱒二という姿勢』（東京：ゆまに書房、2012 年）と滝口明祥『井伏鱒二と「ちぐはぐ」な近代—漂流するアクチュアリティー』（東京：新曜社、2012 年）とが刊行され、新・旧の世代を代表する著者の既発表論文が相次いでまとめられたのだが、「黒い雨」などを除く戦後 40 年余の作品については、まだ掘り下げる余地がありそうだ。井伏の文学的生涯の過半は戦後のものであったのだから、待たれるのは、戦後作品に関する論議や研究の深化であろう。

埴谷雄高

1909年（明治42）～1997年（平成9）

馮海鷹

1

埴谷雄高（はにやゆたか）、本名般若豊（はんにゃゆたか）、台湾新竹生まれ。当時税務官吏を務めていた父三郎と母アサの間の長男。中学一年まで台湾で育ち、1924 年東京に戻って目白中学二年に編入。幼少期から読書にふける癖があり、考え方や興味関心が異質であるゆえ、周囲とコミュニケーションを取るよりも書物や原稿用紙と対話することを好んでいたという。1928 年日本大学予科に入るが 1930 年に中退。1931 年日本共産党に入党し農民運動に没頭。1932 年検挙され逮捕。獄中の約一年半は精神上の大きな転換期となり、「ひたすら自身と向きあい」カントの哲学に傾倒し独自の思考回路を育てた。

本多秋五は埴谷を第一次戦後派に組み入れ、「第一次戦後派の特徴をもちつつ、その延長線上的な存在」として埴谷雄高、及び自分自身を含む七人を『近代文学』派と呼んでいる。埴谷雄高は戦時下より翻訳、評論などを発表し始め、『洞窟』『不合理ゆえに吾を信ず』の雌伏期を経て、1970 年『闇の中の黒い馬』が谷崎潤一郎賞を受賞。1946 年より本多秋五ら同人と『近代文学』を創刊、畢生の大作『死霊』を書き始める。『死霊』は 1949 年第四章まで連載、その後健康状態により中断したが、1975 年に再開して『群像』に第五章を連載。1976 年日本文学大賞を受賞。以後第九章まで書き続けたが 1997 年逝去により未完となった。

2

埴谷雄高に関する研究は『死霊』を中心に展開された思想論が特徴である。「半世紀にわたって思想・観念の大きな冒険を展開し続けた」（小田切秀雄「あらためて埴谷雄高を送る」、『群像』、1997 年 7 月）他に例を見ない作品と言われているこの小説は、その内容の難解さと関わる分野の多様さが知られており、それをめぐる哲学、宗教、物理学、天文学、精神分析を基盤とする作家論、或いは作品の出発点、問題意識などの研究が圧倒的に多い。また、作品を構成レベルで取り上げた論文では、作品構造論よりも作中人物の対話、表現法に主な論点が集中している。研究の時代的特徴から見れば近年のものより比較的早期の論文、同時代評のほうが盛んであり、充実している。

1999 年までの研究ではまず各分野にわたる論文集として、単行本に、1996 年までの本人の研究をまとめた白川正芳『埴谷雄高論全集成』（国分寺：武蔵野書房、1996 年）、冬樹社編集部編『埴谷雄高』（東京：冬樹社、1976 年）、秋山駿編『作家の世界埴谷雄高』（東京：番町書房、1977 年）が、雑誌には、「特集、埴谷雄高」（『ユリイカ』、1978 年 3 月）、「特集、埴谷雄高幻想王国の司祭」（『国文学』、1981 年 11 月）、「第二特集、遠くからの声——埴谷雄高の現在」（『解釈と鑑賞』、1979 年 10 月）などがあげられる。作品および作家の問題意識に関するものには、作品から作家の思想を見る森川達也『埴谷雄高論』（東京：審美社、1968 年）、『不合理ゆえにわれを信ず』を中心に作家の主題を解明する藤一也『「不合理ゆえにわれを信ず」論』（東京：冬樹社、

1976 年）などがあり、特に諸田和治『埴谷雄高論』（大宮：林道舎、1987 年）、多加野透『埴谷雄高—不可能性の形而上学—』（東京：深夜叢書社、1987 年）は比較的詳細な検討がなされている。抽象的な地平から少し離れてより具体的なレベルで作家の経歴を詳細に語ったものには、川西政明『評伝埴谷雄高』（東京：河出書房、1997 年）、本多秋五『「死霊」入門』（集英社版に本文学全集『埴谷雄高・堀田善衛集』解説、1968 年）があげられる。作品に着目する論には、作品内容、プロットの進展を解読する川西政明『謎解き死霊論』（東京：河出書房、1996 年）、作品群を詳しく論じた月村敏行『埴谷雄高論』（東京：講談社、1978 年）などがある。一般的な基礎研究では、作品及び日常から作家の思想を見る立石伯『埴谷雄高の世界』（東京：講談社、1971 年）、菅谷規矩雄『埴谷雄高』（東京：三一書房、1974 年）があり、特に松岡俊吉『埴谷雄高論』（京都：白地社、1987 年）は創作における様々な作家的問題意識、歴史背景を単純明快に説明している。

1997 年より埴谷没後一、二年の間は、追悼、批評が盛んに行われたものの、その後徐々に静まり、2000 年以降の研究は比較的低迷期に入っていく。また、2000 年以前に比べ、作家や作品の問題意識に関する思想、哲学論が減り、歴史や実証に焦点を合わせるようになっている。

その状況の中で 21 世紀の埴谷雄高再発見に努めたのは「特集 21 世紀の死霊」（『群像』、2003 年 5 月）、『埴谷雄高—新たなる黙示—』（東京：河出書房新社、2006 年）である。また、「特集 埴谷雄高『死霊』構想ノート」（『群像』、2007 年）は 2007 年に発見された『死霊』の構想ノートをめぐって『死霊』創作の再検討を試みたものである。

同じ作家の問題意識を取り上げる研究でも、2000 年以降のものは、鹿島徹『埴谷雄高と存在論—自同律の不快・虚体・存在の革命—』（東京：平凡社、2000 年）、鶴見俊輔『埴谷雄高』（東京：

講談社、2005年）など、哲学や思想そのものを検討する次元ではなく、その形成背景、作品上への表出の仕方を論証している。また、合田正人「『存在の革命』をめぐって―埴谷雄高とレヴィナス―」（『文芸研究』第95号、2005年）、特に単行本、田尻芳樹『ベケットとその仲間たち―クッツェーから埴谷雄高まで―』第二章「頭蓋の中の幻影とテクノロジー―ベケット、埴谷雄高、夢野久作―」（東京：論創社、2009年）は、埴谷の問題意識をほかの作家のそれと対照し、比較して論じている。『死霊』を中心とする内容、表現に関する研究には、他者としての〈子供〉の存在を語る杉田俊介「『死霊』と〈子供〉」（『日本文学論叢』、2002年3月）、第六章を例に『死霊』の対話的構造を論じる鹿島徹「未完のポリフォニー―埴谷雄高『死霊』第六章について―」（『早稲田大学大学院文学研究科紀要』第49輯第1分冊、2004年2月）がある。作品の歴史的背景、作家の史実を詳しく調査、検証したものには、藤一也『埴谷雄高論―「農民闘争」時代をめぐって―』（東京：沖積舎、2001年）がある。

また、1980年代に行われた埴谷・吉本論争に関しては、鷲田小弥太『吉本隆明論』第五章（東京：三一書房、1990年）、浅井清・佐藤勝・篠弘・鳥居邦朗・松井利彦・武川忠一・吉田凞生編『新研究資料現代日本文学』第二巻、小説Ⅱ「埴谷雄高と吉本隆明の論争」（東京：明治書院、2000年）、添田馨『吉本隆明――論争のクロニクル』（札幌：響文社、2010年）がある。

中国における埴谷雄高に関する研究は、戦後作家として触れる程度で殆どなされておらず、本格的な論文は、登場人物の会話に見るジェンダーを分析する馮海鷹《从埴谷雄高的〈死灵〉看人物对话的性别表现》（《外语教学》、2010年第5期）以外ほとんどない。原因として考えられるのはまず、作品数が少ないため研究対象の幅が狭いことである。長編小説『死霊』は彼の代表作であると同時に、一般に知られる彼の創作の殆ど全てでもある。もう一つの原因は『死霊』という作品の思想偏重性にあると考えられる。ストーリー性が比較的希薄であるこの作品は、その内容に内包されている様々な形而上学的な思考によって支えられている。1970 年代前後から日本国内に流行した構造主義理論が『死霊』の研究に豊かな土壌を与えたのに対して、中国国内では思想論によって成り立つ文学作品が市民権を獲得することができなかったのである。

3

埴谷雄高の文学とその問題意識は、構造主義、存在論、精神分析などといったポストモダンの時代に盛り上がり、その時代の衰退とともに埴谷の作品は読者を徐々に失っていった。その後、比較研究や今まで取り上げられなかったモチーフの研究など、新しい角度からの再検討が様々に行われてきた。しかし、生前より作家の研究が行われていたため、本人インタビュー、対談集なども同時代評の一部として作品研究の補助資料に使われていたが、それらが作家の創作の一部でもあるということはそれほど注目されてこなかった。近年「埴谷・吉本論争」を取り上げる論文は少し目立つようになったが、こういった作家の発言そのものに対する分析は埴谷文学の未開地だと考えられ、今後の研究が待たれる。

高見順

1907年（明治40）～1965年（昭和40）

梅本宣之

1

高見順（たかみじゅん）、本名は高間義雄（のちに芳雄）。福井県三国町に、父坂本釤之助（当時の福井県知事）、母高間古代の子として生まれる。後、東京に転居し、1930 年東京帝国大学英文科を卒業、コロンビアレコードに就職し、創作活動の傍らプロレタリア文学運動に参加。転向後の 1935 年に連載を始めた『故旧忘れ得べき』が第一回芥川賞候補となる。戦後はペンクラブ専務理事となり、あるいは日本近代文学館の設立に尽力するなど、創作活動以外にも活躍するが、1965 年 8 月、食道がんのため死去。

『故旧忘れ得べき』以外の代表作に浅草を舞台とした『如何なる星の下に』（1939 ～ 1940 年）、作者自身の魂の発展を描いた『わが胸の底のここには』（1946 ～ 1947 年）、アナーキストを主人公とした『いやな感じ』（1960 ～ 1963 年）などの長編小説があり、他に評論、日記、詩なども数多く書いている。

2

基本的な資料として、『高見順全集』（東京：勁草書房、1970 ～ 1975 年）の他、戦中から戦後にかけて書き綴られ、作者の個人的な記録にとどまらず同時代の日本の状況を知る上で貴重な資料となっている『高見順日記』(東京:勁草書房、1964～1966年)、『続高見順日記』(東京:勁草書房、1975～1977年)がある。なお、『高見順全集』別巻(東京:勁草書房、1977年)には、同時代評、年譜、著作目録等が収められており、必読である。また、書誌として『高見順書目I』(青山毅編、私家版、1970年)がある。

高見順の実生活や人間像を知る上でまず参照すべきは、石光葆『高見順――人と作品』(東京:清水書院・センチュリーブックス、1969年)であろう。石光はかつて高見順が関係した同人誌『日暦』の同人仲間であり、身近に高見順に接した立場から、貴重な証言や考察を展開している。また、土橋治重『永遠の求道者　高見順』(東京:社会思想社・教養文庫、1973年)も、高見順の事跡や人となりについて述べられたものであるが、土橋は『日本未来派』という詩誌に属し、高見と同時期に詩を書いていた立場から、詩人としての高見順に焦点を当てて書いている点を特徴とする。詩人としての高見順像を追求した文献としては、上林猷夫『詩人高見順――その生と死』(東京:講談社、1991年)があり、上林は高見順の詩を豊富に引用しながら、詩人としての高見順の足跡を丁寧にたどっている。さらに昭和40年代の本格的な評論として、奥野健男『高見順』(東京:国文社、1973年)がある。奥野は同著で、高見順の内省的傾向と外向的傾向の矛盾について述べ、高見順文学の基底に流れるものを明らかにしようとした。

単行本もしくは雑誌等の所収論文で重要なものを挙げると、まず平野謙の「文学の現代的性格とその典型――高見順論」(『人民文庫』、1937～1938年)、「ふたりの作家」(『戦後文芸評論』、真善美社、1948年)、「被害者と加害者」(『群像』、1957年3月)などがあり、中村真一郎の「高見順」(『群像』、1951年9月)その他『群像』や『新潮』に掲載された何篇かの論文、また、山本健吉「東京のヘドを吐く作家――高見順の人と作品」(『別冊文芸春秋』、1953年8月）、磯田光一「高見順論」（『群像』、1962年5月）なども示唆されるところが多い。また、高見順に批判的な立場から書かれた花田清輝や江藤淳の論文も重要である。

また、高見順のアジア（ビルマ）体験の内実について考察した浦野進「高見順におけるアジア体験」（『個性』、1982年6月）や木村一信「高見順の『徴用』体験——『私はビルマを愛してゐる』」（神谷忠孝・木村一信編『南方徴用作家』、京都：世界思想社、1996年）があり、百瀬久「高見順『死の淵より』論——日記を資料に」（『芸術至上主義文芸』、1996年12月）、「高見順『生命の樹』論—標題の意味を考える」（『芸術至上主義文芸』、1997年12月）、「高見順『馬上候』論—詩人との邂逅—」（『昭和文学研究』、1998年9月）、「ビルマの高見順—『ビルマ戦場の草木』から考える転向の代償の文学—」（『芸術至上主義文芸』、1999年11月）や、小沢孝明「高見順『如何なる星の下に』論—〈物語〉を紡ぎ出す言葉」（『論樹』、2000年12月）も必読。また、近藤裕子による高見順の人と文学、代表作、研究動向に関する的確にして丁寧な論述（『新研究資料　現代日本文学1』（東京：明治書院、2000年）も非常に有益。

2001年以降、まず、単行本として、梅本宣之『高見順研究』（大阪：和泉書院、2002年）、坂本満津夫『高見順論　魂の粉飾決算』（東京：東京新聞出版局、2002年）、『文士・高見順』（東京：おうふう、2003年）、『高見順の「昭和」』（東京：鳥影社、2006年）がある。梅本の著書は、Ⅰ　高見順作品の世界　Ⅱ　高見順文学の基底　に分かれており、高見順の作品分析、高見順文学と同時代との関係、他の作家等からの影響関係などについての論考からなる。坂本の著書は、高見順の事跡や代表作の詳細な解説等を通じて、いずれも高見順の人と文学の全貌を、高見順の人生を追いながら明らかにしようとしたものである。また、保昌正夫他編・日本近代文学館資料叢書『文学者の手紙6　高見順』（東京：博文館新社、2004年）は、高見順の肉声をうかがえる点で貴重な資料であるとともに、注釈・解題・解説には研究上有益な情報が多く記載されている。

雑誌所収論文では、まず百瀬久の一連の論考がある。列挙すれば、「高見順の見たビルマ—民間信仰を手がかりに—」（『東洋学研究』、2002年3月）、「高見順の戦時下の思索—『高見順日記』昭和二十年—」（『東洋学研究』、2003年3月）。百瀬は、主に戦時下の高見順の文学的営為について、小説、評論、日記等を駆使して丁寧に論述しており、例えば高見順のビルマへの思い入れが強いのは、母親の民間信仰とビルマの民間信仰とに通底するものがあったためではないか、といった説を提唱するなど、新しい観点から高見順文学について考察をしている。

また、桑尾光太郎の「『左翼くずれ』の肖像—高見順と転向—」（『学習院大学文学部研究年報』、2004年3月）、「『左翼くずれ』からの脱却—高見順の転向と戦時体制の進展—」（『人文』、2005年3月）は、転向後に、高見の自称「左翼くずれ」が生成された経緯、その思想史的意味、また、「左翼くずれ」が孕んでいた積極的可能性や、戦時体制が強化されてゆく中でそれらが弱者への視点の深化という形に変貌していく過程などを豊富な資料に基づいて手堅く検証している。小林多喜二的生き方を否定しながらも小林多喜二的生き方に縛られて身動きが取れなくなっている高見順の矛盾を実証的に明らかにしている点など、示唆に富む仕事である。

最後に、高見順文学研究の今後の課題について一言述べておく。冒頭で記したように、高見順の業績は小説、評論、随筆、詩、日記など、じつに多岐にわたっており、全容の解明は今後の研究に俟つところが多い。近年になって小林敦子『生としての文学——高見順論』（東京：笠間書院、2010年）に見られるように、高見順の思想と文学について全円的に論じ直す試みがようやく始まったばかりであり、従来論じられて来なかった作品を含めた実証的かつ地道な研究から取り組むべきだろう。

石川淳

1899年（明治32）～1987年（昭和62）

山口俊雄

1

石川淳（いしかわじゅん）、小説家。東京浅草生。「佳人」（1935年）で注目され、「普賢」（1936年）が芥川賞を受賞し文壇デビュー。日中戦争下の銃後の狂躁を批判的に描いた「マルスの歌」（1938年）は発禁処分を受ける。敗戦後の混乱状況からの再出発を描いた「黄金伝説」「焼跡のイエス」（1946年）で広く注目を浴び、太宰治や坂口安吾と並んで〈新戯作派〉と称された。戦後革命後退期の「鷹」「珊瑚」（1953年）、「鳴神」「虹」（1954年）、古代神話を相対化する「八幡縁起」（1958年）、安定化に向う世相に乱世的要素をぶつけた「修羅」（1958年）、「荒魂」（1964年）、明治百年が喧伝される中で幕末維新期の別なる可能性を描いた「至福千年」（1966年）、新左翼系学生運動を踏まえた「天馬賦」（1969年）、高度成長を経た消費社会と古代史・近世史とを重層化させた「狂風記」（1980年）など社会状況に鋭敏に反応しながらも様式性の強い文体で独自の作品世界を創り出し続けた。他に「紫苑物語」（1956年）や、また「森鴎外」（1941年）、「夷斎筆談」（1952年）、「江戸文学掌記」（1980年）など博覧強記を軽妙な筆致に任せた評論随筆も評価が高い。

2

石川淳の永眠によって一人の作家の文業が完結し、『石川淳全集』全19巻（東京：筑摩書房、1989～1992年）という網羅的な全集が間もなく刊行されたことで、作家の仕事の全体が見渡せるようになったが、ここでは主に2000年前後以降に発表された石川淳論・石川淳作品論を紹介することで石川淳研究の軌跡を素描するが、簡単にそれ以前の動向をなぞっておけば、かつて作品の同時代性よりも観念性・形而上性を謳い上げた佐々木基一・井澤義雄・野口武彦らの方向性が一種飽和したあと、鈴木貞美によって文芸史的観点からの位置付けが模索され始め、「佳人」「普賢」への語り論的アプローチの一時的な賑わいを挟みつつ、その後、典拠探しや時代状況との関係づけなど地味な作業が重視されるようになったと言えよう。鈴木が切り開いた文芸史的な視野の下、時代状況の中に個々の作品を置き直す努力がなされており、歴史的視点というのがポイントとなろう。

山口俊雄『石川淳作品研究——「佳人」から「焼跡のイエス」まで』（東京：双文社出版、2005年）は、小説「佳人」「普賢」「履霜」「マルスの歌」「白描」「雪のはて」「義経」「明月珠」「黄金伝説」「無尽灯」「焼跡のイエス」および評論「祈祷と祝詞と散文」を論じたもので、山口が1990年代後半から2000年代前半にかけて発表した論文の集成だが、石川が構図の重層性と人物の多義性を活用しながら同時代の諸事象へ批評的に応接している姿を明らかにした。

若松伸哉「石川淳『佳人』論——同時代における〈わたし〉の要請」（『青山語文』、2001年3月）は同時代文学との交渉という観点から作品を文学史一般に開こうとした。若松の文学史的な関心は、「『貧窮問答』論」「『貧窮問答』論（二）——武田麟太郎作品との関連について」（『青山語文』、2002年3月、2003年3月）

や「漂泊する〈わたし〉――石川淳「葦手」のなかの歌謡・家族」（『昭和文学研究』、2008年3月）にも窺える。

ウィリアム・J・タイラー（William Jeffeison Tyler）、鈴木貞美（編著）『石川淳と戦後日本』（京都：ミネルヴァ書房、2010年）は、2008年、国際日本文化研究センターに日本国内外の研究者を集めて行われた国際研究集会をもとにしたものだが、収録された18本の論考が対象とする作品は「焼跡のイエス」「窮菴売卜」「燃える棘」「修羅」「荒魂」「天馬賦」「狂風記」「天門」ほか多数にのぼる。これまで手薄だった1950年代以降の作品が数多く取り上げられ、今後の石川淳研究の新展開を促さずにはおくまい。

作品論として他に、島村輝「文体としての闇市――石川淳の戦後作品群」（『昭和文学研究』、2000年9月）、青柳達雄「石川淳『新釈古事記』を読む」（『芸林』、2001年2月）、狩野啓子「ラディカルな売春婦論――石川淳『雪のイヴ』」（岡野幸江他編『買売春と日本文学』、東京：東京堂出版、2002年2月）、山口「石川淳・童話翻案作品論――時事性とパロディと」（『愛知県立大学文学部論集（国文学科編）』、2007年3月）・「石川淳『白頭吟』論――左翼運動・一九二一年と一九五六年と」（同誌、2006年3月）・「石川淳「鸚鵡石」論――典拠『武辺雑談』との比較」（『国語と国文学』、2008年4月）・「石川淳「至福千年」論――〈憑依〉の論理学・〈憑依〉の政治学」（『日本女子大学紀要文学部』、2013年3月）、帆苅基生「石川淳「灰色のマント」論」（『緑岡詞林』、2010年3月）・「石川淳「紫苑物語」論――〈忘却〉の拒絶」（『青山語文』、2011年3月）、などがある。

評論「森鴎外」について杉浦晋「石川淳『森鴎外』をめぐって――岩上順一、伊藤整、小林秀雄との比較」（『文学』、2007年3月）、若松伸哉「〈歴史と文学〉のなかで――石川淳『森鴎外』における史伝評価」（『日本近代文学』、2007年5月）、林正子「〈批評〉と〈革命〉としての翻訳文学――石川淳『森鴎外』における〈精神の運動〉の軌跡」（『国文論叢（神戸大学）』、2007 年 7 月）と相次いだことにも注意される。

伝記的事実関係では、まず、宮田毬枝『追憶の作家たち』（東京：文藝春秋、2004 年）は中央公論社編集者として近くで石川を見た者の言葉として興味深い。帆苅基生「石川淳年譜考」（『緑岡詞林』、2008年3月）は、近年の新聞データベースの充実を踏まえ石川の父・斯波厚の経歴に関わる新事実を発掘、私小説を書かなかった石川だが、その人生を屈折させた一面が明らかになった。石川の祖父（養父）については、渡辺滋「石川省斎の『令集解』版行――近世における律令研究とその後世への影響を中心に」（『日本歴史』、2003年8月）、山口「省斎石川介編纂の漢詩集」（『言葉の文明開化――継承と変容』、東京：学術出版会、2007 年）が出た。渡辺喜一郎「石川淳伝記的年譜」（『石川淳伝説』、東京：右文書院、2013 年）は最も新しく詳細な年譜で必備。他に、小野庵保蔵を徹底追求する中で書かれた久保田一「小野庵保蔵私論（十二）」（『藤枝文学舎ニュース』、2006 年 4 月）も、短文ながら「普賢」の庵文蔵のモデルの一人と思しい実在の小野庵との距離を測定し、「普賢」一作の創られ方を考える上で興味深い。

今後の課題としては、これまで手薄だった戦後、特に 1950 年代以降の作品への考察を深めて行く必要があるだろう。その際、時代状況・同時代性への目配りは欠かせないが、他方で文芸史的な観点も忘れてはならないだろう。また、孤高の作家イメージからの解放のために、石川淳から影響を受けたという安部公房や野坂昭如ら他作家との比較、影響関係の内実の解明も期待したい。

坂口安吾

1906年(明治39)～1955年(昭和30)

大原祐治

1

坂口安吾（さかぐちあんご）、1906 年、新潟県に生まれる。本名は炳五。新潟中学中退後に上京、豊山中学および東洋大学文学部印度哲学科を卒業後、語学学校アテネ・フランセでフランス語を学ぶ傍ら、級友と意気投合して同人雑誌『言葉』（のち『青い馬』と改題）を刊行。小説「風博士」（1931 年）が牧野信一らの注目するところとなり、新進作家として認められた。その後、野心的に取り組んだ書き下ろし長編小説『吹雪物語』（1938 年）が不発に終わり、文壇的には不遇の時代が続くが、大井広介・平野謙らの知遇を得、雑誌『現代文学』の同人として迎えられ、評論「文学のふるさと」（1941 年）、「日本文化私観」（1942 年）や小説「真珠」（1942 年）など優れて批評的な作品を開戦前後に発表した。戦後は、評論「堕落論」および小説「白痴」（いずれも 1946 年）を発表するや、一躍注目を浴び時代の寵児として活躍するが、競輪の不正疑惑に対する闘争や国税局に対する税金不払い闘争なども展開し、スキャンダラスな注目を浴びることも少なくなかった。他方、戦前から歴史について強い関心を示し「イノチガケ」（1940 年）などの歴史小説を発表していたが、戦後には「歴史探偵」を自認し、古代王朝に関する大胆な推理を展開した「安吾の新日本地理」（1951年）、「安吾史譚」（1952年）、「安吾新日本風土記」（1955年）のようなユニークな作品も残している。1955年、病没。

2

作家没後から間もない1960年代から始まった研究は、初の本格的全集である冬樹社版『定本坂口安吾全集』[1]およびその別巻『坂口安吾研究』（主要同時代評やその後の研究論文、文芸評論等を収める）[2]の刊行によって、その土台が整備された。この時期の成果としては、全生涯を追いつつ個々の作品に目を配った叙述によって安吾文学の全体像を提示しようとした文芸評論家・奥野健男の『坂口安吾』[3]が挙げられる。また、文芸評論家・柄谷行人は「『日本文化私観』論」[4]以降、刺激的な安吾論をいくつか発表し、後年『坂口安吾と中上健次』[5]にまとめられた。この後に続く世代の研究者として花田俊典や浅子逸男らが1980年代以降に研究論文を精力的に発表し、その成果は後にそれぞれ『坂口安吾生成』[6]、『坂口安吾私論——虚空に舞う花』[7]としてまとめられた。また、多くの研究者による初期から晩年に至るまでの諸作品に関する考察を収めた『坂口安吾研究講座Ⅰ～Ⅲ』[8]が刊行されたのもこの時期である。

1　『定本坂口安吾全集』全13巻（東京：冬樹社、1967～1970年）

2　関井光男編『坂口安吾研究Ⅰ～Ⅱ』（東京：冬樹社、1972～1973年）

3　奥野健男『坂口安吾』（東京：文藝春秋、1972年）

4　柄谷行人「『日本文化私観』論」（『文芸』、1975年5、7月）

5　柄谷行人『坂口安吾と中上健次』（東京：太田出版、1996年）

6　花田俊典『坂口安吾生成 笑劇・悲願・脱構築』（京都：白地社、2005年）

7　浅子逸男『坂口安吾私論 虚空に舞う花』（東京：有精堂、1985年）

8　久保田芳太郎・矢島道弘編『坂口安吾研究講座Ⅰ～Ⅲ』（東京：三弥井書店、1984～1986年）

1990年代には筑摩書房より二度にわたって全集が刊行され[1]、多数の全集未収録作品が増補されるとともに、関井光男によって新たに詳細な解題が付せられ、2000年代以降に活発化する研究の基礎が用意された。多くの研究者を動員して2001年に完成された『坂口安吾事典』[2]は作品編・事項編の2冊からなるが、多くの小説、評論、エッセイ等に関する網羅的な概説のみならず、キーワード事典や引用事典も充実しており、その後の研究における基礎文献となった。また、2000年に発足した坂口安吾研究会は毎年多彩なゲストを招いて研究集会を開催しており、その活動成果は『坂口安吾論集Ⅰ～Ⅲ』および『坂口安吾　復興期の精神』[3]としてまとめられている。以下、こうした基礎資料の整備を踏まえ急速に進展した2000年代以降の動向について紹介する。

旧来、「ファルス」という特異な用語/概念をめぐって検討がなされてきた初期作品の中でも議論が集中しているのは小説「風博士」である。言葉遊び的な表現を用いることで言語コミュニケーションの臨界点を提示したと見なす宮澤隆義[4]、作中の出来事を整序することで、語り手「私」の荒唐無稽な態度を笑う「笑劇」としての構

1　『坂口安吾全集』［ちくま文庫］（東京：筑摩書房、1989～1991年）、『坂口安吾全集』（東京：筑摩書房、1998～2013年）

2　荻久保泰幸・島田昭男・矢島道弘編『坂口安吾事典〔作品編〕』（『解釈と鑑賞』別冊、2001年9月）、『坂口安吾事典〔事項編〕』（『解釈と鑑賞』別冊、2001年12月）

3　坂口安吾研究会編『坂口安吾論集Ⅰ越境する安吾』（東京：ゆまに書房、2002年）、『坂口安吾論集Ⅱ安吾からの挑戦状』（東京：ゆまに書房、2004年）、『坂口安吾論集Ⅲ新世紀への安吾』（東京：ゆまに書房、2007年）、『坂口安吾　復興期の精神』（東京：双文社出版、2013年）

4　宮澤隆義「ファルスは証言する―坂口安吾『風博士』論―」（『国文学研究』、2005年3月）

造を抽出する小林真二[1]などが、難解とも無意味とも目されるテクストそのものへ改めて真摯に向き合う必要性を強調する一方、山根龍一[2]は作中に見られる演説場面とマルキシズム関係言説との同時代性を指摘しつつ、時代の流行に抗する力を帯びた安吾のエクリチュール的強度を検証している。また大原祐治[3]は、同時代の前衛音楽家との並走関係という視座から安吾の言う「ファルス」について再考を試みている。

開戦前後から戦時下にかけての安吾については、加瀬健治[4]、加藤達彦[5]、大原祐治[6]、杉浦晋[7]らによって、野心作にして失敗作とも目されてきた長篇『吹雪物語』に関する論文が、主に小説の構成やナラティヴに関する観点から集中的に書かれたが、やや自閉的だった議論はその後、『NRF』誌を介したソビエトへの関心に由来する〈人間 / 環境〉、〈理知性 / 動物性〉といった問題系においてこの小説

1　小林真二「ファルスとしての「風博士」——「莫迦々々しさ」を歌ひ初めてもいい時期だ」（『国語と国文学』、2005 年 10 月）

2　山根龍一「坂口安吾「風博士」論—福本イズム・小谷部全一郎・浪漫的英雄主義の内在批判—」（『日本近代文学』、2007 年 11 月）

3　大原祐治「文学と音楽の交錯——出発期における坂口安吾」（『千葉大学人文社会科学研究』、2010 年 3 月）、「モダニズムからの訣別——坂口安吾と同時代芸術」（『人文研究』、2011 年 3 月）

4　加瀬健治「『吹雪物語』とファルス——道化としての大寺他巳吉」（『武蔵大学人文学会雑誌』、1999 年 11 月）、「坂口安吾『吹雪物語』の方法——「分裂」と、「説明」の欠如」（『武蔵大学人文学会雑誌』、2005 年 1 月）

5　加藤達彦「1930 年代の恋愛——坂口安吾『吹雪物語』論」、文学・思想懇話会編『近代の夢と知性 文学・思想の昭和 10 年前後（1925 〜 1945）』（東京：翰林書房、2000 年）

6　大原祐治「坂口安吾『吹雪物語』論序説—〈ふるさと〉を語るために—」（『日本近代文学』、2000 年 5 月）、「小説家の墓—坂口安吾『吹雪物語』論—」（『昭和文学研究』、2001 年 3 月）

7　杉浦晋「「文章の一形式」の同時代性」、坂口安吾研究会編『坂口安吾論集 I 越境する安吾』（東京：ゆまに書房、2002 年）

を世界的同時代性の中で捉え返そうとする宮澤隆義[1]によって新たな地平へと開かれた。開戦直後に発表された小説「真珠」をめぐっては、真珠湾に散る兵士の「肉」「骨」と、墓地改葬の場面で描かれる「土器」「骨」のイメージ的な連鎖を指摘し、この断片性に思いをはせる語り手「私」の姿に「歴史家」を見る五味渕典嗣[2]の刺激的な指摘に続き、大原祐治[3]はこの小説および作者としての安吾のポジションを、同時代の文学（歴史小説 / 私小説）、歴史学、考古学、歴史哲学というコンテクストを参照しながら浮き彫りにした。また、押野武志[4]や宮澤隆義[5]も歴史的・社会的なコンテクストを確認しつつ、この小説の「散文」としての強度について評価を行っている。

戦後の安吾については、林淑美[6]による再評価をきっかけに研究が急速に進展している。林は「堕落論」に代表される戦後における安吾の言説と、「モラルがないといふこと自体がモラルなのだ」（「文

1　宮澤隆義「坂口安吾と「新しい人間」論」（『日本近代文学』、2007年11月）

2　五味渕典嗣「それぞれの遠足――坂口安吾『真珠』論」（『三田文学』、2000年11月）

3　大原祐治「「歴史」を書くこと―坂口安吾「真珠」の方法―」（『日本近代文学』、2001年10月）、大原：『文学的記憶・一九四〇年前後　昭和期文学と戦争の記憶』（東京：翰林書房、2006）に収録

4　押野武志「坂口安吾「真珠」の同時代性――詩と散文のあいだ（上）」（『文芸研究』、2003年9月）、「坂口安吾「真珠」の同時代性――詩と散文のあいだ（下）」（『文芸研究』、2004年3月）、押野：『文学の権能　漱石・賢治・安吾の系譜』（東京：翰林書房、2009年）に収録

5　宮澤隆義「情報戦と「真珠」」、坂口安吾研究会編『坂口安吾論集Ⅲ新世紀への安吾』（東京：ゆまに書房、2007年）

6　林淑美「坂口安吾と戸坂潤――「堕落論」と「道徳論」の間」（『文学』、2002年3月）、「〈モラル〉と呼ぶ新しい概念の創造――「白痴」と安吾の戦後」、坂口安吾研究会編『坂口安吾論集Ⅰ越境する安吾』（東京：ゆまに書房、2002年）→いずれも林『昭和イデオロギー 思想としての文学』（東京：平凡社、2005年）に収録

学のふるさと」）という戦前・戦中の言説との一貫性を確認した上で、この特異な「モラル」観が、性急に国民の「道義」確立を叫ぶ敗戦後＝占領下言説に対して発揮する批評性を指摘し、小説「白痴」等におけるその展開を確認した。その後、戦後の小林秀雄批判の核にあるモチーフを探った大原祐治[1]、『安吾の新日本地理』から「堕落論」へと遡行しながらそこに安吾の戦後天皇（制）に対するナイーヴながらも鋭敏な批評意識を読み取った五味渕典嗣[2]らの論文が発表される一方、時野谷ゆりは、GHQによって行われた検閲に関する資料であるプランゲ文庫の丹念な調査からスタートしつつ、戦後における安吾の言説が同時代の言説空間の中で発揮した批評性を問い続けている[3]。その他、「堕落論」の論理構造を緻密に分析し、その批評的強度を問う山根龍一[4]や、安吾の戦後文学と同時代におけるサルトル受容の関係性を探る朴智慧[5]の論文も発表され、この時期に関する議論は近年活発さを増している。安吾本人のバイオグラフィー全般に関しては、筑摩版全集の編集にも関与した七北数人による『評伝坂口安吾 魂の事件簿』[6]が、地道な調査に基づく知見

---

1 大原祐治『文学的記憶・一九四〇年前後 昭和期文学と戦争の記憶』（東京：翰林書房、2006年）

2 五味渕典嗣「坂口安吾の戦後天皇論（1）――『安吾の新日本地理』を手がかりに」（『大妻国文』、2007年3月）、「坂口安吾の戦後天皇論（2）――『安吾の新日本地理』を手がかりに」（『大妻国文』、2008年3月）

3 時野谷ゆり「坂口安吾と占領期のSCAP検閲問題――「プランゲ文庫」に見られる坂口安吾の被検閲作品を中心に」（『繍』、2003年3月）、「坂口安吾の「流行作家」時代――占領期の雑誌にみる坂口安吾の言説の受容」（『早稲田大学大学院文学研究科紀要（第3分冊）』、2005年2月）

4 山根龍一「坂口安吾「堕落論」論――歴史と人間との関係をめぐる懐疑の方法について」（『国語と国文学』、2009年2月）

5 朴智慧「安吾の〈実存〉――サルトルとの関係」（『国語と国文学』、2010年7月）

6 七北数人『評伝坂口安吾 魂の事件簿』（東京：集英社、2002年）

を多くもたらしており、必読である。また、歴史小説の典拠に関しては原卓史[1]が調査を継続している。

今後の研究としてはまず、これまでに論じられることの少なかった戦後の長篇小説に関する本格的な検討が求められるだろう。例えば、出版社とのトラブルもあって発表媒体を途中で変更しながら発表された「火」（1949～1950年）は、最終的には未完に終わったものの、続稿の草稿や構想を記したノートなどが残されており、最新版の全集にもそれらの資料が収録された。戦後の日本社会に対して一貫した批評意識を保ち続けた安吾の文学的営為の本領はこうした長篇小説にこそあるとすれば、これらの作品に関する多角的検討は必須であると思われる。

また、基礎研究としては、晩年の安吾の残した蔵書[2]や、辛うじて散逸を免れた肉筆原稿に関する検討も求められるだろう。現在、これらの資料に関しては新潟市が運営する資料館である「安吾 風の館」[3]が中心となって管理・整理が進められているが、今後の坂口安吾研究においては、こうした資料を踏まえた成果が期待される。

1　原卓史『坂口安吾　歴史を探偵すること』（東京：双文社出版、2013年）

2　すでに『坂口安吾蔵書目録』（新潟：新津市文化振興財団、1998年）が刊行されているが、その内容は必ずしも十全なものではなく、精度の向上が求められる状況にある。

3　安吾没後、三千代夫人によって管理されてきた遺蔵品の数々は2005年、坂口家から新潟市へ寄贈され、2009年に開設された「安吾 風の館」（新潟市中央区西大畑）において管理されている。

野間宏

1915年(大正4)～1991年(平成3)

莫瓊莎

1

野間宏（のまひろし）は日本戦後文壇のいわゆる第一次戦後派の代表作家として知られている。大正時代の 1915 年 2 月 23 日神戸市に生まれ、父卯一の影響で幼い時から仏教に強い関心を持つようになった。1932 年三高時代に知り合った竹内勝太郎により、20 世紀のフランス文学の思想と方法を知り、文学の出発に多大な影響をもたらした。京大卒業後、大阪市役所で被差別部落関係の仕事を担当し、1942 年教育召集を受け、補充兵としてフィリピン戦線に派遣された。1943 年治安維持法違反の理由で、大阪陸軍刑務所に半年入所した。敗戦直後の 1946 年に発表した処女作『暗い絵』は、「第一次戦後派」の先頭を切った「戦後文学の第一声」の作品となった。その年の暮れ、日本共産党に加入し、『二つの肉体』（1946 年）から『崩解感覚』（1948 年）まで一連の中・短篇小説を発表。1952 年日本軍隊の内部構造をリアルに描いた『真空地帯』が大きな反響を呼び、長編第二作『さいころの空』（1958 ～ 1959 年）は、資本主義体制の本質を一側面からえぐった。また、1962 年出版された『わが塔はそこに立つ』は、自伝的な長編小説で、1966 年から刊行し始めた長編巨作『青年の環』は、野間宏のライフワークの一つともいえる「全体小説」の達成である。『サルトル論』をはじめ、野間宏は多数の文芸論も発表した。70年代以降晩年に入った野間宏は、文学の国際交流、さらに差別問題、環境汚染問題などの社会問題にも、精力的な発言と活動を続け、『狭山裁判』（上下、1977～1979年）、『日本の聖と賎　中世篇』（1985年）などの評論、エッセーを多数発表した。

2

野間文学の中で、文壇でいち早く注目を浴びたのは何といっても戦後文学の開始を宣告した『暗い絵』であろう。宮本百合子「一九四六年の文壇——新日本文学会における一般報告」（『日本評論』、1947年5・6月合併号）は野間宏の独特な、晦渋した文体こそ野間文学の存在意義だと指摘し、本多秋五は『野間宏集』「解説」（東京：河出書房、1953年）で、「共産主義の学説を学んだ青年知識人が、内外共に最悪の日に、背教者にも殉教者にもならぬ新しい道——あるか無きかのその新しい道の探求」と評価して、野間文学論の基調を定めた。『真空地帯』からの諸作に対する評価は賛否両論である。基本的な研究論文として、佐々木基一「『真空地帯』について」（『文学』、1952年9月）、大西巨人「欲情との結託」（『新日本文学』、1952年10月）、宮本顕治「組織と批評の問題から」（『新日本文学』、1954年4月）、猪野謙二「『さいころの空』について」（『新日本文学』、1960年2月）、渡辺広士「野間宏の中の〈閉ざされた自己〉」（『群像』、1965年11月）、八幡一郎「野間宏論」（『戦後文学展望と課題』、東京：真善美社、1965年）、吉本隆明「戦後文学はどこへ行ったか」（『芸術的抵抗と挫折』、東京：未来社、1963年）、佐々木基一「『戦後文学』は幻影だった」（『戦後文学の内と外』、東京：未来社、1970年）、円谷真護「『全体』と人間——野間宏『青年の環』について」（『批評文学』

4号、1971年9月）、加賀乙彦「音楽と秘密・『青年の環』」（『文芸展望』夏第10号、1975年7月）、菅野昭正「全体性への構想」（『岩波講座　文学7』、1976年5月）、紅野謙介「『青年の環』の形成」（『文芸と批評』、1979年）などがあり、これらの論文から野間文学研究の発展と深化を窺うことができる。また哲学者竹内芳郎と野間宏の間に行なわれた六回の『サルトル論』をめぐった論争（『文学』、1968年7月～1969年2月）は、野間宏の全体小説論研究に欠かせない資料である。野間文学を批評した代表的な評論集と著作として、本多秋五『物語戦後文学史（全）』（東京：新潮社、1966年）、渡辺広士『野間宏論』（東京：審美社、1969年）、『青年の環』全6部5巻完成後、埴谷雄高編『「青年の環」論集』（東京：河出書房新社、1974年）、渡辺広士編『野間宏研究』（東京：筑摩書房、1976年）、兵藤正之助『野間宏論』（東京：新潮社、1971年）、薬師寺章明『野間宏研究』（東京：笠間書院、1977年）、薬師寺章明『野間宏〈厳書　現代作家の世界〉』（東京：文泉堂、1978年）、小笠原克『野間宏論――≪日本≫への螺階』（東京：講談社、1978年）などがあり、野間宏逝去当年には、野間宏の文学生涯についての紹介、回想と主要作品の評価を記した『追悼　野間宏』（東京：河出書房新社、1991年）、1991年3月『新日本文学』特集「追悼　野間宏」、1991年10月『新日本文学』特集「野間宏のまなざしの向こうへ」、山下実『野間宏論』（東京：彩流社、1994年）などが刊行され、その中でも薬師寺章明『野間宏研究』は70年代末までの野間文学に関する資料の集大成で、研究者の必携書である。作品集としては、『野間宏全集』全22巻（東京：筑摩書房、1969～1971年）、『野間宏作品集』全14巻（東京：岩波書店、1987～1988年）があげられる。

2000年以降の野間文学研究は、20世紀6、70年代の野間文学に対する活発な研究と比べて、全体的に少なくなってきたが、『鑑賞と解釈』、『新日本文学』などの雑誌は特集も出している。

2000年『国文学鑑賞と解釈』6月号の特集『横光利一の世界』に、伴悦の「横光利一と後代——主として野間宏とのつながりで」という論文があり、野間文学と横光利一文学の継承関係を提示し、野間文学の日本文学史上の位置づけを新しくした。2001年『新日本文学』11月号の特集「野間宏没後十年」は、「野間文学再読」「野間宏の磁場と今」「野間宏のまなざしから」「思い出の野間宏」「野間文学と私」などのテーマで、野間文学の現代社会における意義と影響を、後世の作家と評論家がそれぞれの角度から語っている。2005年『鑑賞と解釈』11月号の特集「戦後派の再検討」には、川村湊、富岡幸一郎と拓植光彦が参加した座談会「戦後派の再検討」があり、戦後文学衰退の原因、戦後派の転換期、恋愛・戦争と戦後派との関係などの面で戦後派文学を検討し、野間文学の研究にも新しい視座と方法を提供した。野間文学の全体を論じる著作として、張偉『野間宏文学と親鸞——悪と救済の論理』（東京：法蔵館、2002年）があり、人間の実存的な真実を見つめる親鸞の視座を取り入れ、野間文学を検討する、独特な作品論である。また黒古一夫『野間宏——人と文学』（東京：勉誠出版、2004年）は、「肉体・性欲」の問題と「エゴイズム」との関係、文学的閲歴などを総合的に捉えようとした作家論である。

3

中国では、1956年『真空地帯』の中国語訳本《真空地带》（北京：作家出版社、1956年）が発行されて以来、野間宏文学についての研究は文学史的な作家紹介に留まっている。1956年作家出版社の《真空地带》の「訳者後書き」では、訳者萧萧が「高い現実的な意義と政治的な意義を持つ反戦小説『真空地帯』」（《译后记》、389页）として評価している。三年後の1959年人民文学出版社から再版された肖肖訳《真空地带》の「前書き」で、劉振瀛は、小説の持つ多大な反戦意義を肯定したと同時に、兵隊を社会と隔絶された孤立なものとして描き、当時の社会現実と関連して描くべきであるという見地を提出した。研究論文として、張偉《解谜小说——评野间宏的〈阴暗的图画〉》（《外国问题研究》、1986 年 4 期）、《野间宏的“全体小说”与西方现代主义文学》（《外国问题研究》、1987 年 4 期）、《人生・社会・宇宙——野间宏作品的哲理性意蕴》（《外国问题研究》、1988 年 2 期）、《野间宏文学的超越》（《外国问题研究》、1988 年 4 期）、《野间宏文学的现代意义》（《外国问题研究》、1990 年 3 期）、《野间宏・亲鸾・现代文明》（《外国问题研究》、1991 年 1 期）がある。これらの論文は、野間文学と西欧の現代主義文学とのつながり、野間文学の現代文明社会における意義などを巨視的な文学背景において具体的にテキストを分析したものである。2000年に入ってからの注目すべき論文としては、劉炳範《野间宏的战争文学批判研究》（《齐鲁学刊》、2002 年 5 期）、《野间宏小说的战争认知》（《日本学论坛》、2005 年 Z1 期）、莫琼莎《〈阴暗的图画〉中的“战后”因素浅析》（《日本语言文化研究・第 6 辑》、北京：学苑出版社、2006 年）、《野间宏战后初期小说研究》（《北方工业大学学报》、2009 年 2 期）などがある。劉炳範は、野間文学が軍国主義の本質をある程度批判した積極的な役割を果たしたが、戦争の侵略本質と日本人の戦争責任をごまかした消極的な面も含まれていると指摘している。

4

今後の課題としては、野間文学作品に関する対立意見の整理、野間宏の自伝的文章を吟味しながら、戦前からの作品の発展の軌跡、作品に絡んだ「肉体・性欲」の問題、宗教の問題、また若いころからの象徴主義とマルクス主義の独自の結合の究明によって野間文学の真相に迫ろうとすること、ライフワークとしての「全体小説」の理論構築とそれに関する創作活動との関係、および野間宏と戦後文学の同時代者との相関相対性の究明、また野間宏の理論的業績の戦後文学の理念全体の中への位置づけ、「サルトル論」を通した、野間小説創造論と西欧現実主義と現代主義理論との異同の究明など、数多くの課題が残されている。

安岡章太郎

1920年（大正9）～2013年（平成25）

深津謙一郎

1

安岡章太郎（やすおかしょうたろう）、高知市生まれ。父は陸軍獣医で、父の転勤に伴う転校を何度も余儀なくされ、学校生活には馴染めなかったという。慶應義塾大学予科在学中の 1944 年に現役兵として入営。当時の「北満」へ送られたが胸部疾患で内地送還、敗戦後も脊椎カリエスに悩まされる。慶應義塾大学を卒業後、民間企業への嘱託勤務を続ける傍ら小説を執筆。1953 年、「陰気な愉しみ」「悪い仲間」で芥川賞を受賞。以後、家庭や学校・軍隊生活など自己の体験に根ざした私小説的作風の小説を発表し、吉行淳之介・遠藤周作らとともに「第三の新人」の主要作家と見なされる。代表作に『遁走』（東京：講談社、1957 年）、『海辺の光景』（東京：講談社、1959 年）、『流離譚』（東京：新潮社、1981 年）などがある。また、評論やエッセイでも幅広い活躍を示しており、この方面での代表作には『アメリカ感情旅行』（東京：岩波書店、1962 年）、『志賀直哉私論』（東京：文藝春秋、1968 年）、『僕の昭和史』（東京：講談社、1984 年 7 月～ 1988 年 9 月）などが挙げられる。芥川賞をはじめとする各種文学賞の選考委員を歴任し、1976 年には芸術院賞を受賞。2001 年には文化功労者に選ばれた。

全集に『安岡章太郎全集』全7巻（東京：講談社、1971年1～7月）、『安岡章太郎集』全10巻（東京：岩波書店、1986年6月～1988年5月）、『安岡章太郎随筆集』全8巻（東京：岩波書店、1991年6月～1992年2月）などがある。

2

安岡章太郎研究の軌跡は、服部達による「新世代の作家たち」（『近代文学』、1954年1月）、「劣等生・小不具・そして市民」（『文学界』、1955年9月）や、奥野健男「相対安定期の作家――安岡章太郎論」（『三田文学』、1954年4月）まで遡る。これらの論は、「思想性の欠如」や「小市民性」をキーワードに安岡文学を読み解き、先行世代である「第一次」および「第二次戦後派」から切断した「第三の新人」の代表的作家として安岡章太郎を位置づけた。以降、「戦後」とその変容、すなわち、政治性・思想性の後退・欠如と日常性への埋没という文脈で安岡文学を捉えようとした論考は枚挙にいとまがない。江藤淳『成熟と喪失――「母」の崩壊』（東京：河出書房、1967年）は、こうした方向性を引き継ぎつつ、『海辺の光景』を論じながら、「母の崩壊」によってもたらされるはずの「成熟」がもたらされないところに「戦後」日本社会の問題点を指摘した。江藤論は、これ以降の安岡論を方向付けただけでなく、「アメリカ」との関係で「戦後」を捉えようとする際、安岡章太郎を無視できぬ重要な作家のひとりに定位した。

また、安岡文学の特徴のひとつにその「私小説」的作風が指摘できる。安岡文学と「私小説」との類縁性や異質性に関する論考としては、臼井吉見「解説」（『現代日本文学全集88、昭和小説集3』、東京：筑摩書房、1958年）や磯田公一「私小説・この魔術的なの」（『図書新聞』、1968年12月7日）、鳥居邦朗「戦前私小説との連続と断絶」（『国文学』、1977年8月）などが詳しい。そのほか、1970年代以降に提出された注日すべき安岡論をいくつか列挙すると、蓮實重彦「安岡章太郎論」（『海』、1973年7月）、川島至「事実は反復する・2——『月は東に』」（『季刊芸術』、1974年7月）、松本健一「『歴史』への帰着——安岡章太郎『流離譚』をめぐって』（『文芸』、1982年8月）などが挙げられる。その他、吉田春夫『安岡章太郎・遁走する表現者』（東京：彩流社、1993年）は、安岡を、村上春樹ら若い世代の作風の先駆者として位置づけた。ちなみに、村上春樹の安岡に対する共感は、「安岡章太郎「ガラスの靴」」（『若い読者のための短編小説案内』、東京：文藝春秋、1997年）などのなかで率直に述べられている。

2000年以前で、安岡文学を特集した研究書、雑誌特集等に、「安岡章太郎」（『三田文学』、1968年6月）、「小島信夫と安岡章太郎」（『解釈と鑑賞』、1972年2月）、「安岡章太郎——羞恥のある風景」（『国文学』、1977年8月）、鳥居邦朗編『鑑賞日本現代文学28　安岡章太郎・吉行淳之介』（東京：角川書店、1983年）、日本文学研究資料叢書刊行会編『日本文学研究資料叢書88　安岡章太郎・吉行淳之介』（東京：有精堂出版、1983年）、かのう書房編『安岡章太郎の世界』（東京：かのう書房、1985年）などがある。『群像日本の作家28　安岡章太郎』（東京：小学館、1997年）は、阿部昭、遠藤周作ら同時代の作家たちによる作家論・作品論をはじめ、対談・アルバム・代表作ガイド・年譜などによって、1990年代後半時点での安岡文学とその研究の全体像を把握するのに便利な一冊といえよう。

ここ10年間の研究成果の筆頭にあげられるのは、学校・軍隊・家庭・歴史といった安岡文学のキーワードを切り口に、安岡文学の全体像を俯瞰した山崎省一『安岡章太郎論』（東京：沖積社、2004年）である。坂井利夫『ある「戦後」の遍歴　安岡章太郎を読む』（東京：どうぶつ社、2006年）は、安岡文学を通じて、「戦後」という時代を総括しようとしたもの。このほか、近年、安岡文学の研究に持続的に取り組んでいる研究者としては金岡直子、塚本雄一らがおり、それぞれ、「安岡章太郎論——「悪友もの」をめぐって」（『昭和文学研究』44、2002年3月）「安岡章太郎の戦争表現——「戦下」の日常に着目して」（『国文論叢』37、2007年3月）（以上金岡論文）、「自信のない男たち——安岡章太郎による「劣等感文学」」（『近代文学研究と資料　第二次』4、2010年3月）、「〈檻〉のなかの信太郎——「海辺の光景」論」（『近代文学研究と資料　第二次』5、2011年3月）（以上塚本論文）といった成果があるが、それ以外には、いわゆる安岡研究者がほとんど見あたらない。

個別の作品論では、小山田理恵「安岡章太郎「海辺の光景」論——母と息子の繋がりに注目して」（『福岡大学日本語日本文学』13、2003年9月）、下田城玄「安岡章太郎論——『海辺の光景』をめぐって」（『民主文学』516、2004年8月）、「安岡章太郎『海辺の光景』における「疲れ」——遠藤周作と比較して」（『東アジア日本語教育・日本文化研究』13、2010年3月）など、『海辺の光景』論がその大半を占めている。そのほか、「戦後50年」以降、江藤淳前掲の問題設定を引き継ぎながら安岡文学を総括する試みとして、Mostafa Ahamed Mohamed Fathy「被占領者の屈辱——安岡章太郎『ハウス・ガード』・『ガラスの靴』をめぐって」（『日本研究』20、2000年2月）、菊田均「アメリカ体験の変容：安岡章太郎と江藤淳」（『三田文学』63、2000年11月）、「安岡章太郎『僕の昭和史』と終わらない“戦後”」（『都留文科大学研究紀要』70、2009年10月）などがある。

今後の安岡章太郎研究の課題として、まずは旧来の、「第三の新人」、「政治性の欠如」、「日常性への埋没」といった、すでにマンネリ化した解釈のフレームを外し、個々の作品それ自体を丁寧に読み直す必要性があるだろう。また、安岡文学と「戦後」との関係については、既述のとおり、60年代後半の江藤淳による論が現在の評価を方向づけた観もあるが、「戦後」を捉え、評価する文脈が江藤の時代と大きく変わった現在、これもあらためて検討し直されるべき課題である。

吉行淳之介

1924年(大正13)～ 1994年(平成6)

佐藤泉

1

吉行淳之介(よしゆきじゅんのすけ)は、1924年、岡山県に生まれ、2歳の時に父母とともに東京へ移った。父の吉行エイスケ（1906～1940年）は、モダニズムとダダの混交する特異な着想と大胆なスタイルで知られる新興芸術派の作家だった。母、安久利は当時先端的な職業だった「美容師」で、のちに彼女の書いた回想記「梅桃が実るとき」を原作とするNHKの連続ドラマ「あぐり」が放映され、エイスケの個性や昭和モダンの時代背景を描いて好評を博した（1997年）。上の妹、和子は劇団「民藝」出身の著名な新劇俳優、もうひとりの妹理恵子は、吉行理恵の名で詩人、作家として活躍し、1981年に「小さな貴婦人」で第85回芥川賞を受賞している。吉行家はアーティスト一家といえるだろう。

静岡高等学校在学中の1944年9月に学徒動員で召集され、岡山の聯隊に陸軍歩兵二等兵として入営したが、気管支喘息のため入営四日後に帰郷を許された。にもかかわらず、再び「甲種合格」となって、召集令状を待つ身となった。1945年4月、東京帝国大学英文科に入学し、それからまもかく5月25日の大空襲によって、麹町にあった吉行家の家財は消失した。敗戦後はアルバイトをしながら大学に通ったが、1947 年秋に中退、アルバイト先の「新太陽社」に入社して、大衆雑誌『モダン日本』の記者として編集に従事し、そのかたわらいくつかの習作を書いた。この時期の「夢」に対する関心は、特攻隊長として出撃の準備を整えたままで敗戦の日を迎えるという経験をもつ島尾敏雄にも通じるものだった。

1951 年、雑誌『世代』にいわゆる赤線の街を描いた「原色の街」を発表、この作品と「ある脱出」（『群像』、1952 年 12 月）がひき続いて芥川賞の候補作にあがり、授賞はのがしたものの将来有望な作家として認められるようになった。このころ左結核を病み、闘病生活が続く。1954 年 7 月、「驟雨」により、ようやく第 31 回の芥川賞を受賞する。「驟雨」の主人公は、女性との関係を「遊戯の段階」にとどめ、好んで娼婦を相手にしたが、この交渉を通じて、戦争で屈折した青春の虚無、倦怠、荒廃が象徴的に描きだされている。

芥川賞受賞を機に職業作家として生計を立てる決心を固めた吉行は、庄野潤三、安岡章太郎、三浦朱門、近藤啓太郎、小島信夫など、同じ世代の作家たちとの交流を次第に深めた。また、安岡や庄野、遠藤周作らが次々と芥川賞を受賞するなかで、これらの作家とともに、第一次戦後派、第二次戦後派に続く文学世代として「第三の新人」という名で文壇に位置づけられるようになった（山本健吉「第三の新人」、1953 年）。戦後派の作家たちが、本格的な長編小説の構築を目指し、また戦争や革命など大文字の政治を意識したのに対し、この「新人」世代は「家庭」や「個人」など、非政治的な私小説的世界を主要な舞台に選ぶ傾向が強いという概括がなされることが多かった。

日本敗戦時に 21 歳だった吉行淳之介は、いつ届くともわからない召集令状に脅かされながら、同人誌の発刊を準備する文学青年として戦争末期の時を過ごした。すでに触れたように吉行自身は結果的にはほとんど軍隊経験をしていないが、同世代には戦場に送られた者も少なくない。戦争状態がむしろ常態であり、自分たちは若くして死ぬことが決まっているものと当然のように考え、したがって「戦後」の時空のなかに自分が生きて暮らしている状態を想像できなかったという。『焔の中』（東京：新潮社、1956年）は、こうした心情を私小説的な作風で、以下のように描いている。「戦争というものは終わるものだ、と僕は考えていた。しかし、戦争の終った後の日々の中には、僕はすでに存在していない筈だった。自分が生きて動いていてしかも戦争のない日々。…それはあまりに僕にとって架空すぎるし、またあまりに輝かしすぎてちらと考えただけでも心が痛むので、極力そんな考えから自分の心を遮断してしまおうとしていた」。当時の吉行にとって、死は既定の事実だった。軍国主義の愚劣さに嫌悪を感じてはいたが、さりとてこれに対する抵抗の思想からは遮断されていた。生そのものが閉塞状態にあった時代が、小説『焔の中』には奇妙な形で再現されている。不毛や倦怠を漂わせる吉行作品の根元には、こうした「世代」経験があったかもしれない。

50年代の半ばをすぎると日本社会は戦後復興と経済成長の時代に入っていく。吉行もまた、おりからの雑誌ブームに促される形で、数多くの小説、エッセイなどの作品を発表し、作家的地位を構築していった。娼婦との交渉、心身不安定な少女との関係など、先鋭的に「性」を追求する作風が注目され、1964年刊行の『砂の上の植物群』（東京：文芸春秋新社）では、中年の男の鬱々とした心情に赤裸な性の場面を重ねることで、人間性の闇へと下降した。また、1970年刊行の『暗室』（東京：講談社）は、中年の作家をめぐって、死んだ妻、同性愛の少女、性をめぐる裏切りや秘密がからまる事件が配置され、その不毛な官能の世界は、死の気配さえ漂わせている。

2

こうして「性」を通して人間の生理や存在の本質を追求しながら、

なおかつ一種抽象的でドライな思考を展開していったこの作家は、現代文学を代表する一人に数えられるようになった。一方で、その抽象的な視点とは、実のところ男性中心的な視点であり、この作家はついに他者としての女性を捉えることはなかったというフェミニズム批評からの批判的再検討も現れている（上野千鶴子・小倉千加子・富岡多恵子『男流文学論』、東京：筑摩書房、1992 年）。

この間に、山本容朗編『吉行淳之介の研究』（東京：実業之日本社、1978 年）、川村二郎『感覚の鏡　吉行淳之介論』（東京：講談社、1979 年）、藤林靖晃『吉行淳之介　自由と直観の旅』（東京：和幸企画、1980 年）、鳥居邦朗編『鑑賞日本現代文学 28　安岡章太郎・吉行淳之介』（東京：角川書店、1983 年）、日本文学研究資料刊行会編『安岡章太郎・吉行淳之介』（東京：有精堂出版、1983 年）、『吉行淳之介研究　吉行淳之介全集　別巻 3』（東京：講談社、1985 年）、『群像日本の作家　吉行淳之介』（東京：小学館、1991 年）、関根英二『他者の消去　吉行淳之介と近代文学』（東京：勁草書房、1993 年）、高橋広満『日本の作家 100 人　人と文学　吉行淳之介』（東京：勉誠出版、2007 年）、その他、研究の蓄積も進んだ。

1994 年 7 月 26 日に死去。これをきっかけとして、多くの友人、知人、家族らが、吉行の魅力的な人物像、ことにその「ダンディズム」や、交遊の思い出などをさまざまに語りだした。その他、作品以上に、吉行淳之介の「ひと」への関心、吉行一家への関心が高まっていった。吉行和子『兄・淳之介と私』（東京：潮出版社、1995 年）、山本容朗『人間・吉行淳之介』（東京：文藝春秋、1995 年）、宮城まり子『淳之介さんのこと』（東京：文藝春秋、2001 年）、相庭泰志構成『吉行淳之介をめぐる 17 の物語』（東京：KK ベストセラーズ、2002 年）、村松友視『淳之介流　やわらかい約束』（東京：河出書房新社、2007 年）、鈴木重生『わが友吉行淳之介　その素顔と作品』（東京：未知谷、2007 年）、佐藤嘉尚『人を惚れさせる男　吉行淳之介伝』（東京：新潮社、2009 年）など、書き手の魅力も併せ持った回想記、人間像を描いた文が多く刊行された。吉行は、こうした形で小説家が小説家その人に対する独特の関心を集めることのできた時代、「文壇交遊」にリアリティがあった最後の時代を飾る作家のひとりであったかもしれない。

吉行は青年期に戦時から戦後への逆転を経験し、そして「高度成長期」の時代に作家として成熟していった。いまやこの作家の生きた「日本の戦後」という時代性に対しても、適切な距離をおいて対象化できる時期になっている。今後、新たな問題意識による時代性の再検証が必要になるだろう。のみならず、現在のジェンダー論、セクシュアリティ論の成果を前提とするなら、「性の不毛」を描いたこの作家に対するより深い批評が加えられる必要もある。

開高健

1930年(昭和5)～ 1989年(平成1)

深津謙一郎

1

開高健（かいこうたけし）、大阪市生まれ。1949 年 6 月、大阪市立大学に入学し、同人誌『えんぴつ』や『文学室』に加わる。同大卒業後は洋酒会社に勤務し、広告部員としてＰＲ誌を編集するかたわら、文芸誌に発表した「パニック」が激賞され、注目を集める。

1958 年 2 月、「裸の王様」で第 38 回芥川賞を受賞したのをきっかけに専業作家へ転身し、『日本三文オペラ』（東京：文藝春秋新社、1959 年）、『ロビンソンの末裔』（東京：中央公論社、1960 年）などの代表作を発表。1960 年 5 月、訪問団の一員として中国を訪れたのをきっかけに、以降、東欧諸国、イスラエルなど世界各地を歴訪する。1964 年 11 月には朝日新聞社臨時海外特派員として戦時下のベトナムへ赴き、そこでの体験を、ルポルタージュ『ベトナム戦記』（東京：朝日新聞社、1965 年）や『輝ける闇』（東京：新潮社、1968 年）、『夏の闇』（東京：新潮社、1972 年）などの長編小説に結実させ、「行動する作家」とも評された。1979 年 7 月～ 1980 年 4 月にはアメリカ大陸縦断旅行を果たし、1981 年 11 月、一連のルポルタージュ作品により第 29 回菊池寛文学賞受賞。

1987年6月には『耳の物語』（東京：新潮社、1986年）で第19回日本文学大賞を受賞するなど多方面で活躍。1989年12月に没した。

全集に『開高健全集』全22巻（東京：新潮社、1991年11月～1993年9月）、『開高健全ノンフィクション』全5巻（東京：文藝春秋社、1979年12月～1977年10月）、『開高健全対話集成』全8巻（東京：潮出版社、1982年6月～1983年12月）、『開高健全人物論集』全4巻（東京：潮出版社、1983年10月～1984年3月）がある。また、神奈川県茅ヶ崎市の旧開高邸は、現在、開高健記念館として公開されている。

2

1990年代に入るまでの開高健論は、おもに時評や書評、解説の類に集中してきた。最初に開高に注目したのは平野謙・佐々木基一といった『近代文学』同人たちで、とりわけ、「パニック」を「今月第一等の改作」として激賞した平野の文芸時評（「今月の小説ベスト3」、『毎日新聞』、昭和1957年7月19日）は、開高の実質的文壇デビューを促した。なお、平野による「パニック」評以降3年間にわたる開高関連の文芸時評記事は、『鑑賞日本現代文学〈第24巻〉野間宏・開高健』（東京：角川書店、1982年）に一括収録されており、開高文学が当初どのように受けとめられたかが垣間見える。

このほか、初期開高健に関する主な評として、平野謙（「解説」、『新日本文学全集〈11〉』、東京：集英社、1962年）は、「集団のポテンシャルなエネルギーに対する期待と、しかし、そのエネルギーの無目的な濫費に対する哀惜を基調として」「〈集団の中の人間〉を描」くところに開高文学の本質を認め、磯田光一（「解説」、『新潮日本文学〈63〉開高健集』、東京：新潮社、1971年）は、開高文学が「人間のいかなる壮挙もついには空無に帰するという、なかば諦念にも似た徒労感」を示しつつも、「内面性や暗さを誇示する文学とは異質である」と指摘した。

こうした批評にリードされるかたちで、90 年代に入ると本格的な研究もまとまりをみせてくる。この時期に発表された研究書としては、〈戦後〉と〈ヴェトナム〉の重なりに着目した平野栄久『開高健　闇をはせる光芒』（東京：オリジン出版センター、1991 年）や、「輝ける闇」を「行動派作家」への転換点に位置づける吉田春生『開高健　旅と表現者』（東京：彩流社、1992 年）などがある。また、開高文学のよき理解者であり、古くからの親友でもある谷沢永一『回想　開高健』（東京：新潮社、1992 年）と向井敏『開高健　青春の闇』（東京：文藝春秋社、1992 年）は、作家の人となりを知るうえで貴重な証言といえよう。

なお、90 年代までの開高健研究の見取り図を把握するための必読書として、著書目録や初出目録・参考文献目録・年譜等が整備された労作『近代文学書誌大系〈1〉　開高健書誌』（浦西和彦編、大阪：和泉書院、1990 年）があげられる。よりコンパクトな形では、『開高健 新潮日本文学アルバム〈52〉』（東京：新潮社、2002 年）も便利である。このほか、単行本としては、『COLLECTION 開高健』（東京：潮出版社、1982 年）、『ザ・開高健——巨匠への鎮魂歌』（東京：読売新聞社、1990 年）、『開高健　その人と文学』（東京：TBS ブリタニカ、1999 年）などもある。いっぽう、この時期の雑誌特集号には、「開高健　時代精神のメタファー」（『国文学』、1982 年 11 月）、「特集　開高健」（『太陽』、1996 年 5 月）などがあり、また、開高健が没した 1990 年 2 月には、『新潮』『群像』『文学界』『すばる』など主要文芸各誌で追悼特集が編まれている。

ここ 10 年間では、開高健関連の単行本は数冊出版されている。このうち、菊谷匡祐『開高健のいる風景』（東京：集英社、2002 年）は、作家・人間「開高健」を知る上で貴重な評伝。仲間秀典『開高健の憂鬱』（東京：文芸社、2004 年）は、開高健の文学を躁病性質、離人症など医師の目から考察している。また、滝田誠一郎『長靴を履いた開高健』(東京:小学館、2006年)は、釣師という観点から「開高健」を描き出した。

いっぽう、ここ10年間の研究論文については、必ずしも活況とは言えない状況が続いているが、そのなかでは、ポストコロニアリズム批評の観点からの積極的な「読み直し」が目につく。たとえば、朴裕河「共謀する表象——開高健・小松左京・梁石日の「アパッチ」小説をめぐって」(『日本文学』、2006年11月)は、『日本三文オペラ』における「朝鮮」の表象を問題化し、岩尾龍太郎『ロビンソン変形譚小史　物語の漂流』(東京:みすず書房、2000年)は、『ロビンソンの末裔』を「日本にポストコロニアルの批評意識が現れる以前の最良のロビンソン変形譚である」と評価した。中根隆行「北海道のロビンソンたち——開高健『ロビンソンの末裔』と開拓農民をめぐる物語」(『テクストたちの旅程』、福岡:花書院、2008年)も、「移動」という観点から『ロビンソンの末裔』を論じたものである。また、鳥羽耕史「紙の中の不可耕土——開高健『ロビンソンの末裔』」(『昭和文学研究』、2008年3月)は、ポストコロニアリズム批評の問題設定を承けながら、開高の「行動する作家」像に疑問を投げかけている。

このほかに、近年の主な成果を拾ってみると、池山佑子「開高健『裸の王様』論——転倒する「ぼく」」(『文月』、2000年11月)、矢崎彰「開高健とヴェトナム戦争——文学作品に描かれた戦争(戦後日本の民衆意識と知識人)」(『年報・日本現代史』、2002年5月)、Strecher Matthew「ジャングルの中の絶望・開高健のベトナム戦争報道」(『言語と文化』、2004年3月)、霍士富「存在の自由を求めて——カフカの『万里の長城』と開高健の『流亡記』」(『立命館文學』、2007年8月)、越前谷宏「開高健『日本三文オペラ』——ルポルタージュ的方法の陥穽」(『國文學論叢』、2009年2月)などがあげられる。

今後の開高健研究の課題として挙げられるのは、開高文学の、「戦後文学史」への再定位である。日本の「戦後」は、アメリカの「核の傘」に守られた「一国平和主義」のもと、アジアで行った／行われている戦争を「忘却」することで成立するが、こうした状況に、開高文学はどのように対峙してきたのか。そして、それはどのように評価できるのか。その際、大江健三郎、石原慎太郎、江藤淳など、ほぼ同時期に文学的出発を果たした作家・批評家との差異および共通点を探る視角も重要だろう。

中島敦
1909年(明治42)～1942年(昭和17)

郭勇

1

中島敦（なかじまあつし）は 1909 年 5 月 5 日、父田人、母千代子の長男として東京に生まれた。1920 年 9 月父田人が朝鮮竜山中学校へ転勤したため、それに伴い京城竜山公立尋常小学校五年に転入し、1926 年まで朝鮮で過ごした。祖父の代から学問を志し、祖父、伯叔父、父と、みな漢学者である。一高を経て、1933 年東京帝国大学国文科卒業、大学院在籍のまま私立横浜高女の教師となる。

1 歳未満で生母と生別、祖父母のもとで屈折した幼年時代を送った。母の不在によるトラウマは深刻だったようである。1941 年南洋庁の教科書編集書記としてパラオへ赴任する。出発する前に深田久弥に託した『山月記』と『文字禍』が 1942 年 2 月号の『文学界』に載り、初めて有能の新人として認められる。1942 年 3 月、不本意の役人生活を辞めて帰京、作家として身を立てる決意をし、『悟浄出世』、『弟子』、『李陵』などを創作し、続いて『光と風と夢』、『南島譚』という単行本も出すが、12 月 4 日に長年患った喘息によって死去し、東京の多磨墓地に葬られた。

2

戦前、中島文学についての評論は少なかった。とはいえ、戦前に出されたいくつかの論評はかなり重要である。最も早く中島敦の才能を認め、文壇へのデビューを推挙した恩人の深田久弥は「故中島敦君」（『文学界』、1943年7月）において中島敦についての印象、原稿を託された経緯などを明らかにして、中島敦文学研究にとって貴重な資料を提供したことで知られる。また、学生時代から旧知の中村光夫は「中島敦論」（初出は「青春と教養——中島敦について」、『批評』、1944年3・4月合併号。のち改題して中村光夫等編『中島敦研究』に収録、東京：筑摩書房、1986年、第13頁）で中島文学を「物語と人間的真実との結婚を目指す近代小説の正道を歩む試み」として高く評価している。

戦後筑摩書房から『中島敦全集』（3巻、1948年10月～1949年6月）が出版された。それは中島敦文学研究史上の一大転機として注目すべきであり、中島敦文学研究のための最低限の資料がここで一応整えられたことになる。それと前後して武田泰淳の「作家の狼疾——中島敦『わが西遊記をよむ』」（初出は『中国文学』、1948年1・2月合併号。のち中村光夫等編『中島敦研究』に収録、東京：筑摩書房、1986年、第17頁）は中島文学を「ことに『世界のきびしい悪意に対する、へりくだった憬れ』を現代的な感覚で表現した点、新しさ、ことに戦後の文学の新しさを予言し、啓示している作品」とし、中島敦文学の本質を喝破している。

戦後、『山月記』は国語教科書に採録され、教室で多くの高校生に鑑賞されているが、それに対する基本的な認識は現代人の「自意識の過剰」と「存在の不確かさ」との二点に収斂されている。その後長年、『山月記』を代表とする中島敦文学全般に対する研究はこのような最大公約数に基づき、いろんな変奏で展開されてきたのである。有名なものに松村明敏「中島敦の『山月記』」（『国文学』、1958年8月）、成田孝昭「中島敦論―能動的ニヒリズムへの途―

（上）（下）」（『解釈』、1959年8・9月）、鷺只雄「中島敦の『古譚』について」（『言語と文芸』、1967年1月）、勝又浩「『李陵』の構図」（『日本文学』、1971年3月）、佐々木充『中島敦』（東京：桜楓社、1968年）、勝又浩『我を求めて』（東京：講談社、1978年）、浜川勝彦『中島敦作品研究』（東京：明治書院、1979年）、奥野政元『中島敦論考』（東京：桜楓社、1985年）、木村一信『中島敦論』（東京：双文社、1986年）、大西忠治編『山月記』（東京：民衆社、1988年）、田鍋幸信『中島敦. 光と影』（東京：新有堂、1989年）、鷺只雄『中島敦論——「狼疾」の方法』（東京：有精堂、1990年）、新藤純孝『山月記の叫び』（東京：六興出版、1992年）、小沢秋広『中島敦と問い』（東京：河出書房新社、1995年）、万田務『心の棲み家　昭和の作家群像』（東京：双文社、1998年）、藤村猛『中島敦研究』（広島：渓水社、1998年）、村田秀明「中島敦『李陵』の創造」（東京：明治書院、1999年）などがある。また、資料として田鍋幸信『中島敦蔵書目録』（1963年、私家版）、文治堂版『中島敦全集』（全4巻　補巻1巻　1959年6月～1961年4月）、中村光夫等編『中島敦研究』（東京：筑摩書房、1978年）、齋藤勝『中島敦書誌』（大阪：和泉書院、1997年）などは貴重な存在である。

2000年以後、中島敦についての研究は全面的に深められてきたが、作品論に関しては、従来の代表作を研究の中心とする傾向は依然として際立っている。基本的な観点は先行研究と大差ないものの、新しい資料に基づき、結論を紡ぎだすまでの論述はより厳密になってきた。重要なものとして、本田孔明「『李陵』本文の生成をめぐって」（『国文学論考』、2002年3月）、渥見秀夫「『山月記』再論」（『愛媛国文と教育』、2003年12月）、榎浪俊博「李徴はなぜ虎になったか——中島敦『山月記』を読む」（『日本文学誌要』、2004年7月）、奴田原諭「無明の叢——中島敦『山月記』論」（『文教大学国文』、2006年3月）、仁科路易子「中島敦『牛人』に至る過程——「絶対的他者」を語る意味」（『立教大学日本文学』、2006 年 12 月）、村田秀明『中島敦「弟子」の創造』（東京：明治書院、2002 年）、平林文雄『中島敦　注釈　鑑賞　研究』（大阪：和泉書院、2003 年）、木村瑞夫『論考中島敦』（大阪：和泉書院、2003 年）、勝又浩『中島敦の遍歴』（東京：筑摩書房、2004 年）、鷺只雄『芥川龍之介と中島敦』（東京：翰林書房、2006 年）などが数えられる。代表作への研究の深化とともに、1990 年代から川村湊を草分けとするコロニアリズムの視点から中島敦文学への新たなアプローチは一時ブームになった。とりわけ、従来重要視されなかった中島敦の南洋行きの意味が大いに追求された。その業績としては、川村湊「中島敦と朝鮮」（『アジア遊学』、2003 年 5 月）、ロバート・ティアニー（Robert Tierney）「南洋を「西洋眼鏡」で見る——中島敦の『マリヤン』をめぐって」（『〈翻訳〉の圏域』、2004 年 2 月）、西原大輔「中島敦『李陵』『弟子』と南洋植民地」（『比較文学研究』、2005 年 11 月）、陳愛華「南方憧憬の行方——中島敦における アンチ〈近代〉の思考」（『広島大学大学院教育研究科紀要』、第 2 部 53 号、2004 年）、岡谷公二『南海漂蕩　ミクロネシアに魅せられた土方久功・杉浦佐助・中島敦』（東京：冨山房、2007 年）、などがある。2000 年以降、中島敦研究のための基礎文献はいっそう充実してきた。そのうち、勝又浩・山内洋編『中島敦「山月記」作品論集』（東京：クレス出版、2001 年）、第四回筑摩書房版『中島敦全集』（4 巻　高橋英夫等編、東京：筑摩書房、2002 年）、村山吉廣『評伝・中島敦——家学からの視点』（東京：中央公論新社、2002 年）、川村湊編『中島敦　父から子への南洋だより』（東京：集英社、2002 年）などは重要である。さらに、中島敦の生誕百年をきっかけに、2009 年に『KAWADE 道の手帳　中島敦』（東京：河出書房新社）、諸坂成利「中島敦『古譚』講義」（東京：彩流社）、川村湊「狼疾世伝——中島敦の文学と生涯」（東京：河出書房新社）、山下真史『中島敦とその時代』（東京：双文出版社）、ポール・マッカーシー（Paul McCarthy）・オクナー深山信子『世界文学のなかの中島敦』（東京：せりか書房）、小谷野敦『中島敦殺人事件』（東京：論創社）、島内景二『中島敦「山月記伝説」の真実』（東京：文藝春秋）などの著作が相次いで現れた。

3

中国における中島敦への注目は戦前の 1944 年に遡ることができる。その年に盧錫熹訳『山月記』、『文字禍』、『李陵』が《李陵》という総題を付して上海太平書局によって出版された。しかし、それ以来、半世紀にもわたって中島敦は中国では殆ど知られる存在ではなかった。1990 年代以降、中国学界で中島敦についての研究論文は徐々に多くなってきたが、その多くは中島敦文学の概況の紹介にとどまっている。中国の史料を生かしつつ『李陵』『山月記』『弟子』『盈虚』などという中国古典関係の作品の成立を考察したものには孟慶枢《中岛敦与中国文学》(《中国比较文学》、1995 年 1 期)、李俄憲《李陵和李征的变形：关于中岛敦文学的特质问题》（《国外文学》、2004 年 3 期）、《中岛敦的小说创作流变与〈左传〉》(《外国文学研究》、2005 年 2 期) 及び《日本文学中子路形象的变异与〈史记〉》(《外国文学研究》、2006 年 5 期) などがある。そういった実証的な研究法とは違って、自我と他者との関係に着目して中島敦文学の本質に逼ろうとする意欲的な試みには郭勇の《自我解体的悲歌——中岛敦〈山月记〉论》(《外国文学研究》、2004 年 5 期)、《自我受难与自我实现的反转: 论中岛敦〈李陵〉》(《外国文学研究》、2006 年 5 期)、《“越境”与“虚无”——论中岛敦〈名人传〉》(《解放军外国语学院学报》、2006 年 6 期)、《行为主义的终焉——论中岛敦『弟子』》(《日语学习与研究》、2007 年 1 期) などがある。

4

現在、中島敦文学に対する研究は全般にわたって行われているものの、作品研究はその代表作に集中しすぎるきらいがある。しかも多くのものは先行研究の蒸し返しにすぎない。また、漢学の素養や植民地などの視野から中島敦文学の特質に光を当てようとすることは有効であるが、問題はどのように中島敦文学の価値を再認識すべきかということであろう。従来中島敦文学は「抵抗の芸術」と位置づけられているが、このような把握こそが長年中島敦文学を抑圧し続けてきて、その真価を極端に矮小化するものであったといわざるを得ない。武田泰淳が中島敦文学には戦後文学の新しい動向と可能性が孕まれていると断言したことはすでに述べたが、その新しさの本質は何であるか、また戦後文学とどのようにかかわっているかについて捉え直さなければならない。

大仏次郎

1897年(明治30)～1973年(昭和48)

福島行一

1

大仏次郎（おさらぎじろう）、横浜市生まれ。本名、野尻清彦。東大政治学科卒。『鞍馬天狗』（1924～1976年）シリーズによって作家デビュー、『赤穂浪士』（東京：改造社、1928年10月～29年8月）によって新聞小説の読者を知識層にまで広げた。ノンフィクション『ドレフュス事件』（『改造』、1930年）を連載して軍国化する風潮に警告、『乞食大将』（東京：苦楽社、1947年）で軍人の生き方に指針を投じた。

敗戦後、東久迩内閣の参与に就任。国民の意向を政治に反映させようと努めた。退任後、雑誌『苦楽』（1946～1949年）を主宰、同時期に『帰郷』（『毎日新聞』、1948年）を連載、アメリカによる占領政策を批判。1952年、同作により芸術院賞を受賞。長く書き続けたノンフィクションの集大成として、傑作『パリ燃ゆ』（東京：朝日新聞社、1964年）を完成。従来の業績に対し、文化勲章を受賞（1964年）。1967年の明治百年を記念して『天皇の世紀』（1967～1973年）を『朝日新聞』に連載。三代にわたる日本人の精神の源泉を明治維新の中から汲み上げようとした史伝文学を執筆中、病没。未完に終った。業績を記念して大仏次郎賞が制定され、1978 年には横浜市の港の見える丘公園に大仏次郎記念館が開館した。

2

非常に門口の広い作家であり、活動のジャンルも、時代、歴史小説、史伝、現代小説、ノンフィクション、少年少女小説、童話、戯曲に及んだ。

「年譜」は東大卒業までは『私の履歴書』（東京：日本経済新聞、1964 年）が詳細で、作家を育てたものと、作家以後については、沢寿郎・福島行一の二人が多くを担当した。「書誌」は「作品」「著書」「参考文献」を含む目録が『大仏次郎時代小説全集』24 巻（朝日新聞社、1977 年）に収録。以後『おさらぎ選書』（横浜：大仏次郎記念館、1986 年～以後継続刊行）に整理収録された。

人と作品の本格的批評は『赤穂浪士』をふまえた千葉亀雄「新人評　創作家大仏次郎君」（『改造』、1929 年 11 月）に始まる。聡明謙遜な人柄、書籍の重さで床が抜けそうな蔵書を読破して描いた個性的な人物像の造型と構想の雄大さ、「大衆小説を芸術小説に推上げる気持ち、芸術小説を大衆的に建て直す気持ち、この二つの流れが氏の狙つて居る当来の事業」という指摘は、在来の枠組みにとらわれぬ大仏文学の特徴をいち早く予見した好論。

以後、大仏次郎は太平洋戦争が敗戦に至るまでも殆ど切れ目なく新聞小説を中心に書き続け、所謂〈大衆文学〉に対しては 1935 年の第一回より直木三十五賞の選考委員を勤め、自らへの反省をも込めて、繰り返し新鮮な野心を持った作品の登場と選後評を心がけた。

1943 年の暮れから 44 年の初めにかけ、同盟通信社の嘱託として日本軍占領下の東南アジア各地を視察、この旅が作家としての転機と発展をもたらした。

この埋もれ勝ちな戦時中の大仏次郎の作品を中心に、戦中における大仏次郎の思想と行動を作品のみならず、各紙誌に発表した随筆、感想の範囲に至るまで掘り出し、若者たちを包み込むような態度で〈国民と共に〉在る姿を描き続けた。このような外部に向かって書かれた紙誌の文章は、同時に 1944 年 9 月からから書き始められ、翌 45 年 10 月で打ち切られるように終る『大仏次郎敗戦日記』（東京：草思社、1995 年）の中にもう一つの心情と共に生々しく語られている。

大仏次郎の日記には、ガンとの凄絶な闘病の中で、『天皇の世紀』完成を目指し、作家魂を燃焼させた『病床日記つきじの記』（東京：光風社書店、『冬の花』他所収、1973 年）があり、『大仏次郎敗戦日記』と対比の上で読解をすすめたい。小川和也『鞍馬天狗とは何者か』（東京：藤原書店、2006 年）は、この戦中、戦後の埋もれた資料を発掘しつつ纏めた著作で、見逃がせない業績である。

次に内閣参与の話である。これについては殆ど研究が手をつけていない。ただ大仏次郎自身は相当張り切って動いている。彼が現内閣の緊急に採るべき措置として、1 治安警察法の廃止、2 暴力取締りの強化、3 与論調査所の設置、4 文化省の設置、5 スポーツの振興などを申し入れている。残された「思いつき草」と題するメモにも、1 戦災都市の清掃、2 人間の権利の保持と社会秩序の建設、3 行政・官僚組織の改組などを挙げているほか、政治家については、「経綸なき政治家は一人と雖も存在を許してはならぬ。経綸の第一条件は清潔にある」と書き、いかにも大仏次郎らしい発案であったが、内閣自体が短命に終り、腰抜け内閣への怒りと絶望の感想だけで、この残念の思いが、戦後の大仏次郎の活動のきっかけである。

1946 年 11 月創刊の『苦楽』発行で、「固苦しい文学のお化けに取り憑かれないで、社会人に通じる文学の扉を開いて見たい」思いで、発刊の挨拶状を各方面に送った。この 1949 年 9 月で終刊となる『苦楽』については、編集長の須貝正義が 1992 年 11 月、紅書房から『大仏次郎と「苦楽」の時代』なる回想録を出版している。

毎号、表紙絵を鏑木清方が描き、上品な美しさは話題を呼び、掲載の作品に高浜虚子の「虹」は、いかにも日本人が書いた俳文の代表作として、連載の安藤鶴夫の『落語鑑賞』はその道の話題作となり出版された。

1950年7月号の『文学界』に於て、河盛好蔵が「1時間訪問記Ⅵ　大仏次郎氏との1時間」なる対談を掲載した。「青春苦闘の時代」「外国文学と私」「荷風先生について」「日本文学論」「フランスか南米」「『帰郷』前後」「大衆文学論」「合作小説」「これからの小説」などのテーマについて語った後、最後に「文学の社会性」を話して、河盛が「今計画のお仕事でございますか」と尋ねたのに答え、大仏次郎は、「実はもっと先になってですけれども幕末前から現代まで、何冊になるか、10冊位の小説を書きたいと思っています。これは自分のライフワークにしようと思って、この三代の日本人の精神史みたいなものを、何というかぼくの広い門口を縮めるのでなく、その全部を利用するわけです。それは他の人にはできないです。現代ものを書く人には髷ものは書けない。ぼくはどっちも書けるので間口を全部使って……だけれどもそんなものを出してくれるところはないし、これだけは書き下しで書いてみたいと思っています。だから余り酒を飲まないで身体を丈夫にしようと思っています。」と言い、河盛が「フランスには沢山ございますが、日本でもぜひ誰かが書かなければならねと思っていました。それは楽しみですね。是非書いてください」と言ったのに対し、大仏次郎は、「応援して下さいよ。大変なことだと思っているのですが、社会史的なものにもなると思うのですが、水戸の歴史なんかを人に調べてもらっていますが、田舎の歴史を調べようと思って。」と決意を述べ、続いて吉川英治、岩田豊雄、徳富蘆花などに軽く触れて1時間の対談を終えている。

この大仏次郎がライフ・ワークとして三代の日本人の精神史のことを、ここまで力を入れ、心を込めて語った例はない。

この昭和25年から、約20年経過して始まったのが「天皇の世紀」の連載だったのだ。

1967年1月1日の『朝日新聞』に掲載が開始された。

掲載後、最も早く、最大の賛辞を呈上したのは、その年の10月8日付の『朝日新聞』PR版で、福原麟太郎が「史伝の美しさ——『天皇の世紀』を読みつつ」と、開始から僅か十ヶ月で、その見事さ、素晴らしさを、これほど的確に取り上げた人はない。

「きびしい態度で史実を集め整理して、時の移ってゆくあとを、はっきり記録しようとしている。史伝というものなのだ。事実そのものに事実を語らせようとすると、その配列が生命的である。人間や社会のことをよく知っている人の想像力がそれを適正に決定する。それは事実を再現する歴史であると共に、芸術の美をも備えているものである。」と褒めたのです。忘れられぬ言葉です。

2年後、1969年に、『天皇の世紀』の第1巻が朝日新聞社から刊行され、新聞や雑誌に、今度は驚くほど多くの批評家や作家が称讃の言葉を発表します。

しかし、残念ながら1973年4月25日、筆者病気療養のため、26日から休載します。とお知らせが載り、30日逝去が伝えられます。

5月1日の『東京新聞』はその14面に「大仏次郎氏を悼む」と題し、河盛好蔵が追悼文を掲載した。その全文の途中の部分。

「いつか大仏さんは、自分は幕末、明治、大正、昭和のどの時代もよく知っているから、それを通じた大河小説を書いてみたいと話されたことがあるが、絶筆となった『天皇の世紀』はその試みと解することができよう。またこの大作には小説家大仏次郎の全才能が動員されている。これを最後まで書きつがれなかったのは大仏さんとして定めしお心残りのことであったろう。その最終回の原稿を朝日の記者に渡されたとき大仏さんははげしく涙を流されたということをきいたが、これを書きながらも胸がいっぱいになってくる。その次の日からめっきりと弱られたそうである。」

林芙美子

1903年（明治36）～1951年（昭和26）

近藤華子

1

林芙美子（はやしふみこ）、小説家。1903年12月に福岡県門司市（現北九州市門司区、下関市説もある）に母林キクの婚外子として生まれる。本名はフミコ。実父が芸者を入れたため、キクは芙美子を連れ、行商をした。小学校は四度転校し、尾道市高等女学校に進学、1922年、卒業。大学生の恋人を頼って上京するが、婚約を破棄される。東京で、風呂場の下足番、雇われての家事手伝い、女性工員、カフエの女給と職を転々とする。詩人で俳優の田辺若男、後に詩人の野村吉哉と同棲。アナーキスト詩人たちと交流し、詩誌を刊行する。1926年、画学生の手塚緑敏と同棲する（後に入籍）。1928年10月、不遇だった半生を独自の叙情的文体で綴った『放浪記』が好評を得、文壇に出る。1931年シベリア鉄道経由でパリに旅立ち、見聞を広げる。帰国後、『牡蠣』を転機に、自伝的作風から脱皮、リアリズム作家としての地歩を固める。しかし、戦時色が濃くなると、報道員として次々と戦地に派遣され、従軍記を描く。戦後は、流行作家として精力的な創作活動を展開させるが、昭和1951年6月、心臓麻痺のため急逝。主な作品に、『放浪記』、『風琴と魚の町』、『牡蠣』、『晩菊』、『浮雲』、『めし』等がある。

2

林芙美子研究は、対象が代表作『放浪記』『浮雲』に集中し、芙美子の代名詞ともなっている『放浪記』が半自伝的性格であることから作家の実人生に重ね合わせ論じられる傾向にあった。初期の伝記研究としては、有吉佐和子『花のいのち　小説林芙美子』（東京：中央公論社、1957 年）、板垣直子『林芙美子の生涯―うず潮の人生―』（東京：大和書房、1965 年）、平林たい子『林芙美子』（東京：新潮社、1969 年）があり、これらで描かれた波瀾に満ちた生涯と強烈な個性のイメージがその後の伝記・作品研究のベースとなった。初期の林芙美子論には『放浪記』『浮雲』『晩菊』を分析した中村光夫「林芙美子論」（『現代日本文学全集　第 45 巻　岡本かの子、林芙美子、宇野千代集』、東京：筑摩書房、1954 年）がある。1990 年代以降、金井景子「販女の手記――『放浪記』をめぐって」（『文学』、1995 年 4 月）、水田宗子「放浪する女の異郷への夢――林芙美子『浮雲』」（岩淵宏子・北田幸恵・高良留美子編『フェミニズム批評への招待』、東京：学藝書林、1995 年）等が発表され、フェミニズム批評やカルチュラル・スタディーズの導入により『放浪記』『浮雲』論に風穴が開けられる。森栄一『林芙美子の形成――その生と表現』（東京：有精堂、1992 年）では、代表作に留まらず小品や詩についても検証した。『解釈と鑑賞　特集　林芙美子の世界』（1998 年 8 月）は、主要作品の作品論や参考文献目録が掲載され、必読である。

2000 年代に入ると 2003 年の生誕百周年が呼び水となり、林芙美子研究はにわかに活況を呈する。今川英子『林芙美子　巴里の恋』（東京：中央公論新社、2001 年）では、洋行時の未発表資料を詳細な脚注を付して紹介し、新たな伝記的事実の発見のほか、発表された日記や随筆のフィクション性を明らかにした。川本三郎『林芙美子の昭和』（東京：新書館、2003 年）では、昭和という時代相の中で芙美子像を捉え直し、東京という都市の活力を得、時代の最先端の空気を吸う新しい自由人であったと指摘した。芙美子の生涯の読み直しがさかんに行われ、関川夏央『女流　林芙美子と有吉佐和子』（東京：集英社、2006 年）、太田治子『石の花——林芙美子の真実』（東京：筑摩書房、2008 年）、森まゆみ『女三人のシベリア鉄道』（東京：集英社、2009 年）等、現代作家によるものや佐藤公平『林芙美子　実父への手紙』（東京：KTC 中央出版、2001 年）、宮田俊行『林芙美子　「花のいのち」の謎』（鹿児島：高城書房、2005 年）、清水英子『林芙美子　恋の作家道』（東京：文芸社、2007 年）等が刊行された。『文藝別冊　総特集林芙美子　恋と宿命の " 放浪記 " 』（東京：河出書房新社、2004 年）では、同時代の作家たちの証言や多数の林芙美子論が収録され、詩や映画・舞台も射程に入れられている。

2000 年代の大きな成果は、『放浪記』『浮雲』以外の作品も研究の俎上に載せられたことである。高山京子『林芙美子とその時代』（東京：論創社、2010 年）では、『放浪記』以降の戦時下・戦後の作品を対象として分析がなされている。岩淵宏子「売春婦たちの〈掟〉——林芙美子『ボルネオ・ダイヤ』『牛肉』『骨』」、岡野幸江・長谷川啓・渡邊澄子共編『売買春と日本文学』（東京：東京堂出版、2002 年）では、戦時下・占領下の売春婦たちを描いた芙美子のまなざしが、売買春は父権制社会の産物そのものであると一貫して捉えていると評価した。山本幸正「メロドラマへの距離——林芙美子の「茶色の眼」と『婦人朝日』の読者」（『国文学研究』、2004 年 6 月）では、戦後の家庭小説を取り上げ、読者からの期待によって執筆された作品としてのメタ・メロドラマ性を検証した。羽矢みずき「林芙美子「うず潮」論——隠蔽された〈戦争未亡人〉」（『日本文学』、2006 年 11 月）では、忘却された敗戦後の記憶である〈戦争未亡人〉に課せられた困難な状況を同時代に訴えていると論じた。他にも古川裕佳「〈戦場〉の〈姦通〉—林芙美子「下町」—」（『都留文科大学国文学論考』、2007年3月）、野田敦子「林芙美子の詩「女工の唄へる」「朱帆は海へ出た」論——その表現をめぐって」（『論究日本文学』、2007年5月）、岩淵宏子「林芙美子『晩菊』——〈老い〉とセクシュアリティ」（尾形明子・長谷川啓編『老いの愉楽』、東京：東京堂出版、2008年）、内藤千珠子「水に沈む錦魚——林芙美子『牡蠣』と負の移動」（『文学』、2010年3月）等が発表された。

また90年代後半より始まった戦争との関わりの検証が本格的になる。金井景子「報告が報国になるとき——林芙美子『戦線』、『北岸部隊』が教えてくれること」（『解釈と鑑賞　別冊　女性作家《現在》』、2004年3月）では、女性の目で戦争を描くことで戦う位置を創出しようとしつつも揺れ動く芙美子の有り様を指摘した。飯田祐子「従軍記を読む——林芙美子『戦線』『北岸部隊』」（『文学年報』、2005年8月）では、火野葦平『麦と兵隊』『土と兵隊』と両作品を比較し、その重層性を評価している。〈放浪の作家〉とされる芙美子の紀行文にも着目がされ、『解釈と鑑賞　特集旅と文学』（2007年4月）では、『摩周湖紀行』『大島行』『屋久島紀行』論が掲載された。芙美子の主要な作品は、映画・演劇化されていることに特徴があるが、羽矢みずき「舞台劇『放浪記』をめぐって—テクスト〈林芙美子〉の行方—」（『大衆文化』、2008年3月）では、舞台劇において再生産される芙美子神話について論じている。

波乱万丈の人生を送った〈放浪の作家〉としての固定化したイメージとその特異な人生を基盤とした作品論が、長きに亘って踏襲されてきたわけだが、研究は新たな段階に至ったと言えよう。今後ますます期待されるのは、未だに明らかにされない部分を多くもつ生涯の実証的な解読と、代表作の多角的な視点からの読み直し、等閑視されてきた数多くの作品と小説に比して研究の俎上に載せられることの少なかった詩への鍬入れ、舞台化・映画化など他メディアへの目配り等であろう。

武田泰淳

1912年（明治45）～1976年（昭和51）

郭偉

1

武田泰淳（たけだたいじゅん）は、浄土宗潮泉寺（東京）の住職兼大正大学教授であった大島泰信と母つるの三男。父の師僧武田芳淳の姓を継ぐ。幼名は覚。浦和高等学校を経て 1931 年、東京帝国大学支那哲学支那文学科に入学。左翼活動のため数回逮捕された後、実践運動から退き僧侶の資格を取得。1934 年、竹内好らと中国文学研究会を発足させ、1935 年、『中国文学月報』（のち『中国文学』）を発行。1937 年より 2 年間、輜重兵として中国戦場に送られる。1944 年 6 月、中日文化協会への就職を機に上海に渡り、1946 年 4 月帰国。1947 年 10 月、北海道大学法文学部助教授となるが数ヶ月で辞職。1948 年、埴谷雄高らの「近代文学」同人となる。1951 年、鈴木百合子と結婚、長女花誕生。1961、1964、1967 年、新中国を訪問。1962 年、第二回 A・A 会議への参加を機にエジプト・ソ連・ヨーロッパを旅行し、1969 年には、百合子、竹内好とともにソ連・北欧を旅した。1971 年末、脳血栓に倒れ口述筆記に移行。1976 年、胃癌・肝臓癌により逝去。以下は主な作品。評伝『司馬遷』（1943 年）、『蝮のすえ』（1948 年）、『風媒花』（1952 年）、

『ひかりごけ』（1954年）、『森と湖のまつり』（1955～1958年）、『快楽』（1960年）、『秋風秋雨人を愁殺す　秋瑾女士伝』（1967年）、『富士』（1969～1971年）、『上海の螢』（1976年）。『人間・文学・歴史』（1954年）などの評論集も有名。

2

雑誌での特集として『解釈と鑑賞』（1972年7月）の「70年代の東洋と日本　武田泰淳」がある。1976年末から1977年にかけては文芸雑誌各誌に追悼特集が見られる。『武田泰淳全集』は1971年より刊行され、その増補版（全18巻、別巻3冊、東京：筑摩書房）は80年に完結。各巻末に作品解題、諸家の解説が付され、別巻中の埴谷雄高編『増補　武田泰淳研究』に代表的な泰淳論、著作目録を兼ねた「武田泰淳年譜」「武田泰淳研究文献総覧」（ともに古林尚編）が収録され、泰淳研究上の基礎資料となっている。また『武田百合子全作品』（全7冊、東京：中央公論社、1995年）も重要。研究案内に関しては、竹盛天雄（『近代文学研究必携（増補版）』、東京：学灯社、1963年）および紅野敏郎（上記『解釈と鑑賞』）らのものが早期に執筆された。全集完結以降には、曽根博義「解説」（曽根博義編『伊藤整・武田泰淳（日本文学研究資料叢書）』、東京：有精堂、1984年）、菊田均・鈴木一正「武田泰淳研究案内」（吉田凞生・菊田均編『鑑賞日本現代文学　大岡昇平・武田泰淳』、東京：角川書店、1990年）、竹内栄美子「武田泰淳」（『新研究資料現代日本文学　第2巻小説Ⅱ』、東京：明治書院、2000年）並びに「研究動向　武田泰淳」（『昭和文学研究』、2002年9月）がある。文献の検索にはGeNiiなども便利だが、鈴木一正編「武田泰淳参考文献目録」が上記『鑑賞日本現代文学　大岡昇平・武田泰淳』の収録分から『時空』2号、13号、23号、28号に継続して作成され網羅的である。2000年12月までに刊行された主な研究書には、松原新一『武田泰淳論』（東京：審美社、1970年）、粟津則雄『主

題と構造——武田泰淳と戦後文学』（東京：集英社、1977 年）、立石伯『武田泰淳論』（東京：講談社、1977 年）、兵藤正之助『武田泰淳論　昭和史に閃鑠する作家』（東京：冬樹社、1978 年）、現代作家入門叢書『武田泰淳』（東京：冬樹社、1979 年）、岸本隆生『武田泰淳論』（東京：桜楓社、1986 年）、川西政明『遥かなる美の国——泰淳論』（東京：福武書店、1987 年）、関伊佐雄『武田泰淳の世界—諸行無常の系譜—』（国分寺：武蔵野書房、1996 年）、船木拓生『富士気分　深沢七郎・三島由紀夫・武田泰淳による綺想譜』（東京：西田書店、2000 年）、樋口覚『富士曼荼羅　三島由紀夫と武田泰淳』（東京：五柳書房、2000 年）などがある。

以下、2001 年以降の研究を挙げるが、転機は 2005 年に訪れた。日本近代文学館に泰淳の長女、武田花氏から原稿、日記、訳稿を含む 2,262 点の資料からなる「武田泰淳コレクション」が寄贈された（2005 年 11 月発行の「日本近代文学館」第 208 号による）からである。また、泰淳研究の評価軸の移行を明示した竹内栄美子『批評精神のかたち——中野重治・武田泰淳』（東京：イー・ディー・アイ）、伝記的探究の労作である川西政明『武田泰淳伝』（東京：講談社）も刊行された。新資料の発掘に関しては長田真紀による一連の仕事や石﨑等「『盧州風景』の成立」（『日本近代文学館年誌　資料探索』、2006 年 9 月）などがある。最大級の資料価値を持つと考えられる「武田泰淳コレクション」についての読解も開始され、木田隆文「武田泰淳と俳句雑誌『艸屋』の周辺」（『國文學論叢』、2007 年 2 月）、郭偉「武田泰淳の未発表翻訳原稿について」（『近代文学研究と資料』第二次、2007 年 3 月）などが発表された。また、文学研究に援用される流行思潮の変遷とも関連しつつ、以下のようなさまざまな方法論による論文が提出されている。山本幸正「敗戦後と「性の解放」——武田泰淳『「愛」のかたち』を読む」（『昭和文学研究』、2004 年 3 月）、大原祐治「終わらない裁き、分有される記憶——竹山道雄と武田泰淳」（『日本近代文学』、

2004年5月）、松本和也「翻訳・境界・メタフィクション——武田泰淳「ひかりごけ」を読む」（『日本文学』、2006年11月）。研究手法の多様化は泰淳における「上海」に関する論考についても該当するが、上海関連の論文は全論文数の2割以上を占める。熊文莉「武田泰淳の上海——『上海の蛍』を中心に」（『神戸松蔭女子学院大学・神戸松蔭女子学院短期大学研究紀要（人文・自然）』、2001年3月）、松本陽子「武田泰淳『月光都市』論」（『阪大近代文学研究』、2004年3月）、榊原理智「「非革命者」試論——武田泰淳上海ものにおける国家とジェンダー」（『昭和文学研究』、2009年9月）。一方、大作『富士』や『司馬遷』などへの論及も依然として多いが、これまで言及されなかった作品にも研究者の関心が広がっている。小嶋知善「武田泰淳『天と地の結婚』論——創作の背景と作品の意義」（『目白大学短期大学部研究紀要』、2001年12月）、望月芳哲「武田泰淳『美貌の使徒』論」（『二松；大学院紀要』、2002年3月）、木田隆文「〈新聞〉の中で書く／読むこと——武田泰淳「花と花輪」の対読者戦略」（『日本言語文化研究』、2007年12月）など。さらに中国人研究者による参入も顕著な傾向である。郭偉「武田泰淳的リアリズムの生成——小説「秋風秋雨人を愁殺す　秋瑾女子伝」の方法」（『日本近代文学』、2007年11月）、王俊文「孤独なる人間——武田泰淳と魯迅」（『文京学院大学外国語学部文京学院短期大学紀要』、2010年2月）などに、交差する日中の文学の諸相が描出されている。以下は関連研究書の一部。大原祐治『文学的記憶　一九四〇年代文学　昭和期文学と戦争の記憶』（東京：翰林書房、2006年）、大橋毅彦・趙夢雲・竹松良明・山﨑眞紀子・松本陽子・木田隆文編著・注釈『上海1944－1945　武田泰淳「上海の螢」注釈』（東京：双文社出版、2008年）、堀田善衛著・紅野謙介編『堀田善衞上海日記　滬上天下一九四五』（東京：集英社、2008年）、渡邊一民『武田泰淳と竹内好　近代日本にとっての中国』（東京：みすず書房、2010年）。

なお『群像』2010 年 1 月号に「特集 戦後文学を読む（2）　武田泰淳」がある。比較的入手し易い中国語の論文としては、黄翠娥《武田泰淳〈司馬遷〉論：日本文化探討》（『中外文学』第 33 巻第 11 期、2005 年 4 月）、成同社《从武田泰淳的小说看日本对华战争的性质》（《河南师范大学学报》、2006 年 2 期）、李慶保《武田泰淳〈蝮蛇的后裔〉人物分析》（《安徽文学》、2009 年 5 期）などがある。また王暁平《武田泰淳的中国人感觉》（《梅红樱粉：日本作家与中国文化》、银川：宁夏人民出版社、2002 年）、王向遠《承前启后的武田泰淳》（《王向远著作集第 4 巻　中国题材日本文学史》、银川：宁夏人民出版社、2007 年）なども参考になる。

今後の課題としては、現在閲覧不可となっている資料（従軍手帳や上海滞在時の日記など）の公開を含め、「武田泰淳コレクション」の精査が進められるべきである。また近現代日本を考える思想資源としての泰淳研究も発展する一方、研究の国際化・学際化に伴いあらゆる視点から、泰淳文学が再定義される可能性もあろう。

大岡昇平

1909年(明治42)～1988年(昭和63)

何建軍

1

大岡昇平(おおおかしょうへい)は三島由紀夫、井上靖とともに「戦後文学の旗手三人」と言われる。1909 年東京に生まれた。高校時代に小林秀雄の個人指導でフランス語を学び、フランス文学に接近した。また小林経由で河上徹太郎や中原中也らと知り合い、こうした文学世代との交友によって充実した文学的青春を送った。1934 年京都帝国大学仏文科を卒業し、国民新聞社や帝国酸素などに勤務しながら、スタンダールの翻訳研究に励んだ。1944 年召集され、フィリピン戦線に出征し、米軍の俘虜として敗戦を迎えた。戦後、その体験を描いた『俘虜記』（1948 年）で作家として出発した。その後、捕虜生活中の体験を描いた『合本　俘虜記』（1952 年）や、極限状況の人間の実存を追求した『野火』（1951 年）などを著し、戦後文学の旗手となった。さらに戦闘と敗走の体験を核として歴史小説にも着手し、『将門記』（1965 年）や『天誅組』（1974 年）などを著し、また膨大な資料を駆使してレイテ島における日米の激戦を克明に描出した『レイテ戦記』（1967 ～ 1969 年）を完成させた。1971 年、芸術院会員を辞退し、大きな反響を呼んだ。他方、『武蔵野夫人』（1950 年）や『花影』（1958 ～ 1959 年）などの恋愛小説を発表し、また中原中也や富永太郎の評伝も手がけた。そして『常識的文学論』（1961 年）、『昭和文学への証言』（1969 年）などの評論、現代の裁判の問題をえぐった『事件』（1977 年）、B 級戦犯として死刑を宣告された元軍人の法廷闘争を再現した『ながい旅』（1982 年）などを著すなど、多彩な活動を行った。

2

中野孝次は、大岡文学の基点に「戦争の深刻な体験」を見、大岡が「日本の良心を代表する精神でありつづけた」とする（『週刊読書人』、1989 年 1 月 16 日）。大岡の戦争体験を踏まえた『俘虜記』は早くから批評の対象となった。1950 年代に、福田恒存「ストイシズムの文学——大岡昇平論」（『文学界』、1952 年 3 月）、奥野健男「大岡昇平論——シニズムの文学」（『文学』、1954 年 1 月）、大岡文学にヘドニズムを見出す寺田透「大岡昇平論」（『群像』、1954 年 9 月）が発表され、大岡文学の人生論的三極構造が提示された。その後、池田純溢は『俘虜記』論から「大岡昇平『野火』の研究——成立過程における『疎開日記』の位置」（『上智大学国文学論集』、1971 年 12 月）などへ進み、作品の主題と方法についての成立論的考察を行い、研究史に一区切りをつけた。池田はまた各作品の成立、本文異同、著作目録、参考文献その他の書誌的研究に取り組み、その成果は中央公論社版と岩波書店版の全集の「解題」その他にまとめられている。他方、文体・イメージ・読書など、言葉の動きという視点から大岡文学を捉えようとする動向が見られる。その論文として、丸谷才一「水と大岡昇平」（『現代日本の文学 36　大岡昇平集』、東京：学習研究社、1970 年）、清水徹「起源の小説——大岡昇平『幼年』『少年』」（『中央公論』、1976年3月）などが挙げられる。大岡文学の文体と方法については、佐藤洋一が「大岡昇平における『自然描写』——『焚火』の方法と文体」（『国語国文学報』、1992 年 3 月）など一連の論文を発表している。

基本的な研究として、単行本には中野孝次『絶対零度の文学・大岡昇平論』（東京：集英社、1976年）、粟津則夫『大岡・中原・富永』（東京：第三文明社、1976年）、亀井秀雄『個我の集合性——大岡昇平論』（東京：講談社、1977年）、『日本文学研究資料叢書　大岡昇平・福永武彦』（東京：有精堂、1978年）、『現代作家入門叢書　大岡昇平』（東京：冬樹社、1979年）、『作家・作品シリーズ9　大岡昇平』（東京：東京書籍、1982年）、中村正義『大岡昇平ノート』（東京：沖積舎、1989年）、大江健三郎他『大岡昇平の世界』（東京：岩波書店、1989年）、吉田凞生・菊田均『鑑賞日本現代文学26　大岡昇平・武田泰淳』（東京：角川書店、1990年）、鈴木斌『大岡昇平論——柔軟にそして根源的に』（東京：教育出版センター、1990年）、金井美恵子他『群像日本の作家19　大岡昇平』（東京：小学館、1992年）、樋口覚『一九四六年の大岡昇平』（東京：新潮社、1993年）、松元寛『小説家大岡昇平』（東京：創元社、1994年）、『新潮日本文学アルバム67　大岡昇平』（東京：新潮社、1995年）、中野孝次『大岡昇平の仕事』（東京：岩波書店、1997年）などがある。雑誌特集には「戦後文学の旗手三人」（『解釈と鑑賞』、1966年7月）、「大岡昇平〈特集〉」（『解釈と鑑賞』、1979年4月）、「大岡昇平　人と文学」（『新潮』、1989年3月）、「大岡昇平——詩心・歴史のなかの不易」（『国文学』、1977年3月）、「大岡昇平の世界」（『ユリイカ』、1994年11月）、「大岡昇平と戦争」（『文学界』、1995年11月）などがある。また本文としては、『大岡昇平全集』全15巻（東京：中央公論社、1973～1975年）、『大岡昇平集』全18巻（東京：岩波書店、1982～1984年）、『大岡昇平全集』全23巻、別巻1（東京：筑摩書房、1994～2003年）などがある。そのうち、筑摩書房版『大岡昇平全集』第23巻には伝記年譜、著作目録、書誌、参考文献目録、主要参考文献解題などが附載されており、最も重要な文献となっている。

2000年以降、大岡研究は依然として戦争文学に集中しているが、ますます多極化傾向を示し、深化している。比較文学の立場から研究した論文としては、丹藤博文「殺す理由 / 殺さぬ理由——『待ち伏せ』（T. オブライエン）と『俘虜記』（大岡昇平）」（『日本文学』、2001年4月）、永野宏志「光る島——大岡昇平『野火』とロベルト・ロッセリーニ『ストロンボリ』」（『工学院大学共通課程研究論叢』40/1、2002年）がある。大岡の戦争文学を総合的に論述する論文としては、佐藤静夫「個的体験から全体へ——大岡昇平の戦争小説」（『民主文学』、2000年8月）、森本信子「大岡昇平の戦争小説」（『東京薬科大学研究紀要』11、2008年）がある。従来の研究で十分重視されていない『ながい旅』に着眼する論文としては、根岸泰子「大岡昇平——『ながい旅』における〈苦い真実〉」（『解釈と鑑賞』、2005年11月）、関川夏央「『ながい旅』の岡田資中将と大岡昇平」（『文藝春秋 special』、2008年夏）などがある。また研究者別に見ると、特に花崎育代、関塚誠、立尾真士の研究が目立っている。花崎は広い視野に立ち、「大岡昇平における吉村虎太郎——『天誅組』を中心に」（『昭和文学研究』、2002年9月）、「大岡昇平と古山高麗雄——『俘虜記』と『プレオー8の夜明け』の〈待つ〉ということ」（『創造と思考』、2003年3月）、「『核戦争の危機を訴える文学者の声明』と大岡昇平」（『日本文学』、2006年11月）などを発表している。関塚は歴史小説を中心に検証し、「大岡昇平『堺港攘夷始末』論——発砲場面、土佐側の正当性」（『言語と文芸』、2002年11月）、「森鷗外と大岡昇平——『史伝』に『構成力』を見る」（『国文学』、2005年2月）などを発表している。立尾は大岡文学の中の「死」を追及し、「『死者は生きている』——大岡昇平『野火』論」（『日本近代文学』、2007年11月）、「『死者』は遍在する——大岡昇平における『死』」（『国文学』、2008年8月）などを発表している。

特筆すべき近年の成果として、歴史記述と歴史小説の問題に関する大岡の仕事の全体を検討した柴口順一『大岡昇平と歴史』（東京：翰林書房、2002 年）、大岡文学の戦後の経緯をみわたし考えた花﨑育代『大岡昇平研究』（東京：双文社、2003 年）、1950 年代以降の『野火』論を編集した亀井秀雄『大岡昇平「野火」作品論集』（東京：クレス出版、2003 年）、大岡昇平の創作方法の独創性と魅力を明らかにした野田康文『大岡昇平の創作方法』（東京：笠間書院、2006 年）、三島由紀夫と大岡昇平がたどった軌跡を丹念に追い、戦争体験・戦後体験がわかった 2 人の複雑な思いを描ききった平松達夫『三島由紀夫と大岡昇平：一條の道』（東京：朝日新聞社、2008 年）がある。

中国において、大岡昇平の作品は 1980 年代から翻訳されるようになった。主な訳本に迟軍訳《篝火》（《海燕》、1980 年 3 期）、唐月梅訳《焚火》（高慧勤编《日本短篇小说选》、北京：中国青年出版社、1983 年）、申非訳《俘虏记》（《世界文学》、1985 年 2 期）、王杞元・金强訳《野火》（北京: 昆仑出版社、1987 年）、赵德遠訳《野火》（李芒・高慧勤主编《世界反法西斯文学书系 25　日本卷（1）》、重庆: 重庆出版社、1992 年）、尚侠・徐冰主編《大冈升平小说集》（北京：作家出版社、1998 年）などがある。1980 年代に入ってから、大岡文学は研究対象として取り上げられるようになってきた。これまでの研究は大岡の『俘虜記』『野火』『武蔵野夫人』などの代表作に集中しているが、その戦争認識をめぐっては二つの意見に分かれている。大岡文学から反戦思想を見出す論文に、尚侠《战后日本文化演进与大冈小说精神》（《日本学论坛》、2001 年 1 期）、何建軍《浅析大冈升平的战争题材文学作品》（《解放军外国语学院学报》、2002 年 3 期）、陳端端《从大冈升平的战争小说看其人生观和价值观的折射》（《外国文学研究》、2001 年 3 期）などがある。他方、戦争認識における大岡文学の曖昧さと歪みを指摘し、その文学のテーマは戦争反対ではなく、敗戦反対だと主張している論考もある。劉炳範《褻渎“上帝”的人——大冈升平的小说〈野火〉主题批判》（《日本研究》、2002 年 4 期）などがこの傾向を示している論文である。近年の成果として、大岡の「戦争五部作」を中心に、大岡の戦争文学を総合的に論述した何建軍《大冈升平战争文学研究》（广州：世界图书出版广东有限公司、2012 年）がある。

3

大岡昇平はたびたび自己言及をし、しかも『幼年』、『少年』など自伝的な作品も書いたが、研究者側からの実証的な伝記研究はまだない。大岡の言葉に惑わされぬ相対的距離をとり、デビュー以来の長い作家活動の軌跡を全体的に見直す作業は今後の課題の一つといえよう。また大岡は改稿のはなはだしいことで知られた作家でもあるから、その作品に対する厳密なテキスト・クリティックが求められよう。そして、大岡はヨーロッパの近代文学からどのような影響を受けたか、それに関する綿密な研究も必要だと思われる。さらに、テクスト論、フェミニズム批評など現代文学理論を取り入れて、新しい視点と方法によって大岡文学を研究することが期待される。

三島由紀夫

1925年(大正14)～1970年(昭和45)

テレングト・アイトル

1

三島由紀夫（みしまゆきお）の作品はその生前、13歳のときに注目を浴び、16歳ですでに高く評価される。さらにノーベル賞候補にノミネートされることが一層知名度を高め、とりわけ世界を驚かせた1970年の衝撃的な自決がきっかけで、その作品は世界的に注目され、広く読まれるようになったのである。1970年以降、世界各国の言語に翻訳される作品数が徐々に増え、国連教育文化科学機関（UNESCO）の翻訳点数の統計データによると、現時点で350点も翻訳され、その数は川端康成、大江健三郎を凌ぎ、村上春樹の次ぎに並び、世界において日本のイメージを形作った、最も知られている代表的作家である[1]。実際、三島は単に世界において翻訳数、読者数を獲得したのではなく、日本のどの作家よりも各国の現代の重要な作家、芸術家に多くの影響を与え、インスパイアした作家である。[2]

1　http://databases.unesco.org UNESCOのデーターベス、アクセス：2013年10月6日。

2　イルメラ・日地谷＝キルシュネライト「世界の文学と三島」『三島由紀夫の知的ルーツと国際的インパクト』、京都：昭和堂2010年、125－140頁。

日本では、その生前から議論の多い作家で、その自決後「三島由紀夫とは何であったか」といったような問いかけが文学研究雑誌に特集として何回にもわたって取り上げられてきた。しかし、そういった研究の数が積み重ねられてきたにもかかわらず、40年の時を経ったいまもなお、世界においてばかりか、日本においてすらその作家と作品が「謎」に近い存在とされている。

1973年から1976年にわたって『三島由紀夫全集』(東京:集英社、35巻+補巻)が刊行されたが、それを背景に、短期間に数多くの評論・研究が生み出された。1999年、富士山の麓「山中湖文学の森」において三島由紀夫の総合的な研究拠点である「三島由紀夫文学館」が創設されたが、それが契機となり、新たな資料と創作ノートなどが収集され、さらに2000年から2006年、集英社による『決定版・三島由紀夫全集』(東京:集英社、42巻+補巻+別巻)が出され、いわばデジタル・音声・映像メディアを駆使した一大プロジェクト(年譜・書誌・索引のCD、音声CDと映画DVD)が完成された。同時期に最新の研究を反映した『三島由紀夫事典』(2000年)、『三島由紀夫の時代』(2001年)、『三島由紀夫の表現』(2001年)、『世界の中の三島由紀夫』(2001年)は延べ156名の専門家によって執筆され、勉誠出版によって刊行される。また、三島由紀夫生誕80年にあたる2005年『三島由紀夫研究』(東京:鼎書房)という、特定の作品を取り上げて、ジャンル毎にその証言・記憶の記録と資料発掘を目的にした専門雑誌が年間2回刊行でスタートをきり、文献書誌の収集・整理・保存だけではなく、三島の人物にまつわる社会的、政治的、文化的、芸術的、ありとあらゆる人間関係にかかわる資料、エピソード、インタビュー、オーラル・ヒストリー、対談など、様々なかたちで専門の研究者らによって精力的に蒐集・収録されてきた。そして2000年までに三島文学に取り組んだ研究者・批評者は、日本だけで延べ千人を超え、主要研究文献もゆうに1万件を超えていたが、その後さらに増えつつあり、とりわけ現代作家のなか、これほど系統的に膨大な研究（とくに文献書誌）・評論が蓄積されてきたのは珍しい。しかし、それにもかかわらず、三島という人とその文学は未だに「謎」に包まれたままである。

そもそも「三島由紀夫とは何であったか」。この問いかけは、その自決後、時間が経つにつれ、三島由紀夫という一私的個人、あるいは一個人の文学的な「特殊な現象」から徐々に止揚され、さらに日本の一作家の文学から昇華して、むしろ人間の自己認識への一つの深刻な問いかけとして日本のみならず、各国の研究者たちに強く意識されるようになってきたといえる。

2

アジアにおいて三島文学が比較的早く受容されたのは中国の台湾地域である。1960 年代から作品が翻訳されはじめ、作品の翻訳数と批評・研究が 70 年代から 80 年代にわたって急増し、80 年代末にはピークに達したといえる。中国大陸地域はそれに追い付こうという勢いを呈し、80 年代末から 90 年代初期に翻訳と共に批評・研究も急速に増え、90 年代半ばで一段落した。そして韓国においては、早くも 60 年代初期には三島の個別の作品の翻訳が出版されたが、日韓の特殊な政治的な要因により中国と比べれば、いささか遅れをみせ、アカデミックな批評・研究は 90 年代になってからのこととなる。しかし、中国・韓国は戦前、それぞれ日本によって負の歴史を作られてきたために、三島に対して、決まって「右翼・武士道・天皇崇拝」などのような政治的なレッテルを貼り、異口同音にして批判的であったものの、翻訳作品数は、1970 年初期までに韓国と中国の台湾地域において、いずれも日本現代作家のベスト 5 に入るほどであった。三島文学を政治と結びつけて批評する傾向が強いのは中国の大陸地域で、その次は韓国。中国の台湾地域はもっともリベラルに受容している面を呈している。その代わり、90 年代初期から中国において翻訳された三島作品シリーズは、三島文学が外国において受容されたもののうち、規模と作品数において最も多く、中国語に翻訳された作品数が、欧米を凌いで世界で最多ということになる。

ところが、欧米での三島文学の受容は、1970年の三島切腹事件によって一段と高まったものの、その受容のきっかけ、経緯ないし受容の仕方、あるいは注目したジャンルやそれによる影響などにおいて、アジアとは違う様相を呈している。三島文学が英語圏に翻訳され、紹介されたのは、アジアより十年も早く、その最初の作品は『潮騒』（1956年）と『近代能楽集』（1957年）で、小説よりも先に戯曲のジャンルが評判になったのである。それを仕掛けたのは日本文学の欧米受容のパイオニア的な存在で、かつ三島の親友でもあるドナルド・キーン（Donald Keene）である（英語圏での三島作品の翻訳、批評は、まず三島自身の友人・知人から始まったのが興味深い）。それが一種の方向付けをしたのか、アジアにおいて殆ど注目されなかった戯曲・演劇のジャンルが欧米で歓迎され、主としてまず演劇性の高いものから受容された。1957年『近代能楽集』の翻訳の刊行とともに、欧米での上演が始まり、1960年のオフ・ブロードウェイ公演が2ヵ月続演される。同じくキーン訳の戯曲『サド侯爵夫人』も評判になり、1967年に英語からフランス語に訳され、本場パリの舞台で喝采を浴び、ルノオ・バロオ劇団が1977年、78年にかけて長期公演し、劇評にはラシーヌにも劣らないと絶賛したものもあったという。その延長上で『金閣寺』、『午後の曳航』などはオペラとしても公演され、『午後の曳航』がまた映画化され、三島作品が映画・演劇・バレエ・パフォーマンス芸術などのジャンルにおいてより広く知られ、とりわけバレエに革命的な変化をもたらした巨星モーリス・ベジャールが三島をテーマに演出した数々の舞踊劇は、欧米では広く知られ、かつ高く評価されている。

3

アジアにおける研究・批評は、中国の台湾地域が最もイデオロギー的に左右される度合が薄かったと言ってよい。陳孟鴻、李永識、林水福など日本学の中堅的研究者によって批評・研究されてきたが、三島自死の時点において、日本内外には「軍国主義者」「武士道」の復活や「文人の政治参与」「美学の問題」「異常者」などの諸説が交錯していたなか、陳孟鴻はそれらがいずれも表面的だと批判し、その文学と死の本質である「虚と妄」は、「三島自身ですら描出できかねる」ことであり、結局それは実際の死をもって答えるしかなかったという。その見解は、40 年の時を経た現在、むしろ主流的な見方として浮上しつつある。中国台湾地域の批評・研究にはシャープな面があり、多くの良質の修士論文を産出してきたものの、纏まった三島文学研究の専門書はまだみられていない。それに対して、中国大陸地域は、一定の政治・イデオロギーに制限されながら、葉渭渠、唐月梅、李芒などによって研究が進められ、とくに唐月梅の《怪异鬼才三岛由纪夫传》（北京：作家出版社、1994 年）と、中・日・米共同で編集された《三岛由纪夫研究》(北京: 开明出版社、1996 年）は三島文学研究の成果として最大のものといえる。韓国は 1990 年代に入ってから日本をタブー化してきたことを改善したが、その中でも三島文学研究はスタートが遅かったにもかかわらず、2000 年以降は、量的にも質的にも目まぐるしい発展を見せ、「政治的な問題より三島由紀夫の作品そのものに注目する傾向があり」、その間 2 篇の博士論文が提出され、学術論文も続出している[1]。

欧米における研究・評論は、まず評伝のジャンルにおいて英語圏から 1971 年、ドナルド・キーンの研究「三島由紀夫」[2]が先鞭をつけ、

1　洪潤杓「韓国における三島由紀夫の受容」、イルメラ・日地谷＝キルシュネライト編『三島由紀夫の知的ルーツと国際的インパクト』、京都：昭和堂、2010 年、191 － 192 頁。

2　Donald Keene “Mishima Yukio” *Landscapes and Portraits : Appreciations of Japanese Culture*. Kodansha International Ltd, 1971.

1974年、ジョン・ネイスンによる博士論文『三島由紀夫の人と作品』[1]が提出され、のち『三島由紀夫―ある評伝―』[2]として出版される。またヘンリー・スコット＝ストークスの『三島由紀夫・死と真実』[3]（1975年）と、三島の死を歴史的背景から解釈したアイヴァン・モリスの『高貴なる敗北』[4]（1975年）も相次いで刊行され、そういった良質な伝記研究・歴史研究は本国日本をも凌ぐほどであった。また英訳からフランス語に『近代能楽集』の抜粋を訳したマルグリット・ユルスナール（現代フランスの代表的な文学者の一人）も『三島あるいは空虚のヴィジョン』[5]（1980年）を刊行したが、これらはいずれも三島という人と作家に着目してその核心に迫ろうとした成果である。そういった伝記的なアプローチではなく、早くから作品を中心に据えてテクスト分析をしたのは、のちのドイツの日本学の第一人者イルメラ・日地谷＝キルシュネライトである。日本を始め欧米まで、作品よりも三島の人物それ自体に惑わされ、こぞって皆が伝記研究に明け暮れていた時代、彼女の博士論文『三島由紀夫

1 John Nathan *The life and works of Yukio Mishima.* Harvard University, 1974.

2 John Nathan *Mishima : a Biography.* Hamish Hamilton, 1975. 野口武彦訳『三島由紀夫――ある評伝』、東京：新潮社、（初版1976年）2000年。

3 Henry Scott Stokes *The Life and Death of Yukio Mishima.* Peter Owen, 1975. 徳岡孝夫訳『三島由紀夫――死と真実』、東京：ダイヤモンド社、1985年。『三島由紀夫――生と死』、東京：清流出版、1998年。

4 Ivan Morris *The Nobility of Failure : Tragic Heroes in the History of Japan.* Secker and Warburg, 1975. 斉藤和明訳『高貴なる敗北――日本史の悲劇の英雄たち』、東京：中央公論社、1981年。

5 Marguerite Yourcenar *Mishima, ou, La vision du vide.* French & European Publications, Incorporated, 1980. In English *Mishima : a vision of the void.* Tanslated by Alberto Manguel in collaboration with the author. Farrar Strauss, and Giroux, 1980. 澁澤龍彦訳『三島あるいは空虚のヴィジョン』、東京：河出書房新社、1982年。

小説〈鏡子の家〉の間テクスト的な分析の試み』[1]は、文学研究における本来のもう一つの王道を三島文学研究において切り開いたのである。それは日本国内にとっても画期的な出来事であった。以来欧米において三島文学にまつわる博士論文が継続的に生み出され、主に三島とその作品にまつわる哲学的・政治的・思想的・美学的・精神分析的・倫理学的・歴史的な諸要素とモチーフなどが、欧米の文学との関係において論じられ、それらはいずれも理論的な整合性に長けているのが特徴だと言える。その中でも、例えばロイ・スターズの博士論文『仮面とハンマー――三島小説におけるニヒリズム』[2]は、のち『死の弁証法――三島由紀夫の世界における性・暴力とニヒリズム』[3]として出版され、作品を中心に、人物・伝記をも参照して、三島文学における哲学・心理学・道徳及び政治学の諸レベルから構造的にその「エッセンス」を明らかにしようとした力作である。総じて言えば、日本において「難解」とされてきた三島とその文学は、欧米の理論と方法論のフレームワークにおいて逆に理解し易い部分があり、作家と作品、またそれにまつわるさまざまな分野のアカデミックな取り組みには明確なジャンルと整合性が求められた一方で、西欧のアンチ伝統やポスト・モダニズムなどのアートにも取り込まれ、鑑賞されてもいる。実際、ジョン・ネイスン以来、ごく最近までに書かれた英米仏独の博士論文はトータルで凡そ20篇にものぼる。

---

1 Irmela Hijiya-Kirschnereit *Mishima Yukios Roman "Kyōko-no ie": Versuch einer intratextuellen Analyse.* Ruhr-Universität Bochum, 1976.

2 Roy Starrs *The mask and the hammer: nihilism in the novels of Mishima Yukio.* University of British Columbia, 1986.

3 Roy Starrs *Deadly Dialectics: Sex, Violence and Nihilism in the World of Yukio Mishima.* Japan Library, 1994.

4

日本における三島由紀夫の研究、解釈と理解には、一種のカオスともいえる現象がみられる。三島を「神」として崇める者がいれば、背徳として嫌悪する者もいる。その文学を一種の特殊な愛か、死の象徴、もしくは日本文化の象徴だと見做したり、あるいはそれを空虚と無の象徴だと捉えたりして、ありとあらゆるものが混合して存在している。そして、三島自決から今まで研究分野において主として問いかけられてきたのは、「三島由紀夫とは何であったか」ということであり、三島由紀夫その人物と文学を分けずに問いかけ、その作品の文学性・自律性を疎かにして疑問を投げかけてきた傾向がある。とくに三島に近い世代の日本人にとって、三島は生の一個の、親しげで、かつ身近な人間であったせいか、研究者を含め、多くの日本の論者は、一定の距離をおいて客観的にその文学を捉えることを拒んでいる傾向が濃厚に見られる。10年前、三島の書誌・伝記研究の第一人者松本徹は苦しげに、このように読者に告げている。

> 三島由紀夫が自決してから、すでに30年が過ぎた。しかし、いまだに彼の行動は謎に包まれたままだと言ってよかろう。もっとも三島自身にとって、その行動は、謎でもなんでもなく、思うところを果断に行なった結果に過ぎない。それにもかかわらず、われわれは、いまだに謎を見つづけている。いや、さらに謎を膨らませるのに精を出しているような気配である。なぜなのか？　もしかしたら、謎を見つづけることによって、三島がわれわれに突きつけている問題を直視するのを避けているのかもしれない。正面切って取り組むよりも、謎の領域へ押しやって置くほうが、われわれには好都合なのであろう。[1]

このような状況は三島の自決から40年経っても一向に変わっていない。

1　松本徹『三島由紀夫の最後』、東京：文芸春秋、2000年、5頁。

事実、三島由紀夫研究においては三つの大きな傾向が見られる。その一つ目は、三島由紀夫とその文学資料・書誌の収集と整理と注釈が徹底されていること。その二つ目は、三島由紀夫という人物・伝記・評伝が多様に生み出され、その評伝に注目するあまり、その文学作品それ自体の研究が疎かにされ、あるいはその文学についてもその作家・人物に重点をおいて研究する傾向がある。つまり、多くの研究は三島という作者の創作動機、創作経緯、心理、生活、体験の真偽、人間関係、創作の背景とその創作の達成度などを理解もしくは解釈するための研究であり、作品研究ですら作者を理解する道具か方便となっており、作品研究の主とする目的、あるいはその注目する重点は、作品にあるのではなく、作家・人物に置かれ、伝記研究に傾くのが主流である。その三つ目は、いわば三島についての総合的批評か、またその批評のメタ批評である。この領域における批評とは、人（三島のさまざまな行動を含む）と作品（文学作品、フィクションと政治論評ないし対談、手記など）と読者（読者論）などを分けずに、それら全体を総合的に捉えようとする努力であり、実証的な伝記・評伝研究を除き、殆どこの類の批評となる。言ってみれば、メディア一般において三島全体を理解、解説しようとする総合的な批評であろう。例えば、三島文学の知の射程距離と範囲はもともと極めて遠くて広く、作品の原材がギリシャ古典から『旧約聖書』、インド仏教、ヒンズー教ないし中央アジアの文学に影響され、とくに近代欧米文学の影響によって生み出された作品が多い。単に主要な作品の題材から見ても、日本や中国の伝統的な題材を踏まえたものより多い。しかしそれにもかかわらず、実際、日本内外を問わず三島こそ生粋の日本文化の後継者だと見ている評論が一般的であるが、一方、そういった批評とは対立した見方も顕著で、真っ向から対峙して、「三島由紀夫は、私小説、風俗小説中心の従来の日本の文壇作家とは違って、むしろ西洋的な新しいタイプの文学者であり、（中略）戦後の文学の主流的思潮とはどこか異質であった」[1]とか、「三島由紀夫は、それまでの日本文学にとって、ぜんぜん異質の文学者であった。（中略）在来の小説を見なれた眼に、三島の小説がマガイモノと映ったのは当然であった」[2]というようにも批評して、対立した両者の見方が平行しているが、そういった対立的な両者の見方をさらに批評するというメタ批評が増幅し、作品の原材についての研究がほとんど手がつけられずに、伝記研究だけに基づいたメタ批評が増幅してきた傾向がある。

そういった伝記批評と伝記研究に傾いた傾向に気づき、それを乗り越えようと、研究誌『三島由紀夫研究』の共同編集者は発刊号において、その刊行主旨について、次のようにいう。

> さらに視野をひろげ、多角的、柔軟に、恣意に陥ることなく、考究することが必要である。一定の立場に囚われず、いわゆる作家研究の枠からも自由に、各国の言語、文化の違いを深く認識したうえで、その障壁を越え、推し進めなくてはなるまい。[3]

ここでは「作家研究」という枠組から如何に自由になるかが重要な課題となっており、本格的な作品研究を期待していることが述べられている。実際、三島の作品に注目して分析し、その文学性、芸術性、あるいはその仕組み、構造を解明しようとする研究は、作家を中心とする研究に比べれば、わずかしかない。したがって現在まで大量に蓄積されてきた評伝研究批評の批評となるメタ批評を前にして、今期待されているのは、ほかでもなく「作家研究の枠からも自由」になる「作品研究」であろう。

総合的な批評とメタ批評については、どの作家・分野においても

1　奥野健男『三島由紀夫伝説』、東京：新潮社、1993 年、12 頁。

2　本多秋五『物語——戦後文学史』（II）、東京：岩波書店、1992 年、99 頁。

3　松本徹・佐藤秀明・井上隆史編「刊行にあたって」、『三島由紀夫研究』（第1号）、東京：鼎書房、2005 年。

盛んに行なわれることだが、しかし、三島文学においては事情が多少違ってくるように考えられる。というのも、事実、三島文学ほど言語と人間、文学と人間との関係において既存の価値観を逆転させ、転覆させるものは少ない。したがって彼の人間それ自体を理解し、解明するのはきわめて重要な課題であるが、しかし、彼の作品のように歴史・文化・社会・政治を越えたところに絶え間なく文学・芸術を主張したものも少ない。その作品が一見恰も歴史時代・文化背景・社会変遷・政治変化・信仰宗教などに根付いて生み出されたように見え、またそのように読まれようが、しかしまさしく具体的なリアリティにおいては、そのリアルな諸点がみごとにはぐらかされ、実際のリアリティを越えたところに文学・芸術の真価が求められ、現実の歴史・社会・政治・宗教などが戯れられてしまい、万華鏡のように回転することによって様相が変わり、視点を変えればそれらの作品は、まったく別の様相を呈するのである。したがって、三島文学においては、作家についてのメタ批評か、現代作品同士の類似性や相違性などを指摘するような論評にとどまらず、さらなる作品自体への問いかけが要請されよう。

　事実、三島文学は、きわめて独自の構造的な特徴ないし仕組を有しており、それが日本文学史ばかりか、漢字圏全体においてもいまだかつて見られなかった新たなバリエーションで、かつまた文学的に人間を凝視するといった行為において、それは他に取って代わるもののない、特異な文学的、芸術的な語りと視点を呈示したのである。その作品の高度な構造性、組織性、隠喩性は三島自身が少年の十三歳時から完成されており、それが彼の自決までも一貫しているのである。しかし、三島はその構造・整然とした形式・しくみをその作品のすみずみまで計算して、後々に書かれるだろう様々な作品のことまで考慮し、そして自分の生の身体までも作品と同じように、自ら死を迎えるように仕掛けたとは、とても考えられない。しかし、作品自体の構造的な特徴は、いみじくもそれを明確に表しているのである。それは一体何に起因しているものなのであろうか。言い換えれば、三島文学において、いったい文学創作という人間の想像・模倣（ミメーシス）する行為そのものが、作者をその論理・しくみの中にからめ取っていったのか、それとも作者が想像・模倣することにおいて、そうせざるをえなかったのかという、人間と文学との根本的な問題にかかわっており、生死と文学との関係をめぐる根本的な問いが突き付けられた命題である。まさにその点において三島文学はまた今まで写実的でリアルな記述・表現を素朴に信頼してきた文学観を揺さぶり、それ故か、三島文学に取り組む多くの文学研究者は、逆に自身の無力さを露呈させられることになってしまうほどである。

5

もし文学研究の諸目標を集約して、究極的にそこには鑑賞と認知という二つの側面があるとすれば、三島文学研究において、いまや必要とされるのは、批評とメタ批評でもなければ、文学の周辺研究（社会・政治・宗教・イデオロギー・心理などを解明するための資料としての文学研究）にとどまって三島文学それ自体を推測することでもない。むしろ今までの堅実な文献書誌注釈と、豊富な伝記研究を背景にして、作品の緻密なテクスト分析が必要とされているのであり、哲学、諸文学理論と概念によってその迷宮を明らかにすることが要請されているのであろう。

とりもなおさず、今後の三島文学の研究において必要なことは、その作品群を紡ぎ出して庞大なメタファー（事実、隠喩辞典類においても確認されたことだが、三島作品ほどのメタファーの量は、近代日本文学史においていまだかつてなかった）と、そのメタファーによって錯綜させられ、複雑かつ巧みに織り出されたダイナミックなメタファーのネットワークを解きほぐし、そのメタファーによって織りなす物語世界がどのように別の深遠なる世界を比喩して呈示し、リアリティの世界と物語世界との拮抗・対峙・対立を構成しているかを解明することであろう。というのは、もしも三島の巧みに編み出したメタファーと、そのメタファーによって構成されたしくみをその作品から削除すれば、あるいはそれらのメタファーを素朴なリアルな記述・表現に還元してしまえば、三島文学の魅力が忽ち消え失せ、そこに残るのはバラエティに富んだ批評の言説のみになるであろう。実際、読者のだれもがその作品を通じて経験することであるが、もしいったんそのメタファーの迷宮に入れば、その絢爛さと錯綜ぶり、様々なパラドックス、アンチノミー、パロディ、象徴、アレゴリー、諷刺、アイロニー、逆転、倒錯、入れ子構造、過剰な遊戯、豪華かつ過剰な装飾などを楽しむか、あるいはその文学的な戯れに振り回されてしまうことであろう。冴えたときの三島は、文字通りまるで手品師のように、物語を自由自在に操り、読者の読みを熟知したばかりか、研究者・評論家の手口までも予知し、とりわけ今までの人間の性・死生観・存在についての諸徳目を戯れながらはぐらかし、かつ用意周到にストーリーとして紡ぎ出しているのである。それらのメカニズムについての解明は手がつけられておらず、いまだに問題としてわれわれの前に立ちはだかっている。

現在までは「三島由紀夫とは何であったか」という問いが主流であり、それに応答した研究は実り多く、かつ今後も期待されよう。しかし「三島由紀夫の文学とは何であったか」という文学それ自体に対する問いに応答する体系的な研究はいまだに少ない。その中で、テクスト分析を三島文学初期作品に応用した筆者の試み[1]を除き、最近、木谷真紀子の『三島由紀夫と歌舞伎』（東京：翰林書房、2007年）、杉山欣也の『〈三島由紀夫〉の誕生』（東京：翰林書房、2009年）、有元伸子の『三島由紀夫・物語る力とジェンダー――〈豊饒の海〉の世界』（東京：翰林書房、2010年）などは、いずれも

1　テレングト・アイトル『三島文学の原型―始原・根茎隠喩・構造―』、東京：日本図書センター、2002年。

緻密な分析か、テクスト分析の作業を通じて三島文学を理解し、解釈し、解明しようとする基礎的な研究である。今後の展望として、そういったテクスト分析はもちろんのこと、加えて読者論も大いに期待される。

安部公房

1924年(大正13)～1993年(平成5)

鄒波

1

安部公房（あべこうぼう）は戦後において国際的に高い評価を受けた日本人作家である。1924 年 3 月 7 日に東京滝野川に生まれ、本名は「きみふさ」、原籍は北海道旭川市東鷹栖町にある。生まれた翌年、父浅吉の仕事の関係で中国奉天市（現瀋陽市）に移住した。少年時代に世界文学に馴染んでいた。奉天で敗戦を迎え、1946 年に引揚げ船で日本に帰国した。敗戦前後の無秩序な異常体験は、『けものたちは故郷をめざす』（1957 年）に描かれている。戦後、花田清輝主催の「夜の会」に参加し、アバンギャルド芸術に関心を持つようになった。1948 年にデビュー作『終りし道の標べに』が出版され、実存主義的な作風を示した。やがて共産主義に接近し、工場街の文学サークルの組織に奔走した。1951 年、共産党に入党し、『赤い繭』で戦後文学賞、『壁―S・カルマ氏の犯罪』で芥川賞を受賞して、前衛的な戦後作家として文壇的地位を確立した。50 年代には、小説のほかに戯曲、記録文学や SF などの分野に進出し、小説『闖入者』（1951 年）、『R26 号の発明』（1956 年）、『第四間氷期』（1959 年）、戯曲『制服』（1954 年）、『幽霊はここにいる』（1959 年）などを発表し、リアリズムの新たな可能性を追求した。1962 年『砂の女』を発表し、日本国内及び海外で高い評価を受けた。それ以降は人間実存と自由のテーマを都市に設定し、共同体への否定や自生の問題をめぐって、小説『他人の顔』（1964 年）、『燃えつきた地図』（1967 年）、『箱男』（1973 年）、戯曲『友達』（1967 年）、『棒になった男』（1969 年）などを発表した。1973 年、「安部公房スタジオ」を結成し、演劇の仕事を精力的に進めた。ほかに、評論集に『砂漠の思想』（1965 年）、『内なる辺境』（1971）、対話集に『都市への回路』（1980 年）などがある。数多くの作品は外国語に翻訳されている。

2

実存主義、シュールレアリズム、共産主義などの影響を受けた安部公房は小説、戯曲、記録文学など多岐にわたるジャンルを実験したことがある。作品には奇想天外の発想が多く、文体の面において乾燥した特徴を示しており、難解なところも多い。それゆえに、国際的な名声にもかかわらず、単行本として出版された安部公房論はまだ少ない。研究の基本的なテキストとして『安部公房全作品』（15 巻、東京：新潮社、1972 ～ 1973 年）と『安部公房全集』（30 巻、東京：新潮社、1997 ～ 2009 年）が挙げられる。前者は作品のジャンル別で編集され、後者は編年体で編集されている。安部公房は作品を書き直す癖があるため、テキストの初出は要注意。『安部公房全集』には同じ作品の違う版がいくつか収録されているので、利用しやすい。安部公房の作品は小説と戯曲の二つの分野に分けられる。小説や作家論に関する基本的な研究として鶴田欣也『芥川・川端・三島・安部　現代日本文学作品論』（東京：櫻楓社、1973 年）、高野斗志美『安部公房論』（東京：サンリオ山梨シルクセンター出版部、1971 年）、渡辺広士『安部公房』（東京：審美社、1976 年）、佐々木基一『作家の世界　安部公房』（東京：番町書房、1978 年）、高野斗志美『増補　安部公房論』（東京：花神社、1979 年）、岡庭昇『花田清輝と安部公房』（東京：第三文明社、1980 年）、高野斗志美編『新潮日本文学アルバム 51　安部公房』（東京：新潮社、1994 年）などがある。戯曲に関する研究は小説研究より遅れていた。安部公房スタジオ編『安部公房の劇場　七年の歩み』（東京：創林社、1979 年）、ナンシー・K・シルス（Nancy k shields）『安部公房の劇場』（安保大有訳、東京：新潮社、1997 年）がある。安部公房の身内による伝記やエピソードのエッセイ集も続々と出版されている。安部ねり『安部公房伝』（東京：新潮社、2011 年）と山口果林『安部公房とわたし』（東京：講談社、2013 年）などである。安部公房の生涯にまつわる情報が多く読み取れる。また、研究の入門参考資料として、谷真介『安部公房文学語彙辞典』（東京：スタジオ VIC、1976 年）、谷真介『安部公房評伝年譜』（東京：新泉社、2002 年）がある。海外研究者の成果には、比較文学の視点から安部公房の作品を世界文学の範疇において論じているウィリアム・カリー（William Currie）『疎外の構図——安部公房・ベケット・カフカの小説』（安西徹雄訳、東京：新潮社、1975 年）がある。重要な基礎文献として『日本文学研究資料叢書　安部公房・大江健三郎』（東京：有精堂、1983 年）も挙げられる。ほかに安部公房の作品論を扱う雑誌特集は十数点あり、ジャンル、文学と思想、関連作家などの立場で安部文学の細部まで示唆的な研究がまとめられている。

2001 年以降の研究には、単行本として出版された研究書が四点あり、いずれも博士論文をベースにして作成されたものである。李貞熙『現代日本文学の旗手　安部公房の小説を読む』（서울：제이앤씨、2005 年）、コーチ・ジャンルーカ（Gianluca Coci）『安部公房スタジオと欧米の実験演劇』（東京：彩流社、2005 年）と鳥羽耕史『運動体・安部公房』（東京：一葉社、2007 年）、木村陽子『安部公房とはだれか』（東京：笠間書院、2013

年）などである。李貞熙氏は韓国人で、コーチ・ジャンルーカ氏はイタリア人である。海外研究者の注目が大きい点は、現時点における大きな特徴だと言えよう。また、波潟剛『越境のアヴァンギャルド』（東京：NTT 出版、2005 年）は、安部公房とシュールレアリズムと、『砂の女』に見る高度成長期のアヴァンギャルドをめぐって論じている。宮西忠正『安部公房・荒野の人』（東京：菁柿堂、2009 年）は安部公房の評伝であり、作者は安部公房の生涯とその時代を詳細に検証した。また、苅部直『安部公房の都市』（東京：講談社、2012 年）は政治学者による研究書であり、安部公房の中期作品群を都市・満洲・廃墟・失踪などのキーワードをめぐって論じるものである。2001 年以降の研究は従来の作家論、作品論の枠を破り、文学と関連人文科学との関連によりテキストの解読を進め、安部公房文学の新たな可能性を示している。中野和典は「安部公房『方舟さくら丸』論——脱国家主義の可能性」（『近代文学論集』27、2001 年）、「未帰還の引揚者——安部公房『けものたちは故郷をめざす』論」（『近代文学論集』32、2006 年）、「『蝦夷共和国』の顛末——安部公房『榎本武揚』と独立論」（『敍説』2/4、2002 年 8 月）を発表し、安部公房の代表作を新たな視点で論じている。木村陽子は安部文学の成立の背景を注目し、「文学の冷戦と安部公房——『R62 号の発明』試論」（『国文学研究』148、2006 年 3 月）、「安部公房の『壁』——奉天の『壁』と『S・カルマ氏の犯罪』」（『Showa literary studies』53、2006 年 9 月）を発表した。政治をめぐる安部の創作を論じているのは、米岡幹夫「安部公房の政治的理念に関する論攷——『東欧を行く——ハンガリア問題の背景』から」（『社会文学』18、2003 年）であり、テキストとメタファーを論じているのは、日高昭二「幽霊と珍獣のスペクタクル——安部公房の 1950 年代」（『文学』、2004 年 11 月）や武内さやか「『未完』作品 / テクストの位相——安部公房『さまざまな父』をめぐる問題」（『近代文学論集』30、2004 年）などである。友田義行「風景と身体——安部公房 / 勅使河原宏映画『砂の女』論」（『Modern Japanese Literature』74、2006 年 5 月）、鳥羽耕史「安部公房『砂の女』——性的な戦略について」（「特集・近代文学に描かれた性」、『国文学』73/4、2008 年 4 月）、畑中杏美「ノービス・コーナー Mary Shelley, Frankenstein における "the creature" の「覗き見」と安部公房『箱男』の「視姦行為」比較」（『The journal of the Jane Austen Society of Japan』2、2008 年）、抜山雄一「安部公房の『父親』たち——『S・カルマ氏の犯罪』から『夢の兵士』へ」（『近代文学・研究と資料』2、2008 年 3 月）は安部公房の作品を比較文学・文化の視点において論じている。また、日本語で書かれた海外研究者の論文では、鄒波「内向の迷路——安部公房の都市『風景』」（『東アジア日本語教育・日本文化研究』7、2004 年 3 月）と「中国における安部公房の受容について」（『東アジア日本語教育・日本文化研究』8、2005 年 3 月）が安部公房と中国とのかかわりを究明し、中国での受容を論じている。Ghosh Debashrita「安部公房にとってのロボット文学：短篇小説『R 62 号の発明』をめぐって」（『文学研究論集』22、2004 年 3 月）、Bolton Christopher「歌い合う機械たち——安部公房とサイエンス・フィクション」（内藤由直・友田義行訳、『文学』、2007 年 7 月）、Debashrita Ghosh Dastidar「『棒の森』の超時代性をめぐって：安部公房『棒になった男』論（『文学研究論集』26、2008 年 1 月）などの論文は SF やロボットに視点を絞り、異文化の立場からの「読み」を示している。

安部公房の作品が最初に中国語に訳されたのは《砂丘之女》（钟肇政・刘慕沙译、台北：纯文学出版社、1967 年）である。中国大陸で翻訳された最初の作品は《日本当代短篇小说选》（沈阳：辽宁人民出版社、1980 年）に収録されている呉樹文訳《诗人的生涯》である。文集として出版されたのは《砂女》、《箱男》、《他人的脸》(叶渭渠・唐月梅主编《安部公房文集》（3 卷）、珠海：珠海出版社、1997 年）である。中国での安部公房研究は 20 世紀 80 年代に始まり、

90年代に入ってから多くなってきた。代表的な論文には、胡志昂《日本战后派作家安部公房》（《外国文学报道》、1983年4号）、李徳純《开拓者：异化和荒诞的涌动——献给安部公房的安魂曲》（《世界文学》、1993年5期）、鄒波《“存在”的荒谬与超越——〈砂女〉》（《外国文艺》、2003年1期）と《“存在”与“異化”——安部公房作品之存在文学特征》（《解放军外国语学院学报》、2003年6期）などがあげられる。

3

『安部公房全集』の最終巻は2009年3月に発行され、新たに発見された書簡などが収録され、安部ねりの書下ろし評伝「安部公房伝記」が掲載されている。安部公房研究の基本的なテキストはこれでそろったと言える。安部公房の創作は50年間に及び、思想は実存主義、シュールレアリズム、共産主義などを遍歴して、ジャンルは小説、戯曲、写真など多岐にわたる。また、SF小説やテレビドラマ、映画にも触角をのばしている。それゆえに、安部文学の全体像を把握することは非常に難しい作業である。初期作に潜む安部文学の出発点の究明、『砂の女』に代表される中期の名作を都会の共同体、自我と他者との関係、身体論などの立場からの読解が期待される。晩期の実験的な作品をめぐり、安部公房が関心を示したクレオールやパブロフの理論との関連から研究を進める余地もある。

井上靖

1907年(明治40)～1991年(平成3)

蘆茂君

1

42歳で文壇に登場した井上靖（いのうえやすし）は、戦後、次々と話題作を世に送り出し、西域、シルクロードという魅惑的な響きを昭和の日本にもたらした、その美と永劫を追い求めた生涯と作品世界に迫る。1907年5月6日に北海道の軍都旭川の第七師団官舎で生まれ、3歳のときから約10年間祖母の溺愛を受けて育ったことが、後の人間形成や文学に大きな影響を与えることになる。1926年金沢の第四高等学校理科に入学、柔道部に入り、柔道では練習量がすべてを決定するという考えのもとに、極端な厳格主義、禁欲主義を自分に課した。1930年井上泰のペンネームで『日本海詩人』に投稿、詩作活動に入る。1936年『サンデー毎日』の懸賞小説で入選し、それが縁で毎日新聞大阪本社へ入社。戦争のため召集を受け出征するが、翌年には病気のため除隊され、学芸部へ復帰する。1950年『闘牛』で第22回芥川賞を受賞。1976年文化勲章受章。井上靖の文学世界には、歴史小説、自伝的小説、散文詩といったジャンルがあるが、現在までに確認されている既発表の著作は、詩462、短編270、長編74、エッセイ・雑纂2000点以上、合計すると400字詰め原稿用紙で約8万枚に達する。

2

1991年1月29日に井上靖が逝去し、作家自身が研究対象として完結したことで、研究動向は大きく変化した。以来、井上靖に関する資料の発掘、紹介が進み、作家像を捉える材料が整ってきた。肉親や関係者の発行する雑誌はそれらの仕事で中心的な役割を担っている。没後に発足した井上靖記念文化財団は、会報の『伝書鳩』（黒田佳子、西村承子、西村篤編集）をこれまで11号出している。肉親が編む雑誌として、各地の井上靖記念館、文学館の紹介や、井上靖の国内・海外旅行一覧表等の資料を毎回提供している。また井上靖の郷里である天城湯ヶ島町は、井上靖を追悼する記念誌『天城湯ヶ島町ふるさと叢書』を通算十一集発行した。同誌は井上靖の地元として学友たちの証言や所縁の人々のインタビューを掲載した。さらに生前の井上靖が同人として参加していた復刊『焔』（福田正夫詩の会発行）も第22号（1991年4月）、第23号（1991年6月）で追悼特集を組み、第44号（1997年3月）で井上靖特集を企画するなど、井上靖関連の文章、資料を数多く掲載している。1999年夏に三重県熊野市で毎日新聞時代の同僚竹本辰夫（故人）に宛てた書簡十二通が発見された、主に昭和二十年代に投函されたそれらの書簡は、新聞記者時代、新進作家時代の状況、心情を窺わせ、作家像の解明に示唆を与えるところが大きい。新潮社版『井上靖全集』（全28巻別巻1、1995～2000年）の刊行と、その編集に携わった曾根博義の一連の仕事は作品を論ずる方面に大きな影響を与えた。新潮社版『井上靖全集』は小説から詩、エッセイに至るまであらゆるジャンルの作品を収め、単行本に未収録の作品もほぼ網羅し、読者へのテキストの供給源として充実している。別巻には曾根博義によって「作品年表」「書誌」「作品名索引」が掲載され、またあわせて「年譜」（藤沢全）と「参考文献目録」（藤本寿彦）

が収録された。なお『解釈と鑑賞』の別冊特集である『井上靖　詩と物語の饗宴』（1996年12月）は井上靖の文学全容を解明すべく、詩、初期短編、現代小説、歴史小説などを論じた二十五本の論文を中心に構成されている。複数の執筆者による論文集としては、長谷川泉編『井上靖研究』（東京：南窓社、1974年）以来の充実した一冊となった。以上のような状況の中で研究成果がいくつか挙げられている。単行本では、評伝、伝記研究の分野で、福田宏年の『増補井上靖評伝覚』（東京：集英社、1991年）、藤沢全『若き日の井上靖研究』（東京：三省堂、1993年）、宮崎潤一の『若き日の井上靖——詩人の出発』（東京：土曜美術社出版販売、1995年）の三冊である。福田宏年の単行本は1979年9月に刊行されたものの増補版で、作家として発つまでの井上靖の生い立ち、経歴と文壇デビュー以降の同時代評が詳しく述べられ、詳細な年譜も収録されている。藤沢全の著書は家系を約200年前まで遡って追跡した上に、出生から文壇デビューに至る井上靖の足跡を綿密に調べ上げて記している。家系の調査としては過去に類を見ない詳しさであり、また作家の前半生についての新たな発見も多く見られる。宮崎潤一の著書は副題にあるように、四高時代の柔道部体験と詩作との関係、これまでほとんど知られていなかった弘前時代や出征体験など新たな事実をいくつか発見した。単行本としては、また新井巳喜雄の『井上靖——老いと死を見据えて』（東京：近代文芸社、1997年）、高木伸幸の『井上靖研究序説——材料の意匠化の方法』（国分寺：武蔵野書房、2002年）、藤沢全の『井上靖—グローバな認識—』（東京：大空社、2005年）、瀬戸口宣司の『表現者の回廊　井上靖残影』（東京：アーツアンドクラフツ、2006年）、三鬼宏の『井上靖の詩の世界：生誕百年記念』（東京：文芸社、2007年）などがある。研究書ではないが、没後に井上ふみ夫人が潮出版社から相次いで出した『風のとおる道』、『私の夜間飛行』、『やがて芽をふく』、『せせらぎ』（私家版）などの回想記は家庭での作家を知るための資料。

同じく出た山川康夫『晩年の井上靖「孔子」への道』（東京：求龍堂、1993年）、須田英夫『一途に井上靖先生』（新潟：新潟日報事業社出版部、1993年）、白神喜美子『花過ぎ　井上靖覚え書』（東京：紅書房、1993年）などはそれぞれ第三者の立場から作家との私的なかかわりを綴ったものである。次いで雑誌、記事では明確なテーマを持って持続的に論考を書き継いでいる研究者の取り組みがいくつか注目される。顧偉良は「井上靖『あすなろ物語』試論」（『弘学大語文』、1991年9月）、「小説としての「現実性」——自伝的小説「しろばんば」を視座に」（『言語と文芸』、1995年9月）、「『しろばんば』〔前篇〕論——風景の交錯」（『言語と文芸』、1997年12月）などを発表した。いずれもいわゆる自伝的小説についての論考だが、作家の存在よりもテキストを重視した論考である。高木伸幸は実証的な方法により、「「氷壁」論——「孤独」と「信頼」」（『国文学』、2000年9月）、「報告論『ナイロン・ザイル事件』の活用——井上靖「氷壁」補考」（『近代文学論集』、2001年11月）などは取材に基いて、小説に描かれる内容の事実関係を検証し、井上靖の小説化の方法とモチーフを明らかにしようとした一連の論考である。ほかには、柴口順一、福田宏年、曾根博義の三者による『蒼き狼』論争に関わる論考にはそれぞれ新見がある。1999年6月に発足した井上靖研究会（会長傳馬義澄）は「井上靖文学の研究を推進し、研究者間の交流をはかるとともに井上靖文学を永く後世に伝えることを目的」として、これまで13回の総会・研究集会を開催。2002年1月には『井上靖研究』創刊号を発行し、これまで11号出している。研究会および同誌には今後井上靖研究の拠点となるべき活動が期待される。2007年NHK大河ドラマの原作として『風林火山』が取り上げられたが、このように井上靖の作品は今後も形を変えて生き続けるだろう。

中国における井上靖文学研究は1979年から始まり、2009年までの30年間に、多くの論文が発表されたが、その殆どが中国に関わる歴史小説に集中している。

井上靖にとって、詩は不可欠な要素であり、絶対的な表現領域であった。井上靖は自分の詩が詩を逃げないように閉じ込めておく箱のようなものだといったが、井上靖の詩そのものが小説を逃げないように閉じ込めておく箱の役割をも果たしていた。しかしながら、小説が話題になるほどに、詩には光が当たっていない。詩の生成と特質が今後の研究の第一の課題であろう。

遠藤周作

1923年（大正12）～1996年（平成8）

史軍

1

遠藤周作（えんどうしゅうさく）は 1923 年 3 月 27 日に遠藤常久と郁の次男として東京に生まれた。そして母の影響で、遠藤周作は 1935 年 6 月 23 日に洗礼を受け、カトリック教徒になった。1950年戦後初めての留学生としてフランスに留学した遠藤周作は、二年半の留学生活を通して、宗教の本質を考えさせられた。遠藤は 1955 年 7 月『白い人』により芥川賞を受賞し、この前後の同賞受賞者である安岡章太郎、吉行淳之介らと共に「第三の新人」と呼ばれる。1957 年、神なき日本人の悲惨な精神世界を描くことを通して自分自身の信仰を解剖した『海と毒薬』を発表し、文壇的地位を確立した。1960 年から 1962 年までの病床生活により回心をした遠藤は『沈黙』（1966 年）において「母なる神」を浮き彫りにした。続いて、『死海のほとり』（1973 年）、『侍』（1980 年）を発表。フランスのカトリック作家たちの影響で、人間の罪悪を探求することも神に通じる道の一つであると信じている遠藤は初期の『白い人』に続いて、『スキャンダル』（1986 年）において人間の無意識に潜む悪を探求することを試みたが、晩年の集大成である『深い河』

（1993年）において、悪への救済とイエス像という二つの主題を溶け合わせようとしたのである。他方、遠藤周作は狐狸庵山人の別号をもち、ユーモア作家としてもよく知られている。

2

基本的な研究として江藤淳『成熟と喪失——“母”の崩壊』（東京：河出書房新社、1967年）、武田友寿『遠藤周作の世界』（東京：中央出版社、1969年）、『遠藤周作の文学』（東京：聖文社、1975年）、佐古純一郎『椎名麟三と遠藤周作』（東京：日本基督教団出版局、1977年）、玉置邦雄『現代日本文芸の成立と展開——キリスト教の受容を中心として』（東京：桜風社、1977年）、泉秀樹『遠藤周作の研究』（東京：実業之日本社、1979年）、佐藤泰正『「鑑賞日本現代文学」25　椎名麟三・遠藤藤周作』（東京：角川書店、1983年）、武田友寿『「沈黙」以後——遠藤周作の世界』（東京：女子パウロ会、1985年）、笠井秋生『遠藤周作論』（東京：双文社、1987年）、上総英郎『遠藤周作論』（東京：春秋社、1987年）、菊田義孝『遠藤周作論』（東京：永田書房、1987年）、上総英郎『十字架を背負ったピエロ—狐狸庵先生と遠藤周作—』（東京：朝文社、1990年）、遠藤周作・佐藤泰正『人生の同伴者』（東京：春秋社、1991年）、広石廉二『遠藤周作のすべて』（東京：朝文社、1991年）、三浦朱門『わが友遠藤周作　ある日本的キリスト教徒の生涯』（東京：PHP研究所、1997年）、遠藤順子・鈴木秀子『夫・遠藤周作を語る』（東京：文藝春秋、2000年）、笠井秋生・玉置邦雄編『作品論　遠藤周作』（東京：双文社出版、2000年）、川島秀一『遠藤周作　〈和解〉の物語』（大阪：和泉書院、2000年）、湯浅泰雄『湯浅泰雄全集第二巻　宗教哲学・宗教心理学』（東京：白亜書房、2000年）などがある。雑誌特集には、「遠藤周作の文学世界」（『解釈と鑑賞』、1975年6月）、「作家と出発期付・作家の出発期一覧」（『解釈と鑑賞』、1978年12月）、「遠藤周作」

（『解釈と鑑賞』、1986 年 10 月）、「遠藤周作と北杜夫」（『国文学』、1973 年 2 月）、「遠藤周作——グローバルな認識」（『国文学』、1993 年 9 月）などがある。以上の研究はほとんど文学や信仰などの視点から遠藤文学を考察しているものである。ただし、よく取り上げられている江藤淳の研究が『沈黙』の宗教性を否定しているのも留意すべきであろう。また、完全に遠藤の文学と信仰を否定する菊田義孝の研究もある。遠藤の後輩の広石廉二が作った遠藤の年譜は研究に欠かせない資料である。湯浅泰雄が心理学者として心理学の視点から遠藤の晩年の思想と作品を考察している論考も示唆に富んでいる。

2000 年以降には、次のような動向が見られる。遠藤周作の没後、彼の創作日記が次々と発見されたことは遠藤研究にとって重要な意味を持っている。特に「五十五歳からの私的創作ノート」を収録した『文芸別冊 [総特集]　遠藤周作』（東京：河出書房新書、2003 年）には未発表日記に対する山根道公の解説や、劇団『樹座』での遠藤の活動を紹介する資料がある。そして、神学、無意識、日本文学史などの視点から遠藤の文学と宗教思想を考察している木崎さと子、笠井秋生、佐藤泰正らの論文を収録した佐藤泰正『遠藤周作を読む』（東京：笠間書院、2004 年）、作品『沈黙』を中心に、遠藤文学の発展や到達点、代表作を詳しく考察した山根道公『遠藤周作——その人生と「沈黙」の真実』（東京：朝文社、2005 年）、遠藤文学を一々考察するわけではなく、遠藤の弟子として作家との付き合いや、遠藤の私生活を披露した加藤宗哉『遠藤周作』（東京：慶応義塾大学出版会、2006 年）、シンボルやメタファーなどに注目する研究方法で遠藤の『沈黙』、『深い河』などの代表作を考察した兼子盾夫『遠藤周作の世界——シンボルとメタファー』（東京：教文館、2007 年）などが遠藤周作の文学世界と宗教思想を知るために必読の文献となっている。

西洋では、遠藤周作はよく注目されている日本作家のひとりである。1991年5月、アメリカで行われた「遠藤文学研究会」には遠藤本人も参加し、その成果として刊行された遠藤周作・V.C. ゲッセル（Van C. Gessel）他『「遠藤周作」とShusaku Endo』（東京：春秋社、1994年）は日本の研究者にも影響を及ぼしている。また、西洋の研究では遠藤文学における「イエス像」に対する批判は少なくないことも重要視すべきであろう。

中国では遠藤文学についての研究はまだ不十分だと言えよう。遠藤の作品の漢訳は20世紀80年代から始まったが、翻訳されているのは、『沈黙』『スキャンダル』『深い河』など僅かな作品にとどまっている。作品の漢訳として、徐斌・陶万広訳《耶稣的生涯》（『イエスの生涯』）（长春：吉林文史出版社、1988年）、孫耀・王照南等訳《丑闻》（『スキャンダル』）（太原：北岳文艺出版社、1990年）、林水福訳《深河》（『深い河』）・《沉默》（『沈黙』）（海口：南海出版社、2009年）がある。近年、『海と毒薬』『沈黙』など遠藤の代表作を考察する論文が多くなってきた。その中で、路邈《文学与神学之间——略论远藤周作的〈沉默〉和〈深深的河〉》（《日语学习与研究》、2004年2期）、《从「海と毒薬」看日本人忏悔意识之缺乏》（《日语学习与研究》、2007年3期）、史軍《文学与信仰——远藤周作的宗教观》（《日语学习与研究》、2008年3期）、《试论远藤周作的〈黄种人〉》（《外语与翻译》、2009年4期）、《罪恶与拯救——远藤周作与弗朗索瓦・莫里亚克宗教观之比较》（《解放军外国语学院学报》、2010年5期）などがある。ほかには、『沈黙』と『深い河』を中心に遠藤の代表作を考察する路邈《远藤周作——日本基督宗教文学的先驱》（北京：宗教文化出版社、2007年）、年代を追って遠藤の文学経歴を考察する史軍《冲突、和解、融合——远藤周作论》（北京：光明日报出版社、2013年）があげられる。

3

明治時代以降、多くの文学者はキリスト教との関係の中で成長してきたのである。遠藤周作は芥川龍之介の『神々の微笑』を高く評価し、芥川が提出したキリスト教の受容の問題を自分の課題としている。遠藤は以前の文学者からどんな影響を受けたか、そしてそこからどんな発展を遂げたかという通時的な視点から、遠藤文学を研究するものはないとはいえないが、まだ不十分だといえよう。晚年の遠藤は無意識、心理学に強い興味を示している。心理学の視点から遠藤の宗教観や文学を研究する余地がある。また、『深い河』が示したように、宗教による衝突や戦争は今でも続いている。文学だけではなく、人類の信仰の原点に立ち返り、神学の視点から遠藤文学を研究して、その現実的な意味を再認識する必要があると思われる。

大江健三郎

1935年（昭和10）～

霍士富

1

大江健三郎（おおえけんざぶろう）は、愛媛県喜多郡大瀬村（現内子町大瀬）に、父大江好太郎、母小石の三男として生まれる。兄弟は兄二人、姉二人、弟一人、妹一人。9歳の時、祖母と父を続けて喪う。この夏大洪水が起こり、父の死と共に、後に『水死』（2009年）の題材となる。6歳から10歳まで、国民学校で軍国主義教育の全面的な影響を受ける。1945年8月15日、10歳の時、敗戦を迎える。戦争中や敗戦後の体験が、初期の作品に多く反映されている。18歳、愛媛県立松山東高校を卒業して東京大学を受験するが、失敗。帰郷の途中、高校の友人・伊丹十三の家に寄る。試験の疲れから風邪引きで寝込んでしまい、十三の妹ゆかりの看病を受けたのがきっかけで恋愛が始まる。19歳、東京大学文科二類に入学し、フランス文学科の学生になる。大学で、「サルトルを中心にフランス文学を学」ぶと共に、魯迅も大江にとっての大きな存在となる。22歳、『飼育』（1958年）で第39回芥川賞を史上最年少で受賞し、開高健、石原慎太郎らと共に新世代の旗手と認められる。59歳の時、1994年度のノーベル文学賞を受賞する。それ以後も、大江は新たな作品を相次いで発表し、『取替え子』(2000年)から『水死』(2009年)まで、その「晩年の仕事」を示しつつある。

2

ここでは、1957年『奇妙な仕事』によって、学生作家としてデビューして以来半世紀にわたる大江文学の創作を三期に分けて、それぞれの研究の軌跡をたどってみよう。

(1) 1957〜1979年の第一期：初期から展開期へ

①「歌の季節」(1957〜1958年)。この時期の代表作は、『奇妙な仕事』『飼育』『芽むしり仔撃ち』である。江藤淳は、この時期の大江作品は「ほとんどあらゆる流派の批評家の賛辞をほしいままにし」(『死者の奢り・飼育』[解説]、東京：新潮社、1959年)ていたことを指摘し、この時期を大江健三郎の「歌の季節」と呼んだ。この時期の大江文学の価値と意義は、次のように纏められる。(1)『飼育』によって、大江文学の舞台となる場所(＝四国の森にある谷間の村)とその構造(文学の想像力による神話的かつ民話的な世界)の基調が定められたこと。(2)作者である「私」と語り手である「僕」の分離により、視点が「場所」の内側と外側とに分かれるという、その後も繰り返し大江の小説に表われる視点の二重性が提示されたこと。

②過度期(1959〜1963年)。この時期の代表作には、『われらの時代』(東京：中央公論社、1959年)、『セヴンティーン』(『文学界』、1961年1月)と『政治少年死す』(『文学界』、1961年2月)、『性的な人間』(『新潮』、1963年5月)などが挙げられる。この時期の作品は、奥野健男と吉本隆明を除くあらゆる批評家から悪評を受けることになる。平野謙は、「『われらの時代』は文学上の試みとして画期の意味をもったといってもいいが、その試みが十分の成功をもたらさなかったのは、性の社会的側面の強調という点に、構成全体のウエートがかかりすぎていたからでは

ないか」（『大江健三郎全作品』2付録、東京：新潮社、1966年）と指摘する。

③転換期（1964～1967年）。1963年6月13日に大江光が生まれ、この日を境に大江文学に大きな転換がもたらされた。即ち、大江はこの個人的な体験を基にして、それまでの作品から一歩新しい文学的世界に進み出ることに成功したのである。代表作品には、『空の怪物アグイー』（『新潮』、1964年1月）と『個人的な体験』（東京：新潮社、1964年）がある。特に、『個人的な体験』は1964年度の新潮社文学賞を受賞するが、選考委員の選評は批判の声が多かった。亀井勝一郎は、この作品について、「最後の第十三章の、主人公の心の転換ぶりは、実に安易である。その死を願っていた畸型児の生を受け止め、それは同時に主人公の新生をも暗示しているらしい結末の描写には、大江氏の宗教的あるいは道徳的怠慢ぶりが露出している。まことに遺憾なことである」と厳しく批判している。王新新は「啓蒙文学」の視点から、「大江文学は再啓蒙の対象を自分に転化し」、「『個人的な体験』によって、成熟を見せた。その成熟はまさに自己への凝視と自己への啓蒙によるものである」（『再啓蒙から文化批評へ――大江健三郎の1957～1967』、仙台：東北大学出版会、2007年）という興味深い指摘をおこなった。

④展開期（1967～1979年）。この時期において、最も重要な作品は『万延元年のフットボール』（『群像』、1967年1～7月）であり、これがノーベル文学賞受賞の直接的な対象となった。篠原茂は、「この作品はそれまでの政治と性とを比喩の世界で結びつけることによって現代に迫ろうと苦闘してきた大江の文学的な世界に、歴史と民衆とを導入することで、人間救済の可能性を感じさせたという点で画期的な作品と言える」（『大江健三郎文学事典』、1998年）と評価する。また、小森陽一は「乗り越え点の修辞学――『万延元年のフットボール』の冒頭分析」という論文（『文学』、1995年4月）で、この作品の冒頭部は、「『日本』的統辞法に対

して抗いと抵抗をくりだしつづける、非『日本』的日本語を生成しようとしているのであり、そこで問われているのは、この言表主体の主体の在り方それ自体なのである。なぜなら『てにをはが合わない』という慣用句は、『日本語』の使用そのものの誤りを表現するものであるにもかかわらず、大江はここで、あえて『てにをは』を合わせないことによって、『てにをは』それ自体の意味の多義性を解放し、かつそれらによって統合される、意味をもつ言葉としての詞の多義性的原義を顕在化させようとしているからである」と述べて、大江「文体」の新しさと難解さの意味を解き明かす。この見解は、『万延元年のフットボール』の研究に新たな境地を切り開いたものとして評価されるべきであろう。

この時期の作品に関しては、多くの研究が発表されており、主なものだけでも、以下のような著作があげられる。松原新一『大江健三郎の世界』（東京：講談社、1967年）、野口武彦『吠え声・叫び声・沈黙——大江健三郎の世界』（東京：新潮社、1971年）、片岡啓治『大江健三郎——精神の地獄をゆく者』（東京：立風書房、1973年）、川西政明『大江健三郎論　未成の夢』（東京：講談社、1979年）、蓮実重彦『大江健三郎論』（東京：青土社、1980年）、松崎晴夫『デモクラットの文学——広津和郎と大江健三郎』（東京：新日本出版社、1981年）、黒木一夫『大江健三郎論——森の思想と生き方の原理』（東京：彩流社、1989.8）、王新新『再啓蒙から文化批評へ』（仙台：東北大学出版社、2007年）、武田勝彦・イワモト・ヨシオ・横地淑子編著『大江健三郎文学　海外の評価』（東京：創林社、1987年）、渡辺広士『大江健三郎』（東京：審美社、1973年）、王琢《想像力论——大江健三郎的小说方法》（上海：上海文艺出版社、2004年）、平野栄久『大江健三郎わたしの同時代ゲーム』（東京：オリジン出版センター、1995年）。

(2) 1979～1999年の激動の第二期

この時期に注目されるものは、『小説の方法』（東京：岩波書店、1978 年）と『同時代ゲーム』（東京：新潮社、1979 年）である。前者は理論篇であり、後者はその理論に基づいて創作された実践篇である。『同時代ゲーム』について、大江は「私がこれまでに書いてきていた四国の森のなかの谷間の、神話と歴史の伝承を総まとめにしたい、という意図」（『私という小説家の作り方』、東京：新潮社、2001 年）があったと述べたが、発表当時、この作品は評論家たちによって「軒なみ低い評価」を浴びせられた。とは言え、その中に肯定的な評価がなかったわけではない。川端香男里は、「作家は読者（聴き手）であり、同時に語り手である。（中略）『同時代ゲーム』という息苦しいほどに濃密な小説世界は、こうして自由な物語性を獲得し再生したのである」（「『時』と『再生』のメルヘン」、『新潮』、1987 年 3 月）と言っている。最近の霍士富の研究（《大江健三郎文学的时空美学》、《外国文学评论》、2009 年 1 期）では、この作品は大江文学における一つの転換期という位置を与えるべきだと考えられている。長編『同時代ゲーム』の挫折の後の 6 年間、大江は短篇集ばかり書く。この時期の短篇集には、『雨の木を聴く女たち』（東京：新潮社、1982 年）、『新しい人よ眼ざめよ』（東京：講談社、1983 年）などがあり、これらは多くの読者を獲得した。筒井康毅は「『雨の木を聴く女たち』には荒唐無稽さや気ちがいじみた冗談がない。あるのは『雨の木』というイメージだが、これとて奇怪なイメージというよりむしろ音楽的な美しいイメージである」（「極私的大江健三郎論」、『国文学』、1983 年 6 月）と賞賛する。『燃え上がる緑の木』三部作（『新潮』、1993 ～ 1995 年）に関して、井上ひさしは「サッチャンという両性具有の語り手」によって、「読者はこの多声の語りの先導で、注意力をたのしく強要されながら谷間の森の教会のダイナミックな歴史へ引き込まれていく。これは小説技法を究めて尽くした果てのめざましい工夫で、脱帽のほかありません」と極めて高い評価を与えている。

この時期の研究成果としては、次のような研究書が挙げられる。篠原茂『大江健三郎文学事典』(東京:スタジオVIC出版、1984年)、一條孝夫『大江健三郎の世界』(大阪:和泉書院、1985年)、本多勝一編『文筆生活の方法』(東京:晩声社、1987年)、榎本正樹『大江健三郎——八〇年代のテーマとモチーフ』(東京:審美社、1988年)、中村泰行『大江健三郎——文学の軌跡』(東京:新日本出版社、1995年)、本多勝一『大江健三郎の人生——貧困なる精神X集』)(東京:毎日新聞社、1995年)。

(3) 1999～2009年の「晩年の仕事」の第三期

「晩年の仕事」は10年前の『取替え子』(東京:講談社、2000年)から始まり、『水死』(東京:講談社、2009年)まで、6冊の小説が出ている。それぞれに関する代表的批評を紹介する。

『取り替え子』について、平岡敏夫は、「彼の妻の兄で、高校時代の親友だった映画監督伊丹十三(飛び降り自殺)と自身、妻、知的障害のある長男を素材として、取替え子という民間伝承をふまえた新たな方法により、これまでの総決算を行ったもので、大江文学が今後向かう方向を示した力作」(「ノーベル文学賞授与機関方向——川端康成・大江健三郎にふれて」、『日本文学』、2001年9月)と高く評価している。『水死』に関して、白石明彦は、「『水死』は、07年の『臈たしアナベル・リイ　総毛立ちつ身まかりつ』と対をなしている。この小説では、四国の百姓一揆などを通して、戦後民主主義という時代の精神が描かれた。大江が『水死』で描きたかったのは、戦時中に自ら体験した、『天皇陛下万歳』という言葉に支配される、もう一つの時代の精神だ」(『朝日新聞』、2009年12月19日)と述べている。

90年代以降の大江文学に関する研究はまだ少なく、霍士富著

『九十年代以降の大江健三郎―民話の再生と再建のユートピア―』（東京：菁柿堂　2005年）、また、霍士富「大江文学における時空間の表象——『二百年の子供』を中心に」（『日本文芸学』、2005年3月）、「『破壊する』建築の原理——大江健三郎『さようなら、私の本よ！』を中心に」（『日本文芸学』、2007年2月）、「人間存在における精神の星図を求めて——大江健三郎『臈たしアナベル・リイ　総毛立ちつ身まかりつ』を中心に」（『日本文芸学』、2009年3月）等が参考になろう。また、桑原丈和『大江健三郎論』（東京：三一書房、1997年）、黒古一夫『大江健三郎とこの時代の文学』（東京：勉誠社、1997年）、島村輝編『大江健三郎』（東京：若草書房、1998年）などがある。

ノーベル文学賞受賞以前の大江健三郎は、中国の文学界で全く無名だったと言ってもよい。中国で初めて彼の作品集が出版された（葉渭渠主編《大江健三郎作品集》5册、北京：光明日报出版社、1995年）のも、1995年のノーベル賞によるのである。また、それをきっかけに、小説だけでなく、エッセイや文学理論も相次いで出版される。その中で、大江文学の翻訳や研究に大きく貢献したのは許金龍である。許氏は丹念に大江の後期作品を翻訳し、大きな反響を呼んでいる。しかしそれにもかかわらず、今日まで、大江文学が川端文学や村上文学ほど広い読者を勝ち得ていないのも事実である。

3

以上のような研究の経緯を踏まえて、今後の課題をまとめると次のようになろう。

（1）エッセイや評論を通して、小説と文学理論との関係を把握すること。大江は自作についてのエッセイ等の中で、その創作動機、創作方法、作品主題などに言及している。これらを通して彼の文学理論と小説作品との間の関係を明らかにし、大江文学の特質をさらに深く解明していく必要がある。

（2）日本の戦後作家やその他の文学者らとの関連を明らかにすること。例えば、同時代作家として、開高健や井上ひさしとの関連を重視すべきであろう。その他にも、現代日本文学における大江健三郎文学の位置と意義を追求すべきであろう。

（3）大江文学と世界文学との比較研究。大江文学の特質を明らかにするためには外国の作家との比較が不可欠である。現在、特に必要かつ有効であると考えているのは、サルトル、魯迅、セルヴァンテス、エリオット、ミハイル・バフチン、マルケス、イェーツ、ダンテ、ドストエフスキー、ブレイク、オーデン、ラブレー等との比較研究である。

井上ひさし

1934年(昭和9)～2010年(平成22)

今村忠純

1

井上ひさし(いのうえひさし)、1934年、山形県東置賜郡小松町(現川西町)に、薬剤師の父・修吉、母マス夫婦の次男として生まれる。本名・廈。1939年6月に父、病死。1960年、上智大学外国語学部フランス語科を卒業。在学中、浅草のストリップ劇場「フランス座」の文芸部員となり、コメディアンたちと交友関係を結ぶ。1964年、NHK総合テレビで、人形劇『ひょっこりひょうたん島』放映開始（山元護久との共作）。同作は1969年に第9回日本放送作家協会賞最優秀番組賞受賞。1972年『道元の冒険』で岸田國士戯曲賞、芸術選奨文部大臣新人賞受賞。同年『手鎖心中』で第67回直木賞を受賞。1981年、『吉里吉里人』で日本SF大賞、翌年同作により読売文学賞（小説部門）受賞。1983年「こまつ座」座付作者となり、以後座の内外に多数の作品を提供。1985年「こまつ座」に紀伊國屋演劇賞団体賞が贈られる。1988年、昭和庶民伝三部作の完結とその成果に対してテアトロ演劇賞受賞。1997年より『すばる』誌上にて小森陽一とともに、ゲストを迎えて『座談会　昭和文学史』連載開始。2003年日本ペンクラブ会長に就任（～2007年）。2004年、梅原猛、大江健三郎、奥平康弘、小田実、加藤周一、澤地久枝、鶴見俊輔、三木睦子とともに「九条の会」呼びかけ人となり、その中心人物の一人として、亡くなるまで運動の先頭に立つ。2009 年恩賜賞（日本芸術院）受賞。2010 年 4 月 9 日肺ガンのため死去。小林多喜二の評伝劇『組曲虐殺』（2009 年）が遺作となった。

2

高橋敏夫の『井上ひさし 希望としての笑い』（東京：角川 SSC 新書、2010 年）は、「希望としての笑い」を鍵語に、「ひょっこりひょうたん島」から「ムサシ」「組曲虐殺」、さらに井上没後に刊行された長編小説『一週間』にいたるまでの井上ひさしの主要作品に言及する。明晰この上なく口跡のいい論調。小説（物語）、戯曲から精選した井上ひさしの言葉を主題ごとに全五章に腑分け。本書の周到な構成が、豊饒多産であった井上ひさしの仕事を語るのにふさわしく、着眼と論点の随所に知見が光る。日記形式によってつくられている『東京セブンローズ』（1999 年）を論じて「生活の広大さと雑然さとを無視しない日記というスタイルは、「絶対あるいは鳥瞰」を拒む」「日記的世界とは、虫瞰的まなざしによってとらえられた世界である」と論点を明示するがごときがそれである。これよりさき桐原良光の『井上ひさし伝』（東京：白水社、2001 年）が書き下ろされている。「作家自身と作家をよく知る多くの方々の証言」（あとがき）を通じて井上ひさし像を再建する。桐原良光は the 座第 10 号に掲載されていた「東京六大学野球戦没選手一覧」に、父桐原真二の名前を見つける。この the 座第 10 号は、国家神道の戦争責任を問う『闇に咲く花』（1987 年）のプログラム。「〈国体〉大事にいたずらに戦争を長引かせ、さらに多くの国民を死へと追い込んだこの〈国〉に筆者（桐原）は未だに許し難い思いがするのだ」と桐原は書いていた。戦死した桐原真二を父にもつ筆者の思いが「闇に咲く花」の批評に響き合っている。証言者から井上作品を解読するために重要な声が次々と聞こえてくる。桐原自身がその証言者の一人である。

『解釈と鑑賞』（2011年2月）が「井上ひさしと世界」を特集。中扉に「井上ひさしは「文学」を一羽の鳥にたとえていた。頭が詩、胴体が芝居、両翼が小説（エンタテインメントと純文学と）、しっぽは舵をとる批評である、と。井上ひさしこそまさにそれらすべてを体した一羽の鳥だった。大きく羽ばたく不死鳥だった。2010年4月9日に急逝した井上ひさしを悼み、世界の劇場に遺した氏の数々の言葉を、痛惜のおもいをこめてかえりみる。この特集を「井上ひさしと世界」と題し、さきの本誌別冊「井上ひさしの宇宙」の対としたい」と特集の構成（フォーマット）を説明する。この文章に「世界の劇場」とあるのには理由がある。シェイクスピア劇の白（せりふ）を想起しておきたい。井上ひさしに「天保十二年のシェイクスピア」もあるだろう。本誌別冊『井上ひさしの宇宙』（1999年）の対としたいともあるように、この二冊で井上ひさしの全仕事のだいたいが見通せるはず。二冊ともに著作目録（今村忠純）・上演目録（渡部昭夫）・文献目録（遠藤征広）を掲載し、目次が多面体の井上ひさしを証明する。小森陽一「井上ひさしへの七本の道」は、題名どおり井上に関しての七つの論点を提示し、柘植光彦「物語の受容と破壊」は、井上小説（物語）の方法と実験を論じ、日高昭二「井上ひさしと文学史」は、文学史家（批評家）としての井上について語る。今村の「御見物衆の力こそ」には、副題に「音楽劇と世界」とある。井上ひさしの劇ヴィジョンがなぜ音楽劇だったのかに答えている。論証は小論を参照願うが、やはり論点だけは引用しておく。「井上音楽劇の生成に、西洋近代劇移入の最良の帰結がある。それが（坪内）逍遥のいう「楽劇としての国劇」の達成であったと考えることも、決して付会（こじつけ）ではない。新国立劇場の開場記念公演（1997年）が、井上ひさしの『紙屋町さくらホテル』であったことは、とても重要である。この劇は1914年に宝塚新温泉プールを改造しスタートした宝塚少女歌劇団の「すみれの花咲く頃」を主題歌とする音楽劇だった。宝塚出身の園井恵子を、築地小劇場出身の丸山定夫に出会わせること、そこに井上のこの劇への思いもあったはずである。そして、移動演劇隊さくら隊は、広島宝塚劇場での公演にのぞむのだ。付言すれば、広島は、自由劇場と築地小劇場に「新劇」運動を推進した小山内薫の生まれ故郷であったことも想起しておきたい。『紙屋町さくらホテル』は、「楽劇としての国劇」だった。井上ひさしは「新劇」通史をこの「音楽劇」で読み解いていたのである」。以下特集「井上ひさしと世界」は「こまつ座の井上ひさし」「新国立劇場開場」「世界の劇場」「小説と物語と」という見出しのもとで各論がならぶ。そのなかで、井上ひさしの参照した劇がどのように井上劇に引用されているのかについて論証した岩佐壮四郎の「連鎖街のひとびと」論や、井上音楽劇の劇中歌問題に言及した宮内淳子の「太鼓たたいて笛ふいて」論がいずれも井上劇の劇たることの根拠を説いて出色。戯曲（劇）を論じることは「劇場の機知」（井上ひさし）を説くことの別言であることをあらためて知っておきたい。石原千秋が東京裁判三部作について、扇田昭彦が「ロマンス」について論じるがごときも同様である。石原・扇田によって「劇場の機知」が論じられているということは、同時にそれが井上演劇論にも通じているということである。「ブロードウェイと井上ひさし」（今村紅子）が、ニューヨークタイム紙に掲載された「ムサシ」の劇評のほぼ全文を翻訳し引用していることも知っておきたい。日本の劇評家のものと比較してみたい一例である。「剣（つるぎ）を（打ち直して）スラップスティックに変える」というこの劇評の題名自体が「剣を打ち直して鋤とし、槍を打ち直して鎌とする」（イザヤ書）からの見事な引用であり、「ムサシ」という劇のレトリックを表象してもいたのだ。成田龍一は『一週間』論で、「前半は日本軍批判、後半はソ連批判が主軸の物語だが、後述するように、そこにはいっけん対立する権力者同士が「合作」しているということが井上の主張であり、日本とソ連への批判が相互に入り組むことが、この小説の核心となる」「『一週間』は抑留経験を問題化するとともに、社会主義と社会主義運動の総括をするという大きな構えの小説となった。スターリンがチェチェン人を強制移住させたことも、しっかり書き込まれている。同時に、『一週間』は、二十世紀の重要課題である戦争と革命を中心に据えたハードな内容を持つが、井上作品として、読み始めたら最後まで息もつかせずに読ませてしまう。深刻な問題を扱いつつ、笑いを誘いながらの井上流の展開であり、なんともぜいたくな小説である」と明快に説いていた。

以下、『井上ひさしの宇宙』とこの特集の二冊の文献目録（抄）を手がかりに、まず井上ひさし特集誌などをあらためて読んでいくことが重要だ。たとえば、そうした特集誌のいちばんはじめの『国文学』臨時増刊「野坂昭如と井上ひさし」（1974 年 12 月）の巻頭言にあたる吉行淳之介の「野坂・井上に対する独断と偏見」の同時代（トレンド）と予見を前提に野坂・井上を読み始めなければならないと思われるからである。また、同誌の由良君美、高橋康也、前田愛、越智治雄、小池正胤、松坂俊夫、諏訪春雄などの明察にみちた論文を読み返すべきだし、「編年体・井上ひさし」（扇田昭彦）も有益だ。『ユリイカ』（1979 年 5 月）、『井上ひさしの世界』（白水社、1982 年）、『国文学』（1982 年 3 月）、『解釈と鑑賞』（1984 年 8 月）など。ここまでが『吉里吉里人』（新潮社、1981 年）とこまつ座の旗揚げ公演「頭痛肩こり樋口一葉」（1984 年）の区切りになる。そして、『井上ひさしの宇宙』は『東京セブンローズ』（1999 年）を区切りにしてのものだったことがわかる。今村のロングインタビュー「ひろがる世界、さまざまな言葉」は、「テアトル・エコーで「日本人のへそ」を上演してから三十年、「こまつ座」の旗揚げから十五年目、くわえての『東京セブンローズ』の完成、これが大きな一区切りになるのではないかと思います。井上さんは昭和 9 年のお生まれですから、今年、平成 11 年 11 月に誕生日が来れば 65 歳。区切りのいい数字がならびました」と始まる。「井上ひさしのいる風景」に大岡信、岩松了、永井愛、平田オリザ、高橋英夫のエッセイ、さらに「井上ひさしの言語記号」など、当該主題別に39名の論文がならんでいる。

大笹吉雄(『同時代演劇と劇作家たち』、東京:影書房、1980年)、村上也寸志(『「戦後」の終焉』、東京:はる書房、1991年)、新藤謙(『喜劇の精粋抄』、東京:勉誠出版、2003年)、内田洋一(『現代演劇の地図』、東京:晩成書房、2010年)、秋葉裕一(『演劇インタラクティヴ』、東京:早稲田大学出版、2010年)北村隆志(『反貧困の文学』、東京:学習の友社、2010年)など、井上ひさし劇についての各人各説のあるなかで、阿部好一の『ドラマの現代』(東京:近代文藝社、1992年)に収められた井上ひさし論は、井上劇の仕掛けと構造を精細に分析する。「コードネームは井上ひさし」(『国文学』、2003年2月)には、未刊小説「紙の家」についての小論とともに佐藤秀明の「ひょっこりひょうたん島」論などがある。山元護久との共作「ひょっこりひょうたん島」の放映されていた5年間、一日も欠かさずテレビの前に坐り、これをノートに書き取っていた少年がいた。その少年の名前を伊藤悟という。氏には『ひょうたん島大漂流記』(東京:飛鳥新社、1991年)などがあり、氏から「ひょうたん島」関連資料が、山形市蔵王にある「母と子に贈る日本の未来館」に寄贈された。この未来館誕生にいたるまでのことについては熊谷真一の文章があり、また別にthe座71号の最終頁にこまつ座からの「お知らせ」がある。山形県川西町には井上ひさしの蔵書20万冊を収める遅筆堂文庫があり、そこには常設の井上ひさし展示室もつくられている。井上は、仙台文学館の(開館から9年間)館長をつとめており、ここに井上ユリから井上の生原稿、草稿、未定稿の多くが寄贈されている。文学館には「一本の巨樹——井上ひさし」の常設展示もあり、2010年には開館10周年記念特別展「井上ひさし展」があった。このときのカタログが『井上ひさしの世界』。特別展以降にも資料を生かした井上ひさし展や井上ひさしを読む講座が行われている。

「こまつ座 25 周年」の特集は『悲劇喜劇』（2009 年 12 月）。これに井上ひさしの最後の声がのこされている。『一週間』や『紙の家』について、『ムサシ』『組曲虐殺』までのこまつ座の運動について、さらに井上は「こまつ座の明日」を語っていた。同誌には梅沢昌代、大竹しのぶ、ロジャー・パルバース（Roger Pulvers）、小曾根真、鵜山仁、渡辺昭夫、成田龍一、小森陽一などが寄稿。2005 年版「天保十二年のシェイクスピア」（蜷川幸雄演出）を掲載していたのは『悲劇喜劇』（2010 年 7 月）の井上ひさし追悼号。これには、野田秀樹、別役実、堀威夫、小池光、俵万智、小田島雄志など多くの寄稿がある。『悲劇喜劇』は、井上ひさしのデビュー誌である。同誌にかぎらず他の演劇誌のバックナンバーにも井上劇についての言及は少なくない。the 座のバックナンバー、プログラムなども。

小森陽一と成田龍一を核にしての座談会「井上ひさしの文学」が『すばる』で始まっている。その第一回「言葉に託された歴史感覚」（2011 年 5 月）のゲストに今村忠純と島村輝。まず小森による説明がある。「“井上ひさしの文学”全体をとらえ直す上でどういう切り口があるのかを、成田さんと私でいくつかの枠組を組み立ててみた。そして、今村さんと島村さんがその枠組みに即した作品を挙げて……。最初の入り口は、最後の長編小説『一週間』を中心に、井上さんが敗戦という歴史的な節目をどのように意識したのか、戦後社会とは。次に、『組曲虐殺』を手がかりに井上評伝劇の意味を問うこと。三番目は、『國語元年』を軸に言葉と言語の方向から国家について話し合う。四番目は、『日本人のへそ』をめぐり、日本人と日本語に組み込まれた社会的集合的記憶、井上ひさしの浅草体験について。『吉里吉里人』を中心に人間の〈座〉というつながりとユートピア、地域や共同体の問題についても考えていきたい。」

これの第二回が「“夢三部作”から読みとく戦後の日本」（2012年２月）でゲストに大江健三郎。新国立劇場で上演（再演も）された夢三部作「夢の裂け目」「夢の泪」「夢の痂」を中心に東京裁判、あるいは日本の敗戦をどのように受けとめたのかについて討議している。井上には江戸三部作、昭和庶民伝三部作もあり、別にホテル三部作の構想のあることを氏は話していた。「紙屋町さくらホテル」「箱根強羅ホテル」、そして「帝國ホテル」（仮題）。なお、成田がこの討議のあと「「東京裁判三部作」の井上ひさし」（『未来』、2012年3月）をまとめ、小森による井上（劇）論の開始（『すばる』、2012年4、7月）もある。そして第三回「自伝的作品とその時代」（2012年8月）のゲストは、辻井喬。

明年の配本開始にむけて井上ひさし全小説の編集がすすんでいる。井上ひさし研究を推進している井上恒による最も精密な井上ひさし著作一覧（書誌）が完成に近づいている。笹沢信の『ひさし伝』（東京：新潮社、2012）には、井上ひさしへの心服と共感があふれており、『井上ひさし』（東京：白水社、2011年）を編集した見（読）巧者、扇田昭彦の『井上ひさしの劇世界』（東京：国書刊行会）の刊行も間近である。

古井由吉

1937年(昭和12)～

翁家慧

1

古井由吉（ふるいよしきち）は20世紀70年代前後に出現した「内向の世代」の重要作家の一人である。1937年11月19日、父英吉、母鈴の三男として、東京都（現品川区旗の台）に生まれる。1953年4月、独協高校に入学、ドイツ語を学ぶ。1956年、東京大学文科二類に入学。1960年3月、文学部ドイツ文学科を卒業。卒業論文はカフカ。4月、同大学大学院に進学。1962年、ヘルマン・ブロッホ（Herman Broch）論によって修士の学位を取得後、助手として金沢大学に赴任。1965年、立教大学に転職、教養課程でドイツ語を教えるかたわらヘルマン・ブロッホやノヴァーリス（Novalis）、ニーチェ（Friedrich Wilhelm Nietzsche）について研究をすすめる。1966年、文学同人「白描の会」に参加。同人に平岡篤頼、高橋たか子などがいた。1967年、ヘルマン・ブロッホの長編小説『誘惑者』を筑摩書房より翻訳刊行。1968年、ロベルト・ムージン（Robert Musil）の『愛の完成』『静かなヴェロニカの誘惑』を翻訳しながら、小説を書き始めた。1月、同人誌『白描』に『木曜日』、11月には『先導獣の話』を発表。1969年7月、『菁色の空に』を『早稲田文学』

に、8 月『円陣を組む女たち』を『海』に、11 月『子供たちの道』を『群像』に、『雪の下の蟹』を『白描』に発表した。1970 年 3 月、立教大学を退職、8 年続いた教師生活をやめ、本格的な創作活動に入る。早期の代表作として『男たちの円居』（『新潮』、1970 年）、『円陣を組む女たち』（東京：中央公論社、1970 年）、『杳子』（『文芸』、1970 年 8 月）などがあげられる。1971 年、『杳子』で第 64 回芥川賞を受賞。「S」という青年と自閉症的なノイローゼを病む女子大生「杳子」との愛の物語を描いたこの作品は、その緻密で細やかな文体が当時の文壇に衝撃を与えた。その後、『妻隠』（『群像』、1970 年 11 月）、『行隠れ』（『文芸』、1971 年 2 ～ 11 月）、『櫛の火』（『文芸』、1973 年 9 月～ 1974 年 9 月）、『聖』（『波』、1975 年 1 ～ 12 月）、『栖』（『文体』、1977 年 9 月～ 1978 年 12 月）、『槿』（『作品』、1980 年 11 月～ 1981 年 5 月）、『山躁賦』（東京：集英社、1982 年）、『仮往生伝試文』（『文芸』、1986 年 2 月～ 1989 年 5 月）、『楽天記』（『新潮』、1990 年 1 月～ 1991 年 9 月）、『白髪の唄』（『新潮』、1994 年 7 月～ 1996 年 5 月）、『辻』（東京：新潮社、2006 年）、『白暗淵』（東京：講談社、2007 年）などの作品を発表した。ほかに、作品集に『古井由吉作品』全 7 巻（東京：河出書房新社、1982 年 9 月～ 1983 年 3 月）、『古井由吉全エッセイ』全 3 巻（東京：作品社、1980 年 4 ～ 6 月）がある。

2

小田切秀雄に名づけられた「内向の世代」の代表作家の一人として、古井由吉が最初に受けた評価は「自我と個人的状況のなかにだけ自己の作品の真実の手ごたえを求めようとしており、脱イデオロギーの内向的な文学世代」（小田切秀雄『満州事変から 40 年の文学の問題』、『東京新聞』、1971 年 3 月 23 日～ 24 日）といった否定的なものだった。しかし、彼の作品に共鳴した柄谷行人をはじめとする評論家たちは「脱イデオロギー」、「内向的な文学」といった政治主義的な見方に反論し、文体や方法などの視点から古井文学を解読し、積極的に評価した。代表的なものとして、柄谷行人「錯乱をみつめる眼——古井由吉『男たちの円居』」（『文芸』、1970年10月）、川村二郎「夢想の不吉な増殖力——古井由吉『円陣を組む女たち』」（『文芸』、1970年7月）、入沢康夫「日常生活の中への〈幻想性〉の出現——古井由吉「円陣を組む女たち」」（『群像』、1970年8月）、秋山駿「濃やかな空間」（『文学界』、1971年5月）、中野孝次「濃密、執拗な凝視——古井由吉「行き隠れ」」（『群像』、1972年6月）、広渡敦「『内面への道』は何処につながるか——古井由吉の作品によせて」（『民主文学』、1972年6月）、戸石泰一「古井由吉の文体」（『民主文学』、1972年3月）、曽根博義「古井由吉」（『解釈と鑑賞』、1974年11月増刊）、菅野昭正「象徴と全体——古井由吉『節の火』をめぐって」（『群像』、1975年12月）などがあげられる。

基礎的な研究としては、和田勉の『古井由吉論』（東京：おうふう、1999年）が豊富な参考文献目録を収め、現代文学における古井文学の位相を定め、高く評価されている。そのバックグランド的研究として、古屋健三の『「内向の世代」論』（東京：慶應義塾大学出版会、1998年）も見逃せない。そして、作品論の中では『杳子』論が一番進んでいるといえよう。沢田章子「古井由吉の作品について——『杳子』その他をめぐる感想」（『民主文学』、1971年4月）、中石孝「『杳子』古井由吉」（『解釈と鑑賞』、1973年5月）、布野栄一「古井由吉『杳子』」（『解釈と鑑賞』、1977年9月）、前田愛「空間の文学へ——都市と内向の世代」（『文学界』、1979年9月）、栗林昌子「古井由吉論——『杳子』をめぐって」（『国語国文学研究』、1984年3月）、和田勉「古井由吉『杳子』論」（『福岡女子短大紀要』、1988年6月）、紅野謙介「『杳子』論」（『国文学』、1988年8月）、曽根博義「文体・表現に即して——古井由吉『杳子』」（『国文学』、1989年7月）、片岡豊「杳子の至福・杳子の断念——古井由吉『杳子』論」（『作新国文』、1993年7月）、堀井謙一「『杳子』の現実的リアリティ」（『言語と文芸』、1995年1月）、江南亜美子「古井由吉論——杳子、その他性について」（『クリティシズム』、1998年12月）などがある。古井文学の根源ともいえる『杳子』に関する研究はさまざまな方法が導入されたが、中には柄谷行人の「病者の光学」説と前田愛の「都市空間」説がその後の『杳子』論に大きな影響を与えた。

2001年以降の研究については、『杳子』論が進められる一方、後期作品に関する作品論が続々と発表されているといえよう。『杳子』論における新しい研究成果としては、篠原秀征「『杳子』論——古井由吉文学の都市空間・序説」（『中央大学大学院論究〈文学研究科篇〉』、2001年3月）、後藤聡子「装われたメッセージ——古井由吉『杳子』をめぐって」（『東京女子大学日本文学』、2002年9月）、疋田雅昭「他者の「欲望」を前にして——古井由吉『杳子』をめぐって」（『立教大学日本文学』、2003年12月）、柴田勝二「杳子の姉——古井由吉『杳子』」（『叙説Ⅱ』、2003年1月）、翁家慧《论古井由吉〈杳子〉的叙事视角》（《国外文学》、2003年2期）、野々宮彩子「古井由吉『杳子』について——「現実」を解体する眼差し」（『群系』、2004年10月）などがあげられる。

後期作品に関する作品論には、古谷利裕の「踏みとどまる「膝」——古井由吉「白暗淵」論」（『群像』、2008年5月）、蓮実重彦の「素肌と背中——古井由吉「白暗淵」論」（『新潮』、2008年3月）、石曽根正勝「古井由吉「栖」読解のための基本的用件——ジェンダー・モダニティ・狂気」（『国語国文研究』、2007年12月）などがある。

2001年以降における古井研究の大きな動向としては、作家本人との対談、インタビュー及び往復書簡などが数多く発表されたことが挙げられる。古井が自ら自分の言語観、生死観、文学観など様々な話題について積極的に語っている。これらは古井文学を解明するための重要な参考資料だと考えていい。

従来の古井研究では文体論、心理学、病跡学、都市空間論、民俗学からのアプローチが多かったが、初期作の主題や方法を再現し、乗り越えようとする傾向がすでに『仮往生伝試文』や『白髪の歌』などの後期作品に明確に現れたため、古井文学世界を貫通する主題や方法などに関する研究の集大成が求められている。

中上健次

1946年(昭和21)～1992年(平成4)

張文穎

1

中上健次（なかがみけんじ）は戦後生まれ初の芥川賞作家である。1946年8月2日に母・木下ちさとの第六子として、和歌山県新宮市新宮6756番地（春日地区）に生まれた。戸籍上は木下健次という名で、長男ということになっている。父は鈴木留造。母ちさとと先夫である木下勝太郎（1944年病死）との間に異父兄二人（次兄は幼児期に死亡）・異父妹三人がおり、実父方に異母妹二人・異母弟二人がいる。新宮市立千穂小学校から、1959年、新宮市立緑ヶ丘中学校に進むが、その年の3月3日に、12歳年上の異父兄（長兄行平）が縊死するという事件がおきる。この出来事は自身の出自をめぐる地縁や血縁とともに、のちの創作活動を大きく方向付けていくことになる。1962年母ちさとと中上七郎との入籍に伴い、木下姓から中上姓になる。「私は母方で言えば三男、父方で長男、戸籍上で長男、育った家庭では次男という複雑極まりない状態で、ケンジである」（『又三郎』）。同年、和歌山県立新宮高校に入学。読書にふけり音楽に浸る日々が始まった。三年次に文芸部の機関紙『車輪』の発行に携わり、小説『赤い儀式』や詩を発表した。1965年、高校卒業を間近に控えて上京。予備校生ということで親から仕送りを受けながら、新宿歌舞伎町の「ジャズ・ビレッジ」に通いつめた。新左翼運動、小劇場運動、ヌーベルバーグにも出会った。そのころ同人誌『文芸首都』の会員となり、小説『俺十八歳』を発表。以後『文芸首都』を中心に文学活動を展開した。

被差別部落の出身であり、部落のことを「路地」と表現する。羽田空港などで肉体労働に従事したのち執筆に専念。初期は、大江健三郎から文体の影響を受けた。柄谷行人から薦められたウィリアム・フォークナー（William Faulkner）に学んだ先鋭的かつ土俗的な方法で、紀州熊野を舞台にした数々の小説を描き、ある血族を中心にした「紀州サーガ」とよばれる独特の土着的な作品世界を作り上げた。1976 年、『岬』で、第 74 回芥川賞を受賞。1992 年、腎臓癌の悪化により 46 歳の若さで死去。代表作は『十九歳の地図』『枯木灘』『地の果て至上の時』『千年の愉楽』『奇蹟』『軽蔑』などである。

2

中上健次文学についての評価は多義性を帯びている。前期の評価は主に物語論、文体論、路地論、地縁と血縁をめぐる研究などに集中している。今日まで何回も新聞雑誌特集が組まれている。例えば、特集「飛翔する同時代——中上健次・津島佑子」（『国文学』、1980 年 6 月）、特集「中上健次と村上春樹——都市と反都市」（『国文学』、1985 年 3 月）、特集「中上健次」（『国文学』、1988 年 8 月）、特集「中上健次——風の王者」（『国文学』、1991 年 12 月）、追悼・中上健次（『図書新聞』、1992 年 8 月）、追悼・中上健次（『現代手帖』、1992 年 9 月）、追悼・中上健次（『週刊読書人』、1992 年 9 月）、追悼・中上健次（『海燕』、1992 年 10 月）、追悼・中上健次（『群像』、1992 年 10 月）、追悼・中上健次（『すばる』、1992 年 10 月）、追悼・中上健次（『文芸』、

1992年11月）、特集「中上健次」（『ユリイカ』、1993年3月）、「中上健次・遁走する語り手」（『早稲田文学』、1993年6月）、特集「中上健次——先鋭なまなざしで世界を切る」（『国文学』、2006年12月）、特集「中上健次——21世紀の小説のために」（『ユリイカ』、2008年10月）などがある。

中上健次文学についての研究の圧倒的多数を占めているのはやはり物語論である。地縁と血縁にまつわる物語の生成から解体、或いは解体の物語へという読みの方向性が、前期評価のキー・コンセプトだといってよい。そこでは、「物語」「地縁」「血縁」「母系」「父系」「路地」「反復」「差異」「定型」「異界」といった言葉がキーワードとして多く用いられる。蓮實重彦「物語としての法」（『現代思想』、1977年8月）は、こうした言説の基礎をなす論文となった。作家自身もこのころから〈法・定型としての物語〉という問題をエッセイや対談で盛んに述べるようになった。それ以来、『地の果て至上の時』がひとつの分水嶺になって、『一番はじめの出来事』『岬』から『枯木灘』『千年の愉楽』までは物語の生成と大きな達成で、『熊野集』『地の果て至上の時』以降は物語の解体或いは解体の物語という区分法が確立した。秋山駿は「新しい時代の駄々っ子」（『新潮』、1978年5月）の中で、「血縁という人間のもつれ」の発見の過程を追った。古橋信孝は「中上健次論」（『国文学』、1985年3月）の中で中上健次作品の「物語の文体」について次のように述べている。「物語が登場人物語り手も聞き手も同一の位置に巻き込む共同性の文体のゆえにしばしば俗な面を持つように、中上の文体も通俗的なものに見える。むしろ通俗を意識化しているところに、中上の文体の特徴があるかもしれない」。井口時男は中上『地の果て至上の時』以降の作品をメタ物語としてみている（「物語の身体」、『群像』、1983年6月）。四方田犬彦は中上の中期以降の作品の中に「物語の解体と解体の物語の競合」があると分析している（「貴種の終焉　小説の誕生」、『新潮』、1983年7月）。もう一方では、物語論の束縛から解放するための研究も数多くある。例えば、テクスト研究として、「アジアの伝唱者·オリュウノオバー韓国で『千年の愉楽』を読む」（リービ英雄、『国文学』、1985年3月）、「自己言及の不可能性——『地の果て至上の時』のまなざし」（小森陽一、『ユリイカ』、1993年3月）などがある。

中上健次論においては、80年代末から90年代まで、すでに以下の4冊の記念碑的な本がある。四方田犬彦『貴種と転生・中上健次』（東京：新潮社、1987年；増補版、1996年）、明石福子『中上健次論：幻視の地が孕むもの』（大阪：編集工房ノア、1988年）、渡部直己『中上健次論——愛しさについて』（東京：河出書房新社 、1996年）、柄谷行人『坂口安吾と中上健次』（東京：太田出版、1996年）。この4冊の本が中上健次研究の上では重要な位置を占めている。4冊とも物語論、文体論テクスト分析が中心的な内容になっている。

2001年以降の研究において顕著な現象としては、比較研究が非常に目立っているという点が挙げられる。中上健次と大江健三郎の比較について、もうすでに2冊の単行本、井口時男の『危機と闘争——大江健三郎と中上健次』（東京：作品社、2004年）と張文穎の『トポスの呪力——大江健三郎と中上健次』（東京：専大書房、2002年）がある。1980年代以後、共同体が揺らぎ、超越への途も断たれ、文学が漂流を続ける「危機」の渦中で、井口時男は大江健三郎と中上健次の「闘争」が一致して指さす“貧しさ”について深く鋭く分析した。一方、張文穎は熊野と四国の森の中という日本現代文学の二つの「起源」を周縁側の視点から踏査し、探求した。

中上健次と村上春樹について、柴田勝二は『中上健次と村上春樹——〈脱六十年代〉的世界の行方』（府中：東京外国語大学出版会、2009年）の中で、「大きな物語」としての“60年代”をくぐりぬけて作家となった中上と村上両作家の差異と重なりを緻密に読み解き、ポストモダンの様相を浮かび上がらせた。中上健次の作品『岬』

『枯木灘』『地の果て至上の時』と、村上春樹の『風の歌を聴け』『1973年のピンボール』『羊をめぐる冒険』は奇妙に似ていると著者は指摘する。彼らの作品に登場する「龍造」や「鼠」の象徴する「暴力」「肉体」「情念」といったものこそが「60年代的」なものであり、それらの終焉を見届けることで、両者の主人公は「脱60年代」というポストモダンの地平に立つのだと著者は分析している。

高澤秀次の著した『中上健次事典：論考と取材日録』（東京：恒文社、2002年）は個人と全世界の一切を背負って駆け抜けた中上の没後10年を機に刊行された。克明な取材メモをもとに中上健次の全行程を浮かび上がらせる著者渾身の一書である。この書は、中上健次キーワード事典＋論考＋熊野・新宮全取材日録＋年譜で構成されている。

2003年に守安敏司の著した『中上健次論：熊野・路地・幻想』（大阪：解放出版社）は、生まれ故郷・新宮の路地を見続け、差別の構造に向き合い、自己を冷徹に対象化した中上作品をフィールドワークする本で、「一番はじめの出来事」から「地の果て至上の時」までの主要な作品を取り上げた中上健次論である。

また伝記も見逃すことができない。これまでに。高澤秀次氏『評伝中上健次』（東京：集英社、1998年）と、高山文彦『エレクトラ　中上健次の生涯』（東京：文藝春秋、2007年）の、ふたつの伝記が出版されている。2冊とも大きな反響を呼んでいることから、中上健次の人気の高さが窺える。

毎年8月に新宮市で行われる熊野大学セミナーは現在の中上健次研究を牽引する役割を果たしている。「熊野大学」は中上健次によって1990年に設立された。中上は、惜しくも1992年夏46歳の若さで他界し、その後は彼の意志を受け継いだ有志が中心になって活動を続け、現在に至っている。毎年恒例の夏期特別セミナーは、渡部直己や高澤秀次がコーディネートし、柄谷行人や浅田彰をはじめとする著名な評論家、作家、文化人等をゲストに招いて開催されている。その一端は、新聞や文芸誌（『すばる』や『早稲田文学』）などでたびたび採り上げられている。2000 年夏にはその活動の一部をまとめた『中上健次と熊野』（東京：太田出版）が刊行された。

3

今後の研究課題としては、比較研究を更に広範に行う必要があり、例えば同時代の女性作家との比較が必要ではないかと思う。また中上文学の細部に切り込む研究も期待されている。中国側の研究は残念ながら、非常に少ない。張文穎は中上健次と中国の作家莫言との比較研究を試み、「現代のマレビト——中上健次と莫言の文学」（《日语语言文化研究》第 3 辑、北京：中国传媒大学出版社、2008 年）の中で、中上健次と莫言の“異質性”について考察した。また翻訳についても台湾地域には 2 冊の訳書があるだけで（萧云菁译《岬》、台北：新雨出版社、2007 年；王海・李旭译《十九岁的地图》、台北：新雨出版社、2008 年）、中国大陸ではまだ 1 冊も出ていないのが現状である。

村上龍

1952年(昭和27)～

南雄太

1

村上龍（むらかみりゅう）、長崎県佐世保市生まれ。武蔵野美術大学中退。デビュー作である『限りなく透明に近いブルー』（1976年）で群像新人文学賞、芥川賞を受賞。その後、『コインロッカー・ベイビーズ』（1980年）で野間文芸新人賞、『村上龍映画小説集』（1995年）で平林たい子文学賞、『イン　ザ・ミソスープ』（1997年）で読売文学賞、『共生虫』（2000年）で谷崎潤一郎賞、『半島を出よ』（2005年）で野間文芸賞、毎日出版文化賞、『歌うクジラ』（2010年）で毎日芸術賞をそれぞれ受賞する。他の代表作に、『愛と幻想のファシズム』（1985年）、『69 sixty nine』（1987年）、『トパーズ』（1988年）、『五分後の世界』（1994年）、『KYOKO』（1995年）、『ラブ＆ポップ』（1996年）、『希望の国のエクソダス』（2000年）などがある。

また小説家に留まらず、映画監督、キューバ音楽のプロデューサー、TV番組の司会者など幅広い分野で精力的な活動を展開している。

2

村上龍のデビュー作である『限りなく透明に近いブルー』は、麻薬とセックスに明け暮れる若者たちの退廃的な日常を描いたことから、当時の文芸ジャーナリズムに一大センセーションを巻き起こした。芥川賞受賞時における「芥川賞選評」（吉行淳之介・丹羽文雄・中村光男・井上靖・永井龍男・瀧井孝作・安岡章太郎「芥川賞選評」、『文芸春秋』、1976 年 3 月）をはじめとする同時代評からも当時の文壇がこの作品から受けたであろう衝撃の一端が窺い知れる。

ただし、このような衝撃的なデビューにも関わらず、自らが作家的自歩を固めたとする『コインロッカー・ベイビーズ』を発表するあたりまで、文学研究の領域において、村上龍はまだ自立した作家として個別に論じられるというよりは、むしろ、中上健次や三田誠広といった同世代作家との比較を通じて、同時代の文学状況を俯瞰的に探る際の証言者のひとりとして扱われる存在だったと言える。初期代表作とされる『コインロッカー・ベイビーズ』にしても、発表当初はやはり世代論的な視座からの言及が主流を占めていた。

しかし 80 年代以降、作家としてのキャリアを着実に積み重ねていくにつれ、村上龍に特化した作品論・作家論は徐々に増えていき、1990 年代に入ると、「村上龍　欲望する想像力」（『国文学』、1993 年 3 月）、「総特集＝村上龍　Bad Boy の新たなる出発」（『ユリイカ』臨時増刊号、1997 年 6 月）といった雑誌特集が相次いで組まれ、村上龍研究は一段と活気付いていくこととなる。そしてこの頃から、柄谷行人（「想像力のベース」、『Ryu Book　現代詩手帖特集版』、東京：思潮社、1990 年）や小森陽一の諸論（「基地・戦争・欲望のヴィジョン」、『国文学』、1993 年 3 月）を嚆矢として村上龍の文学的立脚点を解き明かそうとする試みもしだいに増え、戦後日本の隠蔽した被占領性が露出する場としての基地の街こそが村上龍の文学的想像力の原点であるという言説が徐々に定着して行くこととなる。ただしここで留意すべきは、80年代から90年代にかけて、村上龍は、SM、スポーツ、美食、キューバなど多様な領域をモチーフとした作品を数多く産出しており、こうした作家としての立脚点を解明しようとする試みが増える反面、村上龍はすでにそうした作家的想像力の出発点から敷衍して、その文学活動の軌跡を体系的に捉えようとすることが困難な存在となっていたこともまた事実なのではないかということだ。その意味で、「この本は正確なスタンスを測ったうえでの『作家論』のショットではない」(野崎六介『リュウズ・ウイルス　村上龍読本』、東京：毎日新聞社、1998年）とした野崎六介、および、村上龍を「文化総体のなかを泳ぐ人」として捉えた陣野俊史『龍以降の世界　村上龍という「最終兵器」の研究』（東京：彩流社、1998年）による2冊の村上龍論は、そうした困難を引き受けざるを得なかったものとして見ることが可能である。（なお、デビューから90年代末までの研究の軌跡については、吉田司雄「研究動向　村上龍」（『昭和文学研究』、2000年9月）が、より詳細な記述をしているので、そちらも参照されたし）。

そして21世紀に入り、インターネットという新たな情報伝達ツールの普及にともない、ウェブ上にもその活動の領域を広げ、金融・経済の問題ついての討議を主目的としたメールマガジン『JMM』（1999年創刊）を主宰するに及び、村上龍の関心は更なる多様化・拡散の様相を呈してくる。2001年に『国文学』誌上で組まれた「村上龍特集」（『国文学』臨時増刊号、2001年7月）では「村上龍・変移するフェイズ6」と称して、世界経済・金融、学校、戦争・暴力、フーゾク、キューバ・音楽、映画といった六つの側面からの村上龍論が掲載されているが、こうしたトピックの立てられ方にも21世紀の村上龍が持つ関心の幅広さが如実に表れていると言えよう。

ただし21世紀におけるこのような村上龍の多様な社会的事象に対する積極的なコミットは、経済学者や教育関係者といった文学領域以外の専門家からは高く評価されたものの、文学者側からの反応は芳しからざるものだったと言わざるを得ない。例えば、「引きこもり、戦争、インターネットと、村上龍は全体を見通そうとする視線を求めすぎている」とする紅野謙介（「小説『共生虫論』――物語の誘惑と敗北の物語」、『国文学』臨時増刊号、2001 年 7 月）の指摘をはじめ、斎藤美奈子（「彼らの反動　明るい退廃時代の表象アイドル論 4　村上龍」、『世界』、2001 年 8 月）なども紅野と同様の視点から社会のあらゆる領域に関心を向けつつ、矢継ぎ早にそれを物語化していく村上龍の姿勢を性急すぎるとして批判的に捉えている。そしてまた、こうした村上龍の社会的発話に対する性急さを指摘する声が高まるのと平行して、その作品やエッセイを通じて大量に発信される日本批判の内実を問い直そうとする試みも見られるようになってくる。村上龍の言語観を軸に、日本の閉塞性に対する村上龍の批判が実はナショナリスティックな欲望を孕んだものであることを指摘した広瀬正浩の諸論（「村上龍の『タイムズ・スクエア』論とその背景」、『名古屋近代文学研究』、2001 年 12 月；「村上龍の日本批判の視座――『イン・ザ・ミソスープ』試論」、『阪神近代文学研究』、2002 年 3 月）や、「半身だけを日本の外部に置き、しかし日本の内側に向けて書く」（飯田一史「村上龍はなぜ『カンブリア宮殿』に至ったのか？」、限界小説研究会編『サブカルチャー戦争――「セカイ系」から「世界内戦」へ』、東京：南雲堂、2010 年）という村上龍のスタンスの限界を示唆した飯田一史の論考などがその代表であるが、これらの批判は、日本の外部にある場として基地の街をある意味で特権化し、その出自を原動力に創作活動を行ってきた村上龍の文学的想像力のあり方、あるいはそうした村上龍の姿勢を肯定的に評価してきた先行研究に対し一石を投じたものであったと言えよう。

しかし、このように村上龍に対する批判が目立つようになるなか 2005 年に発表された『半島を出よ』は、これをもって村上龍の 30

年にわたる作家活動の集大成と観る松浦寿輝の絶賛（松浦寿輝・星野智幸・陣野俊史「鼎談　村上龍『半島を出よ』を読み解く」（『文学界』、2005 年 7 月）を筆頭に、石川巧（「侵略者は誰か——村上龍『半島を出よ』」、松本常彦・大島明秀編『九州という思想』、福岡：花書院、2007 年）が日本における帝国主義の記憶との関連から本作を論じるなど、文学関係者からは高度な文学性を有した作品として受け入れられることとなる。そしてまた、この『半島を出よ』刊行に前後するかたちで、村上龍の文学活動を総体的に捉えなおそうとする試みも再び活発化してくる。その代表としては、村上龍の諸作品を作品舞台によって類別することで、その文学活動に一貫したパースペクティブを与えようと試みた南雄太（『村上龍作家作品研究　村上龍の世界地図』、東京：専修大学出版局、2007 年）、および村上龍の日本社会に対する危機感を軸にその文学世界を俯瞰的に捉えようとした黒古一男（『村上龍　「危機」に抗する想像力』、東京：勉誠出版、2009 年）による二著作がある。ただし最後にあえて言えば、前述したように村上龍は多様な領域を活発に移動する存在であり、どのような観点から論じようと、その視点は自ずと局所的なものにならざるを得ないのもまた事実なのではなかろうか。その意味から言えば、前記の 2 冊もそうしたある種の局所性を間逃れているとは言えないだろう。しかし、だからこそ、そうしたリスクを自覚しつつも、新たな視点からその文学世界を編集・論述した斬新な村上龍論が常に待ち望まれていると言えるのだ。

村上春樹

1949年（昭和24）～

楊炳菁

1

村上春樹（むらかみはるき）、京都府京都市伏見区に生まれ、兵庫県西宮市、芦屋市で育った村上春樹は、日本現代小説家の中で最も海外に知られている作家の一人である。1968 年、早稲田大学第一文学部演劇科に入り、1975 年同大学を卒業した。在学中、高橋陽子と学生結婚し、後に国分寺でジャズ喫茶「ピーター・キャット」を開いた。1979 年、『風の歌を聴け』で群像新人文学賞を受賞して作家デビューした。『風の歌を聴け』が同年第 80 回芥川賞の候補作となった。ジャズ喫茶経営中に、『1973 年のピンボール』、「町と、その不確かな壁」、『中国行きのスローボート』などを発表し、1981 年、専業作家となることを決意して店を人に譲った。以来、多数の作品を創作して人気作家となった。2000 年以後、国際的に注目度が高まり、フランツ・カフカ賞（2006 年）、エルサレム賞（2009 年）などを受賞した。主要な作品としては、『羊をめぐる冒険』（野間文芸新人賞）、『世界の終りとハードボイルド・ワンダーランド』（谷崎潤一郎賞）、『ノルウェイの森』、『ねじまき鳥クロニクル』（読売文学賞）、『海辺のカフカ』、『1Q84』などがある。村上春樹は小説家であると同時に、翻訳家でもある。スコット・フィッツジェラルド（Scott Fitzgerald）、レイモンド・チャンドラー（Raymond Chandler）、J・D・サリンジャー（Jerome Salinger）などのほか、レイモンド・カーヴァー（Raymord Carver）全集の翻訳など、多くの訳書がある。

2

丸谷才一は第22回群像新人文学賞の選評で、「『風の歌を聴け』は現代アメリカ小説の強い影響の下に出来上がったもの」と指摘し、村上春樹の登場を「文学趣味の変化」や「一つの事件」と予言した（「新しいアメリカ小説の影響」、『群像』、1979年6月）。以来30年、今日村上春樹は日本現代文学を研究する上で避けて通ることのできない人物となり、その作品も「文学のあるべき姿」を絶えず研究者に考えさせるものとなっている。

村上文学の研究は、ベストセラー『ノルウェイの森』（1987年）の出版を挟んで前後二つの時期に分けられる。初期の研究は、川村三郎、加藤典洋などがその代表で、「都市の文学」「全共闘世代の共通感覚」などと評された。主要評論、雑誌特集、及び著書には次のようなものがある。川本三郎「「都市」の中の作家——村上春樹、村上竜をめぐって」（『文学界』、1981年11月）、三浦雅士「村上春樹とこの時代の論理」（『海』、1981年11月）、松本健一「主題としての「都市」」（『文芸』、1982年1月）、加藤典洋「自閉と鎖国——九八二年の風の歌—村上春樹「羊をめぐる冒険」」（『文芸』、1983年2月）、「中上健次と村上春樹——都市と反都市〈特集〉」（『国文学』、1985年3月）、「村上春樹〈特集〉」（『文学界』、1985年8月）、『Happy Jack　鼠の心——村上春樹の研究読本』（東京：北宋社、1984年）、鈴村和成『未だ/既に　村上春樹と「ハードボイルド・ワンダーランド」』（東京：洋泉社、1985年）、久原伶『シーク&ファインド　村上春樹』（東京：青銅社、1986年）。

中でも、鈴木和成の『未だ / 既に』は、『世界の終りとハードボイルド・ワンダーランド』における記号性を多面的に論じていて、現在まででもっとも充実した作品研究の 1 冊とも言える。

1987 年、「100% の恋愛小説」と銘打った『ノルウェイの森』が刊行され、上下 430 万部を超える大ベストセラーとなった。これをきっかけに、村上春樹ブームが起きる一方で、村上春樹研究のブームも巻き起こった。その研究の多くは作品の解読を中心に、多方面から村上春樹文学を論じている。特に『ノルウェイの森』をめぐる分析が多いようだ。この時期に出版された重要な著書には次のようなものがある。今井清人『村上春樹――OFF の感覚』（東京：国研出版、1990 年）、黒古一夫『村上春樹と同時代の文学』（東京：河合出版、1990 年）、村上啓二『「ノルウェイの森」を通り抜けて』（東京：JICC 出版局、1991 年）、横尾和博『村上春樹の二元的世界』（東京：鳥影社、1992 年）、加藤典洋編『イエローページ 村上春樹』（東京：荒地出版社、1996 年。2004 年『イエローページ PART2』、2009 年『イエローページ PART3』も刊行）、吉田春生『村上春樹、転換する』（東京：彩流社、1997 年）、石倉美智子『村上春樹 サーカス団の行方』（東京：専修大学出版局、1998 年）、栗坪良樹・柘植光彦編『村上春樹スタディーズ 01 ～ 05』（東京：若草書房、1999 年）、村上春樹研究会編『村上春樹作品研究事典』（東京：鼎書房、2001 年、2007 年増補版）、平野芳信『村上春樹と≪最初の夫の死ぬ物語≫』（東京：翰林書房、2001 年）、三浦雅士『村上春樹と柴田元幸のもう一つのアメリカ』（東京：新書館、2003 年）、清水良典『村上春樹はくせになる』（東京：朝日新聞社、2006 年）、石原千秋『謎とき 村上春樹』（東京：光文社、2007 年）。この中で、加藤典洋の『イエローページ』シリーズ、吉田春生の『村上春樹、転換する』、清水良典の『村上春樹はくせになる』及び石原千秋の『謎とき　村上春樹』は、作品研究の優れた著書として高い評価を受けている。また、『村上春樹スタディーズ』シリーズは 1980

年代以降の重要な村上春樹論を網羅し、『村上春樹作品研究事典』は作品の梗概、評価などを収録しているので、両書とも村上春樹を研究する際には欠かせないものとなっている。

2001 年以降の研究を見ると、次のような新しい特徴がある。まず、若手研究者の活躍がめざましい。従来の中堅研究者が引き続き研究成果をあげる一方、続々と若手研究者が登場し、それによって、村上春樹研究が大いに進展した。林正の『村上春樹論 コミュニケーションの物語』（東京：専修大学出版局、2002 年）、風丸良彦の『越境する「僕」村上春樹、翻訳文体と語り手』（東京：試論社、2006 年）、大塚英志の『物語論で読む村上春樹と宮崎駿』（東京：角川書店、2009 年）、山根由美恵の『村上春樹〈物語〉の認識のシステム』（東京：若草書房、2007 年）、半田淳子の『村上春樹、夏目漱石と出会う』（東京：若草書房、2007 年）がその代表的な著書であり、太田鈴子の「村上春樹『国境の南、太陽の西』の語りの構造」（『学宛』、2005 年 3 月）、安藤礼二の「王国の到来　村上春樹『1Q84』」（『新潮』、2009 年 9 月）が論文の代表だと言ってもよい。中でも、特筆すべき研究成果として、山根由美恵と半田淳子の著書があげられる。山根は『村上春樹〈物語〉の認識のシステム』で、〈物語〉をキーワードに作品研究を行い、また〈書く行為(エクリチュール)と語る行為(ナラティヴ)〉の角度から村上春樹の改稿問題を論じた。一方、半田は『村上春樹、夏目漱石と出会う』で、夏目漱石と村上春樹の作品を対照し、日本のモダンとポストモダンの連続性という視点から両者の関係を論じた。上記 2 冊の著書はともに著者自身の博士論文をもとに出版されたものである。

次に、文化批評、ジェンダーの視点から研究を行う傾向である。小森陽一の『村上春樹論「海辺のカフカ」を精読する』（東京：平凡社、2006 年）と渡辺みえこの『語りえぬもの：村上春樹の女性（レズビアン）表象』（東京：御茶の水書房、2009 年）をその典型的な例としてあげることができる。小森は『村上春樹論　「海辺のカフカ」を精読する』で、綿密なテクスト分析を行い、『海辺のカフカ』を〈処刑小説〉だと断じた。また、戦争の記憶を提起し、文学における言葉、記憶の大切さを論じた。世界中で起こった村上春樹ブームの中で、小森の著書は迫力のある一冊として、日本国内にとどまらず、海外にも大きな影響を及ぼした。一方、渡辺の著書は、近年ジェンダーの視点から村上春樹文学を研究する一つの成果であり、著者は女性学の幅広い識見を駆使し、『ノルウェイの森』『スプートニクの恋人』に登場する女性像を論じた。

三つ目の研究の特徴として、受容研究があげられる。ロシア文学研究者沼野充義は、「いまや村上春樹は日本の作家であるというよりは、世界の作家と呼ぶべき存在になっている」と指摘している（「ルポルタージュロシアの村上春樹——「モノノアワレ」から世界文学へ」、『文学界』、2006 年 5 月）。今日、村上春樹の作品は海外の読者が激増し、その事務所の仕事量も三分の二は海外に関するものだという（「物語の力——村上春樹氏インタビュー」、『中日新聞』、2008 年 4 月 18 日付夕刊）。受容、特に翻訳をめぐる諸問題は、今後の村上春樹研究の一つの方向とも言える。柴田元幸たちが編集した『世界は村上春樹をどう読むか』（東京：文藝春秋、2006 年）と藤井省三編の『東アジアが読む村上春樹』（東京：若草書房、2009 年）が受容研究の初期の成果である。また、中国における村上文学の翻訳と受容について、藤井省三の著書『村上春樹のなかの中国』（東京：朝日新聞社、2007 年）と孫軍悦の論文「〈誤訳〉のなかの真理——中国における『ノルウェイの森』の翻訳と受容」（『日本近代文学』、2004 年 10 月）が挙げられる。

3

一方、中国で初めて村上春樹の小説を翻訳したのは台湾地域の頼明珠で、初めて大陸の読者に村上文学を紹介したのは文潔若である。頼明珠は三篇の短編小説、『街のまぼろし』『1980 年におけるス—

パー・マーケット的生活』『鏡の中の夕焼け』を翻訳し、文潔若は《一九八五年的日本文学》（《日本文学》、1986年2期）で、長編小説『世界の終りとハードボイルド・ワンダーランド』を紹介した。これを嚆矢として、中国では村上春樹の翻訳と研究が始まった。1986年第2期の《日本文学》に頼明珠訳の短編が載せられ、1989年に林少華訳の『ノルウェイの森』が漓江出版社により出版された。今日中国大陸では、村上春樹の小説が殆ど翻訳され、その数はエッセイ、紀行文などを含め合計34点（2009年12月31日まで）にのぼる。そして、初期の研究成果として、李徳純、王向遠並びに林少華の論文が挙げられる。李徳純の《物欲世界的异化——日本“都市文学”分析》（《世界博览》、1989年4期；漓江版『ノルウェイの森』の序言）は川本三郎の村上春樹論の延長線上にあり、村上文学を都市文学の代表として紹介した。王向遠は《日本后現代主义文学与村上春树》（《北京师范大学学报》、1994年5期）で、「自我の解消」に焦点を絞り、村上文学を日本のポストモダン文学として位置づけた。林少華は《村上春树作品的艺术魅力》（《解放军外国语学院学报》、1999年2期）で、村上春樹の主要作品を紹介し、現代日本社会における若者の精神状態と主人公との関係から村上文学を論じた。上記三篇の論文は中国大陸の村上春樹研究史において、極めて重要な位置を占めており、後に発表された多数の村上春樹研究はほぼ上記論文のいずれかの延長線上にあると言える。その中で、特筆すべきものは林少華の《村上春树作品的艺术魅力》で、この論文は後改訂され、《村上春树文集》（上海：上海译文出版社、2001～2003年）の序文として、ほぼすべての村上春樹小説の冒頭に載せられた。また、林少華は2005年に《村上春树和他的作品》（银川：宁夏人民出版社、2005年）を出版し、《村上春树的小说世界及其艺术魅力》及び他の村上文学に関する論文、インタビューをまとめた。村上文学の主要翻訳者として、林少華の論文及び著書は大きな影響力があり、事実上中国大陸の村上春樹研究をリードしているのである。

近年、若手研究者の参入及び研究書の翻訳に伴い、村上春樹研究は新たな動向を見せ始めた。現在、村上春樹をテーマにした博士論文は四本（2009 年 12 月 31 日まで）あり、出版されたのは楊炳菁の《后现代语境中的村上春树》（北京：中央编译出版社、2009 年）と台湾地域の張明敏の《村上春树文学在台湾的翻译与文化》（台北：联合文学、2009 年）である。楊炳菁は《后现代语境中的村上春树》で、村上春樹の主要作品を分析し、村上文学における「歴史」の要素にも目を向けた。張明敏は《村上春树文学在台湾的翻译与文化》で、受容の問題に着目し、1985 年から 2008 年までの台湾地域における村上文学の翻訳を論じた。また、東北師範大学を中心に、村上春樹の研究グループが結成され、劉研の《“中间地点论”——村上春树的多元文化身份初探》（《外国文学评论》、2008 年 2 期）がその研究成果の一部である。楊炳菁の著書及び劉研らの研究には、従来の村上春樹研究から脱却しようという意図が窺われ、中国大陸の村上春樹研究の新たな展開が見られる。

村上春樹の翻訳と受容についても、数多くの論文が発表されたが、王志松《消费社会转型中的“村上现象”》（《读书》、2006 年 11 月）が受容研究の代表的な論文と言えよう。王志松は《消费社会转型中的“村上现象”》で、中国における村上文学の受容史をまとめ、「村上現象」を生み出した社会背景と村上文学の関係を論じた。一方翻訳に関しては、藤井省三の著書『村上春樹のなかの中国』をきっかけに、林少華の翻訳をめぐって、2008 年から日中両国の研究者が盛んに議論を行った。これらの論文は二回にわたって日本研究の専門誌《日语学习与研究》（2009 年 1、5 期）に掲載され、中国国内では大きな話題を呼んだ。林訳をめぐる議論は従来の翻訳技巧のレベルを超えて、外国文学の土着化、文化の越境、翻訳と受容の関係など各方面の問題が提起され、今後の研究にとっても示唆的であろう。

4

前述したように、受容、翻訳の諸問題は、今後の研究の一つの重要なテーマだと考えられる。加えて、一部の作品（長編と一部の短編）の研究だけでなく、研究の裾野をさらに広げていくことも期待される。また、小説家である村上春樹はもちろんのこと、翻訳家としての村上春樹に関する研究も重要である。翻訳した作品と創作した作品との関係、つまり「越境」という視点で村上文学を再検討することも、これからの大きな課題である。

よしもとばなな

1964年(昭和39)～

市川紘美

1

1964年東京都生まれ。本名は吉本真秀子。父は詩人・評論家の吉本隆明、姉は漫画家のハルノ宵子。1987年、日本大学芸術学部文芸学科の卒業制作として執筆した「ムーンライト・シャドウ」で芸術学部長賞を受賞。同年小説「キッチン」で第6回海燕新人文学賞を受賞し、翌年には「キッチン」・「満月」・「ムーンライト・シャドウ」を収めた『キッチン』（東京：福武書店、1988年）が刊行される。斬新な文体や物語展開に加えて、吉本隆明の娘であること、刊行された単行本が続けざまにベスト・セラーとなったことなどから注目が集まり、「ばなな現象」として新聞や雑誌に取り上げられた。代表作に『うたかた／サンクチュアリ』（東京：福武書店、1988年）、『TUGUMI』（東京：中央公論社、1989年）、『アムリタ　上・下』（東京：福武書店、1994年）、『不倫と南米』（東京：幻冬舎、2000年）などが挙げられるほか、エッセイ集に『パイナツプリン』（東京：角川書店、1989年）や『ばななブレイク』（東京：幻冬舎、2000年）などがある。また、自選選集に『吉本ばなな自選選集　第一巻～第四巻』（東京：新潮社、2000年11月～2001年2月）があり、現在まで幅広い活躍をみせている。諸作品は日本に限らず海外30数カ国で翻訳、出版されており、特にイタリアでの作品に対する評価は高く、1993年に受賞したスカンノ賞から2011年に受賞したカプリ賞まで、多くの文化賞を受賞している。

2

1990年に『国文学年鑑』に吉本ばななの研究文献目録が登場するように、デビュー当初から様々な評論および研究論文が発表されているが、その大半が1980年代から90年代のものであり、ここ10年間の研究動向をみるとひとつ落ち着いた感がある。研究の軌跡をみると、『キッチン』出版から現在まで順調に新刊が刊行されているにもかかわらず、研究の対象作品としては圧倒的に『キッチン』が多い。それ以外では『TUGUMI』や『アムリタ』などが見受けられるものの、2000年以降の作品を取り上げたものは僅かであり、今現在の作家・作品に注目が向けられているとは言い難い。また、全体として先行研究を踏まえた論考が乏しいという問題点もある。方法論としては、語り・文体といった〈言葉〉に着目した論、神話・物語定型論、身体論的アプローチ、臨床心理学や精神病理学の援用、少女漫画や映画といったサブカルチャーとの関連、高等学校国語科教材としての教材研究的なアプローチなどが挙げられる。

2000年までの単行本としては、三井貴之・鷲田小彌太『吉本ばなな神話』（東京：青弓社、1989年）をはじめとして、松岡祥男『アジアの終焉　吉本隆明と吉本ばななのあいだ』（東京：大和書房、1990年）、大塚英志『物語治療論——少女はなぜ「カツ丼」を抱いて走るのか』（東京：講談社、1991年）、木股知史編著『吉本ばなな　イエローページ』（東京：荒地出版社、1999年）などが挙げられる。雑誌特集としては、高度消費社会のなか新しい身体性・関係性を描く女性作家に着目した「女性作家の新流」（『解釈と鑑賞』別冊、1991年5月）、岡崎京子や海燕編集部から吉本への質問という形で作家に迫る「特集・世界の吉本ばなな」（『海燕』、1994 年 2 月）、日本国内に留まらない「ばなな現象」について注目した「特集・吉本ばなな」（『国文学』、1994 年 2 月）、などがある。なお、2000 年までの研究動向については、評論に関しては近藤裕子「吉本ばなな　研究案内」（『大江からばななまで——現代文学研究案内』、東京：日外アソシエーツ、1997 年）、研究論文に関しては山崎眞紀子「研究動向　吉本ばなな」（『昭和文学研究』、2001 年 3 月）において詳細にまとめられているため、この時期の研究動向に関しては吉本作品の特徴のひとつである文体、〈言葉〉についての論考に言及するにとどめる。

吉本作品の特異な文体については早くから賛否両論ある。例えば『キッチン』の冒頭の一文や文章表現について、郷原宏『現代国語（ヤンゲージ）解読講座』（東京：有斐閣、1989 年）や高松正毅「『吉本ばなな』を添削する」（『駒木原国文』、1996 年 3 月）などでは否定的である。その一方で、田辺俊建「『とほほほ』の感性—『キッチン』『満月』を読む」（『イミタチオ』、1990 年 2 月）では、過剰で舌足らずな、一見未完成に見える表現に魅力のひとつがあるとし、そこに読者をひきつける〈スピード感〉をみる。文体に対する関心は 2000 年以降も続くわけだが、新たな視点でより深層へと踏み入ったのが、近藤裕子「淋しい身体　浮遊する台所——吉本ばなな『キッチン』論」（『臨床文学論——川端康成から吉本ばななまで』、東京：彩流社、2003 年）である。近藤は「（私は）……と思う」という一文を指して、台所を好きだと感じている「私」を対象化する「もうひとりの『（私）』」が「湧出」していると述べ、「好む私と〈思う私〉との二重性」という語りの位相を指摘し、新たな『キッチン』論を展開した。

ここ 10 年間の単行本は、上記の近藤『臨床文学論』の他に数冊出版されている。『本日の、吉本ばなな。』（東京：新潮社、2001 年）には詳細な年譜と共に自作解説が含まれており、作家・作品の変貌を知る資料となる。渡邊佳明『シンクロする直感　よしもとばなな「アムリタ」の意味するもの』（東京：文芸社、2005年）は、臨床心理学を専門とする著者が、現象学の範疇である直感概念を補完的に用いて作品の直感や共時性について考察している。また、『現代女性作家読本⑬　よしもとばなな』（東京：鼎書房、2011年）は、吉本作品を通時的に各論で取り上げているのに加えて、主要参考文献と年譜も付してあり、近年までの研究の全体像を把握する際に参考となる。他に、吉本作品をイタリア語に翻訳しているアレッサンドロ・G・ジェレヴィーニ（Alessandro G. Gerevini）とよしもとばななの共著『イタリアンばなな』（東京：日本放送出版協会、2002年）も、イタリアでの「ばなな現象」の背景を知る上で興味深い。雑誌特集としては、「特集　よしもとばなな『デッドエンドの思い出』」（『本の話』、2003年8月）、「よしもとばなな『どんぐり姉妹』刊行記念特集」（『波』、2010年12月）がある。

吉本作品の研究に持続的に取り組んでいる研究者のここ10年間の成果としては、木股知史「よしもとばななと〈食〉——ひとりのキッチン」（『国文学』、2003年7月）、岡田豊「吉本ばなな『夜と夜の旅人』試論——〈夜の三部作〉論のためのノート」（『駒澤大學文學部研究紀要』、2002年3月）、「吉本ばなな『白河夜船』『ある体験』試論——〈夜の三部作〉論のためのノート（2）」（『駒澤大學文學部研究紀要』、2003年3月）、「吉本ばなな『キッチン』『満月』への一視点——多様な性、揺らぐ関係」（『駒澤國文』、2005年2月）などがある。

個別の作品論では、塩田勉「吉本ばなな『キッチン』と時代——万象が交換可能であるという感性の文学化」（『Waseda global forum』2、2005年）、関井光男「家族戦争・人口問題と少子化老齢化の社会——吉本ばなな『キッチン』」（『国文学』、2006年5月）、武田信明「『緑』の『光』の『水』の——吉本ばなな『キッチン』論」（『島大国文』、2011年3月）など、『キッチン』論が大半を占める。その他、海外での翻訳、出版を背景に、陳瑞紅「日本語と中国語の敬語表現——吉本ばななの作品とその翻訳を題材に」（『人間文化研究科年報』、2006 年 3 月）、李銀炯「よしもとばななと申京淑における感覚表現の比較研究——「食」の表現を中心に」（『藝術研究』17、2004 年）、太田垣聡子「吉本ばなな『N・P』の英語・イタリア語訳比較」（『東京工芸大学工学部紀要』28 － 2、2005 年）などがある。

今後の課題としては、初期作品以外にも考察の視野を広げ、俯瞰的に作品群を捉えることが望まれる。また、中村真一郎は吉本の「旧世代の人間には想像もつかないような感覚と思考」を評価したわけだが、時代はより新しい価値観のもとに推移し続ける。語りの根底に流れ続けてきた「共感性」というものが、もはや成り立つことが困難となった今日においても『キッチン』で語られたような「あるあるの声が怒号のように響き渡」るのか否か。今一度作品に切り込むことが求められる。

松本清張

1909年（明治42）～1992年（平成4）

藤井淑禎

1

松本清張（まつもとせいちょう）、1909 年、現在の北九州市小倉北区に生まれる。1924 年、高等小学校を卒業後、電気会社の給仕となり、この頃から文芸書に親しむようになった。多くの文学者の場合と違って家柄も学歴・職歴も平凡な庶民派であり、その後 30 年余りの間、平凡なサラリーマン生活を続けながら庶民の生活を見続け、体験もしたことが、のちの清張文学の貴重な財産となった。1937 年、朝日新聞の広告版下を描くようになる。1944 年、軍隊に入隊し、朝鮮に渡る。1950 年、「西郷札」が『週刊朝日』の懸賞小説に入選。1953 年、「或る『小倉日記』伝」で芥川賞受賞。この年に東京に転居し、創作活動を本格化させる。1957 年、短編集『顔』で日本探偵作家クラブ賞受賞。これを契機に本格的に、ミステリー作家の道を歩き始める。1958 年、『点と線』、『眼の壁』がベストセラーとなり、社会派推理小説ブームを牽引する。1960 年、『砂の器』を『読売新聞』に連載、『点と線』と並ぶ清張の二大代表作となった。その後は、ノンフィクションや社会評論、歴史エッセイにも進出し、単なるミステリー作家というよりは、大宅壮一と並んで戦後日本を代表する知識人として、国民的支持を集めた。1992 年、82 歳の生涯を閉じた。

2

清張研究に一大転機を画したのは、砂書房から出た雑誌『松本清張研究』の刊行（1996 ～ 1998 年）であった。この雑誌は結局全 5 号で幕を閉じたが、これを契機に清張研究は一時大変な盛り上がりを見せた。各号の特集は、「松本清張と森鴎外」、「清張文学の〈宗教〉の意味」、「『日本の黒い霧』戦後史の風景」、「昭和 30 年代の清張文学」、「松本清張と九州」といった陣容であり、企画・編集した田中伸和の創意工夫の跡が至る所に見て取れる内容である。田中は旧来のミステリー評論家ばかりでなく、清張論を書いたことのない国文学者、評論家、映画評論家にも積極的に執筆を依頼し、清張研究の裾野を広げることにも貢献した。

創刊号から「清張ミステリーの昭和 30 年代」を連載した藤井淑禎は、その後書き下ろしも加えて『清張ミステリーと昭和三十年代』（東京：文藝春秋、 1999 年）を刊行し、清張ミステリーと高度成長期との相関ぶりを探ることで作品分析を深めるという、新しい方法の流れを切り開いた。藤井はその後、『清張　闘う作家　「文学」を超えて』（京都：ミネルヴァ書房、2007 年）を刊行し、今度は一転して、清張を漱石から芥川・菊池寛へと受け継がれた構造的文学の系譜に連なる作家として定位し、一元的な私小説中心の近代文学史観に対して、異議申し立てを試みた。藤井はほかに、『高度成長期に愛された本たち』（東京：岩波書店、2009 年）では、清張が読者の間ではもっぱら『点と線』と『砂の器』のみによって知られているに過ぎないことを明らかにし、責任編集した『週刊朝日百科　世界の文学 99』(2001 年) では、総論「社会派推理小説の受容」を執筆するとともに、王成「中国における清張受容」、近藤洋子「女性向けロマンとメディア」などの意欲的な論を世に紹介した。

清張の書斎を移設して話題となった松本清張記念館が小倉城址にオープンしたのは1998年であり、その後、記念館からも新たな『松本清張研究』が年一冊ずつ刊行されている。常設展や特別展の開催にも意欲的で、特別展ごとに刊行される図録も充実した内容であり、また清張蔵書もここで閲覧することができる。

活用できそうな雑誌の特集号としては、『国文学』(1973年6月)、『解釈と鑑賞』(1978年6月)、『国文学』(1983年9月)、『解釈と鑑賞』(1995年2月)、『文藝春秋臨時増刊松本清張の世界』(1992年10月)、『別冊文藝春秋特集・松本清張』(1998年10月)、『小説トリッパー』(2000年9月)などがある。なかでも『国文学』や『解釈と鑑賞』には、文学散歩案内、名作解題、作品事典、研究参考文献目録なども収められており、便利である。なお『解釈と鑑賞』(1978年6月)には、清張と国文学者の三好行雄、清張と歴史学者の青木和夫、という二つの対談が収められており、それ以外の論考も含め充実した内容となっている。少し古い雑誌特集では、『文藝春秋臨時増刊松本清張の世界』(1973年11月)、『別冊幻影城』(1976年1月)、『宝石』(1963年6月)などがある。『別冊幻影城』には、島崎博編の「松本清張書誌」、『宝石』には、木々高太郎らによる座談会「松本清張を語る」が収められている。

便利と言えば、事典のたぐいを逸することはできない。歴史と文学の会編『松本清張事典』(東京:勉誠出版、1998年)、同増補版(2008年)、郷原宏『松本清張事典決定版』(東京:角川学芸出版、2005年)などが代表的なもの。

さてここからは、清張研究の一大転機となった砂書房版『松本清張研究』(1996～1998年)の以前と以後とに分けて、研究書を紹介していくことにしよう。

加納重文『香椎からプロヴァンスへ―松本清張の文学―』(東京:新典社、2006年)は、初発期(評伝小説時代)、躍進期(推理小説時代)、成熟期(歴史小説時代)、展開期(古代史時代)、晩成期（海外小説時代）の五期に分けて、各作品の丁寧な紹介を試みたもので、索引も充実している。

これをさらに大規模に試みたのが加納の『松本清張作品研究　付参考資料』（大阪：和泉書院、2008年）であり、「緒論」「清張作品の文章・表現」「清張作品の語彙」「清張小説の描くもの」「清張小説の方法」「自伝あるいは自伝風小説」「清張の推理小説」「清張の小説意識」「清張小説の性格」「清張作品の地名」「清張作品と映像」の各章をたて、そこに「約390編の清張小説」（同書の帯より）を配するという構成だ。なかでも、文章、表現、語彙の特徴の列挙や、地名の網羅などの基礎作業は、こうした単行本でないとできない作業であり、今後の清張研究の発展のためにも有意義である。同書には、「付・参考資料」として、作品発表誌一覧や映画化一覧、ドラマ化一覧も載っており、重宝する。

なお映画・ドラマに関しては、林悦子『松本清張　映像の世界　霧にかけた夢』（東京：ワイズ出版、2001年）という先行する労作があることを付記しておこう。

加納にはもう一冊、『清張文学の世界　砂漠の海』（大阪：和泉書院、2008年）がある。ここでは一転して、「火の記憶」「点と線」「霧の旗」「球形の荒野」「砂漠の塩」「内海の輪」など12の作品に絞って、作品分析を試みている。

加納同様、作家の全貌、作品の全貌へのアプローチを試みたものとして、権田萬治の『松本清張　時代の闇を見つめた作家』（東京：文藝春秋、2009年）がある。生涯を辿りつつ、そこに作品解説を織り込んだもので、入門書としてかっこうのものである。

生涯を辿ったものとしては、郷原宏の『清張とその時代』（東京：双葉社、2009年）がある。作家自身の記憶の中の原風景を物語の核としたと考える「潜在光景」や「火の記憶」などの半自伝小説や「半生の記」を使いながら、評伝風にまとめあげている。後半では、作品解説も試みている。

全作品を対象としたものとしては、阿刀田高の『松本清張あらかると』（東京：中央公論社、1997年）もある。中央公論社刊の「松本清張小説セレクション」の解説をまとめたもので、各作品を、「アリバイ崩し」、「講談風の手法」、「伏線の張りかた」などのテーマ別に、考察している。

元編集者の立場から、「半生の記」、「昭和史発掘」に絞って、調査や回想をまじえてまとめられたのが藤井康栄の『松本清張の残像』（東京：文藝春秋、2002年）。昭和史がらみでは、ほかに、原武史の『松本清張の「遺言」：「神々の乱心」を読み解く』（東京：文藝春秋、2009年）、保坂正康の『松本清張と昭和史』（東京：平凡社、2006年）、仲正昌樹『松本清張の現実（リアル）と虚構（フィクション）』（東京：ビジネス社、2006年）などがある。

歴史・時代ものがらみでは、中島誠の『松本清張の時代小説』（東京：現代書館、2003年）、森本穫の『松本清張　歴史小説のたのしみ』（東京：洋々社、2008年）などがある。前者は「小説日本芸譚」から清張の心意気を探ったり、清張にとっての江戸とは何か、を探ったりと、ユニークなアプローチとなっている。後者は全11章に分け、「西郷札」から「戦国権謀」、「面貌」、「腹中の敵」、「佐渡流人行」などの作品を11のテーマに沿って考察しており、歴史小説に集中し、網羅したものとして貴重な一冊となっている。

さてここからは、砂書房版『松本清張研究』以前の著作を見て行こう。砂書房版『松本清張研究』の刊行が契機となって清張研究が活発化したという事実からも予想されるように、それ以前の清張研究はあまり振るわない。研究というよりも、どちらかと言えば、関係者の回想のようなものが中心となる。

そのなかにあって、がぜん光彩を放っているのは、安間隆次の『清張ミステリーの本質』（東京：光文社、1984年）である。「人間万華鏡」、「さまざまの意匠」、「風土と楽天性と矜持と」の三部構成で、章名からはわかりにくいが、巻末の「この本に出てくる松本清張作品の索引」の充実ぶりを見ればわかるように、140 作前後の作品が各章に登場する。紹介、解釈、エピソードと、切り口は多様で、平易な語り口とあいまって、初期の清張関連書のなかでは突出した存在である。

続いては、田村栄の『松本清張　その人生と文学』（東京：啓隆閣新社、1976 年）と『続松本清張　その人生と文学』（東京：清山社、1977 年）。前者は清張の生涯を辿りながら、相当数の作品を取り上げ、「解説・鑑賞」を試みている。「松本清張文学についての最初の全体的包括的な論評である」と「あとがき」にある。後者では作品を絞って、「けものみち」、「北の詩人」、「かげろう絵図」、「昭和史発掘」などに関する考察が中心。著者と清張、松島栄一の三者による鼎談「松本清張・人生と文学を大いに語る」が付録として収められている。『現代文学読本　松本清張』（1978 年）は中島河太郎、三好行雄らの論考と、清張と平野謙との対談「私小説と本格小説」を収めている。斎藤道一『名探偵松本清張氏』（東京：東京白川書院、1981 年）もこの時期に続けて出された。ミステリーから歴史ものまで幅広く取り上げている。福岡隆の『人間・松本清張』（東京：大光社、1968 年）は、専属速記者による回想。初めて一緒に仕事をした「日本の黒い霧」以降の清張の創作の舞台裏が興味深く語られている。

3

砂書房版『松本清張研究』の刊行以後一時盛り上がりを見せた清張研究も、現在は沈静化している。生誕 100 年と騒がれた 2009 年も、いろいろ話題になったわりには、研究が進展した気配はない。作家研究、作品研究が、うってつけの研究方法との出会いによって進展することは広く知られているが、時代との相関性を手がかりとして作品分析を深めた藤井淑禎の『清張ミステリーと昭和三十年代』以降、これといった新たな方法の提唱もない。そんななか、清張研究は今後どのような方向に進んでいくのだろうか。

まず考えられるのは、オーソドックスな研究方法の適用だろう。手紙、写真、メモなどの新資料探しから始めて伝記的研究へ、初出本文と初刊本文との異同などを探る本文研究、さらには、ミステリーからノンフィクション、歴史エッセイへと複雑な道を辿った創作の足跡の解明など、著名な純文学作家であれば当然すでになされているようなことが未着手であるというようなことは、大衆作家の場合はままある。清張とてその例外ではないのである。ともあれ、文学研究に奇策は通用しない。まずはオーソドックスな研究方法を携えて、堂々と正面から攻めてみることである。

司馬遼太郎

1923年（大正12）～1996年（平成8）

関立丹

1

司馬遼太郎（しばりょうたろう）は大阪生まれ。本名は福田定一。筆名は中国の大歴史家司馬遷にちなんでおり、司馬遷には遼かに及ばないという意味だと言う。2 年浪人して 1942 年に大阪外国語学校（後の大阪外国語大学。今は大阪大学と合併）蒙古語学科に入学した。1943 年 11 月仮卒業証書を授与され、学徒出陣して 12 月に戦車隊に入営した。1944 年 4 月中国東北四平市にある陸軍四平戦車学校に入校。12 月に戦車学校を卒業して、見習い士官として旧牡丹江省寧安県石頭の戦車第一連隊に配属され、第五中隊の第三小隊長になった。1945 年 4 月本土防衛のため日本に帰還。敗戦後、新日本新聞社に入社したが、2 年後新聞社が倒産した。1948 ～ 1961 年産経新聞社に勤務したが、創作に専念するため、出版局次長をもって退社。1960 年『梟の城』にて第 42 回直木賞受賞。1966 年『竜馬がゆく』『国盗り物語』にて第 14 回菊池寛賞受賞。小説のほかに、エッセイ『風塵抄』、『この国のかたち』、『街道をゆく』を各誌に連載し、日本とは何か、日本人とは何かといったスケールの大きな文明批評を行った。1981 年に日本芸術院会員、

1991年には文化功労者に選ばれ、1993年に文化勲章を受章した。2001年に司馬遼太郎記念館が開館。『竜馬がゆく』、『国盗り物語』、『花神』、『翔ぶが如く』、『徳川慶喜』、『功名が辻』はそれぞれ1968、1973、1977、1990、1998、2006年のNHK大河ドラマの原作であり、「21世紀スペシャル大河ドラマ」と称される『坂の上の雲』は2009年にすでに放送が開始され、2011年秋に完了された。

2

司馬遼太郎は国民各層に幅広く読者をもち、文学界だけでなく、経営者などからも注目を浴びている「国民的作家」である。司馬文学に関する著書には、尾崎秀樹『歴史の中の地図』（東京：文藝春秋、1975年）、谷沢永一『円熟期　司馬遼太郎エッセンス』（東京：文藝春秋、1985年）、中島誠『司馬遼太郎がゆく』（東京：第三文明社、1994年）、谷沢永一『司馬遼太郎の贈りもの』I～V（東京：PHP研究所、1994、1995、1997、1999、2001年）、田村紀之「考証　司馬遼太郎の経済学」（『現代思想』、1995年3月）、谷沢永一『司馬遼太郎』（東京：PHP研究所、1996年）、松本健一『司馬遼太郎』（東京：小沢書店、1996年）、鷲田小弥太『司馬遼太郎　人間の大学』（東京：PHP研究所、1997年）、NHK「街道をゆく」プロジェクト『司馬遼太郎の風景』（11冊、東京：日本放送出版協会、1997～1999年）、一坂太郎『「竜馬がゆく」読本』（東京：世論時報社、1998年）、中島誠『司馬遼太郎と丸山真男』（東京：現代書館、1998年）、NHK出版局『司馬遼太郎について』（東京：日本放送出版協会、1998年）、遠藤芳信『海を超える司馬遼太郎』（大阪：フォーラムA、1998年）、梟の城製作委員会編『一九九九年の梟の城』（東京：扶桑社、1999年）などがある。

雑誌の特集は、逝去した1996年前後特に多い。また文芸誌以外にも広い範囲で取り上げられたことが特徴的である。例として、「松本清張と司馬遼太郎」（『国文学』、1973 年）、「座談会　新“国民文学”の旗手の危険な魅力」（『朝日ジャーナル』、1976 年）、「特集　司馬遼太郎」（『カイエ』、1979 年）、「特集　司馬遼太郎『維新人物小説』を読む」（『プレジデント』、1993 年）、「追悼大特集　司馬遼太郎、大いなる遺産」（『週刊文春』、1996 年）、「追悼大特集　司馬遼太郎さん」（『週刊朝日』、1996 年）、別冊「司馬遼太郎の遺産『街道をゆく』」（『週刊朝日』、1996 年）、「特集　司馬遼太郎の居ない風景」（『中央公論』、1996 年）、「特集　ありがとう、司馬遼太郎」（『プレジデント』、1996 年）、「追悼特集　さようなら司馬遼太郎さん」（『文藝春秋』、1996 年）、「特集　再び司馬遼太郎さんをしのんで」（『正論』、1996 年）、「特集　司馬遼太郎さん　追悼企画二」(『プレジデント』、1996 年)、「司馬遼太郎の世界」（『文藝春秋』、1996 年）、「大特集　司馬遼太郎が愛した「風景」」（『芸術新潮』、1996 年）、「特集　司馬遼太郎の跫音」（『中央公論』、1996 年）、「特集　司馬遼太郎カルチュラル・スタディーズ」(『大航海』第 13 号、1996 年)、「巻頭特集　『坂の上の雲』の男たち」(『プレジデント』、1996 年)、「特集　司馬史観と歴史教育」（『社会科教育』、1996 年）、「特集　司馬遼太郎と「自由主義」史観」（『月刊フォーラム』、1997 年）、「特集　司馬遼太郎三回忌特別企画」(『歴史街道』、1998 年)、「特集　司馬遼太郎を旅する」（『プレジデント』、1999 年）、別冊「司馬遼太郎の世界」（『解釈と鑑賞』、2002 年）などがある。

2000 年以後、次々と作品が映像化されるとともに、司馬文学に関する著書が続々と刊行された。関川夏央『司馬遼太郎の「かたち」』（東京：文藝春秋、2000 年）、向井敏『司馬遼太郎の歳月』（東京：文藝春秋、2000 年）、山野博史『発掘司馬遼太郎』（東京：文藝春秋、2001 年）、磯貝勝太郎『司馬遼太郎の風音』（東京：日本放送出版協会、2001 年）、小山内美江子ら『司馬遼太郎の流儀』（東京：日本放送出版協会、2001 年）、荒井魏・楠戸義明・重里徹也『司馬遼太郎を歩く』（東京：毎日新聞社、2001～2003年）、半藤一利『清張さんと司馬さん』（東京：日本放送出版協会、2001年）、司馬遼太郎記念財団編『司馬遼太郎』（東大阪：司馬遼太郎記念財団、2001年）、半藤一利ら『司馬遼太郎がゆく』（東京：プレジデント社、2001年）、小林竜雄『司馬遼太郎考』（東京：中央公論社、2002年）、延吉実『司馬遼太郎とその時代』戦中編・戦後編（東京：青弓社、2002年）、高橋誠一郎『この国のあした』（東京：のべる出版企画、2002年）、NHK取材班『「空海の風景」を旅する』（東京：中央公論新社、2002年）、岬龍一郎『司馬遼太郎「日本国」への箴言』（東京：本の森出版センター、2004年）、石原靖久『司馬遼太郎の「武士道」』（東京：平凡社、2004年）、北影雄幸『司馬遼太郎作品の武士道』（東京：光人社、2004年）、松本健一『司馬遼太郎を読む』（東京：めるくまーる、2005年）、春日直樹『なぜカイシャのお偉い方は司馬遼太郎が大好きなのか？』（東京：小学館、2005年）、谷沢永一『司馬遼太郎の遺言』（東京：ビジネス社、2005年）、三猿舎編『司馬遼太郎作品の女たち』（東京：メディアファクトリー、2006年）、北影雄幸『司馬遼太郎作品の女性たち』（越谷：文芸企画、2006年）、高橋誠一郎『司馬遼太郎と時代小説』（東京：のべる出版企画、2006年）、岩倉博『異評司馬遼太郎』（東京：草の根出版会、2006年）、尾崎秀樹ら『司馬遼太郎について』（東京：日本放送出版協会、2006年）、川原崎剛雄『司馬遼太郎と網野善彦』（東京：明石書店、2008年）、碓井昭雄『司馬遼太郎とエロス』（東京：白順社、2009年）、半藤一利・磯田道史・鴨下信一『司馬遼太郎リーダーの条件』（東京：文藝春秋、2009年）などである。

日本では、司馬遼太郎の歴史小説で歴史の勉強をするという読者が少なくない。そういった司馬史観に関する論述も増えてきている。中島誠『司馬遼太郎と「坂の上の雲」』（東京：現代書館、2002年）、青木彰『司馬遼太郎と三つの戦争』（東京：朝日新聞社、

2004年）、高橋誠一郎『司馬遼太郎の平和観』（東京：東海教育研究所、2005年）、青山淳平『「坂の上の雲」と潮風の系譜』（東京：光人社、2005年）、北影雄幸『司馬史観がわかる本』幕末史観編　明治史観編（東京：白亜書房、2005年）、関川夏央『「坂の上の雲」と日本人』（東京：文藝春秋、2006年）、松本健一『司馬遼太郎が発見した日本』（東京：朝日新聞社、2006年）、石原靖久『司馬遼太郎で読む日本通史』（東京：PHP研究所、2006年）、福井雄三『司馬遼太郎と東京裁判』（東京：主婦の友インフォス情報社、2006年）、備仲臣道『司馬遼太郎と朝鮮』（東京：批評社、2007年）、潮匡人『司馬史観と太平洋戦争』（東京：PHP研究所、2007年）、福井雄三『司馬遼太郎の「意外な歴史眼」』（東京：主婦の友インフォス情報社、2008年）、司馬遼太郎と日露戦争研究会『司馬遼太郎と日露戦争』（東京：桜美林大学北東アジア総合研究所、2008年）である。『坂の上の雲』の映像化に伴って、『坂の上の雲』における司馬遼太郎の国際認識と戦争認識も論述されるようになった。代表的なものに、谷沢永一『「坂の上の雲」を読む』（東京：幻冬社、2009年）、中塚明『司馬遼太郎の歴史観』（東京：高文研、2009年）、塩澤実信『「坂の上の雲」もうひとつの読み方』（東京：北辰堂出版、2009年）、牧俊太郎『司馬遼太郎「坂の上の雲」なぜ映像化を拒んだか』（東京：近代文藝社、2009年）がある。

書誌として、朝日新聞社編『司馬遼太郎「街道をゆく」人名・地名録』（東京：朝日新聞社、1989年）、新人物往来社『司馬遼太郎全作品大事典』（東京：新人物往来社、1998年）、松本勝久『司馬遼太郎　書誌研究文献目録』（東京：勉誠出版、2004年）、志村有弘『司馬遼太郎事典』（東京：勉誠出版、2007年）がある。

全体的に、日本では、司馬遼太郎に共感する読者が多いようであるが、歴史観に対する批判的見解も、評論家や歴史家からは出されている。たとえば、中村政則『近現代史をどう見るか――司馬史観を問う』（東京：岩波書店、1997 年）、桂英史『司馬遼太郎をなぜ読むか』（東京：新書館、1999 年）、佐高信『司馬遼太郎と藤沢周平』（東京：光文社、1999 年）、成田龍一『司馬遼太郎の幕末・明治』（東京：朝日新聞社、2001 年）、成田龍一『戦後思想家としての司馬遼太郎』（東京：筑摩書房、2009 年）などである。

中国の大陸では、司馬遼太郎に関する紹介は 70 年代から始まった。主なものに、李徳純《司马辽太郎的创作思想与艺术》（《国外社会科学》、1978 年 4 期）、李徳純《理想的探求与讴歌 司马辽太郎及其历史小说》（《读书》、1984 年 2 期）、李德纯《司马辽太郎论》（《日语学习与研究》、1988 年 1 期）などがある。また、1994 年の李登輝会見をさかいに研究の中心が作品紹介から史観への検討に変化した。李家泉《欲把台湾人民引向何方？——评李登辉与司马辽太郎对话》（《台声》、1994 年 7 期）、劉曙琴《论司马辽太郎的战争观——以〈坡上云〉为中心》（《日本学刊》、2000 年 1 期）、佟君《司马辽太郎及其中国文化史观》（《日本学刊》、2000 年 1 期）、任其懌《司马辽太郎与日本国家的形象——以〈这个国家的形象〉为中心》（《内蒙古大学学报》、2001 年 5 期）、佟君《论司马辽太郎的日本国家史观》（《东北师大学报》、2001 年 4 期）、楊永良《〈无名小卒〉与〈死而未死〉——兼论司马辽太郎历史小说的创作态度》（《山东外语教学》、2003 年 4 期）、関立丹《武士道与日本近现代文学》（北京：中国社会科学出版社、2009 年）などが代表的なものである。中国語に訳された作品には、《丰臣家的人们》（北京：外国文学出版社、1983 年）、《东洋枭雄》（郑州：河南人民出版社、1988 年、原作『新史太閤記』）、《项羽与刘邦》（海口：南海出版公司、2006 年）、《丰臣家族》（重庆：重庆出版社、2008 年）、《德川家康——霸王之家》（重庆：重庆出版社、2009 年）、《源义经——镰仓战神》（重庆：重庆出版社、2009 年）、《新选组血风录》（重庆：重庆出版社、2010 年）、《关原之战——争霸天下》（重庆：重庆出版社、2010 年）、《燃烧吧！

剑》（上海：上海人民出版社、2010 年）、《鞑靼风云录——大清崛起》（重庆：重庆出版社、2011 年）、《坂本龙马》（海口：南海出版公司、2012 年）、《丰臣秀吉——日本战国一代枭雄》（桂林：广西师范大学出版社、2013 年）がある。または、《楚汉双雄争霸》（台北：远流、1992 年）、《台湾纪行》（台北：台湾东贩出版、1995 年）、《宛如飞翔》（台北：远流、1996 年）、《幕末》（台北：远流、1996 年）、《源义经》（台北：远流、1997 年）、《坂本龙马》（台北：万象出版、2001 年）、《宫本武藏》（台北：远流、2007 年）、《最后的将军》（台北：远流、2007 年）、《新选组血风录》（台北：远流、2010 年）などがある。

司馬遼太郎の歴史観は日本人に強い影響を与えているため、その歴史観にどのような問題があるか、いかなる影響を日本人に与えたのか、なぜ日本人に支持されているのか等を、客観的に分析する必要があると思われる。また、これまでは小説作品の分析が中心だったが、『風塵抄』、『この国のかたち』、『街道をゆく』などのエッセイ集における司馬の言論も分析する必要があるだろう。

藤沢周平

1927年(昭和2)～1997年(平成9)

高橋敏夫

1

藤沢周平（ふじさわしゅうへい）、本名小菅留治。山形県東田川郡黄金村（現在の鶴岡市）の中規模の農家に生まれた藤沢は、ゆたかな自然のなかで育つ。1949 年に山形師範学校（現在の山形大学）を出てただちに郷里の中学教師になるも、肺結核が発見されわずか 2 年で休職。1953 年から 57 年まで東京郊外の療養所で闘病生活をつづけた。病癒えても帰郷はかなわず、業界新聞に勤める。1959 年に結婚、1960 年に日本食品経済社に入社し生活の安定をえた矢先の 63 年に妻を急性ガンで喪った。華やかな流行と熱狂で沸く同時代（高度経済成長期）をまるごと拒むかのように藤沢周平は、鬱屈した心のなかの暗い咆哮を、すでに書きはじめていた時代小説にいっそうつよく響かせる。

長い習作時代をへて、老絵師北斎が若い広重にみずからと同じ鬱屈を感じとり、なお生きようとする佳作「溟い海」で第 38 回オール読物新人賞を受賞。1973 年に最初の武家もの「暗殺の年輪」で第 69 回直木賞を受賞した。闇と惨劇が連鎖しハッピーエンドはついに訪れない「負のロマン」を短篇で書いたのち、ほの明るい色調の長篇を連載形式で次々に発表する。江戸市井をステージとした『橋ものがたり』（1980年に単行本刊行、以下同）、『海鳴り』（1984年）、用心棒日月抄シリーズ（1978～1991年）や彫師伊之助捕物覚えシリーズ（1979～1985年）。そして郷里をモデルにした「海坂藩」が舞台の、無惨な夢の結末『風の果て』（1985年）、清冽な青春小説『蝉しぐれ』（1988年）、隠居の活躍する『三ツ屋清左衛門残日録』（1989年）などである。上杉鷹山をえがく『漆の実のみのる国』（1997年）が最後の作品となった。

端正な文体でえがかれた静謐な世界には、ときに激情がほとばしり、ときに滑稽感がただよい、ときに一条の光がさしこむ。そこに権力や権威はもとより、富や安定から遠いごく普通の人々の、逆境の日々の喜怒哀楽があざやかにうかびあがる。ありふれた市井の生のいとなみとともにあってこそ、少年剣士や下士や浪人の物語もまたにぶくかがやく。武家もの作品約100篇に対し、市井もの作品は約200篇。しかも、その武家ものにあってはいつも武家秩序の窮屈さ、非人間性に否定的なまなざしをむけた。藤沢周平は市井ものの名手山本周五郎を継ぎ、独特に発展させた作家といえよう。

2

たとえば夏目漱石、芥川龍之介、宮沢賢治などのテキストの整備、本文校訂の進展、論究の蓄積を「研究史」と名づけるなら、藤沢周平に研究史は存在しないといってもけっして過言ではない。理由はふたつある。ひとつは、日本近現代文学研究における純文学重視、大衆文学軽視とりわけ時代小説軽視である。中里介山、吉川英治、山本周五郎、山田風太郎、池波正太郎などにおいても、事情はほとんど変わらない。ふたつめは、藤沢周平が死んだのが1997年と近年であることに加え、そのころから顕著となった時代小説ブームの中心的存在でありつづけている「現役」ゆえに、ファンの絶賛から離れての全体像の冷静な対象化は難しいばかりか、つよくは求められていないことである。ファン主導による個々の作品評の時代がまだしばらくつづくだろう。

こうした状態にあってなお研究の進展を願う立場からみて、これまでの藤沢周平研究史上最大の出来事は、残念ながら研究サイドのそれではなく、文壇的デビュー以前の作品の出現であった。2006年になって、当時のマニア雑誌「読切劇場」「忍者読切小説」他に、藤沢周平名で発表した「暗闘風の陣」（1962年）から「無用の隠密」（1964年）までの14篇、さらに2008年に「浮世絵師」（1964年）が発見された。14篇が収められた『藤沢周平　未刊行初期短篇』（2006年）、15篇が収められた『無用の隠密　未刊行初期短篇』（2009年）のそれぞれで、元担当編集者の阿部達二が詳細な解説を加えている。しかし藤沢周平生前に全集の編集を任され詳細な年譜まで作成した阿部達二までもがその存在を知らなかったわけで、藤沢周平はそれら作品を完全に封印したことになる。「未刊行」どころではない。なぜ藤沢周平はこのように多くの作品を封印したのか。ここに作家誕生の秘密があるとし、習作では曖昧だった人と人とのあいだの「鬱屈の交感」がデビュー作「溟い海」で完成したと、高橋敏夫は『藤沢周平という生き方』（2007年）および「藤沢周平の誕生——『浮世絵師』から『溟い海』への跳躍にふれて」（『小説トリッパー』、2008年夏）で論じた。

2012年12月には『甘味辛味　業界紙時代の藤沢周平』がでて、藤沢周平が業界紙『日本加工食品新聞』編集長として毎週書いたコラム（1964～1974年）の約500本のうちおよそ70本が収録された。習作期からデビュー期までに重なる時期のコラム（短いエッセイ）が、作家藤沢周平誕生とどう関係していたか、今後検討されねばならない。

これまでの主な論を以下に列挙する。まずは単行本としてまとまったもの。向井敏『海坂藩の侍たち　藤沢周平と時代小説』（東京：文芸春秋、1994年）は、全集の解説の23巻までをまとめたもので、主人公を「生活者型」とした他、随所に卓見がひかる。中島誠『藤沢周平論』（東京：講談社、1998年）は、反骨の作家像をうかびあがらせた。佐高信『司馬遼太郎と藤沢周平　「歴史と人間」をどう読むか』（東京：光文社、1999年）は、司馬遼太郎の英雄史観を批判し、藤沢周平の庶民史観を肯定する。佐高信には高橋敏夫との対談『藤沢周平と山本周五郎　時代小説大論議』（東京：毎日新聞社、2004年）もある。松田静子『藤沢周平の魅力』（鶴岡：荘内日報社、2000年）『藤沢周平の眼差し』（鶴岡：荘内日報社、2006年）は、鶴岡在住の著者による郷土性の掘り起こしが特徴だ。高橋敏夫『藤沢周平　負を生きる物語』（東京：集英社、2002年）『藤沢周平の言葉』（東京：角川SSコミュニケーションズ、2009年）他には、暗闇にさしこむ一筋の光というイメージが強調されている。蒲生芳郎『藤沢周平　「海坂藩」の原郷』（東京：小学館、2002年）は、山形師範時代の同人誌『砕氷船』仲間で、後に鷗外学者となる著者による論である。阿部達二『藤沢周平残日録』（東京：文藝春秋、2004年）は、藤沢周平小辞典として便利。松本健一『藤沢周平が愛した静謐な日本』（東京：朝日新聞社、2007年）は、タイトル通りの内容で、週刊百科「藤沢周平の世界」に連載された。澤田勝雄『藤沢周平とっておき十話』（東京：大月書店、2011年）は、遠縁にあたる現役赤旗記者による、「人間にたいする信頼、社会変革への希望」をつよくもった作家像の提示として貴重べある。藤沢周平の長女遠藤展子の『藤沢周平　父の周辺』（東京：文藝春秋、2006年）『父・藤沢周平との暮し』（東京：新潮社、2007年）には、作家であるとともに優しい家庭人であった藤沢周平の日常がとらえられている。

志村有弘編『藤沢周平事典』（東京：勉誠出版、2009年）には、主要な作品について初出・収録、梗概、評価、参考文献の各項目ごとに記述があり、一般項目篇には、家族、知人、雑誌、新聞、地名など藤沢周平と関わりのあった事物についてとりあげられている。

改題一覧、年譜、主要参考文献一覧もつく。

雑誌特集は、『文藝春秋』の「藤沢周平のすべて」（1997年4月）をはじめ、『オール読物』の「没後十五年藤沢周平大特集」（2012年2月）まで多いが、なかでも『国文学』の「特集　藤沢周平の世界」（2007年2月）は、主に研究者による包括的、客観的な論が並ぶ。

3

1992年に始まった『藤沢周平全集』刊行は、生前に23巻（東京：文藝春秋、1994年）まで、没後に、24巻、25巻、そして別巻「人とその世界」（いずれも2002年）が刊行された。25巻には「書簡」も収められている。しかし、「未刊行初期短篇」群は全集には入っておらず、2008年には『帰省　未刊行エッセイ集』も出た。今後も、小説、エッセイともに新たな発見が予想される。研究者グループによる大掛かりな調査が必要ではないか。藤沢周平テクストの全貌が明らかにされねば、新たな研究の進展はおぼつかない。

また、初出版、単行本版、文庫版の異同の調査も求められる。たとえば、『蝉しぐれ』は、新聞連載の初出と単行本では、とくに終章「蝉しぐれ」に異同が大きい。読者のあいだでもっともよく知られるフレーズの多くが、初出にはない。なぜこんなに多くの表現がつけ加わったのか。これについては、いままでのところ、武家秩序を耐え忍んできた文四郎（助左衛門）への励ましを指摘した高橋敏夫『藤沢周平という生き方』（東京：PHP研究所、2007年）があるのみ。さらに論究がほしい。他の作品の異同が確かめられるべきだろう。藤沢周平研究にあっては、こうした基礎的作業がほとんど行われていない。

こうした基礎的作業の上に立った、新たな作品論、作家論が今後の課題となる。

また、藤沢周平がどうして時代小説をえらんだのかや、今までのところ確認されている唯一の現代小説「早春」（1987年）と時代小説との関係もたしかめられねばならない。さらには、山本周五郎や司馬遼太郎、池波正太郎ら他の時代小説家との関係、愛読していた欧米のミステリー小説と作品とのかかわりなど、課題はじつに多い。藤沢周平研究はようやく始まったばかりといってよいからである。

第三編
方法と視角

読者論

和田敦彦

1

日本近代文学研究の中で、読者論はどのような役割をおってきたのか、そしてどのような可能性をもっているのか。この問いの前に、まず読者論という枠組みについて説明しなくてはならない。読者論という枠組みはあまりに広範で漠然とした枠組みである。日本文学研究者にしても読者である以上、すべての日本文学研究の成果自体、読者の営みとしてとらえることができよう。

さらに、読者は何も文学領域のみに存在しているわけではない。したがって読者を対象とする研究領域も現在では幅広い。文学研究以外にも、日本では歴史学、教育学、図書館情報学や心理学等、多くの領域で近現代の読者については研究されてきている。

では、日本の近代文学研究の領域を含め、読者を論じる様々な領域の研究方法や成果を、どのように整理し、相互に位置づければよいのだろうか。これについては2003年刊行の拙著『メディアの中の読者』で論じており、そこで、その頃までの主要な読者論を概観、整理した。[1] したがってその時期までの個々の読書論の評価についてはそちらにゆずり、ここではその要点のみを確認したうえ、その

1　和田敦彦『メディアの中の読者』(東京：ひつじ書房、2002年、20－59頁)。

後現在までの十年間になされてきた読書論について具体的にあげつつ、その研究の広がり、成果を概観することとした。

多方面にわたる読者論を整理、評価するうえで重視したいのは、それらの研究がいかに読者という用語・概念のうちにある差異を明らかにしているか、という点である。「読者」は明確な輪郭をもった概念でも不変の概念でもない。小説のみによってではなく、読者をとりまく読書環境によって、読者といっても性、階層、時代に応じた様々な差異が生まれていく。にもかかわらず、読者を当たり前の、不変の存在であるかのように扱う論は、読者論や読書論という言葉を用いていても、実際には読書について何も明らかにしてはくれない。

読者論を整理し、評価するうえでもう一つ重要な点は、こうした読者の差異を明らかにするために、いかなる資料を用いるか、である。読者を明らかにするための根拠資料は文学研究に限っても多岐にわたり、作家の読書記録から読者の投書、描かれた読者像から出版・販売関係資料など、様々である。読者のどのような差異を明らかにするか、そしてそのためにどのような資料をどの程度用いているか、この二点からそれぞれの学問領域に広がる読書論の目的や方法を系統的に把握することができる。

さて、では文学、特に日本近代文学研究の領域で、読者論を行うことの有効性はどこにあるのだろうか。日本文学研究は、作家や小説についての膨大な解釈を生み出してきており、それらは、近代の読書に関する限りもっとも豊かな読書の実践記録ともいえるだろう。作家や小説研究の研究史は、それ自体一つの読者の歴史であり、実証的な注釈作業の蓄積は、小説の同時代読者の知の基盤を復元する営みともなろう。

したがって、研究の盛んな作家・作品、例えば夏目漱石研究のような領域で、同時に読書論についての議論がなされ、関心が向けられるのも偶然ではない。[1] ただし、これらは文学研究者という限られた職業集団の読書であり、それをもって読者論として一般化することはできない。また、作家研究には、作家の著作のみならず、作家自身の読書記録をとらえる読者論もなされている。[2] ただ、やはりこの場合も含め、ある作家や作品の読書行為のみを評価し、特権化してしまう危険性をはらんでもいる。

以下に見ていくように、読者論は特定の作家や文学研究者という読者を越え、今日様々な研究方法の深化や、資料の広がりを見せている。読書論の可能性は、むしろ文学研究が、文学研究という領域を越えて様々な研究領域と関心や問題意識を共有しあい、新たな問題を掘り起こしていくところにあるとも言えよう。

読者の中の差異をとらえていくうえで、それがかなりはっきりとした形で意識されている研究事例として、雑誌や新聞メディアや、それらへの掲載小説を含めた表現に対する分析をとりあげることができるだろう。

小説はただ孤立して存在しているのではなく、その掲載媒体、雑誌や新聞との関係の中で読者に読まれ、読者はまた書物を含めた様々なメディアの中でその表現を評価し、意味づけていく。これらメディアには、様々な階層、地域における読者の営みを明らかにすることのできる情報が多く含まれている。

こうした新聞、雑誌メディアの研究からは、まとまった読者論の成果も数多く生み出されている。新聞、雑誌メディアは、多くの場合、一定の傾向をもった購読者層、読者集団と対応している。このため、掲載情報の特徴や読者からの通信、投稿などを通して、一定

1　藤井淑禎『小説の考古学へ』（名古屋：名古屋大学出版会、2001 年）、あるいは石原千秋『読者はどこにいるのか』（東京：河出書房新社、2009 年）、『漱石はどう読まれてきたか』（東京：新潮社、2010 年）など。

2　志保田務・山田忠彦・赤瀬雅子編『芥川龍之介の読書遍歴』（東京：学芸図書、2003 年）。

の読者集団やその営みを浮き彫りにすることが可能となる。それによって、読者という抽象的な概念が、「大衆」読者や「女性」読者、あるいは「児童」という読者といった具体的な差異や輪郭をともなった研究対象となる。

明治の初期で言えば小新聞を対象として、紙面からうかがうことのできるその大衆性の内実や読者の実態を丹念に明らかにしていく『大衆紙の源流』があげられよう。[1] 新聞とその掲載小説に重点をおいたものとして、関肇の論がまとまっている。[2] また、こうした紙面の情報からではなく、具体的に地域に残された教育、学校史料などから、民衆の読書経験を掘り起こしていく研究もなされている。[3] 生活の中の読書をいかに掘り起こしていくかは、その資料、方法を含めてメディア史研究の重要な課題としても指摘されている。[4] 一方、こうした「大衆」「民衆」読者という視点ではなく、逆にエリート層の読書を実証的に明らかにしていった論も見られる。[5]

とはいえ、女性雑誌や少女向けメディアを通しての読書研究が量的にはやはり目立つ。女性雑誌『主婦の友』や『婦人公論』を扱う「主婦」という読者を明らかにしていった木村涼子『〈主婦〉の誕生』や、[6]『少女の友』を中心に「少女」読者を追った『「少女」の社会史』は、読者についての詳細な議論を同時に行っており、また掲載小説についての分析も豊富に含まれ、関連研究へのめくばりも細かい。[7] また、こうした研究の集成、概観もフェミニズム研究では取り組ま

1　土屋礼子『大衆紙の源流』（京都：世界思想社、2002 年）。

2　関肇『新聞小説の時代』（東京：新曜社、2007 年）。

3　大門正克『民衆の教育経験』（東京：青木書店、2000 年）。

4　有山輝雄「メディア史研究における読書研究」（『マス・コミュニケーション研究』67、2005 年、41 － 49 頁）。

5　永嶺重敏『東大生はどんな本を読んできたか』（東京：平凡社、2007 年）。

6　木村涼子『〈主婦〉の誕生』（東京：吉川弘文館、2010 年）。

7　今田絵里香『「少女」の社会史』（東京：勁草書房、2007 年）。

れている。[1]

児童という読者もまた、少年雑誌や児童文学に対する研究として、また教育学や発達心理学を含めた広い領域で関心の対象となっている。文学研究とのかかわりで言えば、特にメディアの形態、すなわち絵本や漫画、ビデオゲームといった多様な表現形式と児童の享受者との関係に関心が向けられている。[2]児童に限らず、こうした諸メディアが作り出す読者の知や感覚の基盤を多角的にとらえていこうとする坪井秀人『感覚の近代』も示唆的である。[3]読者のみならずメディアの形態に応じた享受者、すなわち劇場空間や観客についての研究も、読者論と隣接してとらえることができよう。[4]

このように、小説のみならず、雑誌や新聞といった多様なメディアが、近代の様々な時代、地域、階層に応じた読者像を明らかにする材料となっている。また、これらの材料にあわせて、近代の識字調査や識字能力に関心を向ける研究もなされている。[5]ただ、出版統計や識字調査はデータとして有用だが、一方でこうした調査データを無批判に前提にすることは危険である。言うまでもなくこれらはあらかじめ設定された調査項目や調査範囲によって大きな制約を受けているからであり、あくまで参考資料の一つとしてとらえればよいだろう。読者の歴史を明らかにする手がかりは、これまで述べたように、表現の中にも、また次に見るように読者をとりまく諸制度の歴史の中にも、豊富に含まれているのである。

---

1 井上輝子他編『新編日本のフェミニズム7　表現とメディア』（東京：岩波書店、2009年）。

2 児童文学会編『日本の児童文学5　メディアと児童文学』（東京：東京書籍、2003年）。

3 坪井秀人『感覚の近代』（名古屋：名古屋大学出版会、2006年）。

4 藤木秀朗編『観客へのアプローチ』（東京：森話社、2011年）。

5 リチャード・ルビンジャー（Richard Rubinger）（川村肇訳）『日本人のリテラシー　1600-1900』（東京：柏書房、2008年）、松村俊三・八鍬友広編『識字と読書』（京都：昭和堂、2010年）。

また、近代は大衆的、あるいは実用的な読者論を含めて多くの読書論が書かれてきているが、それらから読書イメージの変遷を史的にとらえようとする視点も見られる。[1]

2

先に読者の差異をとらえることの重要性を述べたが、その場合に有効なのが、読書という一つの概念を、複数の過程や要素に分けて問題をとらえること、すなわち読者の環境を、あるいは読書という行為を、いくつかの構成要素に分けて考えることである。

読書という行為は、読者の内的な認識のプロセスであるとともに、社会的な諸制度に支えられ、形作られる行為である。出版制度や出版環境、書籍の生産や流通システム、読者に対する公的、あるいは私的教育環境、さらには図書館や書店といった要素にわけることができる。そして、それぞれの問題領域における研究は、読者論の欠くことのできない部分をなすことともなる。

なかでも出版社や書店の近代史は、近年研究も盛んであり、読者の環境の変貌をとらえる際の大きなポイントとなろう。作家や文学状況と出版事業との相互の関係を丹念にたどることが、必然的にその時期の読者を明らかにすることにもつながる。紅野謙介の一連の研究や、[2]小田光雄『書店の近代』は、こうした観点からの重要な成果と言えるだろう。[3]

また、書籍の流通や販売ネットワークの歴史は、本が読者に届く仕組みを明らかにしてくれる。通史的に近代の書籍流通システムを扱った研究や、[4]近代の教科書流通の仕組みを追った実証的な研究

1　大場博幸「明治期の読書論」（『出版研究』32、2001 年、93 － 117 頁）。

2　紅野謙介『投機として文学』（東京：新曜社、2003 年）、『検閲と文学』（東京：河出書房新社、2009 年）。

3　小田光雄『書店の近代』（東京：平凡社、2003 年）。

4　柴野京子『書棚と平台』（東京：弘文堂、2009 年）。

も生まれている。[1]

本を作り、それを読者にもたらす仕組みを抜きにして読者論は考えがたい。その意味で、書物の生産や流通に劣らず重要なのは、様々な読書する場の史的研究であろう。その意味で重要であり、かつ活発に研究が進んできたのが図書館と読者についての史的研究であろう。地域の図書館と読書という観点も含んだ山梨あや『近代日本における読書と社会教育』や、[2]小田光雄『図書館逍遙』も示唆的である。[3]また、先の永嶺には図書館や車内空間を含めた読書の場をとらえる論でも成果をあげている。[4]

これらの事例からも分かるとおり、読者論は、読書を支えている多様な要素との関係を明らかにするという形で展開している。読書や読者の歴史を広くとらえる領域として、新たに「リテラシー史研究」という形での研究も進められている。読書論という明確な領域でそれが見られるというより、現在では小説や作家であれ、あるいはメディアや教育制度の分析であれ、書物という一つの「点」でとらえるのではなく、それを作り、届け、そしてそれぞれに受け止める「場」を含めて総合的にとらえていく方法として多くの研究に浸透しているといってよいだろう。

作家や編集者と読者、そしてそれらを取り巻く読書環境との間で相互に働く力関係を描き出していくことで、従来の研究では見えてこなかった問題が明らかになってもいく。黒岩比佐子の諸研究は、

1　和田敦彦編『国定教科書はいかに売られたか』（東京：ひつじ書房、2011年）。

2　山梨あや『近代日本における読書と社会教育』（東京：法政大学出版局、2011年）。

3　小田光雄『図書館逍遙』（東京：編書房、2001年）。

4　永嶺重敏『モダン都市の読書空間』（東京：日本エディタースクール出版部、2001年）、『読書国民の誕生』（東京：日本エディタースクール出版部、2004年）。

そうした好例として評価できよう。[1]

書物の移動や流通、そして読者と書物を媒介する組織や営みも、読者や読書環境をとらえるうえで欠くことのできない視点である。そこからは、単に作家やその著作からはとらえられてこなかった数多くの問題を見出すことができる。こうした観点からの読者論として拙著『書物の日米関係』、『越境する書物』が位置づけられよう。[2]

1　黒岩比佐子『「食道楽」の人　村井弦斎』（東京：岩波書店、2004 年）、『パンとペン』（東京：講談社、2010 年）。

2　和田敦彦『書物の日米関係』（東京：新曜社、2007 年）、『越境する書物』（東京：新曜社、2011 年）。

フェミニズム／ジェンダー批評から見た近代家族の変遷と現代家族

長谷川啓

3・11の東日本大震災は、日本に生きる私たちを震撼させ、あらためて、家族の絆や地域のコミュニティの必要性を痛感させた。ことに、フクシマの原発による放射能汚染問題は、近代文明そのものへの懐疑を抱かせたが、それらはフェミニズム思想の再考すら迫るものといえよう。近代が切り捨ててきた自然や共同体、〈いのち〉そのものと向き合わなければならない時代が到来している。

金井淑子が『依存と自立の倫理　〈女／母〉の身体性』（京都：ナカニシヤ出版、2011年）で、「母」に「いのち」とルビをふりながら、森崎和江の近代そのものへの懐疑、「近代的自我が〈いのち〉の根への考察を欠いている」という認識について共鳴している。この問題意識を共有しているのが石牟礼道子で、いのちの根源を見つめ、自然を侵犯する公害問題から近代を問い続けている。また、自然と共存し、村落共同体や大家族の記憶を表象しつづけた壷井栄にも通うものがある。いずれも、近代家族ならぬ共同体の最小単位としての家族、コミュニティ、自然、いのちの再発見につながるテーマだといえよう。

ところが現在の日本は、小森陽一も「資本主義によって解体されてしまった共同体社会」（『すばる』、2011年11月）と指摘し、『世界』の2011年2月号で「家族崩壊という現実」を特集しているように、近代家族すら崩壊の危機に直面しているといっていいだろう。近代家族が成立して110年余（実際には戦後からの60年余）となる現在、典型的な近代家族の構図は崩れ、母子・父子家庭、単身家族、老人の孤独死が急増している。前記した著書で金井も、近代核家族モデルは、いまや「崩壊する家族・危機のなかの家族・漂流する家族・逆噴射家族」に、さらに「個人化する家族・ホテル家族・薄家族・孤食家族」などと表現されるまでに変質し、無家族化の時代に立ち至っていると述べている。

さて、女性を支配・抑圧してきた家父長制近代家族からの解放とその考察こそ、まさにフェミニズム批評の根幹をなすものであった。まず、落合恵美子の『近代家族とフェミニズム』（東京：勁草書房、1989年）・『21世紀家族へ——家族の戦後体制の見かた・超えかた』（東京：有斐閣、1994年）・『近代家族の曲がり角』（東京：角川書店、2000年）・『アジアの家族とジェンダー』（東京：勁草書房、2007年）等の研究、上野千鶴子の『資本制と家事労働——マルクス主義フェミニズムの問題構制』（東京：海鳴社、1985年）・『家父長制と資本制——マルクス主義フェミニズムの地平』（東京：岩波書店、1990年）・『シリーズ変貌する家族』（1～8巻・共編著、東京：岩波書店、1991～1992年）・『家族を容れるハコ家族を超えるハコ』（東京：平凡社、2002年）等の基本文献は、その何よりの証であり、功績であるといえよう。

そもそも、近代的な〈家族〉という物差しは、世界的にみても230年にも満たない歴史しか持っていないといわれている。牟田和恵は『戦略としての家族　近代日本の国民国家形成と女性』（東京：新曜社、1996年）で、近代社会において家族とは、全体社会と個とを繋ぐ戦略的な地位を占め、きわめて政治的な装置であったと言及している。ファミリィという訳語も明治初年においては使用人なども含む家に属する人々としての〈家属〉であったのが、その後同義語の〈家族〉に転換し、狭い意味での血縁者集団になったと、桜井哲夫は『家族のミトロジー』（東京：新曜社、1986 年）で指摘している。これまで封建遺制と考えられてきた〈家〉制度自体も、明治民法の制定による近代の発明であり、近代国民国家に適合的に形成された家族モデルであったと、上野千鶴子は『近代家族の成立と終焉』（東京：岩波書店、1994 年）で看破。さらに小山静子は『良妻賢母という規範』（東京：勁草書房、1991 年）で、女性を長く支配してきた〈良妻賢母〉という規範も、富国強兵をスローガンとした明治という近代国家を担う、女子教育として制度化されたものであり、良妻賢母イデオロギーは〈男は仕事、女は家庭〉という性別役割分業からなる近代社会の形成にとって不可欠なもので、〈近代社会〉の成立と不可分なものであったと看破しているのである。

20 世紀は「家族の世紀」といえるが、近代家族とは家父長制・性役割からなる一夫一婦制を基にしていたが、その法体系は、夫と妻では全く異なる性規範を定め、夫の性の放縦を公認しながら、姦通罪を設置して妻の性を閉鎖した。また、「家」制度を設定し、夫妻ではなく親子中心の家族関係を構成する家父長制社会で、家督・財産相続権や親権・夫権、妻の財産管理に至るまで男性側の権利とし、良妻賢母教育の規範により女性を家庭内に囲い込んだ。女性の研究者による前記した家族論のほとんどが、その実態を暴いている。

近代文学研究でも取り組んでいるが、明治の家族・結婚制度の実態を表出した作品では例えば、夫の二重結婚を告発した清水紫琴の「こわれ指環」については今井泰子『短編　女性文学　近代』（共編著、東京：桜楓社、1987 年）、北田幸恵『書く女たち——江戸から明治のメディア・文学・ジェンダーを読む』（東京：學藝書林、2007 年）で、夫の放蕩や冷酷な仕打ちなど精神的 DV を描出した樋口一葉の「十三夜」については宇佐美毅「十三夜　心への暴力」

（岩淵宏子・長谷川啓編『ジェンダーで読む　愛・性・家族』、東京：東京堂出版、2006年）で言及している。妻妾同居の生活に苦しむ妻の実相を抉り出した円地文子の「女坂」については、小林富久子が「女坂　『妻妾同居』という心理的拷問」（同）で論じている。

しかしながら、資本制経済の発展は家族のあり方を変えていく。性別役割分業による典型的な近代家族が誕生するのが1900年前後で、核家族が生じ、見合い結婚から恋愛の自由を求める女性たちの『青鞜』運動や大正デモクラシーによって、良妻賢母教育も再編成される。だが、世帯主の夫の扶養意識により明治期とは異なる形で夫権を強めていった。

こうした大正前後から昭和にかけての家族・結婚生活の様相を伝えているのが、夏目漱石の「行人」や志賀直哉の「暗夜行路」で、性役割や良妻賢母の規範に囲い込まれた妻と、夫権を行使する夫の姿を析出したのが駒尺喜美の『漱石という人——吾輩は吾輩である』（東京：思想の科学社、1987年）、『魔女的文学論』（東京：三一書房、1982年）であった。

女性文学では新しい女の時代といわれる『青鞜』期の田村俊子が、「木乃伊の口紅」で良妻賢母の規範そのものに反逆する妻ならぬ女を、「炮烙の刑」では〈有夫恋〉を通して夫権に抵抗する妻の自由と独立志向を、「彼女の生活」では新しい女と男の関係を志す恋愛結婚においてさえ性差別の構造があることを表出したが、長谷川啓が『田村俊子作品集』（第1・2巻解題、東京：オリジン出版センター、1987～1988年）で、それぞれ指摘。宮本百合子が「伸子」で結婚制度そのものへの疑義から自由と自立を求めて離婚する女性を描出したことを、水田宗子『ヒロインからヒーローへ　女性の自我と表現』（東京：田畑書店、1982年）・沼沢和子『宮本百合子論』（国分寺：武蔵野書房、1993年）・岩淵宏子『宮本百合子　家族、政治、そしてフェミニズム』（東京：翰林書房、1996年）で論及。昭和の時代に佐多稲子は「くれなゐ」で、家庭と仕事、すなわち妻・

母の役割を担う主婦業と作家業の二重労働に悪戦苦闘する妻像を表現化したが、長谷川『佐多稲子論』（東京：オリジン出版センター、1992 年）、小林美恵子『昭和十年代の佐多稲子』（東京：双文社出版、2005 年）で言及している。

第二次世界大戦敗戦後、新しい日本国憲法の制定により男女平等がうたわれ、女性も選挙権を獲得、戦後民主主義制度に切り替わった。民法の改正は家族を大きく変容させ、家制度から解放されて夫婦を中心とした家族へと制度化される。だが、内実は家父長制が残存し、性別役割分業と良妻賢母の規範からなる近代家族は新しい民主的な装いのもとに続行する。国家に代わる資本主義経済の原理が家族の内部にも浸透し、専業主婦は 60 年代に一般化した。だが、1970 年代から 80 年代にかけてのウーマン・リブからフェミニズム運動への展開は、女性の動向に大きな変化をもたらし、文学表現においても近代家族の決定的な地殻変動を示すに至り、専業主婦化する女の生に反逆する主婦作家が誕生した。

60 年安保世代の森瑤子は、「夜ごとの揺り籠、舟、あるいは戦場」「家族の肖像」でエクステリアとしての戦後民主主義的な制度とインテリアとしての性役割からなる家父長的な近代家族の二重構造を見据え、そうした近代家族はもはや女性にとっては桎梏でしかないことを剔抉したが、長谷川が「森瑤子の世界」（城西国際大学ジェンダー・女性学研究所『RIM』第 7 号、1997 年）で析出。干刈あがたの「ウホッホ探検隊」では、夫の不倫が原因で家庭崩壊に直面した妻が子供たちと協力して新しい離婚家庭を形成し、近代家族からの脱出を果たすことを、谷口絹枝が『ジェンダーで読む愛・性・家族』で指摘。70 年全共闘・団塊の世代の女性作家は、カップル幻想自体からも吹っ切れ、津島佑子は「山を走る女」でシングルマザーを、増田みず子は「シングル・セル」「一人家族」でシングルの生を表現化したが、尾形明子が『ジェンダーで読む　愛・性・家族』で、長谷川が『短編　女性文学　現代』（今井泰子・藪禎子・渡邊澄子編、東京：おうふう、1993 年）でそれぞれ言及。

西川祐子は『借家と持ち家の文学史　「私」のうつわの物語』（東京：三省堂、1998年）で、一世紀あまりの家族の変貌は住まいの容器の変化でもあることを指摘。〈いろり端のある家〉〈茶の間のある家〉〈リビングのある家〉という3種類の家と3種類の団欒に変化し、3種類の家族に変化してきたのだと分析している。

『社会文学事典』（『社会文学事典』刊行会編、東京：冬至書房、2007年）では、「家・家族」「家庭小説」「大家族」「核家族」「結婚」「離婚」「親と子」「嫁と姑」「家庭雑誌」「シングル」「シングルマザー／ファーザー」「ポストファミリー」「家族の崩壊」の項目で考察。

また、水田宗子・長谷川啓・北田幸恵編『母と娘のフェミニズム　近代家族を超えて』（東京：田畑書店、1996年）では母と娘の関係について、水田・平川和子・棚沢直子・藤木由香里・北田・長谷川によって追究され、大島弓子（少女漫画家）、金井美恵子・津島佑子らの作品が取り上げられている。巻末には、1992年の日本社会文学会秋季大会の国際シンポジウム「母性をめぐる光と影／母親殺しと母親探しのフォークロア」も収録。

『ジェンダーで読む　愛・性・家族』では、1990年代に入ってからの現代家族についても論及。吉本ばななが描く「キッチン」のポストファミリィの母親はもはや女性ではなく女装する父親であることを狩野啓子が指摘し、江國香織が「きらきらひかる」で情緒不安定でアルコール依存症の女と同性愛者の男が偽装結婚するセックスレス夫婦を表現化していることを、矢澤美佐紀が言及している。在日作家の柳美里が「フルハウス」「家族シネマ」で家族崩壊に陥った現代の核家族像を描出していることを、永岡杜人は『柳美里　〈柳美里〉という物語』（東京：勉誠出版、2009年）で述べている。

溝部優美子が「近代家族の原像」（『ジェンダーで読む　愛・性・家族』）と指摘した向田邦子「父の詫び状」などの典型的な近代家族はもはや終焉に立ち至り、現代は多様な家族の形が模索、表現化されている。日本経済の発展とともに結婚は人生の一選択肢となり多様なライフスタイルが可能になる。女性の高学歴化や就職率の高さは未婚・非婚化現象を引き起こし、離婚も増大した。

そして冒頭の最現代にかえっていえば、『世界』の特集では、現在の日本資本主義経済の行き詰まりは家族をいっそう崩壊に追い込み、子供にとって生きる基盤であった家族の不和や暴力によって不安に満ち、児童虐待・放置が増え続けているという。人との繋がりもなく漫画喫茶を転々とする不安定雇用の若者たちや、誰にも看取られずに死んでいく老人たちの増加という無縁社会（地縁・血縁の崩壊）・単身社会、急速に地域社会が解体し会社や業界団体など中間組織も崩壊。最後の共同体である家族も、社会から孤立した密室化の中で、児童・高齢者虐待、夫による妻へのDVが深刻化しているという。

そうした状況の一端を伝えているのが映画「誰も知らない」（ネグレクト）・金原ひとみの小説「マザーズ」（幼児虐待）であり、近代家族ならぬ家族の未来を予感させるのが、家族の崩壊から再生を描く瀬尾まいこの小説「幸福な食卓」（映画化）・細川貂々の漫画「ツレ」ものシリーズ男の育児奮闘記である。だが、文学研究では、まだ、そこまでの論及はない。ただし、高齢者を取り巻く家族関係や介護については、米村みゆき・佐々木亜紀子編『〈介護小説〉の風景——高齢社会と文学』（東京：森話社、2008年）、倉田容子『語る老女　語られる老女——日本近現代文学にみる女の老い』（東京：學藝書林、2010年）がある。上野千鶴子の『おひとりさまの老後』（法研、2007年）『ケアの社会学　当事者主催の福祉社会へ』（東京：太田出版、2011年）もある。前記した著書で金井淑子は、近代家族の解体はすなわちジェンダー家族の解体であって家族そのものの死を意味するものではなく、私たちの前に「課題としてある家族」とは、単なる家族の回復でも、家族の無家族化を是認するのでもなく、近代エディプス家族の呪縛を解きつつ、今ある家族の先に人間の共同性の新たなあり方を模索することだと述べているのである。

日本における「文学」概念

鈴木貞美

1．訳語としての「文学」

文学の語は、もとの中国語では、文章博学、すなわち文字による学藝全般を意味し、「文藝」「藝文」とほぼ同義だった。明治に入るまで、日本において「文学」の語は、中国伝来の学問に用いられ、この規範は極めて強く、和歌も物語も「文学」と呼ばれたことはなかったし、どのような意味でも近代的な「日本文学」に相当する概念は生じなかった。だが、明治期に、英語“literature”の中義である“polite literatur”（すぐれた言語作品）の翻訳語として、まず学藝一般（広義）を意味する「文学」の用法が登場する。その内容は、キリスト教神学（theology）に対して人間に関する“the humanities”（人文学）の範囲である。ヨーロッパ語の“literature”は、原義は古代語の読み書き能力を意味するもので、その広義は、現在でも著作一般を指す。中国語、日本語の「文学」に、この意味はない。その狭義は“literary art”の意味で、詩、小説、戯曲、感情表現を主としたエッセイ、すなわち文字による言語藝術を意味する。だが、19 世紀半ばのフランスでも、この用法を奇異なものとして退ける有力な保守派があり、定着したのは、それ以降と見るべきであろう。

学藝一般を意味する「文学」は、ヨーロッパの自然科学をふくむ学問全般を、江戸幕府が公認した唯一の学問、すなわち宇宙論をふくむ朱子学の体系で受け止めたことによってつくられたと見てよい。「格物窮理」に発する「理学」の語でヨーロッパの天文学や物理学を受け止めることは、江戸時代中期の三浦梅園や幕末の佐久間象山にも見られる。この「理学」は、福沢諭吉ら明治啓蒙思想家たちにおいて、またもかなりのちまで“philosophy” の意味でも用いられた。明治初期に西周が“philosophy” の訳語として「哲学」の語を考案したことはよく知られるが、「哲学」と「理学」の用法が今日のようにはっきり分かれるのは、帝国大学の発足（1897 年）以降のことである。知識層一般にひろがってはじめて概念たりうるので、概念史研究は、概念構成ないし編制とともに、その流布の状況に気を配らなければならない。

そして、明治中期に、東京大学の文学部など、ヨーロッパの人文学にあたる中義の「文学」がひろがり、これが一般化すると、広義の「文学」は、ほぼ見られなくなる。そして、この中義の「文学」によって、はじめて「日本文学史」が編まれた。今日まで、それは変わらない。ヨーロッパでも「文学史」の内容は、今日まで「人文学史」である。ただし、ヨーロッパ近代における人文学（humanities）は、キリスト教神学に対する語で、また神聖ローマ帝国の共通語であったラテン語ではなく、それぞれの国語（national language）で書かれた「優れた著作」に限定され、民衆の読み物（popular literature）を排除するものだった。それに対し、日本の「人文学」は、①「宗教」（“religion”の訳語として幕末にはじまり、1880 年ころに成立した近代的概念によって括られた神道、儒学、仏教など）の記述。②日本語とは文法の異なる中国語（漢文）の記述。③民衆の読み物、の三つをふくむものとして考えられたのが大きな特徴である。最初の日本文学史を標榜する三上参次、高津鍬三郎合著『日本文学史』上下二巻（1890 年）以降、今日まで、日本文学史の最初には『古事記』『日本書紀』『風土記』を置くのが通例である。『古事記』は、皇室の神話を日本式に崩した中国語で、また『日本書紀』は、日本神話と仏教の伝来の様子や民間歌謡をふくむ歴史叙述（historiography）をほぼ正則の中国語で、また『風土記』（地誌や伝承）は、各地の民間伝承について崩した中国語で記したものである。宗教性を帯びた民間伝承をふくむ内容を、中国語で記した言語作品を含む範疇である。

①には、東京大学がヨーロッパの大学の神学部にあたるものをもたずに発足し、帝国大学で、のち宗教学を哲学のうちに組み入れたことが大きく働いている（帝国大学が工科大学、農科大学を備えた総合大学“University”だったことも世界に類例のない制度だった）。それによって、「日本文学」では、神道、儒学、道家思想、仏教など教義を述べた作品を特殊なものとせず、組み入れることが定着し、今日に至っている。

②は、日本人の知的著述は、時代によって濃淡の差はあれ、古代から多くが漢文ないしは漢文読み下し体（音で読む漢語を多くふくみ、すべてを訓読するわけではないので、訓読の語は不適当。江戸時代に漢詩や小説を和訳する際に「訓読体」が規範化した）でなされ、感情の表現を和文が受け持つ傾向が続いてきたからである。また、1872 年の学制によって、エリート養成のために設置された中学校で「国語」のうちに「漢文」を位置づけたことが大きく働いている。漢文学習は単に伝統の名残ではなく、英語とともに新たな時代に不可欠のものとされたのである。明治期は日本の歴史を通じて漢詩が最も盛んな時代でもある。日清戦争（甲午戦争）期に暗誦と作文が必須科目から外されたため、それ以降の世代の漢文を書く能力は著しく低下するが、戦前期までの知識層は、和、漢、洋（英独仏のどれか）の三つの言語が読めた（外国式の発音で喋ることができるかどうかは別問題）。漢文の素養が著しく低下するのは、戦後生まれの世代からである。③は、元禄期の井原西鶴の小説、近松門左衛門の戯曲、芭蕉の俳諧など、ヨーロッパより早くから民衆の文藝が多彩に発達していたこと、明治前中期の洋学派の知識層がリベラルな思想の持ち主だったことによる。

この中義の「文学」と区別するため、狭義の「文学」には、明治中期から「美文学」「純文学」が用いられていた。だが、20世紀初頭、文壇形成期に専門家や文壇人たちは、この「純文学」を「文学」と呼ぶようになる。人間の技術一般を意味する中国語、「藝術」の古義に代えて、優れた技藝の作品を呼ぶ“fine art”の訳語として新造語「美術」（広義）が登場したのち、今日の藝術一般を意味する「美術」（中義）が、専門家のあいだで絵画や彫塑に限定され（狭義）、これが「文学」と横並びの関係になったのと論理的にも時期的にもほぼ同時だった。なお、そのころ、ヨーロッパ文藝、とくに象徴詩の紹介に活躍した上田敏らは、「文学」と「美術」とをあわせて「文藝」と呼んでいたが、やがて一般に、文字で記す言語藝術を意味する「文藝」が狭義の「文学」と同義で用いられるようになっていった。

なお、昭和戦前期までの「文学」には、先に見た中義と狭義とが併存し、とくに中義に立って狭義を尊重する流れがあった。第二次大戦後には狭義が一般化するが、比較文学などでは中義も受けつがれた。このように、概念相互の関係、すなわち概念編制が編みかえられる過程を考えることが必須であり、有効である。

2. 評価基準

ヨーロッパの狭義の“literature”は、精神の無限の自由と感情の解放を求め、創造性と想像性を重んじるロマン主義の価値観を伴うものだった。そのため、嘘すなわち虚構の価値を低く見る儒学の考えを徹底した朱子学が支配的だった中国では拒絶されたが、日本では、正史よりも作り物語の虚構の形式の方が事実の細部や人の心の陰影を書くことができると主張する『源氏物語』（蛍の巻）に見られる伝統的な考えや、江戸時代に発達した、もとの作品の趣向を変え、改作を楽しむ遊びの精神で受け止められた。同時にヨーロッパ19世紀後半の実証主義に立つリアリズムの技法が「真実を書く」ものとして受け止められたため、あわせて「率直な感情表現」が藝術理念の根幹におかれた。古典についても、たとえば『源氏物語』

は、貴族の生活をリアルに描き、かつ感情豊かなロマンティックな作品と評された。このように、外来の概念とともに価値観について、それを受け止めた土台が何であり、それによって外来のものとどのようなズレが生じ、かつ土台にどのような組み換えが起こったかを考察することが肝要になる。

その後、言語ナショナリズムが強まるにつれて、芳賀矢一『国文学史十講』（1900年）など和文中心に傾き、また『平家物語』や『太平記』など、本来、歴史叙述の一種として成立し、歴史学では今日でもそのように扱っている言語作品を狭義の「文学」にひき寄せて鑑賞する態度も生じた。ただし、前後して、新たな文学観が浸透しはじめる。たとえば国語学の創始者と見なされ、かつて漢語排斥を訴えていた上田万年――その実、彼自身、論文ではやわらかい漢文読み下し体を用いていたが――が『法華経』を、そのレトリックに着目して「世界文学」だと唱えている（織田得能『法華経講義』、1899年、「序」）。このころから、神秘性、宗教性を前面に出すヨーロッパの象徴主義藝術運動が伝えられ、蒲原有明『春鳥集』（1905年）「序」が、芭蕉俳諧を禅宗の教えを説いたものとして読む伝統的な態度を退け、宇宙の根本を開示する日本の象徴藝術のように説いたことをきっかけに、象徴詩人たちの芭蕉再評価の動きが起こる。また大正生命主義の機運が高まり、普遍的な生命の象徴表現という藝術理念が定着すると、藝術の普遍性、永遠性が確信されるようになってゆく。そして、佐藤春夫「『風流』論」（1924年）、萩原朔太郎「日本詩歌の象徴主義」（1926年）など、宗教性、歴史性を帯びた日本古典をあたかも普遍的生命の象徴表現であるかのように再解釈する傾向が生じ、やがて1930年代には、中世の禅林生活様式に発する、わび、さびや幽玄を「日本的なるもの」の核心に置くアカデミズム美学の流れを生む。

ヨーロッパ・ロマン主義に発する「私小説」は、日本では、作者自身を想わせる作家が若い女弟子にさもしい性欲を抱きながら、世間体では道学者ぶるさまを滑稽に書きもした田山花袋『蒲団』(1907年) あたりから、自嘲や自己戯画化の度を加えながら発展した。他方、20世紀への転換期に感覚や意識を重視する傾向が盛んになると、中国でもヨーロッパでも小説の規範からはずれる「主人公＝語り手」がそれとして描かれない随筆形式によって自意識の動きや精神活動を書くことがはじまり、これがやがて「心境小説」と呼ばれる。都会で神経を傷めて郊外に安息の場を求めた主人公「私」の生活ぶりをそれなりに書きつつ、神経衰弱でなくてはつかめない美に酔う主人公＝語り手の精神状態を、芭蕉に憧れる境地を織り交ぜながら展開する佐藤春夫『田園の憂鬱』(1919年) が一世を風靡したため、ふたつの形式上のちがいがあいまいなまま論議されるようになるが、「心境小説」ではやはり東洋的な境地が核心をなす。この論議がさかんになった時期に、池田亀鑑「自照文学の歴史的展開」(1926年) あたりから、平安朝以降の女性たちがジャンル規範意識を持つことなく、様ざまな形式で内面を吐露した叙述を一括して「日記文学」と呼ぶことが起こった。このようにして創作や批評の新しい動きが、古典の新しい評価を生みだし、狭義の「文学」の下位のジャンル意識も転換してゆく。

戦後もそれは変わらない。たとえば、戦前期には楠正成ら皇室への忠臣を描いたものと賛美された『太平記』について、「戦乱の悲劇を通して人間の道義を強調し、政権争奪に終始する政治に対決した民族の深い嘆きをこめた文学として空前の価値がある」(『新潮日本文学辞典』、1968、1988年) と評する論調が登場する。ここには民族の感情表現として「文学」をとらえることを根本的態度とし、敗戦後に盛んになった現実批判のリアリズムを理想とする反政治的藝術観の投影が見られる。その成立期には「歴史」と「芸術」とは未分化であったにも関わらず。

3. 純文学と大衆文学

1935年ころ、「純文学」には、もうひとつの用法が登場する。講談速記を土台にして、史実を背景に虚構を繰り広げる「時代もの」と「探偵小説」とを勤労大衆のものとして発展させようとする「大衆文藝」ないしは「大衆文学」（mass literature）の運動が1925年前後に盛んになった。これがマスメディアの展開に巻きこまれ、大衆の俗情に迎合して低俗なエロ・グロに陥ったものの、「プロレタリア文学」が壊滅したのち、「文藝復興」の機運にのって質の高いものも登場するようになり、これにユーモア小説など当代風俗小説（通俗小説）をふくめて、娯楽性の高い小説ジャンルを「大衆文学」と呼ぶ規範が、このころの文藝ジャーナリズムに成立する。この動きに対して新興藝術派を中心に、藝術性の高さを誇るものを「純文学」と称することがはじまったが、その是非をめぐって論議が続き、概念化されたとはいいがたい。1935年、文学賞創設ブームの中で、菊池寛が新人賞として芥川龍之介賞、直木三十五賞をもうけたが、直木賞は「すぐれた大衆文藝中最も優秀なるものに呈す」としているが、芥川賞は「創作中」とのみ記している。

第二次大戦後の小説は、文藝雑誌の制度上、「純文学」「中間小説」「大衆小説」の三つに分けられた。ＳＦやショート・ショートは長く「大衆文学」とされ、この区分はジャンルの分類にも働いた。だが、純文学雑誌に中間小説に類するものが侵出しはじめ、1961年に純文学変質論争が起こり、その中で「純文学」「大衆文学」の二項対立スキームがつくられると、これによって歴史を遡って小説を二分する傾向が長く定着していた。だが、1990年ころの文藝ジャーナリズムに、このスキームが無効になるような現象が現れ、これに関する論議も起こった。そもそも市民社会を背景にしてさかんになった小説には藝術性、思想性、娯楽性が混在しているのがふつうで、それらの多寡をもって分類することは原理的に不可能である。鈴木貞美『日本の「文学」概念』（東京：作品社、1998年）、『「日本文学」の成立』（東京：作品社、2009年）を参照されたい。

生命主義

鈴木貞美

1. 宇宙生命という原理

ヨーロッパ語で生命主義"vitalism"は、一般に生命本位や生命重視の考え方、また力動感あふれる気風を指し、生物学では機械論に対立させて生命の素を物質でないものに求める生気論、医学では延命主義をいう。哲学では、20世紀はじめに興った普遍的「生命」を原理とする思潮、フランスの哲学者、ベルクソン（Henri Bergson）の『創造的進化』（1907年）や、ドイツのショーペンハウアー（Arthur Schopenhauer）やニーチェ（Friedrich Wilhelm Nietzsche）を先駆けとするオイケン（Rudolf Christoph Eucken）、ジンメル（Georg Simmel）、ディルタイ（Wilhelm Dilthey）ら「生の哲学」の流れに代表される傾向を指して呼んできた。しかし、ここでは「宇宙の生命」を原理とする20世紀の思潮全体をいう。「宇宙の生命」ないし「普遍的生命」（universal life）という観念は、宇宙の活動から容易に生じそうだが、原始宗教を含め、宗教全般は世界の創造主を「神」とし、また何をもって分けるかは別にして、生き物とそれ以外を区別する。

ヨーロッパで、宗教の力が相対的に低下し、理神論による自然科学や現世主義が次第に高まったとき、宇宙の、あるいは普遍的な生命という観念が、あたかも宗教の「神」や唯物論の「物質」ないしは宇宙の原動力としてのエネルギーに代わる、またはそれらのいずれかと同等の世界原理としてひろまりはじめる。19 世紀後期から 20 世紀前期にかけて、音速に名を残す物理学者、エルンスト・マッハ（Ernst Mach）や物理化学者、オストワルト（Friedrich Wilhelm Ostwald）らのエネルギー一元論が物理化学界を席捲した時期に、「宇宙の生命エネルギー」を原理とする思潮が登場した。ドイツの生物学者、ヘッケル（Ernst Haeckel）のエコロジー思想や『生命の不可思議』（1919 年）にいう「万物有生論」が典型である。ネオ・ロマンティシズムと称されるメーテルランク（Maurice Macterlinck）も「ラ・ヴィ・プロフォンド（深遠なる生命）」（1896 年）を語り、スウェーデンのエレン・ケイ（Ellen Key）の女性解放思想も「生命の信仰」を唱え、またショーペンハウアーの「宇宙の意志」を無意識の領域に働く「精神のエネルギー」に置き換えたフロイトの精神分析学もそのひとつといってよい。フロイト（Sigmund Freud）は 20 世紀に入ると自然科学的な装いを強くしたが、ベルクソンは意識の進化を説く「意識と生命」や心霊や夢の研究の可能性を論じる講演などをまとめた『精神のエネルギー』（1919 年）では、計量化を絶対視する科学主義の傾向に反対する立場を表明し、それらの影響を受けて、20 世紀前半の前衛芸術家たちの多くが、普遍的生命の（象徴）表現として藝術を考えていた。

新カント派の哲学者、リッケルト（Heinrich Rickert）は、アメリカのプログマティズムをふくめて、この流れを「生物学主義」（Biologismus）と呼び、精神的価値を重んじる立場から批判したが、この論文を哲学者、田辺元「文化の概念」（1922 年）は「生命主義」と翻訳紹介し、当代日本の基本的な思潮と認めて、むしろ物心両面の文化的向上を求める文化主義の基盤と位置づけた。実際、日本では、アメリカのエマソン（Ralph waldo Emerson）の超越論哲学を信奉した北村透谷の「内部生命論」（1893 年）や、ニーチェの思想や根本的な自由と平等をうたったホイットマン（Walter

Whitman）の詩想をヒントに本能満足主義をとなえた高山樗牛「美的生活を論ず」（1901年）を先駆けとし、労働者の「真の生命」の発現としての建築美を唱えるイギリスの美術史家、ラスキン（John Ruskin）『建築の七灯』（1849年）やロシアの作家、トルストイ（ЛеВ Нnколаевиу Топстй）の「神は生命である」（『わが懺悔』1879、1981年）という命題など当代の様ざまな西洋思潮と神道、仏教、儒学など伝統思想が結びついて、より多彩に展開した。

2. 近代の超克思想の淵源

第2次世界大戦、丸山真男『日本の思想』（1957年）は、岡倉天心『日本の目覚め』（英文、1904年）中に「冨の偶像崇拝」におちいった西欧の現実を告発する文章を引用して「近代の超克」思想の嚆矢とした。とりわけ日露戦争後には、生存競争が激化したことに危機感を覚える文章が多く書かれ、多数の農民が都市に労働者として流れ出る農村では地域共同体の再編が進み、各種の産業組合運動を促進した。大逆事件後、社会主義の思想が禁圧されるなかで、幸田露伴『修省論』（1914年）が儒学を芯にして「互扶互持の対等関係」を説き、資本制による国家・社会のしくみや資本の国際性を看破し、「利福の比例の不一致」から過激な社会主義が起こっても当然と、ストライキなどの正当性を説き、日本は帝国主義の道をすすんではならないと訴えたし、河上徹太郎『貧乏物語』（1917年）も、孔子の教えを奉じる立場を表明して階級的社会観を説き、また二宮尊徳の民間哲学を奉じる奉徳会が全国に支部をひろげるなど、伝統思想を資本主義の浸透に対する防衛のためのものに転じる大きな流れもあった。併行して、ラスキンを奉じ、中世の職能団体に労働と生活の歓びの一致を見て理想化するイギリスのウィリアム・モリス（William Morris）のギルド社会主義もひろがりを見せた。だが、これらに近接し、またまじりあって展開した大正生命主義こそ「近代の超克」の基調低音だったというべきたろう。それは、日露戦争を前後する時期からおこってくる近代機械文明の発達がもたらす人間疎外や弊害——重火器による戦争や軽工業の大工場化、重化学工業化の進展に伴う肉体の破砕や病気、都市問題の膨張や機械の導入による神経疲労など——から生命感の危機が蔓延したことに対して、人間の生の全体的な回復を目指すものだった。物理学におけるエネルギー還元主義の時代を背景に、エネルギー（しばしば勢力）という用語を伴うことも多く、科学的合理主義の側から強い反対論は出なかった。

岡倉天心の最初の英文の著書『東洋の理想——日本美術を中心として』（1903 年）は、東洋の伝統的な「気」（Spirits）の観念を「生命」（Life）に置き換え、その世界観の精髄を示すものとして室町期の雪舟らの山水画を東洋的ロマン主義の近代藝術と賛美するものだった。天心は暗示的表現も重んじており、実際には、宇宙の生命の象徴表現という理念に近かった。哲学では西田幾多郎『善の研究』（1911 年）が、全人類と一体となって生きる人道主義を説き、その上に神すなわち「真生命」と一体化する宗教的欲求を位置づけた。和辻哲郎『ニイチェ研究』（1913 年）は、エネルギー保存則を最高原理とし、絶対神の観念や一切の概念を拒否するニーチェの思想を、ベルクソンや西田幾多郎の哲学に引き寄せ、哲学や芸術は「宇宙生命」を直接表現するものと論じた。

日本の生命主義は、当初は「生命中心の思想」「生命派」などと呼ばれ、たとえばトルストイ『わが懺悔』に触発された木下尚江『懺悔』（1906 年）は、バクテリアから人間までをひと続きの生命の流れとみて、その永遠の生命の営みを持続する性愛を神聖なものと論じ、白樺派の武者小路実篤らがロダン（Auguste Rodin）の彫刻などを宇宙生命の表現として賛美する生命主義に向かうきっかけをつくった。そのほか、華厳経にフランス象徴詩を重ねる土田杏村『象徴の哲学』（1919 年）や、女性解放思想では平塚らいてう、社会運動では「生の充実」として工場単位の闘争を唱えた大杉栄、千里眼など心霊現象の研究で知られる福来友吉『生命主義の信仰』（1923年）や、近接するものに、キリスト教社会主義の賀川豊彦『生命宗教と生命芸術』（1927年）などもある。この思潮によって神道や仏教思想などの伝統思想が生命本位であるかのような解釈も生じた。文芸では徳冨蘆花、蒲原有明、岩野泡鳴、島村抱月、有島武郎、高村光太郎、室生犀星、北原白秋、萩原朔太郎、斎藤茂吉、宮澤賢治、評論では厨川白村らに顕著に見られる。文藝表現や文藝理念の実際は、印象主義から表現主義などアーリイ・モダニズムに向かう絵画の流れと密接に関連し、フランス、イギリスの神秘的宗教観に立つ象徴主義、ヘーゲル（Georg Wilhelm Friedrich Hegel）『美学講義』に発する気分象徴論、ドイツ観念論に立つ感情移入美学が入り混じり、普遍的生命の象徴という表現理念に収斂してゆく。

3. 印象主義と象徴主義

イギリス・ロマン主義の詩人、ワーズワース（William Wordsworth）の詩句に見える“life of things”（万物の生命）の理念を支えに、印象主義の絵画や、ロシアの作家、ツルゲーネフ（Ива́н Турге́нев）の『猟人日記』中の短編「あひびき」の描写をヒントにして印象の移り変わる様子の描写や景物と心とが溶け合う恍惚たる状態を頂点に置いて情景のスケッチを繰りひろげる国木田独歩「武蔵野」（1901年）などが印象描写の扉を開いた。この独歩「武蔵野」と前後して、ヨーロッパにおいて自然主義は衰退し、自然の内奥に向かう後自然主義と神秘的象徴主義とが展開していると告げるヨハネス・フォルケルト（Johannes Volkelt）の『美学上の時事問題』（1895）を森鷗外『審美新説』（1900年）が紹介する。そして、田山花袋は、性欲すなわち「内部の自然」を暴露する『蒲団』（1907年）ののち、『生』（1908年）においてそれぞれの視点人物の立場からの「平面描写」を展開する。この流れはやがて「もし本当に太陽が緑色に見えたら緑色に描いてよい」という高村光太郎「緑色の太陽」（1910

年）の印象主義宣言を呼びだしもした。どんな観念より五官の感覚こそが認識にとって確実なものであり、また個性的表現の基礎をなすという表現論を一般にひろげてゆく。そして実際、「自然主義」と呼ばれた若山牧水、前田夕暮らの短歌に「蒼い太陽」が登場し、やがて夕暮は生命主義に転じて歌集『生きる日』（1914 年）に後期印象派から表現主義絵画を想わせる歌風を展開した。斎藤茂吉『赤光』（1913 年）も同様であり、茂吉は「写生、象徴の説」（1917 年）で短歌における写生すなわち「予の生の『象徴』」を説き、「短歌における写生の説」（1920 ～ 1921 年）で「実相に感入して自然・自己一元の生を写す」という大正生命主義表現論の精髄を示すことになる。

他方、鷗外『審美新説』に感化を受けた蒲原有明は、都会の景物と自身の想念を重ねあわせる情景詩を書いたのち、イギリス、フランスの神秘的象徴詩に学んで、宗教的色彩の濃い生命賛歌の象徴詩集『春鳥集』（1905 年）を刊行する。その「序」は、芭蕉俳諧が宇宙の根源をやさしい言葉で説くものと説き、日本の象徴詩人たちのあいだに芭蕉再評価熱を高めてゆく。また「自然主義が深まると神秘に向かわざるをえない」と説く岩野泡鳴『神秘的半獣主義』（1906 年）は、普遍的生命の発現として時々刻々移り変わる感情こそが唯一の実在である、とする独自の象徴主義ないしは表現主義（刹那主義）を主張、ドイツから帰った島村抱月は、対象の理解や鑑賞のためには感情を対象に移し入れることが不可欠とするドイツ感情移入美学を足場に「新自然主義」を名のり、『近代文芸之研究』（1909 年）の扉には、世界と一体になる無念無想の境地こそが生命を味わう観照の態度であるということばが記されている。この抱月の観照の態度は、表現方法の開拓には向かないが、相馬御風「文藝上主客両体の融会」（1907 年）など普遍的生命に向かう動きを促進した。また森鷗外を後盾にした『スバル』から出た詩人、北原白秋はキリシタン・バテレンの妖しくも濃厚な雰囲気を漂わす『邪宗門』（1909年）を、歌人、吉井勇は祇園を舞台にとり、情緒纏綿たる歌集『酒ほがひ』（1910年）を、作家、長田幹彦は旅芸人のうらぶれた生活の情感をつづる「澪」（1911年）などののち、祇園情緒をつづる作品を著し、情趣、情調を濃密に醸し出す作品が一世を風靡した。これらに実際に働いたのは、ドイツ観念論美学の気分象徴論である。

4. 生命主義、その後

普遍的な生命の象徴という表現論は、どんな表現意識をも包含してしまう。観念的普遍主義であり、階級矛盾の解決を目指すマルクス主義によって退けられ、ジャーナリズムの表面からは姿を消す。だが、情緒に訴える表現を嫌い、暗喩を多用した表現によって、マルクス主義に対抗する新たなモダニズムの道を探っていた横光利一は、「新感覚」（1925年）で「自然の外相を剥奪し物自体に躍り込む主観の直感的触発物」——これだけなら、斎藤茂吉の「実相に観入して自然・自己一体の生を写す」と変わらない——として得られた認識断片を、象徴表現として知的に再構成することを説いた。西田幾多郎がベルクソンを援用した「美の本質」（1923年）と骨格は変わらない。横光が文藝表現は物質的形象（インクの染）であることを強調し、意味を重んじるマルクス主義と形式主義文学論争（1928年）を行った根もここにある。

他方、俳句雑誌『ほととぎす』を率いる高浜虚子は、むしろ昭和期に入って生命主義を鮮明にした。『句集虚子』（改造文庫、東京：改造社、1930年）序に、高野素十の句「朝顔の二葉にどこか濡れゐたる」を鑑賞していう。「朝顔の二葉を描いて生命を伝へ得たものは、宇宙の全生命を伝へ得たことになるのである。鐘の一局部を叩いてその全体の響きを伝え得ると一般である」と。これを引用して、虚子の句を「正統なレアリズムの究極にあって、そのまま直ちにサンボリズムの詩境に通じる」（「虚子句集」、1934年）と評したのは、短歌や俳句の技法を知的な構成に応用して、ただひたすら乾いた抒情を展開した三好達治だった。こうして、1920 年代のモダニズム文藝は、生命の象徴表現論に立ちつつ、形式性と断片の構成法を強めていった。

そして、神道寄りの生命主義が勢いをもつ時期がやってくる。天皇を「宇宙大生命」の表れとし、普遍的でキリスト教をも同化する力をもつと唱える東京帝大の法律学者、筧克彦の天皇思想は、1935 年ころから右翼や軍部の支柱となった。やがて横光利一も筧克彦の思想にひかれていった（「日記から」、1941 年 10 月 31 日）。仏教でも生命主義が台頭する。仏教にも活躍した作家、岡本かの子の『仏教読本』（1934 年）は「人間の生命も、宇宙全体に漲みなぎる大生命の一分派であります」と説き、倉田百三は「大乗生命主義」を唱え、日中戦争期に民族の生命のために一身を捨てる「散華の思想」を語る。また京都学派の座談会『世界史的立場と日本』は、ドイツの歴史家、ランケ（leopold von Ranke）の考えを借り、歴史を動かす道義的生命力（モラリッシェ・エネルギー）を根本理念にした。このように戦時下にも働きつづけた生命主義は、敗戦という境を越して、戦後にも流れこんだ。前衛美術に国際的に活躍した岡本太郎が原始的ないし神秘的な生命観を謳歌した。逆に高見順の傑作『いやな感じ』（1963 年）は、大杉栄一派のアナーキストが、ただひたすらに「生の充実」を求め、白色テロに加わるなど屈折を重ね、最後には上海で中国人捕虜の惨殺に至るまでを追って、政治状況の推移とともに大正生命主義が錯乱に陥る過程を書いた。大正生命主義の高揚とその後の展開は、地球環境問題が浮上し、人間中心主義を超える生命中心主義が問われる時代に、検討を避けて通れない大思潮だったことはまちがいない。鈴木貞美『生命観の探究』（東京：作品社、2007 年）などを参照されたい。

ジャーナリズムの発達と文学

紅野謙介

1

ジャーナリズムとは一般的にマス・メディアが時事的な事実や問題に関する報道・論評を伝達する活動の総称を指し、そのような活動を主として担うマス・メディアを示すときも多い。ここでは、報道活動とそれを掲載するマス・メディアを指すものとして定義しておく。

近現代の文学にとって、こうしたジャーナリズムの発達は不可欠の条件であった。新聞・雑誌などの定期刊行物が市場に流通して産業としての出版も軌道に乗るようになった。推進したのは近代国家を目指した明治政府である。政府の方針や政策、法令を全国に通達するとともに、些細な出来事や事件の報道をふくめ、さまざまな情報の共有を通して、遠くかけ離れた空間もひとつの国家の内部の出来事であると刷り込むこと。「想像の共同体」（B・アンダーソン）を成り立たせるには、大量印刷によって実現した定期刊行物が重要な役割を果たした。長州や薩摩を中心とした藩閥政治に反対するものたちも、その論拠に「民権」や「自由」といった欧米の概念を掲げ、出版物を通して民衆に働きかけ、政治を動かそうとした。彼らは政府派も反政府派もともに、近代国家としての「日本」を担おうとしたのである。

一方また、政治や経済の堅苦しい議論やそれを論ずる漢文体の文章を受け入れない読者は、口絵や挿絵などの視覚的表象を生かした読み物記事を楽しんだ。前者が舌鋒するどい諷刺や批評の文体で読者を魅了したのに対して、土屋礼子『大阪の錦絵新聞』（東京：三元社、1995年）、『大衆紙の源流　明治期小新聞の研究』（京都：世界思想社、2002年）が紹介したように、リテラシーの高くない読者たちは混乱期にしばしば輩出した不可解な事件やトピックを巧みに物語る記事を通して、新しい時代や社会の規範や価値観を学んだ。紙面のサイズから政論を主とした新聞を「大新聞」、読み物を主とした新聞を「小新聞」と呼ぶが、「大新聞」がジャンルとしての批評を育て、「小新聞」が小説を育てたと言っても過言ではない。山田俊治『大衆新聞がつくる明治の〈日本〉』（東京：日本放送出版協会、2002年）には、そうした「小新聞」の奮闘する過程が文学の前史として辿られている。

1880年代になって、明治政府がいったん憲法発布、国会開設によって政治的対立と内乱の気配を収束させたあと、次第に目立ってきたのは短文を主体にした新聞に加えて、長文の論説を掲載する雑誌の登場であった。すぐれた批評家でもあるジャーナリストといえば、徳富蘇峰・山路愛山ら民友社系、三宅雪嶺・志賀重昂・陸羯南ら政教社系などの名前があがるが、どちらも雑誌『国民之友』や『国民新聞』、新聞『日本』や雑誌『日本及日本人』を舞台に活躍した。『国民之友』は政治経済外交にわたる論説を掲載するかたわら、その文芸欄で、数多くの翻訳文学とともに坪内逍遙、森鷗外、二葉亭四迷、山田美妙、幸田露伴に代表的な小説を書かせた。『日本』が正岡子規を記者とし、その晩年までの創作を支援したことは言うまでもない。気骨のあるジャーナリストたちが文学をサポートしたと言えるが、他方、文学独自の趣味や美意識を重視しようとする書き手たちも現れる。その代表格である尾崎紅葉は同人雑誌『我楽多文庫』において同好の士を集め、硯友社というグループを生み出すとともに、評価を得た後は、「大新聞」「小新聞」という区分の曖昧になってきた状況を見越すように、そのどちらでもない『読売新聞』の紙上で新聞小説を連載し、抜群の人気を誇ることになる。菅聡子『メディアの時代』（東京：双文社、2001年）、関肇『新聞小説の時代』（東京：新曜社、2007年）が取り上げるのは、次第に政治色を脱した新聞の登場とそのなかで読者をつかむ文芸記事や新聞小説の特性である。

日清戦争（甲午戦争）と日露戦争は戦争報道のジャーナリズムを飛躍的に拡張させたが、緊迫感のある記事は遠く離れた前線の戦場と、平穏な日常のつづく銃後のいま・ここを接続し、一体感を演出することになった。そのとき共感と誘惑の文体を駆使したのは文学者たちであった。国木田独歩の『愛弟通信』は『国民新聞』において多くの喝采を博した。しかし、戦争の終了は新聞・雑誌からの読者離れを結果する。それをくいとめるために呼び出されたのが小説の連載や投稿・懸賞小説といった企画であった。紅野謙介・小森陽一・高橋修編『メディア・表象・イデオロギー』（東京：小沢書店、1997年）や金子明雄・吉田司雄・高橋修編『ディスクールの帝国』（東京：新曜社、2000年）など、明治30年代の文化研究が対象にしたのは、この時期に出版社、大学などの高等教育機関が制度的に確立して、ジャーナリズムの世界でも性別、年齢、志向に応じてさまざまな分化を見せながら関連性を持った網の目を作り上げていく過程であった。

1990年代から世紀の変わり目にかけての時期は、こうした研究が隆盛し、「メディア」という用語がキイワードとなって多く用いられた。『日本近代文学』47集（1992年10月）は「文学表現とメディア」という特集を組み、山本芳明「メディアと成島柳北」、明治前半の「婦人雑誌ブーム」を背景にした高田知波「『こわれ指輪』と『この子』」、『草迷宮』論でもある中山昭彦「変異のメディア〈と〉共同体」、小笠原克「粗描・いわゆる“札幌版”の書物」などの論文が発表された。紅野謙介『書物の近代　メディアの文学史』

（東京：筑摩書房、1992年）が刊行されたのも同年である。

1993年には『季刊文学』の特集「メディアの政治力」（4月）が出た。小森陽一「文学の時代」、紅野謙介「『中学世界』から『文章世界』へ」、中山昭彦「“作家の肖像”の再編成」、金子明雄「新聞の中の読者と小説家」、島村輝「もう一つの『平民新聞』」などは、明治40年代をあつかい、文学テキストの言説から一転して「文学をめぐる言説」の質と情報量を問題化した研究が本格化した。『季刊文学』では、翌年にも「メディアの造形性」（1994年7月）という特集となり、ほぼ同一の執筆陣により日露戦争前後の「死」の表象を探る言説研究が展開された。前後して「言説空間」という比喩的な概念も使われるようになった。これは、特定の語彙とレトリックと話法とが相互連鎖的に関係づけられる歴史的に限定された複数の言説を生み出した場所を示す概念である。作者も主題も異なるかに見える複数の言説が乱反射するなかで、なにごとかが語られているかのような錯覚が生まれてしまう。そうした言説を支えた場が「言説空間」である。

たとえば、新聞紙上で作家の死が大きく報道されるようになるのはいつか。それは新聞読者にとってひとりの作家の死が価値のある情報と認識されたことのあらわれであり、その際にそのような表象のされ方をしたかによって、当時の作家に対する期待値や価値意識が浮かび上がる。各新聞に文芸欄が開設され、文学情報のコラムが現れ始める、誰がどのような創作を発表したか、本を出したかにとどまらず、新たな創作への企画や経緯、個人生活上の些細な出来事までが伝達されるようになる。そのときそこで起きているのは何か。文学情報が変容し、文学そのものが独立した文化的なジャンルとして認知されるとともに、内部と外部を切り分け、言説の循環のなかに閉じていく危険性も持つのもそのときではないのか。

同時に問題としてとりあげられたのが、文学の再生産であった。尾崎紅葉の門弟になることによって泉鏡花、徳田秋声らは登場した。

しかし、こうした徒弟制ではもはや十分ではない。作家が創作を発表するのは個人的な才能の発現にとどまるものではない。後発の作家はつねに先行する作家を意識するとして、その後発の作家たちをどのように生み出していくのか。雑誌王国といわれた博文館などの投稿雑誌の出現、さらにそれを支える予備軍としての各中学・高校の『校友会雑誌』や同人雑誌、懸賞をかけて展開された小説募集などの企画が次々と打ち出され、新たな書き手の発掘がなされる。そうした文学の再生産システムに照明を当てたのが、紅野謙介『投機としての文学　活字・懸賞・メディア』（東京：新曜社、2003 年）であり、初期鷗外に注目して文学が生み出される物質的過程を解き明かしたのが宗像和重『投書家時代の森鷗外』（東京：岩波書店、2004 年）である。

しかし、明治期はまだ産業としての文学のスケールは大きくない。島崎藤村の『破戒』は初版の部数はわずかに千五百部であった。『吾輩は猫である』から遺作の『明暗』にいたるまで 11 年間に及ぶ夏目漱石の出版活動は、多く見積もっても 10 万部に満たないという。ところが、漱石が亡くなった 1916 年前後から文学の市場および文学をめぐる言説空間に変化が現れる。大野亮司「神話の生成　志賀直哉・大正五年前後」（『日本近代文学』52 集、1995 年 5 月）は、小説に一切ふれず、志賀をめぐる言説のみに焦点をあて「同時代の読書コードの配置」に注目し、議論を呼んだ研究である。待望する場所があってこそ、「小説の神様」は降臨した。徹底して歴史的文脈を解明したのである。同じく江馬修『受難者』や島田清次郎『地上』が大ヒットし、やがて有島武郎の人気が異常に高まっていく歴史的な背景を、出版流通の変化や市場の成立、文学言説の空間的拡大にからめて論じたのが山本芳明『文学者はつくられる』（東京：ひつじ書房、2001 年）である。これによって文学をジャーナリズムはもちろん出版市場との関連性のうちに分析する基本的な方法論が出そろった。

明治 30 年代にせよ、大正半ばにせよ、まだ作家たちはジャーナリズムも出版も自分たちの外側に見ていた。しかし、ベストセラーの登場は作家の収益を大きく変え、みずから出版業に乗り出す書き手を生む。菊池寛による『文藝春秋』の創刊（1923年）は当初こそ、薄い読み物雑誌に過ぎなかったが、飛躍的に部数を伸ばし、ついに文藝春秋社という出版社まで作りあげてしまう。十重田裕一「出発期『文藝春秋』のメディア戦略」（『日本近代文学』66集、2002年5月）は、作家がジャーナリズムに乗り出すことによってどのような変容が相互に起きたかを追究した調査でもある。

その後、戦中・戦後をへて文学の価値が社会的に認知されていくにしたがって、作家たちはますますジャーナリズムで登用され、文芸記事や新聞小説だけでなく、政治や社会についても批評家、コメンテーターの役割を担わされるようになった。まさに戦争協力とプロパガンダについては、別項目が参照されるだろう。それもふくめて、19世紀終わりから20世紀初頭にかけて起きたジャーナリズムと文学の関係はより増幅されたかたちで、その後も反復と変容を強いられることになる。

2

日本のジャーナリズムがもたらした特有の事象がいくつかある、たとえば、広い意味で「文壇」を特徴づける「座談会」という制度、「匿名批評」のコラムなどである。「座談会」については近年、研究がさかんに進められていて、山崎義光「モダニズムの言説様式としての〈座談会〉――「新潮合評会」から『文芸春秋』の「座談会」へ」（『国語と国文学』997号、2006年12月）、大沢聡「固有名消費とメディア論的政治――文芸復興期の座談会」（『昭和文学研究』58集、2009年3月）、酒井浩介「トラブルとして記録される会話――新潮合評会に見る座談会の批評性」（『日本文学』、2009年12月）などが刺激的である。「匿名批評」のようなコラムについては、森洋介「一九三〇年代匿名批評の接線――杉山平助とジャーナリズムをめぐる試論」（『語文』117集、2003年12月）などがあり、今後の追究が期待される。

植民地文学研究

劉建輝

日本の近代文学研究史において、いわゆる旧植民地文学に関する研究の濫觴は、1960 年であったと考えることができるのではないかと思われる。この年の 3 月から翌年の暮にかけて、岩波書店発行の雑誌『文学』主催のもとで、竹内好を中心に、平野謙、橋本文三、尾崎秀樹らをメンバーとする共同研究「戦争下の文学」が行われ、その場でどうやら一連の関連テーマが探求されていたようである。たとえば、尾崎秀樹がその後『文学』において「大東亜文学者大会について」（1961 年 5 月）、「大東亜共同宣言と二つの作品―『女の一生』と『惜別』―」（1961 年 8 月）、「決戦下の台湾文学」（1961 年 12 月～ 1962 年 4 月）などを立て続けに発表し、また竹内好も「戦時下の文学・芸術」という総合テーマのもとで「戦争体験の一般化について」（1961 年 12 月）などを上梓している。この共同研究は約二年弱で終わりを告げたが、尾崎は一連の成果をまず 1963 年 2 月に『近代文学の傷痕』（東京：普通社）という新書にまとめ、その後さらに『文学』（1963 年 2 月～ 1966 年 2 月）や『思想』（東京：岩波書店、1970 年 2 月）などに「『満洲国』における文学の種々相」「霧社事件と文学」その他を断続的に掲載し、そして 1971 年 6 月に十年間の総括として、これらの新書や論文、ノートを集めた形で、『旧植民地文学の研究』（東京：勁草書房）という大著を世に問うた。これは、つまりいわゆる植民地文学研究を題名に冠する最初の書物であり、また日本近代文学における植民地文学研究の濫觴とも言える空前の成果である。ちなみに、尾崎は 1991 年 6 月、『近代文学の傷痕』『旧植民地文学の研究』両書を再度編集し、岩波書店の同時代ライブラリーの一冊として『近代文学の傷痕——旧植民地文学論』を刊行するが、後述するように、この文庫本も期せずして新たな植民地文学研究を牽引する一役を担ったのである。

このように、尾崎らによって 1960 年代に開拓された旧植民地文学研究だが、しかし、その後けっして学界で広く認知され、順調に展開されたとは言えない。原因としてさまざまなことが考えられるが、あえてその一、二を挙げるとすれば、やはりこの「傷痕」と真正面から向き合うにはまだまだ月日が浅く、機が熟していなかったこと、また終戦時の混乱で多くの資料が散逸し、研究しようとしてもなかなか手掛かりが見つからないことなどがその主なものと考えられよう。その意味で、この研究の本格的な展開はいわゆる旧植民地側の研究者の協力なしでは到底実現できず、それが可能となるために、やはりその後 20 年近くの歳月がかかったのだと思われる。

1988 年 4 月、神戸大学教授だった山田敬三氏が文部科学省の「海外学術研究——共同研究」の研究費補助金を得て、中国東北師範大学教授呂元明氏の率いる研究チームと協力し、「『十五年戦争期』における日本及び中国の文壇状況に関する日中共同研究」プロジェクトを立ち上げた。そして 2 年間の活動を経て、1991 年 2 月に山田敬三・呂元明編『十五年戦争と文学——日中近代文学の比較研究』（東京：東方書店）という日中合作の研究成果を刊行した。管見のかぎり、これは尾崎秀樹ら以来、初めての本格的な「植民地文学」研究だったと思われる。というのも、ここには「文学とナショナリズム——十五年戦争と日本及び中国の文壇」（山田敬三）、「在華日本反戦文学論」（呂元明）、「東北淪陥時期の文学概述」（呂欽文）、「東北淪陥期のハルピン文壇」（金煥璣）、「抗日戦争期の中国における日本文学の翻訳」（劉春英）、「記念講演・日中十五年戦争と文学」（陳舜臣）などの論文や講演が寄せられており、いずれもしばらく途絶えていた植民地文学関連の研究課題ばかりだったのである。

この『十五年戦争と文学——日中近代文学の比較研究』にも「東北作家の横顔」（中文研究会）、「『在満』朝鮮族の詩」（金煥璣）などの「資料編」が載せられているが、前述したように、いわゆる植民地文学研究にとって、戦後散逸した資料の発掘が当初から何よりも重要な課題であった。そういう背景もあったせいか、1990 年代に入って、いよいよ旧植民地の文学や文化事情への関心が高まってきた時、最初にそれをリードしたのは、むしろ資料紹介を中心とする古書界であった。1990 年 2 月、古書情報誌『彷書月刊』（東京：弘隆社、1985 年 9 月～ 2010 年 10 月）が「特集　満洲の詩人」を組み、大連などで活躍した詩人たちの回想をもとに、租借地時代の詩誌『二〇三高地』、『蝋人形』、『満洲詩人』、詩集『園』（瀧口武士）、『塞外詩集』（塞外詩社）、『黒麦酒の唄』（城小碓）、『氷の道』（古川賢一郎）などを紹介した。また翌年 12 月に、「特集　満洲・幻のモダニズム」を企画し、『亜』『軍艦茉莉』（安西冬衛）、『戦争』（北川冬彦）、『国際都市』（島崎恭爾）などの詩誌や詩集と『満洲』（中西伊之助）、『満洲紀行』（島木健作）、『先駆移民』（湯浅克衛）、『劉家の人々』（大瀧重直）、『春聯』（北村謙次郎）、『作文』『満洲浪曼』などの小説や散文、雑誌、合計 40 種類を取り上げ、それぞれのブック・レビューを行った。

そのような気運の中、1990 年 10 月に、法政大学教授の川村湊氏が概略的でありながらも、戦後初めて「満洲」で展開されたさまざまな文学事象を整理し、その全体像を示した『異郷の昭和文学——「満州」と近代日本』（東京：岩波書店）を世に問うた。資料的にきわめて不十分な状況のもとで執筆された本書は、今日から見れば多くの疎漏を有するものの、その先駆的な意味はやはり大いに評価すべきであろう。川村氏はその後、さらに『南洋・樺太の日本文学』

（東京：筑摩書房、1994年）『海を渡った日本語——植民地の「国語」の時間』（東京：青土社、1994年）『文学から見る「満洲」——「五族協和」の夢と現実』（東京：吉川弘文館、1998年）などの植民地文学関連の研究成果を立て続けに刊行し、当領域の開拓者の一人として今もなお健筆を振っている。

川村氏の活躍とほぼ時期を同じくして、法政大学講師の田中益三氏を中心とする研究グループは『朱夏・昭和文学研究誌』（のち『文化探求誌・朱夏』、三鷹：せらび書房、1991年1月～2011年1月）というなかば植民地文学研究の専門誌を刊行した。現在も『Web朱夏』という形で継続中だが、20年以上にわたるその「探求」は、多くの「特集」、たとえば「上海20'～40'」（第7号）、「現代コミックと植民地」（第8号）、「探偵小説のアジア体験」（第13号）、「俳人と歌人のアジア地図」（第14号）、「北京・上海30'～40'——小説・歌・映画」（第15号）、「モダン都市のプリズム——上海・ハルビン・大連」（第19号）、「写像と音盤のマンチュリア」（第20号）、「〈京城〉のモダン／近代・満洲」（第21号）、「ヴィジュアリズムの光と影——〈満洲〉＆東京」（第22号）などを通してさかんに行われ、植民地文学、文化研究の深化に大きく貢献し続けている。

田中氏らの活動はおもに若手研究者を同人とする形で進められてきたが、同じ時期に、大学のゼミを中心にこの領域の研究に取り組む動きも現れた。早稲田大学教育学部教授だった杉野要吉氏が1991年から自らの研究室の大学院生を率いて、6年間も「満洲」をテーマに共同研究を敢行し、多数の日本人の作家、作品論を生み出したのみならず、従来手薄だった中国人の作家、作品論をも手掛け、より総合的な「満洲」文学研究に挑戦し続けていた。杉野要吉編『「昭和」文学史における「満洲」の問題Ⅰ・Ⅱ・Ⅲ』（東京：早稲田大学教育学部杉野要吉研究室、1992年7月～1996年9月）は、いわばそれらの成果の集大成であるが、ここで提示された数々の課題は、今日に至ってもなおさらなる深化が俟たれている。ちなみに、杉野氏をはじめとするこの研究グループはその後さらに舞台を「満洲」から北京に移し、日中両国研究者の協力のもとで、4年間をかけて、占領下北京の文学事情を詳しく調査、研究した上で、杉野要吉編著『淪陥下北京 1937-45　交争する中国文学と日本文学』（東京：三元社、2000年）という大著も上梓している。

以上は、おもに個人、またグループによって展開された活動だが、この時期に及んで、組織としての学会もいよいよ植民地文学研究に関心を持ち出した。1992年9月、もっとも当領域と関係の深い昭和文学会は、機関誌『昭和文学研究』（第25号）において、「特集　昭和文学とアジア」を組み、戦後初めて総合的に昭和文学と植民地との関係の整理、清算に乗り出し、かつての日本植民地、占領地を地域ごとに分けて、それぞれの課題と問題点を掘り下げようとした。総勢30名以上の執筆者による論考と研究案内、文献解題は従来の研究成果をコンパクトに整理したのみならず、その後のさらなる展開の指針ともなったのである。

昭和文学会に続いて、日本社会文学会もさかんに活動を展開し始めた。1991年5月の日ソシンポジウム「シベリア――出兵と抑留」（新潟）に始まり、翌年8月に日朝文学懇談会「日本の植民地的支配と朝鮮」（平壌）、日中シンポジウム「日本帝国主義と『満洲国』の文化」（長春）を続けて開催し、それぞれの体験者、また当事者を交えた検証、追究を実現した。そして3回の会合の記録を日本社会文学会編『植民地と文学』（東京：オリジン出版センター、1993年）という書物にまとめ、広く世間に公開した。その後、日本社会文学会はさらに中国側の「東北淪陥一四年史編纂委員会」（1986年設立）と協力して、日中間で交互に年一回のシンポジウム「近代日本と『満州』」をあわせて4回も開催し、その多岐にわたる会議の成果も日本社会文学会編『近代日本と偽満洲国』（東京：不二出版、1997年）という形で公刊した。

むろん、この間も、学会の活動と並行して、個人研究者による探求は引き続き行われていた。たとえば、1993年8月に、東栄蔵氏が編著『横田文子——人と作品』（長野：信濃毎日新聞社）を刊行し、また1994年12月に、川崎賢子氏が『彼らの昭和——長谷川海太郎・潾二郎・濬・四郎』（東京：白水社）を上梓した。前者は満洲で活躍した女性作家横田文子の小説、親族による回想等を収録した伝記であり、後者は日本と満洲を舞台にそれぞれの分野で先駆的な活動を展開した長谷川海太郎、潾二郎、濬、四郎四兄弟の長編評伝である。単著による少人数作家への追究はこれまでにまったく存在せず、その誕生は当研究領域の深化の一端をそのまま物語っていると言えよう。

以上の10年間の成果を受けて、21世紀に入ると、植民地文学研究はさらに大きな発展を遂げた。それには、内外のコロニアリズム、ポストコロニアリズム理論の成熟や旧植民地、占領地の現地研究者との交流の拡大、また散逸した関連資料の発掘、整理の進展などが一つの背景となっている。そしてまさにこうした研究環境が充実してきたところで、2001年9月に、ついに植民地文学、文化研究を専門的に行う組織「植民地文化研究会」（代表西田勝）が誕生し、その機関誌である『植民地文化研究』（東京：不二出版）も翌年6月に創刊された。

2013年3月現在、第11号まで発行された年刊『植民地文化研究』は、発刊当初から旧満洲と台湾地域を重視し、毎号かならず特集「『満洲国』文化の性格」「近代の日本と台湾」（第10号から「日本植民地下の朝鮮文学」も加え始めた）を組む形で、両地域にまつわるさまざまな論考、専門家座談会、翻訳、資料紹介等を積極的に掲載し、その整理と解明に取り組んできた。そしてこうした努力が功を奏し、今や本誌は日本国内外の研究者から注目され、当領域の研究に欠かせない大変重要な成果交流の場となっているのである。

散逸資料の発掘、整理について、この時期、もっとも成果を挙げたのは、国際日本文化研究センターで二度にわたって組織された旧満洲共同研究班（劉建輝代表）である。旧満洲文学・文化研究の大家、元東北師範大学教授の呂元明氏の協力を得て、当共同研究班は、まず2002年7月に、旧満洲で刊行された文芸誌『満洲浪曼』第1～7巻（呂元明・鈴木貞美・劉建輝監修、東京：ゆまに書房）を解説付きで復刻し、また2003年1月に呂元明・鈴木貞美・劉建輝著『満洲浪曼・別巻――「満洲浪曼」研究』（東京：ゆまに書房）を世に問うた。その後さらに同じく旧満洲で刊行された大型総合雑誌、藝文社版『藝文』第1～22巻（呂元明・鈴木貞美・劉建輝監修、東京：ゆまに書房、2007年7月～2008年6月）、満洲藝文聯盟版・満洲文藝春秋社版『藝文』第1巻～第7巻（呂元明・鈴木貞美・劉建輝監修、東京：ゆまに書房、2010年）、満洲公論社版『満洲公論』第1巻～第7巻（呂元明・鈴木貞美・劉建輝監修、東京：ゆまに書房、2011年）を立て続けに解説を附して復刻し、史料提供などの面で旧満洲文学、文化研究の発展に大きく貢献した。

日本国内のこれらの活動に対し、この間、中国や韓国などでもそれぞれ自国文学史の延長線上でさかんに被占領下の文学的諸事象の解明に取り組み始めていた。紙数の関係でそれを全部紹介することができないため、ここではその中国関連のもっとも重要なものだけを記しておく。馮為群・王建中・李春燕・李樹権編《东北沦陷时期文学国际学术研讨会论文集》（沈阳：沈阳出版社、1992年）、張泉《沦陷时期北京文学八年》（北京：中国和平出版社、1994年）、孫中田・逄増玉・黄万華・劉愛華著《镣铐下的缪期——东北沦陷区文学史纲》（长春：吉林大学出版社、1999年）、王中忱《越界与想像——20世纪中国、日本文学比较研究论集》（北京：中国社会科学出版社、2001年）の四冊だが、いずれも中国の文壇事情に立脚し、独自なアプローチを実現した貴重な研究成果と言える。ちなみに、中国人研究者ではないものの、同じく中国文学を出発点に当課題に取り組み、多大な成果を挙げたものとして、岡田英樹『文学にみる「満洲国」の位相』（東京：研文出版、2000 年）も忘れてはならない。ここには氏の長年の研鑽で得られた知見が多々凝縮されている。

そして、近年では、各国や地域の研究者による旧植民地文学研究はますます深化の道をたどっている。それは、西原和海・川俣優編『満洲国の文化——中国東北のひとつの時代』（三鷹：せらび書房　2005 年）のように文化面から総合的に検証する場合もあるし、尹東燦『「満洲」文学の研究』（東京：明石書店、2010 年）、守屋貴嗣『満洲詩生成伝』（東京：翰林書房、2012 年）のように文壇全体や一文学ジャンルからアプローチする場合もある。また、梅定娥『古丁研究——「満洲国」に生きた文化人』（京都：国際日本文化研究センター、2012 年）や薗明『李箱と昭和帝国——東アジアの自画像として』（東京：思潮社、2012 年）のように、作家論を中心に、文化人ないしは帝国全体のあり方を探求する試みも見られる。いずれも今後の研究のための重要な基盤を築いたと言えよう。

以上は、つまり日本近代文学研究史における旧植民地文学研究の概略的な整理であるが、それを確認した上で、最後に、今後本課題に取り組むに際して、特に留意すべき問題点を二、三記しておきたいと思う。

(1) 従来よくある、加害者と被害者を単純に分け、前者を無条件に非難し、後者を無条件に称賛するという認識布置の止揚。さまざまな要素が幾重にも錯綜する植民地文学において、そうした単純な論断は知的怠慢以外の何物でもなく、結果的にかえって逆効果を招くことはすでに歴史が証明している。

(2) これは (1) とも関連するが、いわゆる協力者となった文学者に対する客観的な評価の必要。ごく少数の人を除き、多くの植民地文学者は程度の差こそあれ、おおむね日本による植民地支配に抵抗の念を抱いていた。ただ弾圧等を恐れ、往々にして自らの創作をきわめて韜晦的なものにしている。そういう内面の機微を掬い上げなければ、けっしてその文学、ないし行動を理解することはできないだろう。その意味で、今後特に彼らの存在を慎重に扱う必要があると感じられる。

（3）一国、または一地域史観からの脱却。これまで、植民地文学を問題にする場合、ほとんどが一国ないし一地域だけを取り上げ、その内部のさまざまな事情を追究してきた。しかし、実際は、それらはすべて日本帝国という大きな枠組みの下にあり、あらゆる問題が複雑に絡み合っている。したがって、帝国域内の各植民地間の関連を見極め、その二者、さらに三者、四者間の比較研究をぜひとも進めなければならないと思う。

「修養」と文学

王成

戦後、〈修養〉と教養の違いに着眼して、「明治時代の日本には教養といふ通念はなかった。教養は大正以来のもので、修養といふ言葉に換つて現れたものである」[1]と指摘し、最初に「修養世代」対「教養世代」という図式を提出したのは唐木順三氏である。氏によれば、夏目漱石や森鷗外、西田幾多郎らの世代が「四書五経が則るべき経典であり、君子、大丈夫になる事が理想である」[2]と考える型を持った〈修養〉の世代である。それに対して、明治20年代前後生まれ、明治末から大正初期に社会的活動を始めた世代は「則るべき経典はなくて」、「型」を持っていない「教養」の世代であるという。この図式が日本近代文学研究にもたらしたインパクトは非常に大きかった。その後、教養論の多くはこの図式から抜け出ていないようである。

しかし、夏目漱石が「文芸と道徳」の中で説いた「型」の言説と対照させて検討すると、唐木氏の「型」の図式に矛盾があることに気付く。明治40年代になると「完全とか至極とか云ふ理想上の要求を漸次に撤回してしまった」、「漸々と道徳が崩れて来ると、そ

1　唐木順三『現代史への試み』、東京：筑摩書房、1949年。『新版　現代史への試み』、東京：筑摩書房、1963年初版第一刷、1979年初版第十四刷、234頁。

2　同上、235頁。

れを評価する目が違つてくる」[1]といったように、次第に「型」が崩れてくる。漱石はこの講演を通じて、理想と道徳の必要性を訴えたのである。漱石らの世代は元から「型」を持っていたのではなく、新たな「型」を模索して、精神修養を明治20年以降生まれの世代に呼びかけたのであり、〈修養〉はその時代に要請されて登場したというのである。

唐木氏の図式が成立できる前提は、明治時代の最初から〈修養〉が存在していたということであった。しかし、この時代に、近代概念としての〈修養〉はまだ成立していなかったのである。唐木氏のいう明治20年代前後に青年時代を送った世代の〈修養〉は「修身」に当たるのではなかろうか。徳川時代に存在していた「忠臣、孝子、貞女」という模範や「四書五経」という経典は儒教的修身論の中核をなしていたのである。しかし、それは文明開化の波に押されて崩壊した。明治期20年代に入って、「教育勅語」を指針として「修身」を再建しようとする動きが現れた。それと同時に、自ら教育し、人格を向上させ、精神の修養をはかるという近代性を強調した〈修養〉が現れ、「修身」とは重なる部分もあるものの、個人の独立を優先させるという点で独自性を打ち出し、「修身」に反発した。これらのことを考えれば、「修身」と〈修養〉の異同という問題には相当注意を払う必要がある。それは、近代における〈修養〉という問題を考える際の大前提である。

この世代論によって図式化された「修養の世代」対「教養の世代」という唐木説を批判して独自の教養論を展開しようとしたのは、筒井清忠の『日本型「教養」の運命』（東京：岩波書店、1995年）である。

筒井氏は用語としての「教養」について、「歴史社会学的考察」を通して、「当時『教養』とはたんに『教化』『教育』『育成』を

1　夏目漱石「文芸と道徳」、『朝日講演集』、大阪：朝日新聞社、1911年、393頁。

指していたのである」[1]と述べる。彼は明治時代の代表的修養書である加藤咄堂の『修養論』を引用して、〈修養〉を考察した。しかし、「英語之をカルチュア（Culture）といい耕作の義なりと、心田を耕耘して其の収穫を得るの義か、獨語之をビルヅング（Bildung）といい作為構造の義なりと、人物を作為し品性を模造するの義と解すべきか」[2]という定義を引用したにもかかわらず、「代表的な修養書において、修養は『ビルヅング（Bildung）』であった。すなわち明治後期の『修養』とは今日の言葉でいう『教養』の意味を含み、指していたのである。『修養主義』とは文字通り『教養主義』なのであった」[3]と結論づけた。そこにはドイツ的な教養への傾斜が見られるのである。加えて、「日本では、エリート文化の中核となる教養主義と大衆文化の中核となる修養主義とが、明治後期に『修養主義』として同時に同一物として成立したのである」[4]という結論から見れば、「エリート的教養対大衆文化的修養」という図式を明治期にも当てはめようとしたと思われる。ところが実際には明治大正期に、新渡戸稲造や夏目漱石、幸田露伴のような、有識者が〈修養〉を提唱したわけであるし、読者も学歴エリートを含めて知識人が多くを占めている。実践的に修養運動を起こした蓮沼門三、伊藤証信なども、高等師範の学生や宗教系学校の生徒であった。むしろ、〈修養〉の時代においては、知識人がその主役だったのではなかろうか。明治後半から大正の初期にかけての〈修養〉の流行期に関しては、「エリート的教養対大衆文化的修養」という図式の妥当性は疑わしい。

〈修養〉概念の起源から定着までの過程を辿ってみると、近代における〈修養〉が徐々に重要視されるようになってきたことが分かる。その中で、〈修養〉が顕在的に時代の主流となった時期を特定

1　筒井清忠『日本型「教養」の運命』、東京：岩波書店、1995年、30頁。

2　加藤咄堂『修養論』、東京：東亜堂、1909年、3頁。

3　筒井清忠『日本型「教養」の運命』、東京：岩波書店、1995年、30頁。

4　同上、32頁。

する必要がある。

〈修養〉の時代の区分を、歴史学者や文学研究者、社会学者などはそれぞれの立場から定義しようとした。この動きは1960年代からすでに始まっていた。たとえば、島薗氏がまとめた〈修養〉の研究史によれば、〈修養〉の時代とは明治39年から大正にかけての時期であった[1]。

一方、文学研究において、前田愛氏は「〈修養〉というシンボルが社会的に流通力を獲得したのはほぼ明治末から大正初頭にかけての数年間であったと考えていい」[2]としている。その根拠として「新渡戸稲造のベストセラー『修養』が初版を出し、野間清治が講談を通じて民衆に修養の糧を提供しようという意図のもとに『講談倶楽部』を創刊したのが明治四十四年である。幸田露伴の修養書『努力論』は明治四十五年に、『修省論』は大正三年に出版された」[3]ということを挙げている。

近代における修養概念の形成の歴史を辿ってみれば、〈修養〉が流行し出した時期は、松村介石の修養論(『修養録』、1899年11月)または清沢満之の修養論(『精神講話』、1902年11月、『修養時感』、1903年9月)が広く読まれた時期を境にすることができる。この頃から、青年たちがよく読んだ雑誌には、相次いで「修養欄」が設けられた。『成功』が「修養欄」(1902年10月)を設け、『中学世界』の「修身倫理欄」(1900年1月)が「修養欄」(1903年1月)に変わり、『無尽燈』も「修養欄」(1903年9月)を設けるようになった。その時期から〈修養〉が流行りだして、新渡戸稲造の『修養』(1911年9月)がベストセラーになり、幸田露伴の『修省論』(1914年)が広く読まれ、〈修養〉というタイトル

---

1 島薗進「近代日本の修養思想と文明観—新渡戸稲造の場合—」、脇本平也・田丸徳善編『アジアの宗教と精神文化』、東京:新曜社、1997年。

2 前田愛『近代読者の成立』、東京:有精堂、1973年、219頁。

3 同上、219頁。

をつけた文章が頻繁に登場するようになった。さらに、大正になっても〈修養〉は広まった。その動向を見れば、明治36年前後から、大正6年、漱石の逝去を境にして、いわゆる「大正教養派」が登場した時期にかけての時代を〈修養〉の時代だと区分することができよう。[1]

それらの先行研究を踏まえて、筆者は「近代日本における修養概念の成立」など、一連の論考を通じて、〈修養〉という言葉に徹底して拘りながら、近代における〈修養〉の形成を概念史的に考察し、〈修養〉の概念の形成から展開までを実証的に追求することによって、〈修養の時代〉の存在を明らかにした。その成果を漱石研究と関連させ、「修養時代の読者」という概念を提出し、〈修養の時代〉の読者層を析出することによって、漱石文学の新たな読みに取り組んできた。[2]漱石の教育や文学活動は丁度この時代と重なりあい、その言論や文学も同時代の言説に組み込まれたと考えられる。

漱石文学の核心を禅精神に見出す見方が同時代から脈々と続いている。そして、漱石文学の核心を禅に見出す見方とつながるものとして、周知の〈則天去私〉を漱石文学の中心に見いだす見方もかつ

1　王成「近代日本における〈修養〉概念の成立」、『日本研究』(29)、2004年11月。

2　参考王成論文1.「『行人』・『塵労』論——〈修養〉の時代の文学として読む」、『立教大学日本文学』79号、1998年1月。2.「修養理念としての則天去私——『道草』と『明暗』の目指す方向」、『立教大学日本文学』83号、2000年1月。3.「『虞美人草』における修養主義の言説」、『国際交流における日本学研究—21世紀の視点—』、アルク、2000年7月。4.「「漱石と修養」を問い直すために」、『日文研』(国際日本文化研究センター)、2003年9月。5.「修養書としての『門』」、《日本学研究》第13期、2003年12月。6.《论夏目漱石晚年的汉诗》、《比较文学与世界文学》、2004年7月。7.「明治期における演説と修養」、《日本学研究》第14期、2004年10月。8.「修養書における大衆啓蒙をめぐって」、『文学』、2006年3月。

ては有力であった。しかし、禅からのアプローチに限界があったように、〈則天去私〉からのアプローチも現在行き詰まっている。禅や〈則天去私〉と漱石文学、という点からはひとまず離れて、漱石文学が書かれ読まれた時代というものを振り返った時、やはり何度かの禅ブームの存在はどうしても無視するわけにはいかない。そうしてこの禅ブームの動向をつぶさに見ていくと、いわば〈修養〉の時代とでもいうべきものにつきあたる。明治時代の後半から大正時代にかけて、禅精神を核としながらも、キリスト教なども含めたあらゆる宗教、儒学・心学などの道徳規範、さらには武士道・茶道といった〈道〉、漢詩文・俳句などの文芸、といったもろもろのものを吸収・代表するかたちで、〈修養〉の時代とでもいうべきものが出現したのである。西洋文明への反動、日清・日露の戦争を契機とする愛国心の称揚、そして日本的伝統の再評価、「我」を謳歌するかたよった個人主義への反省。要因はさまざまに考えられる。

そうした時代のなかに漱石文学を置いてみたらどうだろうか。禅や〈則天去私〉からのアプローチはいずれもいわば作家研究的立場からのアプローチであった。そして、それは行き詰まった。発想を百八十度転換させて、読者論的立場から、〈修養〉の時代の読者の目に漱石文学はどう映ったかを考えてみてはどうだろう。「同時代読者の読み」[1]という考え方は、まさにそういうことではなかろうか。

具体的に言えば、まず、明治大正時代の原資料を収集、分析して、明治30年代後半から大正前期にかけて、「立身出世」の「成功」、青年の「煩悶」の救済、西洋文明による精神の退廃の是正、国粋主義による東洋回帰、などの目的に促されて近代日本の言論空間に登場した〈修養〉の実態を明らかにする。そして、啓蒙思想家をはじめとして、教育、宗教、文学、ジャーナリズム、政治経済など、各分野にわたっていた〈修養〉運動の推進者に焦点を合わせて、教育実践と布教活動、講演と著書などを通して、精神修養を中心とした

1　藤井淑禎「同時代読者の読みを求めて」、『漱石全集』第8巻『月報』、東京：岩波書店、1994年7月。

徳目を提唱した人物の影響力と言説を考察する。それから、出版メディアの参入によって形成された修養書ブームを分析し、読書と〈修養〉が教育の普及に伴って青年の間に広まったことを明らかにする。そこで強調したいのが、禅的修養書の読書空間である。さらに、〈修養〉の担い手は一高生のような学問エリートから地方の青年にいたるまでの幅広い青年層であったことを実証したい。それと並行して、各種の修養組織も精神修養の旗印を掲げ、宗教的なものも含めて日本全国に現れ、一種の社会教育運動を繰り広げた時代状況を究明する。

〈修養の時代〉という歴史空間への接近によって、漱石研究の新たな突破口を見つけることが出来るのではないかと思う。〈修養〉の時代の読者に漱石作品はどう読まれたか、という読みの問題である。文学作品の意味を決定するのは作者ではなく読者であり、その読者の読むという行為によって作品像がかたちづくられるという立場から考察を進めていく必要があろう。たとえば〈修養〉の時代の空気にふれ、その時代ならではの知識や教養、常識を身に付けた読者なら、『道草』の夫婦のありように何を感じ、どのようなメッセージを受け取っただろうか、というように考えねばならないのである。

そのように読んでいった時、はたして、漱石文学は禅を核とした文学と言えるのかどうか。さらには、漱石文学を〈則天去私〉の文学と見ることの是非は。その最終の目的地へと辿り着くためにも、まずはその時代の実相をよりきめ細かく復元するところから始めなくてはならない。

〈修養〉の時代空間を解析することによって、新たな地平が開けるのである。明治が文明の時代であり、大正～昭和戦前期が文化の時代だとしたら、その狭間には〈修養〉の時代があった。〈修養〉の理念や意識が圧倒的な勢いで読者である一般大衆に浸透したのである。そして〈修養の時代〉の再考によって、近代日本文学の読み直しに新たな可能性がもたらされることになろう。

大衆文学

王志松

日本の「大衆文学」という概念は、論者により意味が大きく異なるが、ここでは一応広義的な通俗現代小説として捉えておく。1990年代まで、大衆文学についての研究は主に尾崎秀樹、鶴見俊輔、中島河太郎、真鍋元之など少数の学者によって推し進められてきた。資料の整備や通史の整理などの成果が蓄積されてきたが、その反面、国文学研究の主流から排斥された反発から純文学に対抗する意識が強すぎたため、逆に「純文学」との関係は不問に付されてきた。1990年代から「文学」という概念が大きく揺れる中で、大衆文学は、多くの国文学研究者からも強い関心を寄せられてきて、新しい角度から捉えなおされようとした動向が見られる。以下、近年のいくつかの傾向を見てみよう。

第一、それまでややもすれば無思想と見られがちであった大衆文学に社会性と思想性を発見しようとしたこと。松本清張の推理小説の社会批判性に関する指摘が早くからすでにあったが、90年代以後その社会批判の現実的意義は、日本の長期的経済不景気や社会的格差の拡大を背景にして、藤井淑禎『清張ミステリーと昭和三十年代』（東京：文芸春秋、1999年）などの論著で改めて認識され評価された。また、現在の社会情勢と関連して清張の歴史認識及びその方法論の可能性を討究した小森陽一・成田龍一の対談「松本清張と歴史への欲望」、藤井忠俊「日本の黒い霧——現代史への接近」、有馬学「事実・発掘・史料——いま再びの『昭和発掘史』」（『現代思想』、2005年3月）などの論考もある。江戸川乱歩の探偵小説は、モダニティという角度から光を当てることによって、探偵小説という特定のジャンルから解放されて、その中に描かれた都市の生理と病理が探求されるようになった。たとえば、「特集：江戸川乱歩と夢野久作——魔都のモダニズム」（『国文学』、1991年3月）、「特集：江戸川乱歩の魅力——生誕百年」（『解釈と鑑賞』、1994年12月）の数々の論考は、遊民、新聞、同性愛、肉体、百貨店、人工風景などをキーワードにして都会のさまざまな魅惑と人間の欲望に迫っている。時代小説・歴史小説の研究では、藤沢周平と司馬遼太郎は常に対照的に比較されている。藤沢周平の時代小説については、「その人間描写と東北の深沈たる風景描写の密度において、日本人の郷愁に応える文学である」（桶谷秀昭「時代小説の郷愁」、『解釈と鑑賞』、2007年2月）と、庶民への暖かい視線を評価したり、都会や権力の陰謀への批判精神を見出して「反近代」と位置づけたりされている（宮沢健太郎「藤沢周平の近代と反近代」、『解釈と鑑賞』、2007年2月）。それとは違って、司馬遼太郎の『龍馬が行く』『坂の上の雲』などの歴史小説が、近代主義的なナショナリズムから戦後の歴史観を否定しようとしたという点において、小森陽一「文学としての歴史/歴史としての文学」（小森陽一等編『ナショナル・ヒストリーを超えて』、東京：東京大学出版会、1998年）、佐高信『司馬遼太郎：「歴史認識」をどう読むか』（東京：光文社、1999年）に批判されているが、擁護の声も高い。

第二、それまで文学研究から排除されてきた主な原因としての通俗性——幻想、怪異、SF、謎解きなど、大衆文学を構成する重要な要素——が再吟味されるようになったこと。『日本文学』は「怪異を開く——近代の時空へ」（2005年11月）という特集で、近世の怪異に対する感性と近代のそれとの接続、「怪談」という場をめぐる問題、マンガ、アニメを含めた怪異を描く諸テクストの検討などを通して、近代以降の「怪異」を荒唐無稽として簡単に片付けるのではなく、新たにその意味づけをしようとしている。特集編集の目的について、編集者は次のように語っている。「九十年代に顕在化したホラーブームは、二十一世紀になっても衰えを見せていない。角川ホラー文庫、ハルキホラー文庫の定着、『怪』『幽』といった専門雑誌の登場、実話怪談、ホラー映画の活況など、闇に向けられた想像力は活性化しつづけている。こうした動きは、現代社会に蔓延する不安感の表出が、多様な文化現象に反映した結果であるとも考えられる。近代以降の文学は、自然主義に代表されるリアリズムを主軸として動いてきた。その結果、怪異への志向、そこに内在された問題系について、十分に検討されてきたとは言いがたい状況にある」と。即ち、怪異の検討を通して、リアリズム主軸の近代文学史に抑圧された感性的要素を復権させようとしたのである。『日本近代文学』も「文学にとって〈通俗性〉とは何か」（第 74 集、2006 年 5 月）という特集を組んで、メディアとの関係で〈通俗性〉の問題を提起している。たとえば、松原真「毒婦物の法廷―小新聞における〈通俗性〉の問題に関連して―」は、毒婦物における〈通俗性〉について、単なる低俗という意味ではなく、渡来した思想に基づく開明的な言説から侮蔑され締め出された人間が発する懐疑の言葉、また明治という新政権の時代に、自身から言葉を奪う者達への小新聞記者による切実な反撥の方法として捉え返している。他に、『特集 SF』（『文学』、2007 年 7•8 月号）、「特集暗号」（『日本文学』、2001 年 4 月）などもある。

こうした流れの中で、それまで無視されてきた作家たちの〈通俗性〉の問題も新たに問われるようになった。松本清張の推理小説は、常に〈社会派〉として捉えられていたが、大塩竜也「恐怖をまなざす目が問うてくるもの――松本清張『ミステリーの系譜』からの一考察」（『日本文学』、2005 年 11 月）は、〈社会派〉と猟奇性・怪奇性の関連を検証することで、清張のミステリーを形成する恐怖の要素をあぶりだした。また、五島慶一「左様なら。お君さん。—芥川龍之介「葱」と通俗小説—」（『日本近代文学研究』69 集、2003 年 5 月）、日高昭二「幽霊と珍獣のスペクタクル——安部公房の一九五〇年代」（『文学』、2004 年 11・12 月）、生方智子「「探偵小説」以前—佐藤春夫『指紋』における〈謎解き〉の枠組み—」（『日本近代文学研究』74 集、2006 年 5 月）、島村輝「「忍者」という立場——『忍びの者』における「民族」と「大衆」」（《日语学习与研究》、2009 年 1 期）などの論文は、所謂「純文学作家」たちの創作の通俗性に焦点を当てて考察した。また、幻想という視点から、「大衆文学」と「純文学」を視野に入れて近現代文学の系譜を編みなおそうとした、高橋世織「現代文学における幻想小説の系譜——騙す / 騙されるのディアレクティーク」（『国文学』、1991 年 3 月）もある。

第三、同時代状況の復元を通して、「大衆文学・通俗小説」の歴史性、同時代における意味を析出しようとしている。飯田祐子「境界としての女性読者〈読まない読者〉から〈読めない読者〉へ」（『彼らの物語：日本近代文学とジェンダー』、名古屋：名古屋大学出版会、1998 年）は、「通俗小説」とされた「家庭小説」は、実は明治 30 年代において文学の中心であったが、明治 40 年自然主義が文壇を席巻したとき成立した芸術の概念によって通俗的なものへと排除されただけではなく、回顧的な視線で「通俗小説」として 30 年代まで遡ったのだと指摘している。池田浩士「〈大衆〉というロマンティシズム」（池田浩士編『「大衆」の登場——ヒーローと読者の 20 ～ 30 年代』、東京：インパクト出版社、1998 年）はプロレタリア文学の読者像と大衆文学の読者像の錯綜的な関係を探って、新たに大衆文学を定位しようとしている。関肇『新聞小説の時代：メディア・読者・メロドラマ』（東京：新曜社、2007 年）は、読者の細分化・階層化に着目して、ポピュラーな文学の代表格である新聞小説の検討と併行する形で、雑誌や書物とその中心的な担い手であった文学青年たちとの関わりを考察して、明治期の文学の稜線と裾野との全体像を捉えようとしている。菅聡子「〈よろめき〉と女性読者—丹羽文雄・舟橋聖一・井上靖の中間小説をめぐって—」（『文学』、2008年3・4月）、鬼頭七美「紙面の中の「己が罪」——大阪毎日新聞「落葉籠」欄にみる読者たち」（『日本近代文学』74集、2006年5月）は、「大衆文学・通俗文学」と特定の読者層との関係を検討して、作品の意義を探っている。一方、このような特定の読者層への注視とは異なり、藤井淑禎は「文学が庶民に愛されていた時代——高度成長期の読者」（《日语学习与研究》、2009年1期）において、『出版年鑑』1950年代から1960年代まで一般読者に広く読まれた文学書籍をリストアップして、「読書世論調査」により読者の感想も考慮して、一般文学史に描かれた純文学の「新作文学史」とは異なる、旧作、大衆文学も多く含まれた、所謂「高度成長期に庶民に愛されていた」文学史を描き出そうとした。

第四、「純文学」と「大衆文学」の対立構図を取り外して、両者の相互関係をダイナミックに捉えようとしている研究。鈴木貞美は、都市大衆社会の形成期に登場した日本の「大衆文学」は、支配階級の文化とは質的に異なる非支配階級のための文化であり、エリートも知識人もまた消費生活においては大衆の一員であるとして、近現代文学の「通俗性」を志向したものと、「思想性・芸術性」を志向したものの関係を時期的に分けて考察して、その時期的な連続性・断絶性を、社会構造と文芸思潮のなかで捉えようとしている（『日本の「文学」を考える』、東京：角川書店、1996年）。この問題について、藤井淑禎は日本近現代小説の視点形成という観点からアプローチしている。藤井は『小説の考古学へ』（名古屋：名古屋大学出版会、2001年）、『清張　闘う作家——「文学」を超えて』（京都：ミネルヴァ書房、2007年）では近現代小説における視点の多様化と探偵小説の関係を考察して、田山花袋から、夏目漱石、芥川龍之介、菊池寛それから松本清張への流れを「純文学」と「大衆文学」

を含めた日本近現代文学の本流として捉えている。

一方、中国において日本の通俗文学 / 大衆文学が最初に翻訳されたのは、1902 年黒岩涙香『离魂病』（披髪生訳、1902 ～ 1903 年版）であるが、大規模な翻訳は1970年代末から始まったのである。1980 年代、松本清張と森村誠一の推理小説は、写実主義文学として高く評価されていた。しかし、80 年末から、大藪春彦、赤川次郎、山村美紗などの作品も多く翻訳された。これらの作品は明らかに写実主義という言葉で括ることができなくなったので、それまでの「大衆文学写実主義観」が崩れてしまった。それに代わる新しい大衆文学研究の枠組みが見つからないまま、大衆文学研究は急速に萎えた。

1990 年代に入って、急速に都市化してきた中で、中国の文壇は大きく変化して、芸術性を志向した「精英文学」（エリート文学）、通俗性を志向した「通俗文学」と政府主導の「主流文学」に分化された。図書市場の発達にともなって、「通俗文学」は広く読者を獲得してきた。その中で日本の推理小説、村上春樹、渡辺淳一の小説、歴史小説・時代小説が持続的に流行していて、実は中国の「通俗文学」図書市場繁盛の一役を担っている。中国文学研究界では「通俗文学」を対象とした研究は 2000 年以後徐々に行われてきて、范伯群主編《中国近现代通俗文学史》（南京：江苏教育出版社、2000 年）、汤哲声著《中国当代通俗小说史论》（北京：北京大学出版社、2007 年）などが出版され、さらに《中国雅俗文学研究》（上海三联书店）の定期刊行物も出てきた。中国の日本文学研究界でも、ようやく近年再び日本大衆文学へ注目されるようになった。首都師範大学は立教大学と共同で「中日高速成長期のメディアと文化」というテーマで 2006 年と 2008 年にシンポジウムを開催した。北京師範大学は 2006 年東京学芸大学と共催した「東アジアの中の日本文学」というシンポジウムでは「東アジアにおける推理小説」に関するパネルディスカッションを行なった。学会誌《日语学习与研究》も特集「日本戦後大衆文学研究」（2009 年 1 期）と特集「日本人衆文化と当代中国」（2010 年 4 期）を出した。著書には柴紅梅《日本侦探小说与大连关系研究》（北京：世界图书出版公司、2011 年）がある。

大衆文学に関する研究は少しずつ増えてきたが、全体的に見れば緒についたばかりであり、理論的にも方法論的にも未だ解決されていない問題が多く残っている。既存の文学史観はなお頑固に生きつづけている。したがって、多様な文芸ジャンルとの深層的構造との関連で大衆文学の芸術性と社会的意義を探りながら、近代形成されてきた「文学」概念自体を如何に問い直していくかは、大きな課題となってくるであろう。

文学と映画
——銀幕に映された日本の現代小説

秦剛

日本映画が世界に認知され評価されることに、文学が大きく寄与した事実をまず振り返ってみよう。戦後の日本映画が世界的に評価された最初の舞台は、イタリアのヴェネツィアだった。黒澤明監督の「羅生門」（原作芥川龍之介「藪の中」）が 1951 年ヴェネツィア国際映画祭で金獅子賞を獲得したのである。さらにそれに続き、溝口健二監督の「西鶴一代女」（井原西鶴原作）、「雨月物語」（上田秋成原作）、「山椒太夫」（森鴎外原作）が 1952 年から三年連続して同映画祭に入賞を果たした。ヴェネツィアで好評を博したこれらの作品には、いくつかの共通点が見られる。すべてが古典的な題材になっていること、そして、どれもが日本文学の名作を下敷きにしているということである。

「羅生門」で国際的な名声を獲得した時期から、黒澤明は世界文学の名作を映画化することに意欲的に挑み始めた。彼はドストエフスキー（ФёАорМихайловиу）の長編小説「白痴」とゴーリキー（Максим орbкий）の戯曲「どん底」を相継いで映画「白痴」（1951 年）、「どん底」（1957 年）にアレンジし、さらにはシェークスピア四大悲劇の中の「マクベス」と「リア王」をそれぞれ「蜘蛛巣城」（1957 年）と「乱」（1985 年）といった日本の時代劇に翻案した。

日本の現代作家の中で、黒澤が最も多く映画化を試みたのは山本周五郎で、山本の原作「日日平安」「赤ひげ診療譚」「季節のない街」を、それぞれ「椿三十郎」（1962 年）、「赤ひげ」（1965 年）、「どですかでん」（1970 年）へと仕上げたのである。溝口健二もまた幾多の文学作品を映像化した監督の一人で、その手によって撮られた名著には、「虞美人草」（夏目漱石原作、1935 年）、「宮本武蔵」（菊池寛原作、1944 年）、「お遊さま」（原作谷崎潤一郎「蘆刈」、1951 年）、「武蔵野夫人」（大岡昇平原作、1951 年）、「近松物語」（近松門左衛門原作、1954 年）、「新・平家物語」（吉川英治原作、1955 年）などが挙げられる。

映画と文学との緊密な関係は、この二人の巨匠、黒澤明と溝口健二の仕事によって明確に示されている。「羅生門」が世界的な評価を受けたときから 60 年が経った現在、日本映画と文学の国際化が加速し、ともに現代日本文化を代表する最も重要なコンテンツとして世界に発信されている。

近年世界的に賞賛された日本映画の傑作として、何よりも 2008 年公開の「おくりびと」（滝田洋二郎監督）を挙げなければならない。失業したチェロ奏者が故郷に帰り、「旅のお手伝い」の求人広告に騙されて遺体を棺に納める納棺師となり、そのうちに自らの仕事の意味を発見する、という感動的な作品である。公開翌年にアメリカ第 81 回アカデミー賞の外国語映画賞を受賞した本作は、詩人青木新門が自身の体験を綴った「納棺夫日記」を翻案したものである。映画の主演者でもある本木雅弘が本書に感銘を受け、脚本改編の許可を取ったものの、完成した脚本には原作の宗教観が反映されていないことや、物語の舞台が原作の富山県とは宗教的な風土の異なる山形県にされたことに原作者が納得せず、著作権を放棄してでも映画とは一線を画す覚悟で、クレジットタイトルにおける原作の表示を断った経緯があった。もっとも、後に青木新門は完成したフイルムを「稀有な秀作」と称賛し、そのオスカー効果で「納棺夫日記」

の文庫版も増刷を重ねることになったが、原作の改編をめぐるその紆余曲折は、原作と改編映画の間の極めて複雑な関係を示唆する出来事だった。

文学作品が映画になることは、決して文字から映像への表現メディアと表現手法の単純な切り替えではない。その過程では意図的にせよ無意識にせよ、必ず製作者の解釈が施されるために、人物設定から物語構成、ないし主題や世界観に至るまで、様々な違いや書き換えが必然的に生じる。その意味において、リメイク映画を原作の代用品、ないし原作の視覚的イメージの翻訳としてではなく、むしろ原作に対する映像形式の再解釈、または原作からインスピレーションを受けた独立した映像作品として見るべきだろう。

2007 年に公開された「ユメ十夜」は、夏目漱石の異色作「夢十夜」の映画化である。原作の誕生から百年を迎えて、漱石の謎かけを解き明かすという大枠のもとに、十話の不思議な夢が 11 人のベテラン・若手監督の手によって映像化された。この映画は全体として、原作の忠実な再現に拘らず、逆に監督たちが原話に独自の解釈とアレンジを施すことで力を競っている観がある。結果としてかなりバラエティに富んだオムニバス映画に仕上げられ、物語ごとに監督の個性が表われ、それぞれの得意な手法が試みられている。例えば第二夜のメガホンを取った巨匠の市川崑が、武士が無を悟る原作の話をサイレントの白黒映像で描き、20 世紀初頭の無声映画時代にオマージュを捧げているかと思えば、第六夜の監督は、原作で書かれた仏像を彫る運慶の腕の高さを、現代風のダンスで表現しており、3DCG のアニメーションで作られた第七夜では、英語のナレーションと会話によって、幻想性に満ちた無国籍の世界が作り上げられるといった具合である。

映画のタイトルが「ユメ十夜」とされたように、「国民文学」とされた夏目漱石の小説世界との乖離が十分意識され、それをエンタテインメントとして解釈するという創作意図が見て取れる。だからこそ、当映画のポスターには、「夏目漱石が贈るジャンボ・ドリームエンタテインメント」とのコピーが書かれたのだろう。

2009年公開の映画「蟹工船」は、原作の発表から80年ぶりに爆発的な流行現象を呼び起こした「蟹工船」ブームの最中に撮影されたもので、1953年の山村聰監督の「蟹工船」に続く二度目の映画リメイクである。SABU監督が原作のメッセージを現代の若者に訴えるために、蟹工船に働く男性ばかりの労働者集団のリーダーに、人気俳優の松田龍平を起用し、他の役もほぼ全員に若手俳優を起用している。そして物語の時代設定を特定せず、現代的な美術と衣装でポップな雰囲気をかもし出すように演出した。プロレタリア文学の傑作だった原作に対する、イデオロギー性と歴史性の脱色処理は、ある意味において、21世紀の現代大衆文化のひとつの特徴を逆照射したと言える。

2009年には、日本現代文学でとりわけ愛読される人気作家、松本清張と太宰治が生誕百周年を迎える年にあたり、この二人の名作を映像化するプロジェクトが相次いだ。日本ミステリーの原点とされる松本清張の「ゼロの焦点」には、1961年に野村芳太郎監督の映画があったが、2009年公開の犬童一心監督による新版「ゼロの焦点」は、半世紀前に書かれた原作を現代風にアレンジするのではなく、逆に1950年代の日本社会の断面を徹底したリアリズムで克明に再現している。それによって戦後社会の暗部を抉る原作のモチーフを巧みに表現し、「社会派」推理作家松本清張の文学精神を見事にスクリーンで甦らせている。そして、太宰治の生誕百年を機に、その前後には「斜陽」（秋原正俊監督）「ヴィヨンの妻　桜桃とタンポポ」（根岸吉太郎監督）、「パンドラの匣」（冨永昌敬監督）、「人間失格」（荒井源次郎監督）というあわせて四本の映画が製作された。その中の「ヴィヨンの妻　桜桃とタンポポ」は、太宰の同名小説「ヴィヨンの妻」のほかに、「思ひ出」「灯籠」「姥捨て」「きりぎりす」「桜桃」「二十世紀旗手」などの多くの太宰作品のエッセンスを巧みに融合させている。

松本清張と太宰治の名作がスクリーンを賑わせたほかにも、近年は有名な文学作品や人気小説を原作に製作した日本映画が数多く見られる。最も象徴的なのは、2008年以降の日本アカデミー賞で最優秀作品賞に選ばれた佳作が、いずれもこのケースに属するということだろう。年代順に挙げると、「東京タワー オカンとボクと、時々、オトン」（2007年）、「おくりびと」「沈まぬ太陽」（2009年）、そして「告白」（2010年）。そのうち「沈まぬ太陽」は、ベテラン作家山崎豊子が1995年から発表した同名の社会派小説を原作としているのに対して、「東京タワー オカンとボクと、時々、オトン」はリリー・フランキーが自身の母親との半生を綴った最初の長編小説を、また「告白」は新人作家湊かなえのミステリー処女作を基に作られたものである。いずれもベストセラー小説を映画化した成功例である。

2010年には、一部の「Made in Taiwanの日本映画」が上映された。芥川龍之介の短編小説「トロッコ」を中核に作られた同名映画である。この一作で監督デビューした川口浩史は、教科書で読んだ「トロッコ」に感動し、その映画化構想を長年温めてきた。しかし撮影に適したトロッコの線路を日本で見つけることができず、構想を具体化するにはいたらなかったのだが、情報をもとに彼は台湾花蓮を訪れ、植民地時代の林業開発に使われたトロッコの線路に辿りついた。そして彼は、トロッコの線路に集約された歴史の記憶に触発され、物語の舞台を現代の台湾地域に置き換え、脚本の構想を根本的に練り直したのである。主人公は、台湾出身の父と日本人の母を持つ幼い二人の兄弟。急死した父親の遺灰を届けるために訪れた花蓮で、日本語を話す祖父と日本統治時代の歴史に出会い、日本と台湾の間に引き裂かれる自分たちのアイデンティティに目覚める。それと同時に、父の死によって失われた家族の絆も、台湾の大家族と清々しい自然の懐で回復される。この映画には、撮影監督の李屏賓をはじめ、多くの台湾の映画人とスタッフがかかわっている。

村上春樹の「ノルウェイの森」は、これまで 36 カ国の言語に翻訳された世界的ベストセラーであるだけに、映画「ノルウェイの森」（2010 年）は製作決定の時から各国の村上春樹ファンに注目されていた。その監督と脚本を担当したのは、ベトナム出身でパリ在住の映画監督トラン・アン・ユン（Trần Anh Hùng、陳英雄）。彼は原作小説とは 90 年代にフランス語版で出会った。映画にはザ・ビートルズの「ノルウェーの森」原盤を主題歌として採用。しかも、音楽はイギリスのミュージシャン、ジョニー・グリーンウッド（Jonathan Green wood）、撮影は中国台湾の李屏賓。この国際色豊かな「ノルウェイの森」が、2010 年のヴェネツィア国際映画祭のコンペティション部門に日本映画の代表として出品された。

映画「羅生門」がヴェネツィア国際映画祭に出品された時から数えて、ちょうど 60 年が経つ。この 60 年間の日本映画と日本文学が言語の壁を越えて世界的に享受されるようになるという国際化の過程において、両者の間には大いなる相乗効果が働いていた。また、「古典的な日本」と銘打たれた「羅生門」や「雨月物語」から、無国籍性とグローバル性を前面に押し出した「ノルウェイの森」に至るまで過程を辿ってみると、日本映画がまったく異なる文化的アイデンティティと自己主張を示すようになったことが、はっきりと確認できるのである。

マンガ・アニメと文学

米村みゆき

ほんの十数年前までは「マンガ・アニメ」は、研究対象として取り組む文化形態ではないという見方が主流であった。しかしながら、2000年を通じて学問として「マンガ・アニメ」を扱う場は増幅した。2008年「国立初」の大学院におけるアニメーション専攻の創設について伝える報道が、〈アニメ〉の学問的なお墨付きのような扱いであったのは象徴的だろう[1]。

本稿は2000年代を中心に日本近代文学研究に役立つと考えられるマンガ・アニメの研究書を十五点挙げ、刊行順に取り上げてゆくことでその流れを辿る。

漫画表現論の「古典」的な位置を占めるのは、四方田犬彦による『漫画原論』[2]である。漫画を漫画たらしめる内的法則の検討の重要性を打ち出す。漫画固有の表象システムの領域および戦後漫画の主題の通時的な考察を行う。コマ割、風船（フキダシ）、オノマトペ、効果線、顔（眼鼻口）、人物のコード、文体などについて詳細に分析され、漫画を形づくる「文法」が示される。同時に、個々の作家たちによる文法からの逸脱を「修辞学」とし、文法と修辞学の共時的探求が目指される。

1　米村みゆき『ジブリの森へ　高畑勲・宮崎駿を読む』（東京：森話社、2003年、増補版、2008年）、12頁。

2　四方田犬彦『漫画原論』（東京：筑摩書房、1994年）。

斎藤環『戦闘美少女の精神分析』[1]は「おたく」、1990年代を中心としたアニメ、さらには戦闘美少女の分析を行った先駆的な著書である。画家ヘンリー・ダーガー（Henry Darger）の作品鑑賞を契機に日本のアニメに頻繁に登場する「戦闘美少女」の特異性を問い、その現象を検討する。戦闘美少女というイコンがいかにして生成したのか、それはオタク文化とどのような関係を有するのか、オタクの虚構への欲望等をラカン派精神分析の理論をふまえつつ問う。「戦闘美少女の系譜」は、日本のアニメ史の流れを把握するのに有益な資料となっている。

マスメディアや言論界ではオタク的な行動様式に対する嫌悪感が強く、一方オタクたちは自らを語る権利の主体と主張する状況下で、東浩紀『動物化するポストモダン　オタクから見た日本社会』[2]は「当たり前のことを当たり前に分析し批評できる風通しのよい状況を作り出す」[3]ことを目指して刊行された。本書は批評界に大きな影響を与え、東浩紀は結果的に「マンガ・アニメ」研究の貢献者となった。本書は『機動戦士ガンダム』と『新世紀エヴァンゲリオン』の消費の違いを参照しつつポストモダンの世界像をデータベース型と定位する。オタク系文化の有力な要素のサンプリングと組み合わせで作られた『デ・ジ・キャキャラット』のような広大なオタク系文化全体を大塚英志の「物語消費」に対し「データベース消費」、オタクたちの消費行動を「動物的」と呼ぶが、これらの批評用語はその後のマンガ・アニメ批評で広く共有された。

大塚英志＋ササキバラ・ゴウ『教養としての〈まんが・アニメ〉』[4]

1　斎藤環『戦闘美少女の精神分析』（東京：太田出版、2000年）。

2　東浩紀『動物化するポストモダン　オタクから見た日本社会』（東京：講談社、2001年)

3　前掲『動物化するポストモダン』、11－12頁。

4　大塚英志＋ササキバラ・ゴウ『教養としての〈まんが・アニメ〉』（東京：講談社、2001年）。

は大塚英志のまんが論とササキバラ・ゴウのアニメ論から成る。「マンガ・アニメ」の一般教養書として最適だろう。まんが論では手塚治虫、梶原一騎、萩尾望都、吾妻ひでお、岡崎京子などのテクストをキャラクターの成長というテーマを軸にして概説する。アニメ論では宮崎駿と高畑勲、出崎統、富野由悠季、ガイナックス、石ノ森章太郎などを扱う。萩尾望都については「主人公の内面をどう描くか」をテーマとし、表現上の技法とフェミニズム思想の浸透の観点から少女漫画が「内面」を発見するまでの前史を詳細に追う。

スーザン・J・ネイピア『現代日本のアニメ　「AKIRA」から「千と千尋の神隠し」まで』[1]は、著者いわく日本文学研究者としてのスキルが作用した書である。アニメが日本に根ざしたローカル版ポップカルチャーの一形態でありながら、国境を越えてゆく文化的勢力に着目する。本書ではアニメ作品を「終末モード」「祝祭モード」「挽歌モード」という表現モードとして論考し、日本の文化規範を探る。終末モードはアメリカの映像文化上においても主要なものであるが、『AKIRA』や『新世紀エヴァンゲリオン』等のアニメにおいては登場人物たちの間でくり広げられる摩擦や葛藤に特異性が表れるという。

日本近代文学研究者によるスタジオジブリのアニメーション映画についての論文集が米村みゆき編『ジブリの森へ　高畑勲・宮崎駿を読む』である。高校生、大学生、一般向けの書である。『平成狸合戦ぽんぽこ』『天空の城ラピュタ』『紅の豚』『風の谷のナウシカ』等を取り上げる。宮崎駿の映画中における〈城的〉建築物についての横断的な読解、韓国における宮崎駿の受容とジャポニズムの関わり、高畑勲、宮崎駿による戦争体験と映画にみえる湾岸戦争、イラク戦争の影響、現代日本アニメに横溢する液状化する身体の表象文化的意味など、日本近代文学研究の手法によるアニメのアプローチ

1　Susan J Napier、*ANIME : from Akira to Princess Mononoke*　(New York : PALCRAVE、2001).

を見ることができる。

「漫画コラムニスト」を名乗り、マンガについての数々の著作を有する書き手に夏目房之介がいる。『マンガ学への挑戦　進化する批評地図』[1]は、マンガ批評、マンガ家、マンガ市場、マンガと社会、著作権などマンガ理解のための書である。軸となるのは、マンガ批評についてであり「マンガ批評小史」では戦後におけるマンガ批評の方法の時代的変遷やその限界を考察する。最終章「あらたなマンガ論の枠組み」では様々な問題を提起し、今後のマンガ評論を考えるものとして興味深い。

竹内オサムによる『マンガ表現学入門』[2]は、1990年代以降のマンガ表現論への不満から執筆されたものである。〈歴史〉〈連続性〉〈無意識〉という観点からのマンガ表現の全体像やマンガ表現の背後の隠れた制度の問い直しを記す。マンガにおける〈媒介者〉〈傍観者〉、書き出し、コマ、時間、記号的身体などを論じるが全十二章のうち三章を占めるのは視点論である。石井隆「天使のはらわた」（1977年）における執拗なローアングルの分析など興味深い。終章にマンガ表現論の主要文献リストがあるため参照したい。

手塚治虫を「起源」とする「戦後まんが」の枠組みにマンガ表現史の妨げをみるのが伊藤剛『テヅカ・イズ・デッド　ひらかれたマンガ表現論へ』[3]である。本書の関心はマンガに内在するメカニズムである。マンガをめぐる言説の問題、1980年代後半にマンガに起こった「決定的な変化」、キャラクターの観点からの分析、マンガにおける「リアリティ」の議論等を含む。「キャラクター」についてキャラ／キャラクターと区分し、この観点から「二次創作」と

1　夏目房之介『マンガ学への挑戦　進化する批評地図』（東京：NTT出版、2004年）。

2　竹内オサム『マンガ表現学入門』（東京：筑摩書房、2005年）。

3　伊藤剛『テヅカ・イズ・デッド　ひらかれたマンガ表現論へ』（東京：NTT出版、2005年）。

いう現象を読む点が注目される。

前掲『マンガ表現学入門』の著者である竹内オサムと小山昌宏の共編に『アニメへの変容　原作とアニメとの微妙な関係』[1]という論文集がある。小山論文は『風の谷にナウシカ』のマンガ版における物語構造分析の試みで、竹内論文は三バージョンの「鉄腕アトム」の比較分析、リメイクを可能にした原作の多様性の力を明らかにしたものである。米村論文はアニメーション教育・研究の言及および『注文の多い料理店』のアニメーション脚色にみえる「作家性」を掘り下げている。

『ゲーム的リアリズムの誕生　動物化するポストモダン 2』[2]は東浩紀による前掲書の続編である。現代日本で流通する「文学」のひとつの展開を追跡しつつ、社会と物語の関係について考える独立の評論からなる。いわば「オタクから見た日本文学」であり、若い世代を対象としたエンターテイメント小説、コンピュータ・ゲームが議論の中心である。東は自然主義的な素朴な読解と異なる、物語と現実のあいだに環境の効果を挟みこむ「環境分析」的な読解を提唱する。議論の妥当性については今後検討を要するものの、物語がある環境に置かれ流通するという作品外的な事実が、作家の意図とは別の水準で別の主題を作品に呼び込むという興味深い指摘をする。

2000 年代後半以降の批評界で存在感みせているのが宇野常寛である。その著書『ゼロ年代の想像力』[3]は、2000 年から 2008 年ごろまでの小説、映画、漫画、テレビドラマ、アニメーション等の「物語」に着目し、その想像力の変遷を追う。「九・一一と小泉改革」以降の世界の変化に対応した文化批評が日本国内に存在せず、十年

1　竹内オサム・小山昌宏編『アニメへの変容　原作とアニメとの微妙な関係』（東京：現代書館、2006 年）。

2　東浩紀『ゲーム的リアリズムの誕生　動物化するポストモダン 2』（東京：講談社、2007 年）。

3　宇野常寛『ゼロ年代の想像力』（東京：早川書房、2008 年）。

以上同じ枠組みで思考してきたと批判する。1995 年から 2001 年までの「古い想像力」を代表する作品としてテレビアニメーション『新世紀エヴァンゲリオン』を挙げ、同作品中に象徴される「引きこもり／心理主義」的傾向が多くの物語に広く共有されたと主張。2001 年前後には「新しい想像力」として「決断主義」的な傾向を持つ「サヴァイブ感」が共有され、代表する作品として高見広春の小説『バトル・ロワイアル』（マンガ、映画化）を挙げる。本書では東浩紀批判が見受けられたが、その後の批評活動では東と共闘している。

加藤幹郎編『アニメーションの映画学』[1] は研究としてのアニメーションを色濃く打ち出した論文集である。表現領域の可能性を探求したアニメーション映画の理論的考察、実践例の検討、ジャパニメーションの映画史的、表現史的達成度をはかり、アニメーションの技術論と美学の融合を目指す。日本のアニメーションを主たる対象とした論考は、加藤論文と横濱論文であり、新海誠の風景構成力、映画学的風景論の可能性とジャパニメーションの達成度の検証と「メディアミックス」化されるさいの物語論的考察がなされている。

ゼロ年代と呼ばれる 2000 年代を通じ、いわゆるオタク文化のコンテンツをめぐる言説空間の中では「セカイ系」という語が頻繁に使用された。前島賢『セカイ系とは何か　ポスト・エヴァのオタク史』[2] は、定義が曖昧なままある作品群がセカイ系と名指され、特筆されるべきものとして流通、毀誉褒貶を呼び込んだのかと問う。『新世紀エヴァンゲリオン』『最終兵器彼女』『イリヤの空、UFO の夏』『ほしのこえ』『AIR』等を取り上げつつオタクたちにもたらした作品受容態度の変化の中にセカイ系言説空間を求めた。セカイ系作品の評価は賛否両論ながらも、結果的に「文学運動」のよう

1　加藤幹郎編『アニメーションの映画学』（京都：臨川書店、2009 年）。

2　前島賢『セカイ系とは何か　ポスト・エヴァのオタク史』（東京：ソフトバンククリエイティブ、2010 年）。

なものとなった点で関心を集めている。

シリーズ「日本映画は生きている」の第6巻として刊行された『アニメは越境する』[1]は、さまざまな視点から分析した論文集で細田守、新海誠、宮崎駿、押井守などを扱う。泉論文[2]は新海誠の三作品に通底する恋愛を通しての世界認識を探り、閉鎖的な二者関係の風景の変遷をみる。朴論文[3]は宮崎アニメの物語を構成する要素の定型化とインターテクスト性の活性化に着目する。

ゼロ年代（2000年）は「マンガ・アニメ」が学問として認知される段階から学術的に水準の高い研究が産みだされるまでになったのである。

1　黒沢清・四方田犬彦・吉見俊哉・李鳳宇編『アニメは越境する』（東京：岩波書店、2010年）。

2　泉政文「〈世界〉と〈恋愛〉――新海誠の作品をめぐって」（『アニメは越境する』）

3　朴己洙「宮崎駿アニメーションのストーリーテリング戦略」（『アニメは越境する』）

中日比較文学
——「近代」「中」「日」「文学」を比較的な視点において問う学問として

林少陽

1. 中国における中日比較文学の小史

1924年に文学者の呉宓(ごひつ)が南京の東南大学で「中西詩之比較」という授業を行った。これをきっかけに、近代の学問としての比較文学は中国において、大学の教育課程に登場するようになった。そして、1929年にイギリス人の文学者リチャーズ(Ivor Armstrong Richards)が北京の清華大学の教授として赴任し、「比較文学」が名実ともに大学の講義として設置され、後にその講義も教科書として出版された。その後、比較文学の研究論著が相次ぎ現れ、例えばポール・ヴァン・ティーゲム(Paul Van Tieghem)のフランスの比較文学方法を紹介する『比較文学論』(La littérature comparée)の中国語訳も大手出版社の商務印書館によって刊行された。しかし、1950年代になってから、イデオロギー的な氛囲気により、「比較文学」という言葉は禁句のようになっており、この名称に関連する講義は中国大陸の大学の全てのカリキュラムから消えた。

1979年頃の改革開放政策から、中国では30年近く封印された「比較文学」というディシプリンが再開された。1981年1月に、北京大学で比較文学研究会が設立され、「比較文学研究会通訊」という学会誌が刊行された[1]。同年、北京大学外国語学科の英文学者楊周翰と上海の復旦大学中国言語文学部の中国文学者賈植芳はそれぞれ比較文学を研究テーマとする修士課程の大学院生を指導しはじめた。1982年に張隆渓編《比较文学译文集》、1983年に張隆渓と温儒敏編《比较文学论文集》が1984年に出版された（いずれも北京大学出版社）。そして1985年に北京大学の比較文学比較文化研究所が設立されるともに、「比較文学」が大学院の一つの専攻として認められた。同年10月、中国比較文学学会が設立され、第一回の学会大会は中国各地の研究者130人余りと外国の学者十数人が集められ、当時、「中国での比較文学の全面復興を示している」盛会と評価された[2]。大会後、各大学で比較文学研究室や研究センターが相次ぎ設立され、各地方の比較文学学会も組織された。この流れの中に、中日比較文学というジャンルも現れてきたのである[3]。

近代日本における比較文学の「伝統」を中国のそれと比較するならば、日本のそれは図式的に次のように二分できよう。まず古典を中心とする中日比較文学があるとすれば、東京大学駒場キャンパス比較文化専攻を代表とする、より西洋との文学的芸術的関係の研究を中心とする流れがある、というように。前者は古典中心である以上、前近代の日本文学と中国や朝鮮半島との文学的文化的関係を中心に考えているため、事実上「西洋」が不在である、と言えよう。それに対して、後者はより近代を中心に考えているため、数カ国のヨーロッパ言語のできる研究者が輩出されており、文学と美術との交渉関係に対する研究などの面においても立派な業績を挙げてき

1　李达三〈John J. Deeney〉《比较文学研究之新方向》、台北：联经出版事业公司、1986年4月、增订4版、295－303頁。

2　乐黛云《比较文学原理》、长沙：湖南文艺出版社、1988年8月、42頁。

3　書き出しからここまでの整理は清華大学の王中忱教授に負うところが多い。

た。ただ後者の比較文学研究は、やや前近代の「中国」「東アジア」しいて言えば前近代「日本」（例えば江戸）との関連が薄い印象を受けていた。このような問題を意識しているためか、この二三十年間東アジア関係、江戸日本関係の、優れた研究者、大学院生を多く取り入れるようになった。このことも、大きな特徴として指摘できよう。

戦後日本と比べれば、歴史のわりと短い中国大陸の比較文学は、中国文学科出身の比較文学研究者と、外国語学科出身の比較文学研究者とに二分することができるかもしれない。閉鎖されてきたこの二つのディシプリン同士にとって、中国大陸の比較文学という専攻は、事実上、中文系出身者と外文系出身者が対話する重要な場となった。「日本」という視点・文脈が事実的に希薄であり続けてきた中国近代文学研究者にとって、そして、中国にいながら「中国」という視点・文脈が実際欠けてきた日本文学研究者にとって、そのことの意味は非常に大きい。ディシプリンという保守的な制度を相対化し、これまで互いに対して閉鎖的であった二つの分野の距離を近づけることができた意味において、このことは大いに評価されるべきであろう。他方、中国の比較文学者にとって、なお外国語の知識の向上や、近代を批判的に再考する意識の希薄さ、方法論的視点としての「中国」と「日本」を生かすことの未熟、漢字圏の中国と日本における「西洋」の受容と変容と緊張関係などの面において今後にも多くの課題が残されていよう。最後の点に関しては、今日の中国古典の研究者すら近代的な方法論で研究しているということをわれわれは忘れてはならない。

2. 「中」「日」「比較」「文学」にとって「文学」とは何か

しかし、中国と日本という漢字圏二つの国にとって中日の比較文学研究には厄介な面もあることは指摘しておかねばならない。まず、一つは、中日比較文学は中国と日本の「国語」「国文学」という概念の結果の一つであるということである。西洋の影響により、日本では「国語」「国文学」という概念が明治初年において現れ、中国においても遅ればせながら、1917年から1921年の五四新文化運動の胡適、陳独秀などの推進によって制度的に確立された。次に、これと連動して、中国と日本において「国語」が確立された以上、これまで東アジアにおいて共有されていた書記言語たる「漢文」によって書かれた作品が歴史的に大量に存在しているため、これらを「国文学」にどう組み入れるのかということも問題となる（儒学の象徴と見なされた孔子が国民国家的な意味での「中国」「哲学」だけの対象かどうかという問題と似たような話であるが）。さらに、「比較文学」にある「文学」という翻訳語の概念と前近代までにある「文学」の概念との異同が如何なるものかも念頭にいれるべきであろう（例えば、この孔子こそ近代までの中日において「文学」の重要な象徴でもあったが）。

近代中国の「文学」概念は日本から強い影響を受けた。魯迅は「門外文談」（1934年）というエッセイにおいて「あれほど難しい文字で書かれた古語の摘要は以前は文と呼でいたが、今はすこし新派的な者は文学と呼ぶようになった。これは『文学には子游、子夏』から引いたものではなく、日本からの輸入である。彼らの「文学」は英文のliteratureに対する訳語である」と述べている[1]。この翻訳語としての「文学」概念を魯迅は情熱的に抱擁したが、彼より前の世代にあたる日本の夏目漱石は全く違う態度を見せた。漱石は『文学論』（1900～1903年構築、1907年出版）の「序」において漱石は「文学とはなにか」という難問に苛まれていた経緯を振り返っている。「余は少時好んで漢籍を学びたり」、「文学は斯くの如き者なりとの定義を漠然と冥冥裏に左国史伝より得たり」、「ひそかに思ふに英文学も亦かくの如きものなるべしと」、と回顧した（「左

1　魯迅《且介亭雑文》所収、《魯迅全集》第6巻、北京：人民文学出版社、2005年11月、95－96頁。

国史漢」とは『左伝』『国語』『史紀』『漢書』のことを指す）。そして「卒業せる余の脳裏には何となく英文学に欺かれたるが如き不安の念あり」と言い、結局「漢学に所謂文学と英語に所謂文学とは到底同定義の下に一括し得べからざる異種類のものたらざる可からず」と述べた[1]。

漱石と似たような態度は中国のほぼ同時代の章炳麟（太炎）においても見られている。中国文学史において、六朝の美文伝統は初唐の魏徴、盛唐の韓愈以来批判され、それに取って代わったのは韓愈によって代表される唐宋の古文運動を模範とする文章観である。この流れを清朝の文脈において特権化したのは、清の文壇の支配的流派である桐城派であった。桐城派は文体的には朱子学的陽明学的語録体を是正した点において評価すべきであるが、空疎化されている傾向がある。これに対して、清の中葉の儒者である阮元、清末民初の文学者劉師培（申叔）を代表とする「文選派」（駢儷文至上派）は反発し、六朝駢儷体こそ「文」の正統だと見ている。彼らの文論は、音律の整然、修辞の奇矯さなどの要素を含む文章の形式そのものに拘りすぎる印象を人に与えていたが、阮元の駢儷体至上の言説は桐城派古文を相対化する意味を持っており、似た評価は劉師培にも与えられるかもしれない[2]。この二つの清朝の「文」のほかに、清の時代における考証学の学術的な論文が代表するような無味乾燥な「文」もあった。章炳麟は考証学の清末における最大の代表者の一人であるが、考証学の「文」を合わせた上の三つの「文」を、文学と政治の両面から批判した。章炳麟はその主著の一つである《国故论衡》（1910年）に収録された《文学总略》（1906年）において、「凡そ文と云うものとは、竹・帛に箸された一切のものを包絡して言うなり、故に句読を成す文も有り、句読を成さざる文も有る。この二事を合せて通じて文と謂う」と定義し、また、「文」の「法

1 『文学論』、『漱石全集』第9巻所収、東京：岩波書店、1966年8月、10頁。

2 程千帆・曹虹《〈中国中古文学史讲义〉导读》、刘师培《中国中古文学史讲义》、上海：上海古籍出版社、2006年、5頁。

式」を論ずることを「文学」と規定した[1]。章炳麟の「文」と「文学」の定義は近代以前の中国文学批評史自体の論争的な文脈にあるが、それだけではない。世紀の転換期において近代的な「文学（リテレチュア）」概念と出会ったことも彼の「文」と「文学」の定義を見る上で重要である[2]。

3. 「中」「日」「比較」「文学」にとって「中」「日」とは何か

近代日本と中国の学問の体系は、周知の通り、「近代」の最大の産物たる「国民nation」「国家state」を枠組みとする学問体系であり、その一環として、「X国文学」なるものがある。「中日比較文学」にある「日本文学」と「中国文学」も言語的なものであるよりも、まずは国民国家的なものである。日本における「国文学」という概念の成立は、日本の国史的な叙述とその一環となる文学史叙述と不可分な関係にあるものである。

日本における近代的文学史の嚆矢として挙げられるのは、歴史学者の三上参次・高津鍬三郎の『日本文学史』（金港堂、1890）である。三上参次は、1895年、文部大臣から史料編纂委員に任命され、1899年東京帝国大学教授として史学科から「国史学科」と言ったディシプリンを分離させるのに尽力した人物でもある。三上・高津は『日本文学史』の「緒言」において「本書の総論に述べたる、文学の定義に従ひ、漢文は凡て之を採らず」と書いている[3]。ここから、「日本文学」という概念は漢文を排除した上で成り立ったも

1　章太炎 / 龎俊・郭誠永疏証《国故论衡疏证》（北京：中华书局、2008年）による、247頁。

2　章炳麟と劉師培の「文」「文学」の概念について、拙著『「修辞」という思想：章炳麟と漢字圏の言語論的批評理論』（東京：白澤社、2009年）第三章と第四章を参照されたい。また、木山英雄《文学复古与文学革命：木山英雄中国现代文学思想论集》（赵京华译、北京：北京大学出版社、2004年209－238頁）を参照されたい。

3　前掲三上参次・高津鍬三郎の『日本文学史』、11頁。

のであるということは一目瞭然である[1]。齋藤希史の指摘によると、明治期の「日本文学史」叙述は、「和漢」に跨ったécritureから「支那」を外部へ剔出することを通して、「国文学」なるものを発見した結果である。そしてこの発見を成り立たせるために同時に他者としての「支那文学」なるものを発見しければならない[2]。その後に出た大和田建樹の『和文学史』（東京：博文館、1892年）とその改訂増補版の『日本大文学史』（東京：博文館、1899～1900年）も、このような系列のものである。大和田建樹はフランスの歴史家テーヌ（Hippolyte Adolphe Taine）の「人種」を「曾祖高祖」のような「先祖」との連続性に読み替えて、国民の連続性を裏付ける理論としてテーヌを援用したのである[3]。文学史叙述と明治日本のナショナリズムとの関係は次の大和田建樹の言葉からも窺える。

> ほかの外国人に勝るものあるは何ぞや。万世一系の君を共にし。歴史を共にし。天壌無窮の国を共にし。風俗を共にし。言語を共にし。言語を共にし。歴史を共にする関係は。同胞四千万の一大強族を作り。極東独立の一大強国を建てたるならずや。文学史の是等の事実と関係の大なること。前にすでに言へり[4]。

ナショナル・アイデンティティを成立させるのに歴史叙述とその一環たる国文学史叙述が如何に貢献することができるのかを窺える

1　近代までの日本における「文学」という概念については、鈴木貞美『日本の「文学」概念』（東京：作品社、1998年）参照されたい（中国語訳：王成译《文学的概念》、北京：中央编译出版社、2011年）。

2　齋藤希史の指摘は前掲『漢文脈の近代：清末＝明治の文学圏』の第一章を参照。

3　大和田建樹の文学史叙述ととテーヌとの関係については、中山昭彦「〈文学史〉とナショナリティー」、『岩波講座近代日本文化史・3・近代知の成立：1870－1910年代1』所収、東京：岩波書店、2002年、93－94頁。

4　大和田建樹『日本大文学史』巻之一、東京：博文館、1899年、48頁。

一節であろう。大和田の発言は日清戦争（甲午戦争）後のナショナリズムの高揚という文脈があるものである。

しかし、「日本」「国文学史」の叙述だけがそれに貢献しているわけではない。明治期の「中国文学史」叙述もそれに大きく貢献していることは無視できないことである。「国文学（ナショナルリテラチューア）」（三上・高津の「国文学」に対する振り仮名）の発見は「支那文学」の発見と一つのコインの両側を成していたともいえる。このことはむろん西洋伝来の「近代」＝国民国家的学術体系の確立と無関係ではない。その中で歴史叙述そのものが大きく変わるからである。その結果、1899年に「国史学科」が開設されると同時に、「和文学科」も「国文科」という名称に変更された[1]。

まさにこのような背景において1882年に日本人による世界最初の中国文学史である末松謙澄の『支那文学史』（東京：文学社）が世に問われた。ただ、本書はまだ翻訳語としての「文学」ではなく、漢字圏伝統における、広い意味での「文学」概念である。その後児島献吉郎の『支那文学史』（同文社『支那文学』第1～11号、1891～1892年）や、古城貞吉の『支那文学史』（東京：経済雑誌社、1897）が相次いで出版された[2]。特に古城貞吉のそれは、まとまった通史の体裁の形を採る中国文学史の最も早い著作の一つというだけでなく[3]、基本的には近代的な「文学」概念の枠組み内のものでもある。

1　このことは日本の「東洋学」の形成と無関係ではない。「東洋学」については、中見立夫「日本的〈東洋学〉の形成と構図」（岸本美緒他編『「帝国」日本の学知』第3巻所収、東京：岩波書店、2006年）を参照。

2　詳細は、川合康三編『中国の文学史観』（東京：創文社、2002年2月）の「資料篇・日本で刊行された中国文学史：明治から平成まで」の「第Ｉ部明治篇」（松本肇・幸福香織・浅見洋二・銭鴎・竹村則行・西上勝・川合康三・和田英信・芳村弘道による分担執筆）、及びに本書所収の和田英信「明治期刊行の中国文学史」を参照。

3　前掲「資料篇」における浅見洋二の指摘（同前36頁）を参照。

皮肉なことに、近代日本の「中国」「文学」叙述は後の中国本土の文学史叙述に大きな影響を与えた。この点について日本の中国文学研究者青木正児が「文学史は支那よりも日本で先着したもので、支那の著に倣うたものが多い」と指摘した通りである[1]。1904年に笹川種郎の『支那文学史』(東京:博文館、1898年)の中国語訳が《历朝文学史》(上海:中西书局)と改題され、「中西書局翻訳生」の訳で1903年に出版された。清末の官僚で学者である林伝甲の《中国文学史》は、笹川種郎の中国語訳《历朝文学史》が出版された翌年の1904年に出版された。本書の巻首に「日本笹川種郎の意に倣」うものであったと明記されている通り、笹川種郎がこの書に与えた示唆は多大である[2]。これは中国人自身によって最初に書かれた「中国」の「文学史」であるが、本書が出版された1904年1月に、清末の洋務派政治家張之洞は、朝廷の認定を得た、近代的な国立大学である京師大学堂の学科的制度に関るその計画書『奏定大学堂章程』においても「日本に『中国文学史』有り、其の意に倣ひて自ら編纂(へんさん)講授(こうじゅ)を行うべし」(「日本有中国文学史、可仿其意自行編纂講授」)と述べている[3]。ここから見れば、清末中国の文学史叙述は、明治日本の「文学史」叙述と比べて、同じく国策的なものである。しかし、明治日本の「文学史」叙述が近代化とナショナリズムの産物であるとすれば、清朝のそれは甲午戦争後において日本に「近代化」を学ぶという文脈にあるものであり、明治日本の「日本文学史」叙述に

1　『支那文学概説』(1935年)、『青木正児全集』第1巻所収、東京、春秋社:1975年、291頁。

2　林伝甲は《中国文学史》巻首において「伝甲斯編、将仿日本笹川種郎中国文学史之意、以成書焉」と述べた。林伝甲・朱希祖・呉梅著《早期北大文学史讲义三种》所収、北京:北京大学出版社、2005年、29頁。

3　《张之洞全集》第3巻、石家庄:河北人民出版社、1998年。張之洞の「奏定大学堂章程」と近代中国学科制度の成立との関連については、陳国球《文学史书写形态与政治文化》、北京:北京大学出版社、2004年、11－30頁を参照。

おけるナショナリズム的要素とはやや位相が違うものである。

実際こうした、日本人の文学史著者の「意に倣う」中国人著者の「中国文学史」叙述は、20世紀20年代、ないし30年代までの主流であった[1]。青木正児は、顧実《中国文学史大纲》（上海：商务印书馆、1926年）と葛遵礼《中国文学史》（上海：会文堂、1930年）について「二書は並に日本の著述から影響を受け」たものであり、曾毅の《中国文学史》（上海：泰东图书局、1915年）と謝無量編《中国大文学史》（上海：中华书局、1918年）についても、「此の二書も日本の書に倣うて作つたもので」あると指摘した[2]。曾毅が、その《中国文学史》の訂正版（1929年9月）において「東邦学者の記すところを頗る拾った」（「頗掇拾東邦学者之所記」）と自ら書いた通りである[3]。戴燕の指摘によれば、他の20世紀30年代の中国における文学史叙述は、例えば童行白はその《中国文学史》（上海：大东书局、1933年）の「自序」において笹川種郎の文学史を参照したと述べ、康璧城もその《中国文学史大纲》（上海：广益书局、1933年）の「編者例言」において笹川種郎からの取材が一番多いと述べているという[4]。この事実は近代中国における「文学」という概念の成立を見るのに重要であろう。

4.「中」「日」「文学」を超える「漢字圏文学」と「世界文学」という概念

近代日本の翻訳語としての「文学」概念としては、次のような特徴が挙げられよう。まずジャンル的には小説が中心にあり、言語的には言文一致の「国語」によって書かれ、ディシプリン的には「哲

1　この問題については、戴燕《文学史的权力》（北京：北京大学出版社、2002年、34 － 35頁）を参照。

2　前掲『青木正児全集』第1巻、292頁。

3　曾毅《修正中国文学史弁言》、《中国文学史》（上巻）、上海：泰东图书局、訂正初版、1929年、1頁。

4　前掲戴燕《文学史的权力》、45頁。

学」「史学」との違いを強調することを通して成立し、背後に「人種」などの概念が強く機能している[1]。このことは日本だけに限らない。まさに漱石を悩ませたイギリスの「文学」概念なるものがそうであるし、前に述べた、日本の文学史叙述を影響したテーヌの「文学」もそうである。Kwame Antony Appiahの指摘によれば、テーヌの名著『イギリス文学史』（*Histoire de la litérature Anglaise*, 1864～1869年）における「人種」概念は、「アングロサクソン人種」としてのイギリスネーションを、イギリス文学の起源と同一化するのに不可欠な重要な概念である。Appiahによれば、イギリス文学は、その起源をイギリスの詩にモデルと主題を与えたギリシャとローマの古典に遡らず、イギリスの劇に影響を与えたイタリアのモデルにも「起源」を見ない。むしろチョーサー（Geoffrey Chaucer）や、マーロウ（Christopher Marlowe）、シェークスピア（William Shakespeare）などにすら知られていない、「アングロサクソンの言葉」で書かれた叙事詩『ベオウルフ』（*Beowulf*）をその「起源」としたのである[2]。また、Appiahの指摘によれば、19世紀においてイギリス文学をイギリスの大学で教えることが制度化され、「アングロサクソン主義」（Anglo-Saxonism）は、英米の大学で研究される文学史の名作（キャノン）を成立させるのに重要な役割を果たしていた[3]。

他方、1910年代の中国、特に日露戦争以後からは、中国の知識人の主流は政治的には「改良」から「革命」へとシフトした。このことは、ある意味では日本の近代化を模範とすることをある程度や

1　拙著『「文」與日本学術思想：漢字圏1770至1990』（北京：中央編訳出版社、2012年6月、156頁）。

2　Kwame Antony Appiah “Race.” In Frank Lentricchia and Thomas McLaughlin eds., *Critical Terms for Literary Study*, University of Chicago Press, 1995 , p.285.

3　Ibid.

めて中国独自の近代化へシフトしたことをも意味していると理解できよう。さらに文化的には20年代の中国自体の「国語」の成立により、両国の「文学」はある種の交渉関係はあるものの、実質上両国にとって書記言語としての「漢文」が排除された結果、その距離が開き、関係が益々薄くなった。これは1930年の、日本の中国における侵略の拡大によっていっそう明らかになった。帝国主義は中国の民族主義の高揚をもたらし、このことは中国の「文学」なるものを大きく変えた。20世紀中国の「文学」（「新文学」）は、尾崎文昭の整理によれば、実践的なレベルにおいては次のような特徴がある。「新文学」は、救国救民のために人と社会の近代化（西欧化）を自己の基本課題とし、（1）知的エリートによる憂国憂民の意識、（2）反封建主義的欧化「啓蒙」・教化意識、（3）文学進化論、を基本特徴としており、そして（4）口語主義、（5）表現技法としてのリアリズムが規範となった。そして、毛沢東のその建国理論にあたる「新民主主義論」（1940年）では、「文学」伝統として魯迅以来の「新文学」が指定されている[1]。さらに、国共が対立している時期に共産党の勢力範囲である「解放区」における文学の理念として生まれた「人民文学」は、1949年7月の全国文学芸術工作者大会後以来、建国した国全体の文学理念に一般化された。これは「国文学」という出発点からの、翻訳語としての「文学」概念の変容であり、この変容は、「国文学」から「人民文学」へ、さらに本質的には共産党の方針に基づく「党の文学」へというふうに概括できるかもしれない。

近年アメリカの比較文学者によって「世界文学」という概念が提起されたことは注目すべきであろう。「世界文学」とは そもそもゲーテ（J. W. von Goethe、 1749 ～ 1832年）が 1827年において提

1　尾崎文昭「中国近現代文学の基本構造とその終焉についての試論」、東京大学東洋文化研究所編『アジア学の将来像』、東京：東京大学出版社、2003年、61 － 63頁、73頁、78頁。

起した概念（*Weltliteratur*）であるが、1935年出版された彼の学生の本によって一般に知られるようになった。[1]近年のアメリカの比較文学の世界において流通された「世界文学」という概念は「比較文学」というディシプリンに対する批判的発展という側面があることを断っておきたい。たとえばハーヴァード大学教授のDavid Damroschによれば、「世界文学」とは、キャノン（名作）の流通と読みの状態（mode）を指している[2]。彼がいうには「今日の世界文学の主な特徴はその可変性である。すなわちさまざまな読者はさまざまなテキストの星座に魅了されるようになることである[3]。Damroschは、次のように「世界文学」を定義している。「1．世界文学とは国文学の「省略的な屈折」（elliptical refractionまたは「迂回的な反映」と訳すこともできよう）である；2．世界文学とは翻訳の過程において獲得された作品である（writing that gains in translation）；3．世界文学とは一連のキャノンのテキストを指しているのではなく、むしろ読みのモードを指している。すなわちわれわれ自身の時空を超える世界において言葉と超然と約束する形そのものである（a form of detached engagement with words）"と定義している[4]。そして「1」に関して、Damroschのいう「迂回的な反映」には両面的な性質があると説明している。まず作品がある外国の文化のある空間に受け入れられるならば「世界文学」となり、この空間は、色々な形において、ホスト国の文化的伝統や、その国自体の作者の現在の必要によって定義される；他方、世界文学として生きているある作品が、両方の文化に関連しており、そのなかのいずれかの文化だけに制限されることはない、とDamroschは説明

1 David Damrosch, *What Is World Literature*, Princeton University Press, 2003, p.1.

2 Ibid., p.5.

3 Ibid., p.281.

4 Ibid。

した。[1] Damroschの「世界文学」という概念は、むしろ解釈学の強い影響下にあるH. R.ヤウス（Hans Robert Jauss）の読者享受理論に示唆されたものである。ヤウスは、個人的に文学作品を享受している過程における個人性と、文学史叙述における総括された集団性との間の矛盾を強調し、文学史を書くこと自体の問題性を俎上に置いた。[2]

Damroschのような比較文学者が重視した「世界文学」という概念はもちろん近代的な「文学」概念にある過剰なナショナルな集団性を問題視し、それを読者側の読書意識によってそのようなナショナルな枠組みを相対化しているのである。漢字圏における翻訳語の「文学」概念かどうかはさておき、少なくとも長い歴史において漢字圏の日本と中国、朝鮮半島、ベトナムなどにおいて漢字で書かれた作品と理論が流通し、それぞれの歴史的文化的文脈において受容されてきた。これはまさに漢字圏における、歴史的な「世界文学」ではなかろうか。さらに近代において、この歴史的な「世界文学」の受容経験をベースに、さらに異文化圏のヨーロッパ文学などがもう一つの「世界文学」の流れとして受容されてきた。

「世界文学」は十分にわれわれの持つ「比較文学」のイメージを相対化する概念であるが、あくまでも「比較文学」なるディシプリンを改めて見直す、視点の一つである。いずれにせよ、われわれにとっての「中日比較文学」は、「近代」を批判し、「近代」を疑問視する視点を持たなければならない。その意味において「中日比較文学」は、「近代」「日本」「中国」「文学」を比較的な視点において批判的に問う学問としてその可能性を見るべきであろう。少な

1　Ibid., p283。

2　H. R. Jauss,“Literature Hisory as a Challenge to Literary Theory,” H. R. Jauss, *Toward an Aesthetic of Reception*, trans. Timothy Bahti, Minneapolis:University of Minnesota Press, 1982. pp. 3－45（日本語訳：H. R. ヤウス『挑発としての文学史』、東京：岩波書店、轡田収訳、2001年）。

くともそれらの問題を不問にするままで日中の文脈において「中日比較文学」を考えることは非歴史的であると言わざるを得ない。その意味において中日比較文学は学問的な可能性に富むディシプリンとして大きく期待されるべきだと思う。

付録

日本近現代文学史年表(鄭文全)				
西暦	年号	小説・戯曲	詩歌・評論・随筆・その他	参考
1868	明治元年		立憲政体略(加藤弘之)	
1869	2		世界国尽(福沢諭吉)	
1870	3	西洋道中膝栗毛(仮名垣魯文)	西洋事情二編(福沢諭吉)・西国立志篇(中村正直訳)	
1871	4	安愚楽鍋(仮名垣魯文)	自由之理(中村正直訳)	廃藩置県
1872	5	胡瓜遣(仮名垣魯文)	学問のすすめ(福沢諭吉)	
1874	7	近世紀聞(条野採菊)	柳橋新誌二編(成島柳北)・百一新論(西周)・讃美歌(長崎メソジスト教会)・義烈回天百首(染崎延房編)	明六社結成
1875	8	寄笑新聞(梅亭金鵞)	文明論の概略(福沢諭吉)	
1877	10	鹿児島征伐物語(篠田千果)	日本開化小史(田口卯吉)	
1878	11	八十日間世界一周(川島忠之助訳)・花柳春話(織田純一郎訳)・鳥追阿松海上新話(久保田彦作)	西洋品行論(中村敬宇訳)・通俗民権論(福沢諭吉)	
1879	12	高橋阿伝夜刃譚(仮名垣魯文)・天路歴程(佐藤喜峯訳)	民権田舎歌(植木枝盛)・民権自由論(植木枝盛)	
1880	13	春風情話(坪内逍遥訳)	民権自由かぞへ歌(植木枝盛)	

1882	15	自由乃凱歌（宮崎夢柳訳）・西洋血潮小暴風（桜田百衛訳）	新体詩抄（外山正一・矢田部良吉・井上哲次郎）・人権新説（加藤弘之）・民約訳解（中江兆民訳）	東京専門学校創立
1883	16	経国美談前編（矢野龍渓）・人肉質入裁判（井上勤訳）	維氏美学上冊（中江兆民訳）	
1884	17	自由太刀余波鋭鋒（坪内逍遥訳）・巷説二葉松（宇田川文海）・怪談牡丹燈籠（三遊亭円朝）	真理一斑（植村正久）	
1885	18	当世書生気質（坪内逍遥）・佳人之奇遇（東海散士）	小説神髄（坪内逍遥）・詩歌の改良（坪内逍遥）	尾崎紅葉ら硯友社結成、「我楽多文庫」創刊
1886	19	雪中梅（末広鉄腸）・新粧之佳人（須藤南翠）	新体詞選（山田美妙編）・小説総論（二葉亭四迷）	
1887	20	花間鶯（末広鉄腸）・浮雲第一編（二葉亭四迷）・武蔵野（山田美妙）	国学和歌改良論（小中村義象）	徳富蘇峰、民友社を結成、「国民之友」創刊
1888	21	あひびき（二葉亭四迷訳）・夏木立（山田美妙）・めぐりあひ（二葉亭四迷訳）	言文一致論概略（山田美妙）	
1889	22	蝴蝶（山田美妙）・初恋（嵯峨の屋お室）・露団々（幸田露伴）・二人比丘尼色懺悔（尾崎紅葉）・風流仏（幸田露伴）・細君（坪内逍遥）	楚囚之詩（北村透谷）・於母影（森鴎外ら訳）・小説論（森鴎外）・「しがらみ草紙」の本領を論ず（森鴎外）	「しがらみ草紙」創刊 大日本国憲法発布

1890	23	舞姫(森鴎外)・伽羅枕(尾崎紅葉)・一口剣(幸田露伴)・うたかたの記(森鴎外)・小公子(若松賤子訳)・浮城物語(矢野龍溪)	日本歌学全書(佐々木弘綱・佐々木信綱)・小説三派(坪内逍遥)	第一回帝国議会開会
1891	24	文づかひ(森鴎外)・こがね丸(巌谷小波)・二人女房(尾崎紅葉)・五重塔(幸田露伴)	蓬莱曲(北村透谷)・シェークスピア脚本評註緒言(坪内逍遥)・早稲田文学の没理想論(森鴎外)	「早稲田文学」創刊 坪内逍遥・森鴎外の没理想論争始まる
1892	25	三人妻(尾崎紅葉)・闇桜(樋口一葉)・即興詩人(森鴎外訳)・うもれ木(樋口一葉)・罪と罰(内田魯庵訳)	厭世詩家と女性(北村透谷)・獺祭書屋俳話(正岡子規)	
1893	26	風流微塵蔵(幸田露伴)・白藤(川上眉山)・心の闇(尾崎紅葉)・さゝ舟(幸田露伴)・暁月夜(樋口一葉)	湖処子詩集(宮崎湖処子)・人生に相渉るとは何の謂ぞ(北村透谷)・内部生命論(北村透谷)・芭蕉雑談(正岡子規)	「文学界」創刊 落合直文、あさ香社創設
1894	27	滝口入道(高山樗牛)・桐一葉(坪内逍遥)・大つごもり(樋口一葉)	新選明治歌集(佐佐木信綱)・亡国の音(与謝野鉄幹)	中日甲午戦争始まる
1895	28	たけくらべ(樋口一葉)・変目伝(広津柳浪)・書記官(川上眉山)・夜行巡査(泉鏡花)・黒蜴蜓(広津柳浪)・外科室(泉鏡花)・うらおもて(川上眉山)・にごりえ(樋口一葉)・十三夜(樋口一葉)	俳諧大要(正岡子規)・西鶴の理想(島村抱月)・運命と悲劇(高山樗牛)	「帝国文学」創刊　「文芸倶楽部」創刊

1896	29	わかれ道（樋口一葉）・多情多恨（尾崎紅葉）・今戸心中（広津柳浪）・河内屋（広津柳浪）・照葉狂言（泉鏡花）・片恋（二葉亭四迷訳）	東西南北（与謝野鉄幹）・三人冗語（森鴎外・幸田露伴・斉藤緑雨）・福翁百話（福沢諭吉）	森鴎外主宰の「めざまし草」創刊
1897	30	金色夜叉（尾崎紅葉）・源叔父（国木田独歩）・ハムレット（坪内逍遥訳）	天地玄黄（与謝野鉄幹）・若菜集（島崎藤村）・日本主義を賛す（高山樗牛）・俳人蕪村（正岡子規）	「ホトトギス」創刊
1898	31	武蔵野（国木田独歩）・忘れえぬ人々（国木田独歩）・恋慕ながし（小栗風葉）・不如帰（徳富蘆花）	一葉舟（島崎藤村）・夏草（島崎藤村）・星落秋風五丈原（土井晩翠）・歌よみに与ふる書（正岡子規）・俳句入門（高浜虚子）・審美新説（森鴎外訳）・福翁自伝（福沢諭吉）	
1899	32	己が罪（菊池幽芳）・湯島詣（泉鏡花）	天地有情（土井晩翠）・暮笛集（薄田泣菫）・日本之下層社会（横山源之助）	正岡子規、根岸短歌会結成　与謝野鉄幹、東京新詩社創立
1900	33	高野聖（泉鏡花）・思出の記（徳富蘆花）・はつ姿（小杉天外）・海底軍艦（押川春浪）	寒玉集（高浜虚子編）・鉄道唱歌（大和田建樹）・自然と人生（徳富蘆花）	「明星」（第一次）創刊

1901	34	巌窟王（黒岩涙香訳）・牛肉と馬鈴薯（国木田独歩）	暁鐘（土井晩翠）・落梅集（島崎藤村）・みだれ髪（与謝野晶子）・墨汁一滴（正岡子規）・美的生活を論ず（高山樗牛）	「女学世界」創刊
1902	35	はやり唄（小杉天外）・重右衛門の最後（田山花袋）・地獄の花（永井荷風）	草わかば（蒲原有明）・病床六尺（正岡子規）・自然主義とは何ぞや（長谷川天渓）	日英同盟条約調印
1903	36	運命論者（国木田独歩）・天うつ浪（幸田露伴）・非凡なる凡人（国木田独歩）	独絃哀歌（蒲原有明）・思草（佐々木信綱）・社会主義神髄（幸徳秋水）	「馬酔木」創刊
1904	37	火の柱（木下尚江）・良人の自白（木下尚江）・水彩の画家（島崎藤村）	君死にたまふこと勿れ（与謝野晶子）・藤村詩集（島崎藤村）・竹の里歌（正岡子規）・露骨なる描写（田山花袋）	日露戦争始まる
1905	38	倫敦塔（夏目漱石）・吾輩は猫である（夏目漱石）・青春（小栗風葉）・復活（内田魯庵訳）・薤露行（夏目漱石）	あこがれ（石川啄木）・春鳥集（蒲原有明）・海潮音（上田敏訳）・花守（横瀬夜雨）・仰臥漫録（正岡子規）・神経質の文学（片山弧村）・表象主義の文学（長谷川天渓）	
1906	39	野菊の墓（伊藤左千夫）・破戒（島崎藤村）・坊っちゃん（夏目漱石）・千鳥（鈴木三重吉）・草枕（夏目漱石）・其面影（二葉亭四迷）・運命（国木田独歩）	舞姫（与謝野晶子）・白羊宮（薄田泣菫）・囚はれたる文芸（島村抱月）・神秘的半獣主義（岩野泡鳴）	「早稲田文学」（第二次）復刊 夏目漱石と門下生の木曜会始まる

1907	40	婦系図(泉鏡花)・風流懺法(高浜虚子)・虞美人草(夏目漱石)・蒲団(田山花袋)・平凡(二葉亭四迷)	わがおもひ(金子薫園)・文学論(夏目漱石)・今の文壇と自然主義(島村抱月)・無解決の文学(片上天弦)	観潮楼歌会始まる 「新思潮」(第一次)創刊
1908	41	坑夫(夏目漱石)・竹の木戸(国木田独歩)・何処へ(正宗白鳥)・一兵卒(田山花袋)・俳諧師(高浜虚子)・春(島崎藤村)・生(田山花袋)・あめりか物語(永井荷風)・三四郎(夏目漱石)・妻(田山花袋)・新世帯(徳田秋声)	有明集(蒲原有明)・虚子句集(高浜虚子)・海の声(若山牧水)・稿本虚子句集(高浜虚子)・文芸上の自然主義(島村抱月)・所謂余裕派小説の価値(長谷川天渓)・欺かざるの記(国木田独歩)	「アカネ」(馬酔木継承)・「アララギ」創刊 パンの会結成
1909	42	煤煙(森田草平)・耽溺(岩野泡鳴)・南蛮寺門前(木下杢太郎)・半日(森鴎外)・ふらんす物語(永井荷風)・それから(夏目漱石)・キタ・セクスアリス(森鴎外)・田舎教師(田山花袋)・冷笑(永井荷風)・すみだ川(永井荷風)	鳴雪句集(内藤鳴雪)・邪宗門(北原白秋)・日本俳句鈔第一集(河東碧梧桐)・廃園(三木露風)・食ふべき詩(石川啄木)・文学評論(夏目漱石)・自然主義論の最後の試練(相馬御風)	「スバル」・「屋上庭園」創刊 自由劇場創設
1910	43	家(島崎藤村)・人形の家(島村抱月訳)・歌行燈(泉鏡花)・門(夏目漱石)・青年(森鴎外)・網走まで(志賀直哉)・土(長塚節)・かんかん虫(有島武郎)・刺青(谷崎潤一郎)・麒麟(谷崎潤一郎)・赤い船(小川未明)	路傍の花(川路柳虹)・酒ほがひ(吉井勇)・一握の砂(石川啄木)・NAKIWARAI(土岐哀果)・時代閉塞の現状(石川啄木)・日本歌学史(佐々木信綱)	「白樺」・「三田文学」・「新思潮」(第二次)創刊

1911	44	修繕寺物語(岡本綺堂)・お目出たき人(武者小路実篤)・妄想(森鴎外)・泥人形(正宗白鳥)・黴(徳田秋声)・雁(森鴎外)	思ひ出(北原白秋)・呼子と口笛(石川啄木)・善の研究(西田幾太郎)・現代小説の描写法(岩野泡鳴)・元始女性は太陽であった(平塚らいてう)	「青鞜」・「朱欒」創刊
1912	45(大正元年)	彼岸過迄(夏目漱石)・悪魔(谷崎潤一郎)・大津順吉(志賀直哉)・興津弥五右衛門の遺書(森鴎外)・行人(夏目漱石)・哀しき父(葛西善蔵)・雪(久保田万太郎)	空穂歌集(窪田空穂)・悲しき玩具(石川啄木)・陰影(前田夕暮)・ほこびの光(伊藤左千夫)・内生活直写の文学(阿部次郎)・童馬漫筆(斉藤茂吉)	
1913	2	清兵衛と瓢箪(志賀直哉)・阿部一族(森鴎外)・爛(徳田秋声)・銀の匙(中勘助)・木乃伊の口紅(田村俊子)・大菩薩峠(中里介山)・范の犯罪(志賀直哉)・護持院原の仇討(森鴎外)	桐の花(北原白秋)・珊瑚集(永井荷風訳)・東京景物詩乃其他(北原白秋)・白き手の猟人(三木露風)・赤光(斎藤茂吉)・馬鈴薯の花(島木赤彦・中村憲吉)・生の要求と文学(片上伸)・ファウスト考(森鴎外)	島村抱月、芸術座創設「スバル」廃刊
1914	3	大塩平八郎(森鴎外)・わしも知らない(武者小路実篤)・堺事件(森鴎外)・牛乳屋の兄弟(久米正雄)・こころ(夏目漱石)・女親(山本有三)・若き日の悩み(藤森成吉)	鍼のごとく(長塚節)・道程(高村光太郎)・白金之独楽(北原白秋)・三太郎の日記(阿部次郎)・演劇評論(小宮豊隆)・生の創造(大杉栄)	人魚詩社結成 「新思潮」(第三次)創刊 第一次世界大戦始まる

1915	4	あらくれ（徳田秋声）・山椒大夫（森鴎外）・その妹（武者小路実篤）・道草（夏目漱石）・宣言（有島武郎）・最後の一句（森鴎外）・羅生門（芥川龍之介）・入江のほとり（正宗白鳥）	切火（島木赤彦）・雲母集（北原白秋）・新傾向句集（河東碧梧桐）・歴史其儘と歴史離れ（森鴎外）・茶話（薄田泣菫）・告白文学と道徳的反省（生田長江）・悪魔主義の思想と文芸（岩野泡鳴）	
1916	5	渋江抽斎（森鴎外）・寒山拾得（森鴎外）・高瀬舟（森鴎外）・坑夫（宮嶋資夫）・鼻（芥川龍之介）・明暗（夏目漱石）・屋上の狂人（菊池寛）・腕くらべ（永井荷風）・芋粥（芥川龍之介）・項羽と劉邦（長与善郎）・出家とその弟子（倉田百三）・善心悪心（里見弴）・貧しき人々（宮本百合子）	舞ごろも（与謝野晶子）・農民の言葉（福田正夫）・碧梧桐句集（大須賀乙字編）・きのふけふ（内田魯庵）・「人道主義」の質問に答ふ（長与善郎）・貧乏物語（河上肇）・ロダンの言葉（高村光太郎訳）	「新思潮」（第四次）創刊
1917	6	父帰る（菊池寛）・城の崎にて（志賀直哉）・病める薔薇（佐藤春夫）・カインの末裔（有島武郎）・或る日の大石内蔵助（芥川龍之介）・戯作三昧（芥川龍之介）・和解（志賀直哉）・神経病時代（広津和郎）	月に吠える（萩原朔太郎）・転身の頌（日夏耿之介）・寒紅集（杉浦翠子）・俳句提唱（荻原井泉水）・怒れるトルストイ（広津和郎）・現代の芸術（上田敏）・惜しみなく愛は奪ふ（有島武郎）	詩話会結成

1918	7	小さき者へ（有島武郎）・生れ出づる悩み（有島武郎）・子をつれて（葛西善蔵）・地獄変（芥川龍之介）・新生（島崎藤村）・受験生の手記（久米正雄）・無名作家の日記（菊池寛）・奉教人の死（芥川龍之介）・学生時代（久米正雄）・田園の憂鬱（佐藤春夫）・俊寛（倉田百三）・螢草(久米正雄)	愛の詩集（室生犀星）・自分は見た（千家元麿）・抒情小曲集（室生犀星）・渓谷集（若山牧水）・民衆芸術の問題（生田長江）・新しき村に就きて（武者小路実篤）	「赤い鳥」・「新思潮」（第五次）創刊　久米正雄ら、演劇協会結成
1919	8	恩讐の彼方に（菊池寛）・津村教授（山本有三）・或女（有島武郎）・蔵の中（宇野浩二）・苦の世界（宇野浩二）・性に眼覚める頃（室生犀星）・友情（武者小路実篤）・藤十郎の恋（菊池寛）	月光とピエロ（堀口大学）・砂金（西条八十）・紅玉（木下利玄）・食後の唄（木下杢太郎）・志賀直哉論（広津和郎）・ニイチェのツァラツストラ、解釈並びに批評（阿部次郎）・旧劇と新劇（小山内薫）・古寺巡礼（和辻哲郎）	「改造」創刊
1920	9	死線を越えて（賀川豊彦）・舞踏会（芥川龍之介）・真珠夫人（菊池寛）・南京の基督（芥川龍之介）・小僧の神様（志賀直哉）・杜子春（芥川龍之介）・嬰児殺し（山本有三）	氷魚（島木赤彦）・井泉句集（荻原井泉水）・牧羊神（上田敏）・短歌に於ける写生の説（斎藤茂吉）・象牙の塔を出て（厨川白村）・文芸の社会化とその得失を論ず（江口渙）	

1921	10	暗夜行路(志賀直哉)・冥途(内田百閒)・理想の女(豊島与志雄)	あらたま(斎藤茂吉)・黒衣聖母(日夏耿之助)・愛と認識との出発(倉田百三)・唯物史観と文学(平林初之輔)	「種蒔く人」創刊
1922	11	破船(久米正雄)・藪の中(芥川龍之介)・都会の憂鬱(佐藤春夫)・トロッコ(芥川龍之介)・人間万歳(武者小路実篤)・多情仏心(里見弴)・海神丸(野上弥生子)	象徴詩集(三木露風)・空と樹木(尾崎喜八)・霙日(石原純)・宣言一つ(有島武郎)・文芸運動と労働運動(平林初之輔)・第四階級の文学(平林初之輔)	
1923	12	青銅の基督(長与善郎)・子を貸し屋(宇野浩二)・日輪(横光利一)・蝿(横光利一)・地獄(金子洋文)・幽閉<のち「山椒魚」と改題>(井伏鱒二)・海彦山彦(山本有三)・二銭銅貨、屋根裏の散歩者(江戸川乱歩)	青猫(萩原朔太郎)・水墨集(北原白秋)・こがね虫(金子光晴)・ダダイスト新吉の詩(高橋新吉)・芸術闘争と芸術運動(青野季吉)	「文芸春秋」創刊 関東大震災
1924	13	痴人の愛(谷崎潤一郎)・聞き分けられぬ跫音<『伸子』>(宮本百合子)・頭ならびに腹(横光利一)・注文の多い料理店(宮沢賢治)	春と修羅(宮沢賢治)・太虚集(島木赤彦)・南京新唱(会津八一)・一路(木下利玄)・思想と文化(安倍能成)・本格小説と心境小説(中村武羅夫)・散文芸術の位置(広津和郎)・新感覚派の誕生(千葉亀雄)	「日光」・「文芸戦線」・「文芸時代」創刊　築地小劇場創設

1925	14	檸檬(梶井基次郎)・平将門(真山青果)・大導寺信輔の半生(芥川龍之介)・淫売婦(葉山嘉樹)・富士にたつ影(白井喬二)	純情小曲集(萩原朔太郎)・月下の一群(堀口大学訳)・海やまのあひだ(釈迢空)・新感覚論(千葉亀雄)・女工哀史(細井和喜蔵)	日本プロレタリア文芸連盟結成 治安維持法公布
1926	15(昭和元年)	セメント樽の中の手紙(葉山嘉樹)・伊豆の踊り子(川端康成)・海に生くる人々(葉山嘉樹)・春は馬車に乗って(横光利一)・生きとし生けるもの(山本有三)・愛欲(武者小路実篤)	林蔭集(島木赤彦)・雪明かりの路(伊藤整)・爪色の雨(サトウ・ハチロー)・半分開いた窓(小野十三郎)・自然成長と目的意識(青野季吉)・無産階級文芸論(藤森成吉)・驟雨(岸田国士)	円本流行
1927	2	大寺学校(久保田万太郎)・施療室にて(平林たい子)・或阿呆の一生(芥川龍之介)・玄鶴山房(芥川龍之介)・河童(芥川龍之介)・無限抱擁(滝井孝作)・丹下左膳(林不忘)	花氷(日野草城)・富永太郎詩集・澄江堂句集(芥川龍之介)・芸術に関する走り書的覚え書(中野重治)	
1928	3	業苦(嘉村磯多)・キャラメル工場から(佐多稲子)・鯉(井伏鱒二)・冬の蠅(梶井基次郎)・波(山本有三)・真知子(野上弥生子)・放浪記(林芙美子)・放浪時代(龍胆寺雄)・一九二八年三月十五日(小林多喜二)・傷だらけのお秋(三好十郎)・陰獣(江戸川乱歩)	貧しき信徒(八木重吉)・第百階級(草野心平)・屋上の土(古泉千樫)・多摩川(中塚一碧楼)・プロレタリヤ・レアリズムへの道(蔵原惟人)・誰だ?花園を荒らす者は!(中村武羅夫)	「戦旗」・「詩と詩論」創刊 第一回普通選挙

1929	4	夜明け前第一部（島崎藤村）・蟹工船（小林多喜二）・太陽のない街（徳永直）・屋根の上のサワン（井伏鱒二）	軍艦茉莉（安西冬衛）・車塵集（佐藤春夫訳）・白のアルバム（北園克衛）・超現実主義持論（西脇順三郎）・敗北の文学（宮本顕治）・様々なる意匠（小林秀雄）・文学の形式問答（谷川徹三）	日本プロレタリア作家同盟結成 世界大恐慌始まる
1930	5	機械（横光利一）・聖家族（堀辰雄）・南国太平記（直木三十五）・寝園（横光利一）	葛飾（水原秋桜子）・測量船（三好達治）・ナップ芸術家の新しき任務（蔵原惟人）・芸術派宣言（雅川滉）・アシルと亀の子（小林秀雄）	「ナップ」創刊　新興芸術派倶楽部結成
1931	6	風琴と魚の町（林芙美子）・風博士（坂口安吾）	平戸廉吉詩集・鶚（高見順）・折柴句集（滝井孝作）・意識の流れと小説の構成（春山行夫）・自然の真と文芸上の真（水原秋桜子）	九・一八事変起こる
1932	7	途上（嘉村磯多）・鮎（丹羽文雄）・日本三文オペラ（武田麟太郎）・青年（林房雄）・女の一生（山本有三）・夜明け前第二部（島崎藤村）	凍港（山口誓子）・帆・ランプ・鴎（丸山薫）・南窓集（三好達治）・山廬集（飯田蛇笏）・新心理主義文学（伊藤整）・Xへの手紙（小林秀雄）	五・一五事変起こる 上海一・二八事変起こる

1933	8	枯木のある風景(宇野浩二)・人生劇場(尾崎士郎)・若い人(石坂洋次郎)・春琴抄(谷崎潤一郎)・禽獣(川端康成)・風雨強かるべし(広津和郎)・美しい村(堀辰雄)・暢気眼鏡(尾崎一雄)・転換時代＜のち「党生活者」と改題＞(小林多喜二)	Ambarvalia(西脇順三郎)・草の花(富安風生)・氷(北川冬彦)・青牛集(古泉千樫)・陰翳礼賛(谷崎潤一郎)・故郷を失った文学(小林秀雄)	「四季」・「文学界」創刊 共産党幹部佐野・鍋山ら獄中で転向声明
1934	9	紋章(横光利一)・癩(島木健作)・斬られの仙太(三好十郎)・白夜(村山知義)・あにいもうと(室生犀星)・ダイヴィング(舟橋聖一)・白い壁(本庄陸男)・銀座八丁(武田麟太郎)・鼬(真船豊)・花咲く樹(小島政二郎)	氷島(萩原朔太郎)・山羊の歌(中原中也)・閒花集(石川達三)・雑草園(山口青邨)・川端茅舎句集・転形期の文学(亀井勝一郎)・冬を越す蕾(宮本百合子)・所謂転向について(佐野学)	転向文学続出
1935	10	夕景色の鏡＜のち「雪国」と改題＞(川端康成)・故旧忘れ得べき(高見順)・蒼氓(石川達三)・村の家(中野重治)・道化の華(太宰治)・仮装人物(徳田秋声)・宮本武蔵(吉川英治)	山谷集(土屋文明)・小熊秀雄詩集・中野重治詩集・松本たかし句集・純粋小説論(横光利一)・私小説論(小林秀雄)	芥川賞・直木賞創設

1936	11	くれなゐ(佐多稲子)・冬の宿(阿部知二)・いのちの初夜(北条民雄)・井原西鶴(武田麟太郎)・裸の街(真船豊)・普賢(石川淳)・風立ちぬ(堀辰雄)・小説の書けぬ小説家(中野重治)・鶴は病みき(岡本かの子)・良人の貞操(吉屋信子)	長子(中村草田男)・藍色の蟇(大手拓次)・暖流(五島美代子)・トルストイについて(正宗白鳥)・日本の橋(保田与重郎)・思想と実生活(小林秀雄)	二・二六事件起こる
1937	12	濹東綺譚(永井荷風)・旅愁(横光利一)・幽鬼の街(伊藤整)・生活の探求(島木健作)・火山灰地(久保栄)・路傍の石(山本有三)・新選組(村山知義)	萱草に寄す(立原道造)・鮫(金子光晴)・暁と夕の詩(立原道造)・日本文学の伝統を思ふ(佐藤春夫)・現代日本の文化的状況(谷川徹三)	対中侵略戦争起こる 文化勲章制定
1938	13	天の夕顔(中河与一)・生きてゐる兵隊(石川達三)・麦と兵隊(火野葦平)・石狩川(本庄陸男)	在りし日の歌(中原中也)・蛙(草野心平)・万葉秀歌(斉藤茂吉)・文壇的自叙伝(正宗白鳥)・神々の復活(亀井勝一郎)	日独文化協定　国家総動員法公布
1939	14	如何なる星の下に(高見順)・多甚古村(井伏鱒二)・富嶽百景(太宰治)・歌のわかれ(中野重治)・生々流転(岡本かの子)・女生徒(太宰治)	寒雷(加藤楸邨)・春の岬(三好達治)・艸千里(三好達治)・体操詩集(村野四郎)・政治と文学(岩上順一)・現代文学論(窪川鶴次郎)・農民作家論(窪川鶴次郎)・新たなる出発(島木健作)	第二次世界大戦起こる

1940	15	女体開顕（岡本かの子）・夫婦善哉（織田作之助）・走れメロス（太宰治）・美しき囮（中山義秀）・浮標（三好十郎）・得能五郎の生活と意見（伊藤整）・受胎告知（今日出海）・姨捨（堀辰雄）・オリンポスの果実（田中英光）・弥勒（稲垣足穂）・大仏開眼（長田秀雄）	寒雲（斉藤茂吉）・鹿鳴集（会津八一）・萩原恭次郎詩集・斎藤茂吉ノオト（中野重治）・国民文学への道（浅野晃）	日独伊三国同盟
1941	16	菜穂子（堀辰雄）・縮図（徳田秋声）・長江デルタ（多田裕計）・花ざかりの森（三島由紀夫）・曠野（堀辰雄）・侘日記（上林暁）	智恵子抄（高村光太郎）・一点鐘（三好達治）・万緑（草田男）・歴史と文学（小林秀雄）・森鴎外（石川淳）	太平洋戦争始まる
1942	17	巴里に死す（芹沢光治良）・山月記（中島敦）・光と風と夢（中島敦）・海戦（丹羽文雄）・古譚（中島敦）・七つの荒海（田宮虎彦）・姿三四郎（富田常雄）	白桃（斉藤茂吉）・古鏡（水原秋桜子）・二葉亭四迷伝（中村光夫）・無常といふ事（小林秀雄）	日本文学報国会結成
1943	18	東方の門（島崎藤村）・細雪（谷崎潤一郎）・李陵（中島敦）・右大臣実朝（太宰治）・弟子（中島敦）	富士山（草野心平）・春のいそぎ（伊東静雄）・磐梯（秋桜子）・司馬遷（武田泰淳）・大和古寺風物誌（亀井勝一郎）・鴎外の精神（唐木順三）	日本敗色濃くなる

1944	19	新釈諸国噺（太宰治）・怒涛（森本薫）・礎（島木健作）・津軽（太宰治）	或る遍歴から（津村信夫）・魯迅（竹内好）	文芸誌次々と廃刊
1945	20	悉皆屋康吉（舟橋聖一）・お伽草紙（太宰治）・パンドラの匣（太宰治）・黒猫（島木健作）	歌声よ、おこれ（宮本百合子）	ポツダム宣言受諾　第二次世界大戦終わる
1946	21	赤蛙（島木健作）・死霊（埴谷雄高）・播州平野（宮本百合子）・暗い絵（野間宏）・聖ヨハネ病院にて（上林暁）・なよたけ（加藤道夫）・白痴（坂口安吾）・桜島（梅崎春生）・風知草（宮本百合子）・焼跡のイエス（石川淳）・死の影の下に（中村真一郎）	つゆじも（斎藤茂吉）・病雁（石田波郷）・堕落論（坂口安吾）・文学における戦争責任の追及（小田切秀雄）・復興期の精神（花田清輝）・第二芸術——現代俳句について（桑原武夫）	新憲法公布　現代仮名遣い・当用漢字制定　日本文芸家協会・日本文学協会成立　「近代文学」・「新日本文学」創刊
1947	22	五尺の酒（中野重治）・二つの庭（宮本百合子）・深夜の酒宴（椎名麟三）・厭がらせの年齢（丹羽文雄）・肉体の門（田村泰次郎）・ビルマの竪琴（竹山道雄）・風浪（木下順二）・青年の環（野間宏）・夏の花（原民喜）・青い山脈（石坂洋次郎）・斜陽（太宰治）・蝮のすゑ（武田泰淳）・道標（百合子）・哭壁（丹羽文雄）	古代感愛集（釈迢空）・旅人かへらず（西脇順三郎）・水の精神（丸山薫）・反響（伊東静雄）・寒燈集（会津八一）・初鴉（高野素十）・1946・文学的考察（加藤周一・中村真一郎・福永武彦）・肉体が人間である（田村泰次郎）・作家の態度（福田恒存）・近代文学の運命（中野好夫）・人生論ノート（三木清）	六三三制教育実施

1948	23	虫のいろいろ(尾崎一雄)・崩解感覚(野間宏)・俘虜記(大岡昇平)・人間失格(太宰治)・永遠なる序章(椎名麟三)・晩菊(林芙美子)・野火(大岡昇平)・屍の街(大田洋子)・石中先生行状記(石坂洋次郎)・雪夫人絵図(舟橋聖一)・てんやわんや(獅子文六)	落下傘(金子光晴)・日本沙漠(草野心平)・定本蛙(草野心平)・自然主義盛衰史(正宗白鳥)・小説の方法(伊藤整)	極東軍事裁判判決
1949	24	山の音(川端康成)・夕鶴(木下順二)・千羽鶴(川端康成)・宗方姉妹(大仏次郎)・仮面の告白(三島由紀夫)・猟銃(井上靖)・春の城(阿川弘之)・闘牛(井上靖)・帰郷(大仏次郎)・佐々木小次郎(村上元三)	白き山(斎藤茂吉)・花電車(北川冬彦)・現代史への試み(唐木順三)・芸術と実生活(平野謙)	湯川秀樹、ノーベル物理学賞受賞
1950	25	武蔵野夫人(大岡昇平)・キティ台風(福田恒存)・鳴海仙吉(伊藤整)・異形の者(武田泰淳)・チャタレイ夫人の恋人(伊藤整訳)・遥拝隊長(井伏鱒二)・赤い繭(安部公房)・新平家物語(吉川英治)・徳川家康(山岡荘八)	典型(高村光太郎)・智恵子抄その後(高村光太郎)・風俗小説論(中村光夫)・文学入門(桑原武夫)・昭和文学論(平野謙)	朝鮮戦争起こる

1951	26	壁(安部公房)・広場の孤独(堀田善衛)・蛙昇天(木下順二)・冥府山水図(三浦朱門)・三等重役(源氏鶏太)	都鳥(中村汀女)・石泉(斉藤茂吉)・原爆詩集(峠三吉・他)・原民喜詩集・伊藤整氏の生活と意見(伊藤整)	サンフランシスコ条約調印 ユネスコ加入
1952	27	風媒花(武田泰淳)・二十四の瞳(壺井栄)・玄海灘(金達寿)・ノリソダ騒動記(杉浦民平)・或る「小倉日記」伝(松本清張)・真空地帯(野間宏)	二十億光年の孤独(谷川俊太郎)・固有時との対話(吉本隆明)・帰潮(佐藤佐太郎)・日本文壇史(～1969年・伊藤整)・ゴッホの手紙(小林秀雄)・国民文学の問題点(竹内好)・国民文学(臼井吉見)	血のメーデー事件
1953	28	悪い仲間(安岡章太郎)・時間(堀田善衛)・ひもじい月日(円地文子)・静かなる山々(徳永直)・銀貨(永井龍男)・人工庭園(阿部知二)	伊東静雄詩集・転位のための十篇(吉本隆明)・日本挽歌(宮柊二)・第三の新人(山本健吉)・組織と人間(伊藤整)	テレビ放送始まる
1954	29	むらぎも(中野重治)・驟雨(吉行淳之介)・潮騒(三島由紀夫)・アメリカン・スクール(小島信夫)・プールサイド小景(庄野潤三)・樅ノ木は残った(山本周五郎)	歩行者の祈りの唄(山本太郎)・近代絵画(小林秀雄)・想像力の問題(平井啓之)・現代人の疎外(服部達)	ビキニ死の灰被爆事件
1955	30	流れる(幸田文)・雲の墓標(阿川弘之)・白い人(遠藤周作)・挽歌(原田康子)・太陽の季節(石原慎太郎)・森と湖のまつり(武田泰淳)	愛について(谷川俊太郎)・鮎川信夫詩集・倭をぐな(釈迢空)・古典と現代文学(山本健吉)・雑種的日本文化の課題(加藤周一)・夏目漱石(江藤淳)	

1956	31	金閣寺(三島由紀夫)・鍵(谷崎潤一郎)・楢山節考(深沢七郎)・氾濫(伊藤整)・杏っ子(室生犀星)・氷壁(井上靖)・地唄(有吉佐和子)・紫苑物語(江藤淳)・書かれざる一章(井上光晴)・挽歌(原田康子)・鹿鳴館(三島由紀夫)・柳生武芸帳(五味康祐)・眠狂四郎無頼控(柴田錬三郎)	装飾楽句(塚本邦雄)・もはや「戦後」ではない(中野好夫)	日本・国際連合に加盟
1957	32	天平の甍(井上靖)・死者の奢り(大江健三郎)・人間の壁(石川達三)・裸の王様(開高健)・梨の花(中野重治)・点と線(松本清張)・海と毒薬(遠藤周作)・パニック(開高健)	われに五月を(寺山修司)・返礼(富岡多恵子)・二葉亭四迷伝(中村光夫)・転向文学論(本多秋五)・現代小説は古典たり得るか(三島由紀夫)・奴隷の思想を排す(江藤淳)	ソ連、人工衛星打ち上げに成功
1958	33	飼育(大江健三郎)・さいころの空(野間宏)・芽むしり仔撃ち(大江健三郎)・第四間氷期(安倍公房)・娼婦の部屋(吉行淳之介)・甲賀忍法帖(山田風太郎)	吉本隆明詩集・谷川俊太郎詩集・僧侶(吉岡実)・昭和文学盛衰史(高見順)・物語戦後文学史(本多秋五)	川端康成、国際ペンクラブ副会長就任
1959	34	敦煌(井上靖)・紀ノ川(有吉佐和子)・海辺の光景(安岡章太郎)・貴族の階段(武田泰淳)・日本三文オペラ(開高健)・千鳥(田中千禾夫)	氷った焔(清岡卓行)・亡羊記(村野四郎)・考えるヒント(小林秀雄)	

1960	35	眠れる美女(川端康成)・夜と霧の隅で(北杜夫)・静物(庄野潤三)・死の棘(島尾敏雄)・海鳴りの底から(堀田善衛)・宴のあと(三島由紀夫)・パルタイ(倉橋由美子)・忍ぶ川(三浦哲郎)・背徳のメス(黒岩重吾)・くノ一忍法帖(山田風太郎)・日本の黒い霧(松本清張)	失われた時(西脇順三郎)・日本浪曼派批判序説(橋川文三)・「白樺」派の文学(本多秋五)	日米安全保障条約改定
1961	36	雁の寺(水上勉)・古都(川端康成)・憂国(三島由紀夫)・セヴンティーン(大江健三郎)・瘋癲老人日記(谷崎潤一郎)・砂の器(松本清張)	いのちありけり(五島美代子)・青春の碑(芳美)・何でも見てやろう(小田実)・小林秀雄(江田淳)・純文学は存在し得るか(伊藤整)	ソ連宇宙船打ち上げ
1962	37	楡家の人々(北杜夫)・砂の女(安倍公房)・悲の器(高橋和巳)・島へ(島尾敏雄)・出発は遂に訪れず(島尾敏雄)・オットーと呼ばれる日本人(木下順二)・竜馬がゆく(司馬遼太郎)	寒夜句三昧(蛇笏)・アメリカ感情旅行(安岡章太郎)・求道者と認識者(伊藤整)・純文学の過去と現在(高見順)	米ソ対立激化(キューバ危機)
1963	38	狂ひ凧(梅崎春生)・砂の上の植物群(吉行淳之介)・鮫(真継伸彦)・世阿弥(山崎正和)・白い巨塔(山崎豊子)・国盗り物語(司馬遼太郎)	何処へ(飯島耕一)・戦後文学の回想(中村真一郎)・純文学は可能か(奥野健男)	ケネディ米大統領暗殺

1964	39	されど我らが日々——(柴田翔)・安曇野(臼井吉見)・個人的な体験(大江健三郎)・氷点(三浦綾子)・他人の顔(安倍公房)	死の淵より(高見順)・晩華(秋桜子)・無常(唐木順三)・「近代文学」派の問題(吉田隆明)	東京オリンピック開催
1965	40	黒い雨(井伏鱒二)・甲乙丙丁(中野重治)・抱擁家族(小島信夫)・春の雪(三島由紀夫)・憂鬱なる党派(高橋和巳)・サド侯爵夫人(三島由紀夫)	音楽(那珂太郎)・抒情の変革(長田弘)・六月の旗(太田青丘)・本居宣長(小林秀雄)	米軍、北ベトナム爆撃
1966	41	沈黙(遠藤周作)・華岡青洲の妻(有吉佐和子)・夏の砦(辻邦生)・おろしや国酔夢譚(井上靖)	冬木(佐藤佐太郎)・田舎のモーツアルト(尾崎喜八)・葡萄の女(田中冬二)・成熟と喪失(江田淳)・孤立無援の思想(高橋和巳)	中国文化大革命
1967	42	万延元年のフットボール(大江健三郎)・レイテ戦記(～1969年・大岡昇平)・火垂るの墓(野坂昭如)・奔馬(三島由紀夫)・燃えつきた地図(安倍公房)	いつの日にも愛の詩を(高田敏子)・雉(上田三四二)・バルザック論(寺田透)・内と外からの日本文学(佐伯彰一)・土着と情況(桶谷秀昭)	中東動乱起こる
1968	43	海市(福永武彦)・安土往還記(辻邦生)・年の残り(丸谷才一)・三匹の蟹(大庭みな子)・輝ける闇(開高健)	大岡信詩集(石垣リン)・酒中花(石田波郷)・日本の現代小説(中村光夫)・文化防衛論(三島由紀夫)	川端康成、ノーベル文学賞受賞
1969	44	アカシヤの大連(清岡卓行)・暗室(吉行淳之介)・赤頭巾ちゃん気をつけて(庄司薫)	蕩児の家系(大岡信)・操守(石原八束)・わが解体(高橋和巳)	アポロ11号月面着陸

1970	45	杳子(古井由吉)・豊饒の海(三島由紀夫)・無名長夜(吉田知子)・天人五衰(三島由紀夫)・回転扉(河野多恵子)・華麗なる家族(山崎豊子)	血と野菜(天沢退二郎)・黄金詩篇(吉増剛造)・漱石とその時代(江田淳)・核時代の想像力(大江健三郎)	
1971	46	嵯峨野明月記(辻邦生)・行隠れ(古井由吉)・彼の故郷(小川国夫)・死滅する鯨の代理人(大江健三郎)・吸血姫(唐十郎)	感傷旅行(吉野弘)・春の道(飯田龍太)・紀貫之(大岡信)・私の中の地獄(武田泰淳)	
1972	47	同心円のなかで(高橋たか子)・たった一人の反乱(丸谷才一)・れくいえむ(郷静子)・恍惚の人(有吉佐和子)	水準原点(石原吉郎)・藤棚の下の小屋(宮柊二)・遠岸(鷹羽守行)・批評とは何か(桶谷秀昭)	
1973	48	椿の海の記(石牟礼道子)・死海のほとり(遠藤周作)・月山(森敦)・約束の土地(李恢成)・箱男(安部公房)・日本沈没(小松左京)	子宮(三木卓)・わたしの天気予報(白石かずこ)・後鳥羽院(丸谷才一)	オイルショック起こる
1974	49	どうぶつ会議(井上ひさし)・異床同夢(藤枝静男)・追放と自由(李恢成)・あの夕陽(日野啓三)・複合汚染(有吉佐和子)	動詞Ⅰ(高橋睦郎)・やわらかい闇の夢(鈴木志郎康)・不機嫌の時代(山崎正和)・内的生活(秋山駿)	
1975	50	火宅の人(檀一雄)・祭の場(林京子)・夢魔の世界——「死霊」第五章(埴谷雄高)・甘い蜜の部屋(森茉莉)・岬(中上健次)	寸秒夢(滝口修造)・田園に死す(寺山修司)・湧井(上田三四二)・独石馬(宮柊二)・岡倉天心(大岡信)	ベトナム戦争終わる

1976	51	限りなく透明に近いブルー(村上龍)・ピンチランナー調書(大江健三郎)・多すぎた札束(飯沢匡)・夢の碑(高井有一)・人称代名詞(野坂昭如)・流離譚(安岡章太郎)・人間の証明(森村誠一)	サフラン摘み(吉岡実)・磊磈集(石塚友二)・	ロッキード事件
1977	52	行き帰り(後藤明生)・引潮(庄野潤三)・天の湖(高橋たか子)・墓まいり(川崎長太郎)・母の霊(耕治人)・過ぎし楽しき年(阿部昭)・枯木灘(中上健次)・蛍川(宮本輝)・水中都市、密会(安部公房)・項羽と劉邦(司馬遼太郎)	望楼(粒来哲蔵)・北入曾(吉野弘)・佐々木幸綱歌集	
1978	53	伸予(高橋揆一郎)・夕暮まで(吉行淳之介)・フーシェ革命暦(辻邦生)・寵児(津島佑子)・道頓堀川(宮本輝)・暗殺の年輪(藤沢周平)	夜間飛行(吉原幸子)・馬場あき子歌集・神話と文学(栗田勇)・言葉の海へ(高田宏)	中日平和友好条約調印
1979	54	同時代ゲーム(大江健三郎)・身世打鈴(古山高麗雄)・落城記(野呂邦暢)・東海道おらんだ怪談(宮本研)・光の領分(津島佑子)・黙市(津島佑子)	わが旅路(五所平之助)	共通一次試験始まる

1980	55	帰路（立原正秋）・神聖喜劇（大西巨人）・狂風記（江田淳）	バルバラの夏（長谷川龍生）・日本文学史序説（加藤周一）	
1981	56	本覚坊遺文（井上靖）・愁いの王——「死霊」第六章（埴谷雄高）・吉里吉里人（井上ひさし）・黄金バット（唐十郎）・悪魔の飽食（森村誠一）	漁歌（平畑静塔）・隠喩としての建築（柄谷行人）	福井謙一ノーベル化学賞受賞
1982	57	夏の栞（佐多稲子）・別れる理由（小島信夫）・裏声で歌へ君が代（丸谷才一）・吾輩は漱石である（井上ひさし）・風の歌を聴け、羊をめぐる冒険（村上春樹）	王国の構造（高橋睦郎）・サハリンへの旅（李恢成）	
1983	58	はみだした明日（中野孝次）・パルチザン伝説（桐山襲）・槿（古井由吉）・優しいサヨクのための嬉遊曲（島田雅彦）・新しい人よ眼ざめよ（大江健三郎）	脳膜メンマ（ねじめ正一）・魂と意匠——小林秀雄（秋山駿）・近代日本の日記（小田切進）戦後史の空間（磯田光一）	参院選全国区・初の比例代表制
1984	59	群棲（黒井千次）・冷たい夏、熱い夏（吉村昭）・光抱く友よ（高樹のぶ子）・方舟さくら丸（安部公房）	望郷（福島泰樹）・小林秀雄とその時代（饗庭孝男）・忠臣蔵とは何か（丸谷才一）	

1985	60	水平線上にて(中沢けい)・憂愁(井上光晴)・世界の終わりとハードボイルドと・ワンダーランド(村上春樹)・きらめく星座(井上ひさし)・ベッドタイムアイズ(山田詠美)・帝都物語(荒俣宏)	短径(上田三四二)・ひとつとや(長谷川双魚)・自伝の世紀(佐伯彰一)	男女雇用機会均等法
1986	61	逸民(小川国夫)・優駿(宮本輝)・アマノン国征還記(倉橋由美子)	ビスケットの空カン(川崎洋)・探求(柄谷行人)・異郷に死す(高橋英夫)	東京サミット・防衛費GNP一パーセント枠突破
1987	62	懐かしい年への手紙(大江健三郎)・阿部昭18の短篇(阿部昭)・ソウル・ミュージック・ラバーズ・オンリー(山田詠美)・ノルウェイの森(村上春樹)・愛と幻想のファシズム(村上龍)・キッチン(吉本ばなな)	サラダ記念日(俵万智)・萩原朔太郎(磯田光一)	国鉄分割民営化 利根川進ノーベル医学生理学受賞
1988	63	岐路(加賀乙彦)・トパーズ(村上龍)・時の筏(加藤幸子)・優雅で感傷的な日本野球(高橋源一郎)	水辺逆旅歌(入沢康夫)・小説家夏目漱石(大岡昇平)・世界という背理(竹田青嗣)	リクルート疑惑表面化・青函トンネル開業
1989	平成元	孔子(井上靖)・TUGUMI(吉本ばなな)・少年アリス(長野まゆみ)・市塵(藤沢周平)	悪霊(粕谷栄市)・不変律(塚本邦雄)・独座(村松夏風)・近代日本の批評(柄谷行人ほか)・アジアという鏡(川村湊)	消費税導入

1990	2	文学部唯野教授(筒井康隆)・やすらかに今はねむり給え(林京子)・みいら採り猟奇譚(河野多恵子)・珠玉(開高健)	螺旋歌(吉増剛造)・幽明過客抄(那珂太郎)・私のチェーホフ(佐々木基一)・人生の検証(秋山駿)	本島長崎市長狙撃
1991	3	夕陽の河岸(安岡章太郎)・背負い水(荻野アンナ)・大いなる夢よ、光よ(津島佑子)・トラッシュ(山田詠美)・リング(鈴木光司)・大地の子(山崎豊子)	春と同い年(新川和江)・樹影(桂信子)・シャンハイムーン(井上ひさし)	自衛隊の海外派兵
1992	4	軽蔑(中上健次)・彼岸先生(島田雅彦)・犬婿入り(多和田葉子)・ねじまき鳥クロニクル(村上春樹)・星条旗の聞こえない部屋(リービ英雄)・火車(宮部美雪)・流域(李恢成)	群青、わが黙示(辻井喬)・十友(鷹羽狩行)・昭和精神史(桶谷秀昭)・森のバロック(中沢新一)・女ざかり(丸谷才一)	国連平和維持活動(PKO)協力法施行
1993	5	深い河(遠藤周作)・女ざかり(丸谷才一)・マシアス・ギリの失脚(池澤夏樹)	世間知ラズ(谷川俊太郎)・中勘助の恋(富岡多恵子)	コメ部分開放を決定
1994	6	百年の旅人たち(李恢成)・タイムスリップ・コンビナート(笙野頼子)・虹の岬(辻井喬)・五分後の世界(村上龍)・石に泳ぐ魚(柳美里)	夕陽に赤い帆(清水哲男)・志賀直哉(阿川弘之)	大江健三郎ノーベル文学賞受賞
1997	9	家族シネマ(柳美里)		「アララギ」終刊

2000	12	彗星の住人(島田雅彦)・取り替え子(大江健三郎)		
2001	13	センセイの鞄(川上弘美)・命(柳美里)・模倣犯(宮部美雪)・手紙(東野圭吾) 日本文学盛衰史(高橋源一郎)		9.11事件
2002	14	海辺のカフカ(村上春樹)・血と骨(梁石日)		
2003	15	蹴りたい背中(綿矢りさ)・容疑者Xの献身(東野圭吾)		イラク戦争
2004	16	遮光(中村文則)・蛇にピアス(金原ひとみ)		
2005	17	半島を出よ(村上龍)・告白(町田康)・土の中の子供(中村文則)		
2009	21	掏摸(中村文則)		
2010	22	1Q84(3部) (村上春樹)・故郷のわが家(村田喜代子)		

参考文献

（中国語著作）

刘柏青《鲁迅与日本文学》，长春：吉林大学出版社，1985 年

李德纯《战后日本文学》，沈阳：辽宁人民出版社，1988 年

刘振瀛《日本文学论集》，北京：北京大学出版社，1991 年

叶渭渠・唐月梅《日本现代文学思潮史》，北京：中国华侨出版公司，1991 年

吕元明《被遗忘的在华日本反战文学》，长春：吉林教育出版社，1993 年

刘立善《日本白桦派与中国作家》，沈阳：辽宁大学出版社，1995 年

谭晶华《川端康成传》，上海：上海教育出版社，1996 年

何少贤《日本现代文学巨匠夏目漱石》，北京：中国文学出版社，1998 年

王向远《中日现代文学比较论》，长沙：湖南教育出版社，1998 年

王向远《二十世纪中国的日本翻译文学史》，北京：北京师范大学出版社，2001 年

王中忱《越界与想象：20 世纪中国、日本文学比较研究论集》，北京：中国社会科学出版社，2001 年

魏大海《私小说：20 世纪日本文学的一个"神话"》，济南：山东文艺出版社，2002 年

王琢《想象力论：大江健三郎的小说方法》，上海：上海文艺出版社，2004 年

李先瑞《本能主义者的精神幻灭——白桦派作家有岛武郎作品研究》，天津：南开大学出版社，2008 年

林少华《村上春树和他的作品》，银川：宁夏人民出版社，2005 年

董炳月《"国民作家"的立场——中日现代文学关系研究》，北京：三联书店，2006 年

赵京华《日本后现代与知识左翼》，北京：三联书店，2007 年

张文颖《来自边缘的声音：莫言与大江健三郎的文学》，北京：中国传媒大学出版社，2007 年

李强《厨川白村文艺思想研究》，北京：昆仑出版社，2008 年

周阅《川端康成文学的文化学研究——以东方文化为中心》，北京：北京大学出版社，2008 年

郭勇《他者的表象——日本现代文学研究》，上海：上海交通大学出版社，2009 年

杨炳菁《后现代语境中的村上春树》，北京：中央编译出版社，2009 年

张小玲《夏目漱石与近代日本的文化身份建构》，北京：北京大学出版社，2009 年

关立丹《武士道与日本近现代文学——以乃木希典和宫本武藏为中心》，北京：中国社会科学出版社，2009 年

翁家慧《通向现实之路—— 日本“内向的一代”研究 》，北京：中国社会科学出版社，2010 年

孙艳华《幻想的空间——泉镜花及其浪漫主义小说》，北京：商务印书馆，2010 年

王志松《小说翻译与文化建构——以中日比较文学研究为视角》，北京：清华大学出版社，2011 年

王志松《20 世纪日本马克思主义文艺理论研究》，北京：北京大学出版社，2012 年

刘晓芳《岛崎藤村小说研究》，北京：北京大学出版社，2012 年

李征《都市空间的叙事形态——日本近代小说文体研究》，上海：复旦大学出版社，2012 年

林少阳《“文”与日本学术思想——汉字圈 1700-1990》，北京：中央编译出版社，2012 年

王成《“修养时代”的文学阅读——日本近现代文学作品研究》，北京：北京大学出版社，2013 年

（日本語著作）

江藤淳『夏目漱石』、東京：東京ライフ社、1956 年

三好行雄『島崎藤村論』、東京：筑摩書房、1966 年

三好行雄『作品論の試み』、東京：至文堂、1967 年

前田愛『近代読者の成立』、東京：有精堂、1973 年

前田愛『都市空間のなかの文学』、東京：筑摩書房、1982 年

前田愛『文学テクスト入門』、東京：筑摩書房、1988 年

柄谷行人『日本近代文学の起源』、東京：講談社、1980 年

小森陽一『文体としての物語』、東京：筑摩書房、1988 年

小森陽一『構造としての語り』、東京：新曜社、1988 年

小森陽一『＜ゆらぎ＞の日本文学』、東京：日本放送出版協会、1998 年

石原・木股・小森・島村・高橋（修）・高橋（世織）『読むための理論』、横浜：世織書房、1991 年

木股知史『イメージの図像学——反転する視線』、京都：白地社、1992 年

尾崎秀樹『近代文学の傷痕』、東京：岩波書店、1991 年

尾崎秀樹『大衆文学』、東京：紀伊国屋書店、1994 年

紅野謙介『書物の近代——メディアの文学史』、東京：筑摩書房、1992 年

関礼子『姉の力　樋口一葉』、東京：筑摩書房、1993 年

中村三春『フィクションの機構』、東京：ひつじ書房、1994 年

川村湊『南洋・樺太の日本文学』、東京：筑摩書房、1994 年

川村湊『生まれたらそこがふるさと』、東京：平凡社、1999 年

日高昭二『文学テクストの領分： 都市・資本・映像』、京都：白地社、1995 年

金井景子『真夜中の彼女たち——書く女たちの近代』、東京：至文堂、1995年

藤森清『語りの近代』、東京：有精堂、1996年

江種満子・中山和子編『総力討論　ジェンダーで読む「或る女」』、東京：翰林書房、1997年

小森・紅野・高橋編著『メディア・表象・イデオロギー——明治30年代の文化研究』、東京：小沢書店、1997年

和田敦彦『読むということ　テクストと読書の理論から』、東京：ひつじ書房、1997年

鈴木貞美『日本の「文学」概念』、東京：作品社、1998年

石原千秋『反転する漱石』、東京：青土社、1998年

金井・金子・紅野・小森・島村『文学がもっと面白くなる』、東京：ダイヤモンド社、1998年

飯田祐子『彼らの物語——日本近代文学とジェンダー』、名古屋：名古屋大学出版会、1998年

島村輝『臨界の近代日本文学』、横浜：世織書房、1999年

劉建輝『魔都上海 ： 日本知識人の「近代」体験』、東京：講談社、2000年

真銅正宏『ベストセラーのゆくえ　明治大正の流行小説』、東京：翰林書房、2000年

山本芳明『文学者はつくられる』、東京：ひつじ書房、2001年

岩淵弘子等編著『はじめて学ぶ　日本女性文学史＜近現代編＞』、京都：ミネルヴァ書房、2005年

与那覇恵子『現代女性文学を読む』、東京：双文社、2006年

一柳廣孝『催眠術の日本近代』、東京：青弓社、2006年

一柳廣孝・久米依子編『ライトノベル研究序説』、東京：青弓社、2009年

藤井淑禎『清張　闘う作家——「文学」を超えて』、京都：ミネルヴァ書房、2007 年

日比嘉高『「自己表象」の文学史：自分を書く小説の登場』増補版、東京：翰林書房、2008 年

尾西康充『田村泰次郎の戦争文学——中国山西省での従軍体験から』、東京：笠間書院、2008 年

生方智子『精神分析以前——無意識の日本近代文学』、東京：翰林書房、2009 年

西田谷洋・浜田秀・日高佳紀・日比嘉高『認知物語論キーワード』、大阪：和泉書院、2010 年

川口隆行『原爆文学という問題領域』増補版、福岡：創言社、2011 年

山口直孝『「私」を語る小説の誕生』、東京：翰林書房、2011 年

十重田裕一編『横断する映画と文学』、東京：森話社、2011 年

中村三春『花のフラクタル—20 世紀日本前衛小説研究』、東京：翰林書房、2012 年

安藤宏『近代小説の表現機構』、東京：岩波書店、2012 年

索　引

あとがき

『日本近現代文学研究』は「日本学研究叢書 Frontier series」の 1 巻として 2009 年末から編集に着手したものである。中日研究者の共同編纂による「日本学研究叢書 Frontier series」は 16 巻で構成され、広く言語学、文学、文化学、社会学、歴史学に渉っている。こうした大型叢書を企画した主な理由として、「編集企画書」では、近年中国において日本語教育の拡大につれて修士課程と博士課程の設立が急増してきた中で、研究資料が著しく不足しているという現状があげられている。

近現代文学の場合、上述した原因のほかに、1980 年代から日本文学の漢訳ブームが続いてきたという背景も見逃せなかろう。

中国では日本文学作品はかつてないほど広く読まれているだけではなく、現代文学の創作にも影響を与えてきたため、社会的関心が高く、日本文学に関する批評や研究も多い。しかし、もう一方では、経済発展にともなった「実用主義」の氾濫、新しい学知的批判による「文学」概念の改変などによって、中国の大学日本語学科の学部カリキュラムから「日本文学」関係の授業はどんどん消えていった。

いうまでもなく、現在「日本文学」の勉強にしても研究にしても、その前提である「日本文学」という概念自体を反省する必要があろう。しかし、現状では「日本文学」の授業の削減ないし削除のため、反省することもなく、研究に必要な理論背景と学術情報も十分に把握できないまま、いきなり卒業論文、修士論文、博士論文に進んでしまったのである。その結果、多くは古い「文学」概念の再生産でしかないこととなった。

そこで、『日本近現代文学研究』を編纂するに当たり、「日本近代文学」概念の再吟味を視野に入れて、「総論」「作家研究」「方法と視角」という構成で研究に必要な理論背景、研究方法の解説と学術情報の整理に努めることを基本方針としたのである。

「総論」は全体的な研究史の概況であるが、「日本近現代文学研究——理論的到達点と課題」のほかに、「中国における日本近現代文学の研究史」「韓国における日本近現代文学の研究史」「ヨーロッパの日本近代現代文学研究の状況について」も組み入れた。日本近現代文学研究がますます国際化されてきた現在、日本以外の国・地域の研究動向を整理する必要もあるだろう。今回は必ずしも十分とは言えないが、とりあえずその方向へ一歩踏み出したと自負している。実のところ、「作家研究」と「方法と視角」の部分もより多くの国・地域の研究者が執筆に参加できれば理想的であるが、いろいろな条件の制限で中日研究者の共同作業となった。ともかく、一国の研究界を乗り越えようとした複眼的な視野は、本書の一番大きな特色といえよう。

編集において、国際関係の不安定や日々の多忙にもかかわらず執筆者の方々から多大な理解と支持をいただいた。心よりお礼を申し上げます。

また、構成の打ち合わせから、執筆者との連絡、編集の雑労まで、厭わず始終尽力してくれた深津謙一郎さん、中国研究者の原稿の表現を丁寧にチェックしてくれた丸井貴史さんに深く謝意を表します。

編者

2013年2月

執筆者（目次の順）

島村輝：フェリス女学院大学
王志松：北京師範大学
鄭炳浩：高麗大学
イルメラ・日地谷＝キルシュネライト（Irmela Hijiya-Kirschnereit）：ベルリン自由大学
セシル坂井（Cécile Sakai）：パリディドロー第七大学
安倍オースタッド玲子（Reiko Abe Auestad）：オスロ大学
潘文東：蘇州大学
高橋修：共立女子短期大学
陳多友：広東外国語外国貿易大学
小平麻衣子：日本大学
西川貴子：同志社大学
尾西康充：三重大学
関礼子：中央大学
孫艶華：大連海事大学
佐野正人：東北大学
鄭文全：北京語言大学
逸見久美：元・聖徳大学
藤井淑禎：立教大学
沢豊彦：（所属なし：元・錦城高等学校）
劉暁芳：同済大学
藤本恵：都留文科大学
鄭民欽：元・北方工業大学
真銅正宏：同志社大学
張沖：魯東大学
張小玲：中国海洋大学

木股知史：甲南大学
市川庸輔：名古屋経済大学市邨高等学校
李先瑞：洛陽外国語大学
林濤：北京師範大学
単援朝：崇城大学
朱衛紅：上海財政大学
日高昭二：神奈川大学
紅野謙介：日本大学
王敏：法政大学
王雪：北京郵電大学
関立丹：北京語言大学
安智史：愛知大学
竹内栄美子：千葉工業大学
岩淵宏子：日本女子大学
李強：北京大学
応傑：北京外国語大学
康林：上海外国語大学
根岸泰子：岐阜大学
李暁光：上海大学
渡部麻美：天理大学
斎藤理生：大阪大学
前田貞昭：兵庫教育大学
馮海鷹：清華大学
梅本宣之：帝塚山学院大学
山口俊雄：日本女子大学
大原祐治：千葉大学
莫瓊莎：北方工業大学
深津謙一郎：共立女子大学
佐藤泉：青山学院大学

郭勇：寧波大学
福島行一：防衛大学校（名誉教授）
近藤華子：フェリス女学院中学校高等学校
郭偉：東京女子大学
何建軍：洛陽外国語大学
テレングト・アイトル：北海学園大学
鄒波：復旦大学
蘆茂君：中央財政大学
史軍：洛陽外国語大学
霍士富：西安交通大学
今村忠純：大妻女子大学
翁家慧：北京大学
張文穎：北京第二外国語学院
南雄太：台中技術学院
楊炳菁：北京外国語大学
市川紘美：東京女子大学(非常勤)
高橋敏夫：早稲田大学
和田敦彦：早稲田大学
長谷川啓：城西短期大学
鈴木貞美：国際日本文化研究センター（名誉教授）
劉建輝：国際日本文化研究センター
王成：清華大学
秦剛：北京外国語大学
米村みゆき：専修大学
林少陽：東京大学